改变，从阅读开始

毛泽东评点历代王朝

胡长明／著

山西出版传媒集团 山西人民出版社

自 序

怅望千秋，逝者如斯。从夏商周到元明清，漫长的中国王朝史早已落下帷幕，沦为陈迹。虽说是“吴宫花草埋幽径，晋代衣冠成古丘”，但其间发生的人间悲喜剧却令人感慨系之，由此成就了中国发达的史学。官修的煌煌正史大体上再现了王朝存续及鼎革之时社会生活的基本轮廓，特别是惊心动魄的政治与军事斗争。历史若长河，个体皆过客，但这并不妨碍每个人从心底发出对山河岁月的无穷追问。这种追问俨如一种本能，时不时从脑海油然而生，所以，没有哪一个学科能像历史学那样，可以最大限度地吸引不同阶层、不同职业的人们的兴趣。

（一）

毛泽东终其一生，都葆有对漫长国史的阅读和研究兴趣。其对经、史、子、集等传统国学的涉猎之广、记诵之多、思考之深、见解之奇，一般的专家难望其项背。一部“二十四史”，乾隆武英殿本共850册，2249卷，总字数达4000万字。毛泽东在工作之余，以持久的恒心和强烈的兴趣将其读完，其中许多人物传记更是三复四温，烂熟于心。中国近代学者，真正通读过“二十四史”的恐怕也只有陈寅恪、王国维、吕思勉等少数几人。毛泽东晚年发誓并最终将“二十四史”读完，可见其对史学的挚爱之深。此外，毛泽东还通读过《资治通鉴》、《续资治通鉴》、《纲鉴易知录》以及各朝代的“纪事本末”等史书。据他自己回忆，《资治通鉴》他读了整整十七遍之多。正史之外，他又广泛涉猎各种野史稗乘，包括历朝相沿承袭的笔记小说。像《容斋随笔》、《智囊》等有名的笔记，更是花大力气精读细读。

为尽可能全面了解中国的王朝历史，毛泽东在史学之外，又深研自春秋战国以来的经学、子学、文学等作品。从儒、墨、道、法等先秦诸子到梁启超的《清代学术概论》，中国王朝历史上的学术流派、文学精品，皆在他探讨和研究的范围之内。博闻强记使得他对历代王朝的人物、事件、学派、作品、逸闻、趣谈等信手拈来，涉笔成趣，出口成章。以往学界在涉及毛泽东对历代王朝的评点时，多局限于他在史籍上的批语，而实际上，在他的谈话、回忆、著作、文章和书信中，也有大量的相关内容。其对历代王朝的评说也绝不仅仅针对帝王将相、文人雅事，举凡王朝的朝政得失、内外关系、社会生活、学术流变、文艺特色以及王朝鼎革时期的历史动因、经验教训，他都发表了许多有特色、有创见的评论。

综合毛泽东对历代王朝的评点，我以为有以下几个主要特点。

一是特别关注战争的起源、谋略和结局。中国的王朝历史，在存续特别是鼎革时期，上演了大大小小无数的战争，正如毛泽东在《贺新郎·读史》一词中所说的："人世难逢开口笑，上疆场彼此弯弓月。流遍了，郊原血。"毛泽东把战争特别是农民战争视为推动历史进步的主要根源，所以他特别关注中国历史上的战乱时期，如春秋战国之时、三国之时、五代十国之时，以及唐末与明末的军阀混战。对于其中带有"两虎相争"和决战性质的战例，如刘邦与项羽之争、朱温父子与李克用父子之战、朱元璋与陈友谅之斗，还有孟知祥与董璋、刘彧与刘子勋的对决等尤有研究的兴趣。

毛泽东特别关注战争，除了独特的历史观，还与他的个性与对政治的见解相关。就个性来说，他崇尚斗争与挑战，认为战争时期"事态百变，人才辈出，令人喜读"，"非好乱也，安逸宁静之境，不能长处，非人生之所堪，而变化倏忽，乃人性之所喜也"。说到政治，他认为历史上有作为的政治家大多是军事家，"在中国，尤其是改朝换代的时候，不懂得军事，你那个政治怎么个搞法？政治，特别是关键时刻的政治，往往靠军事实力来说话"。故此，关注与研究战争，构成他评说历代王朝的一大特色。

二是不局限于成说和俗见，敢于道出自己独特的史识，呈现出"推倒一时之智勇，开拓万古之心胸"的气概。如他认为"商纣王是个很有本事、能文能武的人”，“在历史上是有功的”；“说曹操是白脸奸臣，书上这么写，戏里这么演，老百姓这么说，那是封建正统观念制造的冤案”，“这个案要翻”；“王莽并不是怎么了不得的一个坏人”；“可不要看不起老粗”，“一些老粗能办大事情，成吉思汗、刘邦、朱元璋”……这些评点迥异于前人对商纣王、曹操、王莽、朱元璋等人的评价，展现了毛泽东作为政治家的独特史识。人物之外，对于历史事件、学术文化，毛泽东也有许多个人的见解，如他认为淝水之战中苻坚的失败并非是必然的，苻坚“错在倾巢而出。若一二十万人更番迭试，胜则进，败则止，未必不可为”；后唐末帝李从珂“不徙石敬瑭，没有薛文遇，照样亡国，不过时间先后耳”。这些评点涉及历史的偶然性与必然性，非常值得后人深思。学术文化方面，如毛泽东指出佛经“有上层的佛经，也有劳动人民的佛经，如唐朝时六祖慧能的佛经《法宝坛经》就是劳动人民的”；“《金瓶梅》没有传开，不只是因为它的淫秽，主要是它只暴露了黑暗，虽然写得不错，但人们不爱看。《红楼梦》就不同，写得有点希望么”。毛泽东的这些评点，得益于他从青少年时代起就有的那种强悍的怀疑和反思能力。此种怀疑和反思的能力，是一切从事学术文化活动的人们都应该具备的。

三是尽力挖掘和表彰民间智慧和精神，给长期被人看不起的民间智慧以及小人物、年轻人和反抗者以应有的历史地位。从青少年时代起，毛泽东就对中国史书专谈帝王将相、才子佳人的做法甚为不满。有感于正统史书的畸轻畸重，他在读史的过程中以振拔幽滞的勇气，着意发现民间，重构民间，致使民间智慧和一大批小人物、年轻人和反抗者进入现代人的视野，丰富了人们对漫长国史的认识。如中国源远流长的民歌，从《诗经》的“国风”到西汉以《上邪》为代表的歌谣，从南北朝时期的《敕勒川》到明代的《锁南枝》，都包含丰富深刻的生活经验，而且感情真挚，朗朗上口，呈现出亲切感人的审美趣味。毛泽东对中国历史上流传下来的民歌情有独钟，确认“民歌中便有许多好诗”，如明代《锁南枝》便包含深刻的辩证法。他甚至认为，将来诗歌的发展，“很可能从民歌中吸引养料和形式，发展成为一套吸引广大读者的新体诗歌”。他之所以喜读冯梦龙所编的《智囊》一书，是因为该书收集了上自文臣武将、显贵清要，下至村夫农妇、贩夫走卒的智慧故事。他读得津津有味，在书上批下了“小知识分子有用”等大量批语。

毛泽东在阅读中国王朝历史时发现，许多发明创造、惊人之举都是小人物和年轻人干出来的，像王勃、王弼、贾谊、李贺、夏完淳、邹容等便是其中的杰出代表。其原因“就是因为他们贫贱低微，生力旺盛，迷信较少，顾虑少，天不怕，地不怕，敢想敢说敢干”。至于那些王朝暴政的反抗者，如陈胜、吴广、黄巢、李自成者，他更予以深切的同情。在他看来，这些底层的反抗者虽然惨遭失败，为他人作了嫁衣裳，但他们不畏强暴、挺身而出的反叛精神，却横亘于天地之间，历千百年而不磨不灭。他甚至不同意史书所载黄巢兵败狼虎谷而自杀的记载，而倾向于认为黄巢最后皈依佛门，全身而终。这种情感取向，分明是他迥异于传统正统史观的表征。

（二）

千秋事大，最费思量。研究历史，要得出让人信服的结论，诚非易事。综观毛泽东对历代王朝的评点，我以为其中确有很多真知灼见。如唐代的古文运动，苏轼评价其代表人物韩愈是“文起八代之衰，道济天下之溺”。对此，毛泽东认为古文运动虽有功德，但远未达到苏轼所说的那般程度。他曾和北京大学中文系讲师芦荻畅谈魏晋南北朝史，认为这是一个思想解放的时代，其间诞生了嵇康、阮籍、曹操父子、陶渊明、谢灵运、江淹、丘迟、庾信等众多的思想家和文学家。他说：把《昭明文选》、《全上古三代秦汉三国六朝文》拿出来看一看，就知道魏晋南北朝根本不是什么“文衰”、“道溺”，而恰恰是一个“文昌”、“道盛”的时代。过去人们长期被苏轼之论所左右，片面夸大汉末以来特别是六朝骈体文的弊端而抬高唐代古文运动的功绩。毛泽东早年钻研过韩文，之后又系统地阅读魏晋南北朝文学，两相比较，他便得出了令人信服的结论。再如谈到五代史时，毛泽东指出“朱温处四战之地，与曹操略同，而狡猾过之”。这也是非常精到的认识。朱温跟随黄巢起义发迹，后以汴梁为中心经营天下时，面对众多如狼似虎的对手，他审时度势，首先剪灭秦宗权，以后又征服朱宣兄弟、时溥、罗弘信等军阀，展示了在乱世中火中取栗的高超本领。他时而卑辞厚币以笼络对手，时而又恩将仇报，翻脸不认人；时而狂妄到极点，时而又低到尘埃里。其身上的流氓气与狡诈气，不逊于任何一个乱世豪强。毛泽东仔细揣摩了朱温夺取天下的过程，确认其狡猾超过了一代枭雄曹操。像这样的真知灼见，散见于毛泽东对历代王朝的评点，可谓不胜枚举。

当然，毛泽东对历代王朝的评点，也有许多值得进一步商榷和讨论的地方，并非都是定评和确评。比如他就唐太宗立李治为太子一事发表己见，认为唐太宗是“聪明一世，懵懂一时”。这个观点未必精确。实际上，唐太宗立李治为太子是经过反复比较和深思熟虑的，很难说是“懵懂一时”。众所周知，唐太宗是通过政变而登上帝位的，兄弟相残的悲剧给他留下了终身挥之不去的阴影。他最终舍弃李泰、李恪等人而选择李治，恰恰是为了避免类似的悲剧再次重演。李治做帝王虽无大的作为，但至少也延续了承平之世。封建帝王立太子，存在诸多的为难之处，唐太宗如此，后来的康熙不也是这样吗？所以，与其说唐太宗是“懵懂一时”，不如说他摆脱不了体制的魔咒更为准确。再如，毛泽东将苏轼的万言书说成“纸上空谈”，也并不完全符合实际。在1071年的《上神宗皇帝书》中，苏轼建议皇帝“结人心，厚风俗，存纪纲”，不要急躁地全面推行新法，并尖锐地指出皇帝的缺点是“求治太速，进人太锐，听言太广”。可谓言之有物，并非尽是空谈。近人曾国藩便激赏此封上书，称其有“轩爽”之气，值得一读再读。像这些值得商榷和讨论的地方，我都在其中表达了自己的一些观点。

“高谈阔论依古典，长歌短曲吊故人”，读史、评史是毛泽东生命活动中不可缺少的一部分，这对他的革命方略、治国理念、文学情趣和价值观念都有深刻的影响。有人说他有一种“历史癖”，我看基本上也说得过去。他不仅自己孜孜不倦地读史，而且还在各种会议和其他场合，将他的读史心得介绍给同事和友人。读史丰富了他的智慧，也增添了他的人格魅力，但同时也在一定程度上限制了他的视野，收窄了他的兴趣。一方面，他从历史上吸取了许多经验教训，如吸取中国历史上民族分裂和融合的利弊，特别强调民族团结和民族平等，从而有效地维护了民族的团结和国家的统一；他要求广大干部居安思危，保持革命时期的那种奋斗精神，防止腐化堕落和得过且过，这对于巩固政权、确保共产党的执政地位也有深远影响，等等。但另一方面，长期浸润于历史，也让他背上了某些包袱，战争观念、集中统一的观念与敏锐的敌情观念妨碍了他的治国观念的现代转型；同时对现代科技和域外世界了解的相对缺乏，也使他在制定内外政策时趋向于沿用过去革命年代的方式方法，在顺应时代潮流方面呈现出明显的不足。

（三）

2007年，我曾在《党史博览》杂志上发表《毛泽东评点大明王朝》一篇长文。文章发表后，《作家文摘》、《新闻午报》、《民间故事选刊》、《陕西党史》等多家报刊予以转载，产生了较大的社会反响。这件事激发了我的一个志愿，就是写一本《毛泽东评点历代王朝》，完整地再现毛泽东读史、评史的全貌。目标确定之后，我利用业余时间一边阅读并整理史料，一边开始断断续续地写作。几经寒暑，日积月累，终于完成了这部书稿。我写作时力求将毛泽东对历代王朝代表人物、政策得失、内外关系、社会生活以及学术文化方面的各类评点纳于一书，最大限度地避免遗漏；在叙述过程中也尽量详尽地道出其评点文字的来龙去脉，并根据自己对史实的了解作出一定的分析和评价。相关引文多附有参考文献和引文出处，以方便读者参照理解。平心而论，写作这本书并非易事，仅阅读相关古籍以及毛泽东的各种文稿、文集、文选等就花费了我极大的精力和时间。就古籍而言，凡毛泽东评点过的“二十四史”中的人物，找出传记认真阅读，力求对传主的生平事迹有一个完整的了解，从而深层次地理解毛泽东评点的视角和本旨；毛泽东的文稿，除《毛泽东早期文稿》、《毛泽东文集》、《建国以来毛泽东文稿》等外，其他各种专题文集，如《毛泽东文艺论集》、《毛泽东哲学批注集》、《毛泽东读文史古籍批语集》、《毛泽东在七大的报告和讲话集》、《毛泽东新闻工作文选》、《毛泽东外交文选》，等等，也都是我写作时参考的必备之书。我自信在大量阅读和长期思考的基础上，本书有一定的史料性、学术性和文化含量，但也不可避免地存在这样那样的缺失，所以敬请读者们不吝指正。

胡长明

2010年10月

目 录

第七章　毛泽东评点“三国”

第八章　毛泽东评点两晋、十六国

第九章　毛泽东评点南北朝

第十章　毛泽东评点隋、唐王朝（上）

第十一章　毛泽东评点隋、唐王朝（下）

第十二章　毛泽东评点五代十国

第十三章　毛泽东评点宋、元王朝

第十四章　毛泽东评点明王朝

第十五章　毛泽东评点清王朝

第一章

毛泽东评点夏、商王朝

夏朝（公元前2070—前1600年）和商朝（公元前1600—前1046年）共历时1000余年，属于华夏民族国家的初级形态。夏朝由部落联盟脱胎而来，大禹传位于儿子启，终结了传说中远古的禅让制，开创了以父子相继为特征的中国王朝历史的先河，并形成悠远的历史传统。商朝则是典型的奴隶制社会，血腥的以掠夺奴隶为主要目的的战争在客观上推动了华夏混一，以青铜器和甲骨文为代表的文化气象恢弘，辉煌灿烂，令后人叹为观止。毛泽东在阅读《史记》以及大量上古历史资料的基础上，结合他所处的时代条件和治史风格，对夏、商两个王朝作了一些独到的评点，丰富了人们对中国上古史的认识，不失为一家之言。

一　禹王是做官的，但也耕田

大禹姓姒，名文命，又称夏禹、戎禹，属于黄帝的第四代子孙。据司马迁《史记·夏本纪》记载，当尧舜之世，洪水滔天，大禹的父亲鲧受命治水，但九年而水不息，功用不成，于是被杀死于羽山。大禹吸取其父治水不成的教训，改堵截为疏浚之法，“以决九川致四海，浚畎浍致之川”，终于完成了乃父的未竟之业。虞舜死，大禹因众望所归而即天子位，南面治天下。

在历代中国人的心目中，大禹不仅是治水英雄，而且是勤劳智慧的象征，特别是他“摩顶放踵以利天下”的献身精神，更成为中华民族临危不惧、宏济时艰的不竭动力。全国各地纪念大禹的遗迹众多，如河南开封的禹王台、安徽怀远的禹王宫、湖南岳麓山的禹王碑，等等。

出身农家的毛泽东，在早年便十分推崇大禹栉风沐雨、勇往直前的奋斗精神，他在1917年写的《体育之研究》一文中便写道：“八年于外，三过其门而不入，耐久而已。”[1]在他看来，人欲野蛮其体魄，便不可不学大禹刻苦耐久的毅力和精神。1939年，时在延安的毛泽东鉴于国民党对陕甘宁边区的经济封锁，号召开展大生产运动以渡过难关。为激励党政军领导干部投身大生产运动，他在这年4月22日“抗大”大

1《毛泽东早期文稿》，湖南出版社1990年版，第71页。

生产运动初步总结大会上说："历史上的禹王，他是做官的，但也耕田。"言下之意，禹王作为一代帝王尚且躬耕垄田，以解放劳苦大众为目标的共产党干部没有理由不致力于生产。

相传大禹铸九鼎，从此"九鼎"成为王权和德治的象征，据《左传》记载："昔夏之方有德也，远方图物，贡金九牧，铸鼎象物，百物而为之备，使民知神奸。"楚庄王向周大夫王孙满询问九鼎之大小，被视为无礼和僭越的举动。而所谓"中原鼎沸"、"问鼎中原"则昭示着王权衰落和天祚他移。与九鼎相对应，大禹划分天下为冀州、青州、徐州、扬州、荆州、豫州、雍州等九州，兼具地理和政治的双重含义。毛泽东对这些历史掌故非常熟悉。1952年10月29日，他在视察江苏徐州时对陪同人员说："据史书记载，大约在4000年以前，大禹把全国九片陆地命名为九州，你们徐州即为一州。"夏朝建都于豫州的阳城（今河南登封），1959年6月22日，毛泽东和河南省委第一书记吴芝圃等人谈话时，又谈到古"豫州"境内的历史，说"你这个汲县是夏禹封的，汲县人是大禹的子孙"。[1]

大禹治水造福华夏子孙，功德无量，所以后人称赞为国家、为民族作出突出贡献的人，常说其"功不在禹下"。毛泽东曾以此语表彰过马克思主义翻译家吴亮平先生。1973年，他在一次谈话中说："我党第一代马克思主义翻译家不多了，吴亮平翻译《反杜林论》，功不在禹下，有大禹治水之功啊！"[2]

大禹作为中华帝国史上的第一个君王，以治水的业绩而享誉后世，所以便有史家称中国的文化为治水文化，而中国的政府为治水政府。新中国成立后，毛泽东也极为重视水利建设工作，他不仅为治理黄河、长

---

1 《毛泽东1959年6月22日同吴芝圃等人的谈话》，见《党的文献》，1995年第4期。

2 《功盖群儒，其功不下于大禹治水——纪念吴亮平诞辰一百周年》，载《宁波日报》，2008年7月14日。

江、淮河、海河作出过许多批示，而且还到长江沿岸等地方实地考察。1956年夏，毛泽东在武汉畅游长江之余，写下“更立西江石壁，截断巫山云雨，高峡出平湖”的豪迈诗句，抒发了他决心兴修三峡水利工程的伟大情怀。1958年，毛泽东又在成都主持召开中央政治局扩大会议，讨论通过了《关于三峡水利枢纽和长江流域规划意见》，并在这份文件上写下“积极准备，充分可靠”八个大字。因此可以说，大禹对毛泽东的影响，绝非仅仅在文化层面上，而且在治理国家的实践中留下了深刻的烙印。毛泽东对大禹的评说，反映了他对这位远古圣人的深切缅怀和崇敬。

二　商纣王是个很有本事、能文能武的人

放眼五千年中国史，毛泽东确为中华民族空前英武人物。作为革命家，他“横扫千军如卷席”；作为诗家，他推倒前人，自铸伟词；作为史家，他读史角度独特，评点深刻、犀利，比如对商纣王的评价就是如此。

（一）

在中国古代史籍如《尚书》、《国语》、《史记》等著作中，商朝末代帝王帝辛（商纣王）基本上是一个昏君和暴君的形象。在位的近三十年间，为满足其声色犬马之好，他横征暴敛，“厚赋税以实鹿台之钱，而盈巨桥之粟。益收狗马器物，充仞宫室”。更有甚者，他竟“以酒为池，悬肉为林，使男女倮相逐其间，为长夜之饮”。其荒淫奢侈罕有其匹。

与“酒池肉林”的穷奢极欲相映照，商纣王又是一位残忍嗜杀的暴君。他重用费仲、恶来等谀臣，讨厌比干等直臣，并发明“炮烙之法”

等酷刑对付反对派和进谏者，在朝野上下造成浓厚的恐怖气氛。当时西伯昌、九侯、鄂侯为“三公”，他“醢九侯”，“脯鄂侯”，囚禁西伯昌（即后来的周文王）于羑里。西伯昌之臣闳夭等人求美女、奇物、善马以献纣王，纣王才勉强赦免了西伯昌。被孔子称为“商代三仁”的比干、箕子和微子也遭到纣王的迫害和猜忌。纣王与妲己等淫乱不止，比干冒死进谏，结果被纣王剖腹“观其心”。箕子因惧怕而佯狂为奴，纣王仍将他囚禁起来。微子数谏未果，于是与太师、少师携祭器和乐器而投奔西伯昌。公元前1046年，周武王姬发率戎车三百乘、虎贲三千人、甲士四万五千人东向伐纣。纣王发兵七十万以迎战。双方在牧野（故址在今河南汲县）展开决战，结果纣王的士兵纷纷倒戈，穷途末路中的纣王赴鹿台自焚而死。

（二）

熟读中国古籍的毛泽东对商纣王的所作所为自然非常熟悉，但他对商纣王的评价前后反差很大。上世纪40年代末到50年代初期，他对商纣王的评价基本沿袭了过去的传统看法。1949年8月18日，毛泽东在《别了，司徒雷登》一文中，批评韩愈写的《伯夷颂》，认为它“颂的是一个对自己国家的人民不负责任、开小差逃跑、又反对武王领导的当时的人民解放战争、颇有些‘民主个人主义’思想的伯夷，那是颂错了”[1]。在他看来，武王伐纣完全是正义的举动，合乎那时的历史潮流。1952年11月1日，他在参观河南安阳殷墟时，兴致勃勃地讲起盘庚迁殷后的商朝历史，并说：“纣王滥用职权，为自己享乐，在修建重楼重阁和金碧辉煌的鹿台中，不知道耗费了劳动人民多少金钱和血汗。那些酒池肉林、折胫之说，证明了他的放荡、荒淫、独裁和残暴。”“大

1 《毛泽东选集》第四卷，人民出版社1991年版，第1495—1496页。

家知道，当年纣王与他的那个妲己，以砍断樵夫的脚胫取乐；比干冒死进谏，被他在摘心台剖腹挖心。周文王姬昌被他打入监狱，囚禁了七年之久。由于他的暴虐残忍，排拒批评，一意孤行，人心向背，终于被周文王的儿子周武王乘机进攻，率大军攻破殷都大门牧野。刚刚组织起来的奴隶军反戈一击，导致了殷的彻底灭亡。”[1]然而，随着郭沫若《青铜时代》一书在1954年和1957年两次再版，毛泽东对商纣王的评价却发生了很大的变化。

毛泽东与郭沫若早在抗战时期便诗词唱和，心灵相通，革命友谊相伴终生。1945年，重庆文治出版社首次印行郭沫若的史学论集《青铜时代》。该书中的《驳〈说儒〉》，是直接针对胡适先生的《说儒》一文而写的。胡适通过研究上古史，断定“殷自武丁以后，国力渐衰；史书所载，已无有一个无所不胜的‘武王’了”。郭沫若认为这种说法“不尽合乎史实”，强调“像殷纣王这个人对于我们民族发展上的功劳倒是不可淹没的。殷代末年有一个很宏大的历史事件，便是经营东南。这几乎完全为周以来的史家所抹杀了。这件事，在我看来，比较起周人的剪灭殷室，于我们民族的贡献更要伟大。这件事，由近年的殷墟卜辞的探讨，才渐渐地重见了天日”。郭氏又以《尚书·泰誓》中“纣有亿兆夷人，亦有离德；余有乱臣十人，同心同德”为据，证明纣王征服东夷所得到的俘虏，其数量是相当大的，而殷商的士兵损耗亦必不少。兵力损耗了，不得不用俘虏来补充。这就导致周武王乘虚而入时，纣王的俘虏兵阵前“倒戈”的悲剧。郭氏运用的虽然是考古和文献中零星的证据，但却大胆地指出：纣王被周及以后的人说成是万恶无道之君，“俨然人世间的混世魔王，其实那真是有点不大公道的”。他进而作出这样的判

---

1 成林：《从姜子牙的“三件法宝”到一分为二地评价商纣王》，见《大地》，2002年第1期。

断：纣王的名声不好，周人的宣传起了很大的作用，《尚书》中的《牧誓》、《泰誓》把纣王说得一无是处，对后世影响深远，周以后的人“深受了周人的宣传的毒”[1]。

1954年和1957年，郭沫若的《青铜时代》分别由人民出版社、科学出版社再版。毛泽东很喜欢郭沫若的历史论著，该书再版后毛泽东便读过了，后在多次外出时指定要带的书籍中，都有郭氏的《青铜时代》。

郭沫若是首倡为商纣王翻案的人，毛泽东同意他的意见，并在此基础上有许多发挥，有些观点恐怕是郭沫若也会感到吃惊的。1958年11月，他在读斯大林《苏联社会主义经济问题》一书的谈话中说：商朝为什么叫“商”朝呢？是因为有了商品生产，这是郭沫若考证出来的。把纣王、秦始皇、曹操看作坏人是错误的，其实纣王是个很有本事、能文能武的人。他经营东南，把东夷和中原的统一巩固起来，在历史上是有功的。纣王伐徐州之夷，打了胜仗，但损失很大，俘虏太多，消化不了，周武王乘虚进攻，大批俘虏倒戈，结果使商朝亡了国。史书说：周武王伐纣，“血流漂杵”，这是夸张的说法。孟子不相信这个说法，他说：“尽信书，不如无书。”[2]毛泽东在评价中国历代帝王时有一个明显的特点，即凡是在开疆拓土、促进统一方面有所贡献的帝王，他都给予较高的评价，对商纣王如此，对秦始皇、曹操更是如此。在他看来，商纣王征服东夷，巩固了东夷与中原的统一，促进了长江流域和淮河流域经济和文化的开发，这是了不起的功劳，应该大书特书一番。而秦始皇之所以应基本肯定，是因为他“是第一个把中国统一起来的人物”；三国时的几个政治家、军事家对统一都有所贡献，“而以曹操为

---

1 陈晋主编：《毛泽东读书笔记解析》（下），广东人民出版社1996年版，第1160页。

2 陈晋主编：《毛泽东读书笔记解析》（下），广东人民出版社1996年版，第1158页。

最大”。“司马氏一度完成了统一，主要就是他那时打下的基础”。[1]至于商纣王、秦始皇、曹操的统一战争是如何的惨烈，特别是如何看待老百姓在其中所付出的血泪和牺牲，毛泽东并未给出明确的评说，或许他认为只能从历史进步必然要付出代价的角度去理解。

毛泽东认为商纣王失败的主要原因是俘虏太多，消化不了。关于此点，1959年2月25日，他在济南召开的一次座谈会上说得更明白：“商纣王是很有本领的人，周武王把他说得很坏。他的俘虏政策做得不太好，所以以后失败了。”言下之意，如果俘虏问题解决得好，商纣王未见得会成为亡国之君。如何对待和处理俘虏，看似一个策略问题，但策略又何尝不是商纣王统治的生命线呢？至于毛泽东说商纣王“是个很有本事、能文能武”的人，则并非完全是看了郭沫若的《青铜时代》所得出的结论。征诸史迹，《荀子·非相篇》记载：纣王“长巨姣美，天下之杰也；筋力超劲，百人之敌也”。而《史记·殷本纪》也说纣王“资辨捷疾，闻见甚敏；材力过人，手格猛兽”。毛泽东博览群书，这些史料当在其视野之内。

商纣王能文能武，战功卓著，但却在牧野之战中大败亏输，落得个身死国灭的下场，这难道仅仅是因为俘虏政策做得不太好吗？毛泽东陷入了进一步的思索。几个月之后，他有了新的进一步的发现。1959年6月22日，毛泽东在同河南省委第一书记吴芝圃等人的谈话中，就商纣王失败的原因作了长篇议论：

为什么纣王灭了呢？主要是比干反对他，还有箕子反对他，微子反对他。纣王去打徐夷（那是个大国，就是现在的徐州附近），打了好几年，把那个国家灭掉了。纣王是很有才干

1 芦荻：《毛泽东谈二十四史》，载《光明日报》，1993年12月20日。

的，后头那些坏话都是周朝人讲的，就是不要听。他这个国家为什么分裂？就是因为这三个人都是反对派。而微子最坏，是个汉奸，他派两个人作代表到周朝请兵。武王头一次到孟津观兵回去了，然而又搞了两年，他说可以打了，因为有内应了。纣王把比干杀了，把箕子关起来了，但是对微子没有防备，只晓得他是个反对派，不晓得他里通外国。给纣王翻案的就讲这个道理。纣王那个时候很有名声，商朝的老百姓很拥护他。纣王自杀了，他不投降。微子是汉奸，周应该封他，但是不敢封，而封了纣王的儿子武庚。后来武庚造反了，才封了微子，把微子封为宋，就是商丘。[1]

在这段关于商纣王失败的评论中，毛泽东着力强调的不再是俘虏政策做得不太好，而是纣王在国内有反对派，特别是有微子这样的汉奸“里通外国”，彻底暴露了商朝的内情和底细。周武王于是知己知彼，掌握了战争中的主动权。毛泽东历来坚信，“堡垒最容易从内部攻破”，敌人的强大往往建立在己方内部分裂的基础之上。他对那种立场不稳特别是“里通外国”的人向来是不能容忍的，敏锐的敌情观念贯穿着他的一生。他似乎并非就历史而谈历史，而是针对时局有感而发。毛泽东非常不满周武王对纣王所说的坏话，他告诉吴芝圃等人：“纣王那个时候很有名声，商朝的老百姓很拥护他。”当然他也承认，周武王这个人很善于把握时机，时机未到，宁愿等一等、看一看，直到商纣王伐东夷拖垮了国力，背上了包袱，而纣王身边又有了坚定的反对派，他这才一鼓作气，完成了伐纣兴周的使命。

毛泽东对商纣王失败的评价，其前后反差是鲜明的，开始是从人心向

1 《毛泽东1959年6月22日同吴芝圃等人的谈话》，见《党的文献》，1995年第4期。

背入手，着眼于商周鼎革之际的历史大势；后来侧重于俘虏政策、防备内奸以及宣传、时机等技术问题，着眼于商纣王的统治策略。这两者之间到底孰轻孰重，毛泽东何以有这样的思想变化，人们只能是见仁见智了。

对于历史人物的评价，毛泽东有自己的方法论。1958年5月23日，他在中央政治局扩大会议上的讲话中说："一股风一来，本来是基本上好的一件事，可以说成不好的；本来是基本上一个好的人，可以说他是坏人。比如我们对于秦始皇，他的名誉也是又好又不好。""这个人大概缺点甚多，有三个指头，主要骂他的一条是焚书坑儒。"他感慨万千地强调："一个古人，几千年评价不下来，当作教训谈谈这个问题，同志们可以想一想。"[1]按此方法论，毛泽东也并非以为商纣王没有缺点，只是历史上对他的评价一边倒，形成了一股风，硬是把这样一个基本上好的人说成了坏人。这就有些冤枉。在毛泽东心目中，商纣王好就好在他征服了东夷，巩固了东夷与中原的统一。这是主流，是大面，不能不予以正视。

（三）

为历史人物做翻案文章向来不易，这是因为人们所掌握的材料、看待问题的视角不尽一致。有些人认为盖棺可以定论，也有人认为盖棺也不能定论。毛泽东慨叹于"一个古人，几千年评价不下来"，想做一些定案的工作，其实也未必能够完全如愿，更何况他想重新评价的不仅是商纣王一人，而是商纣王、秦始皇、曹操等一串人，这个难度就更大了。

就拿商纣王来说，毛泽东认为"商朝的老百姓很拥护他"，关于纣王的"那些坏话都是周朝人讲的"，后人是受了周朝人宣传的影响，这些观点其实都值得商榷。商纣王虽也有历史功绩，但他的横征暴敛、穷

1 陈晋主编：《毛泽东读书笔记解析》（下），广东人民出版社1996年版，第1161页。

奢极欲、残暴昏聩也是客观存在、抹杀不掉的。周武王灭商，从历史的大势看，是新兴力量战胜腐朽力量，不失为历史上一次顺天应人的大革命。《国语》曰："商王帝辛，大恶于民。庶民弗忍，欣戴武王，以致戎于商牧。"《史记》言："武王至商国，商国百姓咸待于郊。"这些记载恐怕是当时人心向背的真实反映。如果说商朝的老百姓很拥护商纣王，那周武王的行为岂不成了强奸民意，逆历史潮流而动？

至于周武王灭商时所发表的那些战争檄文，比如《牧誓》、《泰誓》，是否完全不可信，那更是值得讨论的话题。《牧誓》上说：

> 王曰："古人有言曰：'牝鸡无晨；牝鸡之晨，惟家之索。'今商王受惟妇言是用，昏弃厥肆祀弗答，昏弃厥遗王父母弟不迪，乃惟四方之多罪逋逃，是崇是长，是信是使，是以为大夫卿士，俾暴虐于百姓，以奸宄于商邑。今予发惟恭行天之罚。"[1]

将这段话翻译成白话大略如下："古人有话说：'母鸡没有早晨啼叫的；如果母鸡在早晨啼叫，这个人家就会衰落。'现在商纣王只是听信妇人的话，轻视对祖宗的祭祀而不问，轻视并遗弃他同祖的兄弟而不用，竟然只对四方重罪逃亡的人特别推崇，特别尊敬，特别信任，特别使用，用他们做大夫、卿士的官，让他们残暴地对待老百姓，在商国逞奸作乱，现在我姬发只能恭谨地奉行老天的惩罚。"这段话除了"女人祸水论"令后人唾弃，其他文字很难说是捏造的坏话。尽信书固然不对，尽不信书又会有什么结果呢？

历史上的战争檄文，为了达到耸人听闻、震撼人心的效果，固然不乏夸大、歪曲乃至捏造的成分，但如果完全背离事实，恐怕也很难让人

1 周秉钧译注：《白话尚书》，岳麓书社1990年版，第92页。

相信。唐代骆宾王的《为徐敬业讨武曌檄》写得锋芒犀利，气势磅礴，声情并茂，很有鼓动性，历来被视为名篇，以致收进了《古文观止》。这篇檄文是否有捏造的成分呢？也有，如文中说武则天“弑君鸩母”，就明显不符合史实。唐高宗李治并非死于武则天之手，武则天更无用毒酒毒死母亲的行动，此乃强加罪名，以激起人们对武则天的愤恨。但檄文的主体所透露的却是真实的历史信息，如说武则天“入门见嫉，蛾眉不肯让人；掩袖工谗，狐媚偏能惑主”，还有“君之爱子，幽之于别宫；贼之宗盟，委之以重任”……都是秉笔直书，完全合乎历史。至于“一抔之土未干，六尺之孤何托！”[1]虽是文学语言，有煽情的成分，但也真实反映了李唐王室的险境和悲哀。传说武则天看到此句时，惊惧地问：“这是谁写的？”有人回答是骆宾王。武氏竟埋怨说：“抛弃了这样的人才，是宰相的过失啊！”如果骆宾王写的檄文满纸谎言，十分离谱，武则天能有这样的感慨吗？

再如曾国藩的《讨粤匪檄》，这是清代有名的文章。该檄文说太平军“所过之境，船只无论大小，人民无论贫富，一概抢掠罄尽，寸草不留”，显然有夸大成分，另把太平军称为“匪”、“贼”等也有污辱之嫌，但该檄文的主体也是事实求是的，如说太平军“自其伪君伪相，下逮兵卒贱役，皆以兄弟称之，谓惟天可称父。此外凡民之父，皆兄弟也；凡民之母，皆姊妹也。农不能自耕以纳赋，而谓田皆天王之田；商不能自贾以取息，而谓货皆天王之货。士不能诵孔子之经，而别有所谓耶苏之说、《新约》之书”，[2]等等。由此参照比较，我们对周武王的《牧誓》、《泰誓》等征伐商纣王的檄文，当会以一种更理性的态度对待之。这些上古的文献，其内容真实性不宜轻易否定。

---

1 ［清］吴楚材等编，袁梅等注释：《古文观止今译》，齐鲁书社1993年第2版，第558页。

2《曾国藩全集·诗文》，岳麓书社1986年版，第232页。

三　韩愈对伯夷颂错了

伯夷、叔齐是商汤所封的孤竹国（在今河北省境内）的两位王子。商朝末年，他们的父亲去世，两兄弟相继放弃王位继承权，并相约逃亡并归附西伯昌（即周文王）。但他们刚到达时西伯昌已卒，周武王载着周文王的灵牌东向伐纣。伯夷、叔齐叩马而谏，言辞十分激切。他们说："父死不葬，爰及干戈，可谓孝乎？以臣弑君，可谓仁乎？"武王左右的人要用兵器刺他们，但姜太公认为他们是"义人"，便将他们放走了。等到周武王灭商，天下宗周，而伯夷、叔齐兄弟深以为耻，义不食周粟，隐于首阳山采薇而食，直至活活饿死。

对于伯夷、叔齐兄弟，孔子、孟子、庄子均在其口头和文章中提及，特别是孔子更将他们视为"求仁而得仁"的典范。司马迁在《史记》中首次为伯夷、叔齐列传，对这两位贤士作了很高的评价，并为贤德之人竟然饿死深表悲愤和同情。唐代著名文学家韩愈更创作《伯夷颂》，表彰其"特立独行"的义士之风，其中写道："一家非之，力行而不惑者，寡矣；至于一国一州非之，力行而不惑者，盖天下一人而已矣；若至于举世非之，力行而不惑者，则千百年乃一人而已耳！若伯夷者，穷天地、亘万古而不顾者也。"在韩愈眼中，伯夷、叔齐兄弟敢于在周武王出师伐纣，而八百诸侯"皆曰可伐"的情势下叩马而谏，事后又宁死不食周粟，确乎表现了一种高风亮节。这种不盲目从众、不轻弃操守的气节，是后世的士人群体应该追慕和仿效的。韩愈创作《伯夷颂》，是借他人之酒杯浇胸中之块垒。他不满当时苟且偷生的士林风气，并为自己受贬谪的遭遇而深感痛苦。所以清代的曾国藩称《伯夷颂》是韩愈的"自况之文"。近代文学家林纾也认为韩愈作此文，是因为"不遇于贞元之朝，故有论而泄其愤"。

毛泽东早年曾认真研读《韩昌黎文集》，韩愈的文风和见解曾给予他极大的影响和启示，但他对《伯夷颂》的立意却不予赞同。1949年8月18日，他在《别了，司徒雷登》一文中写道：“唐朝的韩愈写过《伯夷颂》，颂的是一个对自己国家和人民不负责任、开小差逃跑、又反对武王领导的当时的人民解放战争、颇有些‘民主个人主义’思想的伯夷，那是颂错了。我们应当写闻一多颂，写朱自清颂，他们表现了我们民族的英雄气概。”[1]

毛泽东写《别了，司徒雷登》一文时，正值新中国成立前夕，而一些知识分子却仍然对美国的民主自由抱有幻想，对即将到来的新社会一时难以适应。所以他以古喻今，奉劝那些“民主个人主义者”不要学上古的伯夷兄弟，而应丢掉幻想，准备战斗，彻底地将立场转移到中共领导的人民革命事业中来。总之，在他看来，伯夷兄弟的叩马而谏和耻食周粟，是逆历史潮流而动的行为。司马迁、韩愈对其特立独行、不能变通的迂腐行为加以颂扬，显然是有失片面。

不过，从文化的角度来看，伯夷、叔齐兄弟的思想行为在中国的历史上乃至在世界历史上都是极其罕见的，可称得上是一种精神上的稀缺资源。中国上古所谓的岩穴之士众多，但伯夷兄弟不同于许由的虚伪矫情，也不同于后来卞随、务光的明哲保身，更不同于姜太公的渔钓之举。他们不贪恋权位，更对“以暴易暴”持决绝的反对态度。司马迁在《史记》中收录了《诗经》中不载的一首伯夷的《采薇之歌》，起首两句为“登彼西山兮，采其薇矣。以暴易暴兮，不知其非矣”。伯夷兄弟并非反对商纣王下台，他们对商纣王的暴虐也抱有切肤之恨，问题只在于采取何种方式和手段。从伯夷、叔齐兄弟的行为中，我们可发现历史与伦理、正义与功利的巨大冲突和矛盾，这是人类社会难解的死结。

---

1 《毛泽东选集》第四卷，人民出版社1991年版，第1495—1496页。

第二章

毛泽东评点西周王朝

西周王朝（公元前1046—前771年）从周武王定鼎天下到周平王宜臼东迁洛邑，共延续270余年。周武王姬发死后，年幼的儿子成王姬诵继承王位，由其叔父周公旦摄政。在周公、召公等一批贤臣的辅佐下，西周迎来了有名的“成康之治”。但从康王姬钊的儿子昭王姬瑕起，王道却每况愈下，特别是经历周幽王宫涅“烽火戏诸侯”的丑闻之后，申侯联合犬戎部落联合攻破都城镐京。复位后的周平王东迁洛邑，从而拉开了东周即春秋战国的序幕。

一　周武王善用兵

周武王姬发是一位名副其实的军事战略家，他乘商纣王征伐东南、后路空虚的机会，从西北面乘虚而入，一举灭掉了商朝。虽然毛泽东为商纣王作了不少辩护，但也认为周武王伐纣在总体上是符合历史潮流的。对这个王朝鼎革之际所发生的一切，毛泽东都有极大的研究兴趣。1959年6月22日，他在同河南省委第一书记吴芝圃等人谈话时说："商朝起于商（现在叫商丘），后头它的后代搬到豫北殷（今安阳小屯村）。武王伐纣，还在朝歌（今淇县）封了纣王的儿子武庚。武庚后头跟武王的弟弟管叔、蔡叔同盟造反，起来反对周朝。"

对于纣王失败、武王获胜的根源，毛泽东曾有过多方面的探讨。据前公安部部长王芳回忆，上世纪50年代，有一次他陪同毛泽东游览杭州的玉皇山，山上有周武王、姜太公和哪吒、玉皇大帝等塑像，都是《封神演义》中的重要人物。毛泽东问王芳："你看过《封神演义》没有？""在家读中学时看过。"王芳回答。"那你知道殷纣王为什么被周武王打败了？""纣王宠信妲己，乱了朝政。"毛泽东说："不对，纣王失败的主要原因是在军事上采取分兵把守、消极防御的办法。而周武王用的是集中优势兵力，各个击破的方法，所以纣王败了，周武王胜了。"接着又发挥道："看来蒋介石没有看过《封神演义》，要么看了没有真正看懂。蒋介石搞的就是兵分防守的办法，我们用的就是集中优势兵力的办法，所以蒋介石被我们打败了。”[1]周武王伐纣确乎是创造了化整体劣势为局部优势，从而以少胜多的经典战例。《史记·周本纪》载：“帝纣闻武王来，亦发兵七十万人距武王。武王使师尚父与百夫致师，以大卒驰帝纣师。”显然是运用少量兵力佯攻，而以主力决战的方法。

二　周公旦是奴隶主的圣人

姬旦是周文王姬昌的第四子，因封地在周（今陕西岐山北），因而被称为周公或周公旦，他是先秦儒学奠基者，孔子所崇拜的上古圣人。

周公旦作为学富五车的文臣，“常左翼武王，用事居多”，在武王灭商的过程中发挥过重要作用。待天下宗周，周公又制礼作乐，推行封建制，确立了封建社会的典章制度。他提出“以德配天”、“敬德保民”的理念，确立了天命与民意等同的民本主义，这相对于商朝崇奉鬼神、听天由命的思想是一个巨大的进步。1945年4月24日，毛泽东在中共“七大”的口头报告中，便以周公为例阐述无产阶级政党要大量吸收知识分子的重要性，他说：“无产阶级要翻身，劳苦群众要有知识分子，任何一个阶级都要有为它那个阶级服务的知识分子。奴隶主有为奴隶主服务的知识分子，就是奴隶主的圣人，比如希腊的亚里士多德、苏格拉底。我们中国的奴隶主也有为他们服务的知识分子，周公旦就是奴隶主的圣人。”[2]周公旦是奴隶主阶级的知识分子还是地主阶级的知识

1 《酷爱读书的毛主席不迷信书》，见《王芳回忆录》，浙江人民出版社2006年版。

2 《毛泽东在七大的报告和讲话集》，中央文献出版社1995年版，第148页。

分子，这个问题有争论，因为周代实行“分封建国”，当是典型的封建社会。而毛泽东却同意郭沫若的观点，即中国的封建社会以春秋战国为界，而西周仍是奴隶社会。但不管怎样，毛泽东承认周公是“圣人”级的人物。

周公初辅成王，周围怨谤四起，认为他有夺取王位的野心，而戒慎恐惧只是假象。他摄政七年之后成王长大，周公毅然“反政于王，北面就群臣之位”，人们这才相信周公对成王的确是一片忠心。1939年5月30日，毛泽东在延安庆贺模范青年大会上讲话时，便以周公等为例，提出青年应“永久奋斗”，始终保持高尚的革命气节，他说：“从前有一首诗说：‘周公恐惧流言日，王莽谦恭下士时。倘使当年身便死，一生真伪有谁知？’这在我们的历史学家那里叫做‘盖棺论定’，就是说，人到死的时候，才能断定他是好是坏。假使周公在那个谣言流传的时候就死了，人家一定会加他一个‘奸臣’的头衔；又若王莽在那个谦让卑恭的时候死了，那后世人一定会赞扬他的。”他进而强调：“有一些人，他们嘴上道德、气节乱喊一阵，但在政治上是不坚定的，中途会变节的，这是无道无德。”[1]毛泽东所引用的四句诗出自唐朝诗人白居易的《放言五首》之三，前四句是：“赠君一法决狐疑，不用钻龟与祝蓍；试玉要烧三日满，辨材须待七年期。”这是一首深富哲理的诗，毛泽东在后来的“林彪事件”中当更有同慨。

周公旦礼贤下士，求贤若渴，相传他为吸纳人才和处理政务，不惜“一饭三吐哺，一沐三握发”，从而给后世留下了“周公吐哺，天下归心”的美好形象。周恩来作为毛泽东的得力助手，享有“现代周公”之称。1949年12月2日，毛泽东致信柳亚子说：“周公确有吐握之劳。”[2]

---

1 《毛泽东文集》第二卷，人民出版社1993年版，第191页。

2 《毛泽东书信选集》，人民出版社1983年版，第352页。

这是他对周恩来为新中国成立所作贡献的高度评价。

三　姜子牙有三件法宝

姜子牙这个人在中国家喻户晓。在明代人许仲琳所著《封神演义》中，姜子牙具有斩将封神、驱邪镇魔的本领。即使征诸正史，姜子牙也堪称韬略鼻祖、帝王宗师。后来的鬼谷子、诸葛亮、刘伯温之辈皆承姜子牙之遗绪，踵事增华，光彩照人。

姜子牙又名吕尚、吕望，号“太公望”，相传他曾饱尝穷困，年过七十还无所作为。但他并不死心，暮年仍渴望成为帝王的文武师。他本可直接投奔西伯昌，但为了抬高身价，却故意在渭水“以渔钓奸周西伯”。周西伯（即后来的周文王）出猎时占卜，卜辞说他此行可获“霸王之辅”，后果然遇姜子牙于渭水之阳，与语大悦，载归立为师。

据《史记·齐太公世家》载，周西伯昌自羑里放归后，和姜子牙阴谋修德以倾商政，“其事多兵权与奇计，故后世之言兵及周之阴权皆宗太公为本谋”。他协助周文王“大作丰邑。天下三分，其二归周者，太公之谋计居多”。周武王继位后九年，姜子牙随周武王在盟津大会诸侯。又过两年，商纣王杀比干，囚箕子，武王以为伐纣时机已到，但占卜不吉，风雨暴至。众人均感恐惧，只有姜子牙强烈要求武王伐纣。牧野一战，武王大获全胜，天下宗周。姜子牙“散鹿台之钱，发巨桥之粟，以振贫民”，又“迁九鼎，修周政，与天下更始”，成为周朝有名的开国功勋，并被东封于齐，成为齐国始祖。

毛泽东曾在一次会议上说：姜子牙这个人厉害，一切鬼都可以收拾。他早年便读过《封神演义》等神魔小说，因此在后来很多次提到姜子牙。据参加过秋收起义的开国上将张宗逊回忆，1927年9月“三湾改编”之后，他任中国工农红军第一师第一团特务连副连长，实际上为毛泽东的首任卫士长。毛泽东曾问他是哪里人，他说是陕西渭南人。毛泽东风趣地说：“啊，你来自八百里秦川，是姜太公的老乡呀！姜太公垂钓于渭水嘛！”[1]

相传姜子牙下昆仑山时，元始天尊赠他三件法宝伐纣兴周，一为“四不像”神兽一匹，骑之可“三山五岳霎时逢”；二为“打神鞭”一根，可打各路妖魔鬼怪；三为“杏黄旗”一面，旗内有简，简上有妙计，观简可逢凶化吉。1939年7月7日，华北联大举行开学典礼，校长成仿吾请毛泽东前往作报告。毛泽东在演讲中说：“当年姜子牙下昆仑山，元始天尊赠了他杏黄旗、四不像、打神鞭三样法宝。现在你们出发上前线，我也赠你们三样法宝，这就是统一战线、武装斗争、党的建设。”[2]毛泽东把评说姜子牙与现实斗争结合起来，既形象又生动，特别是“法宝”一词让人铭记不忘。1939年12月9日，毛泽东在延安各界纪念“一二·九”运动四周年大会上，发表《一二·九运动的伟大意义》的讲话，他说：“《封神演义》里有一个申公豹，是姜子牙的不肖徒弟，他脸向后长，眼朝后看。现在在抗战阵营中，就隐藏有这么一群‘申公豹’，一批专门倒退的人，他们拖住中国要后退。这是现在中国的黑暗势力压迫光明势力，这叫做压迫的自由。”[3]这是借古讽今，借姜子牙的徒弟申公豹抨击抗战阵营中的顽固派。

姜子牙用直钩垂钓渭水，因此留下了“太公钓鱼，愿者上钩”的

1 载《国防知识报》，2006年5月25日。

2 海鲁德等编著：《生活中的毛泽东》，华龄出版社1989年版，第66页。

3 《毛泽东选集》第二卷，人民出版社1993年版，第255页。

典故。毛泽东也曾活用过这个典故。1948年12月，他在《别了，司徒雷登》一文中写道："美国人在北平，在天津，在上海，都洒了些救济粉，看一看什么人愿意弯腰拾起来。太公钓鱼，愿者上钩。嗟来之食，吃下去肚子要痛的。"[1]

新中国成立后，毛泽东在读《新唐书·马周传》时所作的批语中又提到姜子牙。毛泽东对平民出身的唐太宗的重臣马周推崇有加，认为马周于贞观三年（公元629年）上唐太宗书称得上是贾谊《治安策》之后"第一奇文"。但《新唐书》主修者虽然认为马周"锐于立事"，其才能尚不及辅佐商朝武丁王的傅说和帮助周武王灭商的吕望（即姜子牙）。毛泽东不同意欧阳修的这种观点，认为"傅说、吕望，何足道哉。马周才德，迥乎远矣"[2]。何以得出这种结论，毛泽东没有给出答案，估计是他认为姜子牙虽然神乎其神，但人格中有明显的虚伪矫情的成分。再者姜子牙梦想成为帝王师，却直到晚年才有所成就，这更无法与作为青年才俊的马周相提并论。

1《毛泽东选集》第四卷，人民出版社1991年版，第1495页。

2《毛泽东读文史古籍批语集》，中央文献出版社1993年版，第236页。

第三章

毛泽东评点春秋战国

从周平王宜臼东迁洛邑到秦始皇嬴政统一中国（公元前770—前221年），跨500多年，历经春秋、战国两个时代。这一时期的最大特点是礼乐崩坏，道丧术兴，社会秩序失范，周王室作为天下共主的威望日趋式微，上天作为神道最高存在的信仰不断衰减，各诸侯国之间充满着血腥的征伐。春秋之世，“弑君三十六，亡国五十二，诸侯奔走不得保其社稷者不可胜数”。到战国时期，春秋时残存的礼义之风更趋没落，人们尚作伪、贵攻战，竟以智力相雄长，“一旅之众，便欲称王；再战之雄，争来奉帝”，完全信奉兵强马壮者称霸的强者逻辑，最后是信奉法家理论的秦始皇削平海内，一统天下。

春秋战国是乱世，真可谓一夕安稳，朝来生祸；霸业甫就，颠覆又起。期间事态百变，令人目不暇接。但也正是乱世催生了中国文化的“轴心时代”或曰“经典时代”，正所谓暴力与智谋共生，沉沦与创造相伴。儒、道、墨、法等各家各派纷纷拿出自己的救世主张，百家争鸣，各擅胜场。中国文化传统的基本特色皆由此时熔铸而成。

“沧海横流，方显出英雄本色。”一代伟人毛泽东对春秋战国史充满无限的兴趣，早年他便说过：“吾人揽史时，恒赞叹战国之时，刘项相争之时，汉武与匈奴竞争之时，三国竞争之时，事态百变，人才辈出，令人喜读。”记述春秋战国史的几部主要著作，如《左传》、《国语》、《战国策》、《东周列国志》，还有这一时期的经典作品，如《老子》、《庄子》、《墨子》、《韩非子》、《诗经》、《楚辞》，等等，他都曾经三复四温，烂熟于心。他对春秋战国史的评说，广泛涉及这一时期的帝王将相、经典战例、诸子百家和社会生活，集中展示了他作为一代史家的渊博知识和独特识见。

一　郑庄公很懂得策略

在春秋战国初期，郑庄公寤生和他的父亲郑武公掘突都是周平王的执政大臣。周平王想分政于西虢公，不再专任郑庄公，这激起了郑庄公的怨恨，而周平王却矢口否认这件事。为了彼此取信，周王朝就和郑国交换儿子做人质。平王的儿子狐到郑国做人质，而庄公的儿子忽到周王朝做人质。“周郑交质”在当时是一个大事件，周王室作为天下共主竟然与一个诸侯国交换人质，这无异于把自己与对方放在了对等的位置。郑庄公开此恶例，周王室的威信因此大打折扣。

毛泽东对《左传》和《东周列国志》所讲的郑庄公的故事极有兴趣。1959年到1960年，他在读苏联《政治经济学（教科书）》的谈话中说：“《东周列国志》值得读一下。这本书写了很多国内斗争和国外斗争的故事，讲了很多颠覆敌对国家的故事，这是当时社会的剧烈变化在上层建筑方面的反映。”并强调说，“郑庄公这个人很厉害，他对国内斗争和国际斗争都很懂得策略。”[1]

毛泽东对郑庄公的这段评语恰如其分。就国内斗争来说，有人提议郑庄公尽早除掉其同母弟叔段，因为叔段不守城邑规制，冒犯天子。而郑庄公却不急不慢，胸有成竹地说：“多行不义必自毙，你们就姑且等

1 范忠程主编：《博览群书的毛泽东》，湖南出版社1993年版，第35页。

一等吧！”过了不久，叔段命令西方和北方的边邑既服从庄公，又归属自己，后又进一步将两属之地据为己有，并且还大修城池和武备，准备偷袭郑国都城。直到此时，郑庄公才断然命令子封（公子吕，字子封）帅车二百乘以讨伐叔段，并逼迫叔段逃往共国。《左传》中的“郑伯克段于鄢”，便生动讲述了郑庄公在国内斗争中的策略。

至于郑庄公在国际斗争中讲究策略，也有许多例证。如他因为许国不守法度而讨伐之，而在许国降服以后又宽宥之，并不以占有许国为目的。这种量力而行，“相时而动，无累后人”的态度，证明郑庄公绝非那种专逞血气之勇的莽撞之人，其人胸有城府，做事讲究时机和分寸。

毛泽东看过多种版本的《东周列国志》。1960年，有人送给他一套根据《东周列国志》编写的小人书，共有数百本。毛泽东看上了瘾，并激发他在次年又读了一遍《东周列国志》，并说其目的在了解和研究国与国之间的“颠覆活动”及“怎么个颠覆法”。《东周列国志》由清代蔡元放所写，其中虽有虚构情节，但基本内容符合史料记载。1961年3月23日，毛泽东在广州中共中央工作会议上说：“《东周列国志》基本上是正确的，按照《左传》编写的。写这本书的是民间的一个作家，那上面的颠覆活动可多啦。还有一本小人书，写城濮之战的，我也对照了《左传》，完全正确。”[1]

二　宋襄公蠢猪式的仁义道德

宋襄公兹甫是公元前七世纪春秋时代宋国的国君，公元前650—前

1　范忠程主编：《博览群书的毛泽东》，湖南出版社1993年版，第35页。

637年在位，春秋五霸之一。齐桓公死后，宋襄公与楚国争霸天下，于前638年攻打郑国，和救郑的楚国军队战于泓水（今河南柘城县西北），这就是历史上有名的泓水之战。

当宋兵已经排列成阵，楚兵正在渡河时，宋襄公的哥哥、司马子鱼（又名目夷）认为楚兵多而宋兵少，主张利用楚军渡河未毕的时机出击。但宋襄公说：不可，因为君子不乘别人困难的时候去攻打人家。楚兵渡河以后还未排列成阵，司马子鱼又请求出击。宋襄公又说：不可，因为君子不攻击不成阵势的队伍。一直等到楚兵准备好了以后，宋襄公才下令出击。结果宋军大败，宋襄公自己也受了伤，并于次年因伤重而死。战争失败后，国人都归咎于宋襄公，但宋襄公仍然执迷不悟，并振振有词地说：君子在作战中不对受伤者再加伤害，不擒获头发斑白的士兵。古人还有一个原则，即不截击陷于险地的敌军，“寡人虽亡国之余，不鼓不成列”。子鱼明确责备他“未知战”，视他的话为迂腐之词，因为劲敌困于险阻而不成列，正是上天助于我，于此时狙击之，有什么不可以呢?

毛泽东在读《左传》、《左传纪事本末》以及《东周列国志》的过程中，对泓水之战中宋襄公的表现嗤之以鼻，认为这是最差的战争指挥者。他在《论持久战》中写道：“我们不是宋襄公，不要那种蠢猪式的仁义道德。我们要把敌人的眼睛和耳朵尽可能地封住，使他们变成瞎子和聋子，要把他们的指挥员的心尽可能地弄得混乱些，使他们变成疯子，用以争取自己的胜利。”[1]

战争是你死我活的行为，因而善于动员一切力量和手段以争取胜利是一切指挥员应当具备的素质，而宋襄公却不懂得兵不厌诈的诡道之学，反而出之以仁义道德，这就涉及战争中功利与道德的相互关系问

1 《毛泽东选集》第二卷，人民出版社1991年版，第492页。

题。战争固然不可不讲底线，如杀害俘虏便为高明的指挥者所不为，即便曹操也认为“杀俘不祥”，但像宋襄公那样完全不顾战争的功利性，以承平之时所要求的仁义道德去对待战争，则属于极端迂腐的行为，难怪毛泽东斥之为“蠢猪式的仁义道德”。

春秋之时虽然开始礼乐崩坏，但相对于战国毕竟还处于过渡状态，那时讲礼重义尚被一部分人所看重。宋襄公便明显受制于周礼中的军礼，不敢越雷池一步。他重信义的主张不仅仅表现在战争中，而几乎是贯穿在生活的一切方面，他本来想把君位让给哥哥子鱼，只因为子鱼认为自己是庶出而一再推让，他才得以登上王位。这和后来的汉文帝、魏文帝的作秀作伪是不同的。齐桓公晚年将齐孝公托付给宋襄公，宋襄公也没有辜负这种托付，硬是把齐孝公推上了齐君的位置。在后来的晋、楚城濮之战中，晋文公采纳咎犯使用诈术的建议而取胜，但在事后论功行赏时，晋文公却把反对实行诈伪之道的雍季放在第一位，理由是行诈术为“一时之劣”，而立诚信为“百世之利”，“焉有以一时之劣，先百世之利乎”。可见作为春秋五霸之一的晋文公，对周初留传下来的礼乐文化也保有出自内心的一份敬意。所以我们看毛泽东对宋襄公的评价，还得回到春秋之世的特殊时代背景，才能对宋襄公的行为有更深切的了解。《左传》这本书，对宋襄公既有贬斥，也有深惜，这是许多读者未曾看到的。

三　鲁庄公以弱胜强

1936年，毛泽东在陕北红军大学以《军事辩证法》为题所作的演讲中说："中国有个有名的成语，叫做'一鼓作气'，来自何时呢？来自春秋时期的齐鲁长勺之战。"

齐、鲁两国分别为西周初年姜太公和周公旦的封国，为疆土相连的近邻，曾相约"世世子孙勿相害"。但这不过是一种美好的愿望，齐鲁两国像当时的吴越、齐燕、秦楚等邻国一样，都因为征伐而结下仇怨，邻舍相斗而非相安几成当时的普遍现象。公元前685年，齐国发生内乱，齐襄公姜无知被雍廪杀害，公子纠和公子小白兄弟俩争夺王位，结果公子小白在鲍叔牙的帮助下捷足先登，袭得国君之位，是为齐桓公。公子纠及管仲逃往鲁国。当时齐强鲁弱，在齐桓公的威逼下，鲁庄公只得杀害公子纠，并将管仲用囚车放还。公元前684年，齐桓公又发兵攻打鲁国，双方在长勺（今山东莱芜县东北）展开决战，史称"长勺之战"。这是一场势力悬殊的较量，结果却是鲁国以弱胜强，挫败了野心勃勃的齐桓公。

在读《左传》的过程中，毛泽东对这次战役留下了极深的印象，以后多次在他的军事著作中引述这场战役的史实，如1936年12月，他在《中国革命战争的战略问题》一文中写道："春秋时期，鲁与齐战，鲁庄公起初不待齐军疲惫就要出战，后来被曹刿阻止了，采取了'敌疲我打'的方针，打胜了齐军，造成了中国战史中弱军战胜强军的有名的战例。"接着，毛泽东又引述了《左传》中"曹刿论战"的全文，并进一步评论道："当时的情况是弱国抵抗强国。文中指出了战前的政治准备——取信于民，叙述了利于转入反攻的阵地——长勺，叙述了利于开始反攻的时机——彼竭我盈之时，叙述了追击开始的时机——辙乱旗靡之时。虽然是一个不大的战役，却同时是说的战略防御的原则。中国战史中合此原则而取胜的实例是非常之多的。楚汉成皋之战、新汉昆阳之战、袁曹官渡之战、吴魏赤壁之战、吴蜀夷陵之战、秦晋淝水之战等等有名的大战，都是双方强弱不同，弱者先让一步，后发制人，因而战胜的。”[1]

毛泽东擅长古为今用，他之所以不厌其烦地引述“曹刿论战”的全文并加以大段评论，是因为当时党和红军也面临敌强我弱的局面，而过去一些军事冒险主义者却只强调进攻，强调拼命，而不懂得以退为进的辩证法。所以他在《中国革命战争的战略问题》一文中专设《战略退却》一节，强调指出：“战略退却，是劣势军队处在优势军队进攻面前，因为顾到不能迅速地击破其进攻，为了保存军力，待机破敌，而采取的一个有计划的战略步骤。”[2]将退却上升到战略的高度，这是毛泽东总结齐鲁长勺之战等诸多战史所得到的一个重要启示和创见。

当然齐桓公也并没有因为长勺之战而一蹶不振。他捐弃前嫌，起用管仲为相，进行了一系列的改革，为“尊王攘夷”、号令天下奠定了强大的物质基础。他先后在北杏、鄄地等处会盟诸侯，创造了“九合诸侯，一匡天下”的煌煌霸业。

四　晋文公化劣势为优势

晋文公重耳为春秋五霸之一，晋献公诡诸之子。43岁那年，晋文公遭“骊姬之祸”，带领咎犯、赵衰、先轸、魏武子、贾佗等人出逃，先后在翟国、齐国、宋国、郑国、楚国及秦国等地流亡达19年之久，最后在秦穆公的支持下回国，取代晋怀公而成为晋国的君主（公元前636—前628年在位）。

1《毛泽东选集》第一卷，人民出版社1991年版，第203—204页。

2《毛泽东选集》第一卷，人民出版社1991年版，第203页。

晋文公即位后，一扫其流亡期间贪图享乐的消极志趣，立志发愤图强，以成就一代霸业。他即位第二年便发兵勤王，杀了发动叛乱的周室王子带，拥护周襄王复位。过后又发兵救宋，侵曹伐卫。公元前632年，晋国与楚国之间终于爆发了著名的“城濮之战”。

城濮之战为春秋争霸史上以弱胜强的又一经典战例。当时楚国军力强盛，咄咄逼人，楚军在令尹子玉的率领下一路北上。处于劣势的晋军主动退避三舍（即向后撤退九十里），将进犯的楚军引至城濮一带（今山东省鄄县西南）。晋文公听从母舅咎犯的建议，命令晋军首先选择楚军力量薄弱的右翼，给以严重的打击。然后再集中优势兵力击溃了楚军的左翼。楚军大败而退，晋文公成功遏制了楚国向北扩张势力的锋芒。战后中原各诸侯纷纷归附晋国，晋文公在践土（今河南原阳县西南）会盟诸侯，并请周襄王到会助阵，既创下了诸侯召唤天子的先例，又确立了霸主的地位。

城濮之战中晋国化劣势为优势的战法给毛泽东以极大的启发。在1938年《论持久战》一文中，毛泽东写道：“主观指导的正确与否，影响到优势劣势和主动被动的变化，观于强大之军打败仗，弱小之军打胜仗的历史事实而益信。中外历史上这类事情是多得很的。中国如晋楚城濮之战，楚汉成皋之战，韩信破赵之战，新汉昆阳之战，袁曹官渡之战，吴魏赤壁之战，吴蜀夷陵之战，秦晋淝水之战等等，外国如拿破仑的多次战役，十月革命后的苏联内战，都是以少击众，以劣势对优势而获胜。都是先以自己局部的优势和主动，向着敌人局部的劣势和被动，一战而胜，再及其余，各个击破，全局因而转成了优势，转成了主动。”[1]深谙辩证法的毛泽东认为，将全局的劣势化为局部的优势，集中优势各个击破敌人，在战争史上屡见不鲜。毛泽东指导中国革命战争

1《毛泽东选集》第二卷，人民出版社1991年版，第491页。

的重要法宝之一，恰恰是强调发挥主观能动性，不为敌人整体上的优势所吓倒，要善于化全局劣势为局部优势，逐渐地积累战果，以促成战局整体上向有利于我方的转化。

春秋是乱世，要想在乱世中出头，诸侯国不能墨守成规，而要适应时代变化进行锐意的改革。在这方面最突出也最成功的例子是齐桓公时的管仲改革。在毛泽东眼中，齐桓公、晋文公等都是采用了法家开拓进取的治国理念而成为霸主的。他肯定战国时儒家荀子一派“法后王”的主张，并说“后王就是齐桓公、晋文公”。[1]

五　上梁不正下梁歪

周威烈王（公元前425—前402年），周考王之子，名午。当其继承王位时，周王室在土地和人口等方面已降至中小诸侯的水准。公元前403年，他竟然任命晋大夫魏斯、赵籍、韩虔为诸侯，从而使“三家分晋”合法化。这一事件使威权本已式微的周王室更加处于风雨飘摇之中。

北宋史学家司马光撰《资治通鉴》，便以周威烈王二十三年发生的这一事件为开端，以突出“上梁不正下梁歪”的历史定律。在司马光看来，周朝自幽、厉之后纲纪败坏，下陵上替，诸侯专征，大夫擅政，但祖宗之祀之所以仍然绵延不绝者，是因为周之子孙尚能守其名分，不敢完全抛弃祖宗成法。他举例说，晋文公重耳在郏地拥立出奔的周襄王，在周襄王对他赐封土地时，他提出了享受天子葬礼的要求。当襄王以委曲婉转的言辞阐明事理，拒绝其要求时，强大的晋文公碍于君臣名分，

1 毛泽东1964年8月30日谈话记录。

也知趣地放弃了不合理的要求。

礼义名分等典章制度，周朝初期便开始严格奉行，以规范朝野秩序。它虽然比不上弓矢车马之硬实力，但作为一种文化心理积淀，仍然对世人的行事有一定的规制效果。

而周威烈王却一反祖制，承认韩、赵、魏为诸侯，这无异于自毁长城，抛弃维系其命运之关键的名分，纵容了以下凌上的僭越心理和行为。司马光沉痛地说："今晋大夫暴蔑其君，剖分晋国，天子既不能讨，又宠秩之，使列于诸侯，是区区之名分复不能守而并弃之也。"有人认为，周威烈王这样做是出于无奈，因为周室衰弱，三晋强盛，其不想承认三家分晋也难。司马光对此不以为然。他说，如果三家自命为诸侯，是为悖逆之臣，天下其他诸侯可奉礼义而征之，"今请于天子而天子许之，是受天子之命而为诸侯也，谁得而讨之！故三晋之列于诸侯，非三晋之坏礼，乃天子自坏之也"。[1]在司马光眼中，周威烈王是轻授利器、导引奸贪的昏主。

毛泽东对《资治通鉴》这部书推崇备至，晚年曾对护士孟锦云说，他对此书看了十七遍。他认为司马光选取周威烈王承认韩、赵、魏为诸侯开篇，是深具史识和洞察力的表现。他说：

> 这一年（指公元前403年），中国历史上发生了一件大事，或者说主要是司马光认为发生了一件大事噢。这年，周天子命韩、赵、魏三家为诸侯。这一承认不要紧，使原先不合法的三家分晋变成合法的了。司马光认为这是周室衰落的关键。"非三晋之坏礼，乃天子自坏也。"选择这一年这件事为《通鉴》的首篇，真是开宗明义，与《资治通鉴》的书名完全切

1 ［宋］司马光：《资治通鉴》卷一，岳麓书社1990年版，第2页。

题。下面做得不合法，上面还承认，看来，这个周天子没有原则，没有是非，当然非乱不可。这叫上梁不正下梁歪嘛。任何国家都是一样，你上面的敢胡来，下面凭什么老老实实，这叫事有必至，理有固然。[1]

当然毛泽东也意识到，在封建时代，要保证“上梁”之正也是难事，因为封建时代实行世袭制，许多人即使昏庸到极点，也照常能世袭做皇帝。这些人上台后，谁能担保不做昏庸之事？1975年，毛泽东曾对护士孟锦云详细谈过这个问题，话语中体现了一定的反思力度。

六　商鞅为首屈一指的大政治家

商鞅（约公元前390—前338年）本是卫国公子，本名公孙鞅。自小喜爱刑名之学，在魏相公叔痤府中任中庶子。因后来未得到魏惠王的重用而西游秦国，以传授“霸道”之学被秦孝公所赏识，先后任左庶长、大良造，一心一意辅佐秦孝公，从而成就了秦孝公崛起西陲、东向以窥中原的霸业基础。他因战功而封于商（今陕西商县东南），号商君，故又称商鞅。

“商鞅变法”是战国时期最有名的政治事件之一。公元前359年和公元前350年，在商鞅的主持下，秦国先后两次变法，其主要内容是实行郡县制，将权力集中于朝廷；废井田，开阡陌，承认土地私有，允许买卖；制定连坐法，轻罪用重刑；重农抑商，奖励耕织，特别是鼓励

1 陈晋主编：《毛泽东读书笔记解析》（下），广东人民出版社1996年版，第1106页。

垦荒；重赏军功，禁止私斗；焚烧儒家经典，禁止游宦之民等。商鞅变法顺应时代的统一要求，让僻处西部苦寒之地的秦国迅速强大起来，按照李斯《谏逐客疏》中的说法，这一变法事件“移风易俗，民以殷盛，国以富强，百姓乐用，诸侯亲服，获楚、魏之师，举地千里，至今治强”。

据司马迁《史记》记载：商鞅变法时，恐民不信，乃在国都南门立三丈之木，募民能徙置北门者赐十金。民怪之，莫敢徙。又下令，能徙者赐五十金，后有一人徙之，即赐五十金以示不欺，于是颁布新法，秦民大悦而行之。

1912年6月，时在湖南全省高等中学校普通一班上学的毛泽东，曾专门就商鞅“徙木立信”一事创作一篇议论文，现录于下：

> 吾读史至商鞅徙木立信一事，而叹吾国国民之愚也，而叹执政者之煞费苦心也，而叹数千年来民智之不开、国几蹈于沦亡之惨也。谓予不信，请罄其说。
>
> 法令者，代谋幸福之具也。法令而善，其幸福吾民也必多，吾民方恐其不布此法令，或布而恐其不生效力，必竭全力以保障之，维持之，务使达到完善之目的而止。政府国民互相倚系，安有不信之理？法令而不善，则不惟无幸福之可言，且有危害之足惧，吾民又必竭全力以阻止此法令。虽欲吾信，又安有信之之理？乃若商鞅之与秦民适成此比例之反对，抑又何哉？
>
> 商鞅之法，良法也。今试一披吾国四千余年之纪载，而求其利国福民伟大之政治家，商鞅不首屈一指乎？鞅当孝公之世，中原鼎沸，战事正殷，举国疲劳，不堪言状。于是而欲战胜诸国，统一中原，不綦难哉？于是而变法之令出，其法惩奸宄以保人民之权利，务耕织以增进国民之富力，尚军功以树国威，孥贫怠以绝消耗。此诚我国从来未有之大政策，民何惮而

不信？乃必徙木以立信者，吾于是知执政者之具费苦心也，吾于是知吾国国民之愚也，吾于是知数千年来民智黑暗、国几蹈于沦亡之惨境有由来也。

虽然，非常之原，黎民惧焉。民是此民矣，法是彼法矣，吾又何怪焉？吾特恐此徙木立信一事，若令彼东西各国文明国民闻之，当必捧腹而笑，嗷舌而讥矣。乌乎！吾欲无言。[1]

毛泽东的这篇文章对商鞅及其变法内容给予了很高评价，认为商鞅是首屈一指的大政治家，同时对商鞅“徙木立信”以示变法诚意的做法又殊为不解和遗憾，并由此而感叹国民智识之愚暗，执政者推行法令之煞费苦心。那时毛泽东不过十九岁，写出如此鞭辟入里的史论确属难能可贵，所以其国文老师对此赞赏有加，认为它“实切社会立论，目光如炬，落墨大方，恰似报笔，而义法亦骎骎入古”；“精理名言，故未曾有”；“历观生作，练成一色文字，自是伟大之器，再加功候，吾不知其所至”。文末又有如下总评：“有法律知识，具哲理思想，借题发挥，纯以唱叹之笔出之，是为压题法，至推论商君之法为从来未有之大政策，言之凿凿，绝无浮烟涨墨绕其笔端，是有功于社会文字。”[2]

七　围魏救赵，千古高手

公元前354年，魏国发兵攻打北方的赵国，赵国危急之下向齐国求

1《毛泽东早期文稿》，湖南出版社1990年版，第1页。

2《毛泽东早期文稿》，湖南出版社1990年版，第1—2页。

救。齐威王于是任命田忌为将、孙膑为军师，出兵救援赵国。田忌想直接引兵救赵，而孙膑献计说："今天魏国、赵国相战，魏国的劲兵锐卒必然尽出于外，留下来守大梁都城的都是些老弱病残。将军不如引兵直接冲击大梁空虚之地。而魏军必然放弃攻打赵国而自救。于是我们一举而解赵国之危，并乘机击败回援的魏军。"田忌听从了孙膑的建议。魏军果然放弃围困赵国的都城邯郸，而班师回国自救。齐军则在桂陵一带设下埋伏，大破庞涓率领的魏军。

孙膑之计的特点是出其不意，攻其必救，以"批亢捣虚"的办法使魏军陷于"形格势禁"之境。明代冯梦龙编《智囊》一书收录了这个故事，毛泽东在读《智囊·兵智部》时批道："攻魏救赵，因败魏军，千古高手。"[1]这句批语反映了毛泽东对军事家孙膑的高度赞赏和评价。

毛泽东的这句批语虽写于新中国成立之后，但他很早就熟悉并实际运用过"围魏救赵"的兵法。1938年5月，他在《抗日游击战争的战略问题》一文中写道："在反围攻的作战计划中，我之主力一般是位于内线的。但在兵力优裕的条件下，使用次要力量（例如县和区的游击队，以至从主力中分出一部分）于外线，在那里破坏敌之交通，钳制敌之增援部队，是必要的。如果敌在根据地内久踞不去，我可以倒置地使用上述方法，即以一部留在根据地内围困该敌，而用主力进攻敌所从来之一带地方，在那里大肆活动，引致久踞之敌撤退出去打我主力；这就是'围魏救赵'的办法。"[2]战国时期，战事频仍，各国为了生存发展，都必须殚精竭虑以出奇谋。"围魏救赵"正是诞生在这一特殊乱世的兵学奇葩。毛泽东誉之为"千古高手"，正是感慨于它作为对人类兵学思维的深度发掘，具有开示后人的警策意义。战争的胜负大多取决于主动

1《毛泽东读文史古籍批语集》，中央文献出版社1993年版，第66页。

2《毛泽东选集》第二卷，人民出版社1991年版，第429页。

权，而围魏救赵恰恰是致人而不致于人。

八　赵奢善用反间计

公元前270年，秦国派大将胡阳领兵攻打韩国，将韩国要塞阏与团团围住。韩国无奈，只好向赵国求救。赵王于是派赵奢带兵前往营救。赵奢带兵离开都城邯郸三十里的时候就停下来，并说，如有人以战事进谏，一律处死。这时一部分秦军正攻打离赵军驻地不远处的武安，“鼓噪勒兵，屋瓦皆振”。赵军中有一人提出急救武安，赵奢立即将进谏者处死。

赵奢在驻地坚壁清野二十八天而不动，并且进一步添设营垒。秦军派间谍前来刺探情报，赵奢以美食招待并放还。间谍将情况上报给秦将胡阳。胡阳大喜说：“赵奢刚离开都城三十里而不行，又增添营垒，是因为阏与不是赵国的土地啊！”赵奢打发走了秦军间谍后，立即命令军队偃旗卷甲，急行军一天一夜后到达距阏与五十里处安营扎寨。赵奢并听从智士许历的建议，立即遣万名兵士占据北山山顶这一有利地形。秦兵闻讯后赶来争夺山头而不能得手，赵奢纵兵进击，大破秦军，遂解阏与之围。

明代冯梦龙编《智囊·兵智部》以“赵奢”为条目记录了这场战争的经过，并发表了如下评语：“孙子曰：‘反间者，因敌间而用之’。”又说：“‘我得亦利，彼得亦利，为争地。’阏与之捷是也。”认为秦军失败是因为中了赵奢的反间计。毛泽东是同意冯梦龙的观点的，他在阅读《智囊》关于这次战役的记载和冯梦龙的评语时非常细心，在书中的“反间者”三字旁画了一条着重线，又对“因敌间而用之”这句话逐字加了旁圈，并在书中天头上批道：“老师坚城之下，又不意赵救，此秦之所以败也。”[1]在毛泽东看来，秦军久围阏与而不下，是一种“老师坚城”的行为，等于自己捆住了自己的手脚，特别是听从了间谍带回来的虚假情报，根本想不到赵奢会突然长途奔袭来救，所以导致了惨败。

反间计是古代三十六计之一，《三国演义》中的蒋干中计便是周瑜成功使用反间计的典范。唐代杜牧曾解释说：“敌有间来窥我，我必先知之。或厚赂诱之反为我用，或佯为不觉示以伪情而纵之，则敌人之间，反为我用也。”由此不难看出，毛泽东对阏与之战的分析的确是言简意赅，直指事物的本质。

九 《触龙说赵太后》很有说服力

触龙为战国时赵国大臣，官左师。赵孝成王新立，赵太后掌权，秦国欲乘机攻打赵国。赵求救于齐国。齐国提出以太后所爱之子长安君为质。太后宠爱长安君，不愿他到外国做人质担惊受怕。每当听到让长安君去齐国当人质的言论，赵太后都非常生气，并扬言日后再有人口出此言，当批其颊而唾其面。一时朝廷之间，无有敢言者。

左师触龙推己及人，巧妙进谏。他先将幼子舒祺托付给太后，以唤起太后的关切之情，然后说太后爱女儿燕后胜过爱长安君，以引发赵太后的好奇之心，最后诚恳地向太后建言：“位尊而无功，奉厚而无劳”，“近者祸及身，远者及其子孙”，今长安君无功、无劳而居尊位、享厚俸，这些是非常危险的事情，如太后真的为长安君的将来着

1《毛泽东读文史古籍批语集》，中央文献出版社1993年版，第67页。

想，就应该毅然派他去齐国做人质，以赢得国人的尊敬和佩服。赵太后见触龙言之有理，便同意了他的要求。

在一次中央会议上，毛泽东讲话时专门提到了《战国策·赵策》中所讲的这个故事，并发挥道："这篇文章（指《触龙说赵太后》）反映了封建制代替奴隶制的初期，地主阶级内部，财产和权力的再分配。这种再分配是不断地进行的，所谓'君子之泽，五世而斩'，就是这个意思。我们不是代表剥削阶级，而是代表无产阶级和劳动人民，但如果我们不注意严格要求我们的子女，他们也会变质，可能搞资产阶级复辟，无产阶级的财产和权力就会被资产阶级夺回去。"[1]言下之意，封建时代的触龙和赵太后尚且懂得为子孙作长远计，社会主义时代的领导下就更应该要严格要求自己的子女，使他们成为合格的事业接班人。"君子之泽，五世而斩"，有点类似于俗语"富不过三代"，意思都是创业难，守成更难。对于其中的哲理，毛泽东是有深刻领悟的，所以他不忘以此告诫全党和教育全党。

十　孔孟有一部分真理

儒家文化是中国传统文化的主干，其主要作用是为封建统治提供合法性论证。因此，其代表性人物孔子（公元前551—前479年）被视为中国传统文化的象征。

毛泽东幼年起便开始攻读"四书五经"等儒家经典，1964年，他在北戴河与哲学工作者谈话时追忆道："我过去读过孔夫子的书，读了

1 张贻玖：《毛泽东读史》，载《光明日报》，1991年12月26日。

‘四书’、‘五经’，读了六年，背得，可是不懂。那时候很相信孔夫子，还写过文章。”[1]从1910年到1918年，毛泽东受到资产阶级启蒙思想的影响，明确地反对定孔教为国教，但仍视孔子为掌握了“大本大源”的圣人之一。在此期间，毛泽东着力最多、研究最勤的还是以儒学为代表的中国传统学术思想和文史典籍。他在博大精深的传统文化中涵泳默会，“尝诵程子之箴，阅曾公之书，上溯周公孔子之训”[2]。对儒学的学习和研究如痴如醉，以致1917年毛泽东的好友萧子升打算将祖遗的经、史、子、集共77种无偿地送给他。他在其间所写的《体育之研究》等文章，以及读德国哲学家泡尔生《伦理学原理》所写的批语，都广泛征引过“四书五经”中的术语和概念。“五四”运动爆发后，毛泽东将孔子斥为独霸思想界的偶像，认为欲求思想自由，便不能不打倒作为封建专制之护符的孔子偶像。尽管如此，毛泽东在这个世界观转变的时期仍不忘研习《周易》等儒家经典，并在1920年4月赴上海途中专门去曲阜参观了孔子的陵墓和故居。所以说，儒家文化是毛泽东一生最为熟悉的知识实体之一，而说儒、评儒也成为他文化活动乃至政治活动的重要内容。

延安时期，毛泽东致力于将马克思主义中国化，因此他对孔子和孟子的理性评价也主要集中于这一时期。在他看来，中国文化历史悠久，从孔夫子到孙中山，都要给予适当总结。他对五四新文化运动时期“打倒孔家店”的口号进行了反思，认为当时提出这一口号更多的是出于政治上、策略上的考虑。因为不把孔子丢开，新道德就站不起来。其间，毛泽东发表了不少公正评价孔孟学说的言论。

1 高菊村等：《青年毛泽东》，中共党史出版社1990年版，第12页。

2 《毛泽东早期文稿》，湖南出版社1990年版，第18页。

（一）关于孔子的“正名”思想

“正名”是孔子哲学和伦理学的基本出发点，也是其基本的政治主张。他首倡“正名”，意在按周礼规定的等级名分来纠正时弊，以终结以下陵上的僭越局面，所谓“名不正，则言不顺；言不顺，则事不成；事不成，则礼乐不兴；礼乐不兴，则刑罚不中；刑罚不中，则民无所措手足”，便是孔子的思想逻辑。后来司马光撰《资治通鉴》，以批评周威烈王承认三家分晋开篇，也正是为了突出孔子的“正名”思想，认为君臣之间不讲名分，必然导致上梁不正下梁歪。毛泽东把孔子所说的“名不正，则言不顺；言不顺，则事不成”视为孔子哲学的整个纲领，确认它属于循名责实的唯心主义，但又同时指出它作为认识过程的一个环节则是对的，这和“没有正确的理论就没有正确的实践”的意思差不多。如果孔子在“名不正”上面加上一句“实不明则名不正”，那就不是唯心主义的观念论了。由此毛泽东总结道：“孔子的体系是观念论；但作为片面真理是对的，一切观念论都有其片面真理，孔子也是一样。”他还作了如下补充：“观念论哲学有一个长处，就是强调主观能动性，孔子正是这样，所以能引起人的注意与拥护。”[1]

（二）关于“中庸”问题

“中庸”是儒家的基本范畴之一。《论语·雍也》曰：“中庸之为德也，其至矣乎！”认为中庸是最高的道德标准。“中庸”要求“执其两端，用其中于民”，反对“过”与“不及”，的确具备辩证法的某些要素。有鉴于此，毛泽东把孔子所说的“过犹不及”当做重要的思想方法之一，提出要用这种思想方法去肯定事物与概念相对安定的质。他甚至称赞“中庸”这一思想“是孔子的一大发现，一大功绩，是哲学的

1《毛泽东书信选集》，人民出版社1983年版，第144—145页。

重要范畴”[1]。与此同时，他也指出了“中庸”作为思想方法的两个缺陷。首先，毛泽东认为“过”与“不及”是要在事物的发展过程中去把握的，当事物发展到一定状态时，应从量的关系上找出与确定其一定的质，这就是“中庸”或“时中”。但儒家却主张“择乎中庸得一善则拳拳服膺而弗失之”，这证明“中庸观念没有这种发展的思想，乃是排斥异端树立已说的意思为多”[2]。其次，毛泽东认为“中庸思想本来有折中主义的成分”[3]，即看不到事物的质也有两个方面，其中的一个方面是主要的，而是无差别地调和两方面的矛盾。对这两个缺陷，毛泽东分别将它们称为“死硬派”和“折中派”两种思想，“当其肯定质的绝对安定性，这是同一律，也就是死硬派思想。当其畏首畏尾于过程正反之间成为排中律的反面之唯中律，代表两端间的过渡形态时，他是折中主义”[4]。此外，毛泽东还分析了儒家中庸思想的政治伦理实质，认为它“用两条战线斗争方法来维持旧质不使变化，这是维持封建制度的方法论”[5]。

（三）关于孔子的道德观

毛泽东指出：“关于孔子的道德论，应给以唯物论的观察，加以更多的批判。”针对孔子的“知仁勇”三达德，毛泽东作了这样的分析：“孔子的知（理论）既是不根于客观事实的，是独断的，观念论的，则其见之仁勇（实践），也必是仁于统治者一阶级而不仁于大众的；勇于压迫人民，勇于守卫封建制度，而不勇于为人民服务的。”[6]鉴于当时

1《毛泽东书信选集》，人民出版社1983年版，第147页。

2《毛泽东哲学批注集》，中央文献出版社1998年版，第147页。

3《毛泽东哲学批注集》，中央文献出版社1998年版，第364页。

4《毛泽东哲学批注集》，中央文献出版社1998年版，第380页。

5《毛泽东书信选集》，人民出版社1983年版，第147页。

6《毛泽东书信选集》，人民出版社1983年版，第147页。

国民党借儒家学说控制国民精神活动，毛泽东强调对孔子的仁、义这类道德范畴，要驱散观念论的昏乱思想家所散布的迷雾，给予历史的唯物论的批判，将其放在恰当的位置。儒家的道德学说与政治学说是高度缠绕的，政治即是伦理化的政治，所以家庭关系（父子关系）和政治关系（君臣关系）可以相互比拟。针对陈伯达所说的“家庭中父与子的关系，反映了社会中君与臣的关系”，毛泽东认为这个见解不对，应该倒过来说，即“君与臣的关系，反映了家庭中父与子的关系”[1]。儒家认为家国同构，国家政治生活是家庭生活的放大，所以毛泽东的见解是正确的，封建时代流行的话语，如所谓“移孝作忠”、“求忠臣于孝子之门”便是明证。

1943年，中共某负责人在给一位民主人士的关于“人性”的长篇通信中说：“一切剥削阶级的学者关于人性、是非、善恶、好恶联系起来所构成的学说，没有一个不是说得错误百出的。”毛泽东不这样看，他认为，共产党人作为历史唯物主义者，应给孔、孟等历史人物一定的位置，“剥削阶级当着还能代表群众的时候，能够说出若干真理，如孔子、苏格拉底，资产阶级，这样看法才是历史的看法”。这位领导同志还在通信中提出：“我们绝不能把这种哲学，把孔孟之道，看做中国文化的优良传统，相反，这恰是中国文化的不良传统。”毛泽东批道：“孔孟有一部分真理，全部否定是非历史的看法。”[2]中国的每一时代都有其文化上的代表，毛泽东在延安时期强调，正如鲁迅是现代中国的圣人一样，孔夫子是封建社会的圣人。

新中国成立后，毛泽东关注较多的是儒家的教育思想。1958年，《红旗》杂志第7期发表《教育必须与生产劳动相结合》一文，毛泽东

1《毛泽东书信选集》，人民出版社1983年版，第145页。

2 陈晋：《毛泽东的文化性格》，中国青年出版社1991年版，第195—196页。

在上面写下这样一段话："中国教育史上有人民性的一面。孔子的有教无类，孟子的民贵君轻……诸人情况不同，许多人并无教育专著，然而上举那些，不能不影响对人民的教育，谈中国教育史，应该谈到他们。"孟子生活在战国时代，被后世称为"亚圣"。孟子对孔子的学说有继承也有发展，他创造了许多新的概念和术语，如"良知"、"良能"、"尽心"、"知性"和"浩然之气"，等等，毛泽东青年时代谈泡尔生《伦理学原理》一书时，便时常引用孟子的言论进行中西文化比较和参证。孟子对孔子学说最大的发展是从重视人的生命进而强调人民的权利，提出"民为贵，社稷次之，君为轻"。明代开国皇帝朱元璋最不满这类话，他命令翰林学士刘三吾对《孟子》一书进行删节，共删掉他感到刺眼的内容85条，保留170余条，成《孟子节义》一书。所以毛泽东认为孟子的"民贵君轻"有"人民性的一面"，是完全合乎历史事实的。

新中国成立后，毛泽东还经常征引"四书五经"的言论来阐发思想，启发干部，提倡孔子"每事问"和"再思"的精神等，不过从总体而言，他对孔子及其儒学的负面评价明显增多了。如1955年，孔子的家乡曲阜办起了合作社，毛泽东便强调孔子"不大注意人民的经济生活"，"现在的社会主义确实是前无古人的。社会主义比起孔夫子的'经书'来，不知道要好过多少倍"[1]。1956年11月，他在中共八届二中全会上的讲话中，调侃孔子所说的"七十而不逾矩"是"吹牛皮"。1957年1月，他在省市自治区党委书记会议上，更把孔子的书与康德、黑格尔、蒋介石的书并列，称之为"反面的东西"。到了"文革"时期，毛泽东则完全背离了他长期坚持的"孔孟有一部分真理"的思想，提出"孔学名高实秕糠"的论断，一味地崇法贬儒，认为"历代政治家有成就的，封建社会前期有建树的，都是法家。儒家满口仁义道德，一

1 《毛泽东选集》第五卷，人民出版社1977年版，第257页。

肚子男盗女娼"[1]，对孔子及其儒家的评说已毫无科学性可言。

孔子所创立的儒学，最为后人所诟病的是其"虚伪性"。明代学者李卓吾（即李贽）便斥责儒学及其发展宋明理学为"阳为道学，阴为富贵"，"被服儒雅，行若狗彘"。究竟如何看待儒学的"虚伪"，这是一个看似简单、实则复杂的问题。从根本上看，文明既是人类社会的一种修饰，又是对人的动物本能的驯化。虽然人类的动物本能也可借文明的外衣而张扬，但诚实地违背道德比虚伪矫饰可能造出更大的恶果。儒学满口仁义道德，说明其尚有敬畏之心，还不敢公开地男盗女娼。清代学者吴定（公元1744—1809年）说："夫行而伪焉，俗之所以不古也。然行而伪焉，俗犹未尽不古也。何则？天下尚知道学之可贵而崇奉之，故群喜其名而思窃之也。至于怵然以道学为戒，而相与讪之，笑之，挤排之，则风俗乃颓然不可收拾矣。"[2]个中道理值得人们深思之。

十一　墨子是中国的赫拉克利特

在春秋战国时期，墨家与儒家是并称的显学，其主旨是反对战争，崇尚节俭，表彰重"兼爱"的天志。墨家的代表人物是墨子（约公元前468—前376年），姓墨名翟，战国初期鲁国人。他自称"贱人"，善造兵器、车辖。出身小私有者阶层的墨子好学不倦，博通经典，出乎儒家而又超越儒家，终成为百家争鸣中一个新型学派的代表。他反对儒家有差别、有等级的爱，而提倡无分等级和差别的兼爱，认为"天下兼相爱

1 陈晋：《毛泽东的文化性格》，中国青年出版社1991年版，第199页。

2 王文濡选编：《续古文观止》，岳麓书社2003年版，第155页。

则治，交相恶则乱”。

延安时期，陈伯达研究先秦诸子，成果迭出，相继在《解放》杂志上发表，其中一篇便是《墨子的哲学思想》。发表之前，陈伯达将这篇论文送给毛泽东审读。毛泽东对陈著和墨子都寄予了较高的评价，1939年2月1日，他在写给陈伯达的信中说：“《墨子哲学思想》看了，这是你的一大功劳，在中国找出赫拉克利特来了。”[1]赫拉克利特是古希腊唯物主义哲学家、爱菲斯学派的创始人，曾被列宁称为“辩证法的奠基人之一”。墨子坚持朴素唯物主义的反映论，在名实关系上强调“实”即客观存在是第一性的，名（概念）是第二性的，所以毛泽东称墨子为中国的赫拉克利特，并建议陈伯达将书名改为《古代辩证唯物论大家——墨子的哲学思想》。

毛泽东对墨家的评说涉及墨、儒两家对“中庸”认识上的异同。他从把中庸理解为保持事物质的安定性这一观点出发，认为墨家的“欲正权利，恶正权害”、“两而无偏”、“正而不可摇”，与儒家的“执两用中”、“择乎中庸，服膺弗失”、“中立不倚”、“至死不变”是一个意思，都是肯定事物质的安定性。他还具体解释说：“正”是质的观念，与儒家之“中”（不偏谓之中）同，“权”不是质的观念，与儒家“执两用中”之“执”同，所以“儒、墨两家话说得不同，意思是一样，墨家没有特别发展的地方”。但毛泽东强调，墨家没有儒家思想中的折中论成分，墨家的“两而无偏”，“是不要向左与右的异质偏，不是不要向一个质的两方面之一方面偏（其实这不是偏，恰是正），如果墨家是唯物辩证论的话，便应作如此解”[2]。在毛泽东看来，墨家对事物矛盾的主要方面是有认识的，与儒家中庸无原则的调和大为不同。

1《毛泽东书信选集》，人民出版社1983年版，第140页。

2《毛泽东书信选集》，人民出版社1983年版，第142页。

不过，毛泽东上述对墨家思想的一些解释也有值得商榷的地方。“欲正权利，恶正权害”一语出自《墨子·经上》，“两而无偏”则语出《墨子·经说上》，都是后期墨家的著作。这些话的本意可能是功利主义，而与中庸之道并无本质联系。后期墨家以趋利避害作为道德行为的准则，认为“欲望的正确准则是利，厌恶的正确准则是害”；所谓“两而无偏”，意思是说这两种正确的功利准则是不可偏离的。

当然，毛泽东也承认《墨子》书中所存在的局限性，指出“墨子讲了些认识论方面的问题，但也没有讲清楚”[1]。的确，墨子及其门徒均来自社会底层，治学讲求切实尚用，有一定的江湖色彩，而涉及认识论及政治方面的复杂问题时往往表现出思辨上的含混和不足。比如墨子讲“尚同”，但却以君王的是非为标准，其结果是导向君主专制，这便与其平民理想和兼爱学说相矛盾。墨子一生奔走各处，“墨突不黔”，以捆屦织席换来菲薄的苦饭为满足，其行事风格被儒家士大夫称为“役夫之道”，“贱人之所为”。而其学说也被历史正统士大夫斥为“情而不智”，“流于昏弱”。墨学后来沉寂下去，主要就是因为他的理论和实践不为后来大多数知识分子所认同。

毛泽东出身农家，熟悉底层民众的情感和需求，所以从总体上看，他对墨家那些反映下层社会利益的学说是怀有敬意的，在心理上容易接受，而评价也相对高一些，他甚至说过这样的话：“墨子是比孔子更高明的圣人。”[2]

---

1 范忠程主编：《博览群书的毛泽东》，湖南出版社1993年版，第322页。

2 魏巍：《话说毛泽东》，中央文献出版社2000年版，第123页。

十二 《老子》是一部兵书

中国传统文化的基本特点之一是儒、道互补。两千多年来，影响中国社会人心风俗最大的，莫过于《论语》和《老子》两部书了。这两本书，一是儒家鼻祖孔子的垂训，一是道家崇奉的中心经典。道家留给后世的伟大遗产是它的自然主义宇宙观和无为主义政治哲学。近代学者林语堂先生学贯中西，但他认为老子《道德经》的学理“实为人类最高智慧之珍果”。

毛泽东在青年求学时期便研读过《老子》和《庄子》。据萧子升《我和毛泽东的一段曲折经历》一文回忆：1917年夏，他和毛泽东在游学途中拜访过湖南宁乡的一位刘翰林。当刘翰林问他们读过什么书时，毛泽东回答读过《十三经》、《老子》和《庄子》，并说“最好的《老子》注是王弼作的，最好的《庄子》注是郭象作的”。后来他们又拜访了沩山寺的方丈，萧子升在回忆中写道：“最后谈及孔子和老子，我们觉得这是自己熟悉的问题，于是便表白了自己的意见。”萧子升在此说得较为笼统，如果仔细查阅和分析毛泽东的早期文稿，人们便会发现毛泽东青年时代对老庄之学有不少评说，但总的说来是否定多而肯定少。在《体育之研究》中，他自称对老子的无动为大“未敢效之也。愚拙之见，天地盖惟有动而已”[1]。在读泡尔生《伦理学原理》所写的批注中，毛泽东认为治乱迭乘、平和与战争相寻者，“自然之例也”，所以“老庄绝圣弃智、老死不相往来之社会，徒为理想之社会而已”[2]。青年毛泽东的思想性格很难与老庄式的社会理想产生共鸣。

进入中年以后，毛泽东对老子辩证法思想颇为推崇。老子比孔子大

1《毛泽东早期文稿》，湖南出版社1995年版，第69页。

2《毛泽东早期文稿》，湖南出版社1995年版，第185页。

二十岁左右，曾当过“周守藏室之史”（相当于国家图书馆馆长），既饱读史籍，又阅历世变。他身处春秋乱世，时局变幻莫测，看似真切的东西不旋踵便烟消云散，如同“飘风不终朝，骤雨不终日”。老子以其虚静的心灵体察自然和人世间的种种变化，从自然界的“高峰为谷，深谷为陵”领悟人世间的“社稷无常奉，君臣无常位”，深刻揭示世上的万事万物，都是在既相互对立又相互依存的关系中向前发展变化的，阴阳、有无、刚柔、强弱、祸福、贵贱、损益、生死、智愚、高下、前后、美丑、难易、荣辱、巧拙、进退、曲直、轻重、长短等范畴便是这种关系的具体体现。如“有”与“无”看似矛盾和对立，但“有”则是从“无”中而来，“无中生有”绝非虚妄；祸福看似两回事，但福中未必不埋伏着祸，而祸中也未必不潜藏着转机。1957年2月27日，毛泽东在《关于正确处理人民内部矛盾的问题》的讲话中指出：“我们必须学会全面地看问题，不但要看到事物的正面，也要看到它的反面。在一定的条件下，坏的东西可以引出好的结果，好的东西也可以引出坏的结果。老子在二千多年以前就说过：‘祸兮福所倚，福兮祸所伏。’”[1]这是对老子所谓“反者道之动”最为生动的阐释。

老子的《道德经》虽只有五千言，但包含着极其丰富的文化含量和真知灼见，可以从多角度进行阐释和吸纳。它既是政典，又是兵书；既是君王南面之术，又是宰辅北面之术。李泽厚在《中国古代思想史论·孙老韩说》一文中提到，毛泽东曾认为“《老子》是一部兵书”。在长期的战争生涯中，毛泽东吸取老子思想中的精华，将其中充满辩证法的思想和格言借用过来，用于现实的政治和军事斗争，屡屡取得辉煌的胜利。1945年4月，他在谈到国民党军队进攻解放区，我方应采取的方针时说：第一条，就是老子的哲学，叫做“不为天下先”。就是说，

1《毛泽东著作选读》（下），人民出版社1986年版，第793—794页。

我们不打第一枪。第二条，就是《左传》上讲的“退避三舍”。你来，我们就向后转开步走，走一舍是三十里，三舍是九十里，不过这也不一定，要看地方大小。我们讲退避三舍，就是你来了，我们让一下的意思。第三条，是《礼记》上讲的，“礼尚往来”。来而不往非礼也，往而不来亦非礼也，就是说“人不犯我，我不犯人，人若犯我，我必犯人”[1]。毛泽东将老子“不为天下先”列为对付强敌的第一条，足以说明老子的韬略在其心目中的地位了。

历来研究老子《道德经》者，都高度重视第三十六章，其主要内容是：“将欲歙之，必固张之；将欲弱之，必固强之；将欲废之，必固兴之；将欲取之，必固与之。是谓微明。”这段话被视为最富权诈色彩和“阴谋论”气息的老子名言。所谓“微明”，即是洞察几微的明智，当故意对敌手张之、强之、兴之、与之的时候，已有歙之、弱之、废之、取之的杀机伏在其中矣。毛泽东在1964年8月3日的一次谈话中对此评论道：“我看老子比较老实，他说‘将欲取之，必先予之’，要打倒你，先把你抬起来，搞阴谋，写在了书上。”[2]阴谋既然写在了书上，那当然就成了“阳谋”。其实质是将对手“抬起来”，使其走上顶点，然后促使其向对立面转化。

老子的哲学是唯心论还是唯物论，上世纪中国哲学界曾有过讨论。1968年10月31日，毛泽东在中共八届十二中全会闭幕式上说：“任继愈讲老子是唯物论者，我是不那么赞成的。”[3]老子把“道”视为万事万物的本源，就此而论，毛泽东是倾向于将老子哲学归于客观唯心论范畴的。

人们讲到道家哲学，常常“老庄”并称，其实老子和庄子生活在不

1《毛泽东在七大的报告和讲话集》，中央文献出版社1995年版，第130页。

2 薛泽石主编：《跟毛泽东学史》（上），红旗出版社2007年版，第35页。

3 陈晋：《毛泽东之魂》，吉林人民出版社1993年版，第295页。

同的时代，相互之间既有传承和相同的一面，也有变化和相异的一面。易中天先生认为，老子、庄子的主要差别在于：老子寡情，庄子善感；老子重逻辑，庄子重感悟；老子多权谋，庄子多灵慧；老子假无为，庄子真无为。这些分析大体上是可以成立的。

毛泽东早年在研读《老子》的同时也研读过《庄子》，熟知其中的许多故事和寓言，如庖丁解牛、瘺瘘承蜩，等等；对其中的一些篇目如《养生篇》、《秋水篇》、《逍遥游》等更是钟爱有加，时不时加以引用，这在毛泽东早年的作文如《体育之研究》和众多书信中均可找到。晚年毛泽东还将《秋水篇》推荐给女儿李讷阅读，提醒她不要做那个盲目自大的“河伯”，而要放宽眼界，培养大海一般的胸怀。毛泽东尤为欣赏庄子《逍遥游》中体现的那种瑰丽的想象力和浪漫主义情怀。1918年，他为给准备东渡日本的罗章龙送行，特意创作一首七言《送纵宇一郎东行》，其中写道：“君行吾为发浩歌，鲲鹏击浪从兹始。”鲲鹏展翅、飞越万里的气概，寄托了毛泽东“我自欲为江海客”的梦想。1963年和1965年，毛泽东分别创作《七律·吊罗荣桓同志》和《念奴娇·鸟儿问答》，又借鲲鹏这种大鸟的身姿讽刺未见过世面的斥和鸟雀。

庄子思想中虽有相对主义的成分，但其辩证法思维比老子也毫不逊色。1964年8月，毛泽东在与周培源等人的谈话中说：“庄子讲‘一尺之棰，日取其半，万世不竭’，这是一个真理，因此我们对世界的认识也是无穷无尽的。宇宙不仅从大的方面来看是无限的，从小的方面看，也是无限的。”[1]由此，他非常赞同日本物理学家坂田昌一关于“基本粒子并非是最后的不可分的粒子”的观点。庄子不仅对有限与无限的相互关系作了精彩的论述，而且对运动与静止的关系也富于真知灼见。1956年11月，毛泽东在中共八届二中全会上的讲话中说：

1 范忠程主编：《博览群书的毛泽东》，湖南出版社1993年版，第323页。

“看电影，银幕上的那些人净是那么活动，但是拿电影拷贝一看，每一小片都是不动的。《庄子》的《天下篇》说：‘飞鸟之景，未尝动也。’世界上就是这样一个辩证法：又动又不动。”“动是绝对的，静是暂时的，有条件的。”[1]

庄子（约公元前369—前286年）差不多与孟子同时，正处于战国时代。在那么早的时代就产生了像庄子这样杰出的思想家和文学家，这不能不让毛泽东为之神往，并认识到没有学术自由和思想自由，就不可能有精神上的创造力。正因为如此，毛泽东在1956年5月2日最高国务会议第七次会议上的讲话中说：“百家争鸣，是说春秋战国时代，两千年以前那个时候，有许多学派，诸子百家，大家自由争论。现在我们也需要这个。”[2]他期盼一个“百花齐放”、“百家争鸣”的新局面再次出现于中国，只可惜因为各种原因，这个知识界的“早春天气”未能正常地发展下去。

十三　百代都行秦政法

1973年8月，毛泽东创作一首诗《读〈封建论〉呈郭老》：“劝君少骂秦始皇，焚坑事业要商量。祖龙魂死秦犹在，孔学名高实秕糠。百代都行秦政法，《十批》不是好文章。熟读唐人《封建论》，莫从子厚返文王。”该诗的主旨是批评史学家郭沫若《十批判书》中的“崇儒反法”论，并为秦朝的官方哲学即法家理论辩护。《十批判书》写于20世

1 薛泽石主编：《跟毛泽东学史》（上），红旗出版社2007年版，第35页。

2 关于“百花齐放、百家争鸣”方针的文献三篇，见《党的文献》，1990年第3期。

纪40年代，是郭沫若研究古代历史分期和中国先秦诸子的论文集，其中涉及法家学说的有《前期法家的批判》、《韩非子的批判》、《吕不韦与秦王政的批判》等。当时郭沫若是站在儒家人本主义的立场批评法家主张的“法、势、术”和秦始皇的暴政。该书后来多次重版，毛泽东最晚在1954年便读到该书。

在先秦诸子中，法家是对当时及后来中国政治影响最深的一派学说，其基本特征表现为崇奉“厚今薄古”的历史观和功利主义的政治观，主张君主以法律为手段统治社会，将“刑”、“赏”二柄分别用于惩罚和劝勉，以罚明威，以赏尽能，从而达到富国强兵的目的。所谓“圣人执要”，即是君主独掌“刑”、“赏”二柄，刑赏并用，恩威并施。前期法家以申不害、商鞅为代表，留存于世的著作有《商君书》；后期法家以韩非、李斯为代表，《韩非子》则是法家的集大成之作。

毛泽东在早年便对法家学说寄予过很高的评价。1912年，他在《商鞅徙木立信论》一文中就称赞商鞅为首屈一指的“伟大之政治家”，而商鞅之法为“良法”，并是“我国从来未有之大政策”。而且越到后来，毛泽东越是强调法家“厚今薄古”的合理性和以法家理论治国的有效性。在儒、法两家的比较中，他更是毫不掩饰对法家的偏爱，1968年10月13日，他在中共八届十二中全会闭幕式上的讲话中针对郭沫若说：“拥护孔夫子的，我们在座的有郭老，范老基本上也是有点崇孔罗（啰），因为你那个书上有孔夫子的像哪。冯友兰就是拥护孔夫子的罗（啰）。我这个人比较有点偏向，就不那么高兴孔夫子。看了说孔夫子是代表奴隶主、旧贵族，我偏向这一方面，而不赞成孔夫子是代表那个时候新兴地主阶级。因此，我跟郭老在这一点上不那么对。你那个《十批判书》崇儒反法，在这一点上我也不那么赞成。但是，在范老的书上，对于法家是给了地位的，就是申不害、韩非这一派，还有商鞅、李斯、荀卿传下来的。”[1]1973年7月3日，毛泽东在一次谈话中又说：“郭老不仅尊孔，而且是反法。尊孔反法，国民党也是一样啊！林彪也是啊！”[2]他后来还作出这样的总结：“历代政治家有成就的，在封建社会前期的，都是法家。这些人主张法治，犯了法就杀头，主张厚今薄古。儒家满口仁义道德，一肚子男盗女娼，都是主张厚古薄今的。”[3]

追溯法家的历史，秦孝公时期主持变法的商鞅，便确立了有罪必罚甚至轻罪重罚的原则，连“弃灰于道者”都要处以黥刑。在商鞅看来，“重其轻者，轻者不至，重者不来”，只有这样，才能有效地制止人的犯罪冲动。不仅如此，商鞅还提出“刑用于将过”，“赏施于告奸”，即在人们有犯罪的可能性时就要实施惩戒，并鼓励揭发怀有奸计和阴谋的人。这样严苛的刑罚显然比儒家主张礼乐教化更能收到速效。在孔子看来，君主对国民“导之以德，齐之以礼”，则国民“有耻且格”，而如果君主对国民“导之以政，齐之以刑”，则国民将“免而无耻”。但问题是春秋战国时代，列国争雄，弱肉强食，君主若不采纳以富国强兵为目的的法家学说便不能生存，因此切合于那个时代需要的必然是法家。当然，古代法家所说的“法治”不同于现代社会的“法治”。法家所说的“法治”是一种法律工具主义，君主“口衔天宪，言出法随”，以法律来统治社会，而君主本人则是不受法律严格约束的。

法家与儒家的思想之间有一定的关联。如儒家的荀子主张“性恶论”，开创了援法入儒的先例。荀子所说的“性恶”主要是“权利之恶”而非“权力之恶”，因此其理论正适合了君主统御民众的需要。在毛泽东看来，“孔孟是唯心主义，荀子是唯物主义，是儒家的左派。孔

---

1 陈晋主编：《毛泽东读书笔记解析》（下），广东人民出版社1996年版，第1149—1150页。

2《中国共产党执政四十年》，中共党史出版社1989年版，第363页。

3 薛泽石主编：《跟毛泽东学史》（上），红旗出版社2007年版，第90—91页。

子代表奴隶主、贵族。荀子代表地主阶级”，“秦始皇用李斯，李斯是法家，是荀子的学生”。自从荀子援法入儒之后，历史发展到汉代，中国封建政治的一个基本特征便形成了，这就是“外儒内法”或者“阳儒阴法”，所以毛泽东指出：“几千年来，形式上是孔夫子，实际上是按秦始皇办事。”[1]所谓“百代都行秦政法”，便是对封建政治本质特征最精炼的总结。

在长期的封建社会中，士子们研习儒学，进而参加科举考试，走的是一条以儒学为敲门砖的道路。所谓“书中自有颜如玉”、“书中自有黄金屋”等说辞，就再明白不过地道出了儒学信徒“奉章程以希利达”，以习儒为进身之阶、干禄之具的本质，以致明代的李卓吾痛斥俗儒“阳为道学，阴为富贵”、“被服儒雅，行若狗彘”。儒家的这种伪善和虚假，给毛泽东留下了极不好的印象。他在读王夫之《读通鉴论》的批语中写道：“儒俗者万千，而贤者不一，不如过去法家之犹讲一些真话。儒非徒柔也，尤为伪者骗也。”[2]诚如毛泽东所言，法家的代表人物们，特别是韩非子能直面人性的幽暗面，无论是对君主统治心理的分析，还是对臣民行为倾向的剖析，往往一针见血，令人看了禁不住冷汗涔涔，如“圣人之治国，不恃人之为吾善也，而用其不得为非也”；“严家无悍虏，而慈母有败子。吾以此知威势之可以禁暴，而德厚之不足以止乱也”，等等。[3]可以说，《韩非子》一书，其价值丝毫不亚于马基雅维利的《君主论》。

明末清初的思想家王夫之曾仔细研究过道家与法家的关系，认为历史上标榜以佛老之学治天下者，其实际做派仍是申不害、商鞅等的刑名

1 毕桂发：《毛泽东对历代帝王的评说》，载《人民政协报》，2006年12月21日。

2 《毛泽东读文史古籍批注集》，中央文献出版社1993年版，第343—344页。

3 《韩非子》，中国文史出版社2003年版，第362—363页。

之学。如西汉孝文帝刘恒表面上推崇道家的清静无为，实际上却喜欢刑名之言，并任命师学刑名之术的晁错为太子家令。王夫之强调，“汉之所谓酷吏，后世之所谓贤臣也”，虚静无事的君主只有重用酷吏，才能心以不操而自逸。在王夫之看来，老子与韩非子的共同特点是“疑虑以钳制天下”，前者虽不像后者动辄以杀人应事，但机诈既兴，其末流必极于残忍。这便是道家与法家的内在联系。换句话说，道家是法家的收敛状态，而法家则是道家的爆发状态。明乎此，人们也就能理解老子为什么说“静为躁之君”，以及司马迁在《史记》中为何要将老子与韩非子合传了。王夫之有关道家与法家关系的论述给毛泽东以极大的启迪，他在阅读《读通鉴论》一书时，在“其教佛老者，其法必申韩”等原文边批道：“其教孔孟者，其法亦必申韩。”[1]在毛泽东眼中，无论中国封建统治者宣扬什么，佛老也好，孔孟也罢，其实际上以法家治国则是不变的。

“其教孔孟者，其法亦必申韩”，是毛泽东对王夫之观点的发挥，也是其读史笔记中一句非常深刻的话。如顾准先生就认为，如果孔子真的当政起来，他的做法其实和管仲、商鞅是一样的。孔子杀少正卯、隳三都，已见端倪。在封建社会，仁恕道不可不讲，但当政者要成就一番事业，不出之以法家手段自然是不行的。其实何止于孔子，在他之后，董仲舒首劝汉武帝杀骨肉大臣，王阳明、曾国藩皆以奇用兵，用严厉的手段对待农民起义军，都说明中国历史上当政的儒生，其所作所为与平生学术旨趣也颇有差异。

在儒家和法家两派学说中，虽然总体上看毛泽东明显偏爱法家，但在毛泽东思想的形成过程中，他对两家的观点都有所吸纳和整合，如1941年9月10日，他在中央政治局会议上发言时对“路线”与“纪律”

1《毛泽东读文史古籍批注集》，中央文献出版社1993年版，第343—344页。

的关系作了生动的阐述，认为“路线是王道，纪律是霸道”，两者不可偏废，有了正确的政治路线，没有铁的纪律来约束，则路线也不可能转化为实际的物质力量。

十四 《孙子兵法》里面很有些好东西

春秋战国是一个充满烽火硝烟的时代，其间上演了无数兼弱攻昧、取乱侮亡的事件。各诸侯国为了在虎狼丛中求生存、图发展，都不能不培养武将、研习兵法，求取制胜之道。在充满血腥征伐的环境中，诞生了孙武、吴起、赵牧、廉颇、白起等众多的军事人才，而兵学作为那时的一门显学也应运而生，其中最杰出的成就当属孙武撰《孙子兵法》。孙武大约与孔子同时，字长卿，本为齐国人。后因齐国内乱而出奔吴国，经伍子胥推荐而向吴王阖闾进呈兵法，并被重用为将。之后，孙武辅佐吴王西破强楚，北威齐晋，南服越人，一时称霸列国。

《孙子兵法》近六万字，共分十三篇，包括计篇、作战篇、谋攻篇、形篇、势篇、虚实篇、军争篇、九变篇、行军篇、地形篇、九地篇、火攻篇、用间篇。《孙子兵法》一书分析了战争的起源、特点和攻守转换的一般规律，强调根据敌我双方的情况而因时制宜，以及掌握战争主动权的重要性，其归纳的许多战略战术原则充满唯物论和辩证法的色彩，因此对后世产生了深远的影响，被誉为“兵学圣典”、“世界第一兵家名书”。

毛泽东是举世公认的大军事家，其军事思想不仅继承了马克思、恩格斯、列宁等无产阶级革命家的相关理论，而且广泛吸纳了中国传统兵学遗产。延安时期，他花费大量精力研究《孙子兵法》和其他兵学著作，用以总结中国革命战争正反两方面的经验，写出了《中国革命战争的战略问题》、《论持久战》、《战争和战略问题》等一批不朽的军事论著。对于《孙子兵法》，毛泽东曾给予很高的评价。1960年5月27日，他同英国元帅蒙哥马利畅谈国际局势，其中便涉及许多军事话题。当蒙哥马利说他学过成吉思汗，并赞同成吉思汗强调机动性的观点时，毛泽东说："你没有看过两千年以前我国的《孙子兵法》吧？里面很有些好东西。"蒙哥马利好奇地问："是不是提到了更多的军事原则？"毛泽东肯定地说："一些很好的原则，一共有十三篇。"[1]

对于《孙子兵法》所提出的诸多军事指导原则，毛泽东都曾予以引用和发挥，他一方面强调这些原则有穿越时空的真理性和有效性，一方面又以唯物辩证法和中国革命战争的经验进行解读和充实，使《孙子兵法》这一宝贵的军事遗产进一步发扬光大。那些引来毛泽东反复研究并发挥的军事原则主要有以下几条。

（一）知彼知己，百战不殆

《孙子兵法·谋攻篇》曰："知彼知己者，百战不殆；不知彼知己，一胜一负；不知彼不知己，每战必殆。"这段话是战略家孙武所总结出来的最具军事规律性的观点，它完全超越了将军事神秘化的天命观和鬼神观，将战争的胜负奠定在认识的广度和深度之上，是最具有唯物论和辩证法色彩的经典言论。1936年底，毛泽东在《中国革命战争的战略问题》一文中指出："有一种人，明于知己，暗于知彼，又有一种人，明于知彼，暗于知己，他们都是不能解决战争规律的学习和使用的问题的。中国古代大军事家孙武子书上'知彼知己，百战不殆'这句

1 《毛泽东外交文选》，中央文献出版社、世界知识出版社1994年版，第425页。

话，是包括学习和使用两个阶段而说的，包括从认识客观实际中的发展规律，并按照这些规律去决定自己行动克服当前敌人而说的；我们不要看轻这句话。”[1]知彼知己是一个动态的过程。依据主客观情况所制定出来的计划，在实施的过程中，当计划不完全符合改变了的情况时，就要下决心予以修改，形成新的判断。

事隔两年后，毛泽东在《论持久战》一文中，对孙武所说的“知彼知己，百战不殆”作了更深入的评论。他说：“我们承认战争现象是较之任何别的社会现象更难捉摸，更少确实性，即更带所谓‘盖然性’。但战争不是神物，仍是世间的一种必然运动。因此，孙子的规律，‘知彼知己，百战不殆’，仍是科学的真理。错误由于对彼已的无知，战争的特性也使人们在许多的场合无法全知彼己，因此产生了战争情况和战争行动的不确实性，产生了错误和失败。然而不管怎样的战争情况和战争行动，知其大略，知其要点，是可能的。”[2]在现实战争行动中，敌人总是极力掩饰自己的意图和部署，因此己方要知其大略，知其要点，则“用间”便是必不可少的。毛泽东在与蒋介石军队的较量中，在对方高级将领身边安插了熊向晖等许多地下工作者，有时蒋的作战命令还未下达到师长一级，毛泽东便获悉了对方的计划。这是对孙子兵法“知彼知己”最出色的运用之一。

（二）避其锐气，击其惰归

《孙子兵法·军争篇》曰：“故三军可夺气，将军可夺心。是故朝气锐，昼气惰，暮气归。故善用兵者，避其锐气，击其惰归，此治气者也。以治待乱，以静待哗，此治气者也。”毛泽东非常欣赏“避其锐

1《毛泽东选集》第一卷，人民出版社1991年第2版，第182页。

2《毛泽东选集》第二卷，人民出版社1991年第2版，第490页。

气，击其惰归”的兵学要诀，他曾以《水浒传》中林冲踢倒洪教头的故事为例，说明聪明的拳手面对对方气势汹汹的进攻，总是先让一步，借机寻找对方的破绽而实施反击。中国革命战争的一个基本特点是敌强我弱。毛泽东根据这一基本特点，总是反复强调避敌锋芒、伺机破敌的极端重要性。1936年，他在《中国革命战争的战略问题》一文中写道：

> 如果进攻之敌在数量和强度上都超过我军甚远，我们要求强弱的对比发生变化，便只有等到敌人深入根据地，吃尽根据地的苦楚，如同第三次“围剿”时蒋介石某旅参谋长所说的“肥的拖瘦，瘦的拖死”，又如“围剿”军西路总司令陈铭枢所说的“国军处处黑暗，红军处处明亮”之时，才能达到目的。这种时候，敌人虽强，也大大减弱了；兵力疲劳，士气沮丧，许多弱点都暴露出来。红军虽弱，却养精蓄锐，以逸待劳。此时双方对比，往往能达到某种程度的均衡，或者敌军的绝对优势改变到相对优势，我军的绝对劣势改变到相对劣势，甚至有敌军劣于我军，而我军反优于敌军的事情。江西反对第三次“围剿”时，红军实行了一种极端的退却（红军集中于根据地后部），然而非此是不能战胜敌人的，因为当时的“围剿”军超过红军十倍以上。孙子说的“避其锐气，击其惰归”，就是指的使敌疲劳沮丧，以求减杀其优势。[1]

作为一种战略战术指导原则，“避其锐气，击其惰归”贯穿于毛泽东领导的诸多重大战役。1947年2月，国民党胡宗南部进攻陕北解放区，毛泽东作出了主动放弃延安，在运动战中消灭敌人的重大决策，并如愿以偿地达到了目的。

1《毛泽东选集》第一卷，人民出版社1991年第2版，第208—209页。

（三）我专而敌分

孙子在他那时的战争实践中，便认识到集中优势兵力的重要性，如他说：“我专为一，敌分为十，是以十攻击一也，则我众而敌寡；能以众而击寡者，则吾之所与战者，约矣。”又强调：“故用兵之法，十则围之，五则攻之，倍则分之，敌则能战之，少则能逃之，不若则避之。”毛泽东吸收了孙子的这一思想，确立了革命军队集中优势兵力、各个歼灭敌人的作战原则。解放战争时期，他要求每战以三四倍乃至五六倍于敌人的兵力实施包围，力争全歼，不使漏网。毛泽东认为，全局上的劣势并不可怕，只要善于将全局上的劣势化为局部上的优势，日积月累，全局上的力量对比也会发生转化。

《孙子兵法》虽然确立了一些重要的战略战术原则，但鉴于战争的复杂性，孙子并不认为有以不变应万变的制胜韬略，正如世上不存在包治百病的灵丹妙药一样，因此他说：“夫兵形象水，水之形，避高而趋下；兵之形，避实而就虚。水因地而制流，兵因敌而制胜。故兵无常势，水无常形；能因敌变化而取胜者，谓之神。”孙子的这一思想，毛泽东将之概括为“灵活地使用兵力”，强调“灵活地使用兵力这件事，是战争指挥的中心任务，也是最不容易做好的”[1]。战场上的情况千变万化，没有任何一次战争是可以完全复制的。有鉴于此，毛泽东对于兵书也绝不迷信，认为兵书“略通可以，多则无益有害”，特别是对那些在思维上有教条主义倾向的将领来说，“兵书多坏事，少读少佳”[2]。他不止一次地说过，国民党的军官，陆军大学毕业的，教条学多了，反而不会打仗。我们的元帅、将军，没有几个大学毕业的。我本来也没有读过多少军事书。过去读过《左传》、《资治通鉴》，还有《三国演

1 《毛泽东选集》第二卷，人民出版社1991年第2版，第493页。

2 《毛泽东读文史古籍批语集》，中央文献出版社1993年版，第269—270页。

义》。这些书上都讲过打仗；可是打起仗来，一点印象也没有了。我们打仗，一本书也不带，只是分析敌我斗争形势，分析具体情况。[1]

有意思的是，毛泽东研究《孙子兵法》原本就带有一定的戏剧性。本来，他早年在湖南一师求学时，间接地学到《孙子兵法》上的一些片段，这在他当时的读书笔记《讲堂录》中有所记载。如“孙武子以兵为不得已，以久战多杀非理，以赫赫之功为耻，岂徒谈兵之祖，抑庶几立言君子矣”。又记有：“百战百胜，非善之善者也；不战而屈人之兵，善之善者也。故善用兵者，无智名，无勇功。”等等。后来在开辟井冈山革命根据地和中央苏区的过程中，毛泽东总结出红军作战的十六字诀，即“敌进我退，敌驻我扰，敌疲我打，敌退我追”。当1931年年底在上海的党中央搬到中央苏区后，某些“左”倾路线的领导人便讥讽毛泽东将“古时的《孙子兵法》无条件地当作现代战略”。1935年1月遵义会议上，凯丰（何克全）甚至当面批评毛泽东说：你那些东西，并不见得高明，无非是《三国演义》加《孙子兵法》。其实到那时为止，毛泽东并未完整地读过《孙子兵法》。毛泽东回忆道：“从那以后，倒是逼着我翻了翻《孙子兵法》。”[2]这件事，可以从1936年10月22日他给叶剑英、刘鼎的信中得到印证。该信写道：“买来的军事书多不合用，多是战术技术的，我们要的是战役指挥与战略的，请按此标准选买若干。买一部孙子兵法来。”[3]因此，毛泽东下工夫研究《孙子兵法》，并对先秦时代的兵家予以评论和研究，严格说来是从延安时期开始的。他看重兵书，但又不迷信兵书，实际上最得兵家思维之精髓。

---

1 陈晋主编：《毛泽东读书笔记解析》（上），广东人民出版社1996年版，第496—497页。

2 陈晋主编：《毛泽东读书笔记解析》（上），广东人民出版社1996年版，第459页。

3《毛泽东书信选集》，人民出版社1983年版，第81页。

十五　《诗经》大部是老百姓的民歌

《诗经》是中国第一部诗歌总集，总共305篇。从创作的年代看，最早可追溯到西周初年，而最晚的《曹风・下泉》诞生于公元前516年以后，已属于春秋中叶了。相传孔子是《诗经》的删削和编定者，但经历代学者考证，诗三百篇的规模在孔子时已经形成，他所作的仅是核定这些诗歌的乐谱而已。从内容上看，《诗经》分为“风”、“雅”、“颂”三部分。“风”主要是从民间采集来的民歌，“雅”为贵族文人所创作，而“颂”则为宫廷祭祀燕飨的乐歌；从作用上看，《诗经》可视为先秦时代的知识宝库，正如《论语・阳货》所说的：“诗可以兴，可以观，可以群，可以怨。迩之事父，远之事君，多识于鸟兽草木之名。”当时和后世的人们能借此寄托感情，训练语言，认识事物，掌握社会生活的准则。

西汉以降，传授和研究《诗经》的著作汗牛充栋，影响较大的有毛亨、毛苌所传授的古文《毛诗》、东汉郑玄的《毛诗笺》、三国时陆玑著《毛诗草木鸟兽虫鱼疏》、唐代孔颖达等诸儒所著《毛诗正义》、北宋欧阳修的《诗本义》、南宋朱熹的《诗集传》、明代陈第撰《毛诗古音考》等。

毛泽东少年时代的启蒙读物中便有《诗经》。韶山毛氏家族以西汉初毛亨、毛苌注《诗经》为荣。这从韶山毛氏宗祠门首的对联“注经世业、捧檄家声”中可以看出。因此，韶山毛家人课读子弟不重视《三字经》、《增广贤文》一类闲书，而将“四书五经”特别是《诗经》列为必读之书。1913年，毛泽东在读书笔记《讲堂录》中便记道：“农事不理则不知稼穑之艰难；休其蚕织则不知衣服之所自。《豳风》陈王业之本，《七月》八章只曲评衣食二字。”1915年秋，时在湖南一师求学的毛泽东发出《征友启事》，结尾处引用了《诗经・小雅・伐木》中的“嘤其鸣矣，求其友声”。1920年3月14日，毛泽东致同学周士钊信中所引的“欲报之德，昊天罔极之痛”，则出自《诗经・小雅・蓼莪》。这首诗是悼念父母之作，其中有“哀哀父母，生我劬劳”、“无父何怙，无母何恃”等名句。毛泽东一生读过多种版本的《诗经》，对其中的许多内容可以信手拈来。1965年夏，毛泽东到北戴河开会，听说专列上的服务员姚淑贤来不及与男友告别就上车了，便用铅笔在一张十六开的白纸上抄录《诗经・邶风・静女》中的四句诗送给姚淑贤，内容是“静女其姝，俟我于城隅。爱而不见，搔首踟蹰”。这件事令姚淑贤非常感动。

1964年8月18日，毛泽东在北戴河与哲学工作者谈话时，对《诗经》作了一个总体上的评价。他说：

> 司马迁对《诗经》品评很高，说诗三百篇皆古圣贤发愤之所为作也。大部分是风诗，是老百姓的民歌。老百姓也是圣贤。“发愤之所为作”，心里没有气，他写诗？“不稼不穑，胡取禾三百廛兮？”“胡瞻尔庭有悬貆兮？”“彼君子兮，不素餐兮！”“尸位素餐”就是从这里来的。这是怨天，反对统治者的诗。孔夫子也相当民主，男女恋爱的诗他也收。朱熹注为淫奔之诗。其实有的是，有的不是，是借男女写君臣。[1]

《诗经》中的“十五国风”共收录了160篇作品，而“雅”、“颂”两部分加起来才145篇。因此从数量上看，主要从民间采集来的民歌即“风诗”成了《诗经》的主体。中国古代宫廷便有派员到民间采风，以考察民情民意的制度，而老百姓也借此机会抒发自己内心的感情

1 曲一日主编：《毛泽东评说中国文学》，吉林人民出版社1998年版，第3页。

和愿望。仔细研读“风”诗便不难发现，其内容包罗万象，广泛反映了那时社会生活的风貌。从渔樵桑麻到男欢女爱，从劳役之繁到征战之苦，从忍辱负重到怨天尤人，所描写的生活场景历历在目，所倾诉的感情又自然真率，穿越两千余年仍能让今人产生共鸣。

风诗既然是老百姓的民歌，那么必然会体现他们对上层社会和贵族阶层的不满和反抗的情绪。如《诗经·魏风·硕鼠》便借硕鼠偷吃麦子，来谴责统治者不修其政、横征暴敛的残酷和贪婪；而《诗经·魏风·伐檀》则旨在揭露贵族们的不劳而获、无功受禄，是“刺贪”之作。“彼君子兮，不素餐兮”，渗透着强烈的反讽味道。毛泽东出身农家，对底层社会的辛劳有切身的体会，所以对《诗经》中这类思想性和艺术性很高的作品格外偏爱，认为“这是怨天，反对统治者的诗”。

风诗来自民间，包含着泥土的气息，特别是其中描写男女恋爱的诗篇，发乎人性，直抒胸臆，或天真烂漫，或风流蕴藉，葆有隽永的艺术魅力。然而，西汉的《毛诗·序》对它们的解读却充满浓厚的道学气，正如宋代朱熹所指斥的那样，“必使无一篇不为美刺时君国政而作，固以不切于情性之自然……尤有害于温柔敦厚之教”。如上文已提到的毛泽东送给姚淑贤的几句诗，本是一首描写男女约会的情诗，而《毛诗·序》却说：“刺时也。卫君无道，夫人无德。”这显然是穿凿附会之言。类似这样的解读在《毛诗·序》中随处可见。《诗经·秦风·蒹葭》中有这样一段：“蒹葭苍苍，白露为霜。所谓伊人，在水一方。溯洄从之，道阻且长。溯游从之，宛在水中央。”[1]从诗意来看，当是抒写一种追求意中人而不得的诗，而《毛诗·序》的题解则是：“《蒹葭》，刺襄公也。未能用周礼，将无以固其国焉。”题解让人莫名其妙；又如《诗经·陈风·月出》曰：“月出皎兮，佼人僚兮。舒窈纠

1 程俊英、蒋见元译：《白话诗经》，岳麓书社1995年版，第179—180页。

兮，劳心悄兮。”[1]其月下怀人之旨跃然纸上。而《毛诗·序》却认为该诗在讥刺君王的好色，批评君王“在位不好德，而说美色焉”。

朱熹《诗集传》的一大功绩在废《毛诗·序》而不用，提出“凡诗之所谓风者，多出于里巷歌谣之作，所谓男女相与咏歌，各言其情者也”。从而还风诗以民歌本色。他又认为《国风》中的许多诗篇，如《静女》、《桑中》、《氓》、《将仲子》等为“淫奔之诗”。朱熹将这些诗篇列为“淫诗”，成了现代学者指责他的封建卫道士立场的证据，殊不知其“淫诗说”相对于近乎梦呓的“美刺说”，无疑更接近诗的实际内容和意境，是对《诗经》解读水平的一种提高和突破。如果硬要八百多年前的朱熹提出“爱情说”才放他一马，那是有违知人论世之原则的。

毛泽东的观点则是兼取《毛诗》与朱熹《诗集传》二者之长，他肯定了朱熹的发现，但也未完全否认《毛诗》的解读，所以才说朱熹所称的“淫奔之诗”，“其实有的是，有的不是，是借男女写君臣”。的确，在古代中国社会，君臣关系有点类似于男女关系，“始乱终弃”的事是经常发生的，被君王斥逐的失意官僚俨如被男人冷落的弃妇。因此，“借男女写君臣”在情理上皆有可能。如《诗经·卫风·氓》曰：“三岁为妇，靡室劳矣。夙兴夜寐，靡有朝矣。言既遂矣，至于暴矣。”又说：“总角之宴，言笑晏晏，信誓旦旦，不思其反。反是不思，亦已焉哉！”[2]表面来看，这首诗是写弃妇心中的怨愤，倾诉男女相爱时同心协力，海誓山盟，而一旦女人华落色衰，男人便面目渐改施行残暴，过去相爱的男女就成了冤家。此种弃妇的心态，常常在失意官僚中表现出来。历史的定律是，君臣相得时亲如一家，而一旦君王事业

1 程俊英、蒋见元译：《白话诗经》，岳麓书社1995年版，第198页。

2 程俊英、蒋见元译：《白话诗经》，岳麓书社1995年版，第86—87页。

已成，便马上“鸟尽弓藏”，特别是那些与君王一同打天下的功臣，往往落得个身败名裂的凄凉下场。从这个意义上讲，朱熹的“淫诗说”只有片面真理，是将《毛诗》的解读风格从一个极端推向另一个极端。真理常在两极端之间，毛泽东兼采二者之长，对我们准确认识老百姓的民歌是有助益的。

十六　屈原高居离骚体上游

如果说《诗经》开创了中国文学现实主义传统的话，那么《楚辞》则是中国文学浪漫主义传统的滥觞。两部作品交相辉映，构成“天光云影共徘徊”的壮观景象。战国时代楚国的诗人屈原（约公元前340—前278年）代表了楚辞创作的最高成就。他曾担任楚怀王的“左徒”（副宰相），一度得到楚怀王的信任。他主张改革内政，联合东方富庶的齐国以抵抗西方强盛的秦国。但秦国使臣却贿赂了楚国的大臣，大臣向楚王进谗言，楚怀王于是不但不接受屈原的意见，反而无情地将其放逐。屈原胸怀巨大的悲愤和对故国的一往情深，创作出《离骚》、《九歌》、《九章》、《天问》等不朽的诗篇，为无数具有爱国主义精神的后人所喜爱。

湖南古属楚地。作为在湘楚大地上成长起来的一代伟人，毛泽东对《楚辞》的喜爱和对屈原的推崇几乎贯穿终生。青年毛泽东在长沙求学期间的笔记，保存下来的共有47页，其中前11页便是手抄的《离骚》和《九歌》。“年少峥嵘屈贾才，山川奇气曾钟此。”1918年，毛泽东赠罗章龙七言古风中的这两句诗，便将屈原、贾谊引为值得仰慕和效法的乡贤。而罗章龙回忆他与毛泽东在长沙的交往，也说毛泽东“策喜长沙傅，骚怀屈楚平”。这又从一个侧面印证了毛泽东喜爱屈原、贾谊的作品，并与友人“奇文共欣赏”的审美追求。

延安时期，《楚辞》是毛泽东常读的作品之一。特别是新中国成立后，有关他收集和研究各种版本《楚辞》的记载更是不胜枚举，比如1957年12月，逄先知便特意约请著名作家、中国社会科学院文学研究所所长何其芳列出50余种《楚辞》目录，供毛泽东从中遴选佳作并阅读。对于《楚辞》注释和研究中的代表性作品，如东汉王逸的《楚辞章句》、宋代朱熹的《楚辞集注》、清代王夫之的《楚辞通释》等，毛泽东也有所涉猎，对各种版本《楚辞》及研究著作的优劣短长都了然于胸。1958年1月12日，他在一封信中写道：“今晚我又读了一遍《离骚》，有所领会，心中喜悦。”[1]那时毛泽东正在广西南宁主持召开中央工作会议。1月18日，当地驻军发现国民党飞机向南宁飞来，全城实行灯火管制。卫士劝毛泽东进防空洞，而他却让卫士点起蜡烛，旁若无事地继续看《楚辞》。1958年9月，毛泽东到南方视察途经安徽时，特意向张治中等人推荐朱熹的《楚辞集注》，说：“这是好书，我介绍你有空看看。”[2]1959年和1961年，毛泽东又两次提出要读《楚辞》。因为宋版书印刷质量一流，差错很少，最为接近原作，所以他指名要人民文学出版社影印的宋版《楚辞集注》。因为《楚辞》深奥难懂，他又要工作人员找来明代陈第所撰《屈宋古音义》对照阅读，上面留下了他用红蓝两色铅笔所作的圈画。

在对外交往的活动中，毛泽东也时不时想起《楚辞》。1954年10月26日，毛泽东在与印度总理尼赫鲁会面时，便引用屈原《九歌·少司

1 薛泽石主编：《跟毛泽东学史》（上），红旗出版社2007年版，第48页。

2 薛泽石主编：《跟毛泽东学史》（上），红旗出版社2007年版，第48页。

命》中“悲莫悲兮生别离，乐莫乐兮新相知”的诗句。他还向尼赫鲁介绍说：“屈原是中国一位伟大的诗人。他在两千多年前写了许多爱国的诗篇，政府对他不满，把他放逐了。最后屈原没有出路，就投河而死。后来中国人民就把他死的一天当作节日。人们吃粽子，并把它投入河里喂鱼，使鱼吃饱了不伤害屈原。”[1] 1972年，日本首相田中角荣访华时，毛泽东将一部精美的《楚辞集注》作为礼物相送，使田中角荣感到意外的欣喜。

对于《楚辞》，毛泽东多次给予很高的评价。1951年7月7日，他约请周士钊、蒋竹如两位老同学在中南海划船，一起谈古论今，当说到屈原和屈瑕（楚武王封子瑕于屈，即为屈瑕，后人以屈为姓，屈原就是他的后裔）的世系关系时，毛泽东发挥道：“《左传》和《楚辞》虽是古董，但都是历史，有一读的价值。”[2]的确，《左传》和《楚辞》虽然文学性很高，但却保留了大量真实、生动的历史信息。如屈原的《九歌》，便记录了楚地“信鬼而好祀”的风俗。虽说屈原所作的歌辞与原词颇有出入，但楚地的俗歌俚语亦熔炼其中，让人想见当时楚地巫风盛炽，楚人浩歌曼舞以娱神乐神的情景。

1959年8月16日，毛泽东在关于枚乘《七发》的批语中写道：“骚体是有民主色彩的，属于浪漫主义流派，对腐败的统治者投以批判的匕首。屈原高居上游。宋玉、景差、贾谊、枚乘略逊一筹，然亦甚有可喜之处。”[3]在这段批语中，毛泽东强调骚体是有民主色彩的，这完全符合屈原作品的实际。特别是《离骚》、《九歌》等作为政治抒情诗，

1 薛泽石主编：《跟毛泽东学史》（上），红旗出版社2007年版，第49页。

2 陈晋主编：《毛泽东读书笔记解析》（下），广东人民出版社1996年版，第1191页。

3 陈晋主编：《毛泽东读书笔记解析》（下），广东人民出版社1996年版，第1191页。

矛头直指楚怀王的昏庸及其身边宵小的谗佞奸诈，抒发了对腐败的贵族统治集团陷害忠良、苟且偷欢的无比愤懑，以及对自己忠信而被谤、贤良而被逐的悲伤。屈原以美人、香草自喻，而将奸回小人比作萧艾、粪壤。这种强烈的对比冲撞着诗人的心灵，化作《离骚》中这样的诗句："怨灵修之浩荡兮，终不察夫民心；众女嫉余之蛾眉兮，谣诼谓余以善淫。"而《九歌》中的《涉江》、《哀郢》诸篇也反复揭露了当时阴阳易位、黑白颠倒，"众踥蹀而日进兮，美超远而逾迈"的紊乱朝政。

屈原的美政理想是举贤任能，修明法度。他曾为此披肝沥胆，也曾一度为楚怀王所信任。眼看美政理想行将破灭，屈原难免生发"日月忽其不淹兮，春与秋其代序。惟草木之零落兮，恐美人之迟暮"的无奈之感。但他的可贵之处在于，即便是身处困境，即便孤立无援，仍然不改初衷地坚持自己的理想，"虽九死其犹未悔"。他被放逐在卑湿蛮荒的湘楚大地，行吟泽畔，形容枯槁，忍受着常人难以想象的穷困和孤独，最后不惜以一死来证明自己的清白。这种被逼到悬崖也不回头、被举世非之而不妥协的精神，深得毛泽东的佩服与赞许。他在晚年为此写了以《屈原》为题的一首七绝："屈子当年赋楚骚，手中握有杀人刀。艾萧太盛椒兰少，一跃冲向万里涛。"[1]所谓"手中握有杀人刀"，是肯定作为文人的屈原有比武人毫不逊色的战斗力，其笔力的雄健足以把腐败的统治者钉在耻辱柱上。从个性上说，毛泽东也是无论在何种情况下都不放弃原则的人，所以他与屈原的心是相通的。"何方圆之能周兮，夫孰异道而相安？"屈原"伏清白以死直"的决绝，在毛泽东看来，无疑是最荡人肺腑的人间正气。

以屈原为代表的楚辞，受楚地巫风劲炽的固有文化之影响，言辞惊才绝艳，充满瑰丽的想象和诡谲的氛围，大不同于《诗经》朴质的体式

1 薛泽石主编：《跟毛泽东学史》（上），红旗出版社2007年版，第46页。

和温柔敦厚的诗旨，所以鲁迅评论道："后人惊其文采，相率仿效，以原楚产，故称'楚辞'。较之于《诗》，则其言甚长，其思甚幻，其文甚丽，其旨甚明，凭（平）心而言，不遵矩度。故后儒之服膺诗教者，或訾而绌之。然其影响于后来之文章，乃甚或在三百篇以上。"[1]楚辞这种不遵矩度、狂放横肆的浪漫主义诗风，极大地影响到作为诗人的毛泽东。

诗之诉诸形象思维的，真正的诗人应当具有上天入地、独出机杼、自铸伟词的识界和气魄。屈原的奇幻与不羁，在《离骚》中就表现得淋漓尽致，如"前望舒使先驱兮，后飞廉使奔属；鸾皇为余先戒兮，雷师告余以未具"，又如"吾令丰隆乘云兮，求宓妃之所在。解佩以结言兮，吾令蹇修以为理"。这种广采神话传说为我所用的神来之笔，在毛泽东的心目中才是诗歌之上乘。毛泽东的游仙之作《蝶恋花·答李淑一》，将传说中的神话形象如月中的嫦娥、吴刚熔炼进诗中，以仙比俗，同样产生了巨大的艺术魅力。从审美倾向看，毛泽东明显偏爱继承了庄子和屈原之奇幻的浪漫主义诗人，如"诗仙"李白、"诗鬼"李贺、"骚之苗裔"李商隐等。1958年1月，毛泽东在南宁会议上说："不愿看杜甫、白居易那种哭哭啼啼的作品，光是现实主义一面不好，李白、李贺、李商隐，要搞点幻想，太现实就不能写诗了。"[2]屈原的《天问》，全篇充斥着大胆的想象和设问，一共提出了一百几十个问题，如"遂古之初，谁传道之？上下本形，何由考之？""阴阳三合，何本何化，圆者九重，孰营度之？"这种集想象与诘问、怀疑与批评于一体的奇特作品，在中国诗歌史上独树一帜。1964年，毛泽东在北戴河同哲学工作者谈话时说："《天问》了不起，几千年以前，提出各种问

---

1 弘征选编：《鲁迅国学文选》，岳麓书社1999年版，第184页。

2 陈晋：《毛泽东的文化性格》，中国青年出版社1991年版，第268页。

题，关于宇宙，关于自然，关于历史。”[1]湘楚大地出产奇人，远有屈原，近有毛泽东，皆因有浪漫不羁、包举宇内的心灵世界。

古人云：“国家不幸诗家幸。”屈原的遭遇为此论断提供了较早的注脚。司马迁说“屈原放逐，乃赋离骚”，是说屈原如果不逢大难，便产生不了发愤赋诗的创作冲动。毛泽东由此得到启发，认为“屈原如果继续做官，他的文章就没有了。正是因为开除‘官籍’，‘下放劳动’，才有可能接近社会生活，才有可能产生像《离骚》这样好的文学作品”[2]。毛泽东的这一观点，同样适用于解释李白、柳永、苏轼等诸多诗人的创作史。所谓“诗穷而后工”乃至“才命两相妨”，都说明伟大的作品皆燃烧作者的生命而成，看似寻常最奇崛，成如容易却艰辛。

除了屈原，楚辞的另一代表人物为宋玉（约公元前298—前265年），其主要作品有《九辩》、《大风赋》、《登徒子好色赋》，等等。鲁迅认为，宋玉的《大风赋》乃仿效屈原《渔父》的“问答体”而来。该赋以自然比附政治，说世上有两种风，一为“贵族之风”，一为“贫民之风”，借以讽刺统治者不要沉湎于骄奢淫逸而不知人民疾苦。毛泽东认为《风赋》“有阶级斗争的意义”[3]，并奉劝中共八大二次会议的代表们看一看。宋玉的《登徒子好色赋》描绘了一个好色鬼登徒子的印象，说他娶丑妻竟生五个儿子，可见好色之至。毛泽东认为宋玉用了诡辩之法，并幽然地指出：“登徒子娶了一个丑媳妇，但是登徒子始终对她忠贞不二，他是模范地遵守‘婚姻法’的。宋玉却说他好色，宋玉用的就是攻其一点不及其余的方法。”[4]毛泽东提到这篇作品，意在

1 薛泽石主编：《跟毛泽东学史》（上），红旗出版社2007年版，第48—49页。

2 摘自毛泽东1959年12月至1960年2月读苏联《政治经济学（教科书）》的谈话，见《党的文献》，1994年第5期。

3 曲一曰主编：《毛泽东评说中国文学》，吉林人民出版社1998年版，第37页。

4 曲一曰主编：《毛泽东评说中国文学》，吉林人民出版社1998年版，第41页。

要人们认识九个指头与一个指头的关系，抓住事物的本质。

毛泽东对以屈原为开创者和代表人物的楚辞，从知人论世的观点出发作出了多方面、多层次的评论，既丰富了中国的文学批评史，也从一个侧面展现了战国时代智慧并出、辉煌灿烂的无穷魅力。

第四章

毛泽东评点秦王朝

春秋战国时代，地处西北僻壤的秦国经秦穆公、秦孝公、秦惠文王、秦昭襄王等有作为君主的经营，逐步积累了东向以取天下的实力。秦始皇嬴政奋六世之余烈，剪灭群雄，混一海内，于公元前221年建立起一个以法家学说为主导、以郡县制为基本行政制度的中央集权国家。其疆域东至大海，西至陇西，南至岭南，北至河套、阴山和辽东。秦始皇志得意满，兴作无度，修长城，建陵墓，营宫室，求仙药，敲朴天下以自遂；又焚诗书，坑儒士，愚黔首，杀豪俊，钳制士民以自雄，致使民怨沸腾，埋下了天下土崩瓦解的祸根。

公元前210年，秦始皇在巡游途中暴死沙丘。继位的秦二世胡亥在赵高等人的怂恿下更加倒行逆施，忍无可忍的底层民众于是斩木为兵，揭竿为旗，陈胜、吴广起事于前，刘邦、项羽踵武于后，不旋踵间便埋葬了秦王朝。起初，始皇帝欲将天下传之万世，哪知人算不如天算，国祚仅二世而尽，历时仅仅十五年，真乃“其兴也勃焉，其亡也忽焉”。对于秦朝的历史和人物，毛泽东有许多评论和感慨，其中既有真知灼见，也有值得后人进一步讨论的话头。历史是复杂的，特别是对“千古一帝”秦始皇究竟如何评价，恐怕短时间内还无法取得共识。毛泽东在这个问题上的观点，作为一种视角和文本，自有其存在的价值。理清他的思路和价值取向，不失为研究秦史的一项基础性任务。“半张故纸留踪迹，千古渔樵作话文”，跟随毛泽东读一番秦史，其中的兴废和悲欢，当可供给人们不少的谈资和启示。

一 六国联合，未必胜秦

“六王毕，四海一。”在战国七雄中，秦国将其他六国相继殄灭，成为最后的胜出者。表面来看，这带有极大的偶然性，因为无论是从版图、人口来说，还是从军力、人才来讲，六国都占有绝对的优势，而结果却是“秦以区区之地，致万乘之权”。换句话说，秦国剪灭群雄无异于创造了奇迹，完成了一项似乎不可能完成的任务。也正因为如此，后世许多文人都为六国鸣不平，对秦国的胜出不服气，甚至为六国的命运感到痛心疾首。这其中最有代表性的人物当数北宋文学家苏洵（公元1009—1066年）。

苏洵字明允，四川眉山人，与其子苏轼、苏辙并称“三苏”，均列入“唐宋八大家”。苏洵撰有《六国论》，其主旨在于剖析六国破灭的根源，认为六国破灭“弊在赂秦”。韩、魏两国以赂秦换取苟安，结果使不赂秦的其他诸国受到牵连，因失去强援而不能独善。苏洵认为，假使六国摒弃赂秦之心，以赂秦之地封天下之谋臣，以事秦之心礼天下之奇才，“并力西向，则吾恐秦人食之不得下咽也”。循此思路，苏洵感叹，六国本有令“秦人食之不得下咽”的实力，却为秦人积威之所劫，日削月割以趋于亡，世上鲜有比这更悲惨、更令人心痛的事情了。

毛泽东在读清代姚鼐所编《古文辞类纂》时，仔细揣摩和研究过苏洵《六国论》的上述观点。在毛泽东看来，苏洵的见解有浓厚的书生气，所以他在苏洵的原文旁批道："此论未必然"，并指出："凡势强力敌之联军，罕有成功者。"[1]毛泽东下此结论，是有许多史实作为依据的。他熟悉中国古代战争史，作一番比较推求并不困难。为什么六国并力西向也未必能够胜秦？因为六国在实力上处于对等地位，致使它们没有主干，不相统属。即使它们愿意联合抗秦，在实际过程中也无法做到集中指挥，步调一致，而很可能陷入争权夺利、互不买账的境地，从而为秦国的分化瓦解留下余地。与此类似的情况有后来的三国史。吴、蜀两国结成联盟对抗魏国，虽然也有过赤壁之战的胜利，但终因为互不统属，而被魏国各个击破。

与这两种情况相反，春秋时期齐国的管仲联合其他势力较弱的诸侯以伐狄、伐戎、伐楚，都取得了成功；强大的燕国合五国之兵以伐齐也取得了成功。最有说服力的是刘邦联合韩信、彭越、黥布等诸侯剿灭项羽。这三个成功事例的共同点是有一国或一方为主干，其余作为协助，联军有明确的统属和统一的指挥。齐国称霸，是齐为主干，其他诸侯为协助；燕之伐齐，燕为主干，其他四国则为协助；汉之灭楚，汉高祖刘邦为主干，众诸侯为协助，所以都能成功。因此，毛泽东虽然没有明确说明他的论点，但我们可以作一些合乎逻辑的推论，即在他看来，联军"势强力敌"，各方处于对等地位，容易失败；而如果联军中有一国或一方为主干，其他为协助者，则容易成功。

六国联合也未必胜秦，除了上述原因外，还有一点也是值得指出的，这就是毛泽东在评论商鞅变法时所强调的"尚军功以树国威"[2]。从商鞅变法开始，秦国着力把国家改造成一部战争机器。为了提高军队的战斗力，商鞅确立"上首功"的制度，即以斩获敌人首级的多少来评

1《毛泽东读文史古籍批语集》，中央文献出版社1993年版，第105—106页。

2《毛泽东早期文稿》，湖南出版社1990年版，第1页。

定军功，而军功可带来爵位、封邑、力役、税收等一切物质利益。如此推崇军功，不仅使秦国成为一个以军功等级制为基础的社会，而且直接把军队锤炼成“虎狼之师”，在战争过程中，具有特殊的战斗力和杀伤力。秦军东向以取天下，展现了不达目的决不罢休的气势，当然同时也把战争的残酷性演绎得淋漓尽致。有的秦军打了胜仗，为了争取较多的军功，竟不惜将老弱妇女的头颅砍了去领功。所以秦国最后吞并六国，是带有一定必然性的，并非六国一时失策所致。

二　秦始皇统一中国的功绩应予肯定

秦始皇嬴政对中国政治史的影响，几乎超过后来任何一个封建帝王。他在公元前259年出生的时候，秦国经过多位君主的经营，已具备包举宇内、并吞八荒的基本实力，历史正朝着结束割据、迈向统一的方向发展。“时势造英雄”，公元前246年，13岁的嬴政继承父亲秦庄襄王（异人）的王位，八年后开始亲政。亲政伊始，他便镇压了朝廷的叛乱势力，解除了权臣吕不韦的职务，旋即任命李斯为相，王翦为大将。从公元前230年灭韩开始，嬴政采取远交近攻的策略，在仅十年之内便逐步消灭韩、赵、燕、魏、楚、齐六国，结束诸侯割据称雄的局面，建立起专制主义的中央集权的统一国家。

嬴政统一中国后顾盼自雄，他自认德兼三皇，功过五帝，又欲传天下至万世，故称“始皇帝”。其命为“制”，令为“诏”，又自称“朕”。不可一世的秦始皇将原六国的子女玉帛充之掖庭，资其淫乐，同时开始了一系列大规模的营建工程，仅修建骊山墓和阿房宫就征发人力70万，而修筑长城又征调民力40万。为守卫和开拓疆土，秦始皇穷兵黩武，征调50万士卒征伐南越，又派给大将蒙恬戍边士卒30万。繁重的苛捐和徭役导致民不聊生，民间的积怨已如地下奔突的岩浆，随时都可能爆发。公元前210年，秦始皇暴死沙丘，儿子胡亥继位，之后便迎来汹涌澎湃的农民起义，貌似强大的秦王朝于公元前206年土崩瓦解。

由于残暴、荒淫以及无休止的折腾，在当时和后来国人的心目中，秦始皇基本上是一个“暴君”的形象，被人骂了几千年。当然也有推崇秦始皇的，但明显占少数。司马迁就认为，秦朝的罪恶起于始皇而极于胡亥，到子婴时已鱼烂河决，无力回天。现代史家郭沫若在《十批判书》中说：“秦始皇把六国兼并了之后，是把六国的奴隶主和已经解放了的人民，又整个化为奴隶。因此，秦始皇时代，看来是奴隶制的大逆转。”[1]这无异于说秦始皇的统一是倒退。

毛泽东不满于历史上对秦始皇评价一边倒的现象，着力强调秦始皇被历史烟尘所遮蔽的功绩。1964年6月24日，毛泽东在接见外宾时说：“孔夫子有些好处，但也不是很好的。我们认为应该讲公道话。秦始皇比孔子伟大得多。孔夫子是讲空话的。秦始皇是第一个把中国统一起来的人物。不但政治上统一中国，而且统一了中国的文字、中国各种制度如度量衡，有些制度后来一直沿用下来。中国过去的封建君主还没有第二人超过他的，可是被人骂了几千年，骂他就是两条：杀了460个知识分子；烧了一些书。”[2]毛泽东对孔子与秦始皇的比较透露出一个信息，干实事的政治家比动口不动手的思想家更为不朽。1973年7月3日，毛泽东在同王洪文、张春桥的谈话中又指出：“我赞成郭老的历史分

1 陈晋主编：《毛泽东读书笔记解析》（下），广东人民出版社1996年版，第1149页。

2 陈晋主编：《毛泽东读书笔记解析》（下），广东人民出版社1996年版，第1153页。

期。奴隶制以春秋战国之间为界。但是不能大骂秦始皇。早几十年中国的国文教科书，就说秦始皇不错了，车同轨、书同文，统一度量衡。就是李白讲秦始皇，开头一大段也是讲他了不起。”[1]这里提到的李白赞扬秦始皇的话，见李白所作《古风五十九首》之三，前四句是：“秦王扫六合，虎视何雄哉！挥剑决浮云，诸侯尽西来。”诗句描绘了秦始皇横扫六合的英雄气概。同年9月23日，毛泽东在会见埃及副总统沙菲时又说：“秦始皇是中国封建社会的第一个有名的皇帝，我也是秦始皇，林彪骂我是秦始皇。中国历来分两派，一派讲秦始皇好，一派讲秦始皇坏。我是赞成秦始皇，不赞成孔夫子。因为秦始皇是第一个统一中国、统一文字、修筑宽广的道路，不搞国中有国，而用集权制，由中央政府派人去各地方，几年一换，不用世袭制度。”[2]从上述毛泽东的言论中不难看出，越到晚年，毛泽东崇法反儒的态度越为鲜明。特别是“林彪事件”之后，由于从林宅中发现林彪有不少肯定孔孟之道的言论，而林立果等炮制的《五七一工程纪要》又把毛泽东称为“当代的秦始皇”，毛泽东出于现实政治斗争的需要，以他一贯的战斗精神抬高秦始皇而非议孔夫子，甚至不惜接过林彪给他的“骂名”，并掀起“批林批孔”运动。对历史人物的评价与具体的现实政治斗争的需要、历史真实与当代语境，实现了一种奇妙的结合。

然而，毛泽东又是一位讲求“一分为二”辩证法的历史学家和政治家。在他心目中，秦始皇完成了中国的统一大业，在政治制度上也有一系列创造，不失为一位伟大的政治家。但秦始皇也并非完人。早在1958年2月23日，毛泽东在中央政治局扩大会议上就说，秦始皇的名誉

---

1 陈晋主编：《毛泽东读书笔记解析》（下），广东人民出版社1996年版，第1271页。

2 陈晋主编：《毛泽东读书笔记解析》（下），广东人民出版社1996年版，第1155页。

“是又好又不好”，“这个人大概缺点甚多，有三个指头”[1]。即便是在晚年大讲秦始皇功绩的时候，毛泽东也没有忘记秦始皇的缺点。1975年夏，北京大学中文系的芦荻在毛泽东身边帮助他读书。据芦荻回忆，她当时向毛泽东请教过如何评价秦始皇的问题。毛泽东的回答是：“秦始皇在历史发展过程中的进步作用要肯定，但他在统一六国以后，丧失了进取的方面，志得意满，耽于佚乐，求神仙，修宫室，残酷地压迫人民，到处游走，消磨岁月，无聊得很。陈涉、吴广揭竿而起，反抗秦的暴政，其中就包括对秦始皇，完全是正义的。这次战争掀开了我国封建社会中波澜壮阔的农民战争的序幕，在历史上有很大意义。”[2]综合毛泽东对秦始皇的评论，我们不难看出，毛泽东认为秦始皇首屈一指的功绩是统一了中国，而且是一种进步的统一。郭沫若曾说孔子代表新型地主阶级的利益，而秦始皇则代表没落的奴隶主阶级的利益，这种观点受到毛泽东的公开质疑和批评。在毛泽东看来，郭沫若的观点应该颠倒过来才合乎历史的实际。

三　焚坑事业要商量

在秦始皇一生中，最受人诟病的事情当属“焚书坑儒”，特别是读书人，更将其视为典型的文化专制主义和蒙昧主义，认为它是秦始皇为“定于一尊”所采取的极端野蛮的措施，是法家思维在文化领域酿成的

1 刘修铁编著：《毛泽东妙评帝王将相鉴赏》，新疆人民出版社2002年版，第24页。

2 陈晋主编：《毛泽东读书笔记解析》（下），广东人民出版社1996年版，第1156页。

恶果，在历史上开创了恶劣的先例。后世帝王对文人的猜忌和打击，以及连绵不断的文字狱和思想罪，都可从秦始皇反智主义的法家思维中找到渊源。

公元前213年，秦始皇在咸阳宫置酒与儒学博士们饮宴。仆射周青臣大赞秦始皇实行的郡县制，吹嘘此制度可传之万世，引得秦始皇大悦。但博士、齐人淳于越却不以为然。他说，殷、周之所以传国千余岁，皆因为分封子弟功臣为枝辅。而今日皇帝却以子弟为匹夫，天下一旦有事，则无宗室拱卫朝廷，何以相救？所以，“事不师古而能长久者，非所闻也”。这时，丞相李斯站出来，毫不留情地批驳淳于越，指责他食古不化，拙于变通，不知道“五帝不相复，三代不相袭”。他强调，始皇帝创大业，建万世之功，不是淳于越这样的愚儒所能理解的。为防止愚儒们私学相授，“非主以为名，异趣以为高，率群下以造谤”，李斯建议非秦纪史书皆烧之，民间私藏的《诗》、《书》、百家语收缴后集中销毁，有敢于私下谈论《诗》、《书》者弃市。不在销毁之列的，唯有医药、卜筮、种树之书。秦始皇采纳了李斯的建议。这便是“焚书”之由来。

至于“坑儒”，则源于侯生、卢生等方士非议秦始皇刚愎自用，以刑杀为威，“天下之事无大小皆决于上”。侯生、卢生之所以这样做，是想在朝野上造成一种舆论氛围，即贪于权势到如此地步的帝王，不配求取仙药，从而逃避自己诳言欺君的责任。秦始皇听说侯生、卢生等造谣后逃亡，勃然大怒，认为这些方士恩将仇报，彰君之恶。为防止咸阳的诸生“妖言以乱黔首”，他下令御史大夫案问诸生。诸生在压力下互相揭发，结果确定有犯禁嫌疑的共460余人，皆坑之咸阳，并使天下人知之，以儆效尤。太子扶苏切谏，说“诸生皆诵法孔子，今上皆重法绳之，臣恐天下不安”。秦始皇不纳，将扶苏发配到北方，做了大将蒙恬的监军。

1958年，毛泽东为了摆脱前人和外国人的束缚，探索出一条超常规的中国式的发展道路，提倡敢想敢干，破除迷信，反对“过分的谦虚”。这年4月28日，历史学家范文澜在《人民日报》上发表《历史研究必须厚今薄古》，引起了毛泽东的注意。在随后召开的中共八大二次会议上，毛泽东特意提到这篇文章，说：“我看了很高兴，这是站起来说话了，这才像个样子。这篇文章引了许多事实证明，厚今薄古是我国史学的传统，引了司马迁、司马光，可惜没有引秦始皇。秦始皇是厚今薄古的专家，他有‘以古非今者族’的禁令。”[1]

秦始皇想当然地认为，采取了“焚书坑儒”这样严厉的方式，便可以钳制士民之口，从此做到天下太平了。毛泽东仔细研究评说秦始皇的诗文，发现历史的逻辑并非像秦始皇所料想的那么简单。晚唐诗人章碣写有《焚书坑》一诗：“竹帛烟销帝业虚，关河空锁祖龙居。坑灰未冷山东乱，刘项原来不读书。”毛泽东非常欣赏这首诗，认为全诗特别是末两句精警非常，表现出深刻的史识。为了确认这首诗系章碣所作，毛泽东在1959年12月曾先后托康生、林克查找章碣的著作和生平资料。毛泽东自小喜爱阅读有关“造反”的小说，后来又系统研究过中国的王朝更替史，发现敢于造反的人大多是“老粗”式的人物，而非坐而论道的书生。基于这样的历史印象，再结合读章碣的《焚书坑》，毛泽东便油然而生如下的感慨：“这些秀才有个通病：一是说得多，做得少，向来是君子动口不动手；二是秀才谁也看不起谁，文人相轻嘛。秦始皇怕秀才造反，就焚书坑儒，以为烧了书，杀了秀才，就可以天下太平，一劳永逸了，可以二世、三世传下去，天下永远姓秦，结果是‘坑灰未冷山东乱，刘项原来不读书’。是陈胜、吴广、刘邦、项羽这些文化不高的

1 李锐：《大跃进亲历记》（上），南方出版社1999年版，第332页。

人，带头造反了。”[1]虑切于此而祸生于彼，人算不如天算，毛泽东正是从这个意义上揭示了秦始皇“焚书坑儒”的局限性。

“焚书坑儒”这件事，历史上人们的评价不尽一致。吴景旭的《历代诗话》便辑录了观点相异的两首诗：“万历中，陈眉公诗：‘雪满前山酒满觚，一编常对老潜夫。尔曹空恨咸阳火，焚后残书读尽无。’天启中，叶圣野诗：‘黄鸟歌残恨未央，可怜一夕葬三良。坑儒旧是秦家事，何独伤心怨始皇。’一诘责后人，一追咎前人，各妙！”接着，吴景旭发表了自己的看法：“秦时未尝废儒，而始皇所坑者，盖一时议论不合者耳。”[2]毛泽东对这段话很重视，几乎逐字加了圈点。在对比了历史上关于“焚书坑儒”的各种观点后，毛泽东倾向于认为，秦始皇“坑儒”并不代表“废儒”，杀不同政见者并不代表排斥所有的书生，所以总体来看，“秦始皇是个好皇帝，焚书坑儒，实际上坑了四百六十人，是属于孟夫子那一派的。其实也没有坑光，叔孙通就没杀么”[3]。刘邦夺取天下后，朝廷上功臣争功，借酒撒泼，挥剑乱砍，完全不成体统，正是叔孙通帮助他制定了一整套朝仪，使刘邦充分享受到天子之贵。

历史学家郭沫若的《十批判书》，贯穿着尊儒反法的中心思想。在他看来，“最足以代表秦始皇尚法精神的是焚书坑儒这两件大事。秦始皇对于儒家这样过不去，自然有他的理由，因为他们在一切观点上差不多都是对立的”[4]。他还说：“韩非的文章如《五蠹》、《显学》

1 郭金荣：《晚年时期的毛泽东》，载《南方周末》，1992年5月8日。

2 陈晋主编：《毛泽东读书笔记解析》（下），广东人民出版社1996年版，第1319页。

3 甄不贯：《毛泽东读书笔记》，见《希望》，1992年新总第1期。

4 陈晋主编：《毛泽东读书笔记解析》（下），广东人民出版社1996年版，第1149页。

之类，完全是一种法西斯式的理论，读起来很不愉快。”[1]经有些学者考证，毛泽东在20世纪50年代就读过《十批判书》，有时外出时也带在身边。不过那时他是把该书视为一本学术专著来读的，郭沫若也因为它得到毛泽东的欣赏而高兴。只是随着60年代后毛泽东尊法批儒的思想越来越鲜明，《十批判书》反而成了毛泽东经常批评的对象。1973年5月，毛泽东送给江青一本大字号的《十批判书》，并说：我的目的也是为了批判用的，还顺口念了一首诗：“郭老从柳退，不及柳宗元。名曰共产党，崇拜孔二先。”[2]这是把《十批判书》当做了崇儒反法的代表作，诗句呈现出峻切的批评气氛。同年8月5日，毛泽东给江青念了他写的《读〈封建论〉呈郭老》：“劝君少骂秦始皇，焚坑事业要商量。祖龙魂死秦犹在，孔学名高实秕糠。百代都行秦政法，《十批》不是好文章。熟读唐人《封建论》，莫从子厚返文王。”[3]这时，“焚坑事业要商量”已经不是简单的学术问题了，而是牵涉到历史观、政治观这样的立场问题，所以郭沫若在重大压力下不得不自我检讨，承认“十批大错明如火，柳论高瞻灿若珠”，以此作为自己对“批林批孔”运动的明确表态。

“文革”时期，历史学被严重扭曲，实用化为政治斗争的工具。尽管毛泽东不认为秦始皇是完人，但因为要突出秦始皇“厚今薄古”的专家身份，因此从正面解读“焚书坑儒”。“文革”之所以为悲剧，为浩劫，于此便不难看出一斑。

1 陈晋主编：《毛泽东读书笔记解析》（下），广东人民出版社1996年版，第1151页。

2 陈晋主编：《毛泽东读书笔记解析》（下），广东人民出版社1996年版，第1154页。

3 陈晋主编：《毛泽东读书笔记解析》（下），广东人民出版社1996年版，第1155页。

四　李斯拥护秦始皇，主张法后王

李斯（？—前208年），战国时期楚国上蔡人，法家代表人物之一。他少时从仓鼠及厕鼠的对比中得到启示，认为人之贤与不肖譬如老鼠，全因所处的位置之所致。李斯立志出人头地，提出人活一世，“诟莫大于卑贱，而悲莫甚于穷困”。这种功利主义的人生观奠定了他后来接受法家学说的基础。

李斯后来跟随荀子学帝王之术。学成后，他西游秦国，通过吕不韦而得以谏说秦王嬴政，提出秦国应该依凭国势完成统一大业，不可丧失时机，同时应派遣游说之士揣金仗剑走天下。对六国诸侯名士，爱财者以贿金厚结之，不肯者则以利剑刺之。秦王遂拜李斯为客卿。不久，韩国以派水工郑国帮助秦国兴修水利工程为名，行阴损秦朝国力，使之无力东顾之实。事被发现后，秦王觉得客卿都是为其本国效力而间秦的，因此不可信任，更不可重用，于是发布逐客令，李斯也在被逐之列。在此情形下，李斯上《谏逐客书》，列举秦穆公、秦孝公、秦文惠王、秦昭襄王皆因重用客卿而致强的事例，说明客卿无负于秦。他强调，假使上述四君疏客而不用，则秦国既无富利之实，亦无强大之名。接着，李斯又从秦国对器物玩好和杰出人才的不同态度展开说理，指出秦国于声色犬马可以尽取之于六国，而独于六国客卿却疑而不用，此种见物不见人的态度极不明智，无异于为渊驱鱼，为丛驱雀。

李斯的《谏逐客书》说理透彻，秦王于是中止了逐客令。毛泽东对这篇散文评价很高，他在1959年12月至1960年2月读苏联《政治经济学（教科书）》的谈话中，说“李斯的《谏逐客书》，有很大的说服力”[1]。

---

1 摘自毛泽东1959年12月至1960年2月读苏联《政治经济学（教科书）》的谈话，见《党的文献》，1994年第5期。

李斯襄助秦始皇完成统一大业后，被任命为丞相，列于三公之首，一时间位极人臣，炙手可热。为加强中央集权，避免重复周王朝外重内轻所导致的诸侯战乱，同时也满足秦始皇定于一尊、独揽权柄的心理需要，李斯力主确立由中央委派官吏的郡县制，并对鼓吹采用分封制的言论大加挞伐。他说：“古者天下散乱，莫能相一，是以诸侯并作，语皆道古以害今，饰虚言以乱实。”如果不禁私学，则“主势降乎上，党与成乎下”[1]。为了防微杜渐，李斯提出“焚书”论，要求将民间私藏的《诗》、《书》、百家语等悉数收缴并焚毁。秦始皇欣然采纳了李斯的建议。

李斯力挺郡县制的思想基础，是厚今薄古的历史观和明君独断、制在一人等法学理念。李斯的教师荀子主张“性恶论”，但他所强调的是“权利之恶”而非“权力之恶”。在荀子看来，有作为的君主与其恃人之为吾善，不如恃人之不敢为非。仁义礼智不可不讲，但起根本作用的还是严刑峻法以及君主对臣下的驾驭和督责之术。从思想史的角度来看，荀子开创了援法入儒、儒法合流的先河。

对于李斯的思想根源和主要特点，毛泽东有过多次议论。他说：“孔孟是唯心主义，荀子是唯物主义，是儒家的左派。孔子代表奴隶主、贵族。荀子代表地主阶级。”又说：“在中国历史上，真正做了点事的是秦始皇，孔子只说空话。几千年来，形式上是孔夫子，实际上是按秦始皇办事。秦始皇用李斯，李斯是法家，是荀子的学生。”[2]在毛泽东心目中，法家是向前看的，主张与时俱进，不拘泥于古圣先贤的观点，富于开拓和创新精神；而孔、孟等儒家却述而不作，食古不化，一味地以古圣先贤的观点裁断现实，如孔子所说的“郁郁乎吾从周”，便

1 ［汉］司马迁：《史记》，岳麓书社1988年版，第648—649页。

2 毕桂发：《毛泽东对历代帝王的评说》，载《人民政协报》，2006年12月21日。

是将美好之世定位于往昔，不敢越雷池一步。这无异于开历史的倒车。所以毛泽东总结道："李斯是拥护秦始皇的，思想上属于荀子一派，主张法后王。后王就是齐桓公、晋文公，秦始皇也算。"[1]在现代史家中，郭沫若崇儒反法，多次受到毛泽东的批评。而范文澜虽然崇儒，但在著作中又对法家评价颇高，这给毛泽东留下了深刻的印象。1968年10月，在扩大的中共八届十二中全会闭幕式上的讲话中，毛泽东说："在范老的书上，对于法家是给了地位的，就是申不害、韩非这一派，还有商鞅、李斯、荀卿传下来的。"[2]

秦始皇统一中国后明法度、定律令，许多内容具有开创性的意义。在这一过程中，李斯的贡献又尤为突出，特别是他加强中央集权、推行郡县制的言行，被毛泽东认为是合乎时代的举措。熟悉春秋战国史的毛泽东相信，除开强干弱枝的大一统，没有任何办法可以避免重蹈诸侯、领主纷争的覆辙。1959年到1960年初，毛泽东在读苏联《政治经济学（教科书）》的谈话中指出："那时候（春秋战国）各国内部的关系，看起来是领主和农奴的关系，每个家族都有自己的战车、武士。"[3]正是小到领主、大到诸侯各自为政，才最终导致地方势力以下陵上、天下纷争不已的局面。李斯帮助秦始皇终结了这一局面，所以毛泽东指出李斯为法家治国的代表性人物，对其厚今薄古、开创新制的勇气和举措予以肯定。

1 甄不贯：《毛泽东读书笔记》，见《希望》，1992年第1期。

2 甄不贯：《毛泽东读书笔记》，见《希望》，1992年第1期。

3 摘自毛泽东1959年12月至1960年2月读苏联《政治经济学（教科书）》的谈话，见《党的文献》，1994年第5期。

五　吕不韦是个大政治家

吕不韦（？—前235年）在中国历史上创造了不少奇迹，具有传奇色彩。他本是卫国濮阳（今河南濮阳）人，后来去韩国经商，成了阳翟（今河南禹州）的一个大商人。凭借贩贱卖贵积累的千金家产以及敏锐独到的眼光，他发现并利用子楚（即后来的秦庄襄王）这个“奇货可居”的人物，从而以商人身份介入政治，主宰了秦国几十年的政治走向。

秦昭王四十二年（公元前264年），安国君（即后来的秦孝文王）被立为太子。安国君妻妾成群，共有二十多个儿子，其中夏姬所生的儿子子楚（即“异人”）排行居中，又因母亲得不到宠幸而被派往赵国做人质。秦国数次攻打赵国，异人在敌国得不到礼敬，处境十分艰难。安国君有个最宠爱的姬妾叫华阳夫人，但却艰于子嗣，一直未能生育，这就成了“以色事人”的华阳夫人的一大心病。

毛泽东在谈到秦朝的少年英雄甘罗时曾经说过：“吕不韦是个大政治家。”[1]他之所以有如此评价，是因为吕不韦以商人特有的精明见微知著、见缝插针，成功地将子楚推到安国君的继承人的位置，并在安国君死后把持朝政达十三年之久（公元前249—前237年）。

吕不韦经商到邯郸，一见到落难的子楚，便不禁感叹：“此奇货可居。”他向子楚详细分析了当时秦国朝政可能的演变趋势，认为华阳夫人在确立安国君继承人问题上有举足轻重的作用，劝导子楚抓住时机，取得安国君和华阳夫人的信任，争取被立为嫡嗣。子楚深以为然，许诺事成后“得分秦国与君共之”。紧接着，吕不韦重金购得奇物玩好后西游秦国，将其送与华阳夫人，并让华阳夫人的妹妹充当说客，说子楚在赵国“日夜泣思”安国君和华阳夫人，这使华阳夫人大为感动。华阳

1 王子今：《毛泽东与中国史学》，中共中央党校出版社1993年版，第197—198页。

夫人又听其妹妹说“以色事人者，色衰则爱弛”，不如立即在安国君的儿子中选择贤孝者如子楚立为子嗣。如此一来，“夫在则重尊，夫百岁之后，所子者为王，终不失势，此所谓一言而万世之利也”[1]。华阳夫人被说动后，在安国君面前从容言子楚之贤，提出愿得子楚立为嫡嗣以托付终身。安国君答应了他的要求，并请吕不韦充当子楚的老师。事情又有凑巧，子楚爱上了吕不韦所宠幸的一位赵姬，而此时赵姬已身怀六甲。吕不韦虽不悦，但念及自己业已为子楚伤财破家，为了“钓奇”，竟将赵姬拱手相送。后来赵姬生子（即嬴政），子楚立赵姬为夫人。

秦昭王五十六年（公元前250年）去世，太子安国君继位为王，华阳夫人成了王后，子楚则顺利地当上了太子，而赵国又将其妻子送回了秦国。安国君（秦孝文王）继位仅一年就死了，太子子楚继位，是为秦庄襄王。吕不韦随即被任命为丞相，封文信侯，食河南洛阳十万户。秦庄襄王即位三年后去世，太子嬴政立为王，尊吕不韦为相国，号称“仲父”。嬴政继位时（公元前247年）年仅十三岁，秦国内政外交大权实掌于吕不韦之手。在吕不韦的主持下，秦国日益强盛，奠定了后来嬴政统一天下的基业。

吕不韦后来虽因事牵嫪毐之谋而被嬴政疏远，与其家属迁徙蜀地。但纵观其一生，可谓取得了辉煌的成功，其深谋远虑、事无遗算，令人叹为观止。这不是一般人所能做到的。而且在中国历史上，鲜有商人能够位极人臣者，所以毛泽东称之为“大政治家”，一点都不过誉。

吕不韦作为一介商人，不仅有敏锐的政治头脑，而且还有很深的文化情结。他学习战国四公子的事迹，罗致天下名士以为门客，并让门客著其所闻，相互切磋，集为《吕氏春秋》一书，其中包括“八览”、“六论”、“十二纪”，共二十余万言，涉及天地万物古今之事。司

1 ［汉］司马迁：《史记》，岳麓书社1988年版，第633页。

马迁在《报任安书》中，曾列举许多遭遇困厄而成就一番事业的人物，如“文王拘而演周易，仲尼厄而作春秋。屈原放逐，乃赋离骚。左丘失明，厥有国语。孙子膑脚，兵法修列。不韦迁蜀，世传吕览。韩非囚禁，说难孤愤。诗三百篇，大抵圣贤发愤之所为作也”。毛泽东对司马迁的这段话颇有感触，认为“司马迁讲的这些事情，除左丘失明一例以外，都是指当时上级领导者对他们作了错误处理的”[1]。他以这些人为例，是想说明一个道理，即个人受点委屈并不完全是坏事，从正面意义来说，有助于锻炼意志，吸取许多新的知识。

六　甘罗胜过吕不韦

甘罗（楚国下蔡人）作为战国时秦国名将甘茂之孙，年仅12岁便成了秦相吕不韦的门客。对于这位少年英雄，毛泽东曾有过一段评论：“战国时候，秦国有个甘罗，是甘茂的孙子，他12岁当丞相，他才是个‘红领巾’！当时吕不韦是个大政治家，但没有主意，甘罗却有主意，他到赵国解决了一个问题。”[2]甘罗所解决的问题，起源于秦相吕不韦想派张唐出使燕国，从而联合燕国共同夹击赵国，以扩大河间一带的地盘，而张唐却畏难不愿前去。

那时吕不韦不断施展远交近攻之术。燕国远离秦国，为谋求自身利益同意与秦国合作攻打赵国，并将太子姬丹作为人质派往秦国。出于对等外交，吕不韦因而派张唐去燕国做相国。张唐出使燕国必然要经过赵

1《毛泽东文集》第八卷，人民出版社1999年版，第291—292页。

2 王子今：《毛泽东与中国史学》，中共中央党校出版社1993年版，第197页。

国，但张唐在秦昭王时代曾经攻打过赵国，赵国对他非常怨恨，后来还一直悬赏捉拿他，所以他以此为由拒绝前往。正当吕不韦为难之际，甘罗自告奋勇，说自己能说动张唐。吕不韦抱着试试看的态度，同意了他的请求。甘罗面见张唐，说当年应侯范雎派武安君白起攻打赵国，白起认为难办，结果死在了离咸阳不远的杜邮。而现在你的功劳比不上白起，而文信侯吕不韦的权势又远在范雎之上。你不愿去燕国做相，我不知你会死在什么地方呢？一番话说得张唐冷汗涔涔，于是同意整装待发。

张唐快要起程的时候，甘罗又提出自己替张唐去通报赵国，同样得到了吕不韦的同意。甘罗到赵国后，向赵襄王通报了秦、燕两国互派人质，准备共同攻打赵国的计划。赵襄王很紧张，甘罗说："大王不如送给秦国五个城邑，以扩大秦国在河间一带的地盘。这样秦国就可以让燕国太子回去，转而与赵国结盟一起攻打燕国。"甘罗凭其三寸不烂之舌，轻而易举地获得了赵国的五座城邑。后来赵国进攻燕国，夺取了上谷郡（在今河北怀柔一带）的三十个城池，又让秦国得到了其中的十一个。甘罗回国后，被秦始皇任命为上卿，所以才有甘罗12岁为相的历史佳话。

吕不韦是大政治家，但也有一筹莫展的时候。毛泽东以甘罗为例，说明不要小看年轻人，"青年人打倒老年人，学问少的人打倒学问多的人，这种例子多得很"[1]。在1958年的中共八大二次会议上，他曾一口气列举出甘罗、贾谊、韩信、释迦、颜子、红娘、荀灌娘等十多个例子，证明"从古以来，发明家都是年轻人，卑贱者，被压迫者，文化缺少者，学问不行"，并且强调："世界是青年的，长江后浪推前浪，譬如积薪，后来居上。"[2]

---

1 王子今：《毛泽东与中国史学》，中共中央党校出版社1993年版，第197—198页。

2《建国以来毛泽东文稿》第七册，中央文献出版社1992年版，第195页。

七　陈胜、吴广有二误

秦始皇统一中国后，在统治方式上除沿袭过去的严刑峻法之外，又加上墨家的强力疾作、神仙家的迷信方术和道家末流的纵情享乐，使全国陷入兴作无度、徭役相继的状态。而秦二世胡亥继位后又大杀宗室功臣，并重用酷吏督责天下，从而将秦始皇的暴政推向极端。

公元前209年，陈胜、吴广在大泽乡率九百名戍卒起义，拉开了武装反抗秦王朝暴虐统治的序幕。攻占陈留后，陈胜建立大楚政权，在很短的时间内势力达到鼎盛。但不幸的是，陈胜在面临战略决战的时候却连犯错误，在与秦将章邯的战争中节节失利，先是西进直逼咸阳的大将周文自杀，继而是围攻荥阳的吴广在内讧中被田臧所杀，最后是陈胜自己在退却至下城父（今安徽蒙城）时被叛徒庄贾所害。陈胜、吴广从起事到失败只有半年时间，其兴也勃，其亡也忽，给后世留下惨痛的记忆和教训。

陈胜、吴广在秦末首举义旗，继之而起的刘邦、项羽则毕其功于后，彻底埋藏了秦王朝。历代农民起义中，首举义旗的很少有成功者，往往是譬如积薪，后来居上，前赴者为后继者扫除障碍，铺平道路。这也就让首举义旗的人显得尤为悲壮。早在1926年，毛泽东在广州主办第六届农民运动讲习所时，便向学员们介绍过陈胜、吴广的奋斗事迹，充分肯定了他们拉开第一次全国性农民战争的首义之功。他说："秦朝末年，陈胜、吴广不堪其苦，遂辍耕而叹，揭起义旗。他们纯粹代表农民利益者，同时有汉高祖、项羽等起兵讨始皇。"[1]对于陈胜、吴广起义的正义性，毛泽东后来又有过多次论述。直到晚年他还说过："陈涉、吴广揭竿而起，反抗秦的暴政，完全是正义的。这次战争掀开了我国封

1 见1926年毛泽东在第六届农民运动讲习所讲授《农民问题》的学员笔记。

建社会波澜壮阔的农民战争的序幕，在历史上有很大意义。”[1]

《史记》作者司马迁对陈胜、吴广是充满同情和惋惜之情的。他以“世家”为他们立传，班列“孔子世家”之后，汉初诸侯之前，以褒扬他们的首义之举。毛泽东对《史记·陈涉世家》情有独钟，在阅读过程中用红、黑两色笔在书中作了不少圈画和批注。对于“吴广素爱人，士卒多为用者”、“王侯将相宁有种乎？”、“陈涉虽死，其所置遣侯王将相竞亡秦，由涉首事也”等处，毛泽东加了着重线，以示对陈胜、吴广反抗精神的肯定和对司马迁观点的认同。特别是“王侯将相宁有种乎？”一语，尤得毛泽东的激赏，因为这句话揭开了“君权神授”的神秘面纱，撕破了皇帝的新衣，是对封建统治者神道设教、愚弄民众的猛烈抨击。

毛泽东一方面有感于陈胜、吴广的英勇和悲壮，另一方面又从理性的角度认识和吸取他们失败的教训。在他看来，陈胜、吴广有两大失误，一是功成忘本，二是用人不当。

陈胜当年佣耕于垅亩时，曾对同伴说过：“苟富贵，莫相忘。”起事初期，陈胜确也未忘记当年的许诺，许多故旧乡亲随意出入其门，有的还不禁说起陈王过去的故事，甚至道出了他的小名。这时有人劝导他：“这些客人愚昧无知，乱说你过去的事情，恐怕会影响到你的威望。”陈胜一听觉得有理，便将妄说之人斩首。如此一来，“诸陈王故人皆自引去，由是无亲陈王者”。毛泽东读至此，写下“一误”二字。[2]据权延赤在《伟大的足迹》一书中记载，毛泽东在革命过程中援引过陈胜功成忘本，以致故旧纷纷离他而去的事例，要求革命队伍当中的人要从中吸取教训，就是日后革命成功了，也不能像陈胜那样忘了自

---

1 杨建业：《在毛主席身边读书——访北京大学中文系讲师芦荻》，载《光明日报》，1978年12月29日。

2《毛泽东读文史古籍批语集》，中央文献出版社1993年版，第122页。

己共过患难的父老兄弟；要坦然面对自己的过去，不要有官架子。

陈胜、吴广在起义过程中用人不当，更是埋下了失败的祸根。特别是陈胜，他任用朱房为“中正”，主管人事；任命胡武为“司过”，主管监察。而朱房、胡武恰恰是两个以权谋私、刚愎自用的小人。对于凡是不服从其命令的人，他们都视为有罪之人。他们治事“以苛察为忠，其所不善者，弗下吏，辄自治之。陈王信用之。诸将以其故不亲附，此其所以败也”。毛泽东读至此，又批了“二误”两字。[1]陈胜、吴广任用小人，致使诸将各自为政，直接造成革命队伍的离心离德。毛泽东认为，陈胜、吴广的失败并非偶然，而是有致命的失误和深刻的教训。

八　仁义不施，攻守之势异也

秦王朝二世而亡，前后只有十五年，属于典型的短命王朝。对于秦王朝灭亡的原因，总结得最深刻的无过于西汉才子贾谊所作的《过秦论》。该文追述了从秦孝公到秦始皇等历代帝王励精图治、兼并天下的历程，尽力渲染秦始皇底定天下后的国力之强、防御之固，然后笔锋一转，沉痛地写道：秦王怀贪鄙之心，行自奋之智，不信功臣，不亲士民，废王道，立私权，禁文书而酷刑法，先诈力而后仁义，以暴虐为天下始。夫并兼者高诈力，安定者贵顺权，此言取与守不同术也。秦离战国而王天下，其道不易，其政不改，是其所以取之守之者无异也。孤独而有之，故其亡可立而待。[2]贾谊的《过秦论》，其精警之处在于揭示

1《毛泽东读文史古籍批语集》，中央文献出版社1993年版，第122页。

2［汉］司马迁：《史记》，岳麓书社1988年版，第73页。

秦始皇未能分清打天下与坐天下的区别，不懂得“高诈力而贱仁义”用之于兼并之世尚可，而用之于安定之时则不可。正确的办法是逆取之后要转而采用顺守之策，废除苛政，与民休息，把赢得民心作为巩固政权的根本之图。而秦始皇则迷信法家的法、势、术，“孤独而有之”，从而使国家陷入无休止的“折腾”之中，这正是秦始皇事业迅速归于失败的症结。后世帝王吸取了暴秦二世而亡的教训，纷纷采取“外儒内法”或“外道内法”的综合统治方略。虽然政权的本质没有改变，但至少表面上在被统治者的经验上投下了道德的影像，多少能给他们以安慰和期待。北宋宰辅赵普标榜“半部《论语》治天下”，正是道出了逆取与顺守的差别。

对于贾谊这位英俊天才，毛泽东给予过很高的评价。对于贾谊《过秦论》中的分析，更是表示心折。《旧唐书・朱敬则传》载有朱敬则给武则天的一份上书。这份上书认为，秦始皇重用的李斯行申韩之法，追求计日程功，乃是不得已的“救弊之术”。法家的刻薄寡恩和崇尚诈力，适合于屠灭诸侯时的形势，而一旦天下安定，则应易之以宽泰淳和的政治气氛。秦始皇统一后不改故辙，依过去政策的惯性治理国家，其失败是必然的。朱敬则的观点大多是对贾谊《过秦论》的发挥，毛泽东看出两者之间的思想联系，在读《旧唐书・朱敬则传》时，特意写道：“贾谊云：‘仁义不施，而攻守之势异也。’”[1]

贾谊极为看重民心向背在夺取和巩固政权中的作用。他认为，陈胜、吴广这些人的能量与原来的六国是无法相提并论的。秦国能战胜六国统一天下，却挡不住陈胜、吴广等“氓隶之人，迁徙之徒”所激起的反抗怒潮。所以再强大的政权一旦失去民心，也会土崩瓦解。对此，长期处于敌强我弱环境中的毛泽东自然深有感慨。共产党之所以战胜国民

1《毛泽东读文史古籍批语集》，中央文献出版社1993年版，第226页。

党，根本的原因也在于国民党失去了民心，而共产党却代表了新生的希望，所以最终能转弱为强。他对贾谊《过秦论》的认同和重视，是基于历史的通感和通识，并非是单纯的就事论事。

第五章

毛泽东评点西汉王朝

西汉王朝（公元前206—公元25年）。在中国历史上，国祚绵长，仅次于唐、明、清三个朝代。其间经历开创、守成、中兴、衰落等波浪式演进的多个环节，因此成为研究中国王朝史的典型标本之一。

西汉王朝的缔造者刘邦是一个出身卑微、起于陋巷的平民皇帝，比较熟悉人民心理。西汉的统治方式较之秦朝既有继承又有发展。其基本的职官制度和行政制度（郡县制）沿袭秦朝，所谓“汉承秦制”，其内涵大略如此。但西汉王朝吸取了暴秦单纯以法家治国而短命的沉痛教训，代之以“外道内法”或“阳儒阴法”的统治策略，前朝的刻薄寡恩一变而为宽猛相济，从而缓和了官民矛盾，特别是西汉前期注重与民休息，促进了经济文化的快速发展。汉武帝是个雄才大略的“中兴”君主，他醉心于开疆拓土，张扬国威，取得过四夷宾服的骄人武功，但连续的征战也损耗了国力和民力。继之而起的“昭宣之治”犹如回光返照，已不能与之前的“文景之治”相提并论了。从汉元帝开始，西汉王朝每况愈下，走上没落的道路，直到被王莽的新朝所替代。

在阅读《史记》、《汉书》、《资治通鉴》等古籍的过程中，毛泽东对西汉王朝的评点和论述，广泛涉及其帝王将相、统治方略、内政外交乃至文学艺术、民情风俗等方面。由于他独特的评点风格和关注的焦点，西汉的诸多历史人物，如汉高祖刘邦、汉武帝刘彻、汉元帝刘奭以及文学家如贾谊、枚乘等人的形象，在当代人的心目中进一步鲜活起来。作为史家，毛泽东在评说西汉王朝时妙语连珠，兴会无前，大有“高谈阔论依古典，长歌短曲吊英魂”的滋味。

一　刘邦是一位高明的政治家

汉高祖刘邦（公元前256—前195年）出生在秦朝泗水郡沛县（今江苏沛县）的一个农家，早年任过亭长一类的基层小吏。他不事生产，不治产业，但为人豁达大度，志向高远。有一次在咸阳服徭役时，他见到巡游中威风八面的秦始皇，不禁喟然叹息道："嗟乎，大丈夫当如此也！"

秦二世元年（公元前209年）秋，刘邦在沛县主吏萧何和狱掾曹参等人的拥戴下聚众起事，称沛公，不久便投奔项羽的叔父项梁。项梁是原楚国大将项燕的儿子，为进一步聚合反秦势力，项梁立原楚怀王之孙熊心为王，仍称楚怀王。项梁与秦将章邯在定陶激战而阵亡后，楚怀王熊心一时成为号令各股反秦势力的首领。秦二世三年（公元前207年），楚怀王命宋义、项羽等北上救赵，而令刘邦将兵西向略地入关，并与诸将约，"先入定关中者王之"。刘邦向既定的战略方向挺进，迫降宛城，攻占武关，在公元前206年10月率先进驻灞上，秦王子婴素车白马，封皇帝符玺而降，秦朝就此灭亡。11月，项羽率诸侯兵西进，得知沛公已定关中，大怒不已，命令黥布等攻破函谷关。当时刘邦远不敌项羽，遂至鸿门面见项羽，卑辞言好。次年初，项羽自封为西楚霸王，封刘邦为汉王，统治巴蜀及汉中一带。刘邦不愿偏安一隅，遂明修栈道，暗渡陈仓，率军东出略地，发动了长达四年的楚汉战争。起初，刘邦屡屡败北，但他知人善任，且毫不气馁，逐渐变劣势为优势。公元前

203年冬，刘邦联合韩信、彭越等部进围楚军于垓下。项羽率部突围，至乌江（今安徽和县境内）自刎。公元前202年2月，刘邦即帝位，初建都洛阳，后迁至长安。

刘邦以布衣提三尺剑而取天下，这在中国历史上可算是破天荒的事件。毛泽东非常欣赏这位草莽英雄的恢弘气度、感召能力和行事风格。他通过研究楚汉相争史，认为“项王非政治家，汉王则为一位高明的政治家”[1]。政治家不论出身，贵族出身的项羽刚愎自用，目光短浅，而“老粗”出身的刘邦却从善如流，目光远大，所以政治家的头衔理应属于刘邦。在比较刘邦、项羽时，毛泽东有这样一句带总结性的话：“汉高祖刘邦比西楚霸王项羽强，他得天下一因决策对头，二因用人得当。”[2]

先说“决策对头”。刘邦为人有胆气，有刚肠，在乱世中敢于任事，不怕杀头，这是他胜过曹参、萧何等许多知识分子的地方。其另一个长处是善于利用他人的热情和智慧，能够听取各种不同的意见为其所用。这种海纳百川、从善如流的气度，确保他在关键问题和战略问题上的决策不失误。毛泽东对此深有感触。1962年1月，他在七千人大会上说道：

> 从前有个项羽，叫做西楚霸王，他就不爱听别人的不同意见……另外一个人叫刘邦，就是汉高祖，他比较能够采纳各种不同的意见。有个知识分子名叫郦食其，去见刘邦。初一报，说是读书人，孔夫子这一派的。回答说，现在军事时期，不见儒生。这个郦食其就发了火，他向管门房的人说，你给我滚进去报告，老子是高阳酒徒，不是儒生。管门房的人进去照样报告了一篇。好，请。请了进去，刘邦正在洗脚，连忙起来欢

1《毛泽东读文史古籍批语集》，中央文献出版社1993年版，第121页。

2 吴冷西等：《缅怀毛泽东》（上），中央文献出版社1993年版，第206页。

迎。郦食其因为刘邦不见儒生的事，心中还有火，批评了刘邦一顿。他说，你究竟要不要取天下，你为什么轻视长者！这时候郦食其已经六十多岁了，刘邦比他年轻，所以他自称长者。刘邦一听，向他道歉，立即采纳了郦食其夺取陈留县的意见。此事见《史记》郦生陆贾列传。刘邦是在封建时代被历史家称为“豁达大度，从谏如流”的英雄人物。刘邦同项羽打了好几年仗，结果刘邦胜了，项羽败了，不是偶然的。[1]

在上述讲话中，毛泽东只是绘声绘色地讲了刘邦决策的一个个案。个案有说服力，但并不能够反映刘邦从善如流的全貌。意犹未尽的毛泽东在后来又补充道：“自古以来，能干的皇帝大多是老粗出身。汉朝的刘邦是封建皇帝里边最厉害的一个。刘敬劝他不要建都洛阳，要建都长安，他立即就去长安。鸿沟划界，项羽引兵东退，他也想到长安休息。张良说，什么条约不条约，要进攻，他立刻听了张良的话，向东进。韩信要求封假齐王，刘邦说不行。张良踢了他一脚，他立刻改口说，他妈的，要封就封真齐王，何必要假的。”[2]毛泽东列举的这一连串事例，足以证明刘邦在关键问题上“决策对头”并非虚誉。刘邦本人是“老粗”，看似并无一技之长，独立决策能力恐不在中人之上，否则“如之奈何”也不会成为他面对困难时的一句口头禅。所幸他一贯豁达大度，从善如流，才得以克己之短，作出了一系列正确的决策。想当年，韩信破齐，势力如日中天，刘邦如果不以“真齐王”笼络之，双方很可能反目成仇，而不会有后来联合将项羽合围于垓下的壮举了。

再说“用人得当”。刘邦初登帝位，感慨万端，忍不住向群臣询问

1 《毛泽东文集》第八卷，人民出版社1991年版，第295页。

2 詹全友主编：《毛泽东瞩目的帝王宰相》，长江文艺出版社2000年版，第145页。

自己得天下的原因。高起、王陵等人认为：陛下平定天下，乃因为时时不忘与群臣共享成果，战胜则予人功，得地则与人利。而项羽就做不到这一点。他妒贤嫉能，凡有功者则害之，有高见者则疑之。刘邦笑曰："公知其一，未知其二。夫运筹帷帐之中，决胜千里之外，吾不如子房；镇国家，抚百姓，给馈饷，不绝粮道，吾不如萧何；连百万之军，战必胜，攻必取，吾不如韩信。此三者，皆人杰也，吾能用之，此吾所以取天下也。项羽有一范增而不用，此其所以为我擒也。"[1]干政治讲求合群奋斗，凡在政治上成就一番大事业者，其本身并无三头六臂，成功的秘诀乃在于招贤纳士，共襄盛举。刘邦有识人之才，容人之量，凡对他有用的人才，他不论出身、门第、冠戴，一律招致麾下因量器使，各尽其能，如张良是韩国贵族，张苍为秦朝御史，叔孙通为秦朝博士，韩信、英布为平民，萧何、曹参为沛县官吏，彭越本以打鱼为生，灌婴是个布贩子，樊哙则以屠狗为业，陈平是个穷书生，刘敬原先为士卒，等等。正是这些来路不同、各有所能的文臣武将，恰似给刘邦插上了无数高飞的翅膀，将其托举到众生之上，成就了他"大丈夫当如此也"的极致梦想。就个人素质而言，项羽力拔山兮气盖世，其臂力、气魄远在刘邦之上，但因其嫉贤妒能，刚愎自用，结果成了孤家寡人，走上了英雄末路。楚汉相争相持不下，项羽欲与刘邦"独身挑战"，即以个人决斗定胜负。这在刘邦看来完全是逞匹夫之勇，可笑之至。刘邦以列举项羽十大罪状相回应，并说"吾以义兵从诸侯诛残贼，使刑余罪人击杀项羽，何苦乃与公挑战"！[2]言下之意，击杀你项羽，还用得着我老刘亲自动手吗?

除了"决策对头"、"用人得当"，毛泽东认为刘邦相对于项羽的

1［汉］司马迁：《史记》，岳麓书社1988年版，第105页。

2［汉］司马迁：《史记》，岳麓书社1988年版，第104页。

另一个优势，“是因为刘邦和贵族出身的项羽不同，比较熟悉社会生活，了解人民心理”[1]。刘邦长期身处民间，屈沉下僚，知晓老百姓的痛苦和心愿。他在泗水当亭长时押送苦力去骊山服役，见中途多有亡者，心想到达时差不多会跑光。所以到达丰西泽这个地方时，他干脆在晚上释放了所有的苦力，此举令众人深为感动，当场有十余壮士愿意跟随他起事。公元前206年10月，刘邦平定关中，当即与诸县父老豪杰约法三章：“杀人者死，伤人及盗抵罪。余悉除去秦法。”苦秦久矣的关中百姓对刘邦感恩戴德，争持牛羊酒肉犒劳刘邦军士，唯恐刘邦不为秦王。而后来项羽攻克咸阳时却大肆烧杀，激起关中人民的痛恨。登上帝位后的刘邦进一步废除秦朝严刑峻法，改弦更张，易之以与民休息、蓄养民力的政策，也是大得民心的举措。

刘邦略识之无，是个地道的“粗人”。但早年经历特别是长期的戎马生涯锻造了刘邦慷慨豁达的性格。去世前不久，他因平息英布叛乱回到故乡沛县，悉召故人父老子弟纵情宴饮。酒酣耳热之际，刘邦击筑助兴，自为歌诗曰：“大风起兮云飞扬，威加海内兮归故乡，安得猛士兮守四方。”随之起舞，慷慨伤怀，泣数行下，游子恋乡之情达到高潮，当即允诺免除故乡人的赋税徭役。盘桓十余日，刘邦才依依不舍地离开故乡。刘邦的《大风歌》发乎至情，极为本色，毛泽东说：“这首诗写得很好，很有气魄。”[2]毛泽东出身农家，在感情上对刘邦这位平民皇帝充满敬意。刘邦的一言一行，都不免让他产生亲切感。异代不同时，灵犀一点通。毛泽东对刘邦的诸多肯定和赞扬，带有英雄相惜的色彩，不是偶然的。

---

1 摘自毛泽东1959年12月至1960年2月读苏联《政治经济学（教科书）》的谈话，见《党的文献》，1994年第5期。

2 张贻玖：《毛泽东批注历史人物》，鹭江出版社1993年版，第53页。

二　项羽非政治家，但不失为英雄

项羽（公元前233—前202年），名籍，字羽，下相（今江苏宿迁西南）人，秦末农民起义领袖。其祖父项燕为原楚国大将，死于秦国将领王翦之手。项羽少时脱略不羁，学书、学剑皆不成，立意学“万人敌”。但又不肯深学兵法，略知其大意而已。秦始皇东游会稽，项羽在观看时对其叔父说：“彼可取而代也。”吓得其叔父一身冷汗。但其心雄万夫、胆气冲天于此可见一斑。

秦二世元年（公元前209年）七月，陈胜、吴广在大泽乡揭竿而起，拉开了秦末农民起义的序幕，原六国贵族闻讯后亦纷纷起兵。同年九月，项羽与其叔父项梁在吴中（今江苏苏州）举兵反秦，项梁自立为会稽守，项羽为裨将，麾下有精兵八千人。项羽英勇善战，叔父项梁战死后，他很快成为义军首领，并在著名的巨鹿之战中摧毁秦军主力。当项羽率军进入关中时，刘邦已先期进驻咸阳，并依楚怀王之约成为关中之王。项羽大怒，欲凭四十万大军消灭刘邦。刘邦卑辞言和，躲过一劫。但项羽衔恨报复前朝，备极楚毒，以逞一时之快。他在咸阳大开杀戒，诛秦降王子婴，焚烧阿房宫，掳掠珠宝美玉东归。关中之民大失所望。公元前206年，项羽自封西楚霸王，据有梁、楚地九郡，定都彭城。同时大封诸侯王，刘邦被封为汉王，占有汉中及巴蜀一带。在随后的楚汉战争中，本来占据绝对优势的项羽，因一连串战略失误而被刘邦打败，最后从垓下突围后至乌江自刎而死。英雄末路时的慷慨悲情，一直让后人欷歔不已。

对于项羽这位贵族出身的反秦领袖，毛泽东有过单独的评论，但多数是将其与刘邦比较而论，重在从其失败中总结经验教训。早在1926年，毛泽东在广州为农民运动讲习所学员讲授《中国农民问题》时，便初步探讨过项羽失败的原因。他说：“项羽入关，粗恶无比，不得一般人之信仰，又一至咸阳便大焚秦之故宫，遂大失地主阶级之信仰，此其失败之主要原因也。”[1]项羽性格中有残忍暴戾的一面，在打天下过程中以雪国仇家恨为快，以致进兵关中时玉石俱焚，给关中士民留下极其恶劣的印象。项羽忽视民意，不善于争取民心，这在毛泽东看来是埋下了失败的祸根。

新中国成立后，毛泽东多次谈到项羽不如刘邦之处，并说：“项羽有三个错误，如鸿门宴不听范增的话，放跑了刘邦；（楚汉订立的）鸿沟协定，他认真了；建都徐州，那时叫彭城。”[2]项羽在鸿门宴上放走刘邦，无异于放虎归山。刘邦在不利时懂得韬光养晦，甚至不惜卑辞言和，正是大丈夫能屈能伸的表现。而项羽却为这种表面现象所迷惑，足见其“妇人之仁”和“沽名”心态。项羽出身贵族，不谙平民出身的刘邦的心理，他以为鸿沟划界后，双方可以共享天下，从而拘泥于条约而少防备，结果腹背受敌，方寸大乱。项羽又不懂山川地理，将处于四战之地的徐州定为都城，亦是犯了兵家之大忌。而刘邦占据关中，地势便利，有河山之险，进可攻，退可守。东向用兵，犹如高屋建瓴。后世有“秦中自古帝王都”之说，正是因为三秦为形胜之地，老巢安稳则收缩自如也。

项羽连犯重大错误，症结在于刚愎自用，听不进不同意见，结果既伤害了群臣，又坐失不少良机。与刘邦相比，项羽的这个缺点几乎是致命的。可悲的是，项羽至死都未认识到这一点，竟将其失败归咎于天命。毛泽东断然指出：“‘非战之罪，乃天亡我’的说法是错误

1 唐汉、振肖主编：《毛泽东评点中国皇帝》（上），红旗出版社1998年版，第122页。

2 唐汉、振肖主编：《毛泽东评点中国皇帝》（上），红旗出版社1998年版，第122页。

的。”[1]这就是说，项羽失败乃咎由自取，非关乎天命天意。毛泽东多次拿项羽不虚心纳谏而导致悲凉“别姬”的事例教育干部，如1962年1月，他在七千人大会上说：“刘邦是在封建时代被历史家称为‘豁达大度，从谏如流’的英雄人物。刘邦同项羽打了好几年仗，结果刘邦胜了，项羽败了，不是偶然的。我们现在有些第一书记，连封建时代的刘邦都不如，倒有点像项羽。这些同志如果不改，最后要垮台的。不是有一出戏叫《霸王别姬》吗？这些同志如果总是不改，难免有一天要‘别姬’就是了。”[2]在多数场合，项羽是作为反面教材而被毛泽东拿来说事论理的。毛泽东对项羽失败的评价，与司马迁说项羽“自矜功伐，奋其私智”、“欲以力征经营天下”的观点是完全相通的。

项羽兵败垓下，闻四面楚歌，知道大势已去，于是自为诗曰：“力拔山兮气盖世，时不利兮骓不逝。骓不逝兮可奈何，虞兮虞兮奈若何！”虞姬起舞和之，项羽热泪双流，不平之气充盈天地间。垓下突围后，项羽且战且退，至东城时仅有可怜的二十八骑。发竖眦裂的项羽奋其余勇，又斩汉将数人、汉兵百余人。至乌江时，无颜见江东父老的项羽仰天长叹，挥剑自刎而死。刘邦以鲁公礼葬其于谷城。

项羽兵败自杀，决不投降。这种英雄气概赢得了后世人的不少赞誉，宋代女词人李清照便为此赋诗一首：“生当作人杰，死亦为鬼雄。至今思项羽，不肯过江东。”对于项羽的英雄气节，毛泽东则是既有褒扬又有惋惜。1939年，时在延安的他想到项羽的结局，不禁感慨系之：“项羽是有名的英雄，他在没有办法的时候自杀，也比汪精卫、张国焘好得多。从前有个人作了一首诗，问他为什么要自杀，可以到江东去再召八千子弟兵来打天下。我们要学项羽的英雄气节，但不自杀，要干

1 唐汉、振肖主编：《毛泽东评点中国皇帝》（上），红旗出版社1998年版，第123页。

2《毛泽东著作选读》（下），人民出版社1986年版，第821页。

到底。”[1]毛泽东这里提到的评项羽自杀的一首诗，指晚唐诗人杜牧的《乌江亭》：“胜败兵家未可期，包羞忍耻是男儿。江东子弟多才俊，卷土重来未可知。”显然，毛泽东是赞同杜牧的观点的。清代吴景旭编有《历代诗话》一书，其中收录了杜牧的这首诗，并引《渔隐丛话》对该诗的一段评语：“牧之题咏，好异于人。如《赤壁》、《四皓》，皆反说其事。至《题乌江》，则好异而叛于理。项羽以八千渡江无一还者，谁肯复附之，其不能卷土重来决矣。”后来毛泽东读《历代诗话》至这段评语时，在旁边批了四个字：“此说亦迂。”[2]在毛泽东看来，那种认定项羽不可能卷土重来的观点，乃是书生的迂腐之见。过去的历史当然是定型了，但过去的历史完全有被改写的可能性。

贵族出身的项羽不肯过江东，根源在于他强烈的耻感心理。他难以逾越这道障碍，所以才选择了自杀。毛泽东认为，项羽自杀不失为壮举，但并非是唯一的结局。青年时代的毛泽东便强烈反对自杀，以致著有《非自杀》一文。文中指出：“与自杀而死，宁奋斗被杀而亡。奋斗的目的，不存在‘欲人杀我’，而存在‘庶几有人格的得生’。及终不得，无所用力，截肠决战，玉碎而亡，则真天下之至刚勇，而悲剧之最足以印人脑府的了。”[3]项羽的自杀是感人肺腑的悲剧，而在毛泽东的人生哲学中，最高层次的悲剧则在于无所用力时截肠决战，玉碎而亡。为了将精神和身体之能力发挥到极致，一个人不能不有这样的悲剧精神。

毛泽东不愧是活学活用历史的大师。一方面，他吸取项羽失败的教训，提出“宜将剩勇追穷寇，不可沽名学霸王”，另一方面，他又用项羽无颜见江东父老的羞耻心理讽刺挖苦蒋介石。1948年10月，蒋介石在

1 陈晋主编：《毛泽东的文化性格》，中国青年出版社1991年版，第240页。

2《毛泽东读文史古籍批语集》，中央文献出版社1993年版，第39页。

3《毛泽东早期文稿》，湖南出版社1990年版，第433页。

战局不利时准备突袭石家庄，而当时的石家庄差不多是一座空城。毛泽东为阻止蒋的这一计划，为新华社写了《评蒋傅军梦想偷袭石家庄》，活生生地上演了一出现代版的“空城计”。他在述评中指出：“蒋介石最近时期是住在北平，在两个星期内，由他经手送掉了范汉杰、郑洞国、廖耀湘三支大军。他的任务已经完毕，他在北平已经无事可做，昨日业已溜回南京。蒋介石不是项羽，并无‘无面目见江东父老’那种羞耻心理。他还想活下去，还想弄一点花样去刺激一下已经离散的军心和民心。亏他挖空心思，想出了偷袭石家庄这样一条妙计。”[1]述评旨在让蒋介石明白，石家庄的军民已经严阵以待，蒋军不可轻举妄动。蒋介石这种人，和项羽相比是似像非像，刚愎自用以至失败差可比拟，但项羽羞愤自杀的勇气，蒋介石却不具备。毛泽东看准了这一点，所以讽刺挖苦了蒋介石一番。

三　文帝、景帝是守成之君

汉文帝刘恒（公元前203—前157年）是汉高祖刘邦与薄姬所生之子，公元前196年受封为代王，诸吕之乱被陈平、周勃等平息后，刘恒被宗室大臣迎立为帝，在位23年；汉景帝刘启（公元前189—前141年）为汉文帝之中子，其母窦猗房本是吕后身边的一位侍女，后来许配给代王刘恒。刘恒称帝后，窦猗房受宠，被立为皇后，加之刘启的几位哥哥早夭，他得以被立为太子。公元前157年，刘启登基，在位16年。

文帝、景帝前后执政近四十年，史称“文景之治”。这也是中国封

1《毛泽东新闻工作文选》，新华出版社1983年版，第261—262页。

建王朝第一个著名的“盛世”。追溯“文景之治”的根源，不能不涉及西汉前期以老子哲学为主流的统治方略。西周以降，文敝道丧，秦朝统一天下后采用酷刑峻法，兴作无度，折腾不止，民众疲倦已极。汉高祖出身社会底层，深谙人民心理需求，因此承敝易变，实行“顺民之情、与民休息”的政策，务求让利于民，使人不倦。刘邦在位七年，百废俱兴，特别是农业生产得到恢复和发展，民众从秦朝敲骨吸髓的暴政中解脱出来，得到了喘息和生聚的机会。历史上所谓的“萧规曹随”，最典型地展示了汉初宰辅们“返淳守朴，唯施是畏”的治国风范。那时政治上几乎全是道家的天下。西汉开国第一功臣萧何鉴于民众痛恨秦之酷法，“顺流与之更始”，甚至冒死为民请“上林苑”，大得百姓之心。萧何死后，曹参为相，“举事无所变更，一遵萧何约束”。曹参极为推崇黄老“无为而治”的思想，对汉初法令守而勿失，所以时人对他的评价是“载其清静，民以守一”。此后文帝和景帝时的邓章、王生、田叔、司马谈等宰辅亦贯彻曹参的思想，辅佐文帝、景帝进一步顺民之情，与民休息。其结果是到汉武帝刘彻继位时，“太仓之粟溢出仓外，府库之钱年久索断”，穷困已极的天下一变而为物阜民康的盛世。

但毛泽东对文帝、景帝的评价与众不同。1957年6月13日，他在与吴冷西等人谈话时说：“高祖之后，史家誉为文景之治。其实，文、景二帝乃守旧之君，无能之辈，所谓‘萧规曹随’，没有什么可称道的。”[1]要理解毛泽东的这一评价，得弄清楚文帝、景帝在位期间到底做了什么。

汉文帝讲求德治，一切政策的制定和调整皆以与民休息、发舒民力为宗旨。他多次下诏劝课家桑，并实行“三十税一”制，一方面鼓励发展农业，另一方面减轻农民负担。为丰富产品和加强流通，他“驰山泽

1 吴冷西：《新闻的阶级性及其他——毛泽东几次谈话的回忆》，见《缅怀毛泽东》（上），中央文献出版社1993年版，第206页。

之禁”，废除过关用传制度，进一步活跃了社会经济。秦朝徭役无度，父子相望于道，汉文帝则规定丁壮每三年服役一次，到汉景帝时又将开始服徭役的年龄由17岁增至20岁。汉文帝对汉初律令做了不少改革，为便于臣民上书言事，下隐上达，他相继废制了诽谤罪和妖言罪；为减轻臣民痛苦，他又明令禁止肉刑，废止连坐法。虽然这些改革后的律令并未得以严格执行，但总的来说是朝着修德慎刑、温和宽泰的方向发展。在对外关系上，汉文帝出之以怀柔、羁縻之术，主张与匈奴等外族和亲以求边境安定。即使匈奴背约，亦不发兵深入，以免烦苦百姓。

总之，汉文帝所实行的是一套“轻徭薄赋”、“修德省刑”及对外和亲的德治方略。汉文帝本人自奉也颇为俭省，在位期间，宫室苑囿、狗马服御无所增益。有一次他想建一露台，但考虑到花费百金，相当于十家中民一年的收入，便放弃了这一计划。他令宠幸的慎夫人衣不曳地，帏不文绣，以示敦朴为天下先。汉景帝为表示继承乃父遗风，登基不久即下诏以“《昭德》之舞”奉祀文帝宗庙，以发其德而明其功。

从文帝、景帝在位期间的作为来看，他们着重于继承高祖与民休息的传统，围绕这一个中心对政策作出调整和变革，旨在为民众创造和积累财富提供一个安定、宽松的环境。正因为如此，文帝、景帝给人的印象是缺乏大刀阔斧进行改革的恢弘气象；无论在心态或是在政策方面，都是守成多于创新，继承重于发展。文帝、景帝保持了汉初以来统治方略的连续性，但也埋下了不少隐患。如对同姓诸侯坐大的犹疑不决终于导致“七国之乱”；对匈奴的和亲政策治标而不治本，能苟安于一时，却不能长久防止边患。正是在这个意义上，毛泽东看不起文、景二帝，认为他们是庸碌无能的“守成”之君，是惧怕重大变革的“维持会”，不值得称道。[1]毛泽东评价历史人物常常具备独到的眼光，予人以耳目

1 陈晋：《毛泽东之魂》，中央文献出版社1997年版，第351页。

一新之感。但从常人的眼光来看，文帝、景帝二人虽无大气象，大动作，算不得很有作为的君主，但那时的升斗小民也未见得不愿意生活在那种时代氛围之中，因为“文景之治”的特点是少折腾，慎更张，虽然平庸，却也实惠。

四 汉武帝雄才大略

汉武帝刘彻（公元前156—前87年）为西汉第六代皇帝，初被景帝封为胶东王，后因哥哥刘荣被废而立为太子。刘彻16岁即皇帝位，在位达54年之久（公元前140—前87年），享年70岁。

“惜秦皇汉武，略输文采。唐宗宋祖，稍逊风骚。”毛泽东在《沁园春·雪》中，将汉武帝列为中国屈指可数的有作为的帝王之一，是有充分的历史依据的。汉武帝上承“文景之治”，下启“昭宣之治”，在西汉王朝是唯一可与高祖刘邦比肩的帝王。他在即位时，西汉已经历六七十年的休养生息，积累了可观的财富；此外吴、楚“七国之乱”被平息后，同姓诸侯王对朝廷的威胁也大为降低。依凭“文景之治”所打下的家底，一心梦想建功立业的汉武帝雄姿英发，开拓进取，在政治、文化、军事、经济等各方面大胆出手，推行了一系列具有开创性和震撼力的政策，成为典型的“中兴”之主、开拓之君。

在政治上，汉武帝继位时，诸侯王治权虽减少，不能随意任用官吏，但拥地广袤，依然对朝廷构成威胁。为加强中央集权，进一步强干弱枝，他根据主父偃的建议颁布“推恩令”，使诸侯得以将邑户分封子弟为列侯，侯国隶属于郡，地位与县相当；且诸侯王及列侯在封地上仅得衣食租税，不得临民治事。“推恩令”的实行，一改过去诸侯王拥地过大的弊端，藩国经层层析分后皆呈弱势，更便于朝廷分而治之。为防止朝官与诸侯相互勾结，汉武帝又制定左律和附益之法，对上下呼应和结党营私的倾向示以警告和惩治。这些措施有效地抑制了以下犯上的僭越之举，为确保政局稳定和政令畅通创造了条件。

在文化上，汉武帝之前，汉高祖拨乱反正，文、景帝务在养民，而对“稽古礼文之事”犹多缺陷。汉武帝即位后采纳董仲舒的建议罢黜百家、独尊儒术，表彰“六经”。根据儒学的要求，汉武帝兴太学，修郊祀，改正朔，定历数，协音律，作诗乐，一时间号令文章，灿然可述。为使饱读诗书的儒生获得进身之阶，汉武帝下令州郡举茂才、孝廉，吸纳大量的贤良方正之士任各级官吏，并使之制度化、常态化，从而扩大了封建统治者的社会基础。汉武帝奖励儒学但不废法家，为督责天下而时常使用酷吏，“外儒内法”的政治文化形态得以确立，并影响中国两千余年。

在军事上，汉武帝鉴于“和亲”政策和金币笼络终非长策，对北方的匈奴采取主动出击、挫其锐气的战略方针，连续不断地发动对匈奴的战争。从元朔元年（公元前128年）到元狩四年（公元前119年）的十年间，便有大战三次。以卫青、霍去病为首的汉军远涉漠北和祁连山，打败了凶悍的匈奴骑兵，收复河南地（今内蒙古河套地区），占据河西走廊，先后设立朔方、五原、酒泉、武威、张掖、敦煌等郡。为进一步开疆拓土，汉武帝又以军事和外交两手，征服了闽越、南越、东瓯和西南夷，在那里设郡治民，使现今的福建、广东、四川西南等地归于汉朝的有效治理之下。汉武帝还派张骞出使西域，加强了汉朝与西域各国的联系和交流。

在经济上，汉武帝长期实行治水勉农的政策，在关中一带修建了许多造福于民的水利工程，并亲自指挥治理黄河水患。他任命赵过为搜粟都尉，田千秋为富民侯，推行新的耕作方法和致富手段。为弥补长年征战所带来的财政亏空，汉武帝根据桑弘羊等人的提议，实行盐铁专卖、均输平准、算缗告缗等经济措施，使财政状况有所改善，但也损害到商人们的利益。

汉武帝的上述建树，大多带有开创性、创新性。在其治下，中央集权制度得到巩固，以汉族为主体的统一的多民族国家得到发展，其文治武功超过高祖刘邦。但是，有胆略、有作为的君主，一般也有明显的缺陷和失误，汉武帝自然也不例外。他统治中国长达50余年，其间发动的对北方匈奴、对南方蛮夷的战争不计其数。为应付这些大大小小的战争，民众徭役相继，苛税重重，陷入无尽的痛苦之中，因此说汉武帝"穷兵黩武"一点也不为过；汉武帝又是一位迷信神仙家言的君主，为访求仙人仙药以求长生不老，他重用李少君、少翁、栾大、公孙卿等方士为其祀神祝告，无所不用其极。这些方士的骗人鬼话屡屡弄得他神魂颠倒，一误再误。为满足方士们祠神求仙的需求，他几乎有求必应，不惜大兴土木，宫观楼台充斥长安。汉武帝在性情爱好上颇类似于秦始皇，喜爱到处巡游观瞻。据《汉书·武帝纪》，自元狩元年至后元二年（公元前122—前87年），武帝外出祠神、巡行封禅达29次之多。礼尊方士又导致朝廷迷信活动的猖獗，以至酿成"巫蛊之祸"，使朝政大伤元气。到武帝晚年，无休止地折腾导致"海内虚耗，户口减半"。鉴于农民起义接连爆发等动荡的社会局面，汉武帝颇有悔意。当桑弘举建议他募民屯田轮台时，他明确加以回绝，并发布著名的"轮台罪己诏"，检讨自己过去的种种失误，提出"当今务在禁苛暴，止擅赋，力本农"，即将政策重心由四面出击转到减轻民众负担、恢复民力上来。

熟读《史记》、《汉书》的毛泽东对汉武帝一生的正、反两方面都颇为熟知，对其评价体现了两点论和重点论的统一。他说："汉武帝雄才大略，开拓刘邦的业绩，晚年自知奢侈、黩武、方士之弊，下了罪己诏，不失为鼎盛之世。”[1]言下之意，汉武帝的功绩远大于其过失，如同瑕不掩瑜，汉武帝统治中国50年，“不失为鼎盛之世”。在毛泽东心目中，汉武帝虽有缺点，但一生锐于进取，不怕繁难，呈现出横绝四海、包举宇内的英雄气象，这是值得充分肯定的。与之相比，文帝、景帝醉心于守成持体，显得“庸碌无能”，不值得称道。

班固所著《汉书》，对文帝、景帝给予了高度评价：“汉兴，扫除烦苛，与民休息。至于孝文，加之以恭俭，孝景遵业，五六十载之间，至于移风易俗，黎民醇厚。周云成、康，汉言文、景，美矣。”[2]至于汉武帝，班固的评价也不低，说：“武帝之雄才大略，不改文、景之恭俭以济斯民，虽《诗》、《书》所称，何有加焉！”[3]但为何毛泽东对他们的评价却有天壤之别呢？追根溯源，这与毛泽东独特的个性风格和人生哲学密切相关。早年毛泽东便在读书笔记中写道：“伊古以来，一治即有一乱，吾人恒厌乱而望治，殊不知乱亦历史生活之一过程，自亦有实际生活之价值。吾人揽史时，恒赞叹战国之时，刘项相争之时，汉武与匈奴竞争之时，三国竞争之时，事态百变，人才辈出，令人喜读。至若承平之代，则殊厌弃之。非好乱也，安逸宁静之境，不能长处，非人生之所堪，而变化倏忽，乃人性之所喜也。”[4]在毛泽东看来，“文景之治”虽然安逸宁静，但平庸无奇，不符合自己对政治社会的审美需求。而汉武治下50余年，事态百变，诡谲奇幻，远比“文景之治”来得惊心动魄，自然也更容易引人入胜。毛泽东个性刚毅，喜爱竞争和挑战，甚至认为在动荡不安的环境中才更能激发人的潜能和斗志，创造出

1 吴冷西：《新闻的阶级性及其他——毛泽东几次谈话的回忆》，见《缅怀毛泽东》（上），中央文献出版社1993年版，第206页。

2 ［汉］班固：《汉书》，岳麓书社1993年版，第57页。

3 ［汉］班固：《汉书》，岳麓书社1993年版，第80页。

4 《毛泽东早期文稿》，湖南出版社1990年版，第186页。

许多人间奇迹。这种独特的文化心理，在他评价历史人物特别是帝王将相时发挥着很大的作用。

五　西汉从元帝开始每况愈下

汉元帝刘奭（公元前76—前33年），西汉第九代皇帝，在位16年（公元前49—前33年）。他是汉宣帝刘询与许皇后所生。班固《汉书》称他“多材艺，善史书。鼓琴瑟，吹洞箫，自度曲，被歌声，分刌节度，穷极幼眇”，是位多才多艺的皇帝。

刘奭不仅雅好文艺，而且从小柔仁好儒。被立为太子后，他看到父亲宣帝所用的人多为以刑名绳下的酷吏，以致持身清正的大臣如盖宽饶、杨恽等也“坐刺讥辞语为罪而诛”，心里很是难过。有一次吃饭时，他忍不住说他父亲“持刑太深”，应当任用儒生治国。宣帝听了很不高兴，愤然作色道：“汉家自有制度，本以霸王道杂之，奈何纯任德教，用周政乎！且俗儒不达时宜，好是古非今，使人眩于名实，不知所守，何足委任？”并叹息道：“乱我家者，太子也！”[1]鉴于刘奭不懂帝王之学，宣帝产生了废立太子的念头，想以爱好法律的次子刘钦取而代之。只因刘奭系自己和许皇后落难民间时所生，自幼饱受凄苦冷落，心存不忍，才最终打消了废立太子的念头。黄龙元年（公元前49年），宣帝驾崩，继位后的元帝以《诗经》治国，以儒学治国，广泛征用儒生，不分良莠委之以政。统治期间先后以薛广德、韦玄成、匡衡等儒生为丞相，又重用宦官弘恭、石显等，朝政腐败，赋役繁重，又加之地震、洪水等自

1［汉］班固：《汉书》，岳麓书社1993年版，第105页。

然灾害频发，黎民百姓困于饥寒，甚而出现“人相食”的现象。元帝不断下罪己诏，执迷不悟地以为灾异并非是自己闇于王道，所以才“暴猛之俗弥长，和睦之道日衰”。他坚信救弊之法，仍在于举茂才异等、贤良正言之士，而不知儒者万千，而贤者不一，俗儒竞进，干才屈沉，天下之事焉能不鱼烂河决。元帝统治后期，土地兼并日益严重，统治阶级的生活也日趋腐化。就是元帝自己，起初尚知节俭，到后来则“日日撞亡秦之钟，听郑卫之乐，驰骋干戈，纵恣于野”。上行下效，整个统治阶层“廉耻之节薄，淫辟之意纵”，西汉由此走上了没落的道路。

1957年4月10日，毛泽东批评《人民日报》是“书生办报”，并用眼睛盯着邓拓说：“我看你很像汉元帝，优柔寡断。你当了皇帝，非亡国不可。”接着毛泽东按顺序评点了西汉的几位皇帝，他指出：“历史上不是提什么‘文景之治’吗？实际上，文帝、景帝只是守成，是维持会，庸碌无能。从元帝开始，每况愈下。元帝‘牵制文义，优游不断’。他说他父亲持刑太深，主张起用儒生。宣帝生气地说：‘汉家自有制度，本以霸王道杂之，奈何纯任德教，用周政乎？’并说：‘乱我家者，太子也！’到了哀（帝）平（帝），更是腐败。”[1]

所谓“霸王道杂之”，本是西汉以降皇权专制社会统治者的治国方略，一般的讲法就是“阳儒阴法”。儒家推崇王道，主张以仁义教化官吏和民众；而法家讲求霸道，认为有功必赏、有过必罚才能使官民令行禁止。王道可收长远之效，但也给不法之徒以可乘之机；霸道可期眼前利益，却很难保障国家的长治久安。所以从统治者的角度来看，王道、霸道缺一不可，就连儒家学说的开创者孔子也说：“政宽则民慢，慢则纠之以猛；猛则民残，残则施之以宽。宽以济猛，猛以济宽，政是以和。”中国的这种宽猛并用、刚柔相济的传统政治文化，即使进入现代

1 薛泽石主编：《跟毛泽东学史》（上），红旗出版社2007年版，第144页。

社会也有抽象继承的价值和必要。毛泽东在延安时期便讲过“路线是王道，纪律是霸道”之类的话。

1957年6月13日晚，毛泽东召胡乔木、吴冷西到自己的卧室谈话。在这次谈话中，毛泽东宣布：中央正式决定调吴冷西去《人民日报》做总编辑，但仍兼任新华社社长。因涉及《人民日报》的人事调整和办报方向，毛泽东重提他在4月10日同原《人民日报》负责人的谈话内容，但具体讲法有些差别，他说：“前汉自元帝始即每况愈下。元帝好儒学，摒斥名、法，抛弃他父亲的一套统治方法，但优柔寡断，是非不分，贤佞并进，君权旁落。他父亲骂他：‘乱我者太子也！’”[1]毛泽东两次讲汉宣帝批评汉元帝的故事，大体意思都差不多，看来他非常赞同班固《汉书》中关于汉元帝的一段总结：“少而好儒，及即位，征用儒生，委之以政……而上牵制文义，优游不断，孝宣之业衰焉。”[2]差不多十年后的1966年3月，毛泽东在杭州的一次谈话中还说：“汉元帝用《诗经》治国，‘儒学’治国。汉元帝的老子是汉宣帝，对他说汉朝要亡在你的手啊！班固说他优柔寡断。”[3]

纵观毛泽东对西汉几代帝王的评价，他真正欣赏的只有刘邦和汉武帝，前者是开国之君，后者是中兴之主，都展现了文治武功的盛大气象。而其他一些帝王，或为守成之君，或为昏庸之辈，都不值得称道。特别是自元帝开始每况愈下，气息奄奄，朝不保夕。元帝是个重要的转折点，其后的成帝刘骜、哀帝刘欣、平帝刘衎的确是“每况愈下”，越来越腐败。成帝耽于酒色，宠幸赵飞燕姐妹，并导致外戚王氏始执国

1 吴冷西：《新闻的阶级性及其他——毛泽东几次谈话的回忆》，见《缅怀毛泽东》（上），中央文献出版社1993年版，第206页。

2 ［汉］班固：《汉书》，岳麓书社1993年版，第114页。

3 陈晋主编：《毛泽东读书笔记解析》（下），广东人民出版社1996年版，第998页。

命。哀帝有“断袖之癖”，他对男宠董贤百般优待，甚至想将天下禅让于他，其行事之荒唐乖谬，罕有其匹。到平帝时，王莽篡权，国柄已失，西汉王朝名存实亡。

毛泽东还有个观点，即书读多了，就当不好皇帝。汉元帝饱读诗书，多才多艺，却“牵制文义”，庸碌无能，使西汉基业由盛转衰，恰恰为毛泽东的观点提供了最早的注脚。汉宣帝早年因巫蛊之祸而流落民间，经历过千辛万苦，即位后颇有作为，成就了“昭宣之治”的美谈。只可惜太子不成器，不谙帝王家法，断送了西汉王朝的前程。

六　王莽不是怎么了不得的一个坏人

王莽（公元前45—公元23年）是西汉灭亡到东汉建立时的一个过渡性人物，他于公元8年建立新朝，在位16年。因是篡汉而立新朝，所以王莽在历史上的名声很不好。班固认为，自有文学以来，乱臣贼子、无道之人中，王莽当属其首。作为史家，班固对王莽的切齿之恨，跃然纸上。

王莽的发迹，从宗族血脉上源于其姑母王政君为汉元帝之皇后。因王政君贵为皇后，她的父亲及兄弟大多在元帝、成帝时封侯，居位辅政。王家一共有九侯、五大司马，可谓烈火烹油，钟鸣鼎食，其子弟自恃为将军王侯后代，骄奢淫逸，纷纷以声色犬马为乐。不过，王莽却因为父亲王曼早死，没有享受到同辈兄弟们的那种福分。他虽是外戚，后来成为新朝皇帝也离不开这层关系，但因自幼孤贫，起点太低，他必须得以过人的心计、坚忍的意志和百倍的努力，才能从沉沦屈辱中打拼出一条上升通道。他勤苦博学，尤其擅长塑造恭俭谦逊的自我形象以邀名誉，而且“爵位益尊，节操愈谦”。王莽一身儒生装束，恭敬地侍奉母亲和寡嫂，养育兄子也不遗余力，而对待诸父辈更是曲有礼意。成帝阳朔年间，大将军王凤病重，王莽亲待汤药，未尝稍懈，以致乱首垢面、不解衣带连月。王凤被侄儿的行为所感动，弥留之际将王莽托付给王太后和汉成帝，遂拜为黄门郎，迁射声校尉。王莽由此迈出了往上爬升的关键一步。

随着恭俭谦逊形象的确立，王莽的声名不胫而走，叔父王商等当地名士皆向成帝言莽之贤。永始元年（公元前16年），王莽被封为新都侯，不久又迁骑都尉、光禄大夫和侍中。王莽愈发折节力行，他广散财物以交宾客，家无所余在所不惜；又因揭发外戚、定陵侯淳于长的罪过获得忠直的名声。绥和元年（公元前8年），王莽取代王根出任大司马。为使名誉超过前人，他继续克己不倦，矫情伪饰层出不穷，所得“赏赐邑钱悉以享士”。妻子见客，“衣不曳地，布蔽膝”，见之者以为是僮仆。哀帝刘欣继位，男宠董贤与外戚傅氏、丁氏得势，王莽罢官回第后杜门自守，韬光养晦。其间为其鸣不平的人不计其数。公元1年，年仅九岁的平帝继位，王政君以太皇太后身份临朝称制，王莽复任大司马，总揽朝政。此时的王莽羽翼渐丰，他逼迫董贤自杀，又培植亲信，“附顺者拔擢，忤恨者诛灭”，露出了代汉自立的野心。不久便进位太傅，号“安汉公”，凡“州牧、二千石及茂材吏初除奏事者”，皆由他接见。为把平帝紧紧地握在手心，他又把自己的女儿立为皇后。

为了进一步收买人心，王莽继续献田出钱救济贫民，又增加博士名额，广为儒生筑舍，将通晓“五经”及《古文尚书》、《周官》等文献的文士召来京师校经纠谬，统一异说。平帝元始五年（公元5年），王莽加九锡。害死平帝后，王莽立年仅两岁的孺子婴，效仿周公辅成王、霍光辅昭帝的故事，以摄政名义居天子之位，朝会称“假皇帝”，臣民称“摄皇帝”，改元“居摄”。初始元年（公元8年），王莽自立为帝，改国号为“新”，次年改元为“始建国”。

王莽起初恭敬谦逊，沽名钓誉，继而野心毕露，代汉自立，其前后反差之大，令诸多诗人、史家感慨不已。1939年5月30日，毛泽东在延安庆贺模范青年大会上作《永久奋斗》的演讲时，便引用白居易的《放言》诗，认为评价人物应坚持“盖棺定论”。他指出：“从前有一首诗说：‘周公恐惧流言日，王莽谦恭下士时，倘使当年身便死，一生真伪有谁知？’这在我们的历史学家那里叫做‘盖棺论定’，就是说，人到死的时候，才能断定他是好是坏。假使周公在那个谣言流传的时候就死了，人家一定会加他一个‘奸臣’的头衔；又若王莽在那个谦让卑恭的时候死了，那后世人一定会赞扬他的。不过我们现在不是讲历史，那两个人究竟孰好孰坏，我们不论，然而它说明了人只有到死，才可以论定他的功罪是非。”[1]王莽善于韬光养晦，用假象将自己的真实意图掩盖起来，以致他在篡权自立以前，人们以为他是一位恭谦君子，因而将各种荣誉和颂声加到他的头上。只有到他死了，当世和后来人才知道王莽是一位擅长表演和作秀的政治野心家。

王莽从始建国元年（公元9年）开始，便实行了一系列的“托古改制”。西汉末年，土地兼并造成“强者规田以千数，弱者曾无立锥之居”；奴婢买卖形同牛马交易，奸猾之人为获厚利，掠卖人之妻、子，大悖“天地之性人为贵”之义。鉴于土地兼并和奴婢买卖所造成的尖锐社会矛盾，王莽附会《周礼》，托古改制。他下令从始建国元年起，天下田为“王田”，奴婢为“私属”，皆不得买卖。凡男丁不超过八人之家而田过一井（九百亩）者，要将其余田分给九族邻里乡党。无田家庭，则依古制设庐井八家，一对夫妇授田百亩，什一而税。如有敢于非议井田圣制之人，则将其投诸四裔以御边患。王莽认为，井田圣制一旦恢复，则家给民富而颂声作，天下从此太平，新朝亦可万世不替。此

1《毛泽东文集》第二卷，人民出版社1993年版，第191页。

外，王莽还推行“五均六筦”制，垄断盐、铁、酒等工商业。在对待周边少数民族问题上，王莽也推行强硬的政策，要求各少数民族政权及时更换西汉封赠的印绶，贬各族的王为侯，要求他们无条件效忠于新朝。

锐意改革的王莽不乏草根情怀和平民意识，他想一劳永逸地解决农民的土地问题，使贫者有田耕，有屋居，实现均贫富、等贵贱的大同理想。但他迷恋古制，将黄金之世托之远古，各种改革措施特别是恢复井田制明显违背了社会发展的规律，带有空想的性质，因而一经推出，便遭到官僚贵族和地方豪强的拼死抵抗。西汉末年的社会危机不但未得到挽救，反而还使各种矛盾进一步激化，导致了以绿林、赤眉为代表的农民起义洪流。当绿林军进抵长安时，王莽已是众叛亲离，他只得驱使京城的囚徒出城作战。但囚徒军一过渭桥便集体哗变，掘毁王莽祖坟，焚烧明堂、辟雍。王莽仓皇之中逃至渐台，被商人杜吴所杀，新朝遂告灭亡。

王莽的改革以失败而告终，后来的史家将其改革视为“倒行逆施”，将其本人当做乱臣贼子的标本而钉在历史的耻辱柱上。但毛泽东并不这样简单地看问题，更不以成败论英雄。在中国现代史上，毛泽东曾被称为“农民运动之王”。早在1926年，他就在广东开办农民运动讲习所，讲授《农民问题》等教程。据当时学员笔记，当时的毛泽东便有对王莽别具一格的评价。他说：

王莽：汉时一般做史的人——范晔、班固、班昭等——因为他们吃的是汉朝的饭，要给汉王朝说几句好话，把王莽说的怎样坏。其实王莽也不是怎么了不得的一个坏人。我们现在研究王莽，要拿很公平诚恳的态度来研究的。均田制是王莽时倡的，可见他注意到农民问题了。因为农民问题最重要者厥唯土地。而他先节制土地，岂非明证欤？以后地主阶级见王莽所行的政策，诸多不利于己，欲寻一代表本身利益之人，取而代之。而刘秀遂于是时起来了，倡人心思汉，以迷惑一般人之耳目。刘秀卒得胜利，此盖因王莽所代表者农民利益耳。刘秀则代表地主阶级之利益，故能得最后胜利。[1]

在乱世中伺机而起的王莽有权谋，有野心，这些毛泽东并不否认。但他认为王莽较早注意到农民问题，又代表农民利益，因而在评价他时也要一分为二，不可一笔抹杀。显然，毛泽东对王莽的评价不同于中国史家的传统观念。封建社会的史学，有以成败论英雄的倾向。只因为王莽的改革方式不当而使新朝迅速灭亡，史家们便将其视为奸佞伪莽。假如王莽改革成功，新朝延续百年以上，那么史家对他的评价就可能大相径庭，什么篡汉自立、窃国大盗、虚伪矫情等恶评都将退居其次，甚至略而不记，王莽将以一个开国明君的形象出现在史册上。毛泽东对待王莽，不囿于传统成见，而是站在农民阶级的立场上，充分肯定其注重农民问题的初衷，称其“也不是怎么了不得的一个坏人”，的确语出惊人，给人以独抒己见、矫矫不俗之感。

七　赵充国很能坚持真理

毛泽东读西汉史，对一些重要将领、能臣的事迹也颇为留意，其中关于赵充国其人其事的评价最有代表性。他通过阅读《汉书・赵充国传》，领略了当时君臣之间的互动关系，并盛赞赵充国明白事体、坚持

1 广州农民运动讲习所旧址纪念馆编写：《广州农民运动讲习所文献资料》，1983年内部出版，第99—103页。

真理的精神。

赵充国（公元前137—前52年），字翁孙，陇西（今甘肃天水）人，是历汉武帝、汉昭帝和汉宣帝三朝的著名将领和重臣，开始因屡次与匈奴和氐人作战被授予后将军，继而由于与霍光一道册立汉宣帝刘询而被封为营平侯，最后又因平息西羌叛乱而受到汉宣帝的重赏。

汉宣帝神爵元年（公元前61年），居住在今青海湖一带的西羌各部起兵反汉。时年76岁的赵充国老当益壮，自告奋勇率兵前往平叛。经过实地调查和分析，他决定采取集中兵力击破先零羌，而对罕羌、开羌实行招抚分化的战略方针。汉宣帝知悉赵充国的计划后，召集公卿集体讨论，但多数人认为应当先行击溃罕羌、开羌等部，以剪除兵势强盛的先零羌的羽翼，然后倚机与先零羌决战方为稳妥。汉宣帝认为有理，于是下诏切责赵充国，并选派强弩将军许延寿、破羌将军辛武贤出兵，协助赵充国实施公卿们集议后的计划。

但赵充国认为“将在外，君命有所不受”。真正忠诚的将领应当根据情况便宜行事，不必拘泥于君命。他上书汉宣帝，一面谢罪，一面痛陈用兵利害。他分析道，先零羌与罕羌、开羌之间本有仇怨，此时解仇结约，是一种临时的、不牢靠的结盟。如果先进攻罕羌、开羌，正值其马肥粮足之时，击之无把握，最大可能是让先零羌施德于罕羌、开羌，坚其约而合其党。如此一来，虏兵愈多，诛之将用力数倍。相反，先诛先零羌，则罕、开二羌见盟主已败，可不烦兵而服之。赵充国上书是六月戊申，到七月甲寅，汉宣帝肯定他的计划的玺书送达。毛泽东读至此，批了“七天”二字，可见他读得非常仔细。

事情果不出赵充国所料。先零羌被打败，丢弃车辆辎重渡湟水而逃，而罕羌见先零羌已败，便识时务地归顺了汉朝。到这年秋天，汉宣帝命令赵充国趁时机有利，乘胜追击先零羌，彻底解除西羌对内地的威胁。此时，羌人投降的已有一万余人，赵充国估计先零羌受此重创，必定会衰败下去。于是他上书汉宣帝，建议撤走骑兵，实行屯田。但汉宣帝很不以为然，生气地责备道："依将军之计，羌虏何日能被消灭，战争何时能够结束？请考虑后再上奏。"赵充国力陈屯田的十二条便利，包括"步兵九校，吏士万人，留屯以为武备，因田致谷、威德并行，一也"；"又因排折羌虏，令不得归肥饶之地，贫破其众，以成羌虏相畔之渐，二也"……但汉宣帝不认可赵充国的"屯田奏"，双方函信交驰，经历了好几个回合。起初，公卿肯定赵充国屯田计划的不到十分之三，后来升到十分之五，最后竟达到十分之八，就连丞相魏相也说："臣愚不习兵事利害，后将军数画军册，其言常是，臣任其计可必用也。"[1]汉宣帝这才接受了赵充国的意见。第二年五月，无计可施的西羌各部落真的土崩瓦解了。

毛泽东对赵充国所讲的屯田十二条便利以及公卿们态度变化的记载均作了圈画，并批注道："说服力强之效。"[2]《汉书》有关赵充国坚持真理的生动描绘给毛泽东留下了极深的印象。后来他与历史学家、老朋友周谷城交谈时，还特意拿出《汉书》翻到《赵充国传》，对周谷城说："这个人很能坚持真理，他主张在西北设屯田军，最初赞成者只有十之一二，反对者十之八九。他因坚持真理，最后得到胜利，赞成者十之八九，反对者十之一二。真理的贯彻，总要有一个过程，但要坚持。"还强调："无论是过去和现在都是如此。"[3]

毛泽东之所以重视赵充国这个人物，是因为就经验而言，他发现许多真理首先掌握在少数人手中，比如，"马克思、恩格斯手里有真理，可是他们在开始的时候是少数。列宁在很长一个时期内也是少数。我们

1［汉］班固：《汉书》，岳麓书社1993年版，第1289页。

2《毛泽东读文史古籍批语集》，中央文献出版社1993年版，第125页。

3 张贻玖：《毛泽东批注历史人物》，鹭江出版社1993年版，第79页。

党内也有这样的经验，在陈独秀统治的时候，在‘左’倾路线统治的时候，真理都不在领导机关的多数人手里，而是在少数人手里。历史上的自然科学家，例如哥白尼、伽利略、达尔文，他们的学说曾经在一个长时期内不被多数人承认，反而被看作错误的东西，当时他们是少数”[1]。所以他认为，无论党内党外，国内国外，容许少数人保留意见，是有好处的。赵充国，这位西汉名将的事迹，无疑为毛泽东提供了又一个真理有时掌握在少数人乃至一个人手中的生动事例。

八　贾谊《治安策》是西汉一代最好的政论

贾谊（公元前201—前168年）是西汉文帝时有名的政治家、文学家和思想家，今河南洛阳人。他年仅18岁便以诵诗属文享誉郡中，被河南郡守吴公召为门下行走。汉文帝刘恒初立，听说吴公治绩为天下第一，又因为其师学李斯并与李斯同籍，乃征辟为廷尉。吴公以贾谊颇通诸家之书荐之于上，汉文帝召以为文学博士，不久因廷对时机敏善言，迁太中大夫。

贾谊以为汉兴二十余年，天下和洽，应当改正朔、易服色、定官名、兴礼乐，系统地制定并实施一系列典章制度。汉文帝很欣赏贾谊的才能及建议，拟任之以公卿之职，但遭到周勃、灌婴、冯敬等重臣的嫉妒和反对，说他年少初学，专欲擅权，使诸事陷于纷乱。汉文帝听信谗言，于是疏远贾谊，并将其贬为长沙王太傅。贾谊远窜南国卑湿之地，以《吊屈原赋》怀古自喻，浇心中之块垒。“呜呼哀哉兮，逢时不祥！鸾凤伏窜兮，鸱翱翔”，既是对屈原的追伤，亦是对自己的悼惜。又作

1《毛泽东著作选读》（下），人民出版社1986年版，第835页。

《鹏鸟赋》排遣愁绪，称“德人无累，知命不忧”，“其生兮若浮，其死兮若休”，流露出知命乐天，齐生死、等贵贱等消极思想。

一年多以后，汉文帝思念贾谊，贾谊得以南归与君主作彻夜谈：“宣室求贤访逐臣，贾生才调更无伦。可怜夜半虚前席，不问苍生问鬼神。”君臣之间畅叙离阔，但文帝感兴趣的为鬼神之事，贾谊则具道所以然，不以为倦。随后贾谊被拜为梁怀王太傅，先后多次上疏陈政事，后世史家将这些奏疏称为《治安策》。公元前169年，梁怀王不慎坠马而死，贾谊因为自感失职，深自悲郁，次年病逝，年仅33岁。

早在长沙求学期间，毛泽东便十分仰慕贾谊这位英俊天才。湘江边太平街的贾太傅祠，是他与同学经常前往凭吊追思的地方。1915年，他送罗章龙赴日留学时赠诗一首，其中便有“年少峥嵘屈贾才，山川奇气曾钟此”的感慨。这无疑是把屈原、贾谊视为才德卓异的乡贤，并将他们的精神和人格融入了自己的血液。物换星移，1958年4月27日，正值“大跃进”如火如荼的岁月，毛泽东想起了少年奋进的贾谊，想起了贾谊大展宏图的志向，于是写信给秘书田家英说：“如有时间，可一阅班固的《贾谊传》。可略去《吊屈》、《鹏鸟》二赋不阅。贾谊文章大半亡失，只存见于《史记》的二赋二文，班书略去其《过秦论》，存二赋一文。《治安策》一文是西汉一代最好的政论，贾谊于南放归来著此，除论太子一节近于迂腐以外，全文切中当时事理，有一种颇好的气氛，值得一读。如伯达、乔木有兴趣，可给一阅。”[1]

贾谊《治安策》开宗明义，认为当时虽称治世，但却潜伏着巨大的危机，其事态之严重，有如“抱火厝之积薪之下而寝其上”。与一般谀臣歌功颂德不同，贾谊见微知著，居安思危，以高度的责任感直陈时弊，提出“可为痛哭者一，可为流涕者二，可为长太息者六”，重点道

1《毛泽东书信选集》，人民出版社1983年版，第539页。

破了几个主要问题及其解决办法。

所谓“可为痛哭者一”，是指当时异姓诸侯虽去，而同姓诸侯又趋强霸，“疏者必危，亲者必乱”，如果听任同姓诸侯坐大，则殃祸之变近在眼前。解决之道，“莫若众建诸侯以少其力。力少则易使以义，国小则亡邪心”[1]。贾谊所担忧的诸侯大规模叛乱，终于在汉景帝时发生，于此可见贾谊深邃的洞察力。所谓“可为流涕者二”，一是匈奴为患，边界长期不宁；二是皇帝在边界问题上求和心切，不敢碰硬。他建议加强朝廷对少数民族的威慑力，严惩里通外族的官员。所谓“可为长太息者六”，主要指当时社会两极分化严重、亡秦的暴戾之气未能彻底涤荡、对太子的教育存在严重缺陷，等等。说到当时社会两极分化之严重，贾谊言辞犀利，撼人心魄：就奢侈而言，“百人作之不能衣一人”；就贫穷而言，“一人耕之，十人聚而食之”。盘剥与享乐、怠惰与勤苦之反差达到如此严峻的程度，确实令人不寒而栗。所以毛泽东认为《治安策》说理透彻，感情真挚，不愧为“西汉一代最好的政论”；“全文切中当时事理，有一种颇好的气氛，值得一读”。

但毛泽东也指出《治安策》论太子一节存在的问题，这就是“近于迂腐”。原来，贾谊主张对太子的教育要从小防微杜渐，使之在三公、三少的培养下明习孝仁礼义之道，“逐去邪人，不使见恶行”，“生而见正事，闻正言，行正道，左右前后皆正人也”[2]。这种将太子置于温室或“玻璃罩”中培养的方法，在毛泽东看来既不现实，效果也不佳，是一种“近于迂腐”的办法。因为人之明是非、长见识、增才干，恰恰需要正反两方面的经验和教训。在培养接班人问题上，毛泽东的主张是不要害怕青年接触错误的和负面的东西，而是鼓励青年经风雨，见世

1 ［汉］班固：《汉书》，岳麓书社1993年版，第984页。

2 ［汉］班固：《汉书》，岳麓书社1993年版，第988页。

面，在大风大浪中锻炼成长。人们见识了毒草，才更珍惜香花；接触了牛鬼蛇神，才更懂得学习和坚持真理。

贾谊天纵英才，但却天不假年，以迷信的角度看是“才命两相妨”。但从社会环境看，是传统的长者文化妨碍了青年人能力的发挥。毛泽东对老年人压制青年人的现象是从不满意的，青年时代他就疾呼：“老先生最不喜欢的是狂妄。岂不知道古今真确的学理、伟大的事业，都系一些被人加着狂妄名号的狂妄人所创造来的。”[1]出于对创造性青年人才的珍惜和期待，毛泽东在1958年八大二次会议上力倡解放思想，破除迷信，以贾谊事例说明年轻人大有可为，盛赞贾谊为“秦汉历史专家”。20世纪50年代末，他在批注王弼诗文时再次提到贾谊，认为王弼、贾谊、李贺、夏完淳等人都是少年英发，只可惜死得太早了。从早年到晚年，贾谊的才华和行谊都深印在毛泽东的脑海，以致一提到这位天纵英才，便兴致勃勃，滔滔不绝。对天才的早逝，毛泽东尤为难平，他曾深表惋惜地写道：“贾生才调世无伦，哭泣情怀吊屈文。梁王坠马寻常事，何必哀伤付一生？”[2]自古以来，凭吊贾谊的诗作不胜枚举，毛泽东的感慨则别具一格，从中反映了他作为伟人的超脱和坚毅。

九　枚乘《七发》颇多批判色彩

枚乘（？—前140年），淮阴（今江苏淮阴县）人，西汉著名的辞赋家，主要生活在汉文帝和汉景帝两代。初任吴王刘濞的宫廷郎中。吴

1《毛泽东早期文稿》，湖南出版社1990年版，第368页。

2 薛泽石主编：《跟毛泽东学史》（上），红旗出版社2007年版，第189页。

王据东南地理之胜，开矿山、煮海盐，因富有而骄横，因骄横而生反叛朝廷之心。枚乘上书劝阻不被采纳，于是离开吴国投奔梁孝王，也就是汉景帝的弟弟刘武。“七国之乱”被平息后，枚乘因始终维护西汉中央政权而受到汉景帝刘启的信任，曾拜他为弘农都尉。汉武帝登基不久，派“安车蒲轮”迎接枚乘去内庭供奉，以文名和辞藻点缀朝政，枚乘因年老多病死于途中。

据《汉书·艺文志》记载，枚乘有赋九篇，但存世的只有《七发》、《柳赋》及《梁王菟园赋》三篇，而后两篇又被后人怀疑是伪作，所以确定为枚乘作品的，如今只有《七发》一篇了。

《七发》是一篇寓讽刺和劝诫于一体的赋体作品，它假借吴客与楚太子的问答，层层递进，完整地体现了吴客诱导楚太子改过迁善的过程。首先，吴客直言不讳地指出楚太子重病，是由于“久耽安乐，日夜无极，邪气袭逆”而引起的，而且不是药石针灸可以治疗的。接着，文中借吴客之口，叙述了他启发太子的七件事，即音乐、饮食、车马、游乐、狩猎、观涛、听有学识的人讲论天下是非之理。前四件事都未使太子产生兴趣，待说到田猎、观涛，太子表情方有所起色，但仍未受到根本的启发和震动。直到吴客提出须进方术之士，用“要言妙道”转移太子的志趣，太子才终于据几而起曰：“涣乎若一听圣人辩士之言。”“涊然汗出，霍然病已。”

不难看出，作品的用心是劝说楚太子放弃那种奢靡无度的荒淫生活，振作精神，从崇尚体力活动开始进而热衷于“论天下之精微，理万物之是非”，过上一种有意义、有追求的生活，彻底摆脱身体和精神上的沉疴，发皇精神，重新做人。作品不仅具有思想性，而且有很强的艺术感染力。论到音乐，他称伯子牙的歌声“飞鸟闻之，翕翼而不能去。野兽闻之，垂耳而不能行”；论到狩猎，盛大而壮观的校猎场面宛在眼前：“游涉乎云林，周驰乎兰泽，弭节乎江浔。掩青苹，游清风；陶阳气，荡春心；逐狡兽，集轻禽。于是极犬马之才，困野兽之足，穷相御之智巧。恐虎豹，慑鸷鸟”；论到观涛一节，更是繁音促节，急鼓频传，将江涛拍岸的气势描绘得淋漓尽致，让人气壮神旺：“其始起也，洪淋淋焉，若白鹭之下翔。其少进也，浩浩溰溰，如素车白马帷盖之张。其波涌而云乱，扰扰焉如三军之腾装。其旁作而奔起也，飘飘焉如轻车之勒兵。六驾蛟龙，附从太白。纯驰皓蜺，前后骆驿。”《七发》的艺术构思也是一种创造。它把上层统治阶级腐朽糜烂的生活比喻为侵蚀身心的毒剂，“久执不废，大命乃倾”。枚乘创作《七发》，标志着汉代散体大赋的正式形成。后世被称为“七体”，仿作层出不穷。

毛泽东少年时代便读过枚乘的《七发》，留下了深刻印象。到1959年8月庐山会议期间，他郑重地将此文推荐给与会者阅读。他说：“我少时读过此文，四十多年不理它了。近日忽有所感，翻起来一看，如见故人。聊效野人献曝之诚，赠之于同志。”[1]在大会上讲解这篇作品，毛泽东意犹未尽，又向大会印发了《关于枚乘〈七发〉》的长篇评论。其中写道：

> 此篇早已印发，可以一读。这是骚体流裔，而又有所创发。骚体是有民主色彩的，属于浪漫主义流派，对腐朽的统治者投以批判的匕首。屈原高居上游。宋玉、景差、贾谊、枚乘略逊一筹，然亦甚有可喜之处。你看，《七发》的气氛，不是有颇多的批判色彩吗？“楚太子有疾，而吴客往问之。”一开头就痛骂上层统治阶级的腐化。“且夫出舆入辇，命曰蹶痿之机。洞房清宫，命曰寒热之媒。皓齿娥眉，命曰伐性之斧。甘脆肥脓，命曰腐肠之药。”这些话一万年还将是真理……

1 摘自“骚体有民主色彩，属浪漫主义流派”，见《毛泽东文艺论集》，中央文献出版社2002年版，第201页。

> “客曰：‘今如太子之病，可无药石、针刺、灸疗而已，可以要言妙道说而去也，不欲闻之乎?’”指出了要言妙道，这是本文的主题思想。此文首段是序言，下分七段，说些不务正业而又新奇可喜之事，是作者主题的反面。文好。广陵观潮一段，达到了高峰。第九段是结论，归到要言妙道。于是太子高兴起来，“涊然汗出，霍然病已”。用说服而不用压服的方法，用摆事实、讲道理的方法，见效甚快。这个法子，有点象我们的“处理从宽”。首尾两段是主题，必读。如无兴趣，其余可以不读。[1]

从上述毛泽东的评论来看，他如此重视《七发》这部作品，主要是看中了其浓郁的批判色彩，并从中体察到了阶级对立和阶级斗争的气氛。毛泽东借古喻今，一方面是希望与会者振作精神，自觉地与享乐主义作斗争，保持革命战争年代那股拼劲和冲劲；另一方面也想给当时所谓的“右倾机会主义”者以启发和出路。关于此点，从庐山会议后期那种斗争气氛和主题是可以看出来的。

对《七发》在中国文学史上的地位，毛泽东给予了很高的评价。他写道：“枚乘，苏北淮阴人，汉文帝时为吴王刘濞的文学侍从之臣。他写此文，是为给吴国贵族们看的。后来‘七’体繁兴，没有一篇好的。昭明文选所收曹植《七启》、张协《七命》，作招隐之词，跟屈、宋、贾、枚唱反调，索然无味了。”[2]毛泽东评价文学作品，讲求思想性与艺术性的统一。枚乘《七发》的精巧构思、批判色彩和卓绝文词堪称三

1 摘自“骚体有民主色彩，属浪漫主义流派”，见《毛泽东文艺论集》，中央文献出版社2002年版，第202页。

2 摘自“骚体有民主色彩，属浪漫主义流派”，见《毛泽东文艺论集》，中央文献出版社2002年版，201—203页。

绝，因此当之无愧地成为“七体”的顶峰，傲视后世众多的模仿品。

十　司马迁发愤著《史记》

司马迁，字子长，龙门（今陕西韩城县）人。他的父亲司马谈很有学问，曾在汉武帝时出任太史令。司马迁在10多岁时随父亲去长安，从小博览群书，奠定了扎实的文史功底。

和大多数埋首书斋的儒生不同，司马迁从20岁起曾游历大江南北，广泛而深刻地领略到社会生活的方方面面。在此过程中，他注重从民间汲取养料，特别是收集了大量带有地域特色和民俗色彩的丰富史料，弥补了史书记载之不足。回到长安后，司马迁出任汉武帝刘彻的侍卫。汉武帝雅爱巡幸游猎，司马迁在跟随出行的过程中，进一步增长了见识。后来他又奉令出使巴蜀等少数民族地区，得以了解西南地区的地理、物产和民俗风情。从西南回来后，他接替病逝的父亲出任太史令一职，并根据父亲的遗愿决心写一部完整的史书。此时，司马迁已年近四十了，但这个年龄也正是他心智最成熟、创作欲望最强烈的时候。

司马迁将所有工夫花在档案、图书等史料的阅读和整理上，并在此基础上确定体例，去粗取精，着手创作一部上至轩辕、下迄汉武帝时代的纪传体通史，跨度约三千年左右。正当一切顺利展开的时候，司马迁却因为一件事彻底改变了人生，险些断送了他完成《史记》的宏愿。那是公元前99年，汉武帝派贰师将军李广利（武帝宠妃李夫人的哥哥）征匈奴，并派飞将军李广的孙子李陵配合作战。李陵被围时，李广利按兵不动，致使李陵所率五千兵卒被单于的大军打败。李陵不幸被俘，投降了匈奴。当汉武帝向司马迁征求对此事的看法时，司马迁认为李陵与士卒同甘共苦，故能得人死力，虽古之名将不能过之。此次身虽陷败，但观其意图，似乎是忍辱负重以待时机而报效朝廷，并非贪生怕死而觍颜事敌。不料这番辩护令汉武帝很不高兴。汉武帝以为，司马迁是有意借为李陵辩护而诋毁李广利，于是盛怒之下将司马迁下狱治罪。论罪，司马迁当判死刑。依据汉律，欲免死罪，只有两种方法，一是以重金赎死，一是以腐刑抵罪。司马迁乃一介清贫史官，无钱赎死，只好接受屈辱无比的腐刑。

在《报任安书》中，司马迁椎心泣血地倾诉了自己接受腐刑的奇耻大辱，以及苟活以成就大业的心愿。他认为，人固有一死，但有泰山鸿毛之异，自己所以隐忍苟活，是因为自己的著作草创未就，惜其不成，于是追慕“文王拘而演《周易》，仲尼厄而作《春秋》”等古圣贤处逆境而发愤图强的事迹，以实现“述往事，思来者”、“究天人之际，通古今之变，成一家之言”的宏愿。在强大精神动力的支撑下，司马迁终于在公元前93年，前后历时十多年写成了50多万字的《史记》。

对于司马迁这位杰出的史学家，毛泽东从青年时代就深表钦佩。他在读书笔记《讲堂录》中写道：“游之为益大矣哉！登祝融之峰，一览众山小；泛黄勃之海，启瞬江湖失；马迁览潇湘，泛西湖，历昆仑，周览名山大川，而其襟怀乃益广。”[1]在毛泽东看来，司马迁写出《史记》这样的巨著，是将读有字之书与读无字之书结合起来的成果，是其史识、史才与胸襟、器量的综合体现。没有广泛的游历，没有丰富的社会生活和生动素材，司马迁绝对写不出《史记》这样的奇书。出于对司马迁等人重视实学的敬仰，青年毛泽东曾与同学一道在湖南宁乡、安化等地作实地考察，体验“游学”的乐趣。他还鲜明地提出，闭门求学，其学无用，只有从天下国家万事万物而学之，做到“汗漫九垓，遍游四

1 《毛泽东早期文稿》，湖南出版社1990年版，第587页。

宇”，才能获得真知。

“在齐太史简，在晋董狐笔”，中国史学历来有秉笔直书的传统。司马迁的伟大贡献，不仅在于他开创了新的史学体例即纪传体，而且发扬光大了中国史学秉笔直书的传统，对人物的评价不溢美，不隐恶，譬如对刘邦这位西汉开国皇帝，司马迁既表彰了他的虚心纳谏、知人善任，也以生动的细节和语言刻画了他的无赖本色。惟其如此，后来的许多文史大家，如宋代的郑樵、清代的章学诚以及近代的鲁迅都予《史记》以很高的评价。特别是鲁迅，他将《史记》评价为“史家之绝唱，无韵之离骚”。上世纪50年代末到60年代初，毛泽东在读苏联《政治经济学（教科书）》时说：“像《史记》这样的著作和后来人对它的注释，都很严格、准确。”[1]所谓严格、准确，首先要归功于秉笔直书。

毛泽东尤为推崇司马迁在逆境中奋力拼搏的精神。他借古喻今，深有感触地指出：“一个共产党员要经得起受到错误处分的考验，可能这样对自己反而有益处。屈原流放而后有《离骚》，司马迁受腐刑乃发愤著《史记》。”[2]人的一生中难免会遇到挫折和不公正的待遇，假如司马迁受腐刑后一蹶不振，那么其一腔才华便会幽于粪土之中，《史记》将会成为一部残缺不全的草稿。正是因为司马迁经得起奇耻大辱，才得以文采表于后世，英名留于青史。毛泽东一生也多次遭到不公正待遇，最冷落的时候“鬼都不上门”，但他却愈挫愈奋，不断从人生的低谷重新振作起来，终于成就了震古烁今的大业。因此，毛泽东对司马迁发愤著书的评论，无疑融进了他自己的人生经验和感悟，因充满辩证色彩而具有很强的说服力。

---

1 摘自毛泽东1959年12月至1960年2月读苏联《政治经济学（教科书）》的谈话，见《党的文献》，1994年第5期。

2 吴冷西：《忆毛主席——我亲自经历的若干重大历史事件片断》，新华出版社1995年版，第158页。

第六章

毛泽东评点东汉王朝

“乌飞兔走疾如梭，眨眼风惊而过。”公元9年，王莽代汉创立新朝，梦想以《周官》等古书为底本，复原远古所谓的黄金盛世。但他的改革措施无异于倒行逆施，所以很快便引发以绿林、赤眉为代表的农民起义浪潮。公元22年，刘邦的九世孙刘秀兄弟带领宗族、宾客约七八千人起兵，起初依附于绿林军的更始政权，继而拥兵自立，与更始政权分庭抗礼。公元25年，刘秀称帝于河北柏乡北，重建汉政权，不久定都洛阳，史称东汉。此后两年，刘秀消灭赤眉军和更始政权的余部，稳定了政局。

东汉初年，光武帝刘秀采取“退功臣而进文吏”的统治方略，一方面给开国功臣以爵位和封地，以犒赏他们驰骋沙场的辛劳；另一方面又不给他们实际的政治权力，而是大量引进饱学儒生以辅佐国政。后来赵匡胤的“杯酒释兵权”，便是从刘秀的统治方略中得到的启示。刘秀还废除西汉时设立的丞相职务，代之以并无实权的三公（即司徒、司空、太尉），同时将内廷处理文书的机构提升为皇帝直接掌控下的决策和施令中心，即所谓“虽置三公，事归台阁”，目的在于皇帝乾纲独断，总揽权柄。

刘秀是太学生出身，雅爱文学，视朝之余乐于与公卿讲论经理，不知疲倦，在朝廷上营造出一种弦歌不辍的文治氛围。此后的明帝刘庄、章帝刘炟继承这一传统并光大之。公元59年，明帝在太学讲经，让群儒执经问难，据说现场听讲和观看的多达十多万人。公元79年，章帝下诏群儒大会白虎观，讲论五经异同，并亲自作出结论，命史臣将结论著为《白虎通义》一书。通过祖孙三代的努力，儒学在东汉得到极大的弘扬，但也进一步神秘化、谶纬化，成为神化皇权、愚弄民众的工具。刘秀和明帝、章帝在位的60多年（公元25—88年）是东汉历史相对稳定和繁荣的时期，《后汉书》称之为“儒馆献歌，戎亭虚候。气调时豫，宪平人富”。虽有溢美之嫌，但大体符合当时实际。

从和帝刘肇开始，东汉历史进入外戚与宦官乱政的衰落时期。此后皇帝大多是幼冲继位又寿命短促，皇帝受制于母后和外戚，只好与近侍宦官结缘。而宦官势力坐大之后又与外戚争夺权力，以致尾大不掉，失势的外戚不得不联络太学生以对抗宦官。在外戚与宦官轮流乱政的情况下，从公元107年起，社会动荡不安，农民起义连绵不断，终于在公元184年爆发黄巾军大起义，从根本上动摇了东汉王朝的统治秩序。此后是董卓、袁绍、袁术、曹操、刘表等军阀四起，东汉王朝在风雨飘摇中苟延残喘。公元196年，曹操在许昌“挟天子以令诸侯”，东汉王朝名存实亡，历史逐渐进入三国时期。

东汉王朝虽然延续近200年，但远不如西汉王朝那般波澜起伏、精彩纷呈。在东汉十来个皇帝中，毛泽东感兴趣的大概只有光武帝刘秀一人。他曾说过，《汉书》中的“高、文、景、武”等传读起来较有兴味，而《后汉书》的皇帝本纪中，只有光武帝传可以一读。虽然如此，毛泽东仍认为《后汉书》写得不坏，许多篇什甚至超过《前汉书》。也正因为如此，毛泽东对东汉史的关注和评点，同样涉及众多的人物和事件，有些在历史上并不太起眼的人，如李固、黄琼、张鲁等，经过他的表彰而进入现代人的视野，在东汉史的研究上起到了振拔幽滞、别开生面的作用。

一　大学士刘秀不如大草包刘邦

刘秀（公元前6—57年），字文叔，南阳蔡阳（今湖北枣阳）人。他是以太学生的大知识分子身份成为开国皇帝的，这在中国历史上可以说是绝无仅有。早年的刘秀性好稼穑，为人谨信，不善于与他人通款曲。而他的哥哥刘縯（字伯升）却好侠养士，不务正业，性情很像汉高祖刘邦。刘縯见刘秀喜欢农事，常常讥笑他，将他比之为刘邦的哥哥刘仲。但历史并没有简单地重演，恰恰是貌似老实厚重的刘秀超过乃兄，在东汉末年的乱世中火中取栗，成了一代开国君主。

王莽地皇三年（公元22年），刘秀与哥哥刘縯在宛人李通所谓“刘氏复起，李氏为辅”的图谶煽动下起兵于舂陵。初时队伍只有七八千人，不得不联合并依附于绿林军。次年二月刘玄的更始政权建立后，刘縯任大司徒，刘秀任太常偏将军。地皇四年（公元23年）六月，王莽命王邑、王寻率四十余万大军齐集洛阳，企图一举扑灭围攻宛城的绿林军主力。但王邑、王寻自恃兵多，不听严尤、陈茂等将领的劝告，决定先攻破昆阳，再向宛城进发。当时昆阳守军的处境极为险恶，王邑、王寻“围之数十重，列营百数，云车十余丈，瞰临城中，旗帜蔽野，埃尘连天，钲鼓之声闻数百里”。刘秀面对大敌毫无惧色，他建议由王凤、王常留守城中，自己则带领十三骑出城调集援兵。不久，刘秀从长陵等地带领援兵杀回昆阳城。他自将步骑千余与王邑、王寻部鏖战，斩首数十级。刘秀的神勇鼓舞了将士，他们胆气益壮，无不以一当十。刘秀又机智地传播宛城已被汉军攻下的消息，瓦解莽军士气。如此一来，王寻、王邑所部阵脚大乱，刘秀率三千敢死队猛攻敌营中坚，王寻被杀。留守昆阳城的汉军亦鼓噪而出，内外夹击莽军。时大雷雨，河水猛涨，溃败中的莽军自相践踏，溺死者以万数，水为之不流。王邑、严尤、陈茂侥幸逃脱，其丢弃的军实辎重、车甲珍宝皆为刘秀所有。

刘秀在昆阳之战中重创莽军，对于绿林军入关和消灭新莽政权起了决定性的作用。而在此之前，刘缜又攻下了宛城。刘秀兄弟的军功引起了更始帝刘玄的嫉恨，刘缜不久便被刘玄派人杀害。刘秀权衡利害，强忍悲痛去宛城谢罪，取得了刘玄的信任，被封为破虏大将军、武信侯。同年九月，王莽政权覆灭，更始帝刘玄定都洛阳后，刘秀又行大司马事，被派往河北地区镇抚州郡。次年五月，刘秀拔邯郸、诛王郎，被更始帝封为萧王。此时，河北地区的地方豪强纷纷归顺刘秀，刘秀自恃羽毛已丰，不再听命于更始帝。相反，他派遣吴汉等杀死更始政权的尚书谢躬，与绿林军彻底决裂。建武元年（公元25年），刘秀在经历几番辞让后，终于在群臣的拥戴下正式称帝。从28岁起事到31岁称帝，刘秀仅用了短短的三年时间，堪称奇迹。

毛泽东早年便对光武帝刘秀的事迹很感兴趣。他在湖南一师读书时的听课笔记《讲堂录》中，便有“光武曾游于太学，习《尚书》”[1]的记载。1920年12月1日，他在致蔡和森、肖子升等人的信中，又化用刘秀给大将军岑彭信中“人若不知足，既平陇，复望蜀”的典故，说明人欲冲动后的不可遏抑。刘秀在建武九年（公元33年）荡平盘踞陇东的隗嚣后，接着又征服了割据四川等地的公孙述。“得陇望蜀”的成语便由此而来。

书生出身的刘秀见小敌怯，见大敌勇，被部下视为怪事，百思不得

1《毛泽东早期文稿》，湖南出版社1990年版，第591页。

其解。在争夺天下的过程中，刘秀征昆阳，重创莽军；拔邯郸，平定河北，创造了许多战场奇迹，特别是公元23年的昆阳之战，更是以少胜多、以弱胜强的经典战例。毛泽东在自己的军事著作中，曾经两次引用这个战例。在《中国革命战争的战略问题》中，他以此说明作战双方强弱不同，弱者先让一步，后发制人，因而最终获胜的道理，阐明了战略防御和战略进攻次第转换的重要性。在《论持久战》中，则用来说明指挥员主观指导的正确与否，影响优势劣势和主动被动的变化，从而导致战争不同的结局。解放战争时期，毛泽东在其起草的《中原我军占领南阳》的新闻稿中，援引刘秀在南阳起兵的故事，以强调南阳自古为兵家必争之地，他说："南阳为古宛县，三国时曹操与张绣曾于此城发生争夺战。后汉光武帝刘秀，曾于此地起兵，发动反对王莽王朝的战争，创立了后汉王朝。民间所传二十八宿，即刘秀的二十八个主要干部，多是出身于南阳一带。"[1]文中所说的二十八个主要干部，在历史上被称为"云台二十八将"。东汉永平年间，明帝刘庄在洛阳南宫云台寺为东汉开国将领邓禹、吴汉、耿弇、盖延、景丹、王梁、朱祐、杜茂等28人绘像，以表彰他们辅佐光武帝成就帝业的功勋，但其中不包括有卓越战功的马援和来歙，因为马援为明帝的岳丈，而来歙是光武帝刘秀的表叔。舍此两人，以示公正。

《后汉书·光武帝纪》以较大篇幅叙述了刘秀从发迹到登上帝位、从削平群雄到以柔术治国的全过程，其中用许多生动的历史细节刻画刘秀的性情风貌，给人以栩栩如生之感。如刘縯被更始帝所害后，自感羽翼未丰的刘秀强忍失去亲兄弟的悲痛，前往宛城向更始帝刘玄谢罪，既未尝自伐昆阳之功，又不敢为哥哥服丧，"饮食言笑如平常"，终于使刘玄惭愧之余解除了对他的戒备，封他为破虏大将军、武信侯。刘秀的

1 《毛泽东新闻工作文选》，新华出版社1993年版，第263页。

韬光养晦之术于此可见一斑。又如他攻占邯郸、诛杀王郎后，收到许多部下与王郎私密交通甚至谤毁他的文书数千件，他一概不看，会同诸将军一烧了之，目的是“令反侧子自安”。此举彰显了刘秀大度容人的气象和善于收买人心的聪明。

传记中还完整地展示了刘秀登帝位过程中的“三让”把戏。第一次，公元25年初，将军马武建议他即帝位，刘秀惊曰：“将军何出是言？可斩也！”第二次，同年夏四月，诸将以“帝王不可以久旷，天命不可以谦拒”为由敦促刘秀登基，“光武帝又不听”。不久，将军耿纯又以“时不可留，众不可逆”的恳切之辞再次劝进，甚至带点威胁地说，你再不登基的话，原想攀龙附凤的诸兄弟“则有去归之思，无为久自苦也”。刘秀这才说：“吾将思之。”直到该年六月，刘秀才终于以“敢不敬承”的态度即皇帝位。这些描写都是非常传神的，说明刘秀是一位很善于作秀表演的人。他想当皇帝想得发疯，却能一而再、再而三地克制自己，直到时机完全成熟后才从容即位，迥异于那些“朝登基，夕死可也”的猴急鬼。

东汉十多个皇帝，除刘秀外，其他的都没有大的作为，传记也多是流水账，显得枯燥寡味。因此，熟读两汉帝王传记的毛泽东说过：“西汉高、文、景、武、昭等读起来较有兴味。东汉两头均无意思，只有光武可以读。”[1]

刘秀在位共32年（公元25—57年），在位期间，他除采取一系列措施加强中央集权之外，还推行了许多恢复经济、安定民生的措施，如恢复“三十税一”的旧制、遣散冗兵、废除更役制度，并九次下诏释放奴婢或提高奴婢的社会地位等。这些措施导致“齐民岁增，辟土世广”，到光武帝末年，兵革既息，天下少事，政务清简，社会安定，载于户籍

1 张贻玖：《毛泽东读史》，中国友谊出版公司1992年版，第28页。

的人口已达到2100多万。但即使刘秀打天下和坐天下都很成功，毛泽东还是认为他比不上汉高祖刘邦。他曾说过："书读多了，就做不好皇帝。刘秀是大学士，而刘邦是个大草包。"[1]刘邦出身低微，是中国第一个以平民身份登上大位的皇帝。毛泽东出身农家，对从底层社会冲杀出来创造大业的人有一种情感偏好。此外，在许多方面，刘秀缺乏刘邦那种个人魅力，他竟然笼络不住一个严子陵，这在毛泽东看来是有些失败的。在治国方面，刘秀宣称以柔道治天下，当官民在土地、户口的申报方面产生矛盾，以致出现"优饶豪右，侵刻羸弱"的现象时，他一方面借处死十多位郡守以安抚起义的民众，另一方面又下令停止度田，向豪强地主让步。再者，自从平定陇、蜀以后，非万不得已，刘秀不再谈军旅，对皇太子问攻战之事，他以"此非尔所及"相答。这也缺少刘邦那种大刀阔斧、积极进取的气象。再者，刘秀读书多了，行动上便有些拘谨，不如刘邦那般豪爽本色，真情毕露。刘邦还乡，与乡亲饮宴笑谈，至激动时慷慨感怀，泣为之下，留下了悲壮豪迈的《大风歌》。刘秀虽也曾"置酒旧宅，大会故人父老"，但并未见有什么作品和故事流传于世，让毛泽东以及其他读史的人引为憾事。

二　严光是东汉气节之士

在中国历史上，东汉士人是最讲究气节的一个群体，他们刚正不阿、特立独行，把春秋战国时代的处士横议之风发挥到极致。东汉末年

1 萧延中：《毛泽东晚年政治理论述描》，见《晚年毛泽东》，春秋出版社1989年版，第257—258页。

形成党锢之祸，杜密、李膺、范滂、宗慈、羊陟、张俭等因诽讪朝廷、反对宦官当政而受到迫害，致使“宗亲并皆殄灭，郡县为之残破”。遭祸的士人又互相以声名自高，在朝野上下激起狂澜。他们不避险恶、敢言直行的精神受到民众称赞，所谓“望门投止思张俭”，便是那时士人气节激励民气的反映。后人大多认为，东汉士人讲气节，肇始于严光（字子陵），如毛泽东在湖南一师的伦理学老师杨昌济，便在《达化斋日记》中写道：“东汉士气极盛，何人倡之？”“能言严子陵之事乎？”言下之意，严光乃东汉末年刚直的清议之士的始作俑者。

杨昌济在给湖南一师学生主讲修身课时，重点向学生阐述“办事之人”与“传教之人”的关系，指出历史上的“传教之人”高于“办事之人”，“帝王，一代之帝王；圣贤，百代之帝王”。刘秀与严光曾同游太学，刘秀受其教诲不少，及刘秀登基，征辟严光赴朝廷供职，而严光坚辞不就，以转移社会风俗为志，终老于家。杨昌济援引刘秀与严光的故事，旨在向学生传达他的“圣贤豪杰”观。毛泽东在听课笔记《讲堂录》中写道：

> 严光，东汉气节之士也。光武既立，征之，不就。访之，以安车迎至。帝坐匡床请出，光卧应曰：尧舜在上，下有巢由。当光之至也，大司徒（首相也）侯霸（光学友）迎之。光与书曰：君房足下，致位鼎足，甚善。怀仁辅义天下悦，阿谀顺旨要领绝。侯以书览帝。帝曰：狂奴故态也。后世论光不出为非。不知光者，帝者之师也。受业太学时，光武受其教已不少，故光武出而办天下之事，光即力讲气节，正风俗而传教于后世。且光于专制之代，不屈于帝王，高尚不可及哉。[1]

1《毛泽东早期文稿》，湖南出版社1990年版，第592页。

上述引文，均是杨昌济对《后汉书》中《严光传》的复述和发挥。而在杨昌济之前，对严子陵给予表彰的文人已不少，如宋代范仲淹在任宰相时，便应邀写过一篇《严先生祠堂记》的碑文。全文仅219个字，主要是赞美刘秀重贤惜才和严光不爱权力与俗名的气节。这篇碑文久负盛名，曾收入各种文学选本，在读书人中流播很广。当然，历史上也有人认为严光避召的行为是沽名钓誉，其“披羊裘钓泽中”，无非是想引起访贤者的注意，最终引诱光武帝上钩，正如“醉翁之意不在酒，在乎山水之间也”。清代袁枚《随园诗话》中有诗为证：“一着羊裘便有心，虚名留得到如今。当时若着蓑衣去，烟水茫茫何处寻。”

杨昌济讲授的光武与严光的故事及观点，在学生中曾引发热烈的讨论，有的学生还借此撰文，抒发自己的见解。1914年，萧子升把自己写有20多篇作文的两个大练习本借给毛泽东看，其中第一篇作文便是《评范仲淹的〈严先生祠堂记〉》。萧子升认为，刘秀请严光出山处理繁杂的政务，未必是求贤若渴；而严光也并非人们所想象的那般高尚。如果他真不愿意出山，那又何必拜见光武帝并与之同床共寝呢？他见光武时“以足加帝腹上”等狂奴故态，分明是爱慕虚荣、自炫邀名的表现。但毛泽东并不同意萧子升的观点。在他看来，严光固然有掉臂林泉、载酒泛江的隐士高风，但执意不出山，也未始不是光武帝未给严光以充分施展才能的舞台。光武帝将严光除为“谏议大夫”，这与严光的期望值完全不符。据萧子升在《我和毛泽东的一段曲折经历》一文中所记，1917年，他与毛泽东做游学先生，不带分文地赴湖南宁乡、安化等地考察，途中两人便讨论过严光的所作所为：“毛不同意我的一些见解。整个黄昏，我们都在争论。”毛泽东的看法是这样的：他认为刘秀登基后，严光应该当宰相，就像比他早二百年的前人张良辅佐汉高祖一样。萧子升反驳道："你显然没有理解严光的思想。"[1]在毛泽东看来，如果光武帝许以严光宰相之职，严光未必不因此动心。严光是自视甚高的人，既然目的达不到，则绝不会降心相随。严光不屈的气节，当从此角度去理解更为准确。

在现代中国，有一个自比于严光的文人即柳亚子。1949年3月，柳亚子作《七律·感事呈毛主席》一首，中有"安得南征驰捷报，分湖便是子陵滩"两句。意思是说，在解放军挥师江南、彻底摧垮蒋介石政权后，我便要效法东汉隐士严光，回到老家吴江县的分湖了此余生。这年4月，毛泽东和诗一首劝告柳亚子："牢骚太盛防肠断，风物长宜放眼量。莫道昆明池水浅，观鱼胜过富春江。"毛泽东向柳亚子传递的信息是，人民的中国不同于帝王将相的中国，即便个人有些不如意，也大可不必效法严光隐居。为人民做事，无论职位大小，都是很有作为的。难道，在颐和园的昆明湖欣赏游鱼的惬意，还比不上严光垂钓富春江的快乐吗?

三　班超的事业属于积极抵抗

东汉初期，边境的威胁主要来自匈奴，而西域数十国作为匈奴与汉朝的缓冲地带，战略防御地位极为重要。匈奴通过派遣使者、收买笼络等手段，力图取得对鄯善、于寘、龟兹、疏勒等西域王国的控制和监护权，并以此为跳板进攻汉朝属地。东汉明帝永平十六年（公元73年），班超随奉车都尉窦固出击匈奴，多斩首虏以还。窦固以班超为能，派遣

1 陈晋主编：《毛泽东读书笔记解析》（上），广东人民出版社1996年版，第89页。

他与从事郭恂等三十余人出使西域。

班超出生于诗书之家，其父亲班彪、哥哥班固、妹妹班昭均是东汉有名的历史学家。明帝永平五年（公元62年），班超与母跟随哥哥班固至都城洛阳。因家贫，班超以给官家抄写文书奉养老母。但其志向远大，不愿久事笔研之间，而常欲立功异域，以取封侯。

出使西域之初，班超便表现出卓越的胆识和积极抵抗的姿态。比如他刚到鄯善时，其国王对他十分礼敬，但后来忽然变得冷漠起来。聪明的班超判断，这必是有匈奴的使节已到鄯善，国王夹在两边使者之间，狐疑不决所致。明白真相后，班超召随从三十余人饮宴，酒酣之际，他故意激怒随从说："你们与我俱在绝城，欲立大功，以求富贵。今匈奴使者才到数日，鄯善王对我们的礼数就没有了。如果鄯善王将我们送给匈奴，我们将会被豺狼吃掉，你们说怎么办？"随从们异口同声地说："今在危亡之地，死生皆跟从司马。"班超于是说："不入虎穴，焉得虎子。当今之计，独有因夜以火攻虏，使彼不知我多少，必大震怖，可殄灭也。灭此虏，则鄯善破胆，功成事立可待矣。"当晚，正值大风，班超令十人持鼓藏在虏营后，余人则持兵弩夹门而伏。班超顺风纵火，前后鼓噪，虏众惊乱不已。班超亲手杀掉三人，吏兵斩虏使及从士三十余人，余众百余人皆被烧死。班超将虏使的首级拿给鄯善王观看，一国为之震怖，鄯善王立马表示归附汉朝。

随后，班超又前往于、莎车、疏勒等地安抚和征战。其间有的地方受匈奴影响顽固抵抗，或旋降旋叛，西域各国之间的关系也分合无定。班超巧妙施展谋略，或分化瓦解，或伺机征服，将攻心与攻城、安抚与震慑巧妙地结合起来。但由于西域诸国的形势极为复杂，班超在征服莎车、月氏、龟兹和姑墨的过程中，也付出了很大的代价。莎车便是经过多次征战才最终降服的。公元91年，班超被任命为西域都护，随后又相继征服焉耆、危须、尉犁等国。至此，西域五十余国皆纳人质，岁贡于汉朝。

公元97年，班超因“得远夷之和，同异俗之心”而封定远侯，邑千户。

征服西域，无异于断匈奴右臂。班超将进攻作为最好的防御，“每有攻战，辄为先登，身被金夷，不避死亡”[1]。正是他的忠勇奋发，才彻底解除了匈奴对东汉王朝的威胁。他身处绝域三十年，竭忠孝于沙漠，茹毛饮血，风餐露宿，尝尽了困苦和艰辛。到苦到极处而思土归乡时，班超已是年近七旬的老者，“耳目不聪明，扶杖乃能行”。其妹班昭亲为上书，恳切陈词，极力表达乃兄“延颈逾望、依风首丘”的归国之思。东汉和帝十四年（公元102年），班超终于回到洛阳，并于同年去世。

毛泽东对班超的事业给予了很高的评价。1939年初，陕北公学教授、历史学家何干之给毛泽东写信，表达了他想研究民族史的想法。毛泽东认为很好，希望他切实地去做，并在回信中说：“如能在你的书中证明民族抵抗与民族投降两条路线的谁对谁错，而把南北朝、南宋、明末、清末一班民族投降主义者痛斥一番，把那些民族抵抗主义者赞扬一番，对于当前抗日战争是有帮助的。只有一点，对于那些‘兼弱攻昧’‘好大喜功’的侵略政策（这在中国历史上是有过的）应采取不赞同的态度，不使和积极抵抗政策混同起来。为抵抗而进攻，不在侵略范围之内，如东汉班超的事业等。”[2]

班超为解除匈奴对东汉的威胁和侵扰而出使。他既是文臣，又是武将，对西域各国采取安抚和攻取的两手政策，无疑属于积极抵抗的正义事业。毛泽东对这位胸怀大志、立功边陲的爱国者的评价是非常准确的。在他看来，班超不仅立下了汗马功劳，而且其不顾生死、效命国家的精神也能长久地激励来者，在抗日战争这场事关民族存亡绝续的战争中，尤其能发挥激励将士和广大国民的作用。

---

1 ［南朝·宋］范晔：《后汉书》，岳麓书社1994年版，第676页。

2 《毛泽东书信选集》，人民出版社1983年版，第136—137页。

四　梁鸿不因人热

在东汉历史上，有许多怀瑾握瑜但不愿与权贵合作，甘于贫寒而又崇尚隐居的“逸民”。东汉初期的经学家、文学家梁鸿便是其中之一。

据《后汉书》记载，梁鸿字伯鸾，扶风平陵（今陕西咸阳市）人。父亲梁让在王莽当政时为城门校尉，封修远伯。梁让死时，梁鸿尚幼。后梁鸿受业太学，“家贫而尚节介，博览无不通，而不为章句”[1]。他娶妻不求高门艳丽，但求能与自己俱隐深山的荆钗布衣。同县女孟光“状肥丑而黑，力举石臼，择对不嫁，至年三十”。父母问其故，孟光说：“欲嫁贤如梁伯鸾者。”梁鸿于是闻而聘之。婚后夫妇隐居于齐、鲁之间，后来南游至吴，依附于大家皋伯通，在廊庑下草草居住。梁鸿为人舂米度日，每次归家，孟光递上饭菜，不敢在他面前仰视，举案齐眉。后来“举案齐眉”成为形容夫妇恩爱礼敬的成语。

梁鸿留下的作品，最有代表性的为《五噫之歌》。那是他婚后与妻向东出关、路过京师时所作。其辞曰：“陟彼北芒兮，噫！顾览帝京兮，噫！宫室崔嵬兮，噫！人之劬劳兮，噫！辽辽未央兮，噫！”[2]《五噫之歌》道出了统治者的奢侈和劳苦大众的辛酸，语含讽刺，曾引起皇帝的极大不满。梁鸿乃易姓改名远避齐鲁。

历史上与梁鸿有关的故事和成语，除“举案齐眉”外，还有“不因人热”。“不因人热”事出东汉官修的纪传体史书《东观汉记》。毛泽东熟读《后汉书》和《东观汉记》，对逸民梁鸿的高风亮节留下了深刻印象，尤其对他“不因人热”的硬骨头精神称颂有加，不止一次地加以引用和发挥。

---

1 ［南朝·宋］范晔：《后汉书》，岳麓书社1994年版，第1208页。

2 ［南朝·宋］范晔：《后汉书》，岳麓书社1994年版，第1208页。

1958年，毛泽东在武昌时曾和人说起湖北黄梅的革命烈士雅声。他回忆道：我在湖北省农民协会和武昌农讲所做工作时，同雅声同志多次接触，谈革命和将来，谈诗词也很投机。我们交换过各自写的诗。他的名句我至今还记得："犯叔一寒何志此？梁鸿余热不因人。"这两句有典，很融洽，很活，我看比李商隐的好。用这种诗的语言，表现诗人在当时的白色恐怖中的硬骨头精神。

1959年3月2日，毛泽东在郑州召开的中央工作会议上再次提到"不因人热"：东汉有个梁鸿，"举案齐眉"就是讲他的故事，他有个老婆叫孟光。他们穷得要死，给人舂米度日。有一个对他说："我这里有火，你用它来烧饭吧。"他却说，我"小子鸿，不因人热者也"。你有热，我不沾光。这个人后来到了无锡，成了经学家。这个人是硬汉。毛泽东讲这个故事，有当时特殊的历史背景。"大跃进"和人民公社化运动兴起后，在社队之间刮起一平二调的"共产风"，损害了相对富裕的那些社队的利益。毛泽东讲这个故事的用意，在于提倡"穷人"要有志气，"不要靠揩别人的油来过活"。同时他还说，我们中国穷，但是我们不要恩赐，我们同苏联是等价交换他们的设备。我们贷了他们的款，我们按期偿还。国内有些穷省，我们无产阶级、贫下中农，要有志气。另据林克回忆，1959年6月3日，毛泽东刚刚起床，就跟他讲起梁鸿"不因人热"的故事。毛泽东说：过去我跟孩子们讲过这个故事，但他们年幼，没有懂得我的意思。[1]

不难看出，毛泽东小到教育子女，大到经邦纬国，都念念不忘梁鸿"不因人热"所表现出来的穷且益坚的精神。人穷不能志短，奋斗才显品格，这是毛泽东多次用这个故事自勉勉人的根本原因。

---

1 陈晋主编：《毛泽东读书笔记解析》（下），广东人民出版社1996年版，第1009—1010页。

五 陈寔教人有方

陈寔（公元104—187年）为东汉后期名士，字仲弓，颍川许县（今河南许昌）人。他出身寒微，但有志好学，坐立诵读，后受业太学。曾隐居阳城山中，复出后担任过颍川西门亭长、功曹、太丘县令等职。《后汉书》称其“太丘道广，横我彝伦”，是说他在任期间善于安抚百姓，保一方平安。

陈寔虽然在官场屈沉下僚，但为官清正，品格高尚，尤擅长解纷决讼。他在任太丘县令期间，上司前去考察，属吏怕有告状者争讼而影响太丘形象，建议陈寔加以禁止。陈寔不以为然，说道：“讼以求直，禁之理将何申？其勿有所拘。”后来他看到上司征敛枉法，乃挂冠而归乡里。在乡间，陈寔仍平心率物，“其有争讼，辄求判正，晓譬曲直，退无怨者”。以至有人说：“宁为刑罚所加，不为陈君所短。”其清正威仪若此。

东汉后期，屡兴党锢之祸，把持朝政的宦官追捕党人甚急，而且牵连到陈寔，但陈寔不但不逃避，还勇敢地说：“吾不就狱，众无所恃。”于是自请归囚，后遇赦得出。汉灵帝时，中常侍张让权倾天下。张让父亲死后归葬颍川，颍川名士除陈寔外无往吊唁者。后来复追党人，陈寔由此而得以保全。那时岁荒民穷，有盗贼入其室行窃，止于梁上。陈寔察觉后起床整衣危坐，并呼命子孙侍坐，正色训之道：“夫人之不可不自勉，不善之人未必本恶，习以性成，遂至于此，梁上君子者是矣。”盗贼大惊，自投于地，磕头请罪。陈寔晓谕道：“视君状貌，不似恶人，宜深克己反善。然此当由贫困。”[1]于是命家人遗绢两匹。从此之后，一县不再有盗窃。

---

1 ［南朝·宋］范晔：《后汉书》，岳麓书社1994年版，第879页。

毛泽东对《后汉书》中的《陈寔传》读得很仔细。在陈寔所说“吾不就狱，众无所恃”旁边，他批道：“章炳麟学陈仲弓一事。”章炳麟即章太炎，近代著名反清革命家。他一生“七被追捕，三入牢狱”，学的就是陈寔的精神。毛泽东读陈寔的传记想到章太炎，说明他很注意从古至今中华民族的文化传承，也反映他读古书善于联想，能够由此及彼，前后贯通。至于陈寔教育“梁上君子”一节，毛泽东认为尤为恰当，值得后人学习。陈寔感于“饥寒起盗心”乃人之常情，不欲将盗贼一棍子打死，而是教育感化，使之重新做人，其对人性的揣摩和加以挽救的方法都足以示范后世，所以毛泽东特意在书中写道：“人在一定条件下是可以改造的。”[1]《陈寔传》写得非常生动，善于以细节和语言刻画人物形象。这种方法在李固、黄琼等人的传记中也有体现。毛泽东由此评论道：“《后汉书》写得不坏，许多篇章，胜于《前汉书》。”[2]这实际上是对《后汉书》作者范晔的表彰。范晔才华横溢，自幼博涉经史，善为文章，认为著书要“以意为主，以文传意”。他相当自负，曾说自撰《后汉书》的许多章节“笔势纵放，实天下之奇作”。以后人特别是毛泽东对《后汉书》的推许来看，范晔虽然恃才傲物，但的确有几手看家本领，并非是浪得虚名。

六　可读李固给黄琼书

李固（公元94—148年）和黄琼（公元85—164年）是东汉后期有名

1《毛泽东读文史古籍批语集》，中央文献出版社1993年版，第133页。

2《毛泽东读文史古籍批语集》，中央文献出版社1993年版，第131页。

的直臣和忠臣。作为身历顺帝、冲帝、质帝和桓帝的四朝元老，他们不满外戚专权、竖宦盈朝的黑暗政治，多次披肝沥胆地上书言事，不遗余力地指陈时弊，力挽颓势。如李固在上大将军梁商书中写道："朝廷初立，颇存清静，未能数年，稍复堕损。左右党进者，日有迁拜；守死善道者，滞涸穷路，而未有改敝立德之方。"而黄琼在上汉桓帝书中则说："陛下初从藩国，爰升帝位，天下拭目，谓见太平。而即位以来，未有胜政"，致使"忠臣惧死而杜口，万夫怖祸而木舌"。这都是非常尖锐的议论，非有置生死于度外的勇气和忠义不能道出。

毛泽东非常看重《后汉书》的《李固传》和《黄琼传》。他不仅自己三复四温，反复揣摩，而且还在1965年特意批示，将这两篇人物传"送刘、周、邓、彭一阅"，"送陈毅同志一阅"，并强调："可读李固给黄琼书。就思想、文章而论，都是一篇好文章。"[1]刘少奇、周恩来、邓小平、彭真、陈毅等人依照毛泽东的指示，都认真阅读了这两篇重要的人物传记。毛泽东之所以郑重其事地推荐这两篇人物传记，当是希望战友们学习李固、黄琼以天下为己任、敢于发表意见、宁折勿弯的精神。

据《后汉书》记载，李固字子坚，汉中南郑人。自小好学，常不远千里步行寻师，因此而穷览故籍，结交英贤。四方有志之士，多慕其风而来学。汉顺帝阳嘉二年（公元133年），李固上书陈当世之敝及为政所宜，提出"权去外戚，政归国家"，即剥夺梁冀等外戚的威权，同时"罢退宦官，去其权重"。公卿尚书应选择才德兼备之人，使之出纳王命，以辅圣政。汉顺帝刘保对李固的上书"多所纳用"，李固得拜为议郎。此后，他又相继任荆州刺史、太山太守、将作大匠、大司农等职。公元145年，年仅两岁的汉冲帝刘炳即位后，李固为太尉，与外戚梁冀

1 张贻玖：《毛泽东批注历史人物》，鹭江出版社1993年版，第100页。

共秉朝政。次年，冲帝刘炳驾崩，李固力主选择年长有德、能亲任政事的清河王刘蒜为帝，并奉劝梁冀效法周勃立汉文帝、霍光立汉宣帝的故事，不可再贪恋幼弱。但梁冀不从，乃立八岁的刘缵为帝，是为汉质帝。质帝聪慧，骂梁冀为“跋扈将军”，次年即被梁冀鸩杀。李固痛感“频年之间，国祚三绝”，再次向梁冀建议立以明德著望的清河王刘蒜为帝。但梁冀依然我行我素，将其妹夫刘志扶上帝位，是为桓帝。李固不服，这越发激怒了梁冀。

在立帝这一事关天下安危的问题上，李固多次与外戚梁冀结下梁子，且绝不让步妥协，这与起先支持李固，后来屈从于梁冀淫威的胡广、赵戒等大臣形成鲜明对照。胡广、赵戒等得以封侯，而李固在一年后却以谋反罪被梁冀处死，时年54岁。当时人有感于他们不同的结局，留下了“直如弦、死道旁；曲如钩，反封侯”的民谣。

黄琼是李固向朝廷力荐的卓异之才。据《后汉书》记载：黄琼字世英，江夏安陆人，故魏郡太守黄香之子。顺帝刘保当政时，他先后任议郎、尚书仆射、尚书令、魏郡太守、太常等职，其间多次上书，提出斥黜庸劣，引用人才，同时希望顺帝勤于政事，恢复籍田之礼。汉桓帝元嘉元年（公元151年），黄琼迁司空。那时桓帝想褒崇大将军梁冀，胡广、羊溥、祝恬、边韶等大臣希旨阿附，认为梁冀可比周公，应锡之以山川、田地，而唯有黄琼反对。在他看来，梁冀不说无法与周公相比，就是与萧何、霍光等人也不可同日而语，因此不应该大启土宇，而只能增户食邑。桓帝采纳了黄琼的建议，但梁冀却深以为恨。汉桓帝永兴元年（公元153年），黄琼迁司徒，转太尉，凡梁冀所托付欲起用的人一概不用。汉桓帝延熹元年（公元158年），黄琼降为大司农。次年，梁冀被诛，黄琼复拜为太尉，封为邟乡侯，邑千户。那时黄琼首居公位，雷厉风行地整顿吏治，处死贪污的州郡官吏十余人，一时海内翕然望之。继而单超、徐璜、具瑗、唐衡等五侯擅权，黄琼自度力不能支，于是称病不起。汉桓帝延熹七年（公元164年），重病的黄琼最后一次上书，直陈朝政黑暗不堪，致使李固、杜乔等忠臣蒙冤被祸，而宵小之徒却重封累积，倾动朝廷。他希望汉桓帝明辨忠奸，以免“抵金玉于沙砾，碎珪璧于泥途”。老臣忠愤报国之心，跃然纸上。同年，黄琼病卒，享年79岁，赠车骑将军，谥曰忠侯。

毛泽东向战友们力荐的“李固给黄琼书”，是一篇约三百字的短文。汉顺帝永建年间，公卿多有推荐黄琼者，而李固也素来看好黄琼。不过当时东汉士人多以避召为高，而一旦征用又不孚众望。在这种情况下，李固给黄琼写信，奉劝“称疾不进”的黄琼为朝廷效命，并以绩效矫正“处士纯盗虚声”的俗论，全文如下：

> 闻已度伊、洛，近在万岁亭，岂即事有渐，将顺王命乎？盖君子谓伯夷隘，柳下惠不恭，故传曰“不夷不惠，可否之间”。盖圣贤居身之所珍也。诚遂欲枕山栖谷，拟迹巢、由，斯则可矣；若当辅政济民，今其时也。自生民以来，善政少而乱俗多，必待尧、舜之君，此为志士终无时矣。常闻语曰：“峣峣者易缺，皦皦者易污。”《阳春》之曲，和者必寡，盛名之下，其实难副。近鲁阳樊君，被征初至，朝廷设坛席，犹待神明。虽无大异，而言行所守无缺。而毁谤布流，应时折减者。岂非观听望深，声名太盛乎？自顷征聘之士，胡元安、薛孟尝、朱仲昭、顾季鸿等，其功业皆无所采，是故俗论皆言处士纯盗虚声。愿先生弘此远谟，令众人叹服，一雪此言耳。[1]

诚如毛泽东所言，李固给黄琼书，无论就思想还是就文章而言，都

1 ［南朝·宋］范晔：《后汉书》，岳麓书社1994年版，第861—862页。

是一篇好文章。就思想而言，他认为宁死不食周粟的伯夷眼光太狭隘，而贪恋权位的柳下惠为官又太不严肃，这两个极端都是不足取的。况且“自古善政少而乱俗多”，有作为的君子当以澄清天下为志，而不应该期待现成的尧舜之君。继而他着重指出，人贵有自知之明，那些名实不符的处士可为前车之鉴。一个人到底有多大能量，得由实践来检验。就文章而言，此信层层递进，曲折有致，理据充足而又语带激将，有很强的说服力和感召力。难怪黄琼一见此信便毅然出山，并以良好的政声击破了“处士纯盗虚声”的俗论。

毛泽东特别欣赏此信所传达的“人贵有自知之明”的信息。“文革”初期的1966年7月8日，他给江青写了一封长信，就林彪大讲“政变论”、大树特树毛泽东个人权威的举动发表了许多感想。他在信中写道：“自信人生二百年，会当水击三千里。可见神气十足了。但又不很自信，总觉得山中无老虎，猴子称大王。我就变成这样的大王了。但也不是折中主义。在我身上有些虎气，是为主；也有些猴气，是为次。”接着笔锋一转，饶有兴味地写道：“我曾举了后汉人李固写给黄琼信中的几句话：峣峣者易折，皦皦者易污，阳春白雪，和者必寡。盛名之下，其实难副。这后两句，正是指我。我曾在政治局常委会上读过这几句。人贵有自知之明。”[1]在信中，毛泽东表达了那种身不由己、违心地同意别人的无奈，以及对未来的某种不确定感。“文革”初起，林彪大树特树毛泽东及毛泽东思想的权威，目的似乎是“为了打鬼，借助钟馗”。在如火如荼的个人崇拜的热潮中，善于从历史中吸取经验的毛泽东回顾自己一生的奋斗，总感觉有些不安。这种乱局中的清醒，在很大程度上决定了后来毛、林关系的走向，的确是引人深思、耐人寻味的。

1 龚固忠等编：《毛泽东回湖南纪实（1953—1975）》，湖南出版社1993年版，第169页。

七　王粲《登楼赋》有故土之思

王粲（公元177—217年）字仲宣，山阳高平（今山东邹县西南人）。其曾祖父王龚、祖父王畅具为汉朝三公，父亲王谦则做过大将军何进的长史。汉献帝西迁时，王粲跟随去了长安。其时蔡邕才学显著，又贵重朝廷，听说王粲来了，倒屣迎之，并对众人说："此王公孙也，有异才，吾不如也。吾家书籍文章，尽当与之。"因为西京长安扰乱不止，王粲于是赴荆州依附刘表。刘表死后，王粲规劝刘表之子刘琮归顺曹操。曹操以此将王粲罗致麾下，先后任其为军谋祭酒和侍中。王粲博物多识，问无不对。建安二十一年（公元216年），王粲随魏军征吴，次年死于途中，享年41岁。

作为"建安七子"之一，王粲素负才学，名重当时，刘勰《文心雕龙》甚至誉之为"七子之冠冕"。王粲不仅博闻强记，善作文章，而且精通算术、棋道、典章制度，等等。汉末丧乱，绝无玉珮。后世制作玉珮之法，便得之于王粲。王粲作文"举笔便成，无所改定，时人常以为宿构；然正复精意覃思，亦不能加也。著诗、赋、论、议垂六十篇"[1]，但大多失传，今有《王侍中集》一卷存世。

《登楼赋》是王粲旅居荆州时的作品，起首不凡："登兹楼以四望兮，聊暇日以销忧。览斯宇之所处兮，实显敞而寡仇。挟清漳之通浦兮，倚曲沮之长洲。背坟衍之广陆兮，临皋隰之沃流。北弥陶牧，西接昭丘。华实蔽野，黍稷盈畴。虽信美而非吾土兮，曾何足以少留！"该赋将写景与抒情相结合，层层递进，首写他乡之美，继而引起思乡之情，终而表达对干戈扰攘、战火纷飞之时局的忧虑以及渴盼统一的心情，堪为情景交融、撼人心魄的思乡之曲、忧世之作。

---

1 ［晋］陈寿：《三国志》，岳麓书社2002年版，第405页。

毛泽东很早便读过王粲的《登楼赋》，及至晚年，随着身体的衰弱和心情的沉重，他更加看重和欣赏这篇作品。1975年，毛泽东因视力不好，特调北京大学中文系讲师芦荻给他朗读古代诗文，以排遣愁绪和哀伤。在读了王粲的《登楼赋》后，毛泽东深有感慨地说："这篇赋好，作者抒发了他拥护统一和愿为统一事业作贡献的思想，但也含有故土之思。人对自己的童年，自己的故乡，过去的朋侣，感情总是很深的，很难忘记的。到老年就更容易回忆、怀念这些。"[1]

毛泽东对王粲《登楼赋》主旨的概括是非常准确的。身处乱世，王粲流离失所，到荆州时的乱离之感和思治之心更达到顶峰。"惟日月之逾迈兮，俟河清其未极。冀王道之一平兮，假高衢而骋力。惧匏瓜之徒悬兮，畏井渫之莫食"等，最为强烈地表达了他渴盼统一和为统一作贡献的思想。在当时豪杰并起的局面中，强弱未分，人各有心，"家家欲为帝王，人人欲为公侯"。但王粲剖析群雄，认为能得事机之先并终恒受其福者唯有曹操。在他心目中，曹操"雄略冠世，智谋出世"，是最能寄托统一之望的人杰。事实也证明，王粲的判断符合历史的走向，正是曹操奠定了当时由乱到治的基础。

毛泽东说王粲《登楼赋》含有故土之思，也是有许多语句可以证明的。王粲登楼本为销忧，哪知极目四望却勾起了对远方故乡的深切思念：他乡再美也不过是他乡，唯有故乡才是游子心灵的归宿。特别是几度播迁以后，更有"情眷眷而怀归兮，孰忧思之可任"之感。他穷览八极，思接千载，以抒发古今同慨的思乡之情："悲旧乡之壅隔兮，涕横坠而弗禁。昔尼父之在陈兮，有'归欤'之叹音。钟仪幽而楚奏兮，庄舄显而越吟。人情同于怀土兮，岂穷达而异心？"人同此心，心同此

1 杨建业：《在毛主席身边读书——访北京大学中文系讲师芦荻》，载《光明日报》，1978年12月29日。

理，当毛泽东听读王粲的《登楼赋》时，一种历史的通感便不免袭上心头，即人无论穷达贫富，故土之思都是一样的。毛泽东晚年多次表达过回故乡的念头，但却没有成行，这对一生纵横四海的他来说，无疑是莫大的遗憾。“千秋万岁，为怨难胜”，事业做得越大，越有一种孤独苍凉的感觉，及至晚年，便有返璞归真，希望在故乡的山水中洗脱凡尘的愿望。这或许是毛泽东激赏王粲《登楼赋》的根本原因吧。

八　黄巾起义摧毁了汉代的封建统治

东汉初期，光武帝刘秀就试图解决豪强地主与失地农民之间的矛盾，但最终以向豪强地主让步而告一段落。到东汉末期，土地兼并达到空前的程度，很多失地农民沦落为豪强地主的“徒附”，遭到包括失去人身自由在内的超经济剥削和强制。加之水旱天灾不断，一场神道设教，有组织、有准备的大规模农民起义蓄势待发，因起义者头戴黄巾为标志，史称黄巾起义。

黄巾起义的主要组织者张角为河北巨鹿（今河北平乡）人。他自称“大贤良师”，奉行黄老之学，畜养弟子，并创立一门宗教为“太平道”。该教以跪拜悔过、符水疗病等方法招徕信众，在十余年间发展到数十万，遍及青、徐、幽、冀、荆、扬、兖、豫等八州。张角将这些信徒划分为三十六方，大方万余人，小方六七千，各立首领，并宣扬“苍天已死，黄天当立，岁在甲子，天下大吉”。苍天指东汉王朝，黄天则指太平道。汉灵帝中平元年（公元184年）初，张角派大方马元义往来京师，争取到中常侍封谞、徐奉以为内应，约于3月5日内外俱起。但因为张角弟子、济南人唐周上书告密，马元义在洛阳被车裂而死。汉灵帝下令屠杀京城的太平道信徒千余人，同时勒令冀州地方官捉拿张角。张角因事败露，昼夜驰檄四方立即起义。公元184年2月，三十六方的信徒同时起义，皆戴黄巾为标志，时人谓之“黄巾”，亦名“蛾贼”。张角及其弟张宝、张梁分别称“天公将军”、“地公将军”和“人公将军”。各方起义军于所在地方焚烧官府，占据州郡，官吏多逃亡。旬月之间，天下响应，京师震动。黄巾起义采取“内外俱起”、“八州并发”的举事方针，一时间势如破竹，官军穷于应付。在大将军何进的要求下，汉灵帝下令各州郡各自招兵买马以对抗黄巾军。在此情况下，各地豪强地主及州郡长官得以乘时而起，扩张自己的势力，形成大大小小的割据势力，东汉王朝陷入四分五裂的状态。毛泽东因此评论道：“汉末开始大分裂，黄巾起义摧毁了汉代的封建统治，后来形成三国，这是向统一发展的。”[1]

不过，正如西汉末年的绿林、赤眉等农民起义军一样，东汉末年的黄巾军在推翻旧王朝的过程中也只是起了前驱先路的作用，其首义之功虽从根本上动摇了旧王朝的根基，但胜利果实却为后来者所摘取。西汉的绿林、赤眉军为刘秀作了嫁衣裳，而黄巾军起义则催生了曹操、袁绍等一批乱世强梁。之所以如此，是因为两汉末朝的农民起义军都有致命的战略和战术失误。拿黄巾军来说，它被皇甫嵩、朱儁、曹操等率领的官军各个击破，尤其是长社之战成为双方优劣转换的关键。

黄巾军的势力主要分布在颍川（今河南禹县一带）、冀州（今河北中、南部及河南北部）和南阳（今河南南阳）等三个区域。其中颍川的黄巾军约有十万人，在波才的领导下作战，直接威胁到东汉的统治中心洛阳。汉灵帝博选将帅，以皇甫嵩为左中郎将，以朱儁为右中郎将，共

1 芦荻：《毛泽东谈二十四史》，载《光明日报》，1993年12月20日。

发五校、三河骑士及招募精勇共四万余人进攻颍川黄巾军。朱儁初与波才交锋而失败，皇甫嵩于是进保长社（今河南长葛东北）。波才引大众围城，守军惊恐。但皇甫嵩是一位老于心计的将领，他临危不惧，召集军吏说："兵有奇变，不在众寡。今贼依草结营，易为风火。若因夜纵烧，必大惊乱。吾出兵击之，四面俱合，田单之功可成也。"田单为战国时期齐国的名将，曾用火牛阵击败围城的燕军。皇甫嵩以此战例激励将士的斗志。当天晚上果然大风，皇甫嵩于乱中鼓噪而攻敌阵，黄巾军猝不及防，惊乱奔走。此时，骑都尉曹操奉汉灵帝命也带兵前来助阵。皇甫嵩、曹操与朱儁合兵更战，大破黄巾军，斩首数万级。随后，皇甫嵩又乘机追讨黄巾军于仓亭、广宗、曲阳等地，彻底击溃了黄巾军。

毛泽东在读《后汉书》的《皇甫嵩传》时，对长社之战寄予了高度关注。皇甫嵩提出"兵有奇变，不在众寡"。《后汉书》在此句下首引用了《孙子兵法》的一段话："凡战者以正合，以奇胜者也。故善出奇，无穷如天地，无竭如江海。战势不过奇正，奇正之变，不可胜也。"历代兵家都重视奇正之变，但究竟何为"正"，何为"奇"，向来缺乏确切的解释。毛泽东在书中批道："正，原则性。奇，灵活性。"[1]从原则性与灵活性的角度解读兵家的奇正之变，确有很高的抽象性和涵盖性，从而深化了中国古代兵家的哲理思考。由此也不难看出，毛泽东一方面充分肯定包括黄巾军在内的中国历代农民战争的功绩，另一方面也善于总结和吸取它们的教训。毛泽东指导的中国现代的农民战争，不仅继承发扬了古代农民战争英勇的革命传统，而且在新的世界观和方法论的引领下，极大地提升了中国农民战争的战略战术水平。毛泽东军事思想博大精深，至今仍被国内外许多人士奉为智慧的宝库，运用于战争、外交、经济等众多领域。

1《毛泽东读文史古籍批语集》，中央文献出版社1993年版，第134页。

九　五斗米道开了人民公社之先河

东汉末年的农民起义军主要分为三支，在北方有以张角、张宝、张梁三兄弟为首的黄巾军，奉行“太平道”。在东吴一带有于吉领导的农民起义，也属于道教一派。而在西方（以汉中为中心的陕南川北区域）则有以张鲁为代表、以“五斗米道”为号召的农民革命运动，其基本路线与北方的太平道颇为相似。

张鲁，字公祺，沛国丰县（今江苏丰县）人，其祖父张陵在汉顺帝（公元126—144年）年间客居四川，学道鹄鸣山中，“造作道书，以惑百姓”。从之受道者，出五斗米，故当时人又称其为“米贼”。张陵死，子张衡及孙张鲁复行其道。张鲁起初在益州牧刘焉旗下为督义司马，受命与别部司马带兵进击汉中太守苏固。刘焉死，儿子刘璋代立，因为张鲁不驯，刘璋遂杀害其老母家室。张鲁因此割据汉中，以五斗米道教民，自号“师君”。初来学道者，皆名曰“鬼卒”。与太平道相似，五斗米道招徕信众的方法之一是为人治病。病者处静室中思过，并让鬼吏为病者祈祷，书病人姓名及服罪之意共三通，其一上之天，其二埋之地，其三沉之水，称为“三官手书”。鬼吏又施符祝，以符水饮之病人。

“五斗米道”是政教合一的政权，传教者与施政者合而为一，各部众首领号“祭酒”，多者则为“治头大祭酒”，另设“都讲祭酒”、“奸令祭酒”负责专门事务，一般信众则称为“鬼卒”。在经济生活方面，诸祭酒皆作义舍，义舍中置义米肉，行路者量腹取用，带有原始的、粗陋的平均主义和共产主义色彩。在司法方面，废除严刑酷法，主张先教后刑。犯小过者，罚修路百步的劳役；犯大过者，先原宥三次，然后施刑。在社会生活方面，提倡诚信，反对欺诈，禁止造酒饮酒；平抑市肆物价，勿使暴涨暴跌；春秋禁止杀人……据史书记载，五斗米道施行后，“民夷便乐”，“关西民从子午谷奔之者数万家”。

毛泽东对张鲁及其五斗米道极为关注，在1958年读卢弼撰《三国志集解·张鲁传》的过程中，曾写下两段很长的批语。之所以如此，是因为1958年北戴河会议后，人民公社化运动在全国如火如荼地展开。毛泽东对“人民公社”这个新鲜事物寄予高度评价和热切希望，期盼它由此成为集工、农、商、学、兵于一体的社会基层组织，并作为将来通往共产主义的桥梁。恰在此时，毛泽东读到了《张鲁传》，从中发现了人民公社的历史根源，其欣喜之情溢于言表。1958年12月在武昌召开中共八届六中全会期间，毛泽东指示将《张鲁传》印发与会代表。为便于与会者阅读，他还在12月7日和10日分别写下两大段批语。

在12月7日所写的批语中，毛泽东认为张鲁所推行的群众性医疗运动，“有点像我们人民公社免费医疗的味道”，只不过那时是神道的。五斗米道在义舍中置义米肉，路过者量腹取用，这点尤为毛泽东所神往，他说那时“道路上饭铺里吃饭不要钱，最有意思，开了我们人民公社公共食堂的先河”。虽然毛泽东也意识到五斗米道与马克思主义革命运动根本不相同，但肯定有相同的一点，“就是极端贫苦的农民广大阶层梦想平等、自由，摆脱贫困，丰衣足食”。其一方面带有资产阶级急进民主派的性质，另一方面则带有“原始社会主义性质”，这在互助关系上表现得最为显著。在追溯包括张鲁五斗米道在内的中国历代农民革命运动后，毛泽东强调：“现在的人民公社运动，是有我国的历史来源的。”[1]人民公社化运动兴起后，问题很多，特别是“一平二调”的极端平均主义风气，挫伤了许多劳动者的积极性，毛泽东从第一次郑州会议开始也着力纠正“共产风”，但对人民公社的生产生活方式仍从总体

1《毛泽东读文史古籍批语集》，中央文献出版社1993年版，第142—147页。

上加以肯定，而《张鲁传》中所透露的历史信息无疑为毛泽东的坚持提供了佐证和援奥，尽管这些信息并不符合中国历史上农民和农村生活的主流传统。

12月7日的批语发出后，毛泽东意犹未尽，又在12月10日加写了一段四五百字的长篇批语。在这篇批语中，毛泽东一方面指出从汉末到今一千多年，“情况如天地悬隔”，另一方面又认为农村的“一穷二白”，还有某些相似。他逐一列举五斗米道的政治、经济纲领，尤其对其“不置长吏，皆以祭酒为治”、“各领部众，多者为治头大祭酒”的政教合一措施大加赞赏，评价其“近乎政社合一，劳武结合，但以小农经济为基础”。史称张鲁行五斗米道，“民夷便乐”，毛泽东由此断定“可见大受群众欢迎”[1]。人民公社既是一个生产单位，又是一级政权组织，实行组织军事化、行动战斗化和生产集体化，从中的确可以看出张鲁五斗米道的某些影子，如治理模式单一、生活实行供给制，等等。但这种简单的比附和佐证，也说明当时的人民公社是以小农经济为基础的，其生产关系严重脱离了生产力发展的水平。张鲁虽然“雄据巴汉、垂三十年”，但毕竟是一个地方割据政权，又处于动荡的战争年代，“民夷便乐”有其特殊的历史背景。中国的历史证明，一旦天下安定，农民并不欢迎那种平均主义的生活方式。所以，在人民公社化运动中，毛泽东从中国古代战争中的农民生活寻找历史依据，不仅有时空的错位，更有对治世和乱世的混淆。

毛泽东终其一生，都对战争年代那种官民平等、官兵平等的供给制生活情有独钟。1958年前后，他还多次说过：“我们有二十多年的军事共产主义生活，不发薪水，搞供给制，结果军民一致、官兵一致，三大民主。进城之后，熬了几年，搞了薪金制、军衔制，其实是把供给制

1《毛泽东读文史古籍批语集》，中央文献出版社1993年版，第148—151页。

变成资产阶级法权，发展了资本主义思想。”[1]他不时地向全党全民发问：为什么过去搞供给制，大家意气高昂，有一股拼命精神，而到了和平年代就非要衣分三等，食分五色呢？这种对军事共产主义生活方式的迷恋，始终左右着毛泽东的政治、经济、文化乃至社会生活方面的思维倾向，是其构建理想社会模式的重要依赖路径。不仅如此，从延安时期开始，毛泽东便憧憬一种集工、农、商、学、兵于一体，劳武结合、文武结合的基层生活图景，而这种图景在人民公社化运动中终于化为了最符合他意愿的现实。尽管它很不稳固，但毛泽东终其一生都没有放弃。其决绝姿态和勉力支撑，在1959年庐山会议批判彭德怀以及1962年七千人大会后对质疑“三面红旗”者的反击中都可见一斑。

毛泽东是一位卓越的革命家，但长期而艰苦的农村革命斗争环境和嗜好中国古代历史的读书习惯也限制了他的视野，以至于他像发现宝贝一样，从张鲁的五斗米道中寻找到人民公社的历史来源，殊不知那种带有原始共产主义色彩的生活方式行之于乱世时可，行之于治世则不可；行之于一时的局部可，行之于长久的全局则不可。从这个意义上说，人民公社退出历史舞台乃是必然的结局。

---

1 李锐：《毛泽东的晚年悲剧》，南方出版社1998年版，第118—119页。

第七章

毛泽东评点“三国”

“云容冉冉舒还卷，水势滔滔古又今。”两汉400多年历史翻过之后，接续它的便是烟尘四起、英雄辈出的三国时代。魏、蜀、吴三国鼎足而立，在钩心斗角、离合不定中互争雄长，其事态之变化倏忽、命运之跌宕惊险、社会之动荡不安、战争之血腥残酷等丝毫不减于春秋战国时代。作为联结两个统一王朝之间的割据乱世，战争和英雄构成它的时代主题。“天下英雄谁敌手？曹刘。生子当如孙仲谋。”时势造就英雄，英雄必有对手，这正是三国历史引人入胜的魅力所在。

毛泽东少年时代便熟读《三国演义》，对三国英雄故事耳熟能详。成年之后又滋生对三国史浓厚的研究兴趣，特别是到了晚年，陈寿的《三国志》、裴松之的《三国志注解》以及卢弼的《三国志集解》等更成为其案头必备之书。其在书中的批语以及相关的讲话、谈话、文章和书信涉及众多的三国风云人物，如曹魏集团的曹操父子、郭嘉、夏侯渊、刘晔等；刘蜀集团的刘备、诸葛亮、关羽、张飞、赵云等；孙吴集团的孙权、周瑜、吕蒙、陆逊等，还包括司马懿、董卓、吕布、刘表、袁绍等人。就评点的内容而言，又兼跨政治、军事、外交、文学等诸多领域。毛泽东对三国历史的评点看似挥洒自如，无拘无束，但大多以正史为依据，论从史出，言之有据。其中不乏推翻成说、独出机杼之语，体现了他作为政治家研究历史的胸怀和境界。特别是他为曹操翻案一节，或语言犀利，或笔势纵放，最能体现他的个性和追求。

一　我们要给曹操翻案

曹操（公元155—220年），字孟德，小字阿瞒，沛国谯（今安徽亳县）人。其父曹嵩为汉桓帝时担任过中常侍、大长秋的宦官曹腾之养子，曾官至太尉。少年时代的曹操“机警，有权数，而任侠放荡，不治产业”，其行事风格颇类似于汉高祖刘邦。年二十举孝廉，旋任洛阳北都尉、顿丘令，征拜议郎。公元184年黄巾起义爆发后，曹操曾跟随汉将皇甫嵩等镇压黄巾军，拜骑都尉，迁为济南相。190年参与讨伐董卓，成为一方豪强。196年，曹操迎接汉献帝刘协到洛阳，官升建德将军、镇吏将军等职，开始参与朝政。不久，曹操威迫汉献帝迁都于许（今河南许昌东），“挟天子以令诸侯”，官升大将军，封武平侯，总揽朝廷军政大权。200年，曹操在官渡之战中大败袁绍，统一北方大部分地区。208年官至丞相，并进兵江东，但被孙、刘联军在赤壁打败。216年，进封魏王。220年病逝，享年65岁。

在三国历史乃至中国历史上，曹操是一个了不起的政治家、军事家和诗人。在政治上，他从一个小小的县令起家，利用天下大乱提供给他的机缘审时度势，逐步成为独霸北方的一代雄主，为西晋的最后统一奠定了基础。他善于抢占先机，“挟天子以令诸侯”，获得了号令天下的最好资本。作为政治家，曹操胸怀广大，求贤若渴，其麾下汇集了当时最为杰出、最为庞大的一个人才群体。他多次颁布求贤令，不拘一格使用人才，将“被褐怀玉”、“盗嫂受金”之徒罗致麾下，表现出“唯才是举”的精神；在军事上，曹操创造了官渡之战等以少胜多的经典战例，并精研兵法，为后世留下了《孙子注》、《论破马超》等一批军事论著；在文学上，以曹操父子为核心的“建安文学”，继承和发扬《诗经》、《楚辞》及汉乐府的优良传统，创造了一种“志深而笔长”、“梗概而多气”的建安风骨。因此，鲁迅先生便认为，“曹操是一个很有本事的人，至少是一个英雄。我虽不是曹操一党，但无论如何，总是非常佩服他”。

在陈寿所著的《三国志》中，曹操是以正统和正面的形象而出现的。陈寿对曹操功业才德给予了这样的评断：“太祖运筹演谋，鞭挞宇内，鉴申、商之法术，该韩、白之奇策，官方授材，各因其器，矫情任算，不念旧恶，终能总御皇机，克成洪业者，惟其明略最优也；抑可谓非常之人、超世之杰矣。”在陈寿的笔下，曹操雄才大略，完全是一派开国君主的宏大气象。但这一形象后来却因小说《三国演义》而严重扭曲了。《三国演义》以蜀汉为正统，以曹魏为偏统，是东晋特别是南宋以后“正统观”嬗变的反映。在《三国演义》中，罗贯中对曹操“挟天子以令诸侯”的做法大加贬损，说其是“托名汉相，实为汉贼”。事实上，“挟天子以令诸侯”是东汉至三国间唯一可行的军政策略，刘备、孙权均有此谋，只不过被曹操抢得先机而已。不仅如此，《三国演义》还调动各种表现手法着力渲染曹操杀吕伯奢等情节，突出表现其“宁教我负天下人，休教天下人负我”的人生哲学，尽写其“乱世奸雄”性格。《三国演义》的小说家言在民间流布甚广，加之取材于它的各种戏剧又将曹操塑造为“白脸奸雄”，这双重的颠覆使得《三国志》等正史观点反而湮没不彰。曹操一案，几成跳进黄河水也洗不清的冤案、大案。

毛泽东早年便对流传于世的曹操“奸雄”形象不以为然。1918年8月，他因组织湖南青年赴法勤工俭学一事路经河南，便和罗章龙等到许昌凭吊魏都旧址，并与罗章龙作《过魏都》联诗一首：

横槊赋诗意飞扬（罗），自明本志好文章（毛）。

萧条异代西田墓（毛），铜雀荒伧落夕阳（罗）。[1]

诗中明显流露出毛泽东对曹操的追思和仰慕之情。1952年11月1日，毛泽东在河南安阳参观殷墟时对随行人员说：漳河，就是曹操练水兵的地方。曹操也是个了不起的人物。这里属于古邺。邺城始建于春秋齐桓公时。战国时属魏国，西门豹为邺令。西汉时邺城是魏郡治所，东汉末年是冀州牧袁绍驻地。曹操破袁绍后，于公元204年进邺建都，此后史称邺城为魏都。东汉建安十八年（公元213年）曹操被封为魏公，后封魏王，掌握中央一切军政大权。邺城成为朝臣聚集、发布政令的中央政府所在地。直到220年曹丕代汉，虽建都洛阳，但仍称邺城为“北都”，七庙不废，直到265年司马炎灭魏建晋，故魏前后在邺建都62年。曹操在邺时，进行了大规模的扩建。著名的三台，即金凤台、铜雀台、冰井台，就是那时修建的。晋朝文学家左思写《魏都赋》，对邺进行了很好的描写。曹操在这一带实行屯田制，使百姓丰衣足食，积蓄力量，逐渐统一北方，为后来晋统一全国打下了基础。[2]毛泽东对邺城历史的回顾，包含着丰富的人文、地理知识，但又是信手拈来，娓娓而谈，于此足见他对曹操和三国史的研究远在一般专家之上。

毛泽东为给曹操翻案，在阅读卢弼《三国志集解》的过程中，写下了不少批语，其矛头直指古人给予曹操的诸多恶评。例如，曹操写于建安十五年（公元210年）的《让县自明本志令》，本是一篇直陈从军以来的行事和心迹、表达个人社会政治主张的好文章。但卢弼《三国志集解》卷一《魏书》在收录这篇文章时，却援引了何焯、胡三省、黄恩彤、李安溪等对这篇文章的许多看法，说曹文不乏“奸雄欺人之语”。

1 罗章龙：《亢斋汗漫游诗话》（三），见《湘江文艺》，1980年第2期。

2 王永华：《毛泽东为曹操翻案》，见《文史天地》，2010年第3期。

如曹操自称在战场上“推弱以克强，处小而禽大”，就被说成是言胜不言败的“志骄气盈，言大而夸”；又如曹操所言“人见孤强盛，言有不逊之志”，则被解读为自露马脚，“肝鬲至言，欲盖弥彰”。至于陈寿《三国志》对此文削而不录，是因为“恶其言不由衷耳”。毛泽东因此批道：“此篇注文，贴了魏武不少大字报，欲加之罪，何患无词。李太白云：‘魏帝营八极，蚁观一祢衡。’此为近之。”[1]祢衡为东汉末年名士，恃才傲物，举止疏狂，以致将曹操经营天下的业绩，视之为不值得一提的蝼蚁。在毛泽东看来，那些给予曹操恶评的人，其心态近乎目空一切的书生祢衡。他们的言论都是耸人听闻的“大字报”，属于不知天高地厚的书生之偏见。

1954年夏天，毛泽东在北戴河与保健医生徐涛论起曹操。当徐涛说曹操是个“白脸奸雄”时，毛泽东大不以为然，他说：“曹操统一中国北方，创立魏国。那时黄河流域是全国中心地区。他改革了东汉的许多恶政，抑制豪强，发展生产，实行屯田制，还督促开荒，推行法治，提倡节俭，使遭受大破坏的社会开始稳定、恢复、发展。这些难道不该肯定？难道不是了不起？说曹操是白脸奸臣，书上这么写，戏里这么演，老百姓这么说，那是封建正统观念制造的冤案，还有那些反动士族，他们是封建文化的垄断者，他们写东西就是维护封建正统。这个案要翻。”[2]在毛泽东心目中，曹操最大的功绩是统一了北方，并在结束北方战乱的基础上推行了一系列善政。平心而论，这一点是符合曹操的志向和实际作为的。曹操曾在《让县自明本志令》中感慨地说：“设使国家无有孤，不知当几人称帝，几人称王。”他有一种慨然以天下为己任的担当意识，当其削平吕布、袁术、袁绍、韩遂等北方豪强后，混乱的

1《毛泽东读文史古籍批语集》，中央文献出版社1993年版，第138页。

2 张贻玖：《毛泽东读史》，中国友谊出版公司1991年版，第61页。

时局朝着统一的方向明朗起来，残破不堪的社会经济也开始再现生机。对于曹操在统一方面的业绩，毛泽东念念不忘，他曾对北大女教师芦荻说过：“三国的几个政治家、军事家，对统一都有所贡献，而以曹操为最大。司马氏一度完成了统一，主要就是他那时打下的基础。”[1]

毛泽东对曹操的评价并不限于读书批语和私人谈话，为了改变长期深植于人们头脑中的曹操形象，他还在各种会议上公开地为曹操翻案，以其巨大的政治影响力，在社会上造成一种重新评价曹操的氛围。例如在1958年11月召开的第一次郑州会议上，毛泽东便说，把曹操看成坏人是不正确的。几天后，毛泽东在武汉召集柯庆施、李井泉等座谈《三国志》，他说：“《三国演义》是把曹操看作奸臣来描写的，而《三国志》是把曹操看作历史上的正面人物来叙述的，而且说曹操是天下大乱时期出现的‘非常之人’、‘超世之杰’。但由于《三国演义》又通俗又生动，看的人多，加上旧戏上演三国戏都是按《三国演义》为蓝本编造的，所以曹操在旧戏舞台上就是一个白脸奸雄。这一点可以说在我国是妇孺皆知的。现在我们要给曹操翻案。我们党是讲真理的党，凡是错案、冤案，十年、二十年要翻，一千年、两千年也要翻。”[2]在其影响下，1959年中国史学界掀起了“替曹操恢复名誉”的运动，郭沫若、翦伯赞等纷纷撰文，称曹操为“民族英雄”，“第一流的政治家、军事家和诗人”。毛泽东对史学界的行动和观点多次表示称赞，如在读了翦伯赞《应该替曹操恢复名誉》一文后说：“曹操结束汉末豪强混战的局面，恢复了黄河两岸的广大平原，为后来的西晋统一铺平了道路。”[3]鉴于社会上对曹操成见太深、积习难改，1959年8月11日，毛泽东又在

---

1 芦荻：《毛泽东谈二十四史》，载《光明日报》，1993年12月20日。

2 王永华：《毛泽东为曹操翻案》，见《文史天地》，2010年第3期。

3 龚育之等：《毛泽东的读书生活》，三联书店1986年版，第258页。

庐山会议上说："曹操被骂了一千多年，现在也要恢复名誉。好的讲不坏，一时可以讲坏，总有一天恢复；坏的讲不好。"[1]自此以后，京剧舞台上的曹操，眉心加一红点，以示他是好人。

毛泽东钦佩曹操，不仅因为他有杰出的政治、军事才能，而且还因为他在文化和文学上有开创性的贡献。官渡之战后不久，曹操便在《修学令》中慨叹"丧乱以来，十有五年，后生者不见仁义礼让之风"，因此下令郡县兴办学校，县满五百户，置校官，让"先王之道不废"。曹操虽讲"先王"之学，但支配其思想的却是法家和兵家思维，有开拓进取的气象。曹操敢于突破东汉尊崇儒学的传统，推行法家路线，这在毛泽东看来不失为文化上的一种创新。更为难得的是，在戎马倥偬的战争岁月，曹操还提倡文学艺术创作，奖励有才华的文士，以他为代表的"建安文学"独步一时，形成"俊才云蒸"、诗情激昂的繁荣局面。史载，曹操"御军三十余年，手不舍书，昼则讲武策，夜则思经传，登高必赋，及造新诗，被之管弦，皆成乐章"。现尚存他创作的20余首乐府诗和40多篇完整的散文。在艺术表现手法上，曹操打破儒家传统的"明道、征圣、宗经"的文学观，注重向汉乐府民歌吸取养分，运用乐府古题抒写新的时代内容，表达他的政治抱负，形成一种清俊而又通脱的风格。他写的《薤露》、《蒿里》、《短歌行》、《观沧海》、《龟虽寿》等诗歌感情充沛，意境深远，既是汉末实录，又是艺术精品。

毛泽东非常喜爱曹操的诗作。在他中南海故居的藏书中，有一本《魏武帝魏文帝诗注》，毛泽东在阅读过程中浓圈密点，还将其中的《龟虽寿》、《观沧海》等用草书写出，反复体味。曹操不太受儒家礼法的束缚，性格率性而为，诗文常不避嫌疑地说一些真心话。有感于此，毛泽东曾对子女们说："曹操的文章、诗，极为本色，直抒胸

---

1 王永华：《毛泽东为曹操翻案》，见《文史天地》，2010年第3期。

臆，豁达通脱，应当学习。”[1]又曾对保健医生徐涛感叹：“我还是喜欢曹操的诗。气魄雄伟，慷慨悲凉，是真男子，大手笔。”[2]1954年7月23日，毛泽东在给女儿李敏、李讷的信中写道：“北戴河、秦皇岛、山海关一带是曹孟德（操）到过的地方。他不仅是政治家，也是诗人。他的碣石诗是有名的，妈妈那里有古诗选本，可请妈妈教你们读。”[3]东汉建安十二年（公元207年），曹操远征乌丸，回师途中写下千古名篇《观沧海》：“东临碣石，以观沧海。水何澹澹，山岛竦峙。树木丛生，百草丰茂。秋风萧瑟，洪波涌起。日月之行，若出其中，星汉灿烂，若出其里。幸甚至哉！歌以咏志。”全诗有一种博大的时空意识和吞吐天地的豪迈之气。

时隔1700多年后，毛泽东在《浪淘沙·北戴河》一诗中写道：“往事越千年，魏武挥鞭，东临碣石有遗篇。萧瑟秋风今又是，换了人间。”这篇作品将怀古与感时相结合，气魄雄伟苍劲，同样是大手笔。两诗遥想呼应，可视为古今两位真男子的心灵对话。对于曹操的诗作，毛泽东还热心地向胡乔木等人推介。1961年8月25日，他在给胡乔木的信中说：“你须长期修养，不计时日，以愈为度。曹操诗云：盈缩之期，不独在天。养怡之福，可以永年。此诗宜读。”[4]1963年12月，他又给因病修养的林彪写信说：曹操有一首题名《龟虽寿》的诗，讲长生之道的，很好。希望林彪找来读一读。曹操身处乱世，常年带兵打仗，忧心劳神、伤筋动骨之事所在多有，但他在医疗条件很差的情况下善于自我调节身心，活了65岁，这在当时也是个奇迹。毛泽东由此对身边的

1 毛岸青、邵华：《回忆爸爸勤奋学习和练书法》，见《瞭望》，1993年第12期。

2 刘汉民编著：《毛泽东谈文说艺实录》，长江文艺出版社1992年版，第56页。

3《老一代革命家家书选》，中央文献出版社、三联书店1992年版，第50页。

4《毛泽东书信选集》，人民出版社1983年版，第585页。

保健医生们说：搞医疗的应该学学，不要使人养尊处优，只想吃好、穿好，不想工作怎么行？更不能小病大养。保健不是保命，不要搞什么补养药品，我是从来不信这些的。主要是乐观，心情开朗，锻炼身体。[1]

人无完人，曹操当然也不例外。毛泽东在肯定曹操是伟大的政治家、军事家、诗人的同时，也曾实事求是地指出过他的一些缺点，主要有两个方面，一是有时也优柔寡断。1966年3月，在杭州一次小型会议上，毛泽东说："曹操打过张鲁之后，应该打四川。刘晔、司马懿建议他打。刘晔是个大军师，很能看出问题。说刘备刚到四川，立足未稳。曹操不肯去，隔了几个星期，后悔了。曹操也有缺点，有时也优柔寡断。"[2]二是责人严律己宽。曹操曾在一份军令中说："诸将出征，败军者抵罪，失利者免官爵。"毛泽东读书至此批道："赤壁之败，将抵何人之罪？"[3]言下之意，魏军在赤壁之战中惨败，作为统帅的曹操自然难辞其咎，为什么你曹操不引咎自罚呢？

当然，曹操的缺点远远不止这些，其选人用人方面便存在重大隐患。毛泽东多次称赞曹操懂用人之道，招纳贤士，搞"五湖四海"，不搞宗派。但他似乎没有意识到，曹操出于政治需要，在选人用人上也有急功近利、不拘品格的问题，顾炎武就曾指出："孟德既有冀州，崇奖跅驰之士，观其下令再三，至于求负污辱之名、见笑之行，不仁不孝，而有治国用兵之术者。于是权诈迭进，奸逆萌生。"顾炎武的这个观点是有一定道理的。曹魏后来被司马氏取代时，没有几个忠臣出来反抗，就足见曹操在选人用人时轻视道德和人品，是有失远虑之举。

1 刘修铁编著：《毛泽东妙评古诗书鉴赏》，新疆人民出版社2002年版，第209页。

2 陈晋主编：《毛泽东读书笔记解析》（下），广东人民出版社1996年版，第1014页。

3《毛泽东读文史古籍批语集》，中央文献出版社1993年版，第138页。

二 一家两代人有才华，史不多见

曹操的元配丁夫人生长子曹昂，侧室卞夫人生曹丕、曹彰、曹植、曹熊四兄弟。曹昂在随曹操南征时被张绣所杀，之后曹操在立太子的问题上举棋不定。曹丕是次子，按顺序理应继位，但其内心倾向于四子曹植。经历一番内心的挣扎和权衡，建安二十二年（公元217年），曹丕被立为太子。公元220年曹操死后，曹丕继位为丞相、魏王。当年10月，曹丕逼迫汉献帝刘协禅位，自立为帝，国号魏，改元黄初，是为魏文帝。

曹丕（公元187—226年），字子桓，为人奸诈毒辣，但在篡汉自立为帝的过程中却着力上演“禅让”秀，欺骗世人。他一方面暗中怂恿宗室大臣上表劝进，另一方面又威逼汉献帝建“受禅台”，颁布禅位诏书，力求给人造成一种汉献帝自动退位、自己不得已奉天承运的印象。卢弼《三国志集解》对这一过程有详细的记录。时任督军御史中丞相的司马懿，侍御史郑浑、羊秘、鲍勋、武周等劝进道：“夫大人者，先天而天弗违，后天而奉天时，天时已至，而犹谦让者，舜、禹所不为也。”这是把曹丕代汉之谋比拟为上古尧、舜、禹之间的禅让之风。毛泽东读书至此，想到了李白《远别离》诗中的一句话“或云尧幽囚，舜野死”，并将“尧幽囚，舜野死”六个字批在上述劝进表之旁。很显然，毛泽东对上古的禅让制度是持怀疑态度的。历史上也有这样的说法：尧在晚年，欲传位给儿子丹朱，但众人不同意，只好让位于舜，舜将尧囚禁起来，并将丹朱放逐；舜死前也想传位于儿子商均，同样遭到众人的反对，于是舜让位于禹。舜被迫南下，死于九嶷山。这种说法从人性的实际出发论事，比较可信。所谓禅让，实质上是武力夺权而已。

曹丕代汉，除了部将的劝进，还有汉献帝三番五次的退位诏书。卢弼《三国志集解》援引了袁宏《后汉纪》中所载汉献帝诏书，其中说：

“炎精之数既终，行运在乎曹氏。是以前王（指曹操——引者注）既树神武之迹，今王又光耀明德，以应其期，历数昭明，信可知矣。夫大道之行，天下为公，选贤与能。故唐尧不私于厥子，而名播于无穷，朕羡而慕焉。今其追踵尧典，禅位于魏王。”汉献帝在位三十年，先后被董卓、曹操玩弄于股掌之中，一生颠沛流离，凄惶无比。他被迫让位于曹丕，却又要装出自觉下台的样子，委实可怜可叹，特别是其诏书中竟然援引了《礼记·礼运》中的“夫大道之行也，天下为公，选贤与能”等语，更是令人觉得滑稽可笑。所以，毛泽东读至此长叹一声，挥笔写下一句：“此等语竟被利用。”[1]言下之意，汉献帝死要面子，慌不择言，尽力掩饰自己是武力和权斗的牺牲品。

比之乃父曹操，曹丕在政治上颇为平庸。他推行九品中正制，巩固大族门阀制度，导致“寒门无上品”，阻塞了庶族人才的上进之路。他在位七年，三次统军伐吴都无功而返。虽然如此，曹丕在文学上却有独创性的贡献，著有《典论》共5卷，其中《典论·论文》认为文章是“经国之大业，不朽之盛事”，又提出“文以气为主”的命题，概括了作品与创作主体的关系。1957年3月，毛泽东在中共全国宣传工作会议期间同文艺界部分代表谈话时说：“中国自觉的文学批评的历史是从哪里开始的呢？从曹丕的《典论·论文》和曹植的《与杨祖德书》开始的吧！以后有《文心雕龙》等。”[2]

以“七步诗”闻名天下的曹植比曹丕更有才华。曹植字子建，自小因聪慧得到父亲的喜爱。建安十五年（公元210年），曹操在邺城筑铜雀台，竣工之后领诸子登台游览，命他们各自作《铜雀台赋》。曹丕、曹彰等苦思不能成篇，唯有曹植一挥而就，且得到陈琳、王粲等文章高

1《毛泽东读文史古籍批语集》，中央文献出版社1993年版，第140页。

2《毛泽东文艺论集》，中央文献出版社2002年版，第175页。

手的激赏。毛泽东很喜爱曹植的《七哀》、《赠白马王彪》等诗。1953年3月初，苏联驻中国大使病重，毛泽东便想起曹植《野田黄雀行》中的几句诗：“高树多悲风，海水扬其波。利剑不在掌，结友何须多。”并当着卫士李银桥的面吟诵起来，以排遣其沉重的心情。1960年5月，毛泽东在山东视察时，与时任山东省委第一书记舒同兴致勃勃地谈起曹植，说曹植是先封东阿王，后封为鄄城王和陈王，并随口背诵起谢庄《月赋》里的头几句：“陈王初丧应刘，端忧多暇，绿苔生阁，芳尘凝榭。”文中的“应刘”，分别指应玚、刘桢，属于“建安七子”。曹植文才富艳，极好读书，自少及终，篇籍不离于手，但一生又郁郁不得志，仅活了41岁。对他的命运，毛泽东是很同情的。

曹操和儿子曹丕、曹植两代人共同开创了“建安文学”，这是很值得一说的盛事。1959年夏天，毛泽东在北戴河与保健医生闲谈时说：曹丕是曹操的儿子，也有些才华，但远不如曹操。曹丕在政治上也平庸，可他后来做了皇帝，是魏文帝。历史上所称的“建安文学”，实际就是集中于他们父子的周围。一家两代人都有才华，有名气，在历史上也不多见啊！[1]

三 《郭嘉传》值得一读

曹操作为乱世中的大政治家，最懂得事业之成败以得人为先。他曾多次颁布“求贤令”，要求选人“勿拘品格”，“毋废偏短”，只要有一技之长，便在征辟器使之列。他援引古事，说伊挚、傅说本为贱人，萧何、曹参本是下僚，而吴起、苏秦、管仲、韩信、陈平等人更是“负

1 徐新民主编：《在毛泽东身边》，中共中央党校出版社1993年版，第233页。

污辱之名，见笑之行”，而一旦得到重用，皆帮助其主底定大业。在此选人用人的标准下，三国的曹魏集团一时谋臣如雨，猛将如云。在众多谋臣中，郭嘉是最富谋略又最受曹操赏识和倚重的一位。

郭嘉字奉孝，颍川阳翟（今河南禹县）人。他起初在军阀袁绍麾下做事，但不久就发现袁绍“徒欲效周公之下士，而未知用人之机。多端寡要，好谋无决，欲与共济天下大难，定霸主之业，难矣”。失望之余，郭嘉拂袖而去。后经荀彧推荐，郭嘉继戏志才之后成为曹操倚重的颍川奇士。初次召见，曹操便认定“使孤成大业者，必此人也”。而郭嘉亦欢喜地对他人说：曹操“真吾主也”。当时袁绍拥冀州、青州、并州之众，地广兵强，气焰嚣张。曹操想讨伐他，又怕力不能敌。郭嘉以汉高祖力擒项羽为例，为曹操打气鼓劲。依他之见，曹操比之袁绍，有“道胜”、“义胜”、“治胜”、“度胜”、“谋胜”、“德胜”、“仁胜”、“明胜”、“文胜”、“武胜”等十大优势。在其鼓舞兴作之下，曹操勇气倍增。而郭嘉屡次精彩的谋划和布局，更使曹操如虎添翼，其中擒吕布、克袁绍、斩袁谭等堪称神来之笔，令曹操大喜过望，以至军旅生涯须臾不可离之，正所谓“行同骑乘，坐共幄席”。

曹操、郭嘉这一对贤主奇佐的合作，历来为毛泽东所称道。特别是在“大跃进”和人民公社化运动遭受挫折的情况下，毛泽东又反复阅读《三国志》中的《郭嘉传》，希望从历史的经验中获取教益。1959年3月2日，他在郑州召开的中央政治局扩大会议上，几乎把《郭嘉传》中描写郭嘉为曹操谋划的史实完整地复述了一遍。他说：

> 三国时，曹操一个有名的谋士叫郭嘉，27岁到曹操那里当参谋，38岁就死了。赤壁之战时，曹操想他，说这个人在，不会使我处于这种困难境地。许多好主意就是他出的。比如，打不打吕布，当时议论纷纷。那时袁绍占领整个河北和豫北，就

是郑州以北。曹操在许昌，吕布在徐州。郭嘉建议先打吕布。有人说，打吕布，袁绍插下来怎么办？郭嘉说，袁绍这个人多端寡要，见事迟，得计迟，不要怕，袁绍一定不会打许昌。于是曹操就去打吕布，把吕布搞倒了。如果不先打吕布，如果吕布跟袁绍联合起来同时攻击，曹操就危险了。郭嘉这个计策很成功。然后又去打袁绍。袁绍渡了黄河，在郑州洛阳之间曹操打胜了。接着引出是不是去打袁绍的两个儿子袁谭、袁尚的问题。郭嘉说不要打，我们回师，装作打刘表，把军队摆到许昌、信阳之间，他们一定要乱的。果然曹操的军队一挪动，几个月，俩兄弟就打起来了。袁尚把哥哥包围在山东平原（德州），哥哥眼看要亡党、亡国、亡头，就派了一个代表叫辛毗的，跑到曹操这里来求救。曹操去救，乘势夺取了安阳，消灭了袁尚的部队，袁尚本人跑到辽东去了，然后再去消灭了袁谭。这个计策也是郭嘉出的。在河北冀东追袁尚时，郭嘉又出一计。他说：他不防备，我们轻装远袭，可以得胜。就在这个时候，郭嘉得病，38岁就死了。这个人很有名。《三国志·郭嘉传》可以看。[1]

从1958年11月郑州会议开始，直到1959年庐山会议前期，毛泽东一直致力于纠正“大跃进”以来的瞎指挥、共产风等左倾错误。有感于事态的严重和纠错的急迫，他时不时地用郭嘉多谋善断的故事激励警醒各级干部。1959年4月，在上海召开的中共八届七中全会上，毛泽东向党的高级干部推荐《三国志·魏书·郭嘉传》。据薄一波回忆，毛泽东对“多谋善断”作了这样的讲解：“多谋善断这句话，重点在‘谋’字

1 陈晋主编：《毛泽东读书笔记解析》（下），广东人民出版社1996年版，第1029—1030页。

上。要多谋，少谋是不行的。要与各方面去商量，反对少谋武断。商量又少，又武断，那事情就不好办。谋是基础，只有多谋，才能善断。谋的目的就是为了断。要当机立断，不要优柔寡断。”[1]7月11日，毛泽东在庐山与周小舟、周惠、李锐等谈话时，说到1958年的经济计划被搞乱了，紧接着感叹：国乱思良将，家贫思贤妻，这是《三国志·郭嘉传》上的话。曹操在赤壁之战中吃了大败仗，于是想念郭嘉。

毛泽东说曹操想念郭嘉，是有充分历史依据的。《三国志·郭嘉传》记载了曹操大败后的一句感叹："郭奉孝在，不使孤至此。"曹操还在《与荀彧书追伤郭嘉》一文中说："其人见时事兵事，过绝于人"，"且奉孝乃知孤者也，天下人相知者少！又以此痛惜，奈何奈何"！但"国难思良将，家贫思贤妻"并非《郭嘉传》里的话，这是毛泽东记错了。据知情人回忆，毛泽东如此感慨，是想起了1956年力主"反冒进"，主张经济工作要综合平衡，但却因此而受到冷落的陈云（1958年1月南宁会议后他只负责建委工作），认为如果一直让陈云管经济，就不会发生经济计划严重失调的现象了。不久，毛泽东在与李锐等人谈话时又再次提到郭嘉，说世上没有先知先觉，没有什么前知五百年、后知五百年的刘伯温。无非是多谋善断，留有余地。《三国志》里的《郭嘉传》值得一读。郭嘉这个人是足智多谋，初在袁绍麾下不得施展，他说袁绍"多端寡要，好谋无决，欲与共济天下大难"，就跑到曹操那里。曹操说他"每有大议，临敌制变。臣策未决，嘉辄成之。平定天下，谋功为高"。可惜中年夭折，曹操大哭。"大跃进"出点乱子，不要埋怨。否则就是"曹营之事不好办"，或者叫做"欲与共济天下大难"。[2]毛泽东的这段追述，包含着复杂的心理活动和人生况味，但期

1 薄一波：《回忆片段——记毛泽东同志二三事》，载《人民日报》，1981年12月26日。

2 张贻玖：《毛泽东批注历史人物》，鹭江出版社1983年版，第136页。

盼“奇佐”共克时艰则是明确无疑的。

历史无法复制，但前后却有相似的场景和人物心理。毛泽东如此“高谈阔论依古典，长歌短曲吊英魂”，是想让时人充分理解曹操和郭嘉的欢洽和遗憾、合作和别离，心灵中留一段感慨，行动中多一份良策。

四 “放长线钓大鱼”出自刘晔

刘晔字子扬，淮南成悳（今江苏扬州）人。少时以智谋知名，许劭称之有“佐世之才”。刘晔才智出众，明于权变，但为人孤品诡行，“不与世士相经纬”。在曹操众多的谋臣中，刘晔算是极有个性的一位。

当刘晔与蒋济、胡质等五人作为扬州名士同时被曹操征用时，其他四人每逢策问，滔滔不绝，“内论国邑先贤、御贼固守、行军进退之宜，外料敌之变化、彼我虚实、战争之术，夙夜不解”。只有刘晔独卧车中，终不一言。蒋济问他何故一言不发，他回答：“对明主非精神不接，精神可学而得乎？”后来，刘晔“设远言”以动曹操，曹操有所悟即停止，如是者三。其旨趣“以为远言宜征精神，独见以尽其机，不宜于猥坐说也。”凡涉机密，刘晔必独见曹操。而于稠人广众之中则意见有所保留。曹操知其用心后，授以心腹之任，“每有疑事，辄以函问晔，至一夜数十至耳”。其被推重若此。

建安二十年（公元215年），曹操征讨张鲁的时候，以刘晔为主簿。大军至汉中，曹操见山峻难登，军食颇乏，有速还之意。刘晔认为张鲁可克，加之粮道不继，即便大军速还也不能皆全，于是建议曹操“不如致攻”。曹操听其言，多出弩以射张鲁军营，张鲁败走，遂平汉中。汉中既平，刘晔又建议曹操乘机攻取刘备所占据的蜀地。他说："明公以步卒五千，将诛董卓，北破袁绍，南征刘表，九州百郡，十并其八，威震天下，势慑海外。今举汉中，蜀人望风破胆失守，推此而前，蜀可传檄而定。刘备，人杰也，有度而迟，得蜀日浅，蜀人未恃也。今破汉中，蜀人震恐，其势必倾。以公之神明，因其倾而压之，无不克也。若小缓之，诸葛亮明于治而为相，关羽、张飞勇冠三军而为将，蜀民既定，据险守要，则不可犯也。今不取，必为后忧。"这本是一个极为聪明的建议，但曹操却没有听从。过了几天，曹操听刘备的降卒说："蜀中一日数十惊，备虽斩之而不能安也。"曹操大惊，急请刘晔问道："现在还可进攻吗？"刘晔说："今已小定，未可击也。"曹操后悔莫及。

从刘晔定汉中并乘机攻取蜀地的谋略看，他的确是一位谋定而动、把握时机的军师。毛泽东读《三国志》至此，认为曹操这个人也有缺点，"有时也优柔寡断"。而刘晔则不愧为"大军师"，"很能看出问题"。他发现"刘备刚到四川，立足未稳"，主张曹操乘汉中之胜的锐气一举荡平四川，只可惜曹操不肯去，坐失良机。

公元220年曹操死后，曹丕代汉称帝，是为魏文帝。刘晔继续为文帝服务，被任命为侍中，并被赐爵关内侯。次年，刘备为报东吴杀关羽、占荆州之仇，率大军东下以攻东吴。孙权见强敌压境，为避免曹魏趁火打劫，于是遣使到魏国求降称藩。魏国群臣皆贺，唯独刘晔说："困难求臣，必难信也。彼必外迫内困，然后发此使耳。可因其穷，袭而取之。夫一日纵敌，数世之患，不可不察也。"文帝曹丕不纳。222年，刘备在夷陵之战中大败而归，站稳脚跟的孙权对魏国"礼数转废"。曹丕欲兴师伐吴，刘晔认为"彼新得志，上下齐心，而阻带江湖，必难仓卒"。曹丕又不听，结果无功而返。

刘晔在曹操和曹丕手下各献奇策，如曹氏父子依计而行，则历史必将改写，统一大业会提前完成。两次建议未能采纳，曹魏集团坐失良机，朝野上下遗憾之余视刘晔为神明。所以当魏明帝曹叡上台后，刘晔又“大见亲重”。那时围绕魏国是否当伐蜀的议论又起，《三国志》引用《傅子》的一段记述，生动地再现了刘晔老于权谋的心机：

> 帝将伐蜀，朝臣内外皆曰“不可”。晔入与帝议，因曰“可伐”。出与朝臣言，因曰“不可伐”。晔有胆智，言之皆有形。中领军杨暨，帝之亲臣，又重晔，持不可伐蜀之议最坚，每从内出，辄过晔，晔讲不可之意。后暨从驾行天渊池，帝论伐蜀事，暨切谏。帝曰：“卿书生，焉知兵事！”暨谦谢曰：“臣出自儒生之末，陛下过听，拔臣群萃之中，立之六军之上，臣有微心，不敢不尽言。臣言诚不足采，侍中刘晔先帝谋臣，常曰蜀不可伐。”帝曰：“晔与吾言蜀可伐。”暨曰：“晔可召质也。”诏召晔至，帝问晔，终不言。后独见，晔责帝曰：“伐国，大谋也，臣得与闻大谋，常恐眯梦漏泄以益臣罪，焉敢向人言之？夫兵，诡道也，军事未发，不厌其密也。陛下显然露之，臣恐敌国已闻之矣。”于是帝谢之。晔见出，责暨曰：“夫钓者中大鱼，则纵而随之，须可制而后牵，则无不得也。人主之威，岂徒大鱼而已！子诚直臣，然计不足采，不可不精思也。”暨亦谢之。晔能应变持两端如此。[1]

刘晔持有“蜀可伐”之议，但出与朝臣言又说“蜀不可伐”，在兵法上讲乃是诡道，手法为欲擒故纵，即将自己真实的目的掩饰起来，以迷惑和麻痹蜀国。《三国志·刘晔传》对此的记载给毛泽东留下了深刻的印象。他在传记旁批道：“此传可一阅。放长线钓大鱼，出自刘

1 ［晋］陈寿：《三国志》，岳麓书社2002年版，第307—308页。

晔。”[1]凡有生活常识的人都知道，钓大鱼不可操之过急，必用长线钓之，开始“纵而随之”，最后“牵而制之”。刘晔作为谋臣，将生活常识上升为用兵之道，生动形象，说理充分，难怪杨暨及明帝听后皆“谢之”。而毛泽东对刘晔的推重，在批语中也可见一斑。在毛泽东看来，刘晔“放长线钓大鱼”的计谋是很值得琢磨和体味一番的。

五　“为将当有怯弱时”

“为将当有怯弱时”，是曹操送给手下猛将夏侯渊的一句话。毛泽东很欣赏这句话，并在不少场合引用过。

夏侯渊字妙才，为夏侯惇的族弟。曹操在汉末起兵后，夏侯渊跟随他东征西讨，在官渡之战等战役中屡立战功。建安十九年（公元214年）至建安二十一年（公元216年）间，夏侯渊大败韩遂、宋健等割据势力。曹操增封其食邑三百户，并前共八百户，称赞其“虎步关右，所向无前”。曹操破张鲁，任命夏侯渊为征西将军留守汉中。建安二十四年（公元219年）正月，刘备派兵夜烧围鹿角。夏侯渊下令张郃护东围，而自己率轻兵护南围。张郃迎战不利，夏侯渊分兵帮助张郃解围，被刘备击杀于定军山（今陕西勉县东南）。

夏侯渊作战英勇，但勇多于谋。爱将心切的曹操知其短处，常诫之说：“为将当有怯懦时，不可但恃勇也。将当以勇为本，行之以智计。但知任勇，一匹夫敌耳。”[2]夏侯渊死于轻敌，曹操的告诫付诸东流。

1《毛泽东读文史古籍批语集》，中央文献出版社1993年版，第152页。

2［晋］陈寿：《三国志》，岳麓书社2002年版，第186页。

毛泽东认为曹操对夏侯渊的告诫很有道理，牢牢记住了“为将当有怯弱时”这句话。1971年10月，联合国恢复了新中国的合法席位，中国随即派代表团前往与会。代表团出发前，毛泽东特意谈起夏侯渊以及曹操的相关训诫，以此警醒代表团不可骄傲轻敌。毛泽东举诸葛亮《后出师表》说曹操“几败北山”为例，一口气说了以下很长的一段话：

几败北山，说的是夏侯渊战死以后，曹操争夺汉中的事。《后出师表》三处提到夏侯渊。另外两处是“夏侯败亡”、“夏侯授首”。夏侯渊是曹操的一员大将，曹操封他为征西将军，担任汉中的“警备司令”。刘备攻打汉中，夏侯渊把主力部队部署在定军山，命令张郃守住东围。刘备引蛇出洞，先打张郃，夏侯渊领了一半军队亲自援助张郃，被黄忠砍了头。有一出京剧就叫《定军山》，是谭鑫培、谭富英的拿手戏。你们看看《三国志·魏书》的《夏侯渊传》，当初夏侯渊打了几次胜仗，曹操写信提醒他：“为将当有怯弱时，不可但恃勇也。将当以勇为本，行之以智计；但知任勇，一匹夫敌耳。”“当有怯弱时”，就是要想到自己的弱点和不足，有打败仗的可能。夏侯渊把曹操的告诫不当一回事，结果全军覆没。你们去联合国，可能很多要“以勇为本”，更要注意“为将当有怯弱时”。代表团团长就是“将”，不要被胜利冲昏头脑。送你们两句话，一句话是我写的：“没有调查就没有发言权”；一句话是田家英帮我写的：“虚心使人进步，骄傲使人落后。”[1]

建安二十四年（公元219年），关羽攻打樊城（今湖北襄樊），而孙权又有意袭取徐州。吕蒙对孙权说：“今操远在河北，新破诸袁，

1 毛胜：《为将当有怯弱时》，见《党的文献》，2008年第2期。

抚集幽、燕，未暇东顾。徐土守兵，闻不足言，往自可克。”毛泽东读书至此，认为吕蒙据说此时曹操“远在河北”不确，在旁边批了一段话：“《魏志》此时操在汉中，因夏侯渊之败正不得志，闻襄阳围急，东归到洛阳即死，非在居巢也。”[1]从这段批语来看，夏侯渊之死似乎给了曹操以重大打击，加之此后战局不利，曹操回到洛阳便郁郁而终。

六　司马懿多谋略，善权变

司马懿（公元179—251年），字仲达，河内郡温县孝敬里（今河南温县招贤镇）人，“少有奇节，聪明多大略，博学洽闻，伏膺儒教。汉末大乱，常慨然有忧天下之心”。曹操担任丞相后，征辟其为文学掾。司马懿虽不想屈节曹氏，但迫于压力而前往就职，此后跟随曹操父子东征西讨，成为曹魏集团中最富智谋的重臣之一。

在《三国演义》等小说中，司马懿被塑造成一个城府极深、心怀异志的奸臣。而据房玄龄撰《晋书》等正史记载，曹操发现司马懿既有“雄豪志”又有“狼顾相”，内心大不安，曾对太子曹丕说：“司马懿非人臣也，必预汝家事。”由于曹丕素与司马友善，加之司马懿事魏尽心尽力，才最终打消了曹操对司马懿的猜忌。魏齐王曹芳嘉平元年（公元249年）春季，司马懿设计诛灭曹爽及其党羽，为后来司马炎以晋代魏铺平了道路。东晋明帝司马绍曾向王导问起先辈何以得天下的原因，王导据实回答，明帝惭愧无地，以面覆床曰：“若如公言，晋祚复安得长远！”在封建正统观念看来，司马懿乃是一个不忠不义、时刻准备着阴

1《毛泽东读文史古籍批语集》，中央文献出版社1993年版，第158页。

谋篡位的野心家。

毛泽东早年也是把司马懿当做反面人物来看待的，这从他1916年7月25日写给同学萧子升的信中便可看出。在这封信中，他将司马懿视为与王莽等人同类的篡逆之徒，警醒世人应从他们的恶名中吸取教训。但随着年岁的增长和阅历的丰富，他心目中的司马懿形象大为改观，成为一个胸罗韬略、多谋善断的军事家和政治家。曹操拿下张鲁后，司马懿与刘晔两位大军师建议曹操立即进攻在四川立足未稳的刘备，但曹操竟然未能听从。毛泽东认为司马懿、刘晔见事准，得计早，“很能看出问题”，在识见上比曹操更胜一筹。

在历史上，随着《空城计》等以《三国演义》为蓝本的戏剧的上演，以及“死诸葛吓走活仲达”等民间谚语的流传，人们大多以为在军事上司马懿远不如诸葛亮。实际上，诸葛亮“理民之干，优于将略”，其最大的长处在民政而非军事，而司马懿的军事才能比诸葛亮则有过之而无不及。司马懿批评诸葛亮“志大而不见机，多谋而少决，好兵而无权”并非虚言。在司马懿的军事生涯中，出奇制胜的大手笔所在多有。比如建安二十四年（公元219年），蜀大将关羽将曹仁包围在樊城（今湖北襄樊），于禁等七军皆被水所淹没，荆州刺史胡修、南乡太守傅芳投降，形势极为危急。当时曹操曾打算将国都从许昌迁往邺城。司马懿认为于禁是被水淹，不是战守之失，于国家大计无损。如果迁都，“既示敌以羽”，又使南方百姓不安。他强调“孙权、刘备，外亲内疏，羽之得意，权所不愿也。可喻权所，令持其后，则樊围自解”。孙权果然派大将吕蒙西袭南郡、公安，“羽遂为蒙所获”，樊城之围自解。除此之外，“奔袭孟达”、“远征公孙渊”、“击灭王凌”等都是司马懿创造的经典战例。司马懿屡屡表现出来的战略眼光和办事能力，给毛泽东留下了磨灭不掉的印象。毛泽东由此论道：“司马懿是个了不起的人物，历来说他坏，我看有几手比曹操高明。”[1]

司马懿认为兵者诡道，关键在“善因事变”。他在从军过程中，善于总结一些带有规律性的原则。如他在远征公孙渊时说：“贼坚营高垒，欲以老吾兵也，攻之正入其计，此王邑所以耻过昆阳也。古人曰，敌虽高垒，不得不与我战者，攻其所必救也。”老师坚城之下，历来为兵家之大忌。舍坚城而攻其必救，则可在运动中引诱敌人而消灭之。其他如“凡攻敌，必扼其喉而捣其心”、“能战当战，不能战当守，不能守当走”等作战原则，都是很为毛泽东所欣赏并认同的。司马懿不仅将谋略用于战阵，还将其延伸至人生与政治。他在曹魏集团服务数十年，功高位重，但始终不忘记“谦恭”二字，恒诫子弟说：“盛满者道家之所忌，四时犹有推移，吾何德以堪之。损之又损之，庶可以免乎？”司马懿不仅善于持盈保泰，而且长于韬光养晦。在诛灭曹爽之前，为麻痹对手，他故意装出一副“年老枕疾，死在旦夕”的样子，给曹爽一种“尸居余气，形神已离，不足虑矣”的印象。在对手不设防的情况下，他一旦出手便似雷霆万钧，令曹爽束手就擒。

毛泽东对司马懿多方面的才能都很熟悉。1958年11月，毛泽东到河南新乡地区视察，在安阳接见了新乡地区县级负责干部。谈话中，他问时任温县县委书记李树林：温县是司马懿的故乡，现在他那个练兵洞还在不在？李树林答：还在，基本上完好。毛泽东接着说：“他出身士族，多谋略，善权变，为魏国重臣。”[2]在长期的战争生涯中，毛泽东面对过各种对手，但却经常说他们比不过司马懿。1947年5月，毛泽东转战陕北。一天，他接到陈赓、王新亭自晋南战场发来的歼敌2万、解放县城25座的捷报。高兴之余，毛泽东在山坡上唱起《空城计》：“我

1 庚晋：《毛泽东评点古代军事家——蜀汉败于隆中对》，载《大公报》，2004年7月6日。

2《伟大领袖谈地名人名》，见《中州今古》，1994年第2期。

正在城楼观山景，耳听得城外乱纷纷；旌旗招展空翻影，原来是司马发来的兵。我也曾差人去打听，打听得司马领兵就往西行……”司马懿的缺点是疑心很重，结果中了诸葛亮的“空城计”。当时周恩来听了说：主席，我们面前的“司马”现在可不是往西行呦！毛泽东止住唱，风趣地说：“刘戡？他不配当司马懿。”在毛泽东看来，司马懿作战虽偶有失误，但不愧是大谋略家。任弼时又在一旁说：我们面前的司马懿是蒋介石、胡宗南。毛泽东说：“蒋介石和胡宗南都不是我们的对手，我们面前没有司马懿，只有司马师呦！”司马师是司马懿的长子，谋略远不及乃父，所以后来在布置淮海战役时，毛泽东以司马师为例指出：“不识时务么！他杜聿明和邱清泉、李弥，哪是刘伯承和陈毅、粟裕的对手？这次是司马师碰在了姜维手上，被困在铁笼山了！”[1]从中不难看出，司马懿的谋略在毛泽东心目中占有一个很高的位置，像他那样的对手，毛泽东才视为旗鼓相当，其他都不过是庸碌之辈。

七　刘备会用人，能团结人

蜀汉先主刘备（公元163—223年），字玄德，涿郡涿县（今河北涿县）人，公元221—223年在位。史书称他为“汉景帝子中山靖王胜之后”，但因为世远年湮，谁也无法清晰地说出汉景帝刘启到刘备的传承关系，确认其皇门贵胄的身份。刘备早年失怙，“与母贩履织席为业”，处在社会的最底层，是不折不扣的寒门子弟。相传刘备旧居东南角有一棵高达五丈多的桑树，遥望如小车盖，见者谓此屋当出贵人，而

1 胡尚元：《毛泽东眼中的三国人物》（上），见《党史博览》，2007年第1期。

刘备与儿时伙伴玩耍时也说："吾必当乘此羽葆盖车。"刘备早年"不甚乐读书，喜狗马、音乐、美衣服"，"少语言，善下人，喜怒不形于色。好结交豪侠，年少争附之"。

时势造英雄。汉灵年末年，黄巾军起义，州郡各举义兵，刘备率一群乡邦子弟跟随校尉邹靖征讨黄巾军，先后任安喜尉、下密丞、高唐尉等。与曹操、孙权相比，刘备发迹的过程相当曲折、艰难，他先后曾依附过公孙瓒、陶谦、曹操、袁绍、刘表等人，但却长期得不到属于自己的稳定根据地，真可谓奔亡不暇，播越失据。好在刘备从小艰辛备尝，养成了折而不挠、终不为下的品质，从建安十二年（公元207年）三顾茅庐起用诸葛亮开始，刘备终于迎来事业上的转机。他依据诸葛亮《隆中对》所提出的战略方针，在赤壁之战后先后取得荆州、益州及汉中等地，终于成就一方霸业，与曹魏、孙吴形成三足鼎立的格局。

刘备虽然"身长七尺五寸，垂手下膝，顾自见其耳"，但本身并无多少特异才能。和汉高祖刘邦类似，刘备最大的长处是有识才之眼，有容人之量，能够求贤若渴，礼贤下士，善于借他人的智力为自己的事业服务。毛泽东曾对秘书林克说："尽管刘备比曹操所见略逊，但刘备这个人会用人，能团结人，终成大事。"[1]刘备的这一优点，毛泽东在其他场合也曾反复道及。在1957年7月9日召开的上海干部会议上，毛泽东说："刘备得了孔明，说是'如鱼得水'，确有其事，不仅小说上那么写，历史上也那么写，也像鱼跟水的关系一样。群众就是孔明，领导者就是刘备。一个领导，一个被领导。"[2]另据薄一波回忆，毛泽东有一次对他说："你们北方人——刘备、关羽、张飞、赵云、诸葛亮组织了一个南下班子，到了四川，同地方干部一起建立了一个很好的根据

1 李林达：《情满西湖》，中央文献出版社1993年版，第240页。

2 《毛泽东选集》第五卷，人民出版社1977年版，第452页。

地。”[1]四川本是军阀刘璋的地盘。211年，刘备应刘璋之请入川抗击汉中的张鲁，三年后即214年“鸠巢雀占”，刘备迫使刘璋投降并占据益州。但刘备对待刘璋部下，无论是其亲信爪牙，还是其所忌恨排挤者，只要有一技之长，“皆处之显任，尽其器能”。在刘备用人政策感召下，有志之士皆奔走其门，求售不暇，一时间，文臣武将济济跄跄，气象庄严而深宏。

在三国几位政治家中，人们常把刘备与曹操并提，这源于当年刘备依附曹操时，曹操对之十分礼敬，并说：“今天下英雄，唯使君与操耳。”但在毛泽东的眼中，刘备虽然不失为政治家，可是与曹操相比还是略逊一筹。1959年3月2日，毛泽东在郑州召开的中共中央政治局扩大会议上说：“翦伯赞在《光明日报》上写了一篇论赤壁之战的文章，他说，刘备这个英雄，跟曹操同等水平，是厉害的。但是事情出来了，不能一眼看出就抓到，慢一点。”[2]所谓“慢一点”，就是“多谋寡断”、“多端寡要”，把握时机和决断行事的能力差一些，有点类似于袁绍、孙权等人。

毛泽东认为，刘备除了“多谋寡断”，另一致命的缺点是感情用事，分不清主要矛盾和次要矛盾，导致决策严重失误。1941年皖南事变后，毛泽东在谈到如何对待蒋介石和国民党的问题时说：

> 三国时期，荆州失守，蜀军进攻东吴，被东吴将领陆逊火烧连营七百里，打得大败，其原因就在于刘备没有区分和处理好主要矛盾和次要矛盾的关系，在谋略中没有抓住主要矛盾。诸葛亮在《隆中对》中所确定的战略方针是“东联孙吴，北拒

---

1 薄一波：《领袖·元帅·战友》，中共中央党校出版社1992年版，第23页。

2 陈晋、邓振宇等编：《毛泽东评点二十四史·人物精选》，时事出版社1997年版，第324页。

曹操”。曹刘是主要矛盾，孙刘是次要矛盾。孙刘的矛盾是统一战线内部的矛盾。所以当孙权数次讨荆州时，诸葛亮总是一再推诿软磨，而不硬抗，直到最后才让出荆州的部分地方。刘备不了解这一点，派了根本不执行联吴为根本、争取荆州为枝节、要有理有节方针的关羽去驻守荆州……刘备见关羽被杀，荆州丢失，遂起兵攻打东吴，众臣苦谏都不听，实在是因小失大。正如赵云所说：“国贼是曹操，非孙权也。且先灭魏，则吴自服。”诸葛亮也上表谏止说：“臣亮等窃以吴贼逞奸诡之计，致荆州有覆亡之祸；陨将星于斗牛，折天柱于楚地，此情哀痛，诚不可忘。但念迁汉鼎者，罪由曹操；移汉祚者，过非孙权。窃谓魏贼若除，则吴自宾服。愿陛下纳秦宓金石之言，以养士卒之力，另作良图。则社稷幸甚！天下幸甚！”可是刘备看完后，把表掷于地上，说：“朕意已决，无得再谏。”决意起大军东征，最终导致兵败身亡。[1]

刘备感情用事，因小失大，不仅在战争中损兵折将，使自己多年经营起来的基业元气大伤，而且因此役失败而悔恨填胸，以至于不久便郁郁而终。《三国志》作者陈寿评价刘备说：“先主之弘毅宽厚，知人待士，盖有高祖之风，英雄之器焉。”但其“机权干略，不逮魏武，是以基宇亦狭”。从毛泽东对刘备的评说来看，他与陈寿的观点是大体一致的。

1 忻中：《毛泽东晚年的读书生活》，见《党史文汇》，1994年第9期。

八 夷陵之战应打运动战

公元221年，为了报东吴杀害关羽、夺取荆州之仇，刘备不听群臣苦谏，悍然发动夷陵之战（又称彝陵之战），倾巢而出讨伐东吴。蜀军将领吴班、冯习率军在巫山打败孙权的守将李异和刘阿，将战线推进至湖北秭归，兵力达到4万人。

次年2月，刘备前往秭归指挥伐吴之战，开始势如破竹，到5月军队开进到夷陵，今湖北宜昌县境内，已入吴境五六百里。刘备命令军队一路砍伐山木，连营扎寨，共设立了几十个大营，并任命冯习为大都督，张南为前部都督。刘备希望尽早与孙吴决战，但孙吴方面的年轻统帅陆逊很有智谋，他知道刘备是个城府颇深、历练丰富而又狡猾的敌人，不宜在其大军初来、考虑问题专心细致的时候去攻击他，而应以静制动，一段时间内坚守不战，在相持中伺机破敌。直待刘备“兵疲意沮，计不复生”，陆逊抓住蜀军在崎岖的山间营扎寨，兵力无法展开的弱点，采用顺风放火的方法，烧毁刘备四十多个营寨，迫使刘备大军丢弃辎重、粮草而退回白帝城。蜀军死伤枕藉，连大将军冯习、张南等也在战争中丧生。不久，刘备在忧恨交加中死去。临终前托孤诸葛亮，演出了一场英雄末路、运去命终的悲剧。

卢弼在《三国志集解》一书的《陆逊传》中，引用了清代学者钱振锽的一段评论：“陆逊破先主，无他奇策，只令军士各持一把茅耳。意先主连营，皆伐山木为之，故易火；若土石为之，逊其如之何？”言下之意，如果刘备以土石营垒，则刘备不一定会失败。毛泽东不同意这种观点，他在旁边批道：“土石为之，亦不能久，粮不足也。宜出澧水流域，直出湘水以西，因粮于敌，打运动战，使敌分散，应接不暇，可以各个击破。”[1]毛泽东的分析是有一定道理的。因为刘备在脱离根据地的吴境纵深地带作战，是典型的外线作战。在古代交通不便、转输为难的情况下，外线作战如果粮草不继，其失败将是难免的。熟悉中国古代兵法的毛泽东认为，刘备为了摆脱这种危险局面，应当机立断“出澧水流域”作战，既因粮于敌，又使敌人分散兵力，从而在战场上变被动为主动。只可惜刘备多谋寡断，白白贻误了战机。他迷信阵地战，且把大军驻扎在地形复杂的山岭间，无异于自缚手脚。当年魏文帝曹丕便预料到此役刘备必然失败，他说：“刘玄德不晓兵法，岂有连营七百里，而可以拒敌者乎？包原隰险阻屯兵者，此兵法之大忌也。玄德必败于东吴陆逊之手。”比之曹丕，毛泽东的观点更为切中要害。

九　刘备与孔明是鱼水关系

诸葛亮（公元181—234年），字孔明，琅琊阳都（今山东沂南）人，三国时蜀汉政治家、军事家，刘备的主要谋士。公元221年刘备称帝后，诸葛亮出任丞相。后主建兴元年（公元223年），刘禅封诸葛亮为“武乡侯”，以丞相兼益州牧，朝中政事无论大小，皆决之于诸葛亮。从建兴三年（公元225年）开始到建兴十二年（公元234年）的十年间，诸葛亮先是征讨南方，后又数次北伐，直至病逝五丈原，享年53岁。

刘备起事初期屡遭失败，十几年中只能在军阀割据势力之间来回奔跑，寄人篱下。直到建安十二年（公元207年）三顾茅庐，聆听诸葛亮剖析天下大势，才豁然醒悟，迎来事业上的重大转机。诸葛亮也以“三

1《毛泽东读文史古籍批语集》，中央文献出版社1993年版，第161页。

分天下”的功业成为雄韬伟略、足智多谋的象征，特别是随着小说《三国演义》的流传，刘备、诸葛亮在中国民间更成为君臣相得的楷模，以至于其真实性远远逸出了常识的范围，难怪鲁迅在《中国小说史略》中称诸葛亮“多智而近妖”，而刘备则“忠厚而似伪”。不过，即使从正史的记载来看，刘备、诸葛亮这一对君臣也的确把中国传统的君臣观和忠义观发挥到了极致。成都的武侯祠有一副“《两表》酬三顾，一对足千秋”的对联，意思是说诸葛亮的前后《出师表》是对刘备三顾茅庐的报答，而《隆中对》所提出的战略思想足以光耀千秋。

毛泽东对诸葛亮的政治、军事才能多有赞誉之词。在毛泽东看来，诸葛亮《隆中对》中最杰出的思想是提出“跨有荆益，保其岩阻，西和诸戎，南抚夷越，外结好孙权”，以共同应付北方的曹操，抓住了当时的主要矛盾和次要矛盾，即“曹刘是主要矛盾，孙刘是次要矛盾。孙刘的矛盾是统一战线内部的矛盾”。毛泽东赞赏道：“当孙权数次讨荆州时，诸葛亮总是一再推诿软磨，而不硬抗，直到最后才让出荆州的部分地方。”[1]更难能可贵的是，无论形势如何演变，诸葛亮始终抓住主要矛盾不放，保持住了清醒的头脑。刘备为报复东吴夺荆州、杀关羽之仇，举全国之力而东向伐吴，诸葛亮苦口婆心加以劝阻，强调小不忍则乱大谋，而“魏贼若除，则吴自宾服”。公元229年孙权称帝后，刘蜀集团中又有人借口孙权称帝有损于蜀汉正统地位，提出与东吴绝盟，诸葛亮反对这种感情用事的做法，认为东吴始终是蜀汉的“掎角之援”。若蜀汉大军讨魏，东吴当趁势分裂魏土。即便“其不动而睦于我，我之北伐，无东顾之忧”，此之为利，“亦已深矣”。所以，孙权称帝的罪行，不宜于公开揭露。这种政治家的眼光，毛泽东是十分认同和推许的。

诸葛亮的军事才能在赤壁之战中有集中的体现。公元208年，刘备

1 逄中远：《毛泽东读评五部古典小说》，华文出版社1997年版，第177—178页。

被曹军大败于长坂坡，情况十分危机。诸葛亮亲自到东吴去说服孙权抗曹，他说："曹操之众，远来疲敝，闻追豫州（即刘备），轻骑一日一夜行三百余里，此所谓'强弩之末，势不能穿鲁缟'者也。故兵法忌之，曰'必蹶上将军'。且北方之人，不习水战；又荆州之民附操者，逼兵势耳，非心服也。今将军诚能命猛将统兵数万，与豫州协规同力，破操军必矣。"后来的战局完全是按照诸葛亮的预想而展开的。诸葛亮一战成名，而天下三足鼎立之势也由此奠定。毛泽东对此深有感触，他在谈到要重视提拔年轻干部这个问题时说："孔明二十七岁成名，也未当过支部书记、区委书记嘛，也是个新干部嘛！赤壁之战以前无名义，这以后才当军师、中郎将。"又说："三国时关、张开始因孔明年轻不服气，刘劝说也不行，没封他官，因封大封小都不好，后派孔明到东吴办了一件大事，回来后才封为军师……自古以来多是年轻的代替老的。"[1]诸葛亮精于兵法，懂得"心战为上，兵战为下"，善于揣摩敌我阵营中将领的心理。他用"激将法"鼓励老将黄忠击斩魏国大将夏侯渊便是一例。毛泽东曾在1930年夏红四军干部大会上讲过这个故事，要求干部们学习诸葛亮关于做宣传鼓动工作的技巧。

诸葛亮作为一代政治家、军事家，在处理蜀汉与东吴、曹魏关系方面见识远大，而且在应对蜀汉与西南少数民族之间关系方面也表现出卓越的才能。毛泽东说过："诸葛亮会处理民族关系，他的民族政策比较好，获得了少数民族的拥护。"[2]在《三国志·诸葛亮传》中，毛泽东在裴松之引用《汉晋春秋》的一段文字旁边，加了许多圈画。这条注文记载了诸葛亮七擒七纵少数民族首领孟获，以及平定云南后用当地官员管理南中的事迹，认为这是诸葛亮的高明之处。

---

1 尹家民：《将军不辱使命》，解放军文艺出版社1992年版，第153页。

2 芦荻：《毛泽东谈二十四史》，载《光明日报》，1993年12月20日。

诸葛亮“西和诸戎，南抚夷越”，总的少数民族政策是以安抚羁縻的政策手段为主，同时辅之以军事手段，以达到让对手心悦诚服的目的。在与孟获斗智斗勇的过程中，诸葛亮的军事计谋让人叹服不已。1962年2月，毛泽东在与南京炮兵工程技术学院院长孔从洲谈论科技进步时，就兴致勃勃地谈到诸葛亮的兵器改革：我们祖先使用的十八般兵器中，刀矛之类属于进攻性武器，弓箭是戈矛的延伸和发展。由于射箭误差大，于是又有了弩机，经诸葛亮改进，一次可连发十支箭，准确性提高了。他征孟获时就使用了这种先进武器。可是孟获也有办法，他的三千藤甲军就使诸葛武侯的弩机失去了作用。诸葛亮经过调查研究，发现藤甲是用油滑过的，于是一把火将藤甲军给烧了。

诸葛亮在展示其政治、军事才能的过程中，不仅时时闪耀出智慧的光芒，而且处处显示了其公忠体国、奋斗到底的人格力量。这也是毛泽东反复提及、赞赏有加的。他经常以诸葛亮《出师表》中的名言“鞠躬尽瘁，死而后已”来自勉勉人。1939年1月2日，毛泽东在《八路军军政杂志》发刊词中写道：“从前人说，读诸葛亮《出师表》而不流泪者，其人必不忠；读李密《陈情表》而不流泪者，其人必不孝。”他用这些前人的名言激励国人亲密团结，精诚报国。1944年11月15日，毛泽东为延安《解放日报》“邹韬奋先生逝世纪念特刊”题词：“热爱人民，真诚地为人民服务，鞠躬尽瘁，死而后已，这就是邹韬奋先生的精神，这就是他之所以感动人的地方。”1950年4月27日，毛泽东在北京中南海接见国民党绥远起义将领董其武时说：“你看过《三国演义》吧？共产党就是以诸葛孔明的办法办事，那就是‘言忠信，行笃政，开诚心，布公道，集众思，广忠益’。蒋是搞码头，搞宗派，他是必然要失败的嘛。”[1]诸葛亮的精神和人格千载不磨，后人誉之为“伊周经济”、

1 中共呼和浩特市委党史资料征集办公室等编：《呼和浩特史料》第五集，内蒙古人民出版社1984年版，第82页。

“匪皋则伊”、“勋高管乐”、“河岳英灵”，等等。近人冯玉祥赞曰：“成大事以小心，一生谨慎；仰流风于遗迹，万古清高。”

自古雄霸英雄成就大业，必有一帮知识分子相辅佐，从刘邦一路数来莫不如此。而诸葛亮帮助刘备三分天下，更成为其中的佳话，所以早在延安时期，毛泽东便告诫全党：“一个阶级革命要胜利，没有知识分子是不可能的。你们看过《三国演义》、《水浒传》，魏、蜀、吴三个国家，每个国家都有每个国家的知识分子，有高级的知识分子，有普通的知识分子，那个穿八卦衣拿鹅毛扇的就是知识分子。”[1]

但是，在毛泽东的心目中，诸葛亮也并非完人。毛泽东认为，诸葛亮的《隆中对》虽然提出了“联合东吴，北抗曹操”这一正确的战略方针，但其缺点是使荆州、益州“千里之遥而二分兵力”。后来诸葛亮经营汉中，“其终则关羽、刘备、诸葛三分兵力，安得不败”？[2]在当时魏、蜀、吴三国中，蜀国人口最少，经济文化相对落后，而交通又很不方便，经济实力和交通不便难以支撑一只数量达到十五六万的军队。由于战线过长又较为分散，蜀汉政权陷入劳役相继、粮草转输为难的境地。尽管诸葛亮在汉中等地实行过屯田法，又发明“木牛流马”等运输工具，但“粮尽退兵”之事在六出祁山中仍经常发生。劳役相继影响农业生产，而粮草转输困难又为兵法之大忌。所以，毛泽东将蜀汉“二分”或“三分”兵力视为其失败原因之一，不失为新颖而独到的看法。

此外，毛泽东也多次指出，诸葛亮在用人方面有不少失误之处。1948年，他对身边警卫员说，我毛泽东一不是释迦牟尼，二不是诸葛亮。说是诸葛亮，也有错用关羽和马谡的时候啊！诚如毛泽东所言，诸葛亮派根本不执行以“联吴抗曹”为根本方针的关羽镇守荆州，埋下

1《毛泽东文集》第三卷，人民出版社1996年版，第342页。

2《毛泽东读文史古籍批语集》，中央文献出版社1993年版，第106页。

了蜀汉政权由盛转衰的隐患。而街亭之战的失败害得诸葛亮只好冒险摆空城计。司马光《资治通鉴·魏记三》中记录了诸葛亮错用马谡导致失败的过程。毛泽东在阅读时在旁边批道：“初战亮宜自临阵。”言下之意，如果诸葛亮牢记“慎于初战”的兵要，亲自到阵指挥，当不会让马谡犯下“舍水上山，不下据城”，让魏将张郃“绝其汲道”的致命错误。但诸葛亮吸取了这次惨痛教训，所以毛泽东又批道：“自街亭败后，每出，亮必在军。”[1]错用马谡，诸葛亮自我切责不已，其《街亭自贬疏》中说：“臣明不知人，恤事多暗，《春秋》责帅，臣职是当。请自贬三等，以督厥咎。”诸葛亮“挥泪斩马谡”，诚为不得已之举。毛泽东多次援引过这个故事，如1952年2月10日，当河北省特别法庭判处腐败分子刘青山、张子善死刑的报告上报中央时，毛泽东说：“非杀不可。挥泪斩马谡，这是万不得已的事情。”正因为世无完人，所以毛泽东强调，单独一个诸葛亮总是不完全的，总有缺陷的，要集思广益，不能迷信个人。

十　关云长就不如我们的彭老总

关羽字云长，本字长生，河东解（今山西运城）人。因在家乡犯下命案，亡命逃奔至河北涿州。适逢刘备起事，关羽、张飞与刘备“桃园三结义”，“寝则同床，恩若兄弟”。刘备击杀徐州刺史车胄，让关羽守下邳，行徐州太守事。

建安五年（公元200年），曹操东征，刘备奔袁绍，关羽被曹操所俘，拜为偏将军，礼之甚厚。但关羽对刘备忠心耿耿，“身在曹营心在

1《毛泽东读文史古籍批语集》，中央文献出版社1993年版，第292页。

汉”，发誓要与刘备共生死。等到在万众中斩袁绍大将颜良，关羽自觉已报曹操礼遇之恩，便决意从许昌南下往汝南与刘备团聚。曹操为关羽的忠义所感动，乃遂所愿。此后，关羽帮助刘备定荆州、守荆州，但又因为大意失荆州，并被孙权大将潘璋所杀。

在中国历史上，关羽是一个勇气过人但又骄傲自负的人物典型。性格决定命运，骄傲自负埋下了关羽兵败被杀的祸根。从小熟读《三国演义》的毛泽东，曾在1941年皖南事变后同李卓然谈话时，绘声绘色地谈到关羽的人格缺陷，他说：

> 关羽这个人虽然斩华雄，诛颜良、文丑，过五关斩六将，擒庞德，威震华夏，但孤傲自大。刘备封“关、张、赵、马、黄”五虎大将时，关羽怒曰：“翼德吾弟也；孟起世代名家；子龙久随吾兄，即吾弟也。位与吾相并，可也。黄忠何等人，敢与吾同列？大丈夫终不与老卒为伍！”当孙权派诸葛瑾为儿子向关羽女儿求婚，以结秦晋之好，共伐曹操时，关羽却勃然大怒，说：“吾虎女安肯嫁犬子乎！不看汝弟（诸葛亮）之面，立斩汝首！再休多言。”诸葛瑾抱头鼠窜而去。孙权便攻占了荆州，孙刘联盟瓦解。[1]

毛泽东在那时之所以特别提到关羽，是因为皖南事变后党内兴起一股拼命情绪，即不惜与国民党顽固派决裂。在毛泽东看来，关羽大意失荆州，其症结就在于看不清孙刘矛盾是统一战线内部的矛盾。他逞匹夫之勇开罪孙权，结果使孙权趁他与曹仁在樊城作战时偷袭其后并得手。这个致命的错误使蜀汉事业由盛转衰。毛泽东以关羽为鉴戒，警示党内同志面对皖南事变要保持清醒的头脑，不可将与国民党之间的阶级矛盾

1 杨震之等著：《巨人之谜》，四川文艺出版社1993年版，第241—242页。

置于中日之间的民族矛盾之上，对国民党顽固派的进攻要实行“有理、有利、有节”的原则，以避免抗日民族统一战线破裂为底线。

历史上有关关羽的传说非常之多。新中国成立后，毛泽东有次到河南视察，便说到关羽名字的由来。他说：关云长不是山西人，是河南人。关云长本不姓关，因为在河南有人命案，逃往山西，到了潼关，人家问他姓什么，他一下子说不上来，一看这里是潼关，就说我姓关。据杨尚昆回忆，毛泽东知道这类掌故甚多，他可能是从一些笔记小说中看来的。[1]

随着《三国演义》的流传，在中国民间，关羽俨然是一个武功超群、所向披靡的战神。其实，小说中关羽的形象，大多是靠虚构和移花接木来完成塑造的。关羽斩颜良、擒庞德，水淹于禁大军，这都是事实，但所谓“斩华雄”是将孙权的事移置到了关羽身上；所谓“诛文丑”，本是曹操所为，将其归于关羽名下，属于“曹冠关戴”。至于“过五关斩六将”、“三英战吕布”、“千里走单骑”、“单刀赴会”等则纯属讲史者和罗贯中的虚构。《三国志·蜀书》中的《关羽传》篇幅不大，与典韦、张辽、张飞、赵云、马超、吕蒙等传不相上下，远少于周瑜、鲁肃等传。所以有学者指出：“关羽并无显赫战绩，还有刚愎自用、丧失荆州的大过失，在三国历史上，算得一个二流人物，置于中国古史全局，不过三、四流军人。”[2]上述毛泽东对关羽的大段评论，显然是掺和了正史与野史中有关关羽的记载，以说明问题为主要目的，并未纠缠于史料的真伪。陈寿的《三国志》，毛泽东读过多遍，对照正史和野史，他完全知晓关羽并非如《三国演义》所渲染的那般神通广大。拿身边的彭德怀与历史上的关羽相比较，毛泽东便认为“关云长就

1 刘汉民编著：《毛泽东谈文说艺实录》，长江文艺出版社1992年版，第3页。

2 冯天瑜：《尘埃落定话“三国”》，见《书屋》，2009年第9期。

不如我们的彭老总”！[1]彭德怀曾在陕北转战时连战连捷，并击毙蒋介石的爱将刘戡，这才是真正的战神。毛泽东赞曰：“山高路远坑深，大军纵横驰奔。谁敢横刀立马，唯我彭大将军。”

关羽虽然孤傲自大，以功自矜，在处理主要矛盾和次要矛盾之关系时很不老练，但他也有一个被民间特别是统治阶级称道的优点，那就是以忠义立身，重然诺，讲信用，绝不做投机和背信弃主的事情。因此，关羽在中国历史上成为“忠”、“义”、“勇”的化身。在他死后不久，当地人便在其死处玉泉山建庙奉祀。其后影响越来越大，以致人们将其与孔子并称为“文武二圣”。1932年初，毛泽东在中央苏区与程子华谈话时说：关羽出身下层社会，是刘备的心腹之臣，随其周旋，不避艰险，死后被尊为武圣人。到处都修建有关帝庙。他的弱点是自负凌人，以至发展到上当受骗，大意失荆州。

关羽成为武圣人，在很大程度上属于历代统治者竭力表彰、“层累叠加”的结果。宋哲宗赵煦封他为“显烈王”，宋徽宗赵佶封他为“义勇武安王”；元朝皇帝又加封他为“显灵义勇武安英济王”；明神宗朱翊钧封关羽为“三界伏魔大帝、神威远镇天尊关圣帝君”；到了清代更不得了，顺治皇帝给他的封号长达26个字。乾隆皇帝赞颂关羽“当时力扶炎汉，志节凛然”，又在谥号中加添“灵佑”二字，还在上谕中斥责“陈寿于蜀汉有嫌，所撰《三国志》多有私见”。

毛泽东从早年到中年，对关羽作为武圣人的形象都是基本肯定的，但到了晚年，他更倾向于认为“关羽的形象是统治阶级吹出来的”。1974年12月，时在长沙的毛泽东对周恩来说：“世界上的事，说起来难，做出来并不难。现在四书五经也批了，孔夫子是文圣打倒了，关云

1 胡尚元：《毛泽东眼中的三国人物》，见《党史博览》，2007年第2期。

长是武圣也打倒了。”[1]越到晚年，毛泽东越有一种打倒权威、打倒偶像，另创新天新地的冲动和豪情。从对关羽的评价来说，他也从指出关羽骄傲自负等缺点进而发展到全面否定关羽的形象。这种极端主义的作法，扭曲了中国民间社会在道德问题上的基本认知习惯，并给以后民间社会的道德重建带来一定的困难。

十一　张飞具有高度的原则性

张飞字益德，是刘备同乡。他与关羽堪称刘备在战场上的左臂右膀。猛张飞勇冠三军，当刘表之子刘琮以荆州降曹操，刘备在曹操的追赶之下奔亡不暇时，张飞率二十骑断后，在当阳长坂坡据水断桥，瞋目横矛道：“某是张益德也，可来共决死！”其一夫当关、万夫莫开的勇烈令曹军胆寒。后来，张飞帮助刘备平益州、据汉中，武功军著，领巴西太守、车骑将军等职，并先后被封为新亭侯、西乡侯等。

据陈寿《三国志·蜀志·张飞传》记载，关羽“善待卒伍而骄于士大夫”，而张飞“爱敬君子而不恤小人”，可以说各有所长又各有所短。关羽死于骄傲自负，而张飞则死于对手下刻薄寡恩。公元221年，刘备起兵伐吴，正要率大军东下的张飞被其帐下部将张达、范强杀害。刘备临阵痛失大将，可谓出师不利，凶多吉少。1934年，毛泽东曾对来中央苏区开会的王震将军讲起关羽、张飞的为人，勉励他取两人之长，弃两人之短。

1 龚固忠等编：《毛泽东回湖南纪实（1953—1975）》，湖南出版社1993年版，第230页。

张飞是个粗人，但粗中有细，处理问题有很强的原则性，这点很得毛泽东的赞赏。1943年，延安整风发展为“抢救运动”，出现了许多过火行为。为总结这次运动的得失，1944年，毛泽东在一次报告中说：“张飞在古城相会时，怀疑关云长，是有很高度的原则性。关羽形式上是投降了曹操，封了寿亭侯，帮曹操杀了颜良、文丑，你又回来究竟是干什么来了？我们一定要有严肃性、原则性。当然过火是要不得的，所以去年抢救运动，十几天，我们马上就停下来。”[1]抢救运动的目的是肃清内部，防止国民党的奸细深入共产党和边区内部，这是个原则性问题。因此，在毛泽东看来，严峻的形势有必要学一学张飞在京剧《古城会》中的那种怀疑精神。毛泽东很喜欢看《古城会》这出戏。1944年6月，他陪同来访的作家赵超构等人看戏，听到张飞自称“我张飞是何等聪明之人”时，不禁大笑起来。1949年12月，毛泽东又谈到了《古城会》，他说：当时在古城的三弟张飞，看见从敌人营垒回来的二哥关羽，对他提出种种疑问，是张飞有警惕性的表现，是完全正确的。但关羽一旦斩了蔡阳，用行动表示了与敌人划清界限，张飞于是开门迎接关羽，又兄弟般地共同对敌。

张飞作战英勇，为激励士气，毛泽东曾把彭德怀、陈赓等爱将比拟为“猛张飞”。后来彭德怀说过，我这个张飞是主席叫出来的。

1 摘自1944年10月25日毛泽东在延安中央党校的报告，见《毛泽东年谱（1893—1949）》（中），中央文献出版社1993年版，第553页。

十二　非子龙不可行也

刘备五虎上将中的赵云，字子龙，常山真定（今河北正定）人，“身长八尺，姿颜雄伟”，本属公孙瓒，后成为刘备的侍卫长和心腹爱将。当阳长坂坡一战，赵云保护甘夫人及刘禅脱险，尤得刘备感激。

赵子龙作战不畏强敌，在汉中与曹操较量时，面对气势汹汹的敌人，赵云竟大开营门，致使曹军疑有伏兵而引去。随后赵云擂鼓震天，以戎弩射杀曹军。曹军惊骇，“自相蹂践，堕汉水中死者甚多”。刘备由此赞扬说：“子龙一身都是胆也。”毛泽东在战争年代，多次援引赵子龙的事迹激励将士。1944年10月1日，延安《解放日报》发表《新四军的胜利出击和中国的救国事业》的社论，其中写道：“华中的伪军，呼新四军为‘四老爷’，比之为赵子龙，他们常常对着自己的枪说：‘枪啊，我是替四老爷保存的。’”其中“比之为赵子龙”几个字，便是毛泽东亲笔添加进去的。1958年夏，毛泽东在天津会见河北正定县委书记杨才魁时说：“正定是个好地方，那里出了个赵子龙！都说一吕二马三典韦，我看应该是一吕二赵三典韦才对。马超这个人不简单，相貌出众，文武全才，但是在《三国演义》里他是比不上赵子龙的。”[1]

杨成武将军以长征中飞夺泸定桥、抗战中击毙日本“名将之花”阿部规秀而扬名天下。在毛泽东心目中，杨成武就是赵子龙的后身。1967年7月，毛泽东视察大江南北前夕便提出由杨成武随行。他对“中央文革小组”秀才们说：“非子龙不可行也。长征中，夺泸定桥，过草地，我都讲过还得杨成武，只靠宣言不行。”[2]1976年4月，当在报纸上看到吉林地区降落了世界罕见的陨石雨，毛泽东又不无感慨地说：“天摇地

---

1 胡尚元：《毛泽东眼中的三国人物》（下），见《党史博览》，2007年第2期。

2 权延赤：《微行——杨成武在1967》，广东旅游出版社1997年版，第58页。

动，天上掉下大石头，就是要死人哩！《三国演义》里的诸葛亮、赵云死时，都掉过石头，折过旗杆。大人物、名人，真是与众不同，死都死得有声有色，不同凡响啊！”[1]关于赵子龙之死，陈寿的《三国志》中只有“七年卒，追谥顺平侯”这平淡无奇的几个字。毛泽东津津乐道演义中的故事，反映了他对赵子龙的一种偏爱。

十三　孙权是个能干的人

孙权（公元182—252年），字仲谋，吴郡富春（今浙江富阳）人，三国时吴国的建立者，公元229—252年在位。谥号大皇帝。

在三国时代，孙权堪称一代雄主。他18岁继承父兄留下的家底，在张昭、周瑜等人的辅佐下开疆拓土，巧妙周旋于曹操、刘备等集团之间，从而“自擅江表，成鼎峙之业”。早年毛泽东便对孙权给予很高的评价。1913年，他在《讲堂录》中写道：“天下无所谓才，有能雄时者，无对手也。若言对手，则孟德、仲谋、诸葛而已。”[2]在毛泽东心目中，孙权是与曹操相埒的一流政治家和军事家。

有两件大事最足以显示孙权的雄才大略。一是赤壁之战，建安十三年（公元208年），曹操挟降服刘表之子刘琮的巨大声威，率十几万大军水陆并进，沿江东下，号称八十万众，扬言要与孙权“会猎于吴”。当孙权将曹操的战书以示群臣时，绝大多数人“响震失色”，望风畏惧，纷纷劝说孙权出降迎曹，只有周瑜、鲁肃坚执抵抗之策。在主战派

1　顾保孜：《毛泽东的最后时光》，载《文汇读书周报》，2010年9月25日。

2《毛泽东早期文稿》，湖南出版社1990年版，第587页。

与主和派各持一端的时刻，孙权采纳周瑜等联刘抗曹的方针，拔刀斫案曰：“诸将吏敢复有言降操者，与此案同！”孙权的巨大决心和联刘抗曹的方针，是赤壁之战中孙、刘以五万联军打败二十多万曹军的决定性因素。经过此役，曹军“死者大半”，元气大伤，天下三分的鼎足之势得以形成。对于赤壁之战，毛泽东说过：“天下事有真必有假，虚夸自亦有之。赤壁之战，曹操号称八十三万人马，其实只有二三十万，又不熟水性，败在孙权手下，不单是因为孔明借东风。”[1]这就是说，孙权是取得赤壁之战胜利的关键人物。孙权不被曹操气势汹汹的样子所吓倒，敢于迎战，是真正英雄本色的集中表现。

二是夷陵之战。公元208年，孙权与刘备抗曹时，同意将荆州借给刘备。后来刘备夺得益州后，孙权向刘备讨要荆州，但刘备虚与委蛇，敷衍拖延，激化了双方矛盾。建安二十四年（公元219年），孙权乘关羽攻打曹仁、困于樊城之机，采取与曹魏联手夹击关羽的策略而尽夺荆州。刘备为报杀关羽、夺荆州之仇，亲率大军伐吴。吴蜀间便爆发了夷陵之战。孙权为了避免两线作战，不惜向魏文帝曹丕称臣进贡，并接受曹丕赐给他的吴王封号，争取曹魏中立。得力于外交上的成功，孙权全力应付刘备，确保了夷陵之战的胜利。此后，孙吴政权更加稳固，孙权也于黄龙元年（公元229年）正式称帝。夷陵之战与赤壁之战一样，都是以少胜多、后发制人的经典战例。抗日战争时期，毛泽东在《中国革命战争的战略问题》、《论持久战》等多篇著作中，都将这两次战役列为“化被动为主动”的典型，说明战场“主观指导的正确与否，影响到优势劣势和主动被动的变化”[2]。

孙权年轻统事，在使用人才方面也乐用新进，敢于提拔和大胆使用

1 吴冷西：《忆毛主席——我亲自经历的若干重大历史事件片断》，新华出版社1995年版，第109页。

2 《毛泽东选集》第二卷，人民出版社1991年版，第491页。

年轻人担当大任。在其事业发展过程中，周瑜、鲁肃、吕蒙和陆逊等几位年轻将领发挥了重要作用。周瑜做建威中郎将时不过24岁；鲁肃赞画幄幕时36岁上下；吕蒙在赤壁之战时为31岁；陆逊初在孙权幕下任职时年纪更小，不过21岁。孙权手下并非没有能征善战的老将，但他更倾向于任用新锐。事实证明，周瑜、陆逊在赤壁之战、夷陵之战中的表现都非常出色。毛泽东在1953年到1958年的多次讲话中，都用孙权年轻统事以及他重用周瑜等例子说明在选拔干部时不能论资排辈，要注重实际能力，要放手使用新人。1965年1月，他在一次谈话中说，群英会上的英雄，大多是二三十岁的人，诸葛亮当时才27岁，孙策初干事时，不到20岁。孙权更小。孙权生于东汉光和五年（公元182年），他接哥哥孙策班时才18岁。

自古英雄相惜。魏主曹操很看得起孙权这位对手。据《三国志・吴书・吴主传》注引《吴历》说，建安十八年（公元213年），曹操攻濡须，孙权与之相拒月余。当曹操看见孙权舟船器仗军伍整肃时，不禁喟然叹曰："生子当如孙仲谋，刘景升儿子若豚犬耳。"意思是说养育儿子就应该像孙权这样的，刘表的儿子刘琦、刘琮不过像猪狗罢了。宋代词人辛弃疾据此创作了《南乡子・登京口北固亭有怀》这首名篇："何处望神州，满眼风光北固楼。千古兴亡多少事，悠悠，不尽长江滚滚流。年少万兜鍪，坐断东南战未休。天下英雄谁敌手？曹刘。生子当如孙仲谋。"毛泽东非常喜爱辛弃疾的这首词，曾多次诵读圈阅。1957年3月20日下午13时至14时，毛泽东从南京飞往上海途中，在飞过镇江上空时，便亲笔书写此词，并向随行人员讲解这首词的意义和所用典故。

孙权一生酷爱读书，善于权变和用计。他自称少时便遍览《诗经》、《尚书》、《礼记》、《左传》、《国语》。统事以后又"省三史、诸家兵书，自以为大有所益"。身处三国争雄的复杂局面，孙权不惟恃力，更重权谋。陈寿评价他"屈身忍辱，任才尚计，有勾践之奇英"，是很恰当的。他长期坚持联刘抗曹，当统一战线内部出现夷陵之战这样的内斗后，他便尽一切可能修复旧好。之前，吕蒙杀关羽、夺荆州，为防止刘备报复，孙权赶忙上书曹操，劝曹操称帝，想转移当时吴、蜀之间的尖锐矛盾，加剧曹、刘之间的矛盾，他自己则可以坐观成败，乘机取利；同时也想借此孤立曹操，使他受到各方面的攻击。另外，曹操如开了称帝的先例，也便于他以后仿效。从权谋的角度看，这一招不可谓不厉害。但曹操识破了孙权的良苦用心，对手下说："是儿欲踞吾着炉火上耶！"意思是说，孙权这小子是想把我放在炉火上烤啊。1970年4月，毛泽东在中央政治局会议上第三次提出不当国家主席，也不再设国家主席，并以孙权为例说："孙权劝曹操当皇帝。曹操说了，孙权是要把他放在炉火上烤。我劝你们不要把我当曹操，你们也不要做孙权。"[1]

暮年的毛泽东抚今追昔，内心有一种英雄雄视千古的苍凉。1975年5月3日，毛泽东召集在京政治局委员开会。在会议快要结束时，他对自己所作《水调歌头·游泳》一词中的两句作了解释："我说才饮长江水，就是白沙井的水。武昌鱼不是今天的武昌，是古代的武昌，在现在的武昌到大冶之间，叫什么县我忘了，那个地方出鳊鱼。所以我说才饮长江水，又食武昌鱼。孙权后来搬到南京，把武昌的木柴下运南京，孙权是个能干的人。"毛泽东念了辛弃疾的一首《南乡子》中的两句："天下英雄谁敌手？曹刘。当今惜无孙仲谋！"[2]并将后一句作了改动。这一改动，透露了毛泽东面对未来的复杂心境。

孙权一生的功业，并不仅仅局限于政治、军事领域。他开发了江南经济，为以后长江流域经济赶上黄河流域的水平奠定了坚实的基础。此

1 王年一：《大动荡的年代》，河南人民出版社1988年版，第393页。

2 龚育之等：《毛泽东的读书生活》，三联书店1986年版，第261—262页。

外，孙权非常重视造船业和航海业，其手下船队曾到达辽东、台湾、海南等地，对促进航海事业以及拓展中国内地对外经济文化交流作出了贡献。1972年9月，毛泽东在会见访华的日本首相田中角荣时，便说到了中日两国悠久的交往史：孙权想找你们，派遣了一个三万人的船队。

享年71岁的孙权，一生壮怀激烈、老于权谋，但也有性多猜忌、果于杀戮的性格缺陷，并且越到晚年越是如此。正因为性多猜忌，所以毛泽东认为他和袁绍等人一样“多谋寡断”。这是他不及曹操的地方。

十四　周瑜是个“青年团员”

周瑜（公元175—210年），字公瑾，庐江舒县（今安徽庐江）人。建安三年（公元198年）隶属袁术为居巢县令，不久便投奔少相友善的孙策，被授建威中郎将，吴中人皆呼为“周郎”。公元200年孙策卒，周瑜与张昭受命共掌众事，辅佐孙权。

征诸史籍，周瑜“长壮有姿貌”，不仅长于武略征战，而且妙解音律，是一位风流倜傥、文武兼备的青年将领。刘备评价周瑜“器量广大”、“文武筹略，万人之英”。孙权赞其有“王佐之资”。东吴老将程普称与周瑜交往“若饮醇醪，不觉自醉”。宋朝大文豪苏轼在《念奴娇·赤壁怀古》中更盛赞其“雄姿英发”，为“千古风流人物”。小说《三国演义》中说什么“诸葛亮三气周瑜”，周瑜终因褊狭丧命等，纯系虚构。

在短暂的一生中，周瑜最值一提的功绩是他在赤壁之战前与鲁肃力主抗拒曹操，以及作为战争主要指挥者用计大破曹军。在战前的辩论会上，周瑜列举了曹操师出无名、北土未安、不习水战等用兵之忌。待孙权下定决心后，周瑜又自告奋勇地说：“得精兵五万，自是制之，愿将军勿虑。”孙权派周瑜与程普分任左、右督，率军三万并联合刘备共同抗曹。战争打响后，周瑜采纳黄盖的火攻计，将长江北岸的曹军战舰与岸上营寨焚烧殆尽，同时自率主力擂鼓进攻，曹操遂大败而归。周瑜因此役被拜为偏将军，领南郡太守。赤壁之战后，鼎足之势已成，周瑜建议孙权西取益州刘璋及汉中张鲁，再伺机讨伐曹操以统一北方。未及行，周瑜病卒，享年仅36岁。

20世纪50年代，新中国急需大量建设性人才。为打破论资排辈的传统，重用才华出众而又勇于进取的年轻人，毛泽东多次援引周瑜33岁出任东吴主将打败曹操的事例，以转移党内外风气。1953年6月30日，他在接见中国新民主主义青年团第二次全国代表大会主席团成员时说：“要选青年干部当团中央委员。三国时代，曹操带领大军下江南，攻打东吴。那时，周瑜是个‘青年团员’，当东吴的统帅，程普等老将不服，后来说服了，还是由他当，结果打了胜仗。现在要周瑜当团中央委员，大家就不赞成！团中央委员尽选年龄大的，年轻的太少，这行吗？”[1]在1958年5月的中共八大二次会议上，毛泽东又再次以周瑜为例讲过同样的道理。

清代姚鼐编选的《古文辞类纂》一书，曾以战国时赵王用赵括、秦始皇用李信导致战争失败为例，认为“乐用新进，忽弃老成”是致败的原因之一。毛泽东不同意这种观点，他在相关文字旁批道：“看什么新进。起、翦、颇、牧其始皆新进也。周瑜、诸葛、郭嘉、贾诩，非皆少年新进乎？”[2]他相信，像春秋战国时的吴起、王翦、廉颇、李牧等新

1《毛泽东著作选读》（下），人民出版社1986年版，第70页。

2《毛泽东读文史古籍批语集》，中央文献出版社1993年版。第97—98页。

进的勇锐比老成的持重更有助于打破常规，开拓新局，所以他乐于收集历史上贫贱者打败富贵者、年轻人战胜老年人的诸多材料，并将其上升为一种历史规律，告诫全党在干部选拔和任用上要破除迷信，尽可能地让周瑜式的新锐干将肩鸿任巨，使事业呈现出长江后浪推前浪的勃勃生机。

十五　吕蒙发愤读书成统帅

吕蒙（公元178—219年），字子明，汝南富陂（今安徽阜南）人，是继周瑜、鲁肃之后担任东吴军队统帅的著名将领。从跟随孙权西征江夏黄祖开始，中经破朱光于庐江、降郝普于零陵，直到智取荆州擒杀关羽，吕蒙在其短暂一生中智勇并出，屡立战功，被吴主孙权倚为干城。

与周瑜、鲁肃不同，吕蒙少时不修书传，缺少文化，“每陈大事，常口占为笺疏”。孙权劝其多读书“以自开益”，但吕蒙以军中多务，没有时间读书相推辞。孙权以自己读书的经验开导吕蒙，又以刘秀“当兵马之务，手不释卷”以及曹操“老而好学”为例以资鼓励。吕蒙这才开始发愤苦读，笃志不倦。因天资聪颖，浸润书史的吕蒙学问大进，以致“其所览见，旧儒不胜”。鲁肃开始颇瞧不起吕蒙，及吕蒙为其“画五策”以待关羽，鲁肃对吕蒙刮目相看，不无感慨地说：“吾谓大弟但有武略耳，至于今者，学识英博，非复吴下阿蒙。”孙权也称赞道：“子明少时，孤谓不辞剧易、果敢有胆而已；及身长大，学问开益，筹略奇至。”发愤读书的吕蒙继鲁肃之后成为东吴军队的统帅。

公元219年，关羽征讨樊城的曹仁，为防东吴偷袭，留下兵将镇守公安、南郡。吕蒙以治病为名，佯称带士卒东归建业，以麻痹身在前线的关羽。关羽果然中计，尽撤备兵以赴樊城。吕蒙船匿精兵浮江而上，外以白衣摇橹，作商贾人服，昼夜兼程偷袭其后。士仁、麋芳等关羽手下大将望风而降。吕蒙善抚民众，争取人心，闻讯归来的关羽众叛亲离，败走麦城，被吕蒙手下将领朱然、潘璋擒杀。此次战役，最集中地展示了吕蒙“勇而有谋、断识军计”的大将风采。

对吕蒙这位经历特殊的将领，毛泽东在读《三国志》时寄予过特别关注，并多次以吕蒙为例说明问题。1959年到1960年初，他在读苏联《政治经济学（教科书）》的谈话中提到赤壁之战，并说：“三国时吴国的张昭，是一个经学家，在吴国是一个读书多、有学问的人，可是在曹操打到面前的时候，就动摇，就主和。周瑜读书比他少，吕蒙是老粗，这些人就主战。鲁肃是个读书人，当时也主战。可见，光是从读书不读书、有没有文化来判断问题，是不行的。”[1]毛泽东不迷信书本，认为一个人如果不善于读书，读书多了反而迂腐，倒是有些老粗如刘邦、朱元璋能干大事，并由此得出了不要小看老粗，“老粗出人物”的结论。虽然如此，毛泽东也并非否定书本知识的作用。读书多误，但不读书也有致命的缺陷，毛泽东能看到问题的两面。早在1939年1月28日，他在延安发表的一次演说中便说：“有了学问，好比站在山上，可以看到很远很多的东西；没有学问，如在暗沟里走路，摸索不着，那会苦煞人。”[2]在他看来，人善于读书，学问不失为一种向导和力量。

具体到吕蒙这个人，毛泽东也是辩证地看问题。1958年9月，毛泽东到安徽视察工作时想到了吕蒙，并对随行的张治中、罗瑞卿说：“吕蒙是行伍出身，没有文化，很感不便，后来孙权劝他念书，他接受

1 刘修铁编著：《毛泽东妙评帝王将相鉴赏》，新疆人民出版社2002年版，第304页。

2 刘修铁编著：《毛泽东妙评帝王将相鉴赏》，新疆人民出版社2002年版，第305页。

劝告，勤读苦读，以后当了东吴的统帅。现在我们的高级军官中，百分之八九十都是行伍出身，参加革命后才学文化的，他们不可不读《三国志》的《吕蒙传》。”[1]关于吕蒙从不喜欢读书到喜爱读书，从“口占笺疏”到“旧儒不胜”的过程，《三国志·吕蒙传》有非常精彩的记述，说服力很强。后来毛泽东经常以吕蒙的故事启发高级干部发愤读书。

许世友是毛泽东的爱将。1948年9月的济南战役是解放战争的转折点。骁勇善战的许世友力克蒋介石的干将王耀武，威名远播。但许世友出身贫苦，如同吕蒙一样文化不高。1973年12月12日，毛泽东在政治局会议上说：“你就知道打仗，你以后搞点文学吧。”[2]他劝许世友从“随陆无武、绛灌无文”的历史典故中吸取教训，尝试读《红楼梦》等文学名著，以克服“厚重少文”的弱点。许世友对毛泽东推荐《三国志·吕蒙传》的用意也是清楚的，他是否按要求读过不得而知，但毛泽东对他的期许不亚于孙权之于吕蒙。

十六　陆逊学司马懿统众之法

陆逊（公元183—245年），字伯言，吴郡吴县（今江苏苏州）人，原名陆议，出身于世家大族。21岁起在孙权幕府任职，曾出任海昌县（今浙江海宁西南）屯田都尉。此后，他帮助孙权讨平潘临、尤突等山贼，被孙权任命为定威校尉、帐下右都督等职。期间，孙权将侄女、孙

1 余湛邦：《张治中将军随同毛泽东巡视大江南北的日子》，载《团结报》，1983年12月12日。

2 刘汉民编著：《毛泽东谈文说艺实录》，长江文艺出版社1992年版，第126页。

策的女儿嫁给陆逊以结秦晋之好。作为孙权的大将，陆逊一生最大的战功是在夷陵之战中大败刘备。

1958年9月21日，毛泽东由南京赴上海、杭州途中，与随行的张治中、罗瑞卿等人纵论古今。据张治中回忆，当时毛泽东手拿一本《三国志》在看，并说：“《三国志》不错，看起来很有意思。”张治中提到陆逊，毛泽东说：“最初陆逊是吕蒙手下的一个中级军官，以后继吕蒙当了统帅。”[1]《三国志·陆逊传》毛泽东多次读过，尤其是对他作为年轻将领如何统兵、如何在夷陵之战中大败刘备很感兴趣。

公元222年，刘备为报东吴杀关羽、夺荆州之仇兴兵伐吴。作为大都督的陆逊知晓刘备老练贼猾，率军坚守七八个月不战，直到刘备“兵疲意沮，计不复生”，才采用顺风放火之法，火烧蜀军连营七百余里，致使蜀军土崩瓦解。据《三国志·陆逊传》记载，刘备仓皇逃往白帝城，其舟船器械、水步军资，一时略尽，尸骸漂流，塞江而下。刘备惭恨交加，哀叹道：“吾乃为逊所折辱，岂非天邪！”陆逊虽然大败蜀军，但在坚守和寻找战机的过程中却屡受诸将指责。这些将领或是孙策旧将，或是公室贵戚，高傲矜持，不听陆逊调遣，有的还斥责他贪生怕死，怯懦无能。为了安定军心，肃清军门，陆逊案剑曰：“刘备天下知名，曹操所惮。今在境界，此强对也。诸君并荷国恩，当相辑睦，共翦此虏，上报所受；而不相顾，非所谓也。仆虽书生，受命主上，国家所以屈诸君使相承望者，以仆有尺寸可称，能忍辱负重故也。各任其事，岂复得辞！军令有常，不可犯矣。”陆逊在诸将怨声四起之际拿出尚方宝剑，收到了神奇的效果。毛泽东读至此批了一句：“此司马懿敌孔明之智也。”[2]据《资治通鉴》记载，曹魏青龙二年（公元231年）八月，司马懿与诸葛亮在

1 张治中、余湛邦：《张治中与毛泽东——随从毛主席视察大江南北日记》，陕西人民出版社1995年版，第27页。

2《毛泽东读文史古籍批语集》，中央文献出版社1993年版，第161—162页。

战场上相持已百余日，诸葛亮数次挑战，乃至送去巾帼妇人之服以羞辱司马懿，激其出战。但司马懿始终不为所动。为安抚军心，司马懿故意上表请战，魏明帝曹叡派卫尉辛毗杖节为军师以制之。毛泽东看到了两件事之间的联系，即陆逊像司马懿一样，都是借君命来压众。

刘备逃至白帝城，东吴的一班书生如徐盛、潘璋、宋谦等纷纷上表，认为刘备必可擒获，要求乘胜追击。但陆逊不以为然，他对孙权说：曹丕大合士众，表面上答应帮助吴国讨刘备，实际上却包藏祸心，吴军应当决计而还。陈寿《三国志》引述了何焯关于此事的一段评论："大胜之后，将骄卒惰，溯流仰攻，转馈又难，一有失利，前功尽弃。昭烈（刘备）老于兵，得蜀已固，非若曹仁之在南郡，可惧而走也。连兵于西，主客异势，决还者中人所能知也，盛、璋、谦如豕突耳。"毛泽东认为"何评有理"[1]，也就是承认陆逊及时退兵是明智的。

陆逊担任东吴军队统帅时不到40岁，在毛泽东心目标中属于担当大任的青年才俊。但后来因为反对孙权废嫡立庶而遭冷落，以致含愤而死，享年63岁。其儿子陆抗，孙子陆机、陆云均为历史上的著名人物。陆机的《文赋》便受到毛泽东的肯定和表彰。

十七　袁绍多谋寡断

袁绍（？—202年），字本初，汝南汝阳（今河南商水西南）人。其高祖袁安以下四世居三公位，势倾天下。袁绍"有姿貌威容，能折节下士，士多附之"。董卓之乱后任勃海太守，并以勃海为基地起兵反

1《毛泽东读文史古籍批语集》，中央文献出版社1993年版，第162页。

卓，之后领冀州牧，成为当时北方最大的割据势力。在其麾下，有田丰、荀谌、许攸等谋臣，亦有颜良、文丑等名将，拥有兵力数十万，威震河朔，名重天下。

建安五年（公元200年），曹操东征刘备，田丰建议袁绍偷袭曹操后方，而袁绍以儿子患病为由不纳。田丰举杖击地说：“夫遭难遇之机，而以婴儿之病失其会，惜哉。”官渡之战时，沮授、田斗又建议袁绍放弃急战、决战之计，以缓搏持久取胜。袁绍又不从，誓与曹操决一死战。曹操率步骑五千往乌巢袭击袁绍的运粮车，大破淳于琼。袁绍众叛亲离，与儿子袁谭单骑败退到黄河以北。公元202年，袁绍因军败而发病，不治身亡。陈寿评价袁绍“外宽内忌，好谋无决，有才而不能用，闻善而不能纳”，其失败纯属咎由自取。

1959年，毛泽东结合当时纠正“大跃进”以来诸多失误的迫切需要，多次谈到各级干部要以袁绍为戒，做到多谋善断。3月2日，他在郑州召开的中共中央政治局会议上说：“袁绍这个人多端寡要，多谋难断，见事迟，得计迟。慢了，得出一个方针就处于被动。”陈寿《三国志·袁绍传》记载，沮授曾劝说袁绍迎接播迁的汉献帝于邺都，“挟天子以令诸侯”。这本是一个很好的主意，但袁绍却犹豫再三，未能采纳。等到曹操将汉献帝挟持到许昌，袁绍才悔不当初，转而令曹操将天子徙至鄄城，以便自己亲近皇帝，但遭到曹操的拒绝。像这种迟疑不决、坐失良机的事情，在袁绍身上反复发生，足以显示其缺乏经营天下的本领。熟读三国史的毛泽东对此深有感触：“曹操有个参谋叫郭嘉，河南禹县人，初投袁绍，他批评袁绍‘多端寡要，好谋无决，欲与共济天下大难’。袁绍这个人多谋寡断，有谋无断，没有决心，不果断，结果官渡之战打了败仗。所以有谋还要善断。”[1]

1 李林达：《情满西湖》，中央文献出版社1993年版，第155—156页。

1959年6月，毛泽东在与《人民日报》总编辑吴冷西等谈话时又纵论袁绍。他说：新闻工作，要看政治家办，还是书生办。“有些人是书生，最大的缺点是多谋寡断。刘备、孙权、袁绍都有这个缺点。曹操就多谋善断。要反对多端寡要，没有要点，言不及义。要一下子看到问题所在。曹操批评袁绍‘志大而智小，色厉而胆薄’，没有头脑。还批评袁绍有其他缺点，兵多而分工不明，将骄而政令不一，地虽广，粮虽多，完全可为我所用。”[1]毛泽东认为，袁绍是个反面典型，他的失败足以让人领悟到多谋善断、把握时机的重要性。

十八　刘表虚有其表

刘表（？—208年）字景升，山阳高平（今山东邹县）人。东汉灵帝崩，刘表代王叡出任荆州刺史。在东汉末年群雄并起的时候，鼎盛时期的刘表曾“南收零桂，北据汉川，地方数千里，带甲十余万”。但刘表胸无大志，性多猜忌，在虎狼环伺中欲中立以自保。公元208年，曹操征刘表，未至，刘表病死，其子刘琮率部降操。

毛泽东对《三国志·刘表传》看得很仔细，留下多条批语，并常将刘表与曹操相比较，其对刘表的不屑跃然纸上。

《三国志·刘表传》称刘表“少知名，号八俊。长八尺余，姿貌甚伟。以大将军掾为北军中侯”。毛泽东在旁边批道：“虚有其表。”[2]传中引述司马彪《战略》曰：“刘表之初为荆州也，江南宗贼盛。遂使

1《毛泽东新闻工作文选》，新华出版社1983年版，第215—216页。

2《毛泽东读文史古籍批语集》，中央文献出版社1993年版，第140页。

蒯越遣人诱宗贼，至者五十五人，皆斩之。袭取其众，或即授部曲。”毛泽东读至此批了一句：“杀降不祥，孟德所不为也。”[1]但此条批语不尽符合史实。曹操在征战过程中并非没有杀降之举。据《三国志·荀彧传》引《曹瞒传》云：“自京师遭董卓之乱，人民流移东出，多依彭城间。遇太祖至，坑杀男女数万口于泗水，水为不流。陶谦帅其众军武原，太祖不得进。引军从泗南攻取虑、睢陵、夏丘诸县，皆屠之；鸡犬亦尽，墟邑无复行人。”曹操曾在《蒿里》一诗中感慨“生骨露于野，千里无鸡鸣。生民百遗一，念之断人肠”。其悲悯情怀无法掩盖他在战争中的野蛮杀戮。毛泽东对曹操有一种偏爱，在为其翻案的过程中“矫枉过正”，说曹操不杀降，这是与史实不符的。

董卓手下将领李傕、郭汜入长安，欲联络刘表为外援，于是以刘表为镇南将军、荆州牧，封成武侯，假节。汉献帝都许昌，刘表虽然遣使纳贡，但仍与北方的袁绍相结。治中邓羲上表劝谏，刘表不听。东晋史学家习凿齿在《汉晋春秋》中记载：“袁答羲曰：‘内不失贡职，外不背盟主，此天下之大义也，治中独何怪乎？”毛泽东就此评论道：“虽绝绍附操，终亦为操所吞。”[2]言下之意，像刘表这样外宽内忌、好谋无决的人，无论怎样都摆脱不了覆亡的命运。

《三国志·刘表传》又载：“长沙太守张羡叛表。表围之，连年不下。羡病死，长沙复立其子怿。表遂攻并怿。南收零陵桂，北据汉中，地方数千里，带甲十余万。”毛泽东又批道：“做土皇帝，孟德不为。”[3]在毛泽东心目中，刘表与曹操相比，差不多一无是处。曹操胸怀大志，有吞吐宇宙、并吞八荒的气概，而刘表却满足于做土皇帝，残

1《毛泽东读文史古籍批语集》，中央文献出版社1993年版，第141页。

2《毛泽东读文史古籍批语集》，中央文献出版社1993年版，第141页。

3《毛泽东读文史古籍批语集》，中央文献出版社1993年版，第141页。

喘度日。1965年，叶剑英鉴于国际上的反华浪潮，创作七律《远望》以抒怀，中有“景升父子皆豚犬，旋转还凭革命功”两句。毛泽东对此很欣赏。诗中的“景升父子”便指刘表及其子刘琮。

十九　读三国要读裴松之注

裴松之（公元372—451年），字世期，河东闻喜（今山西闻喜县）人。其祖父裴昧已迁居江南，所以他并未在北方生活过。裴松之“博览坟籍，立身简素”，南朝刘宋初官中书侍郎，并奉命作《三国志》注。书成，裴松之于永嘉六年（公元429年）奏上。宋文帝欣赏之余，称之为“不朽”之作。

陈寿的《三国志》从问世起便被史家列为信史。在裴松之看来，《三国志》的优点在于“铨序可观，事多审正”，但缺点却在于过分简略，并时有脱漏。抱着对史实补阙、备异、惩妄与论辩的目的，裴松之广搜博采，大量引用历史资料以补《三国志》之不足，所引书目有《汉晋春秋》、《英雄记》、《典略》、《汉纪》、《战略》、《魏书》等共150余种，且其中百分之九十几的书后来亡佚，后人依赖裴注所引，尚可见其崖略。更为难得的是，裴注引书首尾完具，不加以剪裁割裂，尤便于后人参考。裴注篇幅大约相当于陈寿《三国志》的三倍，可见其用功之勤。

裴注虽有训诂、名物、制度方面的解释，但其重点在于补阙、备异、惩妄和论辩。在补阙方面，如孙权教吕蒙读书的故事出自《江表传》，诸葛亮娶丑妻的故事则源于《襄阳记》。这些生动的故事对于丰富三国人物形象有极大的作用。

在备异方面，裴松之将与陈寿《三国志》不同的许多记载列在本传之下，以备后人进一步考辨。如《三国志·诸葛亮传》说到诸葛亮家世时写道：“亮早孤，从父玄为袁术所署豫章太守，玄将亮及亮弟均之官。会汉朝更选朱皓代玄。玄素与荆州牧刘表有旧，往依之。”在此处，裴松之援引了《献帝春秋》中的另一种说法。依据这种说法，诸葛玄是刘表而非袁术署为豫章太守，且汉朝任命的豫章太守朱皓从扬州刺史刘繇处求兵击玄，玄退屯西城，皓入南昌。建安二年（公元197年）正月，西城民反，杀掉诸葛玄，并将首级送与刘繇。像这种将与本传不同的说法罗列出来以备异的，在裴注中所在多有，很能引起人们研究和思考的兴趣。

在惩妄方面，裴松之常以“臣松之按”或“臣松之以为”的表述方式，对本传或其他史书中的一些妄说加以批驳，力图澄清事实真相。如《蜀记》记载，刘备在许昌与曹操共猎时，关羽曾劝刘备趁众人散去之时杀掉曹操，但刘备不从，其理由是为国家惜人才。裴松之对刘备的说法大不以为然。在他看来，如果刘备真为国家惜人才，就不会在后来与董承合谋加害曹操。刘备当时不从，乃是因为“曹公腹心亲戚，实繁有徒，事不宿构，非造次所行；曹虽可杀，身必不免，故以计而止，何惜之有乎”！此种推论是很有说服力的。

在论辩方面，裴松之针对陈寿《三国志》有关人物和事件的评点，提出自己不同的看法。如陈寿在评价袁术为人时，仅有“奢淫放肆，荣不终己”一句。而裴松之则说：“袁术无毫芒之功、纤介之善，而猖狂于时，妄自尊立，固义夫之所扼腕，人鬼之所同疾。虽复恭俭节用，而犹必覆亡不暇，而评但云‘奢淫不终’，未足见其大恶。”像此类论辩，涉及如何全面地、准确地评价历史人物，有方法论上的意义。

毛泽东对裴松之注《三国志》的贡献有很中肯的评价，他说：“裴松之注《三国》，有极大的好处，有些近于李贤，而长篇大论，搜集大量历史资料，使读者感到爱看。‘青出于蓝而胜于蓝’，其此之谓欤？譬如积薪，后来居上。章太炎说，读三国要读裴松之注，英豪巨眼，不其然乎？”[1]毛泽东与章太炎的心是相通的，都可谓是英豪巨眼。当然，历史上对裴松之《三国志》注提出批评的也有不少，如刘知几说：裴注“喜聚异同，不加刊定，恣其击难，坐长烦芜”（《史通·补注》篇）；叶适也认为“注之所载，皆寿书之所弃余”（《文献通考·经籍考·三国志》）。但这些批评很不恰当，其眼界识力与章太炎、毛泽东相比无法以道里计。

1 《毛泽东读文史古籍批语集》，中央文献出版社1993年版，第129—130页。

第八章

毛泽东评点两晋、十六国

三国纷争变陈迹，一统江山归晋朝。公元265年，司马炎代魏称帝，并在王濬平吴后实现天下混一。他吸取曹魏宗室孤立致使社稷倾覆的教训，建政伊始便大启侯王，封宗室二十七人，期望以“盘石宗盟之助”，达于“深根不拔之固”。但人算不如天算，司马炎的本意是培植皇族在地方的势力，使之成为维护朝廷的中坚力量，防止宫廷政变重演，然而他的矫枉过正，非但没有达到“枝叶相扶，首尾为用”的效果，反而埋下了“八王之乱”的祸根。

晋武帝在位25年崩，晋惠帝司马衷继位。司马衷是典型的白痴，其皇帝生涯几乎与“八王之乱”相始终。从291年贾南风皇后联络楚王司马玮杀掉杨骏及其党羽，到306年东海王司马越毒死晋惠帝而改立晋怀帝，这16年间诸王的互相残杀备极楚毒，为祸甚烈，西晋的统治机能从此瘫痪。311年，匈奴人刘聪攻占洛阳，316年又拿下长安。晋怀帝司马炽及嗣君晋愍帝司马邺先后成为刘氏的俘虏。西晋经历短暂的51年而完结。317年，刘琨、温峤等拥立司马睿称帝，建都建业（今南京市），史称东晋。东晋虽传十一帝，历时103年，但朝野上下始终充满着政变、造反的阴谋气氛。以王敦、桓温、桓玄为代表的权臣动辄要挟朝廷、图谋不轨。幸有王导、谢安等人勉力维持，才使风雨飘摇的局面维系了百年之久。420年，刘裕代晋称帝，历史进入南北朝时期。

从西晋末年到东晋，北方相继建立成汉、前赵、后赵、前凉、前燕、前秦、后秦、后燕、西秦、后凉、北凉、南凉、西凉、夏等十六个国家。这十六国由匈奴、鲜卑、羯、氐、羌等五个少数民族所建立，史称“五胡乱华”。其间苻坚的前秦曾一度基本实现北方的统一。所以严格说来，十六国的历史，前期确为“五胡乱华”，但后期毋宁说是“五胡乱秦”。

两晋十六国是中国历史上的混乱时期之一。毛泽东对这段历史的了解，主要是通过阅读房玄龄的《晋书》、崔鸿的《十六国春秋》、司马光的《资治通鉴》、袁枢的《通鉴纪事本末》等而实现的。他所读《晋书》为乾隆十二年（公元1747年）武英殿本，其在书封里附记的批读情况为：“1975年8月，阅第50—56卷，再阅第34卷《羊祜传》、《杜预传》；九月再阅第79卷《谢安传》、《谢琰传》、《谢玄传》。”从对这段历史的评点来看，他关注的重点是“五胡乱华”和淝水之战等重大历史事件，以及这段历史中有代表性的政治、学术和文学人物，如谢安、桓温、苻坚、陆机、郭象、王羲之，等等。

一 石勒与张宾非君臣，是朋友

羯人石勒原系前赵刘渊的将领，后在长安建立政权，史称后赵。石勒字世龙，壮健有胆力，雄武好骑射，而且颇有远见，在征战过程中重视网罗汉族的知识分子，其中最有名者为张宾。张宾字孟孙，赵郡南和（今河北邢台）人。西晋永嘉年间（公元307—313年），天下大乱。石勒作为刘渊的辅汉将军，与诸将下山东。张宾对亲近者说："吾历观诸将多矣，无如此胡将军者，可与共成大事。"他于是提剑赴军门大呼请见，石勒开始并未怎么在意，但后来张宾数次献策并应验，石勒惊奇之下将他引为谋主。

张宾在石勒麾下掌事，"肃清百僚，屏绝私昵，以身帅物，入则尽规，出则归美"，石勒非常尊敬他。后赵建立后，石勒每上朝，必为之正容貌，简辞令，呼其为"右侯"，而不敢提张宾的名字。石勒常常感叹："吾每临大事，吾意未了，右侯已了。"张宾死后，石勒亲临痛哭，哀恸左右，赠张宾散骑常侍、右光禄大夫，仪同三司，谥号"景"。张宾将葬于正阳门，石勒望之流涕。石勒与张宾的这种情谊，对毛泽东触动很大。他在读《十六国春秋》时批道："非君臣，乃朋友。"[1]在他看来，石勒对张宾敬重有加，完全没有君主对臣下那种居

1《毛泽东读文史古籍批语集》，中央文献出版社1993年版，第339页。

高临下的姿态，而张宾对石勒亦是敬重而非畏惧，所以说他们是朋友关系方为恰当。

“石勒寇河朔”在十六国历史中是一个精彩绝伦的篇章。西晋愍帝建兴二年（公元314年）二月，石勒想袭击时任幽州都督的王浚，但犹豫再三不敢动手。张宾看出了他的心事，便说：“袭人者当出其不意，今将军经日而不行，难道是畏惧刘琨及鲜卑、乌桓为我们的后患吗？”石勒说：“是的，怎么办？”张宾为石勒鼓气：“彼三方智勇，没有比得上将军的。将军虽然远出，他们必不敢动。况且他们想不到将军果真会千里以取幽州。轻军往返，不出二十天，即使他们有异心，等到他们谋议出师，我们已回来了。再者，刘琨与王浚虽同为晋臣，实为仇敌。若修书于刘琨，送去人质请和，刘琨必为我方的谦卑而感到高兴，并期盼王浚早亡。如此，刘琨既不会救王浚，更不会袭击我后方。用兵贵神速，不要贻误时机啊。”

刘琨时为并州都督，而并州和幽州是当时西晋在北方仅存的两个军事重镇。张宾向石勒仔细分析了出师时各方会有的反应，特别指出刘琨与王浚为仇敌，建议石勒示弱于刘琨以进一步加深这种矛盾。石勒服膺于张宾的见解，依计而行。果不出张宾所料，当石勒派人奉笺于刘琨时，刘琨大喜过望，认为石勒此举是在走投无路之际，“求拔幽都以赎罪”。没有后顾之忧的石勒率军直奔幽州，以声言“上礼”为名骗开城门，活捉王浚并斩之，献捷于刘聪。刘聪以平幽州之功，封石勒大都督陕东诸军事、骠骑大将军等职。后来石勒又打败刘琨，征服段匹磾，完全占领了河朔地区。

石勒寇河朔之所以成功，其关键在于张宾的谋划。毛泽东在阅读《通鉴纪事本末》时，对相关记述作了许多圈点，并旁批一句：“分析方法是极重要的。”[1]毛泽东赞赏张宾的并非仅仅是其建议所产生的功效，更重要的是他的思维方法。此种重分析的思维方式又与毛泽东的主张极为吻合。早在1944年所写的《学习与时局》一文中，毛泽东就说过：“要去掉我们党内浓厚的盲目性，必须提倡思索，学会分析事物的方法，养成分析的习惯。”[2]

从中国古代战史来看，当一方面临两个或两个以上对手时，究竟先吃掉谁更可行，必须诉诸缜密的分析。此种分析方法的成功，前有曹操先打吕布后击袁绍、后有朱元璋先打陈友谅后斩张士诚等。在毛泽东的军事思想中，“打一个、夹一个”的方法同样占有重要的位置。此种思维方法的形成，与他吸取中国古代战史的经验教训，从中找出带规律的东西密切相关。

二　苻坚错在倾巢而出

氐人苻坚字永固，一字文玉，符洪之孙，符雄之子，博学多才艺，有经济大志，爱好结交英豪。其伯父苻健入关后拜他为龙骧将军。东晋穆帝司马聃升平元年（公元357年），苻坚弑苻健之子苻生而称大秦天王。

在王猛、吕婆楼、强汪、梁平老等王佐之才的辅助下，苻坚在登基后的二十余年间，不断向关东和西域用兵，逐渐平定了北方诸国，基本统一了北方，事业达于鼎盛。苻坚重视儒学，奖励农商，境内庠序林立，百姓殷实，遂有征伐东晋、统一天下之志。从382年起，苻坚屡次

1《毛泽东读文史古籍批语集》，中央文献出版社1993年版，第297页。

2《毛泽东选集》第四卷，人民出版社1991年版，第948—949页。

大会群臣，讨论伐晋之策，不料招来的是一片反对之声。其弟苻融，其子苻宏、苻诜，其好友道安等皆言东晋有谢安、桓冲等俊才，且君臣戮力，阻险长江，所以不便对东晋仓促用兵。明智之策，唯有“厉兵积粟，以待暴主，一举而灭之”。就连苻坚最倚重的王猛，在临终前也曾告诫苻坚“不以晋为图”。但此时的苻坚志得意满，顾盼自雄，对群臣的谏阻大不以为然，他说：“今天下垂平，惟东南未殄，朕忝荷大业，巨责攸归，岂敢优游卒岁，不建大同之业！”继而信心十足地宣称：“今有功卒百万，文武如林，鼓行而摧遗晋，若商风之陨秋箨。朝廷内外，皆言不可，吾实未解所由。”他甚至断言：“以吾之众旅，投鞭于江，足断其流。”

处于孤立中的苻坚百思不得其解，好不容易得到一位叫做慕容垂的将军的支持。慕容垂说：“陛下内断神谋足矣，不烦广询群臣以乱圣虑。”苻坚大喜道：“与吾共定天下者惟卿尔！”于是决意不疑，大举南伐。兵至今安徽寿春，东晋以数千人击之，大败而归，苻坚本人也中流矢受伤。北至洛阳，96万兵折损86万。苻坚从此之后兵威沮丧，不能复振，以至于乱亡。

淝水之战中东晋的胜利，带有一定的偶然性。当时晋师不得渡淝水，谢玄于是遣使对苻融说：“君悬军深入，置阵逼水，此持久之计，岂欲战者乎？若小退师，令将士周旋，仆与君缓辔而观之，不亦美乎！”苻融于是麾军稍退，想趁晋师渡河之机一举歼灭之。哪知这一退便不可收拾，大军以为前锋失利，纷纷败退，苻融制之不止。晋军乘胜追击，苻坚之师死者相枕，大败而归。苻坚惭愧地对夫人张氏说：“朕若用朝臣之言，岂见今日之事邪！当何面目复临天下乎？”

淝水之战中晋军获胜，创造了以少胜多的经典战例。毛泽东曾在《中国革命战争中的战略问题》、《论持久战》等多篇著作中以此为例，说明战争中将领主观指导的正确与否，常常决定着战争的胜败。如果主观指导正确，即便是被动和处于劣势，亦可转化为主动和优势。而如果主观指导失误，则即便是主动和处于优势，亦可转化为被动和劣势。后来毛泽东在进一步研究这个战役时，对苻坚在主观指导上的失误有了更深入的认识。他说：苻坚“错在倾巢而出。若一二十万人更番迭试，胜则进，败则止，未必不可为”[1]。淝水之战中，苻坚在军力上占有绝对优势。如果他的头脑冷静一点，完全可以用一二十万人更番迭试，保留强大的战略后备队，“胜则进，败则止”，避免重大的损失。毛泽东认为，苻坚在淝水之战中的失败并不是必然的。其失误在于倾巢而出，孤注一掷，以致在初战失利后导致连锁反应，没有转圜的余地和重新进攻的机会。所谓“未必不可为”，实有替苻坚惋惜的意味。

在十六国中，苻坚堪称一代雄主。他统一北方后有志伐东晋实现大同，从历史的大势看也无可厚非。在与群臣有关伐晋的争论中，苻坚虽然处于少数，但其理由也未必站不住脚。然而，历史常常是由胜利者书写的，苻坚伐晋失败，那些反对的声音便俨然成了真理。毛泽东没有被这种现象束缚头脑，其对苻坚失败的反思，发人深省，实际上是向后人昭示了历史的复杂性和多种可能性。

三　慕容超守大岘亦无用

东晋安帝司马德宗义熙五年（公元409年）二月，占据今山东及河南一带、定都广固（今山东益都西北）的南燕国主慕容超，大掠东晋在淮北的阳平、济阴等郡。为反击南燕的进攻，东晋派掌握朝政的中军将

1《毛泽东读文史古籍批语集》，中央文献出版社1993年版，第94页。

军、开府仪同三司的刘裕率军大举北伐。

晋军经下邳、琅琊一路北上，来势凶猛。慕容超大将公孙五楼建议他扼守险峻的大岘山（今山东沂水县北），坚壁清野，利用有利地形阻击晋军。但未被采纳。当时晋军在谋划此次战役时，也有人提出如果南燕扼守大岘，则晋军老师大山之中，军资无所继，恐怕顺利返回都很困难。刘裕经过分析，认为南燕绝不会坚守大岘山，其理由是“鲜卑性贪，略不及远，既幸其胜，且爱其谷，必将引我，且亦轻战。师一入岘，吾何患焉”。果然不出刘裕所料，慕容超舍大岘山而不守，转而在临朐设防，企图凭借骑兵优势，在开阔地带与晋师决战。刘裕翻过大岘山，以手举道：“吾事济矣。”众人问其故，刘裕说：“师既过险，士有必死之志，余粮栖亩，军无匮乏之忧，胜可必矣。”6月18日，刘裕率晋军主力赶到临朐，经过反复搏杀，打败了公孙五楼、贺赖卢、段晖等人统率的五万南燕大军，并围攻慕容超的老巢广固。慕容超突围时被捕，南燕被东晋所灭。

毛泽东在读《南史·刘裕传》时，对东晋与南燕之间的这场战争颇为关注，认为即便慕容超“守大岘亦无用”[1]。具体的理由他没有说，揣摩他的心思，估计理由不出以下几点。其一，南燕是一个小的割据政权，国力较对东晋来说比较薄弱，而且内部政局不稳，就在这次战役之前，慕容超好不容易才平息了慕容法、段宏等人发动的政变，致使内部元气大伤。统治基础脆弱的慕容超欲与东晋抗衡并取胜，其可能性是很小的。其二，熟悉中国战史并有丰富战争经验的毛泽东深知，一个政权或一支军队仅凭天险是无法长久维持的。且不说春秋战国时的军事家吴起早就提出过“在德不在险”的军事命题，单从实际的战争过程来说，刘邦取“关中四塞之国”，三国时曹魏大将钟会、邓艾征服“难于上青

1《毛泽东读文史古籍批语集》，中央文献出版社1993年版，第183页。

天”的蜀道而平蜀，以及王濬、韩擒虎、曹彬突破长江天险统一东南，都说明天险不足凭，人力可胜天。征战半生的毛泽东更是征服了无数的“雄关漫道”。历史和自身的经验都促使毛泽东认为，战争的胜负不取决于地貌之胜。从东晋与南燕之战的实际情况来看，即便是慕容超坚守大岘，刘裕亦可东出诸城或西出梁父而逼近南燕的腹心。守大岘可能苟延残喘于一时，但不会摆脱最终失败之命运。

四 桓温是个搞分裂的野心家

桓温（公元312—373年），字元子，东晋谯国龙亢（今安徽怀远西北）人。他出生士族，“豪爽有风概，资貌甚伟”，早年曾手刃父仇，声名远播。成年后娶晋明帝司马绍之女南康公主，拜驸马都尉，不久任琅琊太守、徐州刺史。东晋大将庾翼卒后，桓温都督荆、梁等四州诸军事，并任安西将军、荆州刺史等职，成为雄踞长江中游、手握重兵的权臣。

晋穆帝司马聃永和二年（公元346年），桓温西征消灭以李势为首的成汉政权，收复蜀地，进位征西大将军，开府，封临贺郡公。8年后即354年，桓温第一次北伐前秦，在今陕西蓝田击败前秦派来堵截的数万大军，并进军至长安东面的灞上。前秦主苻健以数千人退守长安。附近百姓纷纷持牛酒迎接桓温大军，其中有长者慨叹：“想不到今日又见到官军。”当时，桓温想以当地即将成熟的麦子为军资，但苻健抢先割麦清野。桓温遂以军粮不继为由，振师而还；356年，桓温第二次率军五万自江陵出发北伐。行经金城，他看到昔日任琅琊太守时所种柳树皆已十围，不禁喟然长叹：“木犹如此，人何以堪！”攀枝执条，泫然流涕。到达伊水时，桓温、桓冲兄弟奋击伊水对岸的姚襄军队，并收复洛阳，谒先帝诸陵并修缮之。但他很快还兵江陵，只留两千多人戍守。此后司、豫、青、兖等州复陷敌手。362年，桓温建议迁都洛阳，主张永嘉以来流播的北人全部迁回河南，但遭到士族的反对。365年，洛阳被前燕占领；海西公司马奕太和四年（公元369年），时任大司马并都督中外诸军事的桓温为树立更高的个人声望，率军第三次北伐前燕。他从姑熟（今安徽当涂）出发，经山东金乡直抵枋头（今河南汲县东北），距燕都邺（今河北临漳西南）仅200余里。此时桓温停止进攻，先派袁真伐谯梁，然后打开荥阳的西门（汴水入黄河之口）以通水道。但石门未打通，孤军深入的桓温又以军粮不继还师，一路凿井而饮，行七百余里，以致被前燕的追兵在襄邑打败，死者三万人。

桓温自负才力，久怀异志，其名言是："既不能流芳百世，不足复遗臭万载耶？"作为手握重兵、权势煊赫的将领，桓温善机谋，懂权术，深谙《韩非子》一书的"挟敌自重"的计策。他三次北伐，本都可以直捣龙庭，但却故意贻误军机，以退兵要挟朝廷。第三次北伐回来后，桓温听从参军郗超的建议，废海西公司马奕而立简文帝司马昱。咸安二年（公元372年），桓温以为行将病死的简文帝会禅位于己，或者获得如周公姬旦那样的摄政地位。但群臣却拥立孝武帝司马曜即位，桓温的地位仅相当于诸葛武侯。失望之余，桓温要求朝廷加九锡，以为篡位作准备。谢安、王坦之等反复拖延，而桓温也在此时病情转笃，以至九锡未加便已身亡，终年62岁。

熟读《晋书》之《桓温传》和《王猛传》的毛泽东，对桓温挟敌自重、久怀异志的权谋和野心十分反感。他说："桓温是个搞分裂的野心家，他想当皇帝。他带兵北伐，不过是作样子，搞资本，到了长安，不肯进去。苻秦的王猛很厉害，一眼就看透了他的意图。”[1]王猛是前秦最负盛名的谋士，当桓温入关时，王猛前往桓温大营扪虱而谈，旁若无人。桓温故作不解地问道：“吾奉天子之命，率锐师十万，仗义讨逆，为百姓除残贼，而三秦豪杰未有至者何也？”王猛答曰：“公不远数千里，深入寇境，长安咫尺而不渡灞水，百姓未见公心故也，所以不至。”桓温无言以对。

房玄龄主撰的《晋书》将桓温及其偶像王敦等人列入“叛逆”传，彰显了中国传统史学泾渭分明的褒贬风格。桓温不仅未能流芳百世，反而像他自己所说的那样“遗臭万载”。毛泽东对闹独立、搞分裂的人一向是憎恶的，所以他对桓温的评价基本上是负面的，认为他属于“搞分裂的野心家”。

五 桓振毒尽方止

桓振（？—405年），谯国龙亢（今安徽怀远）人。祖父桓豁系东晋权臣桓温之弟，父亲桓石虔与桓温少子桓玄为堂兄弟。作为桓氏家族的一员，桓振受桓温、桓玄父子之影响，对晋室心怀异志，即便桓玄的“桓楚政权”覆灭后，仍负隅顽抗，险些将晋安帝司马德宗杀害。

桓温依仗攻灭成汉，又三次北伐的功劳和威望，企图取晋室而代之。371年他废掉海西公司马奕，而立简文帝司马昱。两年后司马昱驾崩，太子司马曜继位，是为东晋孝武帝。从371年到373年，桓温威势显赫，甚至要求朝廷加其“九锡”。幸赖谢安、王坦之等大臣勉力维持，

1 芦荻：《毛泽东谈二十四史》，载《光明日报》，1993年12月20日。

加之桓温病魔缠身，政变才未能发生。

桓温373年病死时，其少子桓玄年方五岁。但桓玄长大后，其野心比乃父有过之而无不及。397年晋安帝司马德宗即位，把持朝政的孝武帝之弟司马道子见桓玄负其才能，以豪杰自处，疑而不用，将其外放为义兴太守。桓玄郁郁不得志，自叹曰："父为九州牧，儿为五湖长。"遂弃官家居江陵，等待时机。时荆州刺史殷仲堪对桓玄礼遇有加，桓玄遂以"清君侧"为名约殷仲堪等人造反。经过一番混战后，桓玄过河拆桥，杀掉殷仲堪、杨佺期等盟友，据有荆、雍、江三州。之后入建康，自为太尉，总理百政。继而篡皇帝位，国号"楚"，将安帝废为平固王，迁居浔阳。

但桓玄的皇位尚未坐稳，便招致刘裕、刘毅、何无忌、刘穆之等末世豪强的合力围剿。峥嵘洲一战，桓玄大败，于是挟安帝至江陵。404年，益州督护冯迁攻破江陵，斩桓玄及其家室于帝前。

当桓玄篡位时，桓振作为其从子被授扬武将军、江夏相。桓玄死，桓振聚党徒二百人复陷江陵，目对安帝司马德宗说："臣门户何负国家，而屠灭若是！"并拔剑欲杀安帝。安帝之弟、琅琊王司马德文等人苦苦求情，桓振才放过安帝一马。本来，晋室被桓温、桓玄父子威逼凌轹，受尽其害，而桓振却恬不知耻地说"臣门户何负国家"！毛泽东在《通鉴纪事本末》中读到桓振的这番话时，震惊之余批道："有毒必发，毒尽方止。桓振之类是也。"[1]换言之，桓振代表了一种人格类型，身上带有不可遏制的怨毒，不将这些怨毒发泄出来，他们是不会罢休的。

桓振确系东晋王朝的死敌。当他攻入江陵、见到从叔桓玄的尸体时，不禁叹道："惜公早不用我，遂致此败。若使公在，我为前锋，天下不足定。今独作此，安归乎？"但即便在明知一死的情况下，桓振仍自封镇西将军，负隅顽抗到底。他凭借匹夫之勇在江陵杀进杀出，最后

1《毛泽东读文史古籍批语集》，中央文献出版社1993年版，第298页。

在405年被刘毅手下将领唐兴斩于沙桥，结束了他“有毒必发，毒尽方止”的一生。

毛泽东晚年特别关注东晋人物，1975年仍多次阅读《晋书》中的人物传，其中既有谢安、王导等忠直之臣，也有桓温、桓玄、桓振等野心家、阴谋家。桓氏家族的反叛之举与谢安等人的公忠体国，在其心中激起千层波澜。他对东晋王朝两派人物的关注和研究，与“林彪事件”及其以后复杂的现实政治斗争有密切的关系，实际上是借历史来观照现实，反映了他对未来政治走向的忧虑和关切。

六　谢安立了两次大功

谢安（公元320—385年），字安石，出身流寓江南的世家大族，早年便风神透彻、神识沉敏，深为桓彝、王导等所器重。40岁以前的谢安屡次拒绝征辟，放情丘壑，渔弋山水，常在会稽东山等地与王羲之、许询、支道林等名士歌咏属文，无用世意。其弟谢万被废后，谢安出山，历任征西大将军桓温幕府司马、吴兴太守、吏部尚书、中护军等职。

在东晋众多的文武将领中，就对东晋的影响而言，没有一个人超过谢安的。他一生干了两件大事，一是成功地阻止桓温的篡晋图谋，二是在淝水之战中击败气势汹汹的前秦主苻坚。

谢安初为桓温帐下司马，其气度、文才就为桓温所见重。桓温有野心，久怀异志，谢安与之巧妙周旋。371年，桓温废海西公司马奕而立简文帝司马昱。当时桓温掌生杀予夺之权，诛杀庾倩、殷涓、曹秀等许多朝臣，威势显赫。时任侍中的谢安见之则遥拜。桓温惊曰：“安石，你为何如此？”谢安说：“未有君拜于前，臣揖于后。”其韬光养晦大多类此。372年，司马昱病逝，谢安、王坦之等趁桓温尚在外地而立孝武帝司马曜。桓温本以为简文帝临终会禅位于己，或授予自己摄政地位。眼看希望落空，桓温从姑孰赶赴都城，在一个叫新亭的地方大陈兵卫，篡位之心昭然若揭。他命令谢安、王坦之前往相见，实则想加害他们。王坦之非常害怕，问计于谢安。谢安神色不变，说“晋祚存亡，在此一行”。及与桓温见面，王坦之“流汗沾衣，倒执手版”。谢安却从容自若，坐定后缓缓地说：“我听说诸侯有道，守在四邻，明公何须壁后置人邪？”桓温讪笑着说：“正自不能不尔耳。”在这出东晋版的“鸿门宴”中，谢安以其气度和胆识征服了桓温。桓温不但未加害于他，反而与之“笑语移日”。

桓温退兵至姑孰后继续遥控朝政。不久，桓温病重，多次派人催促朝廷赐其九锡（古代帝王赐给有权势大臣的九种象征特殊礼遇的物品。历代受此者多为新王朝的开创人）。执政的谢安采取拖延办法，使其要求“历旬不就”。等到桓温死去，加九锡的事情也随之流产。

另一件让谢安名垂青史的事件便是淝水之战。当时苻坚强盛，东晋疆场多虞，诸将败退相继。身处存亡绝续之秋，身为征讨大都督的谢安派遣弟弟谢石及侄子谢玄等应机征讨。谢安运筹帷幄，成竹在胸。当战争激烈展开之际，谢安与客人下围棋消磨时光。前方传来捷报，谢安了无喜色，弈棋如故。客人问之，谢安轻描淡写式地说：“小儿辈遂已破贼。”谢安以总统此役之功，进位太保。

对谢安这位对稳定东晋政局起过决定性作用的杰出人物，毛泽东给予了很高的评价，他说过：“谢安文韬武略，又机智又沉着，淝水之战立了大功，拖住桓温也立了大功，两次大功是对维护统一的贡献。”[1]

---

1 芦荻：《毛泽东谈二十四史》，载《光明日报》，1993年12月20日。

诚如毛泽东所言，谢安无论处理政治斗争还是指挥军事斗争都堪称高手，尤其是他面见桓温时的那种机智与沉着，让鸿门宴上的刘邦相形见绌。刘邦是“三十六计，走为上计”，而谢安却不慌不忙，完全靠自己的气度和机智征服了桓温。常言道，国难思良将，家贫思贤妻。在毛泽东心目中，谢安便是在时局阽危之际文能定国、武能安邦的杰出人物，难怪他情不自禁地在读过的《谢安传》上写下“谢安好”、“有办法”等字样。

七　迁亦乱，不迁亦乱

西晋初年，随着天下的初步安定，出现了匈奴、羯、氐、羌等所谓“五胡”内迁的浪潮。到晋惠帝时，有些内迁的少数民族因不满民族压迫和阶级压迫而起事造反，其中关中地区的氐人齐万年甚至被拥立为帝。元康九年（公元299年），西晋积弩将军孟观率军征讨，俘虏齐万年。

时任山阳（今浙江绍兴）县令的江统是陈留圉（今河南杞县）人。身为北方人的他对当时少数民族闹事忧心忡忡，认为要停止氐、羌等族的侵扰，光靠军事镇压不行，必须在征讨之余推行万全之策。于是他作《徙戎论》，建议宜趁朝廷兵威方盛之际，依照从哪里来到哪里去的原则，让内迁的“五胡”还诸旧土，并供给其返乡的道粮，以实现“戎晋不杂，并得其所”。江统还说：“夫为邦者，患不在贫，而在不均，忧不在寡，而在不安。以四海之广，士庶之富，岂须夷虏在内，然后取足哉！此等皆可申谕发遣，还其本域，慰彼羁旅怀土之思，释我华夏纤介之忧。惠此中国，以绥四方。德施永世，于计为长。”晋惠帝没有采纳他的建议，结果不到十年，氐人李雄在成都称帝，建立成汉政权；匈奴人刘渊在左国城（今山西离石北）称帝，建立前赵政权，十六国春秋由此拉开序幕。当时人佩服江统有远见，为其建议未被朝廷采纳而惋惜。

但毛泽东并不认为江统的建议是万全之策。他在读《晋书·江统传》时批道："迁亦乱，不迁亦乱。在封建时代非乱不可。千数百年后，得化为不乱始辑耳。"[1]毛泽东的这番见解，是基于中国封建时代的文化讲究"夷夏之辨"、长期"内诸夏而外夷狄"。在他看来，这种汉族中心主义的民族观念以及对少数民族的歧视，才是导致民族矛盾在封建时代频发的根本原因。不改变这种根深蒂固的夷夏观，迁也好，不迁也好，都必然带来乱局。拿江统的建言来说，如果强行将内迁的"五胡"迁走，同样会激起他们的反抗。再者，民族融合是长期的过程，经济生活水平的差异、文化和宗教等心理的隔阂，都有待通过千百年的通婚和经济文化交流才能逐渐消除。

八　郭象无行

郭象（公元252—312年），字子玄，少有才理，喜好《老子》和《庄子》，长于清言，是西晋有名的哲学家。太尉王衍曾说："听象语，如悬河泻水，注而不竭。"郭象喜爱闲居，以文论自娱，多次拒绝州郡的征辟，后来才做了东海王司马越的太傅主簿，甚见倚重，于是"任职当权，熏灼内外"。

毛泽东在读《晋书·郭象传》时，曾在书中写下"郭象无行"[2]四

1《毛泽东读文史古籍批语集》，中央文献出版社1993年版，第170页。

2《毛泽东读文史古籍批语集》，中央文献出版社1993年版，第167页。

字，原因是郭象做了一件很不光彩的事情，即将向秀的《庄子注》一书据为己有。事情的原委是，向秀之前，注《庄子》的有数十家，但都不能究其旨统。有鉴于此，向秀“于旧注外而为解义，妙演奇致，大畅玄风，惟《秋水》、《至乐》二篇未竟而秀卒”。向秀的儿子当时年幼无知，遂使父亲的作品落入郭象手中。郭象以为向秀作品不传于世，于是将其据为己有，除对《马蹄》一篇有所改易之外，其余各篇仅作些点定文句的工作。在此基础上，郭象自注《秋水》、《至乐》二篇，拼凑成一本完整的《庄子注》。但令郭象没有想到的是，他得到的并非孤本，而是“颇有别本迁流”。其后向秀别本出，郭秀剽窃的劣迹暴露于世。

追溯中国的学术史，晋代以前，中国人著书喜欢托名古人，而晋代以后则逐渐兴起将他人作品据为己有的恶劣风气，并在明朝达到高潮。郭象抄袭向秀乃其中的典型案例，其他著名者还有晋代何法盛将郗绍的《晋中兴纪》据为己有，唐代诗人宋之问将外甥刘希夷“年年岁岁花相似，岁岁年年人不同”的佳句收入囊中，等等。但中国历史上有良知的学者如刘勰、韩愈、顾炎武、梁启超等都对“文抄公”进行了猛烈的抨击，认为“剿说”、“剽窃”是一种极不道德的行为。毛泽东无疑也是鄙视这种行为的，所以他将郭象视为那种做事没有操守的文人。郭象作为学问家，并非没有自己的创见和作品，但一失足成千古恨，后世人们只记得他是个“文抄公”，至于他写的碑论十二篇等作品，则少有人问津了。

九 陆机的《文赋》是很有名的

陆机（公元261—303年），西晋著名文学家，字士衡。他出身名门，祖父陆逊、父亲陆抗皆为三国时吴国名将。西晋太康末年，陆机与弟陆云同至洛阳，名动一时，时人称为“二陆”。宋代大诗人苏轼曾在《沁园春》一诗中援引二陆事迹以抒怀，其中有云：“当时共客长安，似二陆初来俱少年。有笔头千字，胸中万卷。至君尧舜，此事何难？”

《文赋》是陆机作品中最负盛名、对后世影响最深远的一篇文章。作为中国文学发展史上首篇完整而系统的创作论，它对《文心雕龙》的成书有直接的影响。清代学者章学诚在《文史通义》中说：“刘勰氏出，本陆机氏说而昌论文心。”《文赋》最突出的贡献在于第一次把文学创作的动因归结为物色的变化引起感情的变化，即“遵四时以叹逝，瞻万物而思纷；悲落叶于劲秋，喜柔条于芳春”。立足于物感说，陆机对文学创作的动机、过程、方法、形式和技巧等重要问题都进行了探讨，力图解决“意不称物，文不逮意”的矛盾，总结文学创作中处理物、意、文三者关系的经验。

陆机在文中绘声绘色地道出了文人构思和谋局布篇的艰难和痛苦，以及豁然开朗之后下笔流离所带来的快感，并由此感叹文章之学的伟大。世界万物千姿百态，人的心灵世界也丰富多变，陆机受此启发，认为文章的体式、风格和作用也是多样化的，如“诗缘情而绮靡，赋体物而浏亮，碑披文以相质，诔缠绵而凄怆”等。他重视文章的点睛之笔，提出“立片言而居要，乃一篇之警策。虽众辞之有条，必待兹而效绩”。除此之外，他还极力主张创新，推崇超迈陈迹，自铸伟词，“虽杼轴于予怀，怵他人之我先。苟伤廉而愆义，亦虽爱而必捐”。至于文章的形式美，陆机则追求“文徽徽以溢目，音泠泠而盈耳”的境界。

对于陆机的《文赋》，毛泽东在反复诵读之后有过充分的肯定。1958年9月，毛泽东在安徽考察时对张治中等人说：“三国时，陆逊是东吴大将。孙子陆机、陆云，都是晋代文学家。陆机的《文赋》是很有名的，具有朴素的唯物观点，可惜太冗长了些。”[1]所谓“具有朴素的唯物观点”，便指陆机在文中所提出的物感说。为抒发自己的文学见解，陆机对某些观点反复铺陈，无有节制，这在毛泽东看来，还是违背了他自己提出的“要辞达而理举，故无取乎冗长”的原则。《文赋》有三千多字，有一定精简的余地。

作为继曹丕《典论·论文》之后的又一个有关文学创作的新的里程碑，《文赋》在文学理论的发展中实现了质的飞跃。毛泽东曾经对北京大学中文系讲师芦荻说过：《文赋》的“诗缘情而绮靡”的观点，揭示了诗歌创作的根本问题，大大发展了“诗言志”的简单口号。他认为，陆机能如此理解诗体，能提出“缘情”的命题和辞采华美的要求，这正是由魏晋以来文人诗歌创作的丰富实践所提供的时代认识，也是陆机个人辛勤创作的实践之心得与体会之结晶。因此，他不同意杜甫的“陆机二十为《文赋》”的断语，认为二十来岁的小青年，实践没那么丰富，是提不出如此成熟的诗论的。

毛泽东对学术界有关《文赋》产生的争论颇为留意。1959年12月27日，晏震亚在《光明日报》“文学遗产”专栏第293期发表《如何评价〈文赋〉》一文，对其在文学批评史和创作史上的价值和进步意义有较多的肯定。在此之前，有人在《光明日报》上发文，认为《文赋》主要讲的是结构、修辞等作文方法，甚至是汉赋的铺张方法，因此陆机实为“六朝形式主义文学的开先人”。晏震亚的文章不同意此种观点，说“这个结论仍然站不住脚”。毛泽东读了晏震亚的文章后，认为是“一篇好文章”，并批示给一些同志阅读。

1 佘湛邦：《鲜花一束》，见《缅怀毛泽东》（下），中央文献出版社1993年版，第473页。

十 张华的《励志诗》包含地圆的思想

张华（公元232—300年），字茂先，范阳云城（今河北霸县）人，西晋初年与羊祜齐名，同为伐东吴的功臣。晋惠帝时曾任右光禄大夫、开府仪同三司、侍中、中书监等职。后被赵王司马伦、孙秀等所害，享年69岁。张华高才博学，朗赡多通，从先秦诸子到图纬方伎之书，莫不详览，著有《博物志》十篇。当年陆机、陆云兄弟入洛，恃才傲物，唯独推崇张华的博学和德范，对之恭执弟子礼。

张华辞藻温丽，诗风华美，《励志诗》为其诗歌创作的代表作，体裁为四言古韵，共七十二句。诗的主旨为“励志”，即勉励世人要积善成德，修身进业，并从细微小事做起，其中写道：“山不让尘，川不辞盈。勉尔含弘，以隆德声。高以下基，洪由纤起，川广自源，成人在始。累微以著，乃物之理。”但诗的开头则讲到大自然的变化和时光在寒暑转换中的飞速流逝，以唤起人们立志奋斗的紧迫感，比兴之意甚浓：“太仪斡运，天回地游。四气鳞次，寒暑环周。星火既夕，忽焉素秋。凉风振落，熠燿宵流。吉士思秋，实感物化。日与月与，荏苒代谢。逝者如斯，曾无日夜。嗟尔庶士，胡宁自舍？”

毛泽东早年便读过张华的《励志诗》，并在文章中引用过其中的名句。1917年夏，他在为同学萧子升自订的读书札记《一切入一》作序时写道：“今夫百丈之台，其始则一石耳，由是而二石焉，由是而三石四石，以至于万石焉。学问亦然。今日记一事，明日悟一理，积久而成学。高以下基，洪由纤起，在乎人之求之而已。”[1]这篇序言的立意与张华《励志诗》的主旨也是相通的。

晚年毛泽东翻阅《古诗源》，再读张华的《励志诗》时，除对“高

1《毛泽东早期文稿》，湖南出版社1990年版，第82页。

以下基，洪由纤起”等许多精彩诗句密作圈画之外，还别具慧眼，从哲学的高度琢磨这首诗所蕴涵的科学道理，认为这首诗和辛弃疾写的《木兰花慢·可怜今夕月》一样，包含着地圆的意思。1964年8月24日，他在与周培源、于光远讨论哲学问题，讲到地动说时说：“宋朝辛弃疾写的一首词里说，当月亮从我们这里下去的时候，它照亮着别的地方。晋朝的张华在他的一首诗里写道：‘太极翰运，天回地旋。’”[1]辛弃疾的词仿屈原的天问之形式而问月，起首写道：“可怜今夕月，向何处，去悠悠。是别有人间，那边才见，光影东头。”诗人发挥天才般的想象，由月亮东升西下猜测地球是圆的以及月亮绕地球旋转，这在文学史上无疑是个佳话。毛泽东将张华的诗与辛弃疾的词联系起来，认为中国古代也不乏地圆说，显示了他思维的活跃和欣赏文学作品时的多重视角。从早年到晚年，毛泽东对许多文学作品反复阅读，力求穷其意蕴，不时体验到心得迭出、滋味转长的快乐。

十一　王羲之的书法看了使人舒服

王羲之（公元303—361年），字逸少，东晋会稽（今浙江绍兴）人，出身世家大族，其父王旷曾任淮南太守，曾首倡元帝司马睿过江称帝。王羲之成年后长于口辩，尤善书法，深受其伯父王敦、王导的器重。起家秘书郎，继而被征西将军庾亮请为参军，累迁长史。经庾亮临终时推荐，迁宁远将军、江州刺史。扬州刺史殷浩亦雅爱其才，拜其为右军将军、会稽内史，故史上又称王羲之为“王右军”。后因与骠骑将

1 龚育之等：《毛泽东的读书生活》，三联书店1986年版，第8页。

军、扬州刺史王述不和，愤而辞官，定居山阴会稽，纵情山水，弋钓为娱，享年59岁。

在中国历史上，王羲之为一代书法重镇。他兼采东汉张芝的草书、曹魏时钟繇的正书等各家之长，取精用宏，卓然成家，举凡隶、草、正、行各体，皆超迈前人而享誉当世。时人和后人对王羲之的书法多有褒赞之辞，称其书法“飘若浮云，矫若惊龙”，“字势雄强，如龙跃天门，虎卧凤阁”。唐太宗李世民最为推重王羲之的书法，他说：“详察古今，研精篆素，尽善尽美者，惟王逸少乎！观其点曳之工、裁成之妙，烟霏露结，状若断而还连，凤翥龙蟠，势如斜而反直，玩之不觉为倦，览之莫识其端，心摹手追而已。其余区区之类，何足论哉！”在唐太宗看来，王羲之高居书圣地位，其他书家皆不能望其项背。王羲之虽然创作甚多，但手书真迹均已散佚，今所流传者皆系摹本或拓本，其行书以《兰亭序》、《姨母》等为代表，草书则有《十七帖》，正书则以《乐毅论》、《黄庭经》等最为著名。相传手书《兰亭序》被宝爱其作品的唐太宗指定为随葬品而下葬昭陵了。

毛泽东在青少年时代便观摩学习过王羲之的书法，到中年、老年更是对之称颂不已。他曾经对保健医生徐涛说过：“王羲之的书法，我就喜欢他的行笔流畅，看了使人舒服。我对草书开始感兴趣就是看了此人的帖产生的。他的草书有‘十七帖’。记住了王羲之的行笔，你再看郑板桥的帖，就又感到苍劲有力。”[1]所谓“十七帖”，是王羲之所书的多封信札，包括被乾隆皇帝称为“三希堂”之一的《快雪时晴帖》。因为信札开头有“十七日”字样，故名。据唐代张彦远《法书要录》，“《十七帖》，长一丈二尺，即贞观中内本也。一百七行，九百四十二

1 徐涛：《毛泽东的保健养生之道》，见《缅怀毛泽东》（下），中央文献出版社1993年版，第620页。

字，是烜赫著名帖也”。毛泽东曾向黄炎培借过一本王羲之的书法作品集，说好一个月归还。但也许是作品珍贵，期限未到，黄炎培便几次托人讨还。毛泽东正琢磨学习得入神，见主人多次询问并讨要，便有些生气地说：“到一个月不还，我失信；不到一个月就催讨，他失信。谁失信都不好。”又说：黄炎培“不够朋友够英雄”。[1]

1965年，中国学术界曾有过一次著名的“兰亭论辩”。起因是郭沫若在《文物》杂志上发表《由王谢墓志的出土论到兰亭序的真伪》。郭沫若的观点是：“在南朝的晋宋时代，无论在中央或极僻远的地方，文字结构和北朝的碑刻完全是一个体段，对于两汉的隶书都是一脉相承的。”因此，尚处于“隶书时代”的王羲之，不可能写出那么柔美的行书，《兰亭序》是伪托之作。这篇文章引起了广泛的反响，赞成者有之，反对者亦不少。反对者中以南京市文史研究馆馆员高二适为代表。高先生发表在《光明日报》上的《〈兰亭序〉真伪驳论》，与郭沫若的观点针锋相对。毛泽东介入了这场笔墨官司。该年7月18日，他在写给章士钊的信中说：“又高先生评郭文已读过，他的论点是地下不可能发掘出真、行、草墓石。草书不会书碑，可以断言。至于真、行是否曾经书碑，尚待地下发掘证实。但争论是应该有的，我当劝说郭老、康生、伯达诸同志赞成高二适一文公诸（之）于世。”[2]同日，毛泽东又致信郭沫若，称“笔墨官司，有比无好”[3]。高二适的文章发表后，郭沫若写了《〈驳论〉的商讨》、《〈兰亭序〉并非铁案》等文章重申自己的观点。8月17日，毛泽东在人民大会堂接见某会议代表时，特意向康生问起兰亭“官司”，并问郭沫若能否打赢这场官司。由此看来，当时毛

1 刘汉民编著：《毛泽东谈文说艺实录》，长江文艺出版社1992年版，第235页。

2《毛泽东书信选集》，人民出版社1983年版，第602页。

3《毛泽东书信选集》，人民出版社1983年版，604页。

泽东对《兰亭序》的真伪问题是很有兴趣的。熟读《晋书·王羲之传》的毛泽东非常清楚，该传只说到王羲之擅长真草和隶书，而没有一处提及王羲之擅长行书，这或许是他希望学术界进行讨论以弄清事实真相的一个重要原因。

王羲之为人“清贵有鉴裁”，一生雅爱山水，吐属风流。他与谢安、孙绰、李充、许询以及支道林等人曾筑室东土，诗酒唱和，为后世留下了“流觞曲水”等文苑美谈。但一旦出仕，王羲之又勤于政事，体恤民情国力，并时常就为官之道和内政外交坦陈己见。毛泽东在湖南一师读书期间，便在《讲堂录》中记下了他对谢安说过的一段话：“夏禹勤王，手足胼胝；文王旰食，日不暇给。今四郊多垒，宜思自效，而虚谈废务，浮文妨要，恐非当今所宜。”[1]王羲之出仕期间，多次上书殷浩阻止其北伐，但殷浩不听其劝告，在永和九年（公元353年）率众七万，自安徽寿春出发北伐，结果中途被羌族首领姚襄所败，损失万余人。此次失败后，殷浩仍不死心，希望重整旗鼓，再次用兵。王羲之再次上书，其中写道：“传云：‘自非圣人，外宁必有内忧。’今外不宁，内忧以深。古之弘大业者，或不谋于众，倾国以济一时功者，亦往往而有之。诚独运之明，足以迈众；暂劳之弊，终获永逸者可也。求之于今，可得拟议乎？”毛泽东在读《晋书·王羲之传》时批道：“虽圣人如此，况无圣人耶！”[2]言下之意，即便是圣人统治，国家也不可能做到太平无事。为政者的决策和行事需要立足于现实的矛盾和冲突，不可草率从事。王羲之出仕讲求实际，致仕则托意玄远，良好的政声和卓越的文名集于一身，毛泽东对他的推崇自然也是多方面的。但因为王羲之的主要成就在书法，所以毛泽东对王羲之的关注和评点，也主要围绕

1《毛泽东早期文稿》，湖南出版社1990年版，第609页。

2《毛泽东读文史古籍批语集》，中央文献出版社1993年版，第170页。

其书法作品而展开。

历史上有关王羲之的传说和故事很多，真真假假，需要小心求证。明代学者冯梦龙在《智囊》一书中曾道及王羲之小时候的一段故事，说是东晋初年，年幼的王羲之颇受其叔父、大将军王敦的喜爱，王敦经常带他在一张床上睡觉。有一天，先起床的王敦与亲信钱凤在睡房中商议起兵谋反之事，竟然忘记了还有个小孩在床上睡觉。此时，早已睡醒的王羲之听了他们的密谋很是震惊，但又意识到若被他们发现秘密已泄，自己会性命难保。于是他急中生智，赶紧吐出一大滩唾沫，抹在脸上和被褥上，又假装熟睡。过了一会儿，王敦和钱凤才意识到隔帐有耳，心想机密已泄，便想除掉王羲之。二人撩开床帐，只见王羲之吐唾纵横，以为他一直在熟睡，才放过了他。毛泽东在《智囊》中读到这则故事时批了几个字："此事似误，待查。"[1]毛泽东有此疑问，说明他以前看过对此表示质疑的相关史书，只是一时记不准确而已。

冯梦龙编《智囊》时收入这个故事，依据是刘义庆的《世说新语·假谲》。而刘孝标在注《世说新语》时指出："按诸书皆云王允之事，而此言羲之，疑谬。"查《晋书·王允之传》，也确如刘孝标所言，佯装熟睡而保住小命的是王允之而非王羲之。由此也可知毛泽东过眼的古籍无数，读书常能举一反三，由此及彼，通过联想和比证弄清事物的真相。

十二　荀灌娘人小本领大

荀灌娘生于晋惠帝元康元年（公元291年），从小不喜欢读书写

1《毛泽东读文史古籍批语集》，中央文献出版社1993年版，61页。

字，更与针织女红无缘。她偏爱舞枪弄剑，打拳踢腿，小小的女孩儿家，比男孩子还要骠顽狂野。身为武将的父亲荀崧无可奈何，索性顺其天性发展，并聘请名师教授武艺。荀灌娘十岁出头已能张弓搭箭，骑马飞奔，一根小银枪更是挥舞得出神入化，俨然就是一个小女侠的形象。

西晋愍帝建兴元年（公元313年），由襄阳太守升任平南将军的荀崧驻节宛城。春耕刚过，匪首杜曾带几万贼兵流窜到宛城。当时宛城守军仅有千人，又在青黄不接之时，粮草有限，势难长期固守，形势非常危急。在此情况下，唯一可行的办法就是派一个智勇双全的人突围出城，到附近的襄阳求救。但荀崧手下将领无人敢于受命前往。正在一筹莫展之际，女儿荀灌娘从屏风后转出，朗声说道："女儿愿往襄阳投书请援！"荀崧及其手下大惊，加以拒绝，认为如此事关重大的事，怎能托付给一位尚未及笄的女孩。不料荀灌娘坚持前往，称无人前去，则城破必死；冒死请援，或可以死里逃生。荀崧被说服后，简派壮士十余人，护送荀灌娘借夜色掩护突围出城，向襄阳飞奔而去。襄阳太守石览本是荀崧旧部，一看到小小的荀灌娘送来求援信，大为感动，不仅当即发兵，还邀约荆州太守周仿协同出兵以解宛城之围。

荀灌娘的英雄壮举感染了后来无数的中国人，其事迹被编成京剧《奇女福》。毛泽东非常佩服这位奇女子，1958年5月，他在中共八大二次会议讲到破除迷信时说："晋朝有个荀灌娘，河南临颍县人，是个十三岁的女孩子，顶多只是初中一年级学生。她和父亲被困的时候，敢带几十个人杀出重围到襄阳去搬兵。你看她有多大本事。"[1]被荀灌娘等历史上的巾帼英雄所感动，毛泽东时常勉励李讷、邵华等要有一点"男子气"，不为生活中的困难所吓倒。

1 李锐：《大跃进亲历记》（上），南方出版社1999年版，第326页。

第九章

毛泽东评点南北朝

南北朝时期（公元420—581年）是继两晋、十六国之后的又一个以分裂、动荡、混乱为基本特征的乱世，前后长达160多年。直到隋文帝杨坚称帝后派遣大将韩擒虎等平定南方的陈朝，天下才尘埃落定，重归一统。

420年，原东晋权臣刘裕建立刘宋政权，开创南朝历史之先河。刘裕的儿子、宋文帝刘义隆当政的30余年，曾多次大规模地向北魏政权用兵，但大多遭受重创，正所谓“元嘉草草，封狼居胥，赢得仓皇北顾”。刘义隆之后的多位皇帝如宋孝武帝刘骏、前废帝刘子业、宋明帝刘彧以及后废帝刘昱皆是荒淫残暴之徒，宫廷内外充满血腥的杀伐之气和无耻的淫乐之风。479年，掌握刘宋政权禁卫军大权的萧道成拥兵自立，建立南齐政权。南齐（公元479—502年）延续23年，历七个皇帝。其中第六个皇帝萧宝卷（东昏侯）既嬉游无度，又残忍嗜杀，朝政更是一派狼藉，以致台阁的重要文书被宦官用来包裹鱼肉还家。在其治下，“百姓困尽，号泣道路”。502年，原南齐雍州刺史萧衍带兵攻入建康，在沈约等人的拥戴下称帝，建立梁朝，是为梁武帝。武帝当政48年之久，前期英姿勃发，有志一统天下，后期则溺于释教，忘情干戚，以致在侯景之乱中饿死台城。继梁武而起的简文帝萧纲、元帝萧绎皆无作为。萧绎穷途末路时，焚烧图书十四万卷，并浩叹道：“读书万卷，犹有今日。”557年，在平定侯景之乱中立下大功的梁将陈霸先建立陈朝。陈朝在南朝四个政权中疆域最小，北方仅以长江为界。陈朝历五帝，后主陈叔宝跌宕文史，宛转风流，但在政治上却昏庸无能，最后家国破灭，生俘被囚。

在北方，当南方的刘宋政权初建时，尚有西凉、北凉、北燕、西秦和夏等几个割据政权。386年，鲜卑族的拓跋珪建立北魏王朝，不久定都平城（今山西大同）。到439年，北魏统一北方，与南方的刘宋政权形成对峙。450年左右，南北方的战争达到高潮。493年，北魏孝文帝拓跋宏（后改汉名叫元宏）迁都洛阳，势力达到鼎盛。534年后，北魏分裂为东魏和西魏，与南方的梁朝形成三足鼎立。550年和557年，东魏和西魏又分别被北齐、北周所取代。北齐、北周与南方的陈朝再次形成三足鼎立之局。北周在577年灭北齐，统一北方。但北周的外戚权臣杨坚趁北周静帝宇文阐年幼母寡，纠集势力取而代之，在581年受禅建立隋朝。

南北朝时期，无论是南方还是北方，政权皆更迭频繁，“你方唱罢我登场”，产生了众多的帝王将相。其中受到毛泽东关注和评论的帝王有宋文帝刘义隆、宋明帝刘彧、梁武帝萧衍等；在将相中，则有刘宋时期的檀道济、沈庆之、臧质、殷景仁、刘湛、袁粲等，以及萧梁时期的韦睿、曹景宗、陈庆之等。除开这些帝王将相，毛泽东还尤为关注这一时期民族的融合和文化的发展。他认为，从魏晋到南北朝，总的社会状况是大动乱，大分裂，战乱颇仍，南北对峙，这当然不好，但另一方面则是“民族大融合，大家庭在新的组合中稳定了，文化也交流了，丰富了”[1]。毛泽东的这一基本判断是完全符合实际的。从民族融合来说，北魏孝文帝入主中原后实行全面的改革，定族姓，兴礼乐，变华风，禁胡语，求遗书，极大地促进了鲜卑族与中原汉民族的融合。就文化而言，佛教、玄学和道教在南北朝时期继魏晋之后获得进一步的发展，特别是佛教，从宋文帝时起，来自西方的佛学大师就源源不断地到达中国。佛经从梵文译成汉文的数量猛增，佛教的各种宗派也在中国相继出现，由菩提达摩开创的禅宗更是极一时之盛。南齐竟陵王萧子良和梁武帝，是南朝笃信佛教的两个突出代表。“南朝四百八十寺，多少楼台烟雨中”，便是那时南方佛教香火鼎盛的生动写照。就北朝而言，有名的云冈石窟和龙门石窟，其造像艺术已臻于文化瑰宝之列。洛阳佛寺有1300多所，北魏全境则达三万多所。

就学术思想和文学创作、文学评论而言，南北朝时期亦是名家辈出，佳作连连。在南方，范缜在南齐末年写成《神灭论》，提出：“形者神之质，神者形之用……神之于质，犹利之于刀……未闻刀没而利存，岂容形亡而神在哉！”此论一出，朝野喧哗，形成一种对佛教盛行进行反思和辩护的氛围。南朝诞生了以谢灵运、鲍照、江淹为代表的一批杰出的诗人和文学家，而钟嵘的《诗品》、萧统汇编的《昭明文选》以及刘勰的《文心雕龙》也具有里程碑式的意义。在北朝，诗人庾信留下了《哀江南赋》、《枯树赋》等杰出的文学作品；颜之推的《颜氏家训》广泛涉及政治、伦理、经济和文化教育方面的内容，内涵博大精深，文笔亦凝练生动；杨炫之的《洛阳伽蓝记》主要记载洛阳的佛寺，反映北魏时期丰富的社会面貌，在文学上亦有较高的价值。至于《木兰诗》等取材于民歌的作品，则又以质朴苍凉见长，真实记录了当时北方

1《毛泽东谈魏晋南北朝——芦荻访谈录》，见《党的文献》，2006年第4期。

民众的生活遭际和心理状态。对于南北朝时期的学术和文学成就，毛泽东有过很高的评价，如他认为谢灵运的山水诗“功莫大焉”。谢灵运开创的山水诗派对唐代诗人有着深远的影响。庾信、江淹等人的赋体作品，毛泽东也曾反复诵读和引用。他还以昭明太子萧统所编《昭明文选》为例，批评苏轼关于韩愈“文起八代之衰、道济天下之溺”的观点，认为从魏晋直到南北朝，恰是一个“道盛”、“文昌”的时期，所谓“文起八代之衰、道济天下之溺”，纯属过誉之辞，不符合历史实际。据北京大学中文系讲师芦荻回忆，毛泽东曾有意写作一本《魏晋南北朝史》，全面总结这个大动荡、大分裂时代在政治、经济、文化和民族融合方面的成就，只可惜未能如愿，以致他的许多思考未能嘉惠后世，令后人感到遗憾。但仅就目前留存的资料来看，毛泽东对南北朝时期的各种评价也可说是蔚为大观，而且视角独特，观点富于个人特色，对人们进一步研究南北朝历史有重要的启示和借鉴意义。

一 宋文帝遥制兵略不可取

宋文帝刘义隆（公元407—454年），小字车儿，系宋武帝刘裕的第三子，公元424—454年在位，年号“元嘉”。在其治下，社会经济有所发展，史称“元嘉小康”。但刘义隆在武功方面远不及乃父。元嘉末年，他两次发动北伐均告失败，且引得北魏大举南侵，连破南、兖、徐、豫、青、冀六州，所过郡县，赤地无余。“春燕无室可依，巢于林木”，江左富庶风流之地残破不堪。战争的失败直接导致刘宋政权由盛转衰。南宋词人辛弃疾所写“元嘉草草，封狼居胥，赢得仓皇北顾”的诗句，便是那时宋文帝草率出兵而遭败绩的真实写照。

追溯宋文帝北伐失败的原因，主要有两个，一是屠戮功臣，自毁长城。从元嘉三年（公元426年）至元嘉十三年（公元436年），多疑的宋文帝接连杀害徐羡之、傅亮、谢晦、刘真道、裴方明、檀道济等功臣，将其父亲刘裕发迹所依赖的北府兵主要将领几乎一扫而光，其中尤以杀害檀道济的后果最为严重。

檀道济曾位居司空、江州刺史，早年便是刘裕手下的猛将，在攻打后秦的战争中功勋卓著。文帝即位后，檀道济屡次奉命与北魏骑兵作战，屡战屡捷，深为魏军所畏忌。此人有勇有谋，忠心耿耿。有一次他在历城遭遇魏将叔孙建的轻骑袭击，粮草被焚，士卒汹惧将溃。危难之际，檀道济夜晚唱筹量沙，以所剩不多的白米覆盖其上。早晨，魏军见之，以为他的军队资粮有余，便停止了进攻。檀道济得以全师而还。他威名日盛，文帝非常害怕，先是将其从北府兵重镇广陵调往浔阳，以明升暗降之策削夺其兵权，继而以莫须有的罪名将其杀害。檀道济被拘，目眦发举，脱帻投地说："乃坏汝万里长城！"魏军见檀道济被害，喜不自胜道："道济死，吴子辈不足复惮矣。"宋文帝北伐失败时忧心忡忡，方才想起这位令北魏闻风丧胆的战神，感叹说："檀道济若在，岂使胡马至此耶！"但一切都追悔莫及了，宋文帝自食屠戮功臣的苦果。毛泽东在读沈约所撰《宋书》时，在《宗室刘道怜传》中看到元嘉九年（公元432年）年宋文帝所颁的一封诏书。诏书称檀道济、刘穆之等人"或履道广流，秉德冲邈，或雅量高劭，风鉴明远，或识唯知正，才略开迈"，表示要遵循"明王经国，司勋有典"的古风寄予表彰。毛泽东读至此写道："此时檀道济尚未死。"[1]言辞中流露出对这位猛将被冤杀的惋惜之情。

二是遥制兵略。多疑的宋文帝不仅大杀功臣，而且将军事权力无论大小皆掌握在自己手里，将领的任命及作战部署全由他一人做主。打仗之时，将领全凭圣旨行事，没有任何变通的权力。李延寿的《南史·宋太祖》论曰："文帝幼年特秀，自禀君德。及正位南面，历年长久，纲维备举，条禁明密；罚有恒科，爵无滥品；故能内清外晏，四海谧如。而授将遣师，事乖分阃，才谢光武，而遥制兵略，至于攻战日时，咸听成旨，虽覆师丧旅，将非韩、白，而延寇蹙境，抑此之由。"作为军事家的毛泽东读到这段有关宋文帝的评论深有感触，认为这种遥制兵略的做法甚不可取，并联想到后来的赵宋王朝，下笔批道："赵宋祖此弊法。"[2]诚如毛泽东所言，赵匡胤通过陈桥兵变夺取政权后，对手握重

1《毛泽东读文史古籍批语集》，中央文献出版社1993年版，第175页。

2《毛泽东读文史古籍批语集》，中央文献出版社1993年版，第183页。

兵的将领如石守信、高怀德、赵彦徽等很不放心，于是采取“杯酒释兵权”的方法解除其心腹之患。不仅如此，赵匡胤还对军事制度进行了一系列改革，一是规定禁军由“三衙”分掌，“三衙”主帅和主要禁军将领由皇帝随意任命和撤换。三衙互不统属，只对皇帝负责。二是将统兵权和发兵权分离，“三衙”掌三军，却无调兵和发兵的权力。发兵和调兵的权力归枢密院行使，但实际上调动一兵一卒也得皇帝画旨。三是实行兵将分离，禁军将领和士兵经常调动，形成所谓“兵无常帅，帅无常兵”、“兵不识将，将不识兵”的局面。将帅无法在军队中树立威信。遇有紧急情况，皇帝临时择将选兵应付战事。战事结束，兵归戍地，将还本镇。

赵匡胤实行军事制度改革的目的，无非是想防止将领坐大威胁其统治。他以为这样一来，军事大权一分再分，便可“以大系小，丝牵绳连，总和于上”，将一切与军事有关的权力集于一身。殊不知这种遥制兵略的做法弊端很多，试想，一支“兵不知将，将不知兵”的军队如何能有坚强的战斗力呢？北宋军队在与辽、西夏的战事中屡屡败北，以致不能不屈膝求和，便与这种皇帝遥制兵略、将领既无威信又无机动权的状况密切相关。

毛泽东对宋文帝、赵匡胤的做法大不以为然，认为他们明显违背了“将在外，君命有所不受”的古训。戎马半生的毛泽东深知“兵无常势，水无常形”。在瞬息万变的战争环境中，毛泽东曾多次强调灵活机动的重要性。如在决定国、共两党命运的淮海战役中，毛泽东给前线将领的电文，总是出现“请酌办”、“望酌情机断处理”、“我们只提出一些初步感想，作为你们会商时的参考材料”等字眼，表现出从容按节、长辔远御的大家气概。而蒋介石给前线将领的电文却充满了“务必”、“特令”等严词厉句，甚至对刘峙、杜聿明等高级将领也拉下脸来：“倘有延误，决按军律从严惩处，不稍宽待。”毛泽东、蒋介石在指挥艺术上的重大差异，就预示了这场大战的胜负成败。在毛泽东心目中，蒋介石在军事上便是与宋文帝、赵匡胤同类的人，因为遥制兵略，刻板僵化，所以不可能不犯下重大错误。在回顾辽沈战役时，毛泽东曾说，如果卫立煌早点走，和傅作义靠在一起，那事情就比较难办。毛泽东对宋文帝、赵匡胤等人的评价，不单是基于他们失败的史实，而且也掺入了他自己长期指挥战争、研究战争的宝贵经验。

二 刘彧全胜众敌可谓奇矣

宋明帝刘彧（公元439—472年），字休炳，小字荣期，是宋文帝刘义隆的第十一子，初封淮阳王，后封湘东王。刘彧登上皇位和巩固皇位，经历了九死一生的磨难和奋争，富于传奇性和戏剧性，因而受到毛泽东的特别关注。

宋文帝刘义隆在公元454年被后世称为“二凶”的两个逆子刘劭和刘濬杀死，继位的是他的第三个儿子刘骏，即宋孝武帝。刘骏虽然学问博洽，文章华敏，又善骑射，但为人凶残，在位的11年间狎侮群臣，奢侈无度，嗜酒好利，大兴土木。他无休止地折腾，终于在34岁暴崩于玉烛殿。继承皇位的是他与文穆皇后所生的长子刘子业，即前废帝。

刘子业（公元449—465年）幼而狂暴，16岁即位后，其残暴淫虐更超过乃父。其妹妹山阴公主好淫，他竟与其乱伦，并为山阴公主置面首三十人。由于从宋文帝开始，刘宋皇帝多是通过兄弟相争、父子相残而登上皇位的，宫廷内外充满血腥的争斗和诡谲的阴谋，所以刘子业登上皇位后便开始诛害宗室、杀戮大臣。他尤其畏忌湘东王刘彧、建安王刘休仁、山阳王刘休祐等诸位叔父。他将在外掌兵的几位叔父召回朝廷并拘禁起来，施以百般的凌辱和折磨。湘东王刘彧因体肥被称为“猪王”，建安王刘休仁被称为“杀王”，而山阳王刘休祐则被称为“贼王”。其中又以刘彧受迫害最深，废帝对他的羞辱惨不忍睹，可谓备极楚毒。刘彧因体态肥壮被置竹笼中称量其体重，又被裸身投入泥水中，令其像猪一般的就槽觅食。由于宫廷内外盛传“湘东中出天子”，刘子业几次想杀掉湘东王刘彧，幸赖刘休仁滑稽多智，对刘子业说“不如待皇太子生，杀取肝肺”之类的话，才使刘彧幸免于难。

但身陷魔掌、命悬一线的刘彧也在时刻准备着反击。465年11月底，刘彧与心腹阮佃夫、李道儿等密谋，并买通刘子业身边的近臣寿寂之、姜产之、王敬则等人，趁废帝刘子业在华林园竹林堂“行巫射鬼”之际突然发难，一举诛灭了前废帝。随后，刘彧在刘休仁等拥戴下登上皇位。因事出仓促，刘彧召见诸大臣时连鞋子都未穿好，甚至还戴着黑色的帽子。直到在御座上坐定之后，刘休仁才叫人以白帽代之，并备仪仗羽仪。

刘彧皇位尚未坐稳，便陷入四面楚歌的境地。由于他是靠非常手段上台的，因而立即招来在外统兵而又有野心的宗室大臣和封疆大吏的嫉恨和反对，其中尤以晋安王刘子勋及其身边的近臣反对最力。刘子勋是孝武帝刘骏的第三子，母亲为陈淑媛。早在前废帝被弑之前，刘子勋便已在长史邓琬等人的怂恿下造反，谋求夺取皇位，不料却被叔父刘彧捷足先登，这在他们看来是无论如何不能接受的现实。因此，当刘彧即位后派使者前往浔阳（今江西九江）册封刘子勋为车骑将军、开府仪同三司时，刘子勋不屑一顾，其主要谋士、长史邓琬更将诏书掷于地上。泰始二年（公元466年），晋安王刘子勋在浔阳称帝，改元义嘉，同时发布檄文讨伐刘彧。这样便形成建康、浔阳两个政权对峙的局面。不仅如此，那时的刺史、太守等地方大员大多拥戴刘子勋，其中包括益州刺史萧惠开、广州刺史袁昙远、梁州刺史柳元怙、湘州行事何慧文、山阳太守程天祚等。据《通鉴纪事本末·废帝之乱》记载，“是岁，四方贡计皆归寻阳。朝廷所保，唯丹阳、淮南等数郡，其间诸县或应子勋”。刘彧完全处于强敌环伺、孤立无援的境地。

毛泽东对《通鉴纪事本末·废帝之乱》看得非常仔细。他首先在“废帝之乱”四个字的标题旁边，用粗重的黑铅笔密加旁圈，旁圈右侧又用重笔画了两道曲线，以示他对这一节的重视。“废帝之乱”生动地叙述了刘彧从众叛亲离、孤立无援到依赖一班文臣武将稳住阵脚直至反败为胜的全过程。刘彧的转机是从兖州刺史殷孝祖被说服后，率两千人马支持建康开始的。其时，建康方面“内外忧危，咸欲奔散，孝祖忽至，众力不少，并伧楚壮士，人情大安”。接着刘彧分东西两路出击直捣浔阳，刘子勋及其母被沈攸之处死。“废帝之乱”一节描写生动传神，涉及众多的人物，其中无论是密室策划，还是战场较量，皆写得惊心动魄。毛泽东仔细琢磨这一历史过程后批道：“刘彧据建康，四方皆反。内线作战，以寡对众，以弱敌强。以蔡兴宗为谋主，以刘休若、刘休祐、刘休仁、吴喜、任农夫、张永、萧道成、王道隆、刘勔、沈攸之、黄回、吕安国、张兴世、刘嗣祖诸人为将帅，终于全胜，可谓奇矣。”[1]刘彧因做奇事而成奇人，奇就奇在他总是在极度困窘之时转危为安，死里逃生。

毛泽东批语中提到的蔡兴宗在孝武帝时曾出任吏部尚书。他目睹废帝刘子业的凶残，箴规无效，先后数次劝说大臣沈庆之、王玄谟、刘道隆等行废立之事。刘彧初即位，召集群臣商量对策，蔡兴宗说：“今普天同叛，人有异志，宜镇之以静，至信待人。叛者亲戚，布在宫省，若绳之以法，则土崩立至，宜明罪不相及之义。物情既定，人有战心，六

1《毛泽东读文史古籍批语集》，中央文献出版社1993年版，第299页。

军精勇，器甲犀利，以待不习之兵，其势相万耳。愿陛下勿忧。”[1]在当时普天同反的情况下，蔡兴宗可谓高瞻远瞩，谋定而动，特别是他提出对反叛将士在建康的亲戚应施以安抚，明确“罪不相及之义”，诚为安定和争取人心的大手笔。毛泽东称之为“谋主”，是名副其实的评价。

毛泽东批语中提到的刘休仁、吴喜、任农夫、沈攸之、张兴世等众多将领也大多是有勇有谋之辈。吴喜是个文人，在做河东太守时“性宽厚，所至，人并怀之”。他带兵打仗，讲求心战为上，故能以少数兵力屡战屡胜，一直打到钱塘而平定三吴，俘敌76万人。宁朔将军沈攸之“内抚将士，外谐群师，众并赖之”。殷孝祖战死之后，他力推江方兴为主帅，自居协助地位，表现出顾全大局、不以个人得失为重的风范。毛泽东在记述沈攸之事迹的文字旁画了三个大圈，并写下“沈攸之”三字以加强记忆。龙骧将军张兴世在诸军与刘子勋大将袁觊在浓湖相持不下时，机敏地建议说：“贼据上流，兵强地胜。我虽持之有余，而制之不足。若以奇兵数千潜出其上，因险而壁，见利而动，使其首尾周遑，进退疑阻。中流既梗，粮运自艰，此制贼之奇也。”[2]这种抄敌后路、断其粮道的计谋是很高明的，所以毛泽东对张兴世的这段分析，在每个句号处都加了双圈，在天头上又画三个大圈，并写下“张兴世”的名字。张兴世的建议，得到沈攸之、吴喜等人的赞同，沈攸之认为这个建议“是安危大机，必不可辍”。张兴世遂率精兵七千攻取了上流的重要阵地钱溪，打破了敌我双方的平衡，掌握了战争的主动权。

刘彧在侄儿刘子业当政时备受磨难，养成了顽强生存、风雨不蚀的坚毅性格。他善于在逆境绝地中求转机，在集思广益中创新局。正是因为他采纳了蔡兴宗等人的建议，才得以以弱胜强，反败为胜。沈约的

1《毛泽东读文史古籍批语集》，中央文献出版社1993年版，第300页。

2《毛泽东读文史古籍批语集》，中央文献出版社1993年版，第302—303页。

《宋书》评价他说："好读书，爱文义，在藩时，撰《江左以来文章志》，又续卫瓘所注《论语》二卷，行于世。及即大位，四方反叛，以宽仁待物，诸军帅有父兄子弟同逆者，并授以禁兵，委任不易，故众为之用，莫不尽力。平定天下，逆党多被全，其有才能者，并见授用，有如旧臣。"他依赖一批多谋善断、英勇善战的将领，在政治上瓦解对方，在军事上打击对方，虽乱局纷纭，但胸有成算，所以其成功绝不是偶然的。毛泽东对刘彧巩固皇位的全过程，包括战争的演变、人物的活动以及他采取的政策、措施，都作了圈画和批注，并将刘彧对刘子勋之战看做"内线作战，以寡对众，以弱敌强"的经典战例之一。毛泽东认为，这一战例堪称传奇，而成就这段传奇的便是刘彧及其文臣武将的高超智慧和通力合作。

三　沈庆之前振后衰

沈庆之（公元386—465年），字弘先，吴兴武康（今浙江德清）人。东晋末年，他在反击孙恩之乱中以勇力著名。刘宋政权建立后，沈庆之身历五帝，从殿中员外将军、淮陵太守逐渐升为太子步兵校尉、领军将军、始兴郡公和顾命大臣，享年80岁。

在刘宋时期，沈庆之是一位战功卓著而个性鲜明的武将。永初和元嘉年间，他多次率军征讨竟陵、雍州、南新等地的蛮寇，令群蛮闻风丧胆。因患头风，他喜戴狐皮帽，群蛮乃呼之为"苍头公"，每见其军队，辄畏惧道："苍头公已复来矣。"元嘉末年，宋文帝刘义隆急欲北伐，沈庆之以骑兵和步兵皆不敌而劝阻，且以檀道济、到彦之北伐失利为前车之鉴，认为“六军之盛，不过往时。将恐重辱王师，难以为志”。文帝不听，反而拉文臣徐湛之、江湛等与沈庆之辩论。沈庆之说：“治国譬如治家，耕当问奴，织当访婢。陛下今欲伐国，而与白面书生辈谋之，事由何济。”文帝大笑。454年，刘劭弑杀宋文帝，沈庆之领衔讨逆，并和柳元景等拥立刘骏即大位，在危难之际立下大功。孝武帝刘骏即位后，封沈庆之领军将领加散骑常侍，都督南、兖、豫、徐四州诸军事，封南昌县公，食邑三千户。平定豫州刺史鲁爽叛乱后改封始兴郡公，户邑如故。

沈庆之手不知书，眼不识字，但自视甚高，恒以范增、张良自许。元嘉末年，他跟随萧斌北伐。萧斌以前军败绩，欲死守碻磝，沈庆之则力主撤退，认为青、冀虚弱，坐守穷城无异于坐以待毙。正当此时，宋文帝诏书下达，不许退却。沈庆之说：“阃外之事，将所得专，诏从远来，事势已异。节下有一范增而不能用，空议何施。”萧斌及其他随从笑话他：“沈公还要多读点书呢。”沈庆之厉色作答：“众人虽见古今，不如下官耳学也。”其自信自负大多类此。孝武帝孝建三年（公元456年），沈庆之年满七十，上书要求致仕，得到孝武帝的许可。大明三年（公元459年），司空、竟陵王刘诞在广陵谋反，沈庆之复出征讨，每攻城必身先士卒，不避矢石，历四月攻下城池并将刘诞斩首。之后携家人居于娄湖，广开田园之业。饱经沧桑后的沈庆之优游无事，尽情欢娱，非朝贺不出门。但每次跟随孝武帝游幸及校猎，仍“据鞍陵厉，不异少壮”。有次孝武帝大会群臣，欢饮之余令各人做诗，沈庆之亦不例外。沈庆之乃口赞一首：“微命值多幸，得逢时运昌。朽老筋力尽，徒步还南岗。辞荣此圣世，何愧张子房。”孝武帝大悦，众人亦称其辞意之美。

沈约的《宋书·沈庆之传》是一篇非常出色的传文，将沈庆之果敢坚毅、质朴率真的人物形象刻画得活灵活现。对此，熟读《宋书》的毛泽东无疑留有深刻的印象。但对沈庆之的晚节，毛泽东却不以为然。据

《通鉴纪事本末》记载，465年废帝刘子业继位后，面对刘子业的凶暴日甚，一生果敢明断、横厉无前的沈庆之却变得优柔寡断起来。当时吏部尚书蔡兴宗、青州刺史沈文秀等人力劝沈庆之以其威望联络群臣废掉刘子业。蔡兴宗说："主上比者所行，人伦道尽，率德改行，无可复望。今所忌惮，唯在于公。百姓喁喁，所瞻赖者，亦在公一人而已……如犹豫不断，欲坐观成败，岂推旦暮及祸，四海重责，将有所归。"但沈庆之自恃与主上亲昵，止步于尽言规谏，不敢行废立之事，甚至说即便大难临头，也只好"抱忠以没"。沈文秀也坦率陈言："今因此众力而图之，易如反掌。机会难值，不可失也。"再三言之，至于流涕，沈庆之终不为所动。等到刘子业诛杀何迈，沈庆之欲加以谏阻时，一切都晚了。刘子业愤恨沈庆之的进谏，竟然使人赐药令其自尽。沈庆之不肯饮，来人以被蒙头将其掩杀。传说年届八十那年初，沈庆之梦见有人以两匹绢相赠，并称"此绢足度"。迷信天命的沈庆之对人说："老子今年不免。两匹，八十尺也；足度，无盈余矣。"一世英雄的沈庆之因听天由命、养痈遗患而丧生。

对于沈庆之的一生，毛泽东在读《通鉴纪事本末》时评价说："沈庆之前振后衰，无能为矣。"[1]言下之意，晚年的沈庆之精神垮了，丧失了进取的斗志，导致他不但无所作为，而且还断送了自己的生命。

四　臧质豪杰之士

臧质（？—454年），字含文，东莞莒县（今山东莒县）人，出身

1《毛泽东读文史古籍批语集》，中央文献出版社1993年版，第304页。

世家大族，为宋文帝、宋孝武帝时期的著名将领，性格放荡不羁，自负才略而不肯久居人下。毛泽东在读李延寿《南史·臧质传》时写下多条批语，其中有云："臧质豪杰之士，一解汝南之围，二胜盱眙之敌，三克刘劭之逆。梁山之战，刘义宣不听臧言，因以致败，惜哉。"[1]批语列举了臧质的三大战功，并为其最终失败感到惋惜。

宋文帝刘义隆元嘉二十七年（公元450年）二月，北魏太武帝拓跋焘大举南侵，进围汝南（今河南汝南）。守将陈宪固守告急，宋文帝派遣臧质前往今安徽寿阳，与安蛮司马刘康祖等合力援助陈宪。当臧质等人临近汝南时，遭到魏将乞地真的抵抗。臧质麾师猛攻，杀死乞地真，挫败气势汹汹的魏军，迫使魏军撤围。这便是毛泽东所说的"一解汝南之围"。

元嘉二十七年（公元450年）十一月，拓跋焘率数十万大军攻略彭城（今江苏徐州）。宋文帝派身为辅国将军的臧质向北救援。臧质刚到盱眙，拓跋焘已过淮河。元嘉二十八年（公元451年）正月，拓跋焘从广陵北返，悉力攻打盱眙。为软化和麻痹臧质，拓跋焘向臧质要酒喝。臧质为羞辱拓跋焘，封了一坛屎尿奉上。拓跋焘大怒，一夜之间筑起长围。毛泽东读至此批道："此是欲战法，激之使战。"[2]不仅如此，臧质还修书一封进一步羞辱和激怒对方。他在信中对拓跋焘说："尔不闻童谣言邪？'虏马饮长江，狒狸死卯年。'冥期使然，非复人事。"狒狸是拓跋焘的小名，卯年即辛卯年（公元451年）。意思是说你拓跋焘在辛卯年必死无疑，非人力所能扭转。信中还说："尔若有幸，得为乱兵所杀；尔若不幸，则生相锁缚，载以一驴，负送都市。尔识智及众，岂能胜苻坚邪？"拓跋焘览书大怒，特制铁床一架，上置铁铲，扬言破城之日，非将臧质亲手铲死不可。魏军使用钩车、冲车等各种办法攻城

1《毛泽东读文史古籍批语集》，中央文献出版社1993年版，第188页。

2《毛泽东读文史古籍批语集》，中央文献出版社1993年版，第186页。

均不奏效，情急之下竟然肉搏登城，坠而复登，被臧质杀伤万计，死者堆积与城平。双方苦战一月有余，魏军死者过半，拓跋焘心灰意冷，解围而去。这便是毛泽东所说的“二胜盱眙之敌”。臧质此役立下大功，宋文帝封他为宁蛮校尉、雍州刺史，监四州诸军事。

元嘉三十年（公元453年）二月，太子刘劭与弟刘睿等谋杀宋文帝，“抢班夺权”。臧质从门生师那里得到消息后，迅速告知江州刺史、武陵王刘骏和荆州刺史、南谯王刘义宣，相约起兵讨逆。他自带五千精兵火速向建康（今江苏南京）进发。四月，各路讨伐军首领在建康城外的新亭拥立刘骏为帝，是为孝武帝。五月，臧质、薛安等都攻入建康，生擒刘劭并将其斩首。这就是毛泽东所说的“三克刘劭之逆”。

孝武帝刘骏即位后自揽威权，而臧质却以少主待之，刑政、庆赏不再咨禀朝廷，自谓“人才足为一世之英杰”。野心既生，他便拉拢皇叔刘义宣起事，认为刘义宣为人平庸愚暗，可以借他之力以成己志。刘义宣起初不愿答应，等到孝武帝刘骏淫其诸女，杀其儿子，才与臧质达成共识。孝建元年（公元454年）正月，臧质与刘义宣顺流东下进攻建康。孝武帝命令豫州刺史王玄谟屯兵梁山洲（历阳和采石间长江中的沙洲），抚军将军柳元景屯兵采石（今安徽马鞍山），水陆两路以待来敌。当时江夏王刘义恭以东晋桓玄借兵于殷仲堪而成就皇帝梦的故事警醒刘义宣，遂使刘义宣对臧质起了疑心。但臧质浑然不知，献计于刘义宣说：“如今以一万人攻取南州，则梁山洲便被隔绝了；再用一万人牵制王玄谟，则他必不敢轻动。我从外江通过，直向建康，此为上策。”刘义宣起初也想采纳，但其门客颜乐之却对他说：“臧质假如再拿下石头城，则大功都归他了，您应该派遣自己的军队去。”受制于刘义恭、颜乐之的游说，刘义宣最终拒绝了臧质的建议。结果是臧质遭到王玄谟、薛安都、垣护士诸人的夹击而失败。臧质在逃亡中被部下所杀，传首建康。

单从军事的角度来看，臧质向刘义宣的献计是很高超的，只因为刘义宣首鼠两端，才让这一谋划彻底流产。毛泽东对他们的失败感到惋惜，或许是感于历史充满多种可能性，刘义宣失去了一次改变历史的机会。不过，毛泽东对臧质其人也是有褒有贬。当读到臧质自谓“人才足为一世英杰”时，毛泽东写道：“此是妄想。”[1]这无异是说，臧质想当皇帝纯系头脑发热。刘义宣等宗室大臣有此可能，但断断轮不到他。

五　袁顗无能、袁粲死节

袁顗（？—466年），字国章，陈郡阳夏（今河南太康人）。出身世族大家，父亲袁洵曾出任吴郡太守，舅父蔡兴宗为宋明帝刘彧夺取天下的谋主。袁顗初为豫州主簿，孝武帝即位之初升为晋陵太守，大明七年（公元462年）迁为侍中。

孝武帝刘骏即位后奢欲无度，袁顗引高祖刘裕俭素之德加以劝谏，孝武帝轻蔑地说：“田舍翁得此，已为过矣。”袁顗的劝谏令孝武帝大为不快。那时新安王刘子鸾因母宠而得志，太子刘子业却在东宫多过，孝武帝遂有废太子立刘子鸾之意。哪知袁顗盛称太子好学，有日新之美。孝武帝大怒，拂袖而去。前废帝刘子业继位之初，颇感袁之德，欲迁其为吏部尚书。但不久君臣意趣相左，袁顗往日得到的宠遇顿衰。袁顗惧祸，诡辞求出，被任命为雍州刺史，镇守襄阳。

袁顗眼看前废帝刘子业荒淫暴戾，社稷忧危，便有立桓、文之功的梦想。他与晋安王刘子勋的镇军长史邓琬深相结纳，于景和元年（公元465年）冬奉刘子勋为盟主，举兵反叛。不料湘东王刘彧捷足先登，杀

1《毛泽东读文史古籍批语集》，中央文献出版社1993年版，第188页。

死刘子业而自立为帝，是为宋明帝。袁和邓琬拒绝承认宋明帝，于是拥立刘子勋在浔阳（今江西九江）称帝，年号“永嘉”，与宋明帝的建康政权形成对峙。袁觊被任命为安北将军、尚书左仆射，成为刘子勋集团的核心人物之一。但他志大才疏，于军事一窍不通。泰始二年（公元466年），他来到越骑校尉刘胡屯驻的鹊尾。据《南史・袁传》记载：“觊本无将略，在军中未尝戎服，语不及战阵，唯赋诗谈义而已，不能抚接诸将。刘胡每论事，酬对甚简。由是大失人情，胡常切齿恚恨。”后来刘胡叛走，袁觊在前往浔阳途中被薛伯珍所杀。刘子勋集团从此土崩瓦解。

毛泽东对袁觊这类志大才疏之辈非常厌恶。他在《南史・袁传》中批了四个字：“袁觊无能。”[1]论家学渊源，袁觊在刘宋时期堪为“中京冠冕，儒雅世袭”，但一接触实际的政治军事斗争便显得格局狭小，捉襟见肘，就像《韩非子》一书中所言：“籍之虚辞，则能胜一国；考实按形，不能谩于一人”。毛泽东历来认为，读书多的人不一定能成事，如果不善于读书，则读书越多，审事机愈无力。袁的无能，为他的观点又添了一个有力的注脚。

袁粲（公元420—478年），字景倩，陈郡阳夏（今河南太康）人，系袁觊的堂弟。毛泽东读《南史・袁粲传》时的感受与读《袁觊传》大为不同，和“袁觊无能”相对应的批语是“袁粲死节”[2]，一为厌恶，一为钦佩。

宋明帝刘彧临终时，身为尚书的袁粲与褚彦回、刘勔同受顾命。后废帝刘昱元徽二年（公元474年），桂阳王、江州刺史刘休范起兵谋反，攻入建康。建康的诸多守将胆丧意沮，皇帝危在眉睫。袁粲慷慨对诸将说：“寇贼已逼，而众情离阻。孤子受先帝顾托，本以死报，今日当与诸护军同死社稷。”在其感召下，陈显达等将领奋勇出战，平息了

1《毛泽东读文史古籍批语集》，中央文献出版社1993年版，第191页。

2《毛泽东读文史古籍批语集》，中央文献出版社1993年版，第192页。

叛乱。宋顺帝刘准即位后，袁粲担任中书监，同时仍担任司徒、待中。时萧道成拟代宋自立，袁粲为避免刘宋政权落入其手，矫太后令指派王韫、卜伯兴率宿卫兵攻击萧道成。因事机泄漏，王韫、卜伯兴被萧道成的心腹王敬则杀害。自知大难临头的袁粲列烛自照，正襟危坐，对其儿子袁最说："本知一木不能止大厦之崩，但以名义至此耳。"这种明知不可为而为之的拼死抗争，于悲壮中散发着慷慨正气。袁粲从容就义，成为毛泽东心目中与社稷共存亡的节烈之士。

六　殷景仁与文帝密谋除政敌

宋文帝刘义隆当政时，朝廷内曾发生惨烈的权争，其中尤以两位宰相殷景仁与刘湛的斗争最为激烈。在这场权争中，殷景仁得到宋文帝的信赖和支持，而刘湛则与把持朝政的彭城王刘义康深相接纳，结果是元嘉十七年（公元440年）刘湛伏诛，刘义康被贬为江州刺史，出镇豫章，最后在元嘉二十八年（公元453年）被赐药自尽。

追溯这场权争的根源，不能不归咎于刘湛的顾盼自雄。刘湛（公元392—440年），字弘仁，南阳涅阳人。出身世家大族，祖父刘耽、父亲刘柳在东晋时皆为左光禄大夫、开府仪同三司。刘湛少有志向，不尚浮华，又博涉经史，弱冠便有宰相情结，常自比于管仲、诸葛亮；又仰慕西汉名臣汲黯、曹操谋士崔琰之为人，给长子取名刘黯，字长孺；给次子取名刘琰，字季珪。刘裕代晋称帝后，刘湛曾先后任彭城王刘义康、庐陵王刘义真的长史。景平元年（公元423年）刘湛还朝后拜尚书吏部郎，不久迁待中，与王弘、王华、王昙首等共掌朝政。抚军将军、江夏王刘义恭出镇江陵，刘湛又被委以长史一职，快快出朝。

元嘉八年（公元431年），王华、王昙首等已先后亡故。时备受文帝宠遇的领军将军、侍中殷景仁有感于时贤零落，向文帝建议征召刘湛还朝。殷景仁（公元390—440年），陈郡长平（今河南西华东北）人，“少有大成之量”，思维敏捷，深达事体。在其建议下，刘湛被任命为太子詹事，加给事中、本州大中正，逐渐与殷景仁同受重用。刘湛与殷景仁本来私交甚好，还朝又是通过殷景仁建言得来，由此他对殷景仁非常感激。但等到刘湛与殷景仁同受宠遇，两人之间猜隙渐生。刘湛自认资历、能力皆不逊于殷景仁，但殷景仁却位居己上，并于元嘉九年（公元432年）升为尚书仆射，自己仅接任其领军将军一职，心中常愤愤不平。他深知文帝信赖殷景仁，不可移夺，于是转而深结把持朝政的司徒、彭城王刘义康，想借助刘义康的能量说动文帝，扳倒殷景仁，以便自己独当时务。

毛泽东对这场宫廷斗争的起因颇有感慨，他在读《南史·刘湛传》时，在刘湛与殷景仁“及俱被时遇，猜隙渐生”等记述旁批道：“谁生厉阶，至今为梗。”[1]意思是说，究竟是谁种下了朝臣之间同受重用便猜隙渐生这样的祸根呢？精通中国历史的毛泽东深知，历朝历代，皇帝的辅政班子都很难团结一致，“瑜亮情结”困扰了中国的政治几千年。朝廷重臣之间即便以前毫无芥蒂甚至情同手足，但一旦面临现实的利益便斗得不可开交，远者如战国时的李斯与韩非子、西汉的窦婴和田蚡、唐代的萧嵩与韩休，近者如宋代的寇准与王钦若、明朝的张居正与高拱，等等。

毛泽东不仅关注这场宫廷斗争的起因，还十分留意这场斗争的发展和结局。

刘义康被刘湛说动之后，屡次向文帝刘义隆诋毁殷景仁，但文帝始

1《毛泽东读文史古籍批语集》，中央文献出版社1993年版，第194页。

终不为所动。435年，殷景仁又升迁为中书令，刘湛愈发愤怒。殷景仁见刘湛不依不饶，无奈地对亲旧感叹："引之令入，入便噬人。"他深悔自己引荐刘湛，并以重病为由要求解职。文帝不准，但允许其停家养病。为防止刘湛谋害殷景仁，文帝将他安排于西掖门外"晋鄱阳主第，以为护军符，密迩宫禁"。殷景仁卧疾五年，但暗地里却和文帝"密表去来，日中以十数"。文帝"朝政大小，必以问焉。影迹周密，莫有窥其迹者"。由此也可见殷景仁城府之深。那时刘义康擅权专制，威倾内外。与殷景仁退避三舍、韬光养晦不同，刘湛却自以为得计，与刘义康一唱一和，对文帝"无复人臣之乱"。文帝亦有韬略，他眼看刘湛"驱煽义康，陵轹朝廷"，但却不动声色，表面上对刘湛接遇不改，私下里，心中不平的文帝对亲近说："刘湛初还朝，我与他谈话常看日早晚，虑其当去；最近他入朝，我也看日早晚，虑其不去。"为防不测，文帝将刘湛贬为丹阳尹，赶出朝廷。元嘉十七年（公元440年），文帝与刘义康已成水火不容、势不两立之势，刘湛亦知大祸临头。该年10月，刘湛下狱死，时年49岁。而刘义康亦在贬谪多年后被赐死。毛泽东在全面了解了这场权斗的发展和结局后，在《南史·刘湛传》中批道："殷景仁与文帝密谋。"[1]言下之意，在这场斗争中，刘湛、刘义康虽然飞扬跋扈，不可一世，但最终却败于殷景仁与文帝的老谋深算。殷景仁的称疾还家，其中不乏以退为进的考量，他虽然有病，可是一刻也未停止过对敌手的琢磨和算计。而文帝表面上不慌不忙，但却深谙帝王术，"该出手时就出手"，先收拾刘湛，再赐死刘义康，手段不可谓不高明。朝廷将刘湛下狱的当天，殷景仁忽然叫唤仆人拂拭衣冠，左右皆不知其意。其夜，文帝在华林园延赏堂召见他，礼遇甚厚，"诛讨处分，一皆委之"。刘义康本为不学无术之辈，直到被文帝赶出朝廷，方

1《毛泽东读文史古籍批语集》，中央文献出版社1993年版，第195页。

从读书中知晓汉文帝刘恒与淮南王刘长“兄弟二人不相容”的故事，哀叹道：“前代乃有此，我得罪为宜也。”

七 谢灵运一辈子矛盾着

谢灵运（公元385—433年），陈郡阳夏（今河南太康）人，祖父谢玄为东晋车骑将军，被封康乐公。谢灵运“少好学，博览群书，文章之美，江左莫逮”，是南北朝时期最负盛名的诗人和文学家。他袭封康乐公，食邑两千户，后世亦称之为“谢康乐”。在性情、生活方面，谢灵运崇尚奢豪，“车服鲜丽，衣裳器物，多改旧制，世共宗之”；又极为雅好山水，在会稽等地与隐士王弘之、孔淳之等肆意游历，纵放为乐，所至辄为诗咏。

420年刘裕称帝后，谢灵运曾任散骑常侍、太子左卫率。由于他性情褊激，多违礼度，朝廷不欲任以实职，然而他却“自谓才能宜参权要”，既不被重用，心中便充满愤忿。少帝刘义符即位后，谢灵运出言无忌，诋毁执政，被徐羡之等大臣贬为永嘉太守。出守不得志，他遂遍历诸县，动愈旬月，“民间听讼，不复关怀”，完全是一副怠政荒政的做派。其间作《山居赋》，抒发“贱物重己、弃世希灵”之理想，累累万余言。文帝刘义隆即位，诛杀徐羡之、傅亮等大臣，谢灵运被征为秘书监，不久迁侍中，“日夕引见，赏遇甚厚”。但文帝仅爱其辞藻，“每伺上宴，谈赏而已”，这让自认“才能宜参权要”的谢灵运大为失望；又见名位不如己的王昙首、王华、殷景仁等并受重用，意绪更为不平，往往称疾不上朝，甚而不经表请便出郭游行，经旬不归。文帝干脆许其东归会稽，遂其游娱狂荡之心。

元嘉五年（公元428年）后，谢灵运与谢惠连、何长瑜、荀雍、羊璿之等人“以文章赏会，共为山泽之游，时人谓之四友”。在会稽、始宁等地，谢灵运凭借祖业之厚呼朋唤友，动辄凿山浚湖，扰民不止，引起临海太守王琇、会稽太守孟的愤恨和弹劾。谢灵运赶赴建康上表自辩，文帝不以为罪，但不再许其东归，而任之以临川内史，赐秩两千石。谢灵运仍我行我素，“在郡游放，不异永嘉”，结果遭到有司的纠弹。朝廷派随州从事郑望生收执谢灵运，谢灵运反而将郑望生扣押，并兴兵造反，为诗云：“韩亡子房奋，秦帝鲁连耻。本自江海人，忠义感君子。”此举论法当斩，文帝爱其才，将其远徙广州。元嘉十年（公元433年），有司又报谢灵运纠合乡里健儿举事，文帝忍无可忍，诏于广州将谢灵运弃市。一代诗圣横死南国，终年49岁。

对于谢灵运的个人命运和诗歌创作，毛泽东寄予过深切的关注。他仔细阅读过《宋书·谢灵运传》以及《南史·谢灵运列传》，从其生平事迹入手研究谢灵运的诗歌创作。他在中南海的书房有一部清代沈德潜编选的《古诗源》，内中收录谢灵运诗24首，被他圈画的竟达22首之多。谢灵运的山水诗对自然景物观察入微，精巧清丽，浑然天成，是对山水之美的艺术再现。对于其中的佳作，如《邻里相送至方山》中的“解缆及流潮，怀旧不能发。析析就衰林，皎皎明秋月”、《过始宁墅》中的“剖竹守沧海，枉帆过旧山。山行穷登顿，水涉尽洄沿。岩峭岭稠叠，洲萦渚连绵”等，毛泽东都以叹赏的心情画上直线、曲线或圆圈。编者注释中，评论谢灵运诗歌“匠心独运”、“一归自然”、“在新在俊”以及“别绪低徊”、“触景生情”等处，毛泽东也作有标记，以示重要。此外，毛泽东对收入《昭明文选》、《汉魏六朝三百名家集》中的谢灵运诗词，也作过不少的圈画。谢灵运的山水诗千锤百炼，有些诗句如“池塘生春草，园柳变鸣禽”、“野旷沙岸净，天高秋月明”、“明月照积雪，朔风劲且哀”等巧夺天工，让人爱不释手。宋文帝曾有“三日不读谢诗，便觉口臭”的感叹。毛泽东也曾多次书写谢诗名句赠送友人，如1949年5月，毛泽东便手书谢灵运“池塘生春草”等句送给柳亚子，以纪念他们泛舟颐和园纵论诗词的风雅之会。

《登池上楼》是谢灵运的代表作，写于从建康外放永嘉太守期间，其中有云：“潜虬媚幽姿，飞鸿响远音。薄霄愧云浮，栖川怍渊沉。进德智所拙，退耕力不任。徇禄反穷海，卧疴对空林。衾枕昧节候，褰开暂窥临。倾耳聆波澜，举目眺岖嵚。”毛泽东读到此诗时，批道：“通篇矛盾。‘进德智所拙，退耕力不任’，见矛盾所在。”[1]写完这条批语，毛泽东意犹未终，继续发挥道：“此人一辈子矛盾着。想做大官而不能，‘进德智所拙’也。做林下封君，又不愿意。一辈子生活在这个矛盾之中。晚节造反，矛盾达于极点。‘韩亡子房奋，秦帝鲁连耻。本自江海人，忠义感君子’，是造反的檄文。”[2]知人论世历来是中国文学评论的原则之一，毛泽东将谢灵运的诗作与其人生履历结合起来思考，便得出了“此人一辈子矛盾着”的结论。这一结论确乎抓住了谢灵运一生命运的症结。纵观诗人的一生，他自恃才能足参机要，但却始终得不到重用。“进德智所拙”，便凸现了诗人的无奈。“退耕力不任”也是事实。他虽然在《山居赋》中发誓要“既耕以饭，亦桑贸衣。艺菜当肴，采药救颓”，但不过是说说而已。除开祖业，他自知无法像农夫那样胼手胝足地劳作自奉。正因为心中愤愤，他在游山玩水之中也无法泯灭庙堂问政的理想。那些荒唐的惊官扰民之举，未始不是他有意的破坏和泄愤。晚节造反，无疑属于矛盾达于极点的体现。谢灵远的遭遇，在许多方面类似于唐代的李白。这两个人都想做官，但皇帝都仅以文义

1《毛泽东读文史古籍批语集》，中央文献出版社1993年版，第3页。

2《毛泽东读文史古籍批语集》，中央文献出版社1993年版，第3—4页。

相接，“倡优蓄之”，致使两位诗人终身难逃权力梦的纠缠。

然而，上帝似乎又是公平的。谢灵运官场失意，在山水中放浪形骸，看似落拓，却在忧愤中成就了万世文名。作为中国山水诗派的开创者，谢灵运不仅在当时名重江左，而且对后世的中国文学史产生了深远的影响。据北京大学中文系教师芦荻回忆，1975年她在毛泽东身边工作时，毛泽东多次谈起谢灵运和他的山水诗。毛泽东说：“山水诗的出现和蔚为大观，是文学史上的一件大事。优秀的唐人诗作中，就有很多脍炙人口的山水诗，但是，如果没有魏晋南北朝人开辟的山水诗园地，没有谢灵运开创的山水诗派，唐人的山水诗，就不一定能如此迅速地成熟并登峰造极。”他认为，就此一点，谢灵运也是“功莫大焉”。[1]中国历史悠久，诗人众多，但其中像谢灵运这样开宗立派的人贡献尤大。毛泽东充分肯定了谢灵运在中国文学史上的地位，同时也不忘揭示其内心的深重矛盾。自古“文章憎命达，才命两相妨”，毛泽东对谢灵运的评点，为这句古语作了最好的注脚。

八　范晔好反而不好胜

范晔（公元398—445年），字蔚宗，顺阳郡顺阳县（今河南淅川）人。其母如厕产之，额为砖所伤，故小字曰“砖”。其貌不扬，《宋书》本传载“长不满七尺，肥黑，秃眉须”。但其出身世家，父亲范泰曾任车骑将军。范晔“少好学，博涉经史，善为文章，能隶书，晓音律”，天赋甚高，学问精进。刘裕称帝后任相国掾，随后为彭城王刘

1《毛泽东谈魏晋南北朝——芦荻访谈录》，见《党的文献》，2006年第4期。

义康的冠军参事、从事中郎。元嘉九年（公元432年），彭城王之太妃薨，将葬，范晔无戚容，反而和同僚王深等人在弟弟范广渊家“夜中酣饮，开北牖听挽歌为乐”。刘义康大怒，将其贬为宣城太守。

范晔受贬不得志，官清事约，于是“广集学徒，穷览旧籍，删烦补略，作《后汉书》”。在范晔之前，后汉史书已有刘珍、李尤的《东观汉记》，吴谢承的《后汉书》等18种，但自范晔的《后汉书》问世，其他各家后汉史书便逐渐失传。其中原因，当是范晔集各家之长而又多有创新。单是类传，范晔便根据东汉史的特点新增了《党锢》、《宦者》、《文苑》、《独行》、《方术》、《逸民》、《列女》等7种，极大地丰富了人物传记的内容。

范晔因贬谪而发奋，其大名随《后汉书》而传之久远。他是一个才华出众而又傲视古今的文人，曾说“详观古今著述及评论，殆少可意者”，连著《汉书》的班固，他也有些瞧不起，认为班固之书“任情无例，不可甲乙辩”，其于人物传后所附赞语“于理近无所得”。范晔著书有自己的创见，坚持“以意为主，以文传意”，以正一代之得失为目的。对于自己的代表作《后汉书》，范晔毫不掩饰其得意之色。他在《狱中与诸甥侄书》中写道：“吾杂传论，皆有精意深旨，既有裁味，故约其词句。至于《循吏》以下及《六夷》诸序论，笔势纵放，实天下之奇作。其中合者，往往不减《过秦》篇。”又说自己在类传中所附赞语“自是吾文之杰思，殆无一字空设，奇变不穷，同含异体，乃自不知所以称之。此书行，故应有赏音者”。

对于范晔的史学贡献，毛泽东有过中肯的评价，他在仔细阅读《后汉书》的《光武帝纪》、《李固传》、《黄琼传》、《陈寔传》等后说过：“《后汉书》写得不坏，许多篇章，胜于《前汉书》。”[1]诚如毛

1 《毛泽东读文史古籍批语集》，中央文献出版社1993年版，第131页。

泽东所言，《后汉书》的许多人物传擅长以生动的细节和精确的评语刻画人物，如写外戚梁冀擅权时，特别记下如下一段史实：汉质帝刘缵朝见群臣，“目冀曰：‘此跋扈将军也！’冀闻，深恶之，遂令左右进鸩加煮饼，帝即日崩”。梁冀的专权和狠毒，一至于此。范晔所写的人物赞序凝练精确，俨如“一字之褒，荣于华衮；一字之贬，严如斧钺”的春秋笔法。如在《孔融传》中赞其“严气正性”，“与琨玉秋霜比质可也”；而在《宦者传·序》中则指出宦官“举动回山海，呼吸变霜露”，将东汉宦官翻手为云、覆手为雨的能量表现得淋漓尽致。这些长处都是毛泽东所赞许的。毛泽东不仅熟读《后汉书》，而且还参考过唐朝李贤、宋朝刘颁对《后汉书》的注解和按语，在读《后汉书·光武帝纪》时写下“李贤好”、“刘颁好”等批语。

范晔留名于后世，除了写《后汉书》外，还因为他的谋反被杀。宋文帝元嘉十七年（公元440年），43岁的范晔在仕途上有了新的转机，被调到始兴王刘睿（宋文帝与潘淑妃所生之子）处任后军长史，领南下邳太守。442年升任左卫将军，与右卫将军沈演之对掌禁旅，同参机密。444年又为太子詹事，但第二年便因谋立彭城王刘义康为帝而被杀。

此次谋反，主谋者为员外散骑侍郎孔熙先。此人虽屈沉下僚，但能量却不可小觑。他博学多才，“文史星算，无不兼善”。因为彭城王刘义康曾救过其父亲、广州刺史孔默之的命，所以孔熙先在刘义康被贬为江州刺史、出镇豫章（今江西南昌）时欲有所报效。为此，他在朝臣中物色人选为奥援，看中了恃才傲物、心有不满的范晔，并通过输钱给范晔的外甥谢综而与范晔搭上联系，日夕往来。范晔与刘义康本有过节，但身为刘义康记室参军的谢综在还朝时，将刘义康修好之意达于范晔，并曲为弥缝，终使二人捐弃前嫌，重归于好。孔熙先不仅成功地拉范晔下水，而且纠合了大将军府史仲承祖、丹阳尹徐湛之等一班人。为便于谋害宋文帝刘义隆，孔熙先又将手伸向内廷，他因为医术高明治好了宋文帝侍卫许耀的病而与之成为密友，并将许耀发展为谋反的内应。一切准备停当，谋反的惊险剧即将拉开序幕。

李延寿的《南史·范晔传》非常传神地描绘了这次谋反的全过程，引起了毛泽东的密切关注。据该传记载，元嘉二十二年（公元445年）九月，征北将军、衡阳王刘义季，右将军、南平王刘铄出镇藩邸，宋文帝于虎帐冈设宴送行。身为此次谋反重要联络者的范晔便与其党相约于此日为乱。但事到临头，范晔却表现出内心虚弱、怯懦的一面——“许耀侍上，扣刀以目晔，晔不敢视。俄而坐散，差互不得发。”一场政变因为范晔的胆怯而乱了阵脚。11月，徐湛之反水告密，将同恶人名、手迹在上表中和盘托出。朝廷立马将谢综、孔熙先等人捉拿归案，宋文帝又遣使向范晔追问内情。众人并皆款服，而范晔却百般抵赖，以存侥幸。直到宋文帝将其联络造反的墨迹呈现出来，范晔方才自认“负国罪重，分甘诛戮”。被拘捕下狱的范晔复又贪生怕死，洋相百出。有一狱吏戏弄他说：“外传詹事或当长系。”意思是说范晔可能会被长期关押，因此小命尚可保住。范晔“闻之惊喜”。谢综、孔熙先见其怕死，也奚落他道：“詹事当可共畴事时，无不攘袂目。及在西池射堂上，跃马顾盼，自以为一世之雄。而今扰攘纷纭，畏死乃尔。设令今时赐以性命，人臣图主，何颜可以生存？”范晔顿感无地自容。不久，范晔与同党并皆伏诛。

范晔作为一介文人，始而利令智昏、参与谋反，继而临阵畏怯、自乱阵脚，终则贪生怕死、洋相百出。在看完范晔谋反的全程表演后，毛泽东深有感触地批道：“好反而不好胜，古今一轨。”[1]这句批语，道尽了白面书生的悲哀。在中国古代历史上，像范晔这类恃才傲物、心存不轨的文人甚多，但造反时的表现却远不及刘邦、朱元璋等草莽英雄。这些文人“好反而不好胜”，事到临头全无那种裁肠决战、死而后已的

1《毛泽东读文史古籍批语集》，中央文献出版社1993年版，第193页。

英雄气概，反而是犹豫不决，一旦面临失败又贪生怕死，丑态百出。所谓“古今一轨”，不失为对历史规律的总结，其中有无限感慨在焉。俗话说“秀才造反，三年不成”，其根本原因就在于毛泽东所说的“好反而不好胜”。通观历代开国皇帝，只有光武帝刘秀是太学生出身，其他则为不识字或识字不多的农民、游民或武夫。这铁一般的事实更印证了毛泽东所言不虚。范晔留给后世的是杰出的史学家和拙劣的谋反者的双重形象，这双重形象也自然引发了毛泽东不同的感慨和评论。

九 梁武帝萧衍独任成乱

梁武帝萧衍（公元464—549年），字叔达，小字练儿，南兰陵（今江苏常州西北）人，相传为西汉名相萧何之后。其父萧顺之为南齐高帝萧道成的族弟，因拥立萧道成称帝有功，封临湘县侯。萧衍生而奇异，长大后“博学多通，好筹略，有文武才干，时流名辈咸推许焉”。萧衍交游广泛，文名藉甚，时与沈约、谢朓、王融、萧琛、范云、任昉、陆倕等名士交结，号称“竟陵八友”。

南齐明帝萧鸾建武年间，萧衍多次率军抵抗北魏的军事进攻，身先士卒，勇略过人，累功迁至辅国将军、雍州刺史。499年东昏侯萧宝卷继位后，外寇日亟，朝廷上又有萧坦之、江祀等“六贵争权”，萧衍利用南齐政权的内忧外患，经武整军以图谋取天下。永元二年（公元500年），其长兄萧懿被害，萧衍反志已决，召集王茂、吕僧珍、柳庆远等僚佐合谋，收集甲士万余人建牙起兵。502年，萧衍攻入建康，南面称孤，改元天监，建立梁朝。

毛泽东对梁武帝萧衍的生平事迹很感兴趣，他仔细阅读过李延寿《南史》和姚思廉《梁书》中的“武帝本纪”，以及与梁武帝密切相关的其他人物如贺琛、曹景宗等人的传记，留下许多圈画和批语。

梁武帝在位达48年之久（公元502—549年），而且是中国历史上少有的长寿皇帝，享年86岁。他在当政初期吸取南齐政权失败的教训，励精图治，在政治上任用贤佐良吏，严惩侵夺民肥的州牧守宰；在经济上抑判豪强占取公田，禁止封山断水，以便利于民；在文化上更是广增设施，制礼作乐，在朝野上下营造趋学向风、家知礼节的文治氛围。他在都城建康设立五馆，置五经博士，每馆学生数百人。学生费用由国家供给，考试及格便授予官职，各地士子纷纷前往就学。梁武帝本来就博学多才，“草隶尺牍，骑射弓马，莫不奇妙”。坐上皇帝之位后虽万机多务，但仍然手不释卷，勤于著述，撰有《尚书大义》、《中庸讲疏》、《老子讲疏》、《孔子正言》约二百余卷；在对外关系上，他重用曹景宗、韦睿、陈庆之等大将与北魏及后来的东魏交战，开疆拓土，威震中原。天监五年（公元506年），北魏中山王元英进攻钟离，围困徐州刺史昌义之。曹景宗、韦睿等受命并力驰援。但曹景宗欲专其功，于是违诏单独行动。时遇暴风，曹景宗不得已还守先顿。梁武帝听说后高兴地说：“景宗不进，盖天意乎？若孤军独往，城不时立，必见狼狈。今得待众军同进，始可大捷矣。”毛泽东在《南史·曹景宗传》中读到这一细节时感叹：“此时梁武，犹知军机。”[1]对梁武帝在天监五年以前的军事才能给予肯定，认为当时梁武帝不失为英雄。可以毫不夸张地说，梁武帝当政初期，可谓贤相与猛将济济，文治与武功兼美。

但随着承平日久，梁武帝的心态和表现大变，前后执政风格和兴趣爱好判若两人。他晚年十分佞佛，竟达于痴迷的程度。佛教在西晋时尚

1《毛泽东读文史古籍批语集》，中央文献出版社1993年版，第197页。

依附玄学，东晋以后开始独立发展，但直到梁武帝时才达到鼎盛。“南朝四百八十寺，多少楼台烟雨中”，便是那时佛教昌炽的真实写照。梁武帝精研佛理，撰写《涅槃》、《大品》、《净名》、《三慧》等诸经义记达数百卷之多。他还经常在重云殿、同泰寺等地讲说佛理，“名僧硕学、四部听众，常万余人”。更荒唐的是，梁武帝竟然还前后三次舍身同泰寺，不爱龙袍爱袈裟，朝廷公卿等费钱数亿给寺庙以赎其身。在其治下，寺院经济畸形发展，国家财富、户口大半落入佛寺，导致社会经济的残破和朝廷收入的锐减。耽于癖好的梁武帝宽纵失察，重用朱异、朱石珍、萧正德等奸佞小人，而疏远正直忠诚的周舍、谢举、贺琛等人，朝政也日趋紊乱失序。梁武帝的致命错误，是在中大同二年（公元547年）不顾臣下的劝说，接受东魏叛将侯景的归顺，引狼入室。结果反复无常的侯景起兵反梁，并以临贺王萧正德为内应。549年，侯景攻破建康，梁武帝困于台城直至活活饿死。

《南史》作者李延寿在《梁武帝本纪》末尾有一段精彩的评价：“梁武帝时逢昏虐，家遭冤祸。既地居势胜，乘机而作，以斯文德，有此武功，始用汤武之师，终济唐虞之业。岂曰人谋，亦惟天命。及据图箓，多历岁年，制造礼乐，敦崇儒雅。自江左以来，年逾二百，文物之盛，独美于兹。然先王文武递用，德刑备举，方之水火，取法阴阳，为国之道，不可独任。而帝留心俎豆，忘情干戚，溺于释教，弛于刑典。既而帝纪不立，悖逆萌生，反噬弯弧，皆自子弟。履霜弗戒，卒至乱亡。自古拨乱之君，固已多矣，其或树置失所，而以后嗣失之；未有自己而得，自己而丧。追踪徐偃之仁，以致穷门之酷，可为深痛，可为至戒者乎！”在李延寿的评价旁边，毛泽东情不自禁地批道：“时来天地皆同力，运去英雄不自由。”[1]这两句诗出自晚唐诗人罗隐所写的咏史

1《毛泽东读文史古籍批语集》，中央文献出版社1993年版，第185页。

诗《筹笔驿》，全诗如下："抛掷南阳为主忧，北征东讨尽良筹。时来天地皆同力，运去英雄不自由。千里山河轻孺子，两朝冠剑恨谯周。惟余岩下多情水，犹解年年傍驿流。"诗的主旨一望分明，是对诸葛亮前振后衰、壮志未酬的悲悼和深惜。毛泽东引用其中的两句诗来评论梁武帝，固然彰显了梁武帝英雄末路时的托足无门之悲，但并非借"命运"来为梁武帝开脱。因为在毛泽东看来，梁武帝失败的根本原因还在于举止失当，咎由自取。他在读《南史·贺琛传》时写下多条批语，提示了这一深层原因。

贺琛字国宾，会稽山阴（今浙江绍兴）人，早年便以明经著称，尤精"三礼"，曾奉梁武帝之命撰《新谥法》，创定郊庙诸议。每与梁武帝见面，经久不散，朝臣纷传"上殿不下有贺雅"。贺琛举止古雅，所以时人以此称之。梁武帝晚年委以重任者，大多是"缘饰奸诌、深害时政"之辈。身为散骑常侍、尚书左丞的贺琛痛心疾首之余愤然上书，对当时户口减落，朝野上下奢靡成风，官吏"以深刻为能、以绳逐为务"，国家因开支太大而国库空虚等弊端提出尖锐批评，披肝沥胆之情跃然纸上。但梁武帝却览书大怒，口授敕书痛责贺琛，对其批评给予逐条驳斥。如对贺琛提出的官吏为非作歹的问题，梁武帝说："大泽之中，有龙有蛇，纵不尽善，不容皆恶。卿可分明显出其人"，不应笼统言之，"一竿子打倒一船人"。又如针对贺琛批评的朝野奢靡成风的问题，梁武帝也要求他点出人名，以事例说话，并以自己"绝房室三十余年"、"于居处不过一床之地，雕饰之物不入于宫"等淳素之风驳斥贺琛，还认为官吏的勇怯贪廉各有用处，"勇者可使进取，怯者可使守城，贪者可使捍卫，廉者可使牧民"，假使令叔齐守西河、吴起育民，必无成功。梁武帝说得振振有词，将贺琛的上书视为胡说八道，毫无反思和悔过之意。

毛泽东对梁武帝、贺琛这对君臣之间的对话很有兴趣。梁武帝在敕书中起首说道："朕有天下四十余年，公车谠言，日闻听览。每苦倥偬，更增惛惑。卿珥貂纡组，博问洽闻，不宜同于阘茸，止取名字，言我能上事，恨朝廷不能受。"这无异于说贺琛目中无人，顾盼自雄，完全没了博雅重臣应有的风度和见识。毛泽东在这段话旁边写道："此等语，与孙权诘陆逊语同。"[1]据《三国志·吴书·陆逊传》："诏曰：朕以不德，应期践运，王涂未一，奸宄充路，夙夜战惧，不遑鉴寐。惟君天资聪睿，明德显融，统任上将，匡国弭难……君其茂昭明德，修乃懿绩，敬服王命，绥靖四方。"陆逊是帮助孙权取得吴蜀夷陵之战胜利的大功臣，但后来君臣间嫌隙渐生，陆逊揭发中书典校吕壹"窃弄权柄、擅作威福"等事情令孙权多有难堪。赤乌七年（公元244年），陆逊代顾雍为丞相，孙权下诏说了上述一段话，表面上褒扬陆逊，实则带有讥讽之意。毛泽东看到梁武帝责备贺琛之语，联想到孙权和陆逊的故事，说明他读《三国志》非常用心，读书也善于由此及彼，浮想联翩。

梁武帝为驳斥贺琛所言朝野上下奢靡成风之不实，遍举自己节俭奉己、勤于政事的种种事例，包括"绝房室三十余年"、"不饮酒"、"不好音声"、"三更出理事"，等等。毛泽东读后写下如下一段批语："萧衍善摄生，食不过量，中年以后不近女人。然予智自雄，小人日进，良佐自远，以至灭亡，不亦宜乎。"又说："'专听生奸，独任成乱'，梁武有焉。"[2]毛泽东不否认梁武帝确有自奉甚俭这一难能可贵的淳素之风，但又认为对于一个君主来说，此种淳素之风还远不足以言治道、理国政。荀子说过："明主好要，而暗主好详。主好要则百事详，主好详则百事荒。"汉代的徐干在《中论》中也说："人君之大患者，莫大于详于小事而略于大道，察于近物而暗于远图。"在毛泽东眼

1《毛泽东读文史古籍批语集》，中央文献出版社1993年版，第207页。

2《毛泽东读文史古籍批语集》，中央文献出版社1993年版，第207—208页。

中，晚年的梁武帝正是这样一位“详于小事而略于大道”的暗主。中国传统的政治文化讲究文武兼济，儒法并用，而晚年的梁武帝却“留心俎豆，忘情干戚；溺于释教，弛于刑典”，完全滑向了另一个极端。表现在识人用人上，也是“小人日进，良佐日远”。在小人的包围下，梁武帝已听不进逆耳忠言，反而习惯于文过饰非，刚愎自用。他对贺琛的反批评，其措辞之严厉、辩解之多端，完全是一副“予智自雄”的做派，虚心纳谏的作风已荡然无存。毛泽东说他“以至灭亡，不亦宜乎”，便是从事物的因果联系和逻辑发展得出的结论。

十　曹景宗亦豪杰哉

曹景宗（公元457—508年），字子震，新野（今河南新野）人，出身将门，其父曹欣之曾为刘宋王朝的征虏将军、徐州刺史。曹景宗幼善骑射，喜好畋猎。曾与众少年于泽中逐獐鹿，当鹿、马相乱时，他于众中射鹿，“人皆惧中马足，鹿应弦辄毙，以此为乐”。有次他与父亲在路上遭遇蛮贼数百人，他驰骑四射，“每箭杀一蛮，蛮遂散走，因是以胆勇知名”。曹景宗颇爱史书，每读穰苴、乐毅传，辄废书叹息道：“丈夫当如是。”弱冠前后的种种卓异表现，都说明曹景宗确为将门虎子、人中豪杰。

在萧齐时代，曹景宗曾以游击将军的身份，率甲士两千余人设伏，大破北魏拓跋英所部四万人。东昏侯萧宝卷永元初年（公元499年），累功至冠军将军、竟陵太守。但从萧鸾建武五年（公元498年）起，曹景宗便已与时任雍州刺史的萧衍深相结附。萧衍在永元二年（公元500

年）举兵反齐后，曹景宗积极响应，剑锋直指建康。他先是大败东昏侯之大将李居士于新亭，后又与王茂、吕僧珍为犄角，破王国珍于大航。作为首义功臣，曹景宗在萧衍即位后进号平西将军、封竟陵县侯。

曹景宗不仅为萧衍谋取天下立下汗马功劳，而且又多次在抵御北魏的进攻中出任统帅并威震敌国。梁武帝天监五年（公元506年），北魏中山王元英率兵百万进攻徐州，将刺史昌义之围困于钟离。梁武帝任命曹景宗为征北将军，率众军前往救援，时任豫州刺史的韦睿也受其节制。曹景宗屯兵邵阳洲，并在距魏城百余步处立垒。“魏连战不能却，杀伤者十二三”，曹景宗、韦睿一战打出了军威，“魏人望之夺气”。接着，曹景宗又募勇士千余人，在魏将杨大眼城南数里筑垒，派遣别将赵草守之，因名之曰“赵草城”。次年3月，淮水暴涨，曹景宗与韦睿兵分两路，将魏军架设在淮水上的两座浮桥烧毁，把东西两岸的魏军分隔开来。曹景宗见时机已到，“使众军皆鼓噪乱登诸城，呼声震天地”，杨大眼、元英弃城走，魏军“悉弃其器甲，争投水死，淮水为之不流”。钟离一战，曹景宗、韦睿等生擒五万余人，收其军粮器械，积如山岳。曹景宗振旅而还，晋爵为公，增封四百，并前为两千户，诏拜侍中、领军将军，给鼓吹一部。毛泽东在《南史・韦睿传》读到这场战役中曹景宗为统帅时批道：“良将也。仅次于韦睿、裴邃。”[1]毛泽东之所以将曹景宗排在韦睿、裴邃之后，乃是因为曹景宗为人自大，缺乏总体的战略眼光和协同作战、不矜功劳的精神。就在这场战役开始时，曹景宗不等其他军旅到齐，便想单独行动以专其功，只是骤遇风暴才让他暂缓进攻。梁武帝为此感到很欣慰，认为曹景宗不得单独进兵，乃是天意，“今得待众军同进，始大捷矣”。否则，曹景宗孤军前往，则必见狼狈。

1《毛泽东读文史古籍批语集》，中央文献出版社1993年版，第200—201页。

大凡武将皆好动，性不喜束缚，这在曹景宗身上表现得尤为突出。《南史·曹景宗传》记载："出行常欲褰车帷幔，左右辄谏以位望隆重，人所具瞻，不宜然。景宗谓所亲曰：'我昔在乡里，骑快马如龙，与年少辈数十骑，拓弓弦作霹雳声，箭如饿鸱叫，平泽中逐獐，数肋射之，渴饮其血，饥食其胃，甜如甘露浆。觉耳后风生，鼻头出火，此乐使人忘死，不知老之将至。今来扬州作贵人，动转不得，路行开车幔，小人辄言不可。闭置车中，如三日新妇，此邑邑使人气尽。"毛泽东在读到此节时大为感慨，情不自禁地批道："景宗亦豪杰哉。"[1]毛泽东亦是慷慨豪迈之人，早年便撰《体育之研究》，提出"野蛮其体魄"，并认为"宁静安逸之境不可久居"。此种好动好胜、不喜繁文缛节的性格特征与曹景宗十分相通。在这一点上，毛泽东有找到"异代知己"的感觉，不免在心理上产生强烈共鸣。

作为武将，曹景宗虽然爱看史书，但总体上仍属于那种习文不足的草莽英雄，再加上性格自负尚勇，以致"每作书，字有不解，不以问人，皆以意造焉"。按照今天的说法，曹景宗算是一位"错别字大王"。虽然如此，曹景宗的捷思文才也不逊于饱读诗书的儒生。钟离之战后，梁武帝在华光殿主办庆功会。为活跃气氛，梁武帝嘱左仆射沈约出韵，让大家饮酒赋诗。沈约作为当时文坛盟主，自忖曹景宗乃是一介武夫，便没有给他诗韵，以免这位功臣难堪。哪知曹景宗非常生气，认为沈约是小看他，非要赋诗不可。梁武帝只好让沈约把剩下的"竞"、"病"两韵给他。曹景宗趁着酒兴，挥毫写下几句短诗："去时儿女悲，归来笳鼓竞。借问行路人，何如霍去病。"诗句率真自然，一气呵成，尤其是借西汉抗匈奴名将霍去病自比，尤显曹景宗心中不可磨灭之气。传观之下，梁武帝及群臣"惊嗟竟日"。梁武帝甚至下令将曹诗录

1《毛泽东读文史古籍批语集》，中央文献出版社1993年版，第197页。

入国史。毛泽东对曹景宗的才华也颇为赞赏，在1959年庐山会议上，他以曹景宗文化水平不高，但也能写出好诗为例，号召全党加强学习，说："南北朝时有个姓曹的将军打了仗回来作诗：'去时儿女悲，归来笳鼓竞。借问行路人，何如霍去病？'……要挤出时间，全党来个学习运动。"[1]

曹景宗是个优长与缺失都特别显豁的人。他勇冠三军，文思敏捷，但为人自大，生活也极为豪奢，蓄养妓妾至数百，穷极锦绣。据《南史·曹景宗传》记载："景宗在州，鬻货聚敛，于城南起宅，长堤以东，夏口以北，开街列门，东西数里。而部曲残横，人颇厌之。"但梁武帝念他是功臣，每生宽宥，不以问罪，还拿他在酒后的胡言乱语作笑乐。毛泽东有感于这对君臣的特殊关系，认为"使贪使诈，梁武有焉"[2]。言下之意，梁武帝把纵容贪诈当成了笼络功臣的手段。但开此先例绝无善果，梁武帝后来的悲惨命运，在一定程度上要归咎于他的赏罚不明。曹景宗带兵还有一个特点，即喜欢任用暴虐不法之徒。《南史·曹景宗传》记载："景宗军士皆桀黠无赖，御道左右莫非富室，抄掠财物，略夺子女，景宗不能禁。"曹景宗的这一特点引发了毛泽东的许多联想。他在书中批道："曹孟德、徐世、郭雀儿、赵玄郎亦用此等人。"[3]魏主曹操、唐朝大将徐世、后周太祖郭威曾派遣无赖盗坟、抢劫或杀人，所作所为与曹景宗有相通之处。至于他们为什么这样做，毛泽东没有说。大略一物有一物之用，曹景宗等人鉴于战争的残酷性，有意要使自己的军队成为虎狼之师。其中的无赖之辈本为财货子女而来，满足其要求，才能鼓舞他们在战场上冒死拼杀。

---

1 张贻玖：《毛泽东读史》，载《光明日报》，1991年9月30日。

2《毛泽东读文史古籍批语集》，中央文献出版社1993年版，第196页。

3《毛泽东读文史古籍批语集》，中央文献出版社1993年版，第196页。

十一　曹景宗不如韦睿远矣

韦睿（公元442—520年），字怀文，京兆杜陵（今陕西西安西南）人。出身三辅望族，伯父韦祖征和父亲韦祖归分别为刘宋王朝的光禄勋和宁远长史。韦睿少有盛名，伯父韦祖征对之寄予厚望，希望其“干国家，成功业”。萧齐时期，韦睿历任右军将军、上庸太守等职。南齐东昏侯永元三年（公元501年），他跟随萧衍起兵反齐，为萧梁王朝开国重臣。梁武帝萧衍即位，韦睿迁廷尉，封梁都子。天监二年（公元503年）累迁豫州刺史，领历阳太守。

毛泽东对韦睿其人其事有过极高的评价，在读《南史·韦睿传》的过程中，他写有批语达25条之多，超过他读过的其他任何一个人物传记的批语。在这些批语中，毛泽东不仅对韦睿能攻善守、谋定而动的军事才能赞美有加，而且对其宽厚仁爱的胸怀、劳谦孚众的作风以及节俭奉身的人生态度也多有肯定。在毛泽东眼中，韦睿是古代战将中少有的德才兼备、文武双全的人物。

天监四年（公元505年），韦睿受命伐魏。他派遣长史王超宗、梁郡太守冯道根攻打北魏的小岘城，但未能成功。韦睿巡行围栅，见小岘城中忽然出来数百人，便欲击之。诸将都说：“我们是轻装前来，还请让我们回去披上铠甲后，再来迎战。”韦睿不以为然地说：“魏城中二千余人，闭门坚守，足以自保。今无故出人于外，必其骁勇者也。若能挫之，其城自拔。”众将仍然迟疑，韦睿指节曰：朝廷授此，非以为饰。韦睿之法，不可犯也。”于是众将领在韦睿指挥下进兵攻城，至半夜而城拔。小岘之役显示了韦睿在掌握敌情后的决断能力。毛泽东在书中写有“躬自调查研究”、“以众击少”、“机不可失”、“决心”[1]

1《毛泽东读文史古籍批语集》，中央文献出版社1993年版，第199页。

等批语，表明韦睿在战场上既讲究“知己知彼”，又善于把握时机，所以能一鼓作气克敌制胜。

小岘之战胜利后，韦睿又率军进讨合肥。在此之前，右军司马胡景略曾尝试攻打合肥，但未奏效。韦睿巡行山川后决定筑堰拦截淝水，把水灌到合肥城下，以通舟舰。韦睿先攻打北魏修建以夹合肥的东、西小城，忽听到北魏大将杨灵胤率军五万奄至。众将惧怕不敌，请韦睿上表增兵。韦睿说：“贼已至城下，方复求军，临难铸兵，岂及马腹。且吾求济师，彼亦征众，犹如吴益巴丘，蜀增白帝耳。‘师克在和不在众’，古之义也。”因此迅速攻下了这两座小城。魏军反扑，想要捣毁梁军修筑的堤堰。监军潘灵祐劝韦睿退守巢湖。韦睿大怒：“将军死绥，有前无却。”素来身体羸弱的韦睿坐在担架上督励众军。魏兵凿堤，韦睿亲与之争。魏军见韦睿毫无退却之意，视为“韦虎”，念之胆寒。韦睿起斗舰直抵合肥城下，战舰与城头平齐，四面包围之。合肥城溃，俘获万余人。所获军实一律归公，无所私心。毛泽东读至此，又写有“以少击众”、“将在前线”、“不贪财”[1]等批语。在合肥之战中，韦睿手下两员大将胡景略与赵祖悦交恶，互不买账以至势不两立。韦睿见此，酌酒劝慰胡景略说：“且愿两虎勿复私斗。”战将临阵杯葛，为兵家之大忌。韦睿及时化解矛盾，才最终赢得了合肥之战的胜利。毛泽东感慨于此，挥笔写下“干部需和”四字。韦睿治军事必躬亲，昼接客旅，夜算军书，常三更即起，张灯达曙。所至修立藩篱、馆舍皆合准绳。退兵又亲自殿后。毛泽东鉴此，给了韦睿“劳谦君子”[2]的评价。

天监五年（公元506年），北魏中山王元英率百万之师大举南犯，

1《毛泽东读文史古籍批语集》，中央文献出版社1993年版，第200页。

2《毛泽东读文史古籍批语集》，中央文献出版社1993年版，第200页。

围困徐州刺史昌义之于钟离。梁武帝派遣征北将军曹景宗驰援，屯兵邵阳洲。时韦睿也奉命驰援，并受曹景宗节制。韦睿见形势危殆，率师从合肥穿大泽，过涧谷，火速前往邵阳洲。毛泽东不由得赞叹："敢以数万敌百万，有刘秀、周瑜之风。"[1]东汉光武帝在昆阳之战中，率敢死队三千人冲击王莽军中坚，而三国时吴将周瑜用火攻击退曹操八十万众。毛泽东将韦睿比之于刘秀、周瑜，以示其勇冠三军、不畏强敌之果敢。曹景宗虽为人自大，但独对韦睿敬重有加。梁武帝知悉曹景宗"见睿甚谨"，喜曰："二将和，师必济矣。"钟离一战打得十分惨烈。韦睿在曹景宗营前二十里截洲为城，结车为阵。北魏骁将杨大眼率骑兵冲击韦睿阵营。"睿以强弩二千，一时俱发，洞甲穿中，杀伤者众。矢贯大眼右臂，亡魂而走。"魏军先于邵阳洲两岸为两桥，树栅数百步，跨淮通道。韦睿派水军焚其桥，风怒火盛，倏忽之间，桥栅皆尽。梁军奋勇，无不一以当十。魏军大溃，"趋水死者十余万，斩首亦如之，其余释甲稽颡，乞为囚奴，犹数十万"。毛泽东于此批道："百万之众，皆尽。"[2]在钟离之战中，韦睿发挥了决定性作用，班师后以功晋爵为侯。天监七年（公元508年）迁左卫将军，不久又为安西长史、南郡太守。

韦睿临阵英勇，但并不像曹景宗那样鲁莽行事。他或"以少击众"、或"以众击寡"，全视具体情况而定。一旦摸清敌情，便抓紧时机进兵，不容部下丝毫动摇和懈怠。但在情况不明、准备不足之时，韦睿也懂得知雄守雌之道。在他升任左卫将军后，司州刺史马仙琕从北边还师，遭到魏军的掩袭，致使三关扰动。韦睿受命前往接应。军至今湖北安陆，韦睿筑城两丈余，更开大堑，起高楼。众军士颇讥笑其示弱，韦睿道："为将当有怯时。"对于韦睿的态度，毛泽东深以为然，在旁

1《毛泽东读文史古籍批语集》，中央文献出版社1993年版，第201页。

2《毛泽东读文史古籍批语集》，中央文献出版社1993年版，第202页。

边批道："此曹操语。夏侯渊不听曹公此语，故致军败身歼。"[1]在毛泽东看来，将领不可一味恃勇，必要进也要懂得内敛示弱，而韦睿正是这样一位勇于所当勇、怯于所当怯的杰出将领。

和曹景宗相比，韦睿有许多令人敬佩的品格。比如他性慈爱，抚养兄子过于己子。历官所得俸禄，皆散之亲故，家无余财。而且将兵讲究仁爱之道，"士卒营幕未立，终不肯舍，井灶未成，亦不先食"。这种与士卒同甘共苦的品格，深得儒将仁爱御下之道。毛泽东批曰："仁者必有勇"，"我党干部应学韦睿作风"。[2]韦睿还有一个优长，即为人谦冲自牧，不与人争功。徐州刺史昌义之获救后对韦睿、曹景宗感恩戴德，专门拿出二十万钱设赌。韦睿本来赢了，但故意将骰子重掷一次，将钱拱手让给争强好胜的曹景宗。毛泽东读至此，又写下"使曹景宗胜"、"曹景宗不如韦睿远矣"[3]等批语，以示对韦睿淡泊名利的敬慕。

天监十五年（公元516年），年逾七旬的韦睿拜表致仕，未获批准，从雍州刺史入值殿省。梁武帝普通元年（公元520年），迁侍中、车骑将军，但未拜即卒于家。梁武帝闻之恸哭，赠车骑将军、开府仪同三司，下表盛赞韦睿"雅有旷世之度，莅人以爱惠为本，所居必有政绩"。儿子韦放亦有胆略，他伐魏至涡阳，督率部下出战，厉声叱曰："今日唯有死尔！"毛泽东赞扬"韦放有父风"[4]。

1《毛泽东读文史古籍批语集》，中央文献出版社1993年版，第203页。

2《毛泽东读文史古籍批语集》，中央文献出版社1993年版，第203—204页。

3《毛泽东读文史古籍批语集》，中央文献出版社1993年版，第204页。

4《毛泽东读文史古籍批语集》，中央文献出版社1993年版，第205页。

十二　再读《陈庆之传》为之神往

陈庆之（公元484—539年），字子云，义兴国山（今江苏宜兴西南）人，自幼便做了萧衍的仆人，其殷勤周到深为萧衍所满意。萧衍称帝后，陈庆之从“奉朝请”这样的内廷官员逐渐升为武威将军、右卫将军、北兖州刺史、南司州刺史、北司州刺史等职。梁武帝评价他“本非将种，又非豪家。觖望风云，以至于此”，欣喜之情溢于言表。

毛泽东多次读过《南史·陈庆之传》，对这位坚毅果敢、所向披靡的将军留有极深的印象。陈庆之一生干过不少奇事、大事。梁武帝大通元年（公元527年），他跟随领军曹仲景北伐涡阳（今安徽蒙城）。而北魏则派遣常山王元昭等东援。前军至驼涧，距涡阳仅四十里。韦睿的儿子韦放说：“贼锋必是轻锐，战捷不足为功。如不利，沮我军势，不如勿击。”陈庆之不同意这种看法，说：“魏人远来，皆已疲惫，须挫其气，必无不败之理。”于是与麾下五百骑出击破其前军。魏人震恐。陈庆之还师据涡阳城，与北魏军队相持，自春至冬，各数十百战。而魏之援军，又想筑垒于军后。曹仲景害怕腹背受敌，谋划撤军。陈庆之仗节军门说：“须虏围合，然后与战。若欲班师，庆之别有密敕。”曹仲景为其胆气所感染，便听从了他的建议。魏军掎角作十三城，陈庆之陷其四垒，其余九城兵甲犹盛。陈庆之将魏军尸体和俘虏列于阵前，鼓噪攻之。魏军遂崩溃，陈庆之将其斩获略尽，涡水为之咽流。涡阳一役，若是没有陈庆之的果敢和坚毅，结果可能大为不同。

大通二年（公元528年）四月，北魏北海王元颢因为本朝大乱（指尔朱荣拥立长乐王元子攸为帝，把持北魏政权），自愿归降梁朝，想借助梁朝的力量立他为魏王。梁武帝受降，并派遣陈庆之以飚勇将军的身份护送元颢北还。陈庆之一行从　县出发，一路攻克荥城、睢阳（今河南商丘），元颢在睢阳正式称帝。北魏征东将军、济阴王元晖业率羽林军二万人南征，进屯考城（今河南民权）。考城四面环水，守备严固。陈庆之命部下浮水筑垒，攻陷其城，生擒元晖业，获租车七千八百辆，随后直赴洛阳。

北魏左仆射杨昱等人率军七万据守荥阳，又有右仆射尔朱世隆、西荆州刺史王罴率军固守虎牢关。陈庆之见部下皆恐，于是解鞍秣马，宣谕将士说："我等才有七千，虏众三十余万，今日之事，义不图存。"将士复奋勇，悉数登城，遂一举攻克荥阳。不久魏军合围，陈庆之率骑兵三千背城逆战，大破魏军，继而又克虎牢关，直至将元颢送进洛阳宫。元子攸逃往并州。元颢任命陈庆之为侍中、车骑大将军、左光禄大夫，增邑万户。陈庆之从铚县出发直至洛阳，前后不到半年，期间"平三十二城，四十七战，所向无前"。这种孤军深入的千里奔袭，依靠的完全是陈庆之的一身胆识。难怪1969年6月3日，毛泽东在《南史·陈庆之传》中批道："再读此传，为之神往。"[1]

元颢入据洛阳后沉湎酒色，又听信谗言，拒绝陈庆之提出的安不忘危、"更请精兵"的主张，意欲摆脱陈庆之的控制，背恩自立。结果北魏天柱将军尔朱荣、右仆射尔朱世隆等人复纠合百万人，挟魏主元子攸进击元颢。元颢在洛阳待了仅65天便仓皇出逃，最终在临颍被生擒。陈庆之且战且退，无奈之下扮作沙门，历经艰辛后才回到建康。梁武帝中大通二年（公元530年），陈庆之拜南北司州刺史，加都督，之后又相继打败魏将娄起、是云宝和侯景。

南北朝时期多是北朝南侵，南朝处于守势。陈庆之的北伐是少有的主动出击并威震中原的战例。他一路过关斩将，所向披靡，其英勇无畏和辉煌战绩，不能不激起作为军事家的毛泽东的浓厚兴趣。毛泽东在载

---

1 《毛泽东读文史古籍批语集》，中央文献出版社1993年版，第205页。

有《陈庆之传》的《南史》第61卷的书封上，曾用粗重黑铅笔画着两次阅读该传的标记。在传记开头的天头上，又连画四个大圈，并写下“陈庆之传”等几个苍劲有力的大字，以示对此传的重视和喜爱。

十三 《昭明文选》好文宜读

《昭明文选》是我国现存最早的诗文总集，共收录从先秦至南朝梁代八九百年间，130多位知名作者的700多篇作品。主持编选者萧统（公元501—531年），字德施，南兰陵（今江苏常州西北）人，是梁武帝萧衍的长子。因其死后谥号“昭明”，故后世将其编选的这部作品称为《昭明文选》。

萧统之前，中国曾有过许多文学选集，如先秦至汉代有《诗经》、《楚辞》。而从西晋到萧统之前选本更多，如杜预的《善文》、挚虞的《文章流别集》、李充的《翰林》、谢灵运的《诗集》、宋明帝刘彧的《杂诗》、沈约的《集钞》，等等。但西晋以后的这些选本均未流传下来，只有萧统的《昭明文选》独存至今。之所以如此，是因为《昭明文选》的文学理念和所选作品确乎能经得起历史的考验。在文学理念方面，萧统在总结、吸收曹丕、范晔、谢灵运、萧子显等人的文学理论的基础上，以发展的眼光来品评文学，提出“事出于沉思，义归乎翰藻”的选文标准，从而自觉地将文学同经、史、子等非文学作品区别开来。如他认为诸子百家“以立意为宗，不能以文为本”，所以一篇也不选入。史籍中只选入富于辞采的“赞论”和“序述”。用今天的话来说，他只选那些经过精心构思，具有某种意义特别是富于文采的作品，凸现出文学作品与学术著作、应用之文的本质差异。在所选作品方面，《昭明文选》多为名家名作，如枚乘的《七发》、王粲的《登楼赋》、陆机的《文赋》、曹丕的《典论·论文》等。对于南北朝时期的名家如谢灵运、江淹等作品更是广泛收入，谢灵运的就达数十篇之多。而且《昭明文选》所选文章的类别也非常丰富，包括38个门类。这些都为后人学习、研究提供了一个好的选本。

从隋代开始，《昭明文选》的研究就成为一门专门的学问——“文选学”。隋人萧该著有《文选音义》，为当时所推重。唐初的李善作《文选注》六十卷，征引浩博，注释精赅，影响很大。到清代，又出现胡克家的《文选考异》、胡文瑛的《文选笺证》、梁章钜的《文选旁证》等著作。至于《昭明文选》对文学创作的影响则更为深广。唐代文学的繁荣，在很大程度上便是拜《文选》所赐。杜甫教育他的儿子要“熟精《文选》理”。韩愈虽有“文起八代之衰、道济天下之溺”的美誉，但在给李刑的墓志铭中，则称赞李刑能记诵《文选》。李详在《韩诗证选》中说：“韩公之诗引用《文选》亦伙”，还说“韩公熟精选理，与杜陵相亚”。到了宋代，学习《昭明文选》更是蔚为风气。据陆游《老学庵笔记》记载，宋初士子须臾不离《文选》，甚至有所谓“《文选》烂，秀才半”的说法。

对于毛泽东来说，《昭明文选》可以说给了他终身的浸润和启迪。据罗章龙回忆录《椿园载记》，毛泽东1917年游览南岳衡山后曾写信给他，向他描述南岳风光，头一句便是“诚大山也”！文风与木玄虚的《海赋》之格调相近。《海赋》收入《昭明文选》李善注本卷十二。由此可见，青年时代的毛泽东便已开始学习和研究《昭明文选》。以后直到去世，《昭明文选》都是毛泽东最为看重的文史古籍之一。上世纪50、60和70年代，毛泽东多次要工作人员找来《昭明文选》阅读。1959年10月23日外出工作，他指定要带的书籍中就有《昭明文选》。现存的毛泽东批注过的《昭明文选》有三个版本，在一本李善注本的封面上，他写下了“好文宜读”四个大字。1957年3月8日，他在与文艺界人士谈话时，追溯过中国的文学批评史，并说：“《昭明文选》里也有批评，昭明太子那篇序言里就讲，‘事出于沉思’，这是思想性；‘义归乎翰藻’，这是艺术性。单是理论，他不要。要有思想性，也要有艺术性。”[1]这实际上是肯定了萧统在文学理论批评史上的重大贡献。

在《昭明文选》所收录的南北朝作品中，毛泽东特别欣赏并评论过的有江淹的《别赋》、《恨赋》，谢庄的《月赋》，谢朓的《晚登三山还望京邑一首》，丘迟的《与陈伯之书》，等等。

江淹（公元444—505年），字文通，济阳考城（今河南兰考）人，“少孤贫好学，沉靖少交游”，起家南徐州从事、奉朝请，后为萧齐、萧梁两朝重臣，深得萧道成、萧衍两位开国皇帝的倚重。江淹饶有才华，又经历时变，饱尝宦情，所以发而为文便超迈凡俗，《别赋》、《恨赋》为其代表作。

1939年7月9日，毛泽东在延安的一次演讲中，便颇为欣赏地谈到文学家江淹，说他做了很多好文章，有一篇叫《别赋》，里面有很好的话，但是伤感流泪的话。最为人们熟记的有“春草碧色，春水绿波，送君南浦，伤如之何”。多么伤心流泪，文笔很好。但我们今天不需要这样写，改一下，作为“春草碧色，春水绿波，送君延安，快如之何”。[2]与《别赋》相比，毛泽东对江淹的《恨赋》钻研更深。此赋中有这样一段话：“至如秦帝按剑，诸侯西驰。削平天下，同文共规。华山为城，紫渊为池。雄图既溢，武力未毕。”1975年的一天，北京大学中文系讲师芦荻为毛泽东朗读《恨赋》，当读到“雄图既溢”时有些不

1 曲一曰主编：《毛泽东评说中国文学》，吉林人民出版社1998年版，第102页。

2 陈晋：《毛泽东谈文说史·不废婉约》，见《瞭望》，1991年第38期。

解。为向芦荻解释其中的“溢”字，毛泽东全凭记忆背了《西厢记·长亭送别》中的几句词：“这忧愁诉与谁，相思只自知，老天不管人憔悴。泪添九曲黄河溢，恨压三峰华岳低。到晚来把西楼倚，见了些夕阳古道，衰柳长堤。”经这番解释，芦荻明白了江淹为何要用“溢”字来烘托秦始皇的“雄图”，同时也深为毛泽东的学识和惊人的记忆力所折服。[1]

谢庄（公元421—466年），字希逸，陈郡阳夏（今河南太康）人。相传他年仅七岁便能属文，通《论语》。长大后风姿瑰伟，刘裕见而惊叹：“蓝田出玉，岂虚也哉。”谢庄在刘宋时期身历六朝，担任过前军将军、吏部尚书、国子博士、中书令等要职。谢庄善作赋，宋文帝元嘉二十九年（公元453年），南平王刘铄向朝廷献赤鹦鹉，文帝刘义隆普召群臣为赋。时任太子左卫率的袁淑文冠当世，作完赋后给谢庄一阅，恰巧谢庄之作亦成，袁淑见而叹道：“江东无我，卿当独秀。我若无卿，亦一时之杰也。”于是把自己的作品藏了起来。谢庄的作品很多，代表作有《月赋》、《舞马歌》等。20世纪60年代，毛泽东在山东视察工作时，与山东省委书记舒同讨论过齐国的历史和曹植封陈王的故事，并随口背诵起谢庄《月赋》的头几句：“陈王初丧应刘，端忧多暇，绿苔生阁，芳尘凝榭。悄焉疚怀，不怡中夜。乃清兰路，肃桂苑。腾吹寒山，弭盖秋阪……”接着评论道：“自古以来赋月亮的，就是谢庄的这一篇最著名。”[2]谢庄的《月赋》只有六百来字，但却将月亮的精魂和人间的怀想表现得淋漓尽致。“升清质之悠悠，降澄辉之蔼蔼。”朗月高悬，冰清玉洁，但这美景却引动人间离愁——“美人迈兮音尘阙，隔千里兮共明月。”北宋大文豪苏东坡的名句“但愿人长久，千里共婵

1 杨建业：《在毛主席身边读书——访北京大学中文系讲师芦荻》，见《光明日报》，1978年12月29日。

2 陈晋：《毛泽东谈文说史·不废婉约》，见《瞭望》，1991年第38期。

娟”，未始不是从中点化而来。所以毛泽东对谢庄《月赋》的推崇，当是经过比较而得出的定评。

谢朓（公元464—499年），字玄晖，陈郡阳夏（今河南太康）人，高祖谢据为东晋重臣谢安之兄。谢朓少好学，文章清丽，南齐海陵王萧昭文辅政时曾出任宣城太守，故又被称为“谢宣城”。东昏侯萧宝卷当政时，谢朓因告发萧遥光等人谋反而被杀，年仅36岁。他在文学上长于五言诗，文友沈约常说：“二百年来无此诗也。”《昭明文选》收录了谢朓的二十多篇作品，其中大多为五言诗，如《晚登三山还望京邑一首》、《京路夜发一首》、《望荆州一首》，等等。《晚登三山还望京邑一首》堪称谢朓的代表作，中间数句即“余霞散成绮，澄江静如练。喧鸟覆春洲，杂英满芳甸”，是描摹自然山水的神来之笔，历来被视为写景诗中的瑰宝。1975年，毛泽东在与芦荻谈论中国文学史时，便以此诗为例，批评苏轼关于韩愈“文起八代之衰”的观点，说：“连李白都激赏谢朓的‘余霞散成绮，澄江静如练’，并‘一生低着谢宣城’，为什么苏轼辈却大叫‘文衰’了呢？”[1]

丘迟（公元464—508年），字希范，吴兴乌程（今浙江吴兴）人，历仕齐、梁二朝，在梁时官至司空从事从郎。《与陈伯之书》是丘迟用骈体写成的一封书信。陈伯之幼有膂力，在乡里多行偷窃等无赖之事，后投奔同乡、车骑将军王广之，因平定南齐安陆王萧子敬造反等事功而封冠军将军、鱼复县伯。萧衍起兵反齐，陈伯之率部归附，因力战进号征南将军，封丰城县公。陈伯之目不识丁，见识愚闇，后在手下朱龙符、邓缮等人的挑拨下背叛梁朝而委身北魏，北魏任命其为都督淮南诸军事、平南将军、曲江县侯。梁天监四年（公元505年），临川王萧宏率军北伐，陈伯之率魏军迎敌。萧宏便令记室丘迟以私人名义写了这封信。

1《毛泽东谈魏晋南北朝——芦荻访谈录》，见《党的文献》，2006年第4期。

《与陈伯之书》是一篇绝佳的“劝降书”，它对陈伯之示之以威，动之以情，晓之以理，让陈伯之意识到只有迷途知返才是唯一出路，达到了“一信抵数万兵”的效果。第二年，陈伯之归降，被任命为平北将军、太中大夫等职。该书信多用典故，辞采斐然，对自然风物的描绘更是感人至深，如“暮春三月，江南草长。杂花生树，群莺乱飞”等已成为后世传颂的名言。毛泽东对丘迟的这篇作品涵泳既久，烂熟于心。1959年8月1日，他在给周小舟的信中说：“‘迷途知返，往哲是与，不远而复，先典攸高’几句见丘迟《与陈伯之书》。此书当作古典文学作品，可以一阅。‘朱鲔喋血于友于，张绣剸刃于爱子，汉主不以为疑，魏君待之若旧’，两个故事，可看注解。”[1]

毛泽东在信中所说的两个故事，一个是说绿林军将领朱鲔曾劝更始帝刘玄杀掉刘秀的哥哥刘縯，但刘秀做皇帝后不计前嫌，重用朱鲔；另一个是说原董卓部下张绣投降曹操后反悔，还杀掉了曹操的长子曹昂和侄子曹安民。后来张绣又投奔曹操，曹操对之不咎既往。丘迟在信中引用这两个典故，意在向陈伯之昭示梁主有“吞舟是漏”的宽大胸怀。而毛泽东向周小舟推荐丘迟的《与陈伯之书》也绝非偶然。因为当时正值庐山会议期间，周小舟与彭德怀、黄克诚、张闻天等因指责“大跃进”而受到批判。毛泽东“古为今用”，希望周小舟等从丘迟作品中受到启发，迷途知返，主动而积极地改正“错误”。

毛泽东通过大量阅读南北朝及其以前魏晋时期的文学作品，产生了对苏轼所谓韩愈“文起八代之衰”的强烈质疑和反对。1975年，他曾对陪伴自己读书的北京大学讲师芦荻说：苏轼说那时期“文衰”了，这是不符合事实的。可以把那时的作品摆出来看一看，把《昭明文选》、《全上古三代秦汉三国六朝文》拿出来看一看，是“文衰”还是“文

1 曲一曰主编：《毛泽东评说中国文学》，吉林人民出版社1998年版，第60页。

昌”，一看就清楚了。[1]不过，毛泽东也不是首先对苏轼观点表示质疑和反对的人，比如鲁迅的弟弟周作人便认为，南北朝人所著书多以骈俪行之，但均质雅可诵，堪称“篇章之珠泽，文采之邓林”，有一种健全的气象与性情，“自从韩愈文起八代之衰以后，便没有这种文字，加以科举的影响，后来即使有佳作，也总是质地薄，分量轻，显得是病后的体质了”[2]。与毛泽东有所不同的是，周作人于南北朝文学，最为喜爱《洛阳伽蓝记》和《颜氏家训》，认为这两部作品包罗万象，深得博雅之旨趣。

十四　庾信妙笔生花，才华不减江淹

庾信（公元513—581年），字子山，南阳新野（今河南新野）人，南北朝时期最负盛名的文学家之一。据《周书·庾信传》记载，“信幼而俊迈，聪敏绝伦。博览群书，尤善春秋左氏传。身长八尺，腰带十围，容止颓然，有过人者”。其父庾肩吾曾为梁太子中庶子，庾信随父出入禁闼，恩礼莫与比隆。后庾信与徐陵一起任太子萧纲的东宫学士，两人并有才名，文皆绮艳，世人将其文学风格称为“徐庾体”。

547年侯景作乱，庾信出逃至江陵，辅佐梁元帝萧绎，除御史中丞，之后出使西魏。554年西魏灭梁，庾信遂滞留长安。557年北周代西魏，开国皇帝宇文觉雅好文学，庾信特蒙恩礼，迁骠骑大将军、开府仪同三司等职，故后世称之为“庾开府”。南方代梁而兴的陈朝与北周通

1《毛泽东谈魏晋南北朝——芦荻访谈录》，见《党的文献》，2006年第4期。

2《周作人精选集》，燕山出版社2006年版，第37页。

好，南北流寓之士，各许还其旧国。陈朝要求北周放还庾信等十数人，宇文觉将王克、殷不害等人遣返故土，但庾信与王褒二人却留而不遣。庾信不久被征为司宗大夫。

庾信早年出入宫廷，文酒流连，《春赋》、《对烛赋》、《荡子赋》是那时的代表作。因岁月静好、生活清宁，庾信的创作多指向佳山秀水，醇酒美人，留下了“日落含山气，云归带雨余”、“少年唯有欢乐，饮酒哪得留残”等清丽、浮艳的诗句。从出使西魏开始，庾信则经历国破家亡之痛、羁旅行役之苦、屈身事敌之羞。虽然他在北周备受礼遇，位望通显，但却愁肠百结，常有乡关之思。特别的遭际和人生体验，导致庾信的文学风格从早期的绮艳靡丽一变而为萧瑟苍凉。晚年的代表作《哀江南赋》、《枯树赋》、《伤心赋》、《拟咏怀诗二十七首》等成就了庾信的文学英名。唐代杜甫曾说：“庾信文章老更成，凌云健笔意纵横。”又称“庾信平生最萧瑟，暮年诗赋动江关”。清代王夫之甚至认为，“六代有心有血者，惟子山而已”。

庾信的作品才思富赡，多神来之笔，化用典故亦随手剪裁，弥合无间，晚年的作品更富于真情实感，“危苦之辞”撼人心魄。这种文章愈老愈成的表现与江淹“少以文章显，晚节才思微退”恰成反照。虽然江淹与庾信的经历不同，创作之路更有极大反差，但文学成就却难分轩轾。毛泽东在评价这两位文学巨擘时说过：“南北朝作家中，妙笔生花者，远不止江淹一人，庾信就是一位。”[1]毛泽东较早谈到庾信的作品是在1949年国共两党会谈期间。该年3月底，国民党南京政府的和谈代表张治中、邵力子、章士钊等到达北平。周恩来在颐和园设宴招待，毛泽东跟他们也一一相见。在宴会后的谈话中，双方讲到魏晋南北朝时期的文学，毛泽东把庾信的《谢滕王赉马启》的一段顺口念了出来：“柳

1 吉定：《毛泽东与庾信的〈枯树赋〉》，见《名作欣赏》，2003年第12期。

谷未开，翻逢紫燕；陵源犹远，忽见桃花。流电争光，浮云连影。”毛泽东风趣地对邵子力说：“他（庾信）总能认几个字吧？”[1]毛泽东话中有话，邵力子等人悦服地点头微笑。

在庾信众多的作品中，毛泽东背得最熟、体悟最深的当数《枯树赋》。这是一篇“拟物自喻”之作，即借树木的盛衰荣枯，抒写自己的人生悲慨。该赋起首借用《续晋阳秋》的一则故事以起兴：殷仲文顾庭槐而叹曰：“此树婆娑，生意尽矣。”结尾又征引东晋大将军桓温的千年感慨以作结：“昔年种柳，依依汉南；今看摇落，凄怆江潭。树犹如此，人何以堪？”毛泽东认为，《枯树赋》不仅构思精巧，首尾呼应，而且行文恣肆夸炫，气骨清健中又不失华丽。它写到了桐树、柳树、槐树、松子、古度等宫廷内外各种各样树木由繁茂雄健到枯萎零落的命运，将树木拟人化，借以引起人生的荣枯穷通之叹，诚为一首妙笔生花的佳作。据张玉凤回忆，全赋大部分章节毛泽东都能背诵下来，即使是在病魔缠身的晚年仍能背出。他常常想起来就吟诵，“直到他不能讲话为止”。事实上，这也是毛泽东诵读过的最后一首赋。

1951年，毛岸英牺牲在朝鲜战场。毛泽东陷入巨大的失子之痛中。当彭德怀向他讲完岸英牺牲的经过后，他站在窗前，久久凝视庭院里萧疏的垂柳，并低吟起庾信的《枯树赋》。历史进入1976年，随着周恩来、朱德的相继离去，毛泽东内心的寂寞悲凉之感更为深重。他叫张玉凤找来庾信的《枯树赋》，让她读给自己听。张玉凤连读两遍后，毛泽东自己又一字一句地背诵起来：“……此树婆娑，生意尽矣！至如白鹿贞松，青牛文梓，根柢盘魄，山崖表里。桂何事而销亡？桐何为而半死？……昔年种柳，依依汉南；今看摇落，凄怆江潭。树犹如此，人何

1 刘汉民编著：《毛泽东谈文说艺实录》，长江文艺出版社1992年版，第23页。

以堪？”[1]

《枯树赋》一文用典很多，诘屈难解之处亦不少。1975年，江青曾把请人注释的《枯树赋》送进中南海，题解中沿袭清代某些学者的观点，将此赋的立意概括为“借树木的迁徙移植，摇落变衰，寄寓自己的悲感”。该年5月29日，毛泽东通过反复阅读原文后认为，“把树木的摇落变衰，归因于移植，是曲解了《枯树赋》的立意”。他以“桐何为而半死”为例，说其中的桐指枚乘《七发》里“龙门之桐，高百尺而无枝……其根半死半生”和被人“斫斩以为琴”的能发出美音的龙门之桐。桐之半死与凋枯缘于受到急流逆波的冲荡和人为的砍伐，“不是移植问题”。另外，赋中“若夫松子古度”等十句，原文说得很清楚，这些枝干繁茂、根系发达、生命力极强的树木，乃是由于苔菌埋压、鸟虫剥蚀、霜雪侵撼才枯死的。毛泽东不仅就《枯树赋》的立意发表了自己的看法，而且还从训诂学的角度就某些字句的解释提出了疑问。如“比翼巢鸳”，原注为“比翼的鸳鸯在上面（树上）作巢”。毛泽东认为此解不确，因为“过去只讲鸳鸯戏水，现在又有了鸳鸯戏树”，所以不可思议。他觉得此处的“鸳”，“可能是指鹓（音鸳，凤类）”。[2]

庾信的作品影响了许多文人。如初唐王勃的佳句“落霞与孤鹜齐飞，秋水共长天一色”，便由庾信《华林园马射赋》中的“落花与芝盖齐飞，杨柳共春旗一色”点化而来。毛泽东读过庾信的很多作品，特别是其晚年以《枯树赋》为代表的佳作，更能引起他心灵上的共鸣。毛泽东一生做事刚劲奋力，但随着身体的老去，也常有力不从心之感。因此，庾信的拟物自喻这种特殊的文学表现手法，在晚年毛泽东的情感慰藉中便发挥了突出的作用。

---

1 刘汉民编著：《毛泽东谈文说艺实录》，长江文艺出版社1992年版，第27页。

2 吉定：《毛泽东与庾信的〈枯树赋〉》，见《名作欣赏》，2003年第12期。

十五　陈后主没有出息

陈后主陈叔宝（公元553—604年），南朝陈末代皇帝。字元秀，小字黄奴。吴兴长城（今浙江长兴东）人。太建十四年（公元582年）陈宣帝陈顼死，陈叔宝作为嫡长子继位，在位八年。

陈叔宝是一位才华出众却又荒淫无能的皇帝。他即位后在建康光昭殿前起造临春、结绮、望仙三阁，各高数十丈，连绵数十里，其窗牖栏槛皆以昂贵的沉檀木为之，饰以金玉，间以珠翠，外施珠帘，内有宝床宝帐。陈叔宝自己居住在临春阁，贵妃张丽华居结绮，贵嫔龚、张二人居望仙，复道往来。当时江总为宰辅，但却承风希旨，不亲政事，每日与尚书孔范、散骑常侍王瑳等文士十余人侍宴后庭，谓之狎客。陈叔宝每饮酒，便命令诸嫔妃与狎客们一同赋诗，将其中最为艳丽者谱成新曲，选宫女千余人习而歌之，其曲有《玉树后庭花》、《临春乐》等，大多描写张丽华等嫔妃之美艳，君臣酣歌，自夕达旦。

在歌舞升平之中，陈叔宝荒怠政务，百司启奏，由宦官进呈，陈后主将张丽华抱于膝上共决政事，形同儿戏。589年，隋朝派遣杨广、杨素、韩擒虎、贺若弼等率兵50余万东下攻陈，毫无准备的陈后主竟然从容对侍臣们说："王气在此，齐兵三来，周师再来，无不摧败，彼何为者耶？"孔范则说："长江天堑，虏岂能飞渡耶？"陈后主笑以为然，因此照旧奏伎纵酒，赋诗不辍。隋军顺利渡过长江，陈朝主帅萧摩诃等望风迎降。韩擒虎直入朱雀门，陈后主惶恐之下自投于井。不久隋军窥井，呼之不应，欲往下扔石头。此时井下才传来叫声，隋军以绳牵引，惊呼太重。及出，原来陈后主竟与张贵妃、孔贵妃绑在一起。后人有诗曰："擒虎戈矛满六宫，春花无树不秋风。仓皇益见多情处，同穴甘心赴井中。"陈叔宝作为亡国之君被押解到长安后，请示隋朝给他个官号，以便朝会宴饮时有个位置。隋文帝杨坚听后轻蔑地说："叔宝全无心肝。"604年，一生浑浑噩噩的陈叔宝死了，隋炀帝封他为"长城县公"。

陈叔宝之后，中国历史上又出了好几位文才出众的亡国之君，如隋炀帝、李后主、宋徽宗等。毛泽东有感于此，说了如下一段话："可不要看不起老粗。知识分子是比较最没有知识的。历史上当皇帝，有许多是知识分子，是没有出息的。隋炀帝就是一个会做文章、诗词的人。陈后主、李后主都是能诗能赋的人。宋徽宗既能写诗，又能绘画。一些老粗能办大事情，成吉思汗、刘邦、朱元璋。"[1]毛泽东看不起陈后主、李后主这些人，原因是这些人溺于诗酒，不识大体，爱美人胜过爱江山，结果"皮之不存，毛将焉附"，一切诗酒享乐都随江山失手而烟消云散。

十六　王建庸人，不知政治

杀俘不祥，是历代有见识的兵家坚守的理念，但北魏初年的将领王建却建议道武帝拓跋珪大杀后燕战俘，结果在后续的战争中遭到对方的拼死抵抗。此种报应，为"杀俘不祥"又添了一个强有力的注脚。

北魏道武帝拓跋珪登国十年（公元395年）七月，后燕皇帝慕容垂派其子慕容宝率八万大军进攻北魏。但出师不利，前锋受挫后，慕容宝南下后撤。395年11月，魏军在参合陂追上燕军，将其主力歼灭，并俘虏其文武官员及士卒数千人。魏主拓跋珪出于笼络人心、直捣黄龙的考虑，"于是简择俘众，有才能者留之，其余欲悉给衣粮遣归，令中州之人咸知恩德"。时任冀青二州刺史、中部大人的王建却认为"纵敌生

1 陈晋：《毛泽东之魂》，中央文献出版社1997年版，第367页。

患，不如杀之”。拓跋珪说：“若从建言，非伐罪吊人之义。”无奈诸将都以王建之言为然，而王建又固执己见，拓跋珪只好同意将俘虏坑杀。

次年8月，拓跋珪举全国之力征伐后燕，到11月占领了后燕的大部分地区。残存的燕军龟缩到中山（后燕都城，今河北定州）、信都（今河北冀县）、邺（今河北临漳）三城中。王建奉命攻打信都，但“攻城六十余日，不能克，士卒多伤”。后来付出了很大的代价才勉强攻下信都。397年3月，拓跋珪率军进围中山，慕容宝弃城而走，城内为数不多的守军害怕重蹈参合陂一役的覆辙，共推慕容普驎为首闭门固守。拓跋珪发动总攻，但久攻不下，于是使人登巢车临城招抚守军。但守军皆曰：“但恐如参合之众，故求全月日命耳。”在实力极为悬殊的情况下，中山守军凭借与城共存亡的勇气拼死抵抗，使拓跋珪的进攻屡遭挫折。拓跋珪这才意识到，是王建的馊主意坏了他的大事，于是“顾视建而唾其面”，以这种粗鲁的方式以发泄对王建的恼怒和不屑。

毛泽东在读《南史·王建传》时看到上述故事，批下八个大字：“王建庸人，不知政治。”[1]所谓“庸人”，是只看到眼前利益而不识大体的人。毛泽东熟读《孙子兵法》，深谙战场上要以攻心为上，攻城次之。而王建坑杀俘虏的拙劣表现，在毛泽东心目中是“不知政治”的典型事例。

十七　郦道元是一位了不起的人

郦道元（约公元470—527年），字善长，北魏范阳郡涿县（今河北

1《毛泽东读文史古籍批语集》，中央文献出版社1993年版，第212页。

省涿州市）人，永宁侯郦范之子。他先后在平城（今山西大同）和洛阳这两个北魏都城担任过骑都尉、太傅掾、书侍御史、御史中尉和北中郎将等职，并多次出任地方官，担任过冀州镇（今河北冀县）东府长史、鲁阳郡（今河南鲁山县）太守、东荆州（今河南唐河县）刺史、河南尹等职。527年，北魏发生六镇叛乱，四方骚动。正值国家多事之秋，郦道元在赴任关右大使途中被地方官杀害，享年58岁。

《水经注》一书为郦道元的代表作。它是为汉代桑钦（一说为晋代郭璞）著《水经》所作的注释。《水经》一书一万多字，涉及大小河流137条，郦道元有感于此书记载有失简略粗疏，遂在实地考察山川河流形势的基础上广征博采，著成四十卷、三十多万字的《水经注》。史载，郦道元为注释《水经》，参阅各种书籍达437种，涉及河流达1252条之多，作了二十余倍于原书的补充和扩展，足见其用力之勤、发掘之深。

《水经注》以河道为纲，记载了各条河流的水文、地质、地貌以及流域的土壤气候、物产民俗、城邑兴衰等情况，还兼及沿途的碑刻墨迹、渔歌民谣和神话传说，是中国六世纪诞生的一部综合性地理巨著。相较于北魏时期的《洛阳伽蓝记》、《颜氏家训》等名著，《水经注》以其科学性和专门性独树一帜。毛泽东1958年1月28日在最高国务会议上的讲话中说："我看《水经注》作者也是一位了不起的人。他不到处跑怎么能写得那么好？这不仅是科学作品，也是文学作品。"[1]

正如毛泽东所指出的，《水经注》不仅可当做科学作品来读，而且也可当做文学作品来欣赏。全书构思奇妙，语言清丽，不同于《禹贡》和《汉书·地理志》。郦道元对长江三峡的描绘尤见功力，其中写道："每至晴初霜旦，林寒涧肃，常有高猿长啸，属引凄异，空谷传响，哀转久绝"，而"春冬之时，则素湍绿潭，回清倒影"。这些对长江四时

1 龚育之等：《毛泽东的读书生活》，三联书店1986年版，第270页。

景色的描绘，后来以《三峡》为题收入到中学的语文课本之中。

十八　兰陵王是英勇善战的少年将军

1958年5月，毛泽东在中共八大二次会议上讲到破除迷信时，一连举了古今中外共29个例子，用以说明青年人胜过老年人，许多壮举和发明皆是年轻人所为，其中一个例子便是南北朝时北齐的少年将军、兰陵王高肃（公元541—573年）。他说："南北朝北魏的兰陵王，也是一个少年将军，他很会打仗，很勇敢。有一个专门歌颂他的曲子叫《兰陵王入阵曲》，据说这个曲子现在日本。"[1]

兰陵王高肃，字长恭，为高欢之孙，高澄第三子。北齐文宣帝高洋天保八年（公元557年）拜通直散骑常侍，废帝高殷乾明元年（公元560年）拜左右大将军，晋爵兰陵（今山东峄县西北）郡王。后主高纬时进位尚书令、太尉和太保。据《北齐书·兰陵王长恭传》，高肃"貌柔心壮，音容兼美"，姿容迥不似武将，《隋唐嘉话》甚至说他"白类美妇人"。但人不可貌相，实则他是一位骁勇善战的猛将。据说因为面相柔美不足以威慑敌人，他每出征必带上狰狞的"大面"（面具）。后来京剧中的脸谱，可能就与兰陵王的"大面"有关。

北齐与北周在北方对峙，经常打仗。在芒山战役中，北齐开始打了败仗，兰陵王为中军大将，率领五百骑第二次杀入北周阵中，冲破重围来到金墉城（今洛阳西北，故址又称阿斗城）下。北齐守军开始未能认出兰陵王，怀疑是敌人的计谋。待兰陵王摘下面具以示真容，守城齐军

1 李锐：《大跃进亲历记》（上），南方出版社1999年版，第328页。

军心大振，立即派出弓弩手出城救援，里应外合，大败周军。为庆祝胜利，武士们编成《兰陵王入阵曲》且歌且舞，后来广为传唱，到隋朝时被列为宫廷舞曲。

芒山大捷后，后主高纬对兰陵王说：“深入敌军重围，万一出现不利情况是十分危险的。”兰陵王回答说：“这是家事，当时情况紧急，就不由自主那样做了。”高纬很忌讳兰陵王将国家大事说成“家事”，以为他有图谋不轨之嫌，于是赐毒酒让其自尽。一代少年将军死在昏主之手。

《兰陵王入阵曲》悲壮浑厚，古朴悠扬，直到唐朝前期仍被奉为经典的宫廷乐舞。然而到了唐玄宗时，这位皇帝音乐家却借口《兰陵王入阵曲》不是所谓“正声”，下令将其从宫廷乐舞中删除，仅留下一个教坊曲牌，内容则在中国完全失传了。毛泽东说“这个曲子现在日本”，是有许多史实作为依据的。日本在唐代时与中国交往频繁，正是在遣唐使的努力下，《兰陵王入阵曲》传到了日本。公元749年，即唐玄宗天宝八年，日本奈良王朝的高野姬天皇，诏令舞蹈名家尾张滨主首次在宫中表演《兰陵王入阵曲》。此后，此曲从宫廷传入民间，在日本广受欢迎。日本古代五月五日赛马会，七月七日相扑节会、射箭大会等，都会演奏这首曲子。时至今日，日本奈良元月十五“春日大社”举行一年一度的日本古曲乐舞表演节目，《兰陵王入阵曲》仍是一个重要的独舞表演节目。1956年，梅兰芳先生出访日本时欣赏过《兰陵王入阵曲》，感叹中国古代的名曲竟然在日本得以保存，很不寻常。

第十章

毛泽东评点隋、唐王朝（上）

由北周外戚权臣杨坚建立的隋朝（公元581—618年），结束了自魏晋、南北朝以来长期战乱和分裂的局面，实现了天下一统。但杨坚是雄猜之主、残暴之君，他不仅素无学术，不施文治，而且杀戮功臣，持法尤峻。杨广杀父继位后又急功近利，骄傲放荡，结果导致隋朝像秦朝一样二世而亡。

代隋而兴的唐朝（公元618—907年），则有如代秦而起的汉朝一样享国绵长。这在很大程度上归功于唐太宗李世民的励精图治。唐武德九年（公元627年），李世民发动“玄武门之变”，屠兄杀弟，逼迫父亲李渊让出皇位。这一“惭德”激发李世民要创立巨功伟业于天壤之间，以证明他比任何人都适合君临天下。李世民勤于朝政，自奉唯谨，加之求贤若渴，虚心纳谏，终于成就了以君臣相得、物阜民康为标志的“贞观之治”。李世民留下的基业，经受住了武则天等外戚专权，以及宫廷斗争中血雨腥风的考验，到唐玄宗李隆基当政前期（公元712—742年）又有了进一步的拓展，“开元盛世”将唐朝的辉煌推向顶峰。那时全国商业发达，人口增长至5290多万人，出现长安、洛阳、广州等国际性的大都会。“忆昔开元全盛日，小邑犹藏万家室。稻米流脂粟米白，公私仓廪俱丰实。”杜甫的这几句诗，是对开元盛世的真实记录和深情回放。

“安史之乱”是唐朝历史的转折点，之后的宦官专权和藩镇割据始终困扰着这个老大帝国。如唐代宗时期（公元762—779年），李辅国、程元振、鱼朝恩等宦官恣口谈政，求取无厌，达到无所忌惮的地步。鱼朝恩开创了宦官监军的先例，李辅国则狂妄地对代宗李豫说：“大家但内里坐，外事听老奴处置。”唐文宗李昂（公元826—840年在位）面对气焰嚣张的仇士良等宦官更是一筹莫展，他曾无奈地向当值学士周墀诉苦，坦陈自己甚至比不上周赧王和汉献帝，因为后两者受制于权臣，而自己则是受制于家奴，其内心的屈辱和凄凉不难想见。至于藩镇割据这一痼疾，尽管在唐宪宗时期经过裴度、田弘正等文臣武将的努力有所缓解，出现了短暂的“元和中兴”。但从唐穆宗李恒开始，不仅旧病发作，而且愈演愈烈。藩镇“自除官吏，不供贡赋”，内轻外重的政治格局从根本上动摇了大唐的国本。到唐懿宗、唐僖宗时期，朝廷奢侈日甚，又用兵不息、赋敛愈急，王仙之、黄巢等盐贩趁民不聊生之际聚众起义，最后朱温在各路群雄的拼杀中火中取栗，捷足先登，在907年即位建立后梁，唐朝历史就此结束。

有唐一代历时近300年，除了晚期的西风残照，前期和中期有太多可圈可点的人物和事件，特别是唐太宗李世民从太原起兵到君临天下，更是上演了一出荡气回肠的英雄传奇。毛泽东早年便读过《说唐》、《隋唐演义》等历史小说，既培养了对唐史的兴趣，又积累了不少谈古论今的素材。青年和壮年时期，毛泽东对唐代文学涵咏默会，并将体悟所得运用于自己的创作实践。迨至晚年，毛泽东得以有条件全面地温习和研究唐史。他除了通读新旧《唐书》外，还广泛浏览过记载唐朝文人风习、社会习俗和奇闻异事的《唐摭言》、《酉阳杂俎》等著作。后晋刘昫等撰《旧唐书》的本纪大多根据实录和国史编撰而成，保留了大量原始、完整和朴直的材料，而宋代宋祁、欧阳修等人编撰的《新唐书》却将本纪部分由原来的30多万字削减至9万字，列传部分也有删繁就简之处，毛泽东认为"《旧唐书》比《新唐书》写得好"。从保存史料和便于研究的角度来看，毛泽东的这一结论是言之成理的。《旧唐书》中不仅有李密的《讨隋帝檄文》、徐贤妃的《谏太宗息兵罢役疏》等用骈文写成的文献，而且还有对研究唐代财政状况和司法实践大有帮助的延资库计账数目、"吴湘狱案"始末等珍贵史料。当然，《新唐书》较《旧唐书》在体例上和内容上也有所创新和拓展，如增加了《藩镇传》、《公主传》、《奸臣传》，各类"志"和"表"也有相当的价值，但从总体上看，《新唐书》因过分追求文笔和褒贬，删减了大量原始资料而比不上《旧唐书》。司马光撰《资治通鉴》时，重点参考的便是《旧唐书》。

唐朝传十四代，二十一帝，其中包括女皇帝一人。为了理清和记住唐朝的世系，毛泽东在读《旧唐书》卷十七时在封面上写下"高、太、高、武、中、睿、玄、肃、代、德、顺、宪、穆、敬、文、武、宣、懿、僖、昭、哀"等字样。从他在新、旧《唐书》中的批语来看，他重点关注的皇帝有高祖李渊、太宗李世民、玄宗李隆基、昭宗李晔等；提到和评论过的文臣有魏徵、马周、朱敬则、许敬宗、李义府、徐有功、魏玄同、裴炎、杨再思、姚崇、张说、韩休、裴度等；提到和评论过的武将则有盛彦师、刘世让、李君羡、苏定方、刘幽求、田弘正、王承元等。

毛泽东对唐史的关注远不止于帝王将相，他还将大量精力用于考察唐代的学术和文化。唐朝是一个空前繁荣的大帝国，国势的强盛和中西交通的打通，导致外来思想特别是佛教得到大发展，华严宗、天台宗、禅宗等教派众多，最后禅宗差不多一统天下，成为完全本土化的佛教；唐代尊道家创始人李耳为国姓之祖，并将老子生日定为国家假日，因此道教在唐代也盛极一时。儒、释、道三家的汇流和论争，成为大唐万千气象中的一道学术风景线。毛泽东从姚崇、韩愈等人的著作中发现了三家之间，特别是儒家与释家之间的矛盾，同时也激发他了解和研究佛教在唐朝的发展史，并对禅宗的地位和作用作出了深刻的评论。他认为禅宗的《坛经》是底层人民崇奉的经典。禅宗在唐末盛行，主要是人们遭逢乱世，思想无所寄托，便借助禅宗以排遣苦闷和惆怅。

唐代又是一个“诗的王国”，文学成就粲然可观。这主要得益于科举制特别是进士科重视诗赋创作的导向，营造了仕宦风流、上行下效的社会氛围。那时的士子虽位极人臣，但不由进士而得者，终不为美。唐代的帝王诗、山水诗、田园诗、边塞诗各有千秋，宛如复调式的大合唱，充分展示了中国文化浪漫、诗性、审美的一面。毛泽东终身读唐诗、评唐诗。经他评点过的诗人有王勃、李白、杜甫、贺知章、白居易、李贺、李商隐、罗隐等各个时期的杰出代表；中唐由韩愈等人发起的古文运动，追踪秦汉古文传统，摒弃六朝绮靡浮华的文风，讲求文以载道、自铸新词，也取得过很大的成就。毛泽东在学生时代便研习韩文，对唐代古文运动的源流和特点了如指掌，他对韩愈、柳宗元、刘禹锡等人的评点，观点独特，丰富了中国的文学批评史。

一　隋文帝的行为蕴藏大乱

隋文帝杨坚（公元541—604年），祖籍弘农华阴（今陕西华阴）。因其父为西魏、北周大将而历任北周显宦，并袭隋国公。其长女杨丽华为北周宣帝宇文赟的皇后。宣帝死后，杨坚以外戚之尊入宫辅政。北周静帝宇文阐大定元年（公元581年），他废帝自立建立隋朝。同年，他派韩擒虎等平陈，至589年统一中国。

杨坚在位24年（公元581—604年），在其统治期间加强中央集权，推行与民休息的政策，人口数字大增，社会经济得到恢复和发展，所以《隋书·高祖本纪》评价他“自强不息，朝夕孜孜，人庶殷繁，帑藏充实。虽未能臻于至治，亦足称近代之良主”。但同时也指出了杨坚的诸多缺失和过错，如“天性沉猜，素无学术，好为小数，不达大体，故忠臣义士，莫得尽心竭辞。其草创元勋及有功诸将，诛夷罪退，罕有存者。又不悦诗书，废除学校，唯妇言是用，废黜诸子。逮于暮年，持法尤峻，喜怒不常，过于杀戮”。

毛泽东在读《隋书·高祖本纪》时，对杨坚“好为小数，不达大体”、“持法尤峻”等缺点感触很深，在旁边批了“蕴藏大乱”[1]四字。过去史家在评论隋朝二世而亡时，大多将其归咎于隋炀帝杨广的折

1《毛泽东读文史古籍批语集》，中央文献出版社1993年版，第179页。

腾和奢侈。但毛泽东并不大认同这种传统看法。在他看来，隋炀帝杨广虽然是个耽于吟诗作赋、游幸无度而没有出息的皇帝，但在其父治下便积累了许多祸乱之根。比如杨坚为了考察官吏的忠诚和清廉，经常唆使手下人故意贿赂“令史、府史”等官员，如有接受者便处以死刑，无所宽贷。此种阴险手法必然导致人人自危，加大官吏对皇帝的离心倾向。毛泽东曾说过：有人说，搞政治离不开权术，离不开阴谋。甚至还有人说，搞政治就是捣鬼。我想送给这些人一句话，不过不是我说的，我是借花献佛，那是鲁迅先生说的：“捣鬼有术，也有效，然而有限，所以以此成大事者，古来未有。”[1]他认为，杨坚“好为小数，不达大体”是必然蕴藏大乱的。隋朝短命的原因，乃是积渐而成，炀帝父子皆有责任。

从开皇十年（公元590年）起，江南士族汪华等人便经常聚众起义。起义队伍多拥有战船，在水上与隋军周旋，使得隋军疲于奔命，有时甚至一筹莫展。开皇十八年（公元598年），“持法尤峻”的杨坚竟然下令禁止江南人私造大船，凡长度三丈以上船只一律没收充公。毛泽东在读《北史・隋本纪・高祖纪》看到这则史料时，批下“商业发展”、“此不可能”[2]等字样。他认为，自东晋以来，江南便逐渐成为商业发达的经济中心，民间私造大船便是那时商业发展的反映。将民间私造大船“悉括入官”，明显是不顾江南自然地理特点和经济活动规律的倒行逆施，因而是不可能做到的事。强行没收，只会激起江南士人和民众的愤恨和反抗。

毛泽东将隋朝短命的原因追溯到杨坚，反映了他作为政治家见微知著的眼光，对人们深刻认识隋朝的迅速灭亡是有启示作用的。

---

1 郭金荣：《毛泽东与〈资治通鉴〉》，见《时代青年》，1991年第6期。

2《毛泽东读文史古籍批语集》，中央文献出版社1993年版。

二 李渊遇事无判断

唐朝开国皇帝李渊（公元566—635年），祖籍陇西狄道（今甘肃临洮）。其祖父李虎为西魏左仆射、“八柱国”之一。北周受禅，追封唐国公。其父李昞为北周安州总管、柱国大将军。出身贵族世家的李渊在北周武帝建德元年（公元572年）袭封唐国公。隋朝建立后，李渊因和隋炀帝是姨表兄弟而备受重用。炀帝大业十三年（公元617年）年春任太原太守，并于是年起兵反隋，攻入长安。武德元年（公元618年）即皇帝位，建立唐朝。626年，李世民发动玄武门之变，掌握全部朝政大权。李渊不久传位给李世民，自任太上皇，635年病逝，享年70岁。

《旧唐书·高祖本纪》记载，李渊为人“倜傥豁达，任性真率，宽仁容众，无贵贱咸得其欢”。但其缺点是“优柔失断，浸润得行。诛文静则议法不从，酬裴寂则曲恩太过。奸佞由之贝锦，嬖幸得以掇蜂。献公遂间于申生，小白宁怀于召忽。一旦兵交爱子，矢集申孙”。毛泽东在读到上述评论时，将李渊的缺点概括为“遇事无断制”[1]，即谨慎有余，而决断不足。

在出任太原留守前后，李渊便非常注重结交豪杰，散财敛众，以恩信取人，身边团聚了裴寂、刘文静、长孙顺德、刘弘基、窦琮等一大批文武将才。这是他得以发迹太原、问鼎中原的基本条件。隋末天下大乱，中原鼎沸，李渊也有并吞八荒之志，但事到临头总有些瞻前顾后，拿不定主意。而李世民的决断能力却远在李渊之上，他对父亲说：“今主上无道，百姓困穷，晋阳城外皆为战场；大人若守小节，下有寇盗，上有严刑，危亡无日。不若顺民心，兴义兵，转祸为福，此天授之时也。”如果不是李世民泣血恳请，李渊很有可能贻误时机，而死在猜忌

1《毛泽东读文史古籍批语集》，中央文献出版社1993年版，第217页。

他的隋炀帝之手。“非有圣子，王业殆焉”，李渊这个开国皇帝，在很大程度上是儿子李世民给他争取来的。

李渊“遇事无断制”的性格弱点，在处理诸皇子的关系问题上更是暴露无遗。李渊即帝位后，立长子李建成为太子，李世民为秦王，李元吉为齐王。李建成、李元吉嫉妒李世民的胆识和功勋，结为一党以排挤、构陷李世民。而李世民自恃功高，亦有觊觎太子之位的企图，因而多方培植自己的势力。对皇子间的矛盾，李渊虽有所察觉，但并未采取有效的措施。当武德四年（公元621年）李世民消灭窦建德、王世充两大势力，威望达到顶点时，李渊又给李世民加号“天策将军”，赋予其自署僚属的特权。这个举措无疑给皇子间的争斗火上浇油。李世民以“天策馆”和“文学馆”为中心，收罗四方豪杰之士，其中包括杜如晦、房玄龄、于志宁、姚思廉、虞世南、许敬宗等“十八学士”。李世民的秦王府已俨然一个小朝廷。李渊无奈地说：“此儿典兵既久，在外专制”，“非复我昔日子也”。即便到了这种间不容发的危险时刻，李渊仍然是听任事态的发展，终于导致兄弟相残的玄武门之变。

事变发生时，李渊正泛舟海池。尉迟敬德前往报告事变经过，李渊大惊失色地对裴寂说：“不图今日乃见此事，当如之何？”倒是裴寂临乱不慌，建议他马上立李世民为太子，委之以国事，自己居太上皇之位以全身。武德九年（公元626年）六月，李渊诏立李世民为太子，两个月后又传位给李世民，自己做太上皇，徙居太安宫。

性格决定命运，“做事无断制”的李渊终于尝到了皇子相残、自己怏悒退位的苦果。玄武门之变，开了唐朝宫廷反复政变的恶例。唐太宗所立的太子李承乾便想效法他父亲的做法而政变，幸好唐太宗不是唐高祖，他明察秋毫，处事果断，及时将李承乾及其党羽李元昌、侯君集的政变扼杀于萌芽之中。

三 唐太宗聪明一世，懵懂一时

在中国众多的帝王中，毛泽东最为佩服的当属唐太宗李世民（公元599—649年）。作为李渊的次子，李世民“幼聪睿，玄鉴深远，临机果断，不拘小节”，具有济世安民的文韬武略。他凭借一身胆识和抱负，在隋末“十八道反王，六十四路烟尘”的群雄角逐中异军突起，先是直取关中，继而削平群雄，不仅统一宇内，而且一手缔造了“贞观之治”这一封建盛世。在中国历史上，像李世民这样武功与文治兼美的帝王可谓屈指可数。毛泽东除了对李世民立太子失误颇感遗憾之外，对其军事、政治才能均给予了极高的评价。所谓“聪明一世，懵懂一时”[1]，是饱含深惜之情的褒扬之词。

从起兵晋阳（即太原）开始，李世民便表现出卓越的军事才能。隋大业十三年（公元617年）夏，李世民与父亲李渊率军进至山西霍邑，隋将宋老生率精兵两万以拒战。时会久雨粮尽，李渊与谋士裴寂商议后想回师太原，以图再举。李世民切谏道：“本兴大义以救苍生，当须先入咸阳，号令天下。遇小敌即班师，将恐从义之徒一朝解体。还守太原一城之地，此为贼耳，何以自全。”在李世民的切谏下，李渊才打消回师太原的念头。八月雨霁，李世发身先士卒冲断敌军，遂斩宋老生，平霍邑。正是因为李世民临机决断，坚持以关中为战略目标，才仅用一年时间攻入长安，拥父称帝，取得了号令天下的优势地位。

李渊虽然在长安称帝，但那时拥有的地盘仅有关中和山西，周围尽是大大小小的割据势力，如陇西为薛举、薛仁杲父子所有；马邑地区为刘武周所占据；洛阳周围是王世充的势力范围；此外，窦建德的农民军拥有河北的广大地区，而杜伏威、辅公祏等则在江淮一带活动。面对强

1《毛泽东读文史古籍批语集》，中央文献出版社1993年版，第233—234页。

敌环伺的险恶处境，又是李世民横刀立马，东征西讨，有计划、有步骤地削平群雄。武德元年（公元618年），李世民任征西大将军迎战薛仁杲，“相持于折墌城，深沟高垒者六十余日”。直到对手气竭粮尽，李世民方奋力出击，薛仁杲无奈之余请降，俘其精兵万余人，陇西由此平定。武德二年（公元619年），李世民又以坚营蓄锐以挫敌锋的战术迎战刘武周的悍将宋金刚。到次年三月，宋金刚终以众馁而遁。李世民率军追击掩杀，敌军大败，尉迟敬德率八千人来降，刘武周远遁突厥。李世民父子经营多年的山西旧地悉数收复。

李世民在征战中最精彩的手笔当为活捉窦建德、迫降王世充。武德四年（公元621年），李世民率屈突通等猛将进攻王世充。王世充初战不利，遂“婴城自守”，以等待窦建德之援。不久，窦建德将兵十余万前来救援。此时李世民手下萧瑀、屈突通、封德彝诸人恐腹背受敌，请求李世民“解围就险以候其变”。李世民不许，采取“挟一个，打一个”的方针，即以屈突通、李元吉为首继续围困王世充，掘堑布长围以乘其敝，他自己则率精锐进占武牢关，与窦建德展开决战。李世民对诸将说：“贼起山东，未见大敌。今度险而嚣，是无政令；逼城而阵，有轻我心。我按兵不出，彼乃气衰，阵久卒饥，必将自退，追而击之，无往不克。吾与公等约，必以午时后破之。”诚如李世民所言，时至午时，窦建德兵士饥倦，皆坐于阵中，又争饮水，逡巡欲退。李世民马上麾师进击，“追奔三十里，斩首三千余级，虏其众五万，生擒建德于阵”。王世充见大势已去，率其官属三千余人请降，中原悉平。

明代冯梦龙编撰的《智囊》一书在介绍孙膑的“驷马法”之后，引述了李世民用兵打仗的一段自述：“唐太宗尝言，自少经略四方，颇知用兵之要。每观敌阵，则知其强弱，常以吾弱当其强，强当其弱。彼乘吾弱，奔逐不过数百步；吾乘其弱，必出其阵后，反而击之，无不溃败。盖用孙子之术也。”毛泽东在阅读《智囊》一书时，对李世民的上述“用兵之要”赞赏不已，他在书中批道：“所谓以弱当强，就是以少数兵力佯攻敌诸路大军。所谓以强当弱，就是集中绝对优势兵力，以五六倍于敌一路之兵力，四面包围，聚而歼之。”接着毛泽东总结道：“自古能军无出李世民之右者，其次则朱元璋耳。”[1]李世民擅长乘敌之弊，以优势兵力后发制人，其所创造的经典战例，是对包括战争准备、时机把握、攻防转换等军事规律的生动体现。毛泽东誉之为自古能军第一人，可谓名副其实。

李世民不仅是一位杰出的军事家，而且也是一位懂得与群臣共治天下的开明皇帝和聪明皇帝。他曾对房玄龄、萧瑀等大臣说，隋文帝杨坚的一个致命缺点是认为“群下不可信任，事皆自决，虽劳神苦形，未能尽合于理”。接着他表达了自己的政治见解：“以天下之广，岂可独断一人之虑？朕方选天下之才，为天下之务，委任责成，各尽其用，庶几于理也。”这种妙选人才、“委任责成”的政治理念，显示了李世民作为一个封建政治家长辔远御的气度和眼光。为了鼓励臣下勇于进谏，攻其得失，李世民曾经当面剖析长孙无忌、高士廉、唐俭、杨师道、岑文本、刘洎、马周、褚遂良等人的优长和缺失，重点批评那种唯唯诺诺、“妄相谀悦”的习气。正是有李世民虚心纳谏的胸怀，才有了魏徵、马周等一批骨鲠敢言的贞观名臣。新中国成立后，毛泽东多次援引李世民虚心纳谏的故事，激励党员干部学会听逆耳忠言，在读《旧唐书·李百药传》时，又认为“李世民的工作方法有四”[2]，其中“每旦视朝，听受无倦”、“讨论是非、备受肝膈”，便是在广泛听取各种意见的基础上作出正确的决策。

在充分肯定唐太宗李世民杰出的军事、政治才能的同时，毛泽东对

1《毛泽东读文史古籍批语集》，中央文献出版社1993年版，第65—66页。

2《毛泽东读文史古籍批语集》，中央文献出版社1993年版，第221页。

他立太子时的选择却大不以为然。627年李世民即位时，立长子李承乾为太子。李承乾跛足，长大后又耽于声色。李世民在不满之余，将目光转向才华出众的四子魏王李泰。这直接引发了李承乾与李元昌等人的谋反。在李承乾被废为庶人后，李世民经过比较，舍弃不甘其位、潜有夺嫡之志的李泰而选择了性格仁孝懦弱的九子晋王李治。之后经过一段时间的观察和培养，李世民发现李治不仅性格比较懦弱，而且过于循规蹈矩，很难成为精明强干的君王，于是又开始钟情于“英果类我”的吴王李恪。李恪有文武才，母亲又是隋炀帝的女儿，名望素高，初封长沙王，后封汉王、蜀王，授益州大都督、安州都督等职。李恪在贞观十二年（公元638年）赴安州就职时，李世民谆谆告诫，嘱其“宜自励志，以勖日新”。过后又常对大臣说：“吾于恪岂不欲常见之？但令早有定分，使外作藩屏，吾百岁后，庶兄弟无危无忧。”由此可见李世民对李恪期望之殷、倚重之深。当李世民产生废李治而立李恪为太子的念头时，遭到了李治的舅父长孙无忌等大臣的坚决反对。李世民在经过一番思想挣扎后也终于作罢。

毛泽东在读《新唐书·李恪传》时写道：“李恪英物，李治朽物，知子莫若父。然卒听长孙无忌之言，可谓聪明一世，懵懂一时。”[1]他为聪明一世的唐太宗在选择接班人问题上的失误颇感痛惜。过去也有许多人和毛泽东持相同或相似的观点。但只要分析唐太宗的心态、李治的性格以及通观中国历史上皇帝立储的情形，便会觉得这一观点尚可商榷。

其一，唐太宗李世民是通过屠杀兄弟而登上帝位的，兄弟相残的悲剧给他留下了终生挥之不去的阴影。令他倍感痛心的是，仿佛是冥冥之中的报应，政变具有传染性，兄弟相残的悲剧又险些在李承乾、李泰兄弟身上重演。所以李承乾被废后，在选择接班人问题上，李世民是把避

1《毛泽东读文史古籍批语集》，中央文献出版社1993年版，第233—234页。

免重蹈历史覆辙放在突出位置来考虑的。

李承乾、李泰和李治均为长孙皇后所生。李承乾被废后，唐太宗对大臣说："我若立泰，便是储君之位可经求而得耳。泰立，承乾、晋王皆不存；晋王立，泰共承乾可无恙也。"又说："自今太子不道，藩王窥嗣者，两弃之。传之子孙，以为永制。"[1]李世民正是看中了李治的宽仁孝友，才最终将太子之位交给了李治。后来他在李治与李恪之间犹豫不决，却最终未能立李恪，恐怕同样是出于避免兄弟相残的考虑。李恪的性格很像李世民，他一旦继位，由长孙皇后所生的三兄弟未必能够得全。再者，李恪一旦继位，过去那些拥立李治的大臣如长孙无忌、褚遂良等又何以自处？这也是唐太宗感到棘手的问题。凭唐太宗的性格，在立太子这样重大的问题上，他会听取大臣们的意见，但绝不会被大臣们所左右。所以，李世民立李治为太子，并非是一时糊涂所为，而是经过慎重考虑的。不仅如此，李世民还为李治精心搭建了未来的辅政班子，长孙无忌、褚遂良、李勣分别代表不同的势力集团，三方互相牵制，免使一方坐大，其平衡术亦可谓老谋深算。有意思的是，为使李勣将来对李治忠心耿耿，唐太宗还故意将李勣贬谪出宫，又嘱咐李治即位后将其召回，其帝王术于此可见一斑。

其二，李治的性格虽然比较懦弱，但秉性仁孝的他却适合做守成之主、延承平之世。从中国封建社会的历史来看，性格大刀阔斧的皇帝如秦皇、汉武虽长于建树，但也流于折腾。汉武帝是一代雄主，但在其治下却是"海内虚耗，户口减半"，晚年不得不下罪己诏。底层社会的老百姓大多不喜欢这样的皇帝，反倒是乐意生活在"文景之治"那样的守成时代。而且李治也并非没有政治才华和帝王谋略。李世民在世时每视朝，常令他在侧"观决庶政，或令参议，太宗数称其善"。可见李治是

1 ［后晋］刘昫等撰：《旧唐书》，岳麓书社1997年版，第1638页。

具备作为帝王的基本条件的。李治当政初期，确有贞观之遗风。他不仅勤于政事，而且重视科举考试，在永徽四年（公元653年）亲自策试举人，选拔了一批高才，令其待诏弘文馆，随仗供奉。在其当政时期，全国经济繁荣，户口在永徽年间增至380万户。文治之外，李治在武功方面也有可圈可点之处。他任用薛仁贵征伐高丽，派遣苏定方进讨贺鲁、百济，皆大获全胜，威震殊俗。自古君王与宰相之间的关系复杂和微妙，为防止宰相专权，李治在其统治时期增加了宰相人数，如永徽、显庆年间，他任命的宰相便有李勣、于志宁、张行成、高季辅、韩瑗、来济、许敬宗、李义府、杜正伦等，从而分割和削弱了宰相之权。这也反映了李治仁孝背后精明的一面。李治最受后人诟病的举措是立武则天为皇后，以至于后来女主擅权，还一度使大唐江山改变了颜色。这实际上是囿于封建社会男尊女卑的正统观念所致。武则天也算是一位有作为的女皇帝，至少比她的两个儿子唐中宗李显和唐睿宗李旦要称职得多。她在许多方面发展了贞观之治，又为后来的开元盛世奠定了基础。况且中国历史上废立皇后的帝王多得很，如汉武帝刘彻、汉光武帝刘秀、宋仁宗赵祯、明宪宗朱见深等，为何后人专责李治一人呢？武则天的上台，如果不囿于传统观念，那么李治不但没有过错，反而与有荣焉。再者，李治晚年多病，尤为风眩所苦，“目不能视”，并非有意荒政怠政，甘于大权旁落的。有个时期他还想废掉武则天，只是那时武则天已经羽翼丰满，废掉已不那么容易罢了。

其三，通观中国历史上皇帝立储的状况，我们不难发现，在“家天下”的皇权专制体制下，接班人的选择是在封闭的圈子中运行的，皇太子的命运决定于父皇之喜好，而父皇又常常陷于立长、立嫡、立功、立贤、立爱等诸多的矛盾困扰之中。这种将天下安危系于一人，将接班人选囿于血统的痼疾困扰了中国几千年。体制的重大缺陷，导致不论怎样英明的君主，差不多都会被接班人问题弄得焦头烂额。唐太宗如此，清代的康熙大帝不也是如此吗？康熙对皇太子胤礽反复废立，真是苦不堪言。唐太宗李世民为立太子一事绞尽脑汁，最后也只好委曲求全。因此，与其说唐太宗立李治为太子是“懵懂一时”，还不如说他摆脱不了体制的魔咒更为准确。“虑切于此而祸生于彼”，乃是帝王们考虑后事时的常态。从体制的角度看，我们只能原谅唐太宗没有想到一切，没有看到一切。

四　唐玄宗下辈子不会做皇帝

唐玄宗李隆基（公元685—762年）是唐睿宗李旦的第三子。生于东都洛阳，“性英断多艺，尤知音律，善八分书，仪范伟丽，有非常之表”。710年，他与太平公主发动唐隆政变，诛杀韦后、安乐公主及其死党，拥立父亲李旦即位。两年后即712年，睿宗李旦退为太上皇，李隆基因功劳卓著而提前接班。刚登上帝位的李隆基又粉碎太平公主及其同党窦怀贞、萧至忠、常元楷等人的逆谋，从根本上巩固了皇权。

李隆基不到三十岁，便多次发动政变并取得成功，诚可谓雄姿英发，意气飙举。由此他积累了丰富的政治经验，同时也获得了足够的自信。凭借一腔超迈先辈、构建洪业的雄心壮志，唐玄宗在执政前期注重引进贤才，革除故弊，一手缔造了“开元之治”，将唐朝的辉煌引向顶峰。开元之治持续三十年（公元713—742年），期间的宰相如姚崇、宋璟、张说、张嘉贞、张九龄、韩休等一旦“践台阁、掌纶诰”，皆忠于职守，敢于直言，“上则启沃人主，论道经邦；中则选用百官，赏功罚罪；下则阜安百姓，兴利除害”。当然也有少数宰相如萧嵩、李林甫等伺承上意，顺旨而为。唐玄宗作为帝王，虽然懂得忠奸并用，但总的来说，开元年间的贤臣多于奸臣，唐玄宗也尽可能地展示容人之量、纳谏之风，君臣之间的关系以开诚布公、协力治理为主体。这在容忍韩休的问题上表现得最为显著。

韩休（公元672—739年），京兆长安（今陕西西安）人，出身官宦世家，伯父韩大敏在武则天当政期间以秉公断案被冤杀。韩休长于词学，为官清正，在任虢州刺史时，便抵制朝廷向虢州百姓多派马草。此举受到中书令张说的驳斥后，韩休厉色正言道："为刺史不能救百姓之弊，何以为政！必以忤上得罪，所甘心也。"开元二十一年（公元733年），宰相裴光庭卒，唐玄宗让萧嵩举朝贤以代之。萧嵩盛赞韩休的志行，韩休遂拜黄门侍郎、同中书门下平章事，成为与萧嵩共事的当朝宰相。韩休性格方直，不务进趋，唯以秉公办事是务。当时有个叫李美玉的万年尉因事得罪，玄宗下诏将其流放岭外，但韩休却不奉诏，理由是李美玉所犯不过小罪，而金吾大将军程伯献贪得无厌，宅第舆马严重逾制，反而毫发无损。两相比较，他认为应先治程伯献之罪，然后方可流放李美玉，岂能"舍大而取小"。玄宗初不同意，韩休固争不止，玄宗只好听从了韩休的意见。

韩休本为萧嵩所引荐，但一旦共事，两人却矛盾不断，很不和谐，以致互相在玄宗面前论曲直。萧嵩和玄宗是亲家，萧嵩的儿子萧衡娶玄宗的新昌公主。萧嵩的夫人贺氏每次觐见玄宗，玄宗呼之为亲家母，礼仪甚盛。从一般人情的角度论，韩休面对皇帝的亲家和自己在仕途上的引荐者，自应礼让三分才对。但韩休却全然不顾这些，多次在朝廷上面折萧嵩，弄得萧嵩很没面子。但即使如此，唐玄宗仍从天下社稷的大局出发，容忍韩休的耿直敢言。据《新唐书·韩休传》记载，韩休于时政得失，言之未尝不尽。玄宗每在苑中打猎，或大张宴乐，稍有不妥之处，便对左右说："韩休知否？"每次玩过了，韩休的谏书便送到玄宗的手上，玄宗默然不乐。有人对玄宗说，自从韩休入朝后，陛下无一日欢娱，为何独自戚戚，而不将其赶出朝廷？玄宗说："吾虽瘠，天下肥矣。且萧嵩每启事，必顺旨；我退而思天下，不安寝。韩休敷陈治道，多讦直；我退而思天下，寝必安。吾用休，社稷计耳。"毛泽东读了新唐书的上述记载，很有感触，在书上写道："玄宗能容韩休。"[1]言下之意，一个皇帝能容忍如此径情而为的宰相，是很不容易的。这需要很大的自制力和意志力。再者，熟悉唐太宗开元年间君臣关系的毛泽东知道，张九龄与韩休作风相类，而且玄宗对张九龄的风度、学识最为赏识，而张九龄却因为数次忤逆玄宗的心意而被罢相。为何玄宗舍张九龄而容忍韩休，也是毛泽东感到疑惑的一件事。"玄宗能容韩休"，这简短批语的潜台词是：玄宗为何不能容忍张九龄？

宰相作为封建社会百官的班头，处于一人之下、万人之上的地位。宰相做得好，诚为廉洁之楷模；宰相做得不好，则是六欲之盟主。这好与坏，既取决于宰相本身的素质，同时也依赖于皇帝的心态和做派。而皇帝作为牧民之主，既有追求享乐的无边欲望，又有一大堆烦心事需要处理，所以心中既奇痒难耐，又隐隐作痛。由于痒比痛更难忍受，所以从一般心理来论，皇帝更乐于选用希风承旨、善于挠痒的奸相，而不是那些直道而行、切谏止痛的贤相。唐太宗李世民以选任贤相、虚心纳谏著称，但最后对魏徵的喋喋不休也深感厌恶，以致恨不得"杀此田舍汉"。魏徵死后不久，唐太宗竟然还"踣其所撰碑"。如此看来，大凡贤相满朝，都是在皇帝决心励精图治之时。但即便这样，皇帝也很难容忍所有切谏敢言的大臣。唐玄宗将得罪他的张九龄贬到荆州做了地方官，便主要因为张九龄坚决抵制玄宗将目不知书的武将牛仙客提拔为宰相，使玄宗大为不悦。

1《毛泽东读文史古籍批语集》，中央文献出版社1993年版，第242页。

毛泽东对唐玄宗有一个总的评价，1956年8月24日，他在与部分音乐工作者谈话时说："中国历史上有好多东西没有传下来。唐明皇不会做皇帝，前半辈会做，后半辈不会做。他是懂艺术的，他是导演，也会打鼓，但是没有把东西传下来。"[1]毛泽东将唐玄宗李隆基的人生划为前后两段，说他前半辈子会做皇帝，后半辈子不会做皇帝，是完全符合史实的。天宝初年，随着唐玄宗纳儿媳杨太真为贵妃，宠遇非常，他追求享乐和艺术成就之心与日俱增，正是"皇帝老来风情增，不爱江山爱美人"。原来那个励精图治、亲手开创开元之治的有为皇帝忽然摇身一变，成为超级艺术玩家和后来的"梨园之祖"。在政治上，他信任安禄山等边将，又重用李林甫、杨国忠等奸相，最后竟然将一切军政要务委之于杨国忠，"国忠自侍御史以至宰相，凡领四十余使，又专判度支、吏部三铨，事务鞅掌，但署一字，犹不能尽，皆责成胥吏，贿赂公行"。在杨国忠的折腾下，朝政日非，直接导致后来的"安史之乱"。将天下安危置于脑后的唐玄宗已全然没有进取之心，填塞其胸中的唯有枕席宴乐之欢。

晚年的唐玄宗多情多艺，对音乐、歌舞的爱好达到了痴迷的程度，欢乐系之，悲慨亦系之。他时常梦游月宫，得所谓仙人指点而创作新曲，接连推出《凌波曲》、《紫云回》、《春光好》、《秋风高》、《小破阵乐》、《霓裳羽衣曲》等一百多首乐曲。乐曲谱成了，还要填词，李白作为翰林院待诏，便曾奉命填写《清平乐》词三首，其中第一首为："云想衣裳花想容，春风拂槛露华浓。若非群玉山头见，会向瑶台月下逢。"玄宗亲手创建宫廷歌舞乐队。当谢阿蛮（歌坊女艺人）舞他创作的《凌波曲》时，宁王李宪吹玉笛，玄宗击羯鼓，杨贵妃弹琵琶，马仙期击方响，李龟年吹觱篥，张野狐弹箜篌，贺怀智拍板。唐玄

1《毛泽东著作选读》（下），人民出版社1986年版，第751页。

宗最爱羯鼓，有次他叫人弹琴，因琴声太缓，远不如羯鼓激越，一曲未了他便不耐烦地对内官说："速召花奴（宁王之子）将羯鼓来，为我解秽。"玄宗时常和大臣及伶人讨论羯鼓的质量和击法，认为击羯鼓的最佳状态为"头如青山峰，手如白雨点"。艺人黄幡绰亦精于羯鼓，他能根据玄宗击鼓的节奏准确揣摩其心情。横笛是玄宗制曲的重要工具，经常按笛创作新曲，安排贵妃和梨园子弟演唱。每当杨贵妃深情演唱时，玄宗便持玉笛吹奏，有时曲终将转换时，玄宗故意拖长笛声"以媚之"。

玄宗最杰出的作品是《霓裳羽衣曲》。据传此曲创作过程十分神妙。有次玄宗登三乡驿，望女儿山，忽感光阴倏忽，人生短促，越发向往神仙般恣意为乐的生活，回去后便创作了《霓裳羽衣曲》，后又糅合进印度《婆罗门曲》的音乐元素，成为中外合璧、巧夺天工的宫廷乐舞杰作。杨贵妃最擅长霓裳羽衣舞，自认为超越了西汉赵飞燕的舞蹈成就。由于已经失传，其曲、舞之美妙已难以描述，人们只能从后来白居易的《霓裳羽衣舞歌》中略知其端崖。

沉醉于乐舞风流之中的唐玄宗，完全没有想到一场大祸已迫在眉睫——"渔阳鼙鼓动地来，惊破霓裳羽衣舞"。安史之乱爆发后，唐玄宗携杨贵妃、杨国忠等仓皇西狩，一路艰辛备尝，特别是他心爱的贵妃在军队哗变中被处死，更令他肝肠寸断。一年半之后，唐玄宗回到长安兴庆宫时，已是向儿子唐肃宗李亨讨生活的太上皇。面对"太液芙蓉未央柳"，唐玄宗思前想后，恍如隔世，无奈之下唯有仰天长叹。他想念杨贵妃，更想念姚崇、张九龄等忠正敢言的贤臣。当年正是张九龄力劝他除掉有狼子野心的安禄山，却因为自己的糊涂而轻易放过。但一切都晚了，762年，被软禁了几年的唐玄宗在悒郁之中死去，享年78岁。

从毛泽东对唐玄宗的评价来看，他并不反对唐玄宗爱好艺术，而且认为唐玄宗在艺术上确有造诣，并为他创作的那些经典乐舞失传而惋惜。但他显然认为下半辈子的唐玄宗玩过了头，没有在做皇帝和做艺术玩家之间把握好平衡，以致国事日非，生灵涂炭，成了一个不称职的皇帝。

唐玄宗做了50年天子，前后判若两人，前期雄姿英发，“时来天事皆同力”；后期耽于玩乐，“运去英雄不自由”。正所谓祸福无门，唯人自招。毛泽东对他的评价，既带有批评，也包含同情和深惜。

五　武则天简直是了不起

武则天（公元624—705年），并州文水（今山西文水）人，出身官宦世家。父亲武士彟曾随唐高祖李渊起兵反隋，贞观时期官至工部尚书、荆州都督，封应国公。她从小多智计，美容止，兼涉文史，14岁在唐太宗身边充任才人。唐太宗死后，武则天于感业寺出家为尼。唐高宗李治即位后恋其美色，将其还俗纳入掖庭。永徽六年（公元655年）被唐高宗封为皇后，显庆年间起开始干预朝政，“内辅国政数十年，威势与帝无异”，当时并称“二圣”。

弘道元年（公元683年）唐高宗驾崩，武则天临朝称制。690年“革唐命，改国号为周”，改元为天授，加尊号为“圣神皇帝”，正式成为中国历史上唯一的女皇帝。十五年后即神龙元年（公元705年），大臣张柬之等发动神龙政变，诛杀武则天的两位男宠张易之和张昌宗兄弟，逼迫武则天传位于皇子李显。武则天徙居上阳宫，是年冬崩于上阳宫之仙居殿，享年82岁。弥留之际，遗令祔葬乾陵，去帝号，称“则天大圣皇后”。

武则天作为一个女人，在封建社会冲破男尊女卑的传统观念，凭借自己的美貌和心计一步一步地登上帝位，做到了其他女人们想都不敢想的事，可谓创造了奇迹。晚年毛泽东对这位女皇帝有过专门评论，他对身边工作人员孟锦云说："你觉得武则天不简单，我也觉得她不简单，简直是了不起。封建社会，女人没有地位，女人当皇帝，人们连想都不敢想。我看过一些野史，把她写得荒淫得很，恐怕值得商量。武则天确实是个治国之才，她既有容人之量，又有识人之智，还有用人之术。她提拔过不少人，也杀了不少人，刚刚提拔又杀了的也不少。"[1]从这段评论来看，毛泽东以肯定武则天的能力和功绩为主，同时也指出了她残忍嗜杀、推行恐怖统治的一面。

武则天是当得起毛泽东所说的"不简单"、"了不起"这些评价的。在中国以儒家思想为主流的传统社会，根深蒂固的观念是"女子无才便是德"、"惟女子与小人为难养也"。女人的作用便是相夫教子，传宗接代，无权参与社会和政治生活。不仅如此，中国从远古起便有红颜祸水之说，《尚书》中所讲的"牝鸡司晨，惟家之索"，就露骨地呈现了对女人的偏见和歧视。妲己、西施等女人甚至还被视为王朝没落的祸根，承担本由荒淫君主所承担的责任。武则天是在封建君王的宫廷中崛起的一代女杰。"巾帼竟夺须眉，钗环变成弁冕"，这就颠覆了中国社会的旧礼教、旧秩序。她敢想敢做，正式称帝之前的垂拱四年（公元688年）便下令拆毁象征男性皇权的乾元殿，就地起造明堂。明堂圆顶上傲然立起一只高达一丈的铁凤凰，将托起圆顶的九条巨龙压在身下。武则天这种"龙在下，凤在上"的观念大胆泼辣，比慈禧太后的想法早了一千多年。她毫不掩饰自己对男权社会的蔑视和挑战，竟然以起明堂这种极端的方式快意恩仇，长舒了一口恶气。

中国历史上描写武则天的野史很多，《唐史演义》特别是《唐宫二十朝演义》等书极力渲染武则天的"秽乱春宫"和"狐媚惑主"，将

1 孙宝义主编：《毛泽东的读书生涯》，知识出版社1993年版，第118页。

其刻画成一个荒淫无道、欲壑难填的花面金刚，以示乾坤易位、阴阳失序导致的恶果是多么可怕。毛泽东对这些描写很是怀疑，认为其中掺杂了许多男人因不满女主临朝而捏造的荒诞之言。揆诸史实，武则天虽然有张易之、张昌宗、冯小宝（即薛怀义）、沈南璆等男宠，但比之男性皇帝的三宫六院，实在是小巫见大巫。在中国传统社会，毁损女人最常见也最有效的方法，便是拿两性关系说事，那些野史的作者自然也不例外。

正如毛泽东所指出的，武则天“确实是个治国之才”。她当政50年，成功地打破了关陇（今陕西、甘肃一带）士族控制政治的局面，大量引进庶族地主出身的人才参与政治，扩大了统治基础。她还进一步推行科举制度，增设武举，通过考试录用文武之才。她通过唐高宗下令修改《氏族志》为《姓氏志》，打破士族、庶族界限，完全按照官品高下为标准叙录天下姓氏，终结从魏晋南北朝以来盛行的门阀政治和贵族政治。在边疆和民族关系问题上，她采取安抚和用兵两手政策，收复西域的龟兹、于阗、疏勒、碎叶等镇，增强了国威及对属国属地的控制力。至武则天统治末年，天下户口已由唐太宗时的380万户增至615万户。

毛泽东称赞武则天“既有容人之量，又有识人之智，还有用人之术”，这是有许多史实可以证明的。仅举一例，宰相狄仁杰为骨鲠忠正之臣，他在辅佐武则天当政时，习惯于面折廷争，不避君威。神功元年（公元697年），武则天拟征发中原百姓戍守西域疏勒等四镇，狄仁杰上表直言道：“陛下今日之土宇，过于汉朝远矣。若其用武荒外，邀功绝域，竭府库之实，以争硗确不毛之地，得其人不足以增赋，获其土不可以耕织。苟求冠带远夷之称，不务固本安人之术，此秦皇、汉武之所行，非五帝、三皇之事业也。”他以秦皇、汉武穷兵黩武招致祸殃的教训警醒武则天，武则天采纳了他的意见。武则天十分佞佛，欲造大像以积功德，但又令天下僧尼每日每人出一钱以助成之。狄仁杰认为此举无异于劳民伤财，他以南朝梁武帝、简文帝虽然施舍无限但仍然亡国的故事，劝说武则天勿托佛法以误生人，勿舍根本而营此不急之务。武则天览表后也只好放弃。像这种拂逆女主之意的举动还有许多，如请求武则天召回被贬出宫的庐陵王李显，赦免因越王李贞造反而连坐的官属和百姓，等等，武则天也都能屈己意以从之，这反映了她作为一个女皇帝难得的容人之量。

武则天非常看好狄仁杰的人品和才能。天授二年（公元686年），她有一次对狄仁杰说："你在汝南为官时，很有善政，但你知道那些谗毁你的人吗？"狄仁杰回答："陛下如以为臣有过，臣当改之；陛下认为臣无过，臣之幸也。臣不知谗毁我的人，即便有，也视为我的善友。臣不想知道这些人的名字。"武则天听了"深加叹异"[1]。她正是通过这些细节认识到狄仁杰大可倚重。以后凡是狄仁杰引进的人才，如张柬之、桓彦范、敬晖等，武则天都加以重用。武则天在朝堂上对狄仁杰非常敬重，"谓之国老而不名"。狄仁杰去世后，武则天泣曰："朝堂空矣。"她为苍天夺国老太早而悲恸不已。

武则天除了容人之量、识人之智，还有用人之术。这用人之术，说得直白点便是忠奸并用、恩威并施。她当政时期，既重用狄仁杰、徐有功、杜景俭、张柬之、李日知、姚崇等直臣和贤臣，但也鼓励告密，并选任一批酷吏如周兴、来俊臣、索元礼等罗织罪名，陷人于狱，以打击政敌和收买人心为目的。狄仁杰就一度被来俊臣构陷下狱，备受折磨。后来又是武则天出面救了他，他自然对武则天的救命之恩念念不忘，从而披肝沥胆以图报效。像这种旋贬旋复，使人感觉冰火两重天的帝王之术，武则天运用自如，令臣民们莫测高深、悚栗不已。

武则天以女主身份君临天下，因此遭到李唐宗室乃至朝野命官们的持续反对。唐太宗的第八子李贞便在垂拱三年（公元687年）和儿子李

1 ［后晋］刘昫等撰：《旧唐书》，岳麓书社1997年版，第1788页。

冲在博州和蔡州起兵造反。而有些大臣也或明或暗地希望她还政于中宗李显。为了镇压和震慑宗室和大臣们的反抗，武则天采取残忍的手段剪除反对派，唐高宗和其他嫔妃所生的儿子及其后代，如泽王李上金及其七子、许王李素节及其九子等因牵连谋反而被诛灭殆尽。而死在她手里的大臣则有长孙无忌、褚遂良、岑长倩、欧阳通、格辅元、李元辅、孙元亨、綦连耀、裴匪躬、刘祎之等一大批。刘祎之本是武则天一手提拔的宰相，但仅隔三年便因为主张还政中宗而被赐死于家。武则天心中对一些政敌有刻骨之恨，改其名曰“虺氏”、“万斩”、“尽灭”等，其怨毒之深，无以复加。铁血政治和特务统治，为武则天的施政蒙上了恐怖色彩，导致人人自危，寝食难安。

武则天死后归葬乾陵，陵前为其树立了一块无字碑，以示两面评价在人间。或许武则天也是有自知之明的，她在其统治时期创造了不俗的业绩，但也一手制造了数不清的孽债和亡魂。弥留之际，她尽可能地赦免了政敌及其子孙们，以免和他们再怨冤于阴曹地府。毛泽东说武则天“杀了不少人”，正是要后人认识到武则天具有两面性，为其翻案的同时也不能为其隐恶。

六　唐昭宗时政在权臣

唐昭宗李晔（公元867—904年）是一位非常可怜的皇帝。作为懿宗第七子，他在哥哥僖宗李儇死后，于889年在宦官杨复恭等人拥立下继位。“帝攻书好文，尤重儒术，神气雄俊”，有恢张旧业之志。无奈生不逢时，此时的唐朝已是病入膏肓，正如日落西山，气息奄奄，任凭怎样有作为的皇帝也是无力回天了。李晔在一个错误的时间登上帝位，注定有一个悲惨的下场。

在做皇帝的15年间，唐昭宗李晔受尽了宦官和拥兵自重的节度使的凌辱。光化三年（公元900年），宦官刘季述、王仲先行废立之举，将昭宗与何皇后锁于东宫之中，形同囚徒，“日于窗中通食器”。后来是宰相崔胤告难于野心家朱全忠，朱全忠派兵杀死刘季述、王仲先，昭宗才得以重见天日。与宦官相比，昭宗受藩镇节度使的凌辱更甚。那时拥兵自重的节度使如朱全忠、李克用、李茂贞、王行瑜、韩建、王建、钱鏐、马殷等皆不把朝廷放在眼里，而是倾全力于攻城略地，暴殄天下子女玉帛，势力较大者更欲“挟天子以令诸侯”。当此“五侯九伯，无非问鼎之徒”的鱼烂河决之秋，可怜的昭宗像傀儡一样被节度使们颠倒播弄，尝尽颠沛流离之苦。他先被凤翔节度使李茂贞所控制，后又被朱全忠挟持到东都洛阳，最后在904年被朱全忠派人杀害，死时年仅38岁。在历史上，与唐昭宗命运最相似的有东汉献帝刘协。刘协在做皇帝的三十年（公元190—220年）间，先是被董卓挟持到长安，接着在李傕、郭汜之乱中仓皇逃命，辗转回到满目荆棘的洛阳。最后又落入曹操之手，成了曹操号令天下的工具。

唐昭宗李晔和汉献帝刘协毫无皇帝的威仪和权力，但北宋欧阳修所撰《朋党论》却无中生有地让他们承担杀害党人之责。文中写道：“后汉献帝时，尽取天下名士囚禁之，目为党人。及黄巾贼起，汉室大乱，后方悔悟，尽解党人而释之，然已无救矣。唐之晚年，渐起朋党之论，及昭宗时，尽杀朝之名士，或投之黄河，曰：‘此辈清流，可投浊流。’而唐遂亡矣。”毛泽东在读欧阳修的《朋党论》时，对上述一段话大不以为然。因为，首先欧阳修将事件发生的时间就弄错了。东汉的“党锢之祸”发生在献帝以前，是桓帝、灵帝统治时期的事情；而唐末朱全忠杀清流党人则是在唐昭宗死后的事。事情的起因是朱全忠手下有个叫李振的书生，因以前屡举进士不第，深嫉缙绅之士。当朱全忠将朝廷一帮文臣如裴枢、独孤损、崔远、陆扆、王溥等三十余人在白马驿一夜尽杀之后，李振对朱全忠说："此辈常自谓清流，宜投之黄河，使为浊流。"流氓出身的朱全忠笑而从之。其次，毛泽东认为唐昭宗、汉献帝一直被人玩弄于股掌，根本不可能独立地、顺心地作出什么大的决定和举动，因此他在《朋党论》所谓"能禁绝善人为朋，莫如汉献帝；能诛戮清流之朋，莫如唐昭宗之世"等语旁批道："似是而非。汉献、唐昭时，政在权臣，非傀儡皇帝之罪。"[1]这段批语道破了问题的实质所在。

流氓出身的朱全忠是唐昭宗时期最大的权臣。他本名朱温，跟随黄巢起义发迹，当发现黄巢不敌唐军时归顺了朝廷，被赐名"全忠"。后拥兵自重，于904年杀害昭宗，907年逼迫唐朝末代皇帝即哀帝李柷"禅位"于己，成为后梁的开国君主。在凌辱昭帝的过程中，朱全忠要尽了各种花招。龙纪元年（公元889年），也就是唐昭宗即位的那一年，蔡州叛臣秦宗权被手下将领郭璠槛送至长安。昭宗在延喜楼受俘，斩秦宗权于独柳树下。但昭宗仅高兴了一阵，蔡州就落入朱温的手中，且朱温还因所谓的平蔡之功而授检校太尉，兼中书令，进封东平王。毛泽东在读《梁书·太祖本纪》时批有"唐宗失计平蔡州"[2]一语，将朱温的予取予求、昭宗的转喜为忧都表现出来了。

毛泽东读每朝的帝王传记，最注意三种人，即开国之主、中兴之主和亡国之主。他对唐太宗、唐玄宗和唐昭宗的关注和评论，正是要试图理清唐朝由开创到鼎盛，由鼎盛到衰落的轨迹，从中找到唐史波澜起伏的动因和推力，以及各个时段君主们的心理特征和行为方式。

1《毛泽东读文史古籍批语集》，中央文献出版社1993年版，第93页。

2《毛泽东读文史古籍批语集》，中央文献出版社1993年版，第253页。

七 魏徵也懂得片面性不对

魏徵（公元580—643年），字玄成，巨鹿曲城（今河北晋县西）人，“少孤贫，落拓有大志，不事生业，出家为道士”。隋末天下渐乱，魏徵由养恬避事一变而为待机出世。他潜心研究纵横之学，以战国时苏秦、张仪为楷模，梦想有朝一日成为帝王之师。

隋大业十三年（公元617年），武阳郡（即魏州，今河北大名东北）郡丞元宝藏举兵以应瓦岗军统帅李密，将魏徵招致麾下以典书记。李密每见元宝藏的文书，未尝不称善。后知出自魏徵之手，信爱有加，乃召魏徵为文学参军。自此到玄武门之变，魏徵先后效力于李密、窦建德和唐太子李建成。唐太宗李世民素慕魏徵之才，故政变后不计前嫌，先后任命魏徵为谏议大夫和宰相，晋爵郑国公。魏徵晚年又为太子太师，成为贞观之治中的名臣之首。

魏徵受纵横之学浸润既久，并不在乎生硬呆板的名节观。他辅佐一主即尽一臣之责，当年在李建成旁边做太子洗马时，魏徵便力劝李建成先下手除掉李世民，结果未被采纳。在唐太宗手下，他又竭力为新主服务。贞观十七年（公元633年），魏徵代王珪为侍中，成为宰相。之后写下《论时政疏》、《陈十思疏》等著名的上书，规劝唐太宗一要节俭奉身，不慕虚饰；二要简贤任能，择善而从；三要克制喜怒，刑赏得宜；四要爱惜民力，少逞干戈，等等。总之，他期盼唐太宗集古代君主的一切善行懿德于一身，成为万世景仰的一代名君。他曾对唐太宗表示自己要做良臣而非忠臣，因为良臣使“身获美名，君受显号”，而忠臣如历史上的比干、龙逄之徒却“身受诛夷，君陷大恶”。这套说辞虽得唐太宗欣赏，但同时也带有对自己身历多门、遍干强主而辩解的意味。

魏徵以犯颜进谏、敢于批龙主逆鳞著称。太宗感其诚，对其谏诤之言大多能虚心容受，从而留下了贞观之治君臣相得的千古美谈。毛泽东对这对君臣之间的关系十分熟悉，尤其对魏徵切谏唐太宗听取不同方面意见的思维方法最为赞赏。在《矛盾论》一文论及研究问题的误区时，他写道："唐朝人魏徵说过：'兼听则明，偏信则暗'，也懂得片面性不对。可是我们的同志看问题，往往带片面性，这样的人就往往碰钉子。"[1]言下之意，封建时代的人尚懂得在听取不同意见的基础上议事决策，何况受到新的世界观之引导的现代人呢？

"兼听则明，偏信则暗"一语，出自贞观二年（公元628年）唐太宗与魏徵的一段对话。唐太宗问道："人主何为而明，何为而暗？"魏徵说："兼听则明，偏信则暗。昔尧清问下民，故有苗之恶得以上闻。舜明四目，达四聪，故共、鲧、兜不能蔽也。秦二世偏信赵高，以成望夷之祸；梁武帝偏信朱异，以取台城之辱；隋炀帝偏信虞世基，以致彭城阁之变。是故人君兼听广纳，则贵臣不得壅蔽，而下情得以上通也。"唐太宗深以为然。这段话出自司马光的《资治通鉴·唐纪》，而《资治通鉴》又正是毛泽东读得烂熟的一本资政宝书，据说他将《资治通鉴》读了十七遍之多。中国历史上的宰相众多，但魏徵可能是毛泽东心目中最为称职的一代名相。在他看来，魏徵精通文史，长于总结历史的经验教训，他以历史上的正反两方面的事例说理，并总结为"兼听则明，偏信则暗"这样凝练的名言，是很不简单的。

1《毛泽东选集》第一卷，人民出版社1991年版，第313页。

八 马周上书是《治安策》以后第一奇文

在古代中国，政治文化的一个重要特点便是文武百僚向皇帝“上书言事”。上书的动机和内容千差万别，极言得失者有之，讪君卖直者有之，挟私诬陷者亦有之。但总体上看，上书言事是作为皇权专制主义的纠错机制而存在的，特别是遇到天灾人祸时，皇帝们一方面下“罪己诏”，另一方面便督责臣下直陈时弊，翼辅圣德。虽然这种方式不可能解决治乱相寻的政治痼疾，但其作用却不可小视。漫长的“上书”史交织着正直与邪曲、恩宠与血泪，从中可看出君臣之间的互动与斗争。

历来喜欢读史的毛泽东，对古代“上书”的作用及特点很感兴趣。从作用上说，上书大多关乎朝野矛盾、时政得失，是直接针对问题而提出的政策建言。早在秦汉时代，“上书”中便出现了许多奇文，如李斯的《谏逐客书》、贾谊的《治安策》等，此后历朝历代皆有佳作。上书还有选拔人才的作用，皇帝往往从上书中妙选贤才，充任肱股。所以臣子便格外注重通过上书展示才华，希望以此出人头地。在毛泽东看来，历史是现实的一面镜子，读古代好的“上书”，可从中汲取政治智慧和历史经验，达到资政育人、古为今用的目的。从特点上说，自古明君贤臣，遭遇甚难。直言敢谏的上书是君臣关系良性互动的产物，但关键在于君主一方。只有君主从谏如流，臣下才会做到披肝沥胆。有鉴于此，毛泽东多次援引刘邦、李世民虚心纳谏而成就大业的史实，要求领导干部要倾听下属和群众的呼声。尽管从谏与民主有重大差别，但毛泽东认为，民主作风的养成首先要从虚心听取意见开始。

在读《旧唐书》、《新唐书》的过程中，毛泽东对其中几篇有代表性的上书，如马周上唐太宗书、朱敬则上武则天书、姚崇上唐玄宗书等反复阅读，在浓圈密画中留下了不少评点式的文字，很值得我们回味一番。

马周（公元601—649年），博州茌平（今山东茌平人），从小孤贫好学，尤其精通《诗经》、《春秋》。他早年十分落拓，经常受到地方官的欺侮。一气之下，他西游长安，做了中郎将常何的门客。郁郁不得志的马周，想不到命运就此会发生重大转机。贞观五年（公元631年），唐太宗李世民令百僚上书言得失。常何是个武夫，不通经史，但又任务在身，无奈之下，他请马周代笔上书。马周条陈二十余事，样样皆合唐太宗的旨意。唐太宗感到很奇怪，因为凭常何的才具是写不出这份上书的。常何倒也诚实，当唐太宗问起这件事时，他坦陈非其所能，全由门客马周起草。唐太宗喜出望外，立即召见马周，“及谒见，与语甚悦”，大有相见恨晚之感，当即决定其在门下省当值。马周从此平步青云，由一介草民跃升为唐太宗的肱股大臣。从贞观六年（公元632年）起，马周历任监察御史、侍御史、朝散大夫、中书令、谏议大夫、吏部尚书等职，另兼任太子老师，可谓荣宠备至。常何因为发现人才，唐太宗赐帛三百匹以示奖励。

毛泽东对马周这位出身寒素，但却才识超群、深得唐太宗赏识的人物情有独钟。他仔细阅读《旧唐书》、《新唐书》中的马周传，对其中马周的多份上书都很留意，尤其对《新唐书》所载的马周在贞观十一年（公元637年）的一封上书密加圈点，并给予高度评价，称其为“贾生《治安策》以后第一奇文”。贾生即西汉的贾谊，其《治安策》曾被毛泽东评价为“切中当时事理，有一种颇好的气氛”，“是西汉一代最好的政论”。[1]毛泽东将马周的上书与《治安策》相提并论，视之为贾生以后“第一奇文”，确也并非过誉。这封上书直陈己见，不事虚饰，表达了如下几个主要观点：

一是奉劝唐太宗“节俭于身，恩加于人”，为子孙立久远之基。马

1《毛泽东书信选集》，人民出版社1983年版，第539页。

周纵论历史，认为夏、商及两汉分别存在数百年，皆因为“积德累业，恩结于人心”。而从魏晋到隋代，都不过几十年，“良由创业之君，不务广恩化，当时仅能自守，后无遗德可思”。他举例说，如果没有文景之治的俭朴之风，穷奢极欲的汉武帝在刘邦之后便即位，则“天下必不能全”。所以，“自古明王圣主，虽因人设教，而大要节俭于身，恩加于人，故其下爱之如父母，仰之如日月，畏之如雷霆，卜祚遐长，而祸乱不作也”。毛泽东在“节俭于身，恩加于人”处逐字加了套圈，天头上还连画了三个大圈，以示这八字为其中要旨。在强调历史经验之后，马周直陈时弊，指出当时“徭役相望，兄去弟还”，“百姓颇嗟怨，以为陛下不存养之”。与之形成反差的是，“今京师及益州诸处，营造供奉器物，并诸王妃主服饰，皆过靡丽”。有感于民间之怨苦与京师之奢侈，马周语重心长地说：“陛下少处人间，知百姓辛苦，前代成败，目所亲见，尚犹如此。而皇太子生长深宫，不更外事，即万岁后，圣虑之所当忧也。”毛泽东在“陛下少处人间……目所亲见”处字字加了旁圈。马周的文字情理交融，毛泽东密加圈点，神交古人，在会心中感慨系之。

二是劝告唐太宗在人有余力的情况下再行贮积，不可横征暴敛。马周说：“自古以来，国之兴亡，不由积蓄多少，在百姓苦乐也。”这种百姓苦乐决定国家兴亡的观点，毛泽东是很赞赏的，所以他在此处天头上画了三个圈，又逐字加了旁圈。马周认为，作为国家，当然要有贮积，但这种贮积要与民力相称。在民困未苏的时候，横征暴敛只可能资寇。他举例道，隋朝建洛口仓，又在东都洛阳积布帛，结果大乱一来，前者为李密所有，后者为王世充所据。这种“积之无益”而且有害的事应该避免。马周还强调，民众劳苦而征之不息，如果遇上天灾边患，则最容易出现狡侩强梁。如果出现这种情况，那就不是皇上晚食晏寝所能应付的了。毛泽东鉴于马周说得深刻，在其所言“贮积者固是有国之常事，要当人有余力而后收之，岂人劳而强敛之”处逐字加了圈画。

三是提醒唐太宗吸取西汉“七国之乱”、西晋“八王之乱”的教训，不可对诸王“溺于私爱”，树置失所，而要预为节制。马周说，皇帝之子不愁富贵，“身食大国，封户不少，好衣美食之外，更何所须”。如果对之宠遇太厚，一方面会导致他们恃恩骄傲，甚至危害社稷，另一方面也会引起皇位继承者的忌恨。他以曹操宠爱曹植，结果曹丕继位后迫害曹植为例，说明“先帝加恩太多，故嗣王疑而畏之也”。毛泽东对这句话加了旁圈。马周希望唐太宗避免“前车既覆而后车不改辙”，毛泽东在天头上连画三个圈以示重要。

四是建议唐太宗重视刺史、县令等临民之官的选拔，加强基层政权建设。马周说：“臣闻天下者，以人为本。必也使百姓安乐，在刺史、县令耳。县令既众，不可皆贤，但州得良刺史可矣。”毛泽东在“必也使百姓安乐”一句下，逐字加了圈画。马周笔锋直指时弊，认为朝廷独重内官，而对刺史、县令等直接临民之官的选拔颇为草率，刺史又多用武人，或者是因为任京官不称职而外放做刺史、县令。至于边远地区，刺史、县令的任用更是随意，真正“以德行见称擢者，十不能一。所以百姓未安，殆由于此”。这种重视基层政权建设的观点，很符合毛泽东的政治思维。

马周的上书切中要害，唐太宗看后“称善久之”。尽管从文学的角度看，马周的这封上书不及贾谊的《治安策》那样文采斐然，层次分明，但因为言之有物，在平实中见至理，于质朴中显真情，所以毛泽东对之赞赏不已，称之为贾生以后“第一奇文”，并发挥说：“宋人万言书，如苏轼之流所为者，纸上空谈耳。”[1]苏轼为一代文章大家，其万言书被毛泽东说成是“纸上空谈”，可见毛泽东对政策建言的基本要求是切实可行，而非徒然好看而已。当然，苏轼的万言书也并非都是“纸上

1《毛泽东读文史古籍批语集》，中央文献出版社1993年版，第235页。

空谈”，毛泽东说得极端化了一些，无非是借苏轼以衬托马周的不凡。

唐太宗李世民对马周寄予了极高的评价和礼遇。他评价马周“见事敏速，性甚贞正”，自己对马周“暂不见辄思之”。马周晚年患病，唐太宗“躬为调药”。君臣间的关系达到这种相见恨晚、亲密无间的程度，诚为千古佳话。《新唐书》的主修者欧阳修在《马周传》后附一赞语，感叹“周之遇太宗，顾不异哉”，唐太宗“锐于立事”，而马周建言“皆切一时，以明佐圣”，君臣之间“不胶漆而固，恨相得晚，宜矣”。但又说马周之才能毕竟不及辅佐商代武丁王的傅说以及帮助周武王灭纣的吕望（即姜子牙），所以后世对马周的事迹叙述不多。毛泽东不同意此种说法，批道：“傅说、吕望，何足道哉。马周才德，迥乎远矣。”[1]马周的才德是否堪与傅说、吕望相比，这是个仁者见仁、智者见智的事情，毛泽东的观点属于“一家之言”，但从中可看出他对马周这类人物的偏爱。毛泽东有一种独特的文化心理，即认为“贫人、贱人、被人看不起的人、地位低的人，大部分发明创造，占百分之七十以上，都是他们干的”。原因在于这些人“生力旺盛，迷信较少，顾虑少，天不怕，地不怕，敢想敢说敢干”。[2]马周以一介草民而位极人臣，为毛泽东的这一看法又提供了强有力的佐证，所以他格外喜欢。马周早年嗜酒伤身，只活了四十八岁，毛泽东为此感到惋惜，在《新唐书·马周传》中还批了八个字：“饮酒过量，使不永年。”[3]

对于马周的这封上书，毛泽东在激赏的同时也指出了其中的某些不足。如上书中说：“今百姓承丧乱之后，比于隋时才十分之一。”毛泽

1《毛泽东读文史古籍批语集》，中央文献出版社1993年版，第236页。

2《毛泽东读文史古籍批语集》，中央文献出版社1993年版，第12页。

3《毛泽东读文史古籍批语集》，中央文献出版社1993年版，第234页。

东认为此种说法“不确，比于隋时，大约五分之一”[1]。隋唐鼎革，人口锐减，但不至于减少到马周所说的十分之一，可见毛泽东读史是非常善于独立思考的。

唐太宗与马周君臣相得，确属佳话，但成就这一佳话的关键无疑是唐太宗。俗话说“伴君如伴虎”，臣下向皇帝进谏是要冒极大风险的，要皇帝听逆耳忠言并非易事。在历史上，唐太宗以“从谏如流”著称，但他在听谏过程中也有内心冲突。如魏徵面折廷争，有时弄得他下不了台，因此他恨不得“杀此田舍汉”。尽管不舒服，但唐太宗仍自我克制，并想尽千方百计鼓励臣下进谏。有一次唐太宗感到朝堂上的空气颇为沉闷，便当面要求长孙无忌等大臣“攻朕得失”。长孙无忌讨好地说：“陛下武功文德，跨绝古今，发号施令，事皆利物”，“实不见陛下有所愆失”。唐太宗对长孙无忌的谀词不以为然，他当场做一次示范表演，逐一评论长孙无忌、高士廉、唐俭、杨师道、刘洎、马周、褚遂良等大臣的优劣短长，有些话说得很重，如说长孙无忌“总兵攻战，非所长也”；“高士廉涉猎古今，心术聪悟”，但所少者“骨鲠规谏耳”。特别是唐俭“事朕三十载，遂无一言论国家得失”。正是因为唐太宗有纳谏的胸怀和对大臣的督责之术，才会有马周痛陈时弊甚至不惜以疏间亲的上书。

对于唐太宗，毛泽东一向深表佩服。他在读《旧唐书·李百药传》时，曾总结“李世民的工作方法有四”，其中有两条便涉及虚心纳谏，即“每旦视朝，听受无倦”、“罢朝之后，引进名臣，讨论是非，备尽肝膈”。没有李世民便不可能有马周，毛泽东对此是看得很清楚的。

1《毛泽东读文史古籍批语集》，中央文献出版社1993年版，第222页。

九 朱敬则是政治家、历史家

朱敬则（公元635—709年），亳州永城（今河南永城）人，出身名门望族，“倜傥重节义，早以辞学知名”。他曾受到过唐高宗李治的召见和赏识，但因被人谗毁而未得到擢用。武则天临朝称制后，朱敬则先后担任正谏议大夫、冬官侍郎等职务，并监修国史。

武则天作为一代女皇，执政之初颇受朝野怨恨，加之帷幕不修，内心惧惶，为巩固政权，她于朝堂安置铜匦，广开告密之门，同时任用来俊臣、索元礼、周兴等酷吏罗织罪名，残酷迫害宗室大臣，在朝野上下造成严重的恐怖气氛。有鉴于此，朱敬则上书武则天，提出“绝告密罗织之徒”，在政治上改弦易辙，“易之以宽泰，润之以淳和”，开创礼乐教化的新气象。

在读《旧唐书·朱敬则传》时，毛泽东于开篇的天头上批注：“朱敬则政治家、历史家，年七十五。”[1]对于朱敬则的上书，他浓圈密画，仔细体悟，处处体现了他的赞赏之情。

从上书来看，毛泽东说朱敬则是“政治家”，有以下两个方面的理由：

一是朱敬则援引秦、汉之得失，说明在政策上“因时权变”的极端重要性。他指出，秦国在李斯当政时期推行法家理论，致力于富国强兵，以至屠灭诸侯，统一宇内，在当时是必要而有效的。但是，这毕竟属于“救弊之术”，不可行之于久远。秦国却不改故辙，“淫虐滋甚，往而不返，卒至土崩，此不知变之祸也”。与之比较，汉高祖刘邦平定天下后，便听从叔孙通、陆贾等儒生的建议，“开王道，谋帝图”，从而奠定了西汉200多年的基业，此为“知变之善也”。因此，他建议武则天“览秦、汉之得失，考时事之合宜”，“改法制，立章程，下恬愉

1《毛泽东读文史古籍批语集》，中央文献出版社1993年版，第226页。

之辞，流旷荡之泽……窒罗织之源，扫朋党之迹，使天下苍生坦然大悦，岂不乐哉！”[1]对上述引文，毛泽东均加了圈画，并由此联想到西汉贾谊所写的《过秦论》，批注道：“贾谊云：‘仁义不施，而攻守之势异也’。”在他看来，朱敬则的论述是对贾谊思想的继承与发挥。

二是朱敬则的上书非常讲究方式、方法与策略，充分考虑到武则天的接受心理，体现了“顾全大局”、巧妙进谏的艺术，是个聪明人。朱敬则未必完全赞同武则天掌权初期的那些做法，但他在上书中却说当时置铜匦、开告端使“曲直之影必呈，包藏之心尽露”，武则天“以兹妙算，穷造化之幽深；用此神谋，入天人之秘术”。在这番铺垫后，朱敬则方才强调：“向时之妙策，乃当今之刍狗也。”刍狗乃无用之物，现今应该弃旧更新，转而实行宽恤之政。朱敬则以古论今，巧妙进谏，无怪乎武则天阅后“甚善之”。武则天个性极强，她所尊重的大臣只有狄仁杰等很少一些人，因此向她进谏并非易事。毛泽东说朱敬则是“政治家”，当包括“聪明”这一层意思在内。因为毛泽东在读明史时曾说过：“明朝反魏忠贤的那些人，不讲策略，自己被消灭，当时落得皇帝不喜欢。”[2]言下之意，进谏者选取适当的方式和策略才不至于事与愿违。

毛泽东认为朱敬则是“历史家”，除了上述因素之外，还包括更深的内蕴。朱敬则曾经兼采魏晋以来君臣成败之事，著有《十代兴亡论》，特别是他还写过为秦朝郡县制辩护的重要文章《五等论》，其中观点与毛泽东的历史观十分契合。毛泽东在读《旧唐书·朱敬则传》时，对这篇文章也有过多处圈画。

所谓“五等”，指周代确立的“公、侯、伯、子、男”这五个分封制下的爵位。在历史上，赞同周代分封制的大有其人，如东汉至曹魏时

1 ［后晋］刘昫等撰：《旧唐书》，岳麓书社1997年版，第1808页。

2 陈晋主编：《毛泽东读书笔记解析》（下），广东人民出版社1996年版，第1117页。

期的王朗、仲长统、曹冏，西晋的陆机，唐代的杜佑、崔湜，等等。其中最有代表性的作品为陆机的《五等论》。陆机认为秦朝短命，根本原因在于实现了郡县制，郡县官吏由中央委派，一旦君主有忧，没有宗室与共利害，“颠沛之衅，实由孤立”。而汉初之所以能平定诸吕之乱、迎立汉文帝，在很大程度上便得益于宗室的屏藩之力。后来发生“七国之乱”，乃因为汉朝大启侯王，对秦朝郡县制矫枉过正所致。所以他得出一个结论，即“五等之君，为己思治；郡县之长，为利图物”。只有实行遵循旧典的分封制，才能上下同忧乐，共安危。即便分封制也有弊端，也会发生以下犯上的侵弱凌夷之痛，但总比郡县之长强夺民肥，致使天下土崩瓦解要强得多。

朱敬则却不赞同这些人的主张，他是中国历史上较早、较系统地为秦代郡县制辩护的人。在他看来，周代实行的分封制是建立在礼乐教化基础之上的，但春秋以后礼乐崩坏，道丧术兴，人们尚诈伪，贵攻战，“一旅之众，便欲称王；再战之雄，争来奉帝”，完全信奉兵强马壮者称帝的强者逻辑。所以秦朝废封建而行郡县制，“罢侯置守，高下在心，天下制在一人，百姓不闻二主”，乃是不得已而为之，并非故意“薄功臣而贱骨肉”。秦朝二世而亡，非亡于郡县制，而是亡于残暴无度。[1]

朱敬则的这种观点对后来的柳宗元产生过影响。柳宗元著《封建论》，极言分封制之不可取。他举例说，秦朝“有叛民而无叛吏”，汉朝“有叛国而无叛郡”，唐朝“有叛将而无叛州”，在在都说明郡县制较封建制为优越。毛泽东对朱敬则、柳宗元的观点深表赞同，认定“百代皆行秦政制”，并奉劝郭沫若“熟读唐人《封建论》，莫从子厚返文王”。[2]在毛泽东的心目中，朱敬则、柳宗元都属于有深厚史识的“历史家”。

---

1 ［后晋］刘昫等撰：《旧唐书》，岳麓书社1997年版，第1808页。

2 引自毛泽东《读〈封建论〉呈郭老》一诗。

朱敬则为官清正，珍惜贤才。当时的御史大夫、凤阁舍人魏元忠、张说遭人诬陷，行将处死，“诸宰相无敢言者”，唯有朱敬则上书武则天，为这两人申冤鸣屈，说他们“素称忠正，而所坐无名，若令得罪，岂不失天下之望也”。魏、张最后免于一死，有赖于朱敬则的鼎力相助。武则天宠幸的张易之等奸臣媚权事贵，为武三思、苏味道等十八人绘《高士图》，想引诱朱敬则参与其事，但朱敬则“固辞不就，其高洁守正如此”。706年，他受贬归乡，行李中“无淮南一物，唯有所乘马一匹，诸子侄步从而归。敬则重然诺，善与人交，每拯人急难，不求其报”。毛泽东对这些引文都逐一加了旁圈，流露出他对朱敬则的敬重之情。

十　徐有功此言不当

徐有功（公元640—702年），洛州偃师（今河南偃师）人。其祖父徐文远系唐初著名文士。在武则天统治时期，徐有功是少有的“为政宽仁、不行杖罚”的法吏。无论是在任蒲州司法参军、秋官郎中期间，还是在任左台侍御史、司刑少卿期间，他都坚守“无纵诡随，不避强御”、“听讼惟明，持法惟平”的原则，反对罗织罪名，锻炼成狱。凡被冤屈下大理者，徐有功皆力求出之，前后济活数十百家。其持法风格，与当时横行一时的酷吏如周兴、来俊臣、丘神、王弘义等形成鲜明对照。

武则天是个懂得帝王术的女皇，一方面她重用酷吏镇压反对派，另一方面也容留像徐有功这样独存平恕、持平不挠的正直法吏，以收取“以恩止杀“的名声。徐有功常在殿廷与武则天争论案件的是非曲直，武则天厉声诘责，左右莫不震恐，独徐有功神色不挠，争之弥切。武则天虽不满意徐有功的强梁犯颜，却也为他的宅心仁厚所感动，所以徐有功虽然两度罢官，但都旋贬旋复，甚至当徐有功拒绝出任新职时，武则天也一定要其奉命。

道州刺史李仁褒兄弟为人诬构，徐有功为之辩屈。秋官侍郎周兴上表称徐有功“故出反囚”，论罪当诛。武则天虽然没有听从周兴，但却免去了徐有功的职务。不久，她任命徐有功为左肃政台侍御史。徐有功感于伴君如伴虎，上表拒任，其中有这样一段话：“臣闻鹿走山林而命系庖厨者，势固自然。陛下以法官用臣，臣守正行法，必坐此死矣。”毛泽东在《新唐书·徐有功传》中读到这段话后，提笔批道：“‘命系庖厨’，何足惜哉，此言不当。岳飞、文天祥、曾静、戴名世、瞿秋白、方志毅、邓演达、杨虎城、闻一多诸辈，以身殉志，不亦伟乎！”[1]言下之意，徐有功既然以持法平正为职志，就不应该畏死拒任，再者，为坚持原则、独存平恕而死，不失为一种伟大的表现。

由徐有功“鹿走山林而命系庖厨”的一段表白，毛泽东想到一连串的历史人物，认为这些历史人物“以身殉志”，实现了人生的价值。不过，毛泽东的这段批注也有某些值得商榷之处。他提到的岳飞、文天祥等多数人物固然伟大，但将戴名世、曾静这两位清代文字狱的主角与他们并列，却不十分贴切。熟悉清代历史的人都知道，戴名世是“《南山集》案”的主角，他的理想是想写一部《南明史》。其所以罹祸，是因为他使用了南明永历帝的帝号和年号；而曾静则是“吕留良案”的主角之一。作为一个地方书生，曾静信奉吕留良“华夷之辨大于君臣之伦”的正统儒家主张，并因此而策反四川总督岳钟麟。结果被岳钟麟告发而被捕。戴名世、曾静的志向根本无法与毛泽东提到的其他人相比。而且他们被捕后又马上认罪，曾静后来还被雍正皇帝树为“迷途知返”的

1《毛泽东读文史古籍批语集》，中央文献出版社1993年版，第237页。

典范，到江南各地宣讲《大义觉迷录》。曾静捱过了雍正一朝，但乾隆皇帝登基伊始便将其斩了头。戴名世、曾静作为文字狱的受害者固然值得同情，但他们的志向失之平庸甚至迂腐，被拘后的表现更失之软弱。也许是毛泽东当时随兴写来未及深想，才留下了这么一个可资讨论的话题。

十一　许敬宗老而不死

许敬宗（公元592—672年），杭州新城（今浙江杭州）人，其父许善心曾任隋朝礼部侍郎，后在江都被宇文化及所害。唐太宗贞观年间，许敬宗先后任著作郎、中书舍人、太子右庶子、中书侍郎等职。李治嗣位，许敬宗由礼部尚书累迁至中书令，“任遇之重，当朝莫比”。

在唐高宗时代，许敬宗是与李义府齐名的两位奸相。许敬宗学有本源，又长期掌修国史，贞观以来朝廷所修《五代史》、《晋书》以及《东殿新书》、《西域图志》、《文思博要》、《文馆词林》、《累璧》、《瑶山玉彩》、《姓氏录》等，皆由他总其事，前后得到的赏赐不可胜计。但许敬宗为人奸诈邪曲，记仇贪财，一方面曲意迎合高宗旨意，另一方面大肆聚敛钱财，排挤异己。他虽然闻诗学礼，学识渊博，但名实不符，学问与行事判若两人。

唐高宗欲立武则天为皇后，遭到顾命大臣长孙无忌、褚遂良、韩瑗等人的极力反对。许敬宗却在朝廷中放言：“田舍翁多收十斛麦，尚欲易妻，况天子乎。”高宗李治闻之龙心大悦，将其引为心腹。不仅如此，许敬宗还与李义府联手构陷长孙无忌、褚遂良等人，致使这些老臣流放并屈死。

许敬宗将女儿嫁给左监门大将军钱九陇。钱九陇本是皇家隶人，身份卑贱，但许敬宗为贪财与之结为亲家。为提升钱九陇的身份，许敬宗利用掌修国史的便利条件，“乃为九陇曲叙门阀，妄加功绩，并升与刘文静、长孙顺德同卷”。许敬宗又为儿子娶尉迟宝琳的孙女为妻。因为多得货财，许敬宗在为尉迟宝琳的父亲尉迟敬德作传时，“悉为隐诸过咎”。唐太宗曾作《威风赋》以赐长孙无忌，而许敬宗却说是赐予尉迟敬德的。像这种颠倒黑白、虚美隐恶之事，许敬宗在监修国史时做了许多，完全背离了史官秉笔直书的原则，贻笑于当时和后人。许敬宗又好色无度，妻子裴氏早卒后，他将裴氏有姿色的一位侍婢据为己有，但不料其儿子许昂早与此侍婢私通。许敬宗发现后，一怒之下以不孝为名，奏请将儿子流于岭外。

毛泽东在读《旧唐书·许敬宗》时，了解到他的种种劣迹，顿生不屑之意，在传记旁批道：“老而不死，年八十一。”[1]言下之意，像许敬宗这样品性恶劣、作恶多端的人竟然擅荣宠，登眉寿，足见上天是多么不公平。在中国历史上，慨叹天道不公的当然不止毛泽东一人。司马迁早就愤然指出：“若伯夷、叔齐，可谓善人者非邪？积仁洁行如此而饿死！”“盗跖日杀不辜，肝人之肉，暴戾恣睢，聚党数千人横行天下，竟以寿终。”[2]两相比较，司马迁对“天道无亲，常与善人”的说法发出了强烈的质疑。唐朝的韩愈在《与崔群书》中写道：“自古贤者少，不肖者多。自省事以来，又见贤者恒不遇，不贤者比肩青紫。贤者恒无以自存，不贤者志满气得。贤者虽得卑位，则旋而死。不贤者或至眉寿。不知造物者意竟如何！”韩愈的这篇作品，毛泽东也是熟读过的。他在阅读时批道：“就劳动者言，自古贤者多，不肖者少。”[3]

1《毛泽东读文史古籍批语集》，中央文献出版社1993年版，第223页。

2［汉］司马迁：《史记》，岳麓书社1988年版，第491页。

3《毛泽东读文史古籍批语集》，中央文献出版社1993年版，第109页。

按此逻辑，就非劳动者而言，则自古贤者少，不肖者多。尽管毛泽东不完全赞同韩愈关于贤者与不肖者的数量划分，但他对韩愈关于两者命运的慨叹是有共鸣的。正因为如此，他在读《旧唐书·许敬宗传》时才有“老而不死，年八十一”这样的批语。

慨叹天道不公，似乎是中国文人读史阅世时的一个共同之处。清末曾国藩说：“独举目斯世，求一攘利不先、赴义恐后、忠愤耿耿者，不可亟得。或仅得之，而又屈居卑下，往往抑郁不伸，以挫以去以死。而贪饕退缩者，果骧首而上腾，而富贵，而名誉，而老健不死，此其可为浩叹者也。”[1]民国时期有个叫张耀曾的大律师，他总结的规律是“谨厚者不适生存，狡悍者反处优越”，“若观夫恃籍权势，巧取豪夺，食人肥己者，往往反能擅荣华，据高位，长子孙，殊令人叹。”[2]不过，虽说天道有不公，但善人得善报、坏人得恶报的例子也所在多有，只是因为人们对坏人享高寿、乐富贵特别痛恨，因而在头脑中放大了此类印象而已。近代高僧李叔同先生就认为，好人终有好报，坏人终有恶报，但未见得是现世报，更多的是隔世报。从毛泽东对许敬宗的批语想到历史上诸多文人的慨叹，亦是读书之一乐也。

十二　李义府笑里藏刀

李义府（？—666年），瀛州饶阳（今河北饶县）人。唐太宗贞观年间经刘洎、马周等大臣推荐任监察御史，寻又除太子舍人。时与太子

1 王文濡选编：《续古文观止》，岳麓书社2003年版，第249页。

2 张耀曾先生1928年3月23日日记，见《张耀曾先生文存》，法律出版社2004年版。

司议郎来济均以文翰见称，“来、李齐名”，传为美谈。

唐高宗李治即位后，李义府因极力赞成立武则天为皇后而平步青云，显庆二年（公元657年）取代崔敦礼为中书令，并兼任御史大夫、弘文馆大学士，同时兼修国史，一时“荣庞莫与之比”。李义府入则谄言自媚，出则肆其奸宄，与其母亲、妻儿、女婿等“卖官鬻狱，其门如市。多引腹心，广树朋党，倾动朝野”。高宗李治虽知其过失，但也仅限于诫勉。优容之下，李义府更加肆无忌惮。他不仅在母丧期间结交阴阳占侯之人，阴怀异图，而且泄禁中之语以市恩敛财。有次他派儿子李津将长孙无忌之孙长孙延招至府中，对长孙延说：“相为得一官，数日诏书当出。”果然，过了五天，长孙延被授司津监一职。李义府向其索要酬劳七百贯。此举被人告反，高宗李治大怒，下制将李义府及其儿子李津、李洽、李洋及女婿柳元贞等除名长流僻地。乾封元年（公元666年），高宗改元大赦，但不包括长流人。李义府忧愤而卒，年五十余。

李义府本无治世之才略，又性好贪墨，是一个典型的奸臣。《旧唐书·李义府传》对他的性格为人有一段精彩的评述：“义府貌状温恭，与人语，必嬉怡微笑，而褊忌阴贼。既处权要，欲人附己，微忤意者辄加倾陷，故时人言义府笑中有刀。又以其柔而害物，亦谓之李猫。”[1]毛泽东看了这段描述后，提笔在旁边写道：“笑里藏刀李义府。”[2]在毛泽东看来，李义府代表了一种人格类型。这类人的特点是外表温和而内心狠毒，也就是民间常说的“笑面虎”。笑面虎内外反差很大，有迷惑性，又很难提防，因而在人际交往中应引起高度警惕。

1《毛泽东读文史古籍批语集》，中央文献出版社1993年版，第223页。

2《毛泽东读文史古籍批语集》，中央文献出版社1993年版，第223页。

十三　杨再思是个佞人

在唐朝的文臣武将中，毛泽东不仅关心那些公忠体国、直道而行的能臣和忠臣，而且也颇为留意那些谀媚事主、苟且取容的佞臣和庸官，比如历事高宗、则天、中宗三主的杨再思，便是毛泽东评点过的佞臣之一。

杨再思（？—709年），郑州原武人，年少举明经，授玄武尉。武则天延载初年任鸾台侍郎、同凤阁鸾台平章事。证圣初年转凤阁侍郎，兼太子右庶子，不久累封为郑国公。据《旧唐书·杨再思传》记载，杨再思“为人巧佞邪媚，能得人主微旨，主意所不欲，必因而毁之，主意所欲，必因而誉之。然恭慎畏忌，未尝忤物”。有人对杨再思说：“公名高位重，何为屈折如此？”杨再思回答：“世路艰难，直者受祸。苟不如此，何以全其身哉！”这个回答生动再现了杨再思自甘庸劣、固位取容，不打算有所作为的处世态度。毛泽东提笔批道：“杨再思佞人。”[1]

杨再思多次刻意讨好武则天的男宠张昌宗。长安末年（公元704年左右），张昌宗为法司所劾，司刑少卿桓彦范“断解其职”。张昌宗上表称冤，武则天对宰臣们说：“昌宗于国有功否？”杨再思抢先应答：“昌宗往因合炼神丹，圣躬服之有效，此实莫大之功。”武则天闻而大悦，张昌宗也以此复职。时人称赞桓彦范明断而鄙夷杨再思讨巧，左补阙戴令言作《两脚野狐赋》以讥刺杨再思。杨再思大怒，将戴令言贬为长社令，朝士尤加嗤笑。杨再思见张昌宗因姿貌受到宠幸，百般讨好，以至于说：“人言六郎面似莲花；再思以为莲花似六郎，非六郎似莲花也。”其倾巧取媚，大多类此。

杨再思在中宗李显即位后受到重用，拜户部尚书，兼中书令，成为权倾一世的宰相。景龙三年（公元709年）又加光禄大夫。其年去世，

1《毛泽东读文史古籍批语集》，中央文献出版社1993年版，第226页。

赠特进、并州大都督，陪葬乾陵。就是这么一位巧言令色之人，竟秉政十多年，而且得以善终。毛泽东将其归为“佞人”之列，既包含鄙视之情，也为研究人性、识鉴人物提供了重要参照。

十四　张说是大政治家、大军事家

张说（公元667—730年），字道济，原籍范阳（今河北涿县）人，后徙家河南洛阳。武则天永昌年间，张说弱冠应诏举，对策及第，授太子校书郎，迁左补缺。他一生历任则天、中宗、睿宗、玄宗四朝。玄宗初立，任中书令，封燕国公，后为姚崇所构，出为相州刺史。开元十年（公元722年）代张嘉贞为中书令，但不久又为宇文融等所构，被迫致仕。开元十七年（公元729年）再次拜中书令，寻代源乾曜为尚书左丞相。因此在开元年间，张说先后三秉大政，属于三起三落的政坛传奇人物。

毛泽东对张说有很高的评价，在读《新唐书·张说传》时批有“大政治家、大军事家张说”[1]等字样。所谓“大政治家”，主要指张说具有敏锐的洞察力和决断力。唐睿宗景云二年（公元711年），睿宗李旦对侍臣说：“有术者上言，五日内有急兵入宫，卿等为朕备之。”时任太子李隆基侍读的张说，知晓这是太平公主及其同党的诡计，因此不失时机地对睿宗说：“此是谗人设计，拟摇动东宫耳。陛下若使太子监国，则君臣分定，自然窥觎路绝，灾难不生。”睿宗大悦，即日下制皇太子监国。712年又传位于皇太子李隆基，自居为太上皇。不久太平公主荐引萧至忠、崔湜等为宰相，并以张说不附己，将其转为尚书左丞，

1《毛泽东读文史古籍批语集》，中央文献出版社1993年版，第240页。

罢知政事，仍令往东都洛阳留司。张说既知太平公主等阴怀异图，于是派人献佩刀于玄宗李隆基，请其先发制人以讨之。李隆基“深嘉纳焉”，动手将太平公主及其同党一网打尽。

张说作为大政治家的才干，还表现为奖掖后进，荐引饱学之士佐佑王化。开元十年（公元722年），张九龄三迁至司勋员外郎。张说知其有才鉴，大加亲爱，并与其叙昭穆，还常对人说：“后来词人称首也。”张说本人掌文学之任三十年，为文俊丽，用思精密，天下词人咸讽诵之。他如此看重张九龄的才华，在当时传为佳话。

毛泽东称张说为“大军事家”，也是有充分依据的。开元九年（公元721年），他率军大破胡贼康待宾以及依附于他的党项部落。次年又进讨康待宾的余党康愿子，“获其家属于木盘山，送都斩之，其党悉平，获男女三千余人。于是移河曲六州残胡五万余口配许、汝、唐、邓、仙、豫等州，始空河南朔方千里之地。说以讨贼功，复赐实封二百户”。张说能文能武，出将入相，玄宗三次重用他，倚为干城。在他病重时每日令人问疾，并手写药方赐之。张说殁后，玄宗又亲自为其制作神道碑文，倍极哀荣。

十五　姚崇是大政治家、唯物论者

姚崇（公元649—721年），陕州硖石（今河南陕县）人。其父姚善意在贞观年间担任过都督一类的职务。姚崇早年应“下笔成章”科，文名远播，并五迁至夏官郎中。当时契丹攻陷河北数州，形势危急，大臣们均无良策，作为书生的姚崇却明达时务，“剖析若流，皆有条贯”，深得武则天赏识，寻迁为夏官侍郎。

姚崇历事则天、中宗、睿宗、玄宗等皇帝，堪称“四朝元老”，到唐玄宗李隆基当政时，其功业达到鼎盛，成为开创“开元盛世”的一代名相。毛泽东对《旧唐书》、《新唐书》中的《姚崇传》都读得十分仔细，在《新唐书·姚崇传》开篇的天头上批注：“大政治家、唯物论者姚崇。”[1]

开元初年，唐玄宗务修德政，励精图治，准备任命姚崇为宰相。姚崇抓住皇帝锐于成事的心理，上书提出十点意见，以皇帝能否接受作为他是否出任宰相一职的条件。这十条意见是：1.武后当政以来以峻法绳下，陛下能否做到“政先仁恕”？2.朝廷与吐蕃作战，兵败青海，至今未有悔意，陛下能否做到“不边功”？3.近来佞人触犯法网，皆因为受宠得解，陛下能否做到“法行自近”，无论亲疏远近，一视同仁？4.武后、韦后时期宦官干政，“臣愿宦竖不与政，可乎”？5.宗室贵戚、公卿方镇等纷纷纳贡于上，陛下能否做到除“租赋外一绝之”？6.外戚曾长期把持朝政，班序芜杂，臣希望以后“戚属不任台省”，行吗？7.先皇帝侮辱大臣，有失君臣之礼，陛下能对臣下“接之以礼”吗？8.燕钦融、韦月将等大臣以忠被罪，从此以后诤臣沮丧，臣愿群臣皆得“批逆鳞，犯忌讳”，陛下同意吗？9.武后、中宗先后造福先寺、玉真观等，费资巨万，陛下能做到杜绝“佛、道营造”吗？10.两汉因为吕禄、王莽、阎显、梁冀等外戚权臣乱天下，“臣愿推此鉴戒为万代法，可乎”？唐玄宗说：“朕能行之。”姚崇于是欣然赴命。

姚崇所提上述十条意见，总结了以往几朝存在的主要弊端，有些意见相当尖锐。如他提到的燕钦融本是一代骨鲠忠义之士，只因上书唐中宗李显，指斥韦皇后干预朝政而遭到“扑杀”。此事发生后群臣忧惧，朝堂上一片沉默。姚崇以此为鉴，直截了当地要求玄宗允许群臣“批

1《毛泽东读文史古籍批语集》，中央文献出版社1993年版，第237页。

逆鳞，犯忌讳”。这样大胆的陈言颇有置生死于不顾的况味。好在当时唐玄宗初登大位，锐于成事，政治气候适宜，君臣之间达成了共识。所以毛泽东称姚崇为“大政治家”，并赞扬“如此简单明了的十条政治纲领，古今少见”[1]。唐玄宗后来耽于享乐，折辱大臣，与前期判若两人。如监察御史周子谅在开元二十五年（公元737年）上书忤旨，竟然在朝堂上被杖死，可见进谏的时机也很重要。

开元盛世，姚崇与宋璟齐名。姚崇长于应变，以成天下之务。而宋璟则长于守文，以持天下之正。有次唐玄宗准备巡幸东都洛阳，恰在此时朝廷供奉祖先的太庙朽坏了，宋璟认为这是上天降咎，皇帝不宜东行。但姚崇不这样看，他上书称太庙本是前秦时苻坚所建，距今有几百年了，朽坏很正常，不过“偶与行期相会”，因此不必顾虑。他说东都洛阳已作好准备，如果皇上取消行程，反倒“失信于天下”。旧庙既已毁坏，不堪修理，不如暂时将祖先灵位移于太极殿安置，再改建新庙以申诚敬。唐玄宗听从了姚崇的意见。毛泽东在比较了姚、宋的行事风格后，认为“二人道同，方法有些不同”。所谓“道同”，即对皇帝的忠心不二。

姚崇为相时不信鬼神，不畏灾异，相信人定胜天，有一种敢作敢为的气派。这一点尤为毛泽东所赞许，称其为“唯物论者”。开元四年（公元716年），山东发生蝗灾，官民不敢捕杀，百姓皆烧香礼拜，设祭祈恩；汴州刺史倪若水认为蝗虫是天灾，只有修德方能禳除，如果以人力捕杀则为害更深。姚崇为此事忧心如焚，他上书唐玄宗，批评“庸儒执文，不识通变”，强调“事系安危，不可胶柱”。民以食为天，如果任凭蝗虫害稼，势必导致百姓颗粒无收，流离失所。他建议山东官民立即在晚上设火引蝗，边烧边埋，即便除之不尽，也胜于养以成灾。在他的大力督责下，山东官民灭蝗十余万担，一场灭顶之灾得以化解。

1《毛泽东读文史古籍批语集》，中央文献出版社1993年版，第237页。

唐代盛行佛教，许多皇帝如武后、中宗，还有许多公主外戚十分佞佛。到玄宗时，此风仍未衰减，朝野上下争先造寺庙，度人为僧尼。姚崇为此上书，提出“佛不在外，求之于心”，“但发心慈悲，行事利益，使苍生安乐，即是佛身。何用妄度奸人，令坏正法”？他以梁武帝萧衍三次舍身同泰寺，仍不免亡国殄家等事实为例，说明佞佛并不能消灾免祸。唐玄宗认为他说得有理，于是将一万两千余万伪滥僧人还俗。姚崇身体力行，他告诫子孙“但平等慈悲，行善不行恶，则佛道备矣”，什么抄经铸像一类行为，都是惑于凡僧的无知之举，非但无益，反倒损耗生人，甚至有因此而破业倾家者。古代社会人们迷信神佛，像姚崇这样具有清醒头脑的人，可算是凤毛麟角。毛泽东对姚崇的上书及诫子弟文作了多处圈画，并批注：“韩愈佛骨表祖此。”[1]唐宪宗时期，韩愈写下著名的《谏迎佛骨表》上呈宪宗李纯，不遗余力地抨击佛教，结果被贬为潮州刺史。毛泽东发现了韩愈与姚崇之间的思想联系，认为韩愈的唯物论植根于八十多年前的姚崇。这也显现出毛泽东读书由此及彼、触类旁通的功夫。

毛泽东读“二十四史”，最喜欢读人物传记，而在人物传记中又特别留意包括“上书”在内的可靠文献，并给予独到的评说。这是一种带有个人风格的读书方法，也是一种政治家的历史记忆法。

十六　刘幽求能伸而不能屈

刘幽求（公元654—715年），冀州武强（今河北武强）人。武则天

1《毛泽东读文史古籍批语集》，中央文献出版社1993年版，第239页。

圣历年间参加科举考试，被授阆中县尉。因为刺史对其无礼貌，他一怒之下弃官而归。过了很久，才被授以朝邑县尉。但刘幽求做人也不乏远见。神龙元年（公元705年），桓彦范、敬晖等五大臣诛杀武则天的男宠张易之兄弟，逼迫武则天归政于唐中宗，但没有趁机杀掉武三思。刘幽求对他们说："三思尚存，公辈终无葬地。若不早图，恐噬脐无及。"桓彦范等不听其言，后来果为武三思所害。

唐景云元年（公元710年），刘幽求作为当时临淄王李隆基集团的骨干成员，参与和策划了诛杀唐中宗皇后韦氏、女儿安乐公主等的宫廷政变，之后李隆基的父亲李旦登上皇位，是为唐睿宗。李隆基被立为太子，刘幽求因赞襄之功而被授中书舍人、尚书右仆射等职，参与机务。其后，刘幽求见李隆基的姑姑太平公主干预朝政，以致威胁到李隆基的太子地位，便又与右羽林将军张合谋发动政变，期望除掉太平公主以及依附于她的左仆射窦怀贞、中书令崔湜等人。窦怀贞、崔湜等论功不及刘幽求，但却位居其上，刘幽求心甚不平，形于言色。不料计划被张暐泄露，李隆基采取"舍卒保车"的办法，让父亲将刘幽求和张暐分别流放到封州和峰州。

一年之后，太平公主在与侄儿李隆基的斗法中失败。唐睿宗审时度势，也识趣地将皇位传给李隆基，自居太上皇。玄宗李隆基在开元初年授刘幽求尚书左丞相，兼黄门监，以示对这位忠臣的优奖。但好景不长，刘幽求失宠后被贬为太子少保。而受玄宗器重的姚崇又素来嫉恨刘幽求，于是上表揭发刘幽求"郁怏于散职，兼有怨言"。玄宗听进去后，贬刘幽求为睦州刺史，削其实封六百户。之后，又相继迁杭州刺史、桂阳郡刺史。刘幽求在贬往桂阳途中气愤而死。

毛泽东在读了《旧唐书·刘幽求传》后，感到传主的性格颇有特点，于是以总结性的笔触批注道："刘幽求能伸而不能屈，年六十一，以恚死。”[1]俗话说，大丈夫能伸能屈，而刘幽求作为一个在官场历练多年的人，却只能处顺境而不能处逆境，这在毛泽东看来是不合时宜的，不能称之为“大丈夫”。况且，孔子曾说“六十而耳顺”，但刘幽求却在年过六十后气愤而死，这就更不应该了。毛泽东读史，十分注重研究那些有代表性的人格。刘幽求的“能伸而不能屈”，与李义府的“笑里藏刀”、杨再思的巧佞媚顺，分别代表了社会上三种不同的人格类型。毛泽东有异乎寻常的识人本领，这与他善于揣摩和研究历史上有代表性的人格，恐怕是大有关联的吧。

十七　裴度调查研究，出以亲身

“安史之乱”被平息后，唐朝的政局得以暂时稳定，但作为心腹之患的藩镇割据并未彻底解决。相反，唐德宗李适惩“建中之难”，姑息藩臣，以致到贞元年间，朝廷威令衰消，藩镇割据有愈演愈烈之势。后来唐宪宗李纯重用武元衡特别是裴度向藩镇用兵，得以解除“内轻外重”的政治危局，史称“元和中兴”。裴度作为元和中兴的柱石，不仅享誉当时，而且名垂千秋。

裴度（公元765—839年），字中立，河东闻喜（今山西闻喜）人。唐德宗贞元五年（公元789年）中进士，后从河阴县尉迁监察御史、御史中丞。元和九年（公元814年），裴度奉命前往蔡州行营宣谕诸军，激励将士，以讨伐叛乱的蔡州刺史吴元济。既还，宪宗问诸将之才。裴度说：“臣观李光颜见义能勇，终有所成。”不数日，李光颜果然在时

1《毛泽东读文史古籍批语集》，中央文献出版社1993年版，第227页。

曲大败贼军。宪宗大悦，益叹裴度之知人善任。

元和十年（公元815年），成德节度使王承宗、淄青节度使李师道鉴于“兔死狐悲”，想方设法延缓朝廷对蔡州用兵。为此，他们派遣刺客谋害了宰相武元衡，又将兼任刑部侍郎的裴度刺成重伤。一时廷议纷纷，许多朝臣建议宪宗解除裴度的职务，以安定成德、淄青二镇之心。宪宗不仅不为所动，而且毅然任命裴度为宰相，并说：“度得全，天也；若罢之，是贼计适行。吾倚度，足破三贼矣。”裴度亦以平贼为己任，“常愤愧无死所”。元和十二年（公元817年）八月，裴度亲赴淮西督军剿贼。刚到行营，裴度便中止中使监军的权力，使“兵柄专制于将”，于是众皆喜悦，军法严肃，每出战皆捷。裴度和前线将领李愬调查后知悉，吴元济的劲军在他处，守蔡州者皆市人疲乏之卒。裴度认为“兵非出奇不胜”，力主李愬乘虚掩袭。李愬率军攻破悬瓠城，生擒吴元济及其家属。蔡州之战的胜利鼓舞了官军，也极大震慑了心怀异志的各路豪强，于是各藩镇纷纷归顺朝廷。

毛泽东对裴度这位“中兴柱石”颇为留意，他仔细阅读了《新唐书》所载有关裴度的长篇传记，特别是对他亲自到前线巡视敌我双方情况的行为表示认同。当他读到裴度“自行营归，知贼曲折，帝益信杖”时不禁写道：“调查研究，出以亲身。”[1]赞赏之意溢于言表。众所周知，毛泽东本人是非常注重调查研究的，他在革命战争年代写下的《湖南农民运动考察报告》、《兴国调查》、《寻邬调查》等名作，详细地列举了调查研究的成果，特别是提炼出各种行之有效的调查研究的方法，对全党的工作产生过深远的影响。在他看来，裴度作为一个封建时代的重臣，又是文官，能纡尊降贵地亲往前线，考察敌我情势，并提出克敌制胜的进取之策，是很不容易的。

1《毛泽东读文史古籍批语集》，中央文献出版社1993年版，第247页。

十八　初唐将领多冤死

“狡兔死，走狗烹；飞鸟尽，良弓藏”，乃是封建社会朝代转换之际的定律。那些为新主打天下出生入死、肝胆相照的将领，在天下初定后大多为生性猜忌的君主所杀，唐高祖杀刘世让，唐太宗杀盛彦师、李君羡等便为铁证。

刘世让，字元钦，隋末任征仕郎。李渊领兵入长安时，刘世让献地归国，拜通议大夫。后来先后率兵与薛举、吕崇茂作战，皆不幸战败为敌所俘。但被俘之后，刘世让对李渊忠心不改。第一次，他让同时被俘的弟弟刘宝逃归高祖，“言贼中虚实”。李渊嘉其兄弟所为，赐其家帛千匹。及贼平，刘世让得授予彭州刺史。第二次，刘世让在狱中闻知独孤怀恩有逆谋，又自己逃归告李渊。当时李渊正要前往独孤怀恩大营，闻变惊呼：“刘世让之至，岂非天命哉？”并因此慰劳说：“卿往陷薛举，遣弟潜效款诚，今复冒死告难，是皆忧国亡身也。”

之后刘世让累转并州总管，屯兵雁门以拒突厥，忠贞勇干，威震敌胆。不久任广州总管，履新之际，高祖李渊问以备边之策，刘世让答道：“突厥南寇，徒以马邑为其中路耳。如臣所计，请于崞城置一智勇之将，多储金帛，有来降者厚赏赐之，数出奇兵略其城下，芟践禾稼，败其生业。不出岁余，彼当无食，马邑不足图也。”李渊说：“非公，无可任者。”于是临时改派刘世让前往讨贼。突厥素惧其威名，乃使用反间计，说刘世让与突厥处罗可汗通谋。李渊不察，怒诛刘世让并籍没其家。毛泽东在读《旧唐书·刘世让传》时批道：“刘世让冤死。”[1]

盛彦师是唐太宗李世民手下的一员猛将，他最大的功绩是设计诛杀瓦岗军首领李密及其辅佐王伯当，并以功封葛国公，拜武卫将军。后来

1《毛泽东读文史古籍批语集》，中央文献出版社1993年版，第220页。

盛彦师奉命平息徐圆朗的叛乱，不幸为叛军所俘。徐圆朗令盛彦师作书报其弟举城以降。盛彦师为书曰："吾奉使无状，被贼所擒，为臣不忠，誓之以死。汝宜善待老母，勿以吾为念。"徐圆朗感其忠勇壮节，竟不加害。待叛乱平息后，盛彦师却以罪被处死。唐太宗手下另一将领李君羡，在跟随唐太宗讨伐刘武周及王世充的过程中，"每战必单骑先锋陷阵"，功勋卓著，封武连郡公。贞观初年，谣传"当有女武王者"，太宗忌讳，哪知李君羡竟小名为"五娘子"，又其封邑及属县皆有"武"字，太宗深恶之。恰值此时，御史奏李君羡与妖人潜谋不轨，太宗遂下诏诛之。毛泽东在读这两位将领的传记时，批下了"盛彦师冤死"、"李君羡冤死"[1]等字样，为其命运深感惋惜。

表面来看，上述三位将领以通敌或谋反罪被诛，但实际上则是君主对他们猜忌日生、过河拆桥所致。唐太宗虽然号称一代名君，但死在其手下的文武大臣却有刘洎、侯君集、张亮、刘兰、盛彦师、李君羡、薛万彻、卢祖尚等数十人，所以历史上早有人发现唐太宗杀戮功臣"过于汉高、明祖"。毛泽东对盛彦师、李君羡等人命运的关注，让他看到了唐太宗虚心纳谏、英明识断背后的另一面。

十九　苏定方名将亦大将

苏定方（公元592—667年），大名苏烈，字定方，冀州武邑（今河北武邑）人，十多岁便骁悍多力，胆气绝伦。他曾跟随父亲率乡兵数千人为本郡讨贼，备受乡党信赖。归顺唐朝后，苏定方在唐太宗和唐高

1《毛泽东读文史古籍批语集》，中央文献出版社1993年版，第220—221页。

宗时代，屡次参与和领导对周边少数民族的战争，立下赫赫战功。毛泽东在读《旧唐书·苏定方传》时，深为苏定方东征西讨中的英勇善战、仁智兼备所折服，他在书中批写道："苏定方，名将亦大将，年七十六。"[1]

作为名将，苏定方在与东、西突厥部落的作战中所向披靡，威震边陲。突厥部落以狼为图腾，性格剽悍不驯，将士素以战死为荣，以病亡为耻。面对劲敌，苏定方表现出无坚不摧的名将风采。贞观初年，他随李靖掩袭东突厥颉利可汗于碛口。李靖派苏定方率两百骑为前锋，"乘雾而行，去贼一里许，忽然雾歇，望见其牙帐，驰掩杀数十百人。颉利及隋公主狼狈散走，余众俯伏"。凯旋后，苏定方被授左武侯中郎将。被俘的颉利可汗被迫在宴会上为太上皇献舞。唐高宗永徽中叶，苏定方又随左卫大将军程知节征讨西突厥首领阿史那贺鲁，任前军总管。到达鹰娑川时，突厥有两万骑来拒，不久突厥别部鼠尼施等又领两万余骑续至，"定方正歇马，隔一小岭，去知节十许里，望见尘起，率五百骑驰往击之。贼众大溃，追奔二十里，杀千五百余人，获马二千匹，死马及所弃甲仗，绵亘山野，不可胜计"。在实战中，苏定方成长为善于长途奔袭的骑兵将领，正所谓"汉兵奋迅如霹雳，虏骑崩腾畏蒺藜"。第二年，苏定方作为行军大总管又两次征讨贺鲁。贺鲁纠集兵马达十万之众，见苏定方兵少，竟四面围之，"定方令步卒据原，攒槊外向，亲领汉骑阵于北原。贼先击步军，三冲不入。定方乘势击之，贼遂大溃，追奔三十里，杀人马数万"。第二日，整兵复进，突厥部将纷纷投降，贺鲁率数百骑西走。苏定方遣副将萧嗣业追捕之，至于石国，擒之而还。献俘仪式在长安举行，万人空巷，"咸歌《破阵乐》，共赏太平人"。

唐高宗显庆五年（公元660年），苏定方作为熊津道大总管，率师

1《毛泽东读文史古籍批语集》，中央文献出版社1993年版，第224页。

征讨朝鲜半岛三国之一的百济。他从山东荣成济海，至熊津江（即锦江）口东岸登陆，水陆齐进，飞楫鼓噪，直赴百济都城真都。离城二十里，百济倾国来拒，苏定方“大战破之，杀虏万余人，追奔入郭”，生擒百济王义慈及其太子隆。百济悉平，分其地为六州，纳入唐朝版图。

作为大将，苏定方英勇与仁慈兼备，他不因仇怨而杀降，不因恨贼而做贼，而是剿抚并用，恩威并施，彰显大唐仁德怀远的大国风度。在前期与西突厥贺鲁作战的过程中，有一支敌军降附。副大总管王文度认为等我回师，彼仍作贼，不如尽杀之取其资财。苏定方坚决反对，他说：“如此自作贼耳，何成伐叛？”王文度不从，将降胡悉数杀之。等到分财时，“唯定方一无所取”。这种不杀降敌、不贪资财的用兵风格，足以证明苏定方不仅是英勇善战的名将，而且是眼光远大、仁勇兼备的大将。如果把王文度比作顽金钝铁、横流污渎的话，那么苏定方则是当之无愧的洪炉大冶、巨海长江。王文度鼠目寸光，师还后被朝廷处死，可说是罪有应得。毛泽东称苏定方是“名将亦大将”，诚为恰如其分的评价。

二十　田弘正是好将军

唐朝“安史之乱”后，藩镇割据愈演愈烈，到9世纪初，各自为政的藩镇达四十多个，正所谓“自国内以外，皆分裂为方镇”。但到唐宪宗元和末年，这一致命伤却奇迹般地得到初步治愈，唐朝重新实现了天下统一，史称“元和中兴”。若评中兴柱石，在朝首推宰相裴度，而在野则以魏博节度使田弘正居功最伟。

田弘正（公元764—821年），本名兴，系魏博节度使田承嗣的从侄，“少习儒书，颇通兵法，善骑射，勇而有礼，伯父承嗣爱重之”。田承嗣本是“安史之乱”的降将，早就不服朝廷，为所欲为。他死后传位给兄子田悦，尔后他的儿子田绪杀死田悦任节度使。田绪传位给儿子田季安。田季安惟务侈靡，不恤军务，屡行杀伐，田弘正从容规劝，方镇将士对其依赖有加。田季安见人情归附于田弘正，将其出为临清镇将，还想伺其过失而加害。田弘正假装风痹病重以避祸。季安死后，儿子田怀谏幼呆，权力落入家奴蒋士则手中。唐宪宗元和七年（公元812年）十月，牙兵哗变，田弘正被推举为魏博节度使。

田弘正初任节度使，便上表称“吾欲守天子法，以六州版籍请吏”。唐宪宗大喜过望，因为自“安史之乱”以来，北方各藩镇皆不听朝廷命令，自行任命僚属，自行制定法律，自行征收赋税，而且职位世袭，俨然独立王国。而田弘正自愿归顺朝廷，服从朝廷治理，不啻为解决藩镇割据、使天下重归统一的重大转机。况且魏博节度使辖有魏、博、相、卫、贝、澶六州（包括河北南部、河南北部及山东西北部），是河北三大镇之一（另两镇为成德和淄青）。魏博镇归附朝廷，其示范作用和震动效应无疑是巨大的。感于田弘正的急国难、识大体，唐宪宗优诏嘉之，加田弘正银青光禄大夫、检校工部尚书、魏州大都督府长史，兼御史大夫、上柱国、沂国公，并赐名“弘正”。

毛泽东在读《新唐书·田弘正传》时，看到田弘正在国难当头之际自奉版籍，请吏于朝，大有感慨在心头，提笔在书中批道：“田弘正，好将军。”[1]俗语云，国难思良将，家贫思贤妻。毛泽东为唐宪宗遇上田弘正这么一位披肝沥胆的血诚良将而感到庆幸。田弘正的忠诚是贯穿始终的，他在归国后不仅拒绝了其他藩镇的游说，而且主动配合官军清剿与朝廷为敌的藩镇。元和九年（公元814年），朝廷用兵讨吴元

1《毛泽东读文史古籍批语集》，中央文献出版社1993年版，第245页。

济，“弘正遣子布率兵三千进讨，屡战有功”。元和十二年（公元817年），田弘正奉诏以全师征讨成德节度使王承宗。王承宗被迫归顺后，献出德、棣二州。元和十三年（公元818年），田弘正又奉诏与其他四路节度使讨伐淄青节度使李师道。李师道大将刘悟中途倒戈，将李师道斩首，并赴田弘正处请降，淄青十二州皆平。同年八月，田弘正入觐，宪宗待之隆异，对于麟德殿，“参佐将校二百余人皆有颁赐，进加检校司徒、兼侍中，实封三百户”。在平定李师道之后，卢龙节度使刘总、横海节度使程权、宣武节度使韩弘等纷纷奉表归国。田弘正忠勇不渝，帮助唐宪宗实现了一桩看似不可能完成的心愿。

令毛泽东感动的还有，田弘正在平定诸藩镇后自愿提出在朝廷为官，并让兄弟子侄皆仕于朝，以革除藩镇的嗣袭之风。唐宪宗慰劳说：“卿复请留，意诚可尚，然魏土乐卿之政，邻境服卿之威，为我长城，不可辞也。可亟归藩。”元和十五年（公元820年），宪宗被宦官所害，穆宗李恒继位。田弘正奉诏充任镇州大都督府长史、成德节度使等职，由于他原来与镇州作战时双方结下仇怨，结果被王庭凑纠合牙兵所害。田弘正之死，导致唐朝好不容易解决的藩镇割据问题死灰复燃。

当然，田弘正也并非完人。由于约束不严，其兄弟子侄在都城竟为侈靡，日费约20万，甚而“辇魏镇之货以供之”。河北将士为此不平，这也是王庭凑乘机作乱、杀害田弘正的诱因之一。

二十一　李叔明多藏厚亡

李叔明，字晋卿，阆州新政人。本姓鲜于氏，世代为豪族，与其兄李仲通皆倾心向学。李叔明起初任剑南节度使杨国忠的判官。唐肃宗乾元年间为司勋员外郎，曾跟随汉中王出使回纥，责备回纥可汗恃功无礼，迫使可汗改容加敬，回朝后迁司门郎中。在任东川节度使期间，正值兵荒之后，凋残至极，李叔明治理近二十年，终使流民归所，经济复苏，时人谓之能吏。

但李叔明为人素来豪侈，在四川期间广殖财货，第舍、田产傲视乡里。他去世后，“子孙骄纵，赀产皆尽”。毛泽东在读《新唐书·李叔明传》时批了四个字：“多藏厚亡。”[1]这四个字出自《老子》：“是故甚爱必大费，多藏必厚亡。”意思是说爱到极致必大为破费，多藏财货必加速灭亡。老子长于辩证法，最懂得物极必反的道理。毛泽东援引老子的名言“多藏厚亡”，是批评李叔明不懂得为子孙计。古人云：“遗子黄金宝，不如教一经。”毛泽东认为，李叔明如果是够聪明的话，就不应该为子孙留下骄纵享受的资本，而应该培养子孙们自力更生、奋发进取的精神。

二十二　庞勋内部分裂，因而败亡

在阅读唐史时，毛泽东非常留意其晚期农民和戍卒起义的事件。如唐懿宗咸通年间的庞勋起义，本来造成了很大的声势，甚至为后来的黄巢起义吹响了前奏，但却遗憾地失败了。庞勋起义是如何产生、如何演变又如何失败的，毛泽东在读《新唐书·康承训传》时留下了多条批语。

唐懿宗李漼是个昏庸的皇帝。在其治下，唐王朝陷于内外交困的境

1 《毛泽东读文史古籍批语集》，中央文献出版社1993年版，第244页。

地。咸通初年，徐州武宁军节度使温璋麾下不断发生兵变，官兵付出很大代价才平息事态。事后，适逢南诏寇边，朝廷采取“一石二鸟”的策略，即在徐州抽募数千士兵南下抵御南诏的进攻，既防止“土风强劲、甲士精强”的徐州再次发生兵变，又借此安定西南边境。毛泽东在了解这些戍卒的生活后批道：“徐州兵七百戍桂州，六岁不得代。”[1]正是长期远离故土而又生死难料的险恶处境，激起了驻守现今桂林的徐州兵的反抗，点燃了庞勋起义的导火索。

当时徐州兵远涉桂林时，唐政府与其约定三年后换防。后来又增加了一个防期，共延续六年之久。咸通九年（公元868年），眼看六年期满，回乡仍然无望，列校许佶、赵可立等人杀死都将，向监军使讨要粮食铠甲北还。监军使不许，他们便劫持军械，公推粮料判官庞勋为首勒众上道。庞勋率部一路抄掠，招抚亡命，在不到两个月的时间内便渡淮北上，相继攻陷宿州和徐州。庞勋一面上表要求朝廷封其为节度使，一面扩充自己的队伍，全盛时期竟达20万人。他以徐州为中心，占据了周围的濠州、宿州、滁州、和州、丰县、鱼台等广大地区。朝廷震恐之余，派遣大将康承训等从南北两路征讨庞勋。

庞勋起义从一开始便埋下了分裂的种子，那些只愿回乡不想造反的部下自动离散，而那些怀有野心的强梁之徒如孟敬文、梁丕等又心怀异志，谋求独树一帜，不服庞勋领导。防守宿州的梁丕，眼看起义军将领姚周在柳子城与康承训大战而不救，致使起义军遭受重创。庞勋盛怒之下将梁丕贬职，改以张玄稔守宿州，并派张儒、刘景为副。康承训攻宿州，十战皆胜，于是遣说客挟军威离间张玄稔。张玄稔眼看形势不利，将一封帛书射出城外，相约投降以自赎。不久张玄稔与张儒、刘景在柳溪会面，他令伏兵将张儒、刘景斩首，之后率诸将肉袒见康承训。张玄

1《毛泽东读文史古籍批语集》，中央文献出版社1993年版，第244页。

稔的投降，使在徐州的庞勋陷于孤立。咸通十年（公元869年）九月，庞勋战死，起义军全军覆没。毛泽东读至此批道：“内部分裂，因而败亡。”[1]历来重视革命队伍内部团结的毛泽东认为，堡垒最容易从内部攻破。庞勋的失败，主要原因并不在于唐朝官军的强大，而是内部分裂给官军以分化瓦解的机会和便利，从而自毁长城。

二十三　黄巢起义是农民暴动的显例

唐末乱世饥馑，继懿宗时的庞勋起义后，僖宗时又迎来更大规模的黄巢起义。黄巢起义从根本上动摇了唐朝统治的基础，因此格外受到毛泽东的关注。

黄巢（？—884年），曹州冤句（今山东菏泽）人，本以贩盐为生。唐僖宗乾符二年（公元875年），年凶岁荒，人饥为盗，黄巢、黄揆兄弟八人聚众响应王仙芝在河南濮阳等地展开的起义。878年王仙芝被杀后，黄巢收集王的余部，被推为领袖，号“冲天大将军”。他率领的农民起义军，曾经多次出山东流动作战，足迹从黄河流域延伸至珠江流域，转战于山东、河南、安徽、江苏、湖北、湖南、江西、浙江、福建、广东、广西、陕西等十二个省份。唐僖宗广明元年（公元880年），黄巢北逾五岭，纵横于湘、鄂、江、浙等地，在十一月间攻陷东都洛阳。继而又攻破潼关，占领长安，建立大齐国，年号金统。

唐僖宗李儇在宦官田令孜等人的扈从下西狩四川，同时令宰相郑畋驰檄天下藩镇起兵勤王。时长安周围累年荒废耕耘，百姓大多逃亡山

1《毛泽东读文史古籍批语集》，中央文献出版社1993年版，第244页。

谷。黄巢起义军坐拥空城，赋输无人，“谷食腾踊，米斗三十千”。在生存压力面前，起义军由起先的纪律严明、乐善好施一变而为横行酷虐，诛灭居民。中和二年（公元882年），官军王处存部大败黄巢大将尚让，乘胜入京师。但当晚长安又落入起义军之手。京师几度易手，长安成为血海，“丈夫壮丁，杀戮殆尽”。正当战争处于胶着状态时，黄巢部下、同州刺史朱温投降于河中节度使王重荣，而沙陀兵将李克用亦率精锐骑兵在梁田坡大败黄巢将领林言、赵章、尚让等人。不久，李克用收复京师，黄巢被迫退出长安，转入河南，由河南回到山东。在败退过程中，起义军大将孟楷、黄邺等相继死难，尚让等投降。走投无路的黄巢遁入泰山，至虎狼谷时绝望自杀。

黄巢领导的农民战争前后持续十年，是中国历史上有名的农民战争之一。毛泽东早年便对黄巢起义失败的原因有过思考和分析。1926年，他在为广州农讲所学员讲课时说：“黄巢，山东人，科举不第，气愤而起，由山东至福建、广东、湖南、湖北、河南、山西，这是农民暴动的一个很明显的例子。他完全代表农民利益的，其所以失败者，以始终暴动所致也。”又说：“唐末黄巢起兵，所向皆克，由于不代表地主阶级利益，被地主们所宣传为强盗，无恶不作，遂失败了。”[1]在毛泽东看来，黄巢起义失败，一是他“始终暴动所致”，即陷入流寇式的机动作战，始终未取得稳固的根据地。此种流寇主义虽然一时能摆脱官军和方镇的围剿，并通过转战扩大声势，但终究不是长久之计。没有可靠的战略大后方和战略预备队，一旦面临决战便会力不从心。黄巢失败的另一原因，毛泽东认为他是中了统治者歪曲宣传的毒害，失去了民意支持。不错，黄巢起义的动因是对唐代土地兼并的反抗，初期确也代表了农民

1 陈晋主编：《毛泽东读书笔记解析》（下），广东人民出版社1996年版，第1121页。

的利益，但黄巢起义军在后期迫于生存，也有其酷虐的一面。如在从长安败退至河南、山东时，官兵“俘人而食，日杀数千”，甚至“为巨碓数百，生纳人于臼碎之，合骨而食”。这些手段发展到一定程度必然会背离代表农民利益的初衷。

在领导中国革命战争的过程中，毛泽东非常注重吸取历史上农民战争失败的教训。1929年12月，针对红军中游民成分的大量存在，毛泽东鲜明地提出红军必须克服那种走川过府、招兵买马和招降纳叛的流寇思维，确立长期立足敌人统治力量薄弱的乡村，以扎实的工作建立根据地和人民政权的理念。他强调：“肃清流寇思想，实为红军党内思想斗争的一个重要目标。应当认识，历史上黄巢、李闯式的流寇主义，已为今日的环境所不许可。”[1]言下之意，黄巢那时的流寇主义尚且失败，在时代环境大为变化的今天，流寇主义只能招致更快、更大的失败。

黄巢式的农民起义，代表了封建社会底层民众在万般无奈之下奋起抗争，用自己的双手改变悲惨命运的追求和理想。而毛泽东终其一身，其情感倾向始终是站在受压迫者、受剥削者一边的。所以，他对黄巢、李自成等失败英雄有一种特殊的同情和惋惜心理。

清代初年，学者谷应泰写成《明史纪事本末》80卷。其中第45卷《平河北盗》一节，详细记述了明武宗时期，由河北霸州农民刘六、刘七以及底层秀才赵风子等率领的农民起义的全过程。这次起义震动河北、山东、河南及江南多省，一度所向无敌，威震京师。后来在官军的围剿下失败，赵风子化装成和尚潜赴江南以图再举，被识破后不幸惨遭杀害。而刘七等人迫于形势“遂赴水死”。毛泽东在读《明史纪事本末·平河北盗》时批道：“吾疑赵风子、刘七远走，并未死也。‘天

1《毛泽东著作选读》（上），人民出版社1986年版，第35页。

津桥上无人识，闲倚栏杆看落晖’，得毋像黄巢吗？”[1]关于黄巢的结局，历史上的另一个版本是说他遁免后祝发为浮屠，并写下《自题像》诗一首：“三十年前草上飞，铁衣著尽著僧衣。天津桥上无人识，独倚危栏看落晖。”北宋陶谷《五代乱纪》收录了黄巢的这首诗。而南宋王明清在《挥麈后录》中也沿用了陶谷的看法。

毛泽东宁可相信黄巢、赵风子、刘七等人兵败后只身遁走，隐藏民间和佛门，也不相信他们会在大势已去之时被杀和自杀，表现的是一种对历史的质疑和对英雄的深惜，其情感价值大于认识价值。

1 《毛泽东读文史古籍批语集》，中央文献出版社1993年版，第334页。

第十一章

毛泽东评点隋、唐王朝（下）

隋、唐王朝延续三百多年，是中国文学艺术、学术流派发展的重要阶段，特别是唐朝，诗歌创作方面的成就更可用俊采星驰、傲视千古来形容。毛泽东既是政治家，又是杰出的诗人和文艺评论家。他认真阅读和研究过大量唐代文学作品，对唐代文学的熟悉程度甚至不亚于很多专家。至于他对唐代文学、学术的评点，则既富有个性特色，又为后人进一步研究提供了重要视角和借鉴。

一　隋炀帝会做文章，但没有出息

隋炀帝杨广（公元569—618年）是隋朝的第二个皇帝，也是隋朝的亡国之君。作为隋文帝杨坚的次子，杨广文才出众，也不乏武略。他统兵在589年灭掉南方的陈朝后进位太尉，谋求太子之位的野心也进一步膨胀。他平时伪装仁孝俭朴，获得了文帝及独孤皇后的欢心和信任。开皇二十年（公元600年），文帝废太子杨勇而立杨广为太子。仁寿四年（公元604年），杨广暗害父亲而登上皇位，是为隋炀帝。

隋炀帝在文学方面兴趣浓烈，创作了大量诗歌，其中有他的《春晓》诗："洛阳春稍晚，四望满春晖。杨叶行将暗，桃花落未稀。窥檐燕争入，穿林鸟乱飞。唯当关塞者，溽露方沾衣。"诗由写景联想到边关将士的苦寒，对于一个追求享乐的帝王来说亦属不易。隋炀帝善作诗，但也极为自负，不欲人出其右。他曾对臣子们说："天下当谓朕承藉余绪而有四海耶？设令朕与士大夫高选，亦当为天子矣。"意思是说，天下人以为我是子承父业而当上皇帝的，不对，即使让我与士大夫们比试诗才，我也是名副其实的天子。因为极度自负，隋炀帝的嫉妒心也超乎寻常。诗人薛道衡有"暗牖悬蛛网，空梁落燕泥"的名句，深为隋炀帝所嫉妒。及薛道衡死，炀帝悻悻地说："更能作'空梁落燕泥'否？"另一诗人王胄文采富赡，有"庭草无人随意绿"的神来之笔，也同样遭到隋炀帝的嫉恨，并因此引来杀身之祸。

毛泽东曾把中国帝王的出身分为“大老粗”和“知识分子”两类，强调“可不要看不起老粗……一些老粗能办大事情，成吉思汗、刘邦、朱元璋。”[1]隋炀帝是个典型的知识分子，但从他的政治作为来看，他似乎并不像毛泽东所说的那样“没有出息”。隋炀帝在位时发展科举制、营构东都洛阳、开凿大运河，这些功劳都不可一概否定。他的失败源于他的好大喜功和不知节制，走上了一条折腾不止的道路。他乐于巡幸游乐，在全国各地营造离宫别馆，浪掷了大量的人力、物力和财力。另外他惯于征伐，继亲征吐谷浑后，又三次进攻高丽。苦于徭役和苛捐杂税的农民被迫揭竿而起，起义的烈火迅速燃遍全国。时在江都荒淫不止的隋炀帝眼看大势已去而又一筹莫展，引镜自照时竟然对萧后说：“好头颅，谁当斫之。”大业十四年（公元618年），炀帝被右屯卫将军宇文化及等人缢杀。一代暴君既毁灭了自己，也葬送了隋朝的基业。

二　王勃为人高才博学

王勃（公元650—676年），字子安，绛州龙门（今山西河津）人。其祖父王通为隋末大学者和大教育家，著有《文中子》一书。据《旧唐书·王勃传》记载，王勃六岁即能作文，“构思无滞，词情英迈”，是名著当时的少年天才。大约17岁时应举及第，沛王李贤闻其名，召为幕府“修撰”，甚爱重之。当时诸王斗鸡，互有胜负，王勃戏作《檄英王鸡文》。高宗李治览之大怒，将其斥出沛王府，后补为虢州参军。王勃恃才傲物，我行我素，有官奴名曹达者犯罪，王勃收留后又惧事泄，乃

1《毛泽东评点二十四史精华解析》，中国档案出版社1998年版，第1306页。

杀曹达以塞口。事发当诛，适逢朝廷大赦而得免。时王勃父亲王福畤为雍州司户参军，因王勃犯事而左迁交趾令。上元二年（公元675年），王勃前往交趾省亲，次年渡南海时溺水身亡，年仅27岁。

王勃与杨炯、卢照邻、骆宾王被称为“初唐四杰”。他们针对六朝以来“争构纤微、竞为雕刻”、“骨气都尽，刚健不闻”的诗风，常常“思革其弊，用光志业”。作为初唐四杰之首的王勃更是引领时代风气，其所作骈文、诗词呈现出清新明朗的风格。杜甫有诗云：“王杨卢骆当时体，轻薄为文哂未休。尔曹身与名俱灭，不废江河万古流。”王勃创作殊丰，惜乎后来散佚不少，明人张燮将其存留的作品辑为《王子安传》。

毛泽东熟读过新、旧《唐书》中的《王勃传》，对《初唐四杰集》更是三复四温，因此他对王勃的生平和创作成就都相当熟悉。王勃的代表作，如《秋日楚州郝司户宅饯崔使君序》、《秋日登洪府滕王阁饯别序并诗》、《送杜少府之任蜀州》等，毛泽东几乎都可以全文背诵。《毛泽东手书古诗词选》中，收录了他写的王勃名句“海内存知己，天涯若比邻”，“落霞与孤鹜齐飞，秋水共长天一色”，等等。在与子女和身边工作人员的谈话中，毛泽东也时常背诵王勃诗文中的佳句以助兴。

上世纪50年代末，毛泽东在读《初唐四杰集》中的《秋日楚州郝司户宅饯崔使君序》时，就王勃的生平、创作背景和文学特点等写了长达一千余字的批语，其中说：

> 是去交趾（安南）路上作的，地在淮南，或是寿州，或是江都。时在上元二年，勃年应有二十三四了。他到南昌作《滕王阁诗序》说，“等终军之弱冠”。弱冠，据《曲礼》，是二十岁。勃死于去交趾路上的海中，《旧唐书》说年二十八，《新唐书》说二十九，在淮南、南昌作序时，应是二十四、

五、六。《王子安集》百分之九十的诗文，都是在北方——绛州、长安、四川之梓州一带、河南之虢州作的。在南方作的只有少数几首，淮南、南昌、广州三地而已。广州较多，亦只数首。交趾一首也无，可见他并未到达交趾就翻船死在海里了。有人根据《唐摭言》、《太平广记》二书断定，在南昌作序时年十三岁，或十四岁。据他做过沛王李贤的幕僚，官“修撰”，被高宗李治勒令驱逐，因为他为诸王斗鸡写了一篇檄英王鸡的文章。在虢州时，因犯法，被判死，遇赦得免。这个人高才博学，为文光昌流丽，反映当时封建盛世的社会动态，很可以读。这个人一生倒霉，到处受惩，在虢州几乎死掉一条命。所以他的为文，光昌流丽之外，还有牢骚满腹一方。杜甫说，“王杨卢骆当时体……不废江河万古流”，是说得对的。为文尚骈，但是唐初王勃等人独创的新骈、活骈，同六朝的旧骈、死骈，相差十万八千里。他是七世纪的人物，千余年来，多数文人都是拥护初唐四杰的，反对的只有少数。以一个二十八岁的人，写了十六卷诗文作品，与王弼的哲学（主观唯心主义）、贾谊的历史学和政治学，可以媲美。都是少年英发，贾谊死时三十几，王弼死时二十四。还有李贺死时二十七，夏完淳死时十七。都是英俊天才，惜乎死得太早了。[1]

在上述批语中，毛泽东以近乎职业研究者的精神，考证了王勃作《饯崔使君序》和《滕王阁序》时的年龄，认为其时王勃应为25岁左右，而不是王定保《唐摭言》、李昉《太平广记》中所说的十三四岁。而毛泽东的考证也确乎经得起其他史料的验证。如王勃《春思赋》序言

1《毛泽东读文史古籍批语集》，中央文献出版社1993年版，第7—11页。

中说："咸亨二年，余春秋二十有二。"咸亨二年即671年。又杨炯在《王子安集》序中也说：王勃先谢，"春秋二十八，皇唐上元三年秋八月"。上元三年即676年。在毛泽东看来，王勃在淮南和南昌作序都是在省亲途中所为，已是一个阅历世变的青年，所以才可能写出那样的千古名篇。

中国传统文学批评讲究"知人论世"。毛泽东对王勃创作风格的评点正是沿此路径而展开的。从时代背景来看，王勃身处大唐盛世，所以为文有光昌流丽的一面，以反映那个时代云蒸霞蔚、风物绚丽的景象，如《滕王阁序》中的"物华天宝，龙光射牛斗之墟；人杰地灵，徐孺下陈蕃之榻。雄州雾列，俊彩星驰"，等等。但从个人遭际来看，王勃命运多舛，到处受惩，处盛世而志未伸，故为文又有牢骚满腹的一面。这从《滕王阁序》中的"关山难越，谁悲失路之人？萍水相逢，尽是他乡之客"，"时运不济，命途多舛。冯唐易老，李广难封"中有集中的体现。毛泽东对王勃创作风格的评点，应该说是十分精当的。再者，毛泽东指出王勃"为文尚骈"，但其新骈、活骈与六朝时期的旧骈、死骈不啻相差十万八千里。这就是说，王勃在旧形式中融入了新的时代内容和个人情感，不仅对仗工整，声律和谐，而且情感深婉，托怀高远，言之有物，迥异于六朝骈体文浮华绮靡的空洞文风。

在分析了王勃的创作背景和文学风格后，毛泽东意犹未尽，他由王勃的英年早逝想到历史上的贾谊、王弼、李贺、夏完淳，以一种归纳的方法发表了对历史发展的感慨：

> 青年人比老年人强，贫人、贱人、被人看不起的人、地位低下的人，大部分发明创造，占百分之七十以上，都是他们干的。百分之三十的中老年而有干劲的，也有发明创造。这种三七开的比例，为什么如此，值得大家深深地想一想。结论就

是因为他们贫贱低微，生力旺盛，迷信较少，顾虑少，天不怕，地不怕，敢想敢说敢干。如果党再对他们加以鼓励，不怕失败，不泼冷水，承认世界主要是他们的，那就会有很多的发明创造。我们近来全民性的四化运动（机械化、半机械化、自动化、半自动化），充分地证明我的这个论断。由王勃在南昌时年龄的争论，想及一大堆，实在是想把这一大堆吐出来。一九五八年党大会上我曾吐了一次，现在又想吐，将来还要吐。[1]

中国的文化传统有一种轻视和挫抑少年热情的习性，但毛泽东却终其一身都在为根除这一习性而奋斗。早年他便大胆陈言："老先生最不喜欢的是狂妄。岂知道古今真确的学理、伟大的事业，都系一些被人加着狂妄名号的狂妄人所发明创造出来的。"[2]其推倒一时、开创新局之气概，跃然纸上。20世纪50年代末，毛泽东已是年近七旬的老人，但仍然在为"青年人超过老年人"这一论断鼓与呼。他从王勃少年英发写出千古名篇一事得到启发，并由此联想到中国历史上一大串英俊天才的名字，总结他们成功的原因在于"贫贱低微，生力旺盛"，显示了作为文学家和政治家的毛泽东在两个领域出入自如、乐于建树的领袖气质。

三　李白的诗有脱俗之气

李白（公元701—762年），字太白，号青莲居士，祖籍陇西成纪

1《毛泽东读文史古籍批语集》，中央文献出版社1993年版，第11—13页。

2《毛泽东早期文稿》，湖南出版社1990年版，第368页。

（今甘肃天水附近），出生于今吉尔吉斯斯坦境内的碎叶河畔，5岁随父迁居四川绵州彰明县（今四川江油）青莲乡。据《旧唐书·文苑》记载，李白“少有逸才，志气宏放，飘然有超世之心”。20多岁时离蜀漫游，诗名远播。其足迹南到洞庭、湘江，东至吴、越，并一度寓居今湖北的安陆、应山等地。唐玄宗天宝初年，客游会稽时，经好友、道士吴筠推荐，李白奉诏赴长安，成为陪侍唐玄宗诗酒唱和的待诏翰林。

唐玄宗李隆基很欣赏李白创作乐府新词的才华，但他及身边宠臣对李白不拘礼度、时常醉卧酒肆的文人狂态却心存不满。李白见才华不得尽情施展，特别是仕途无望，乃于天宝三载（公元744年）恳求还山，远离长安这个是非之地。玄宗允其所请，“赐金放还”。在第二次漫游中，李白在洛阳结识大诗人杜甫且成为至交。“安史之乱”爆发后，想在政治上有所作为的李白，投靠时任扬州节度使的永王李璘。不料永王在平叛中图谋割据，身为幕僚的李白因牵连坐罪，流放贵州夜郎。行至巫山，遇赦得还。上元二年（公元761年），李白从安徽当涂起程，欲投奔讨伐史朝义的朝廷大将李光弼，但行至金陵时因病折还。翌年病逝于安徽当涂。

李白是继屈原之后中国最杰出的浪漫主义诗人。他有屈原般的救世忧民之心和对宇宙人生底蕴的执著探寻，但同时又秉承了老庄的洒脱和逍遥自得。特别是当政治抱负不得施展时，李白心中更是充满对王侯权贵的蔑视和对世俗规范的不屑，在行为上益发纵情山水、流连诗酒。每当月夜泛舟、清风振衣，他便顾瞻笑傲，吞吐天地，旁若无人。李白在诗词创作上重灵感，讲兴会，不像杜甫那样刻意造句，故往往信手写心，一气呵成，以追求酣畅淋漓为乐。他一生创作的各体诗词，包括七古、七绝等达二十卷，留存后世的也有九百多首，内容丰富，风格豪迈，堪称盛唐诗坛的杰出代表。其中《蜀道难》、《将进酒》、《梁甫吟》、《梦游天姥吟留别》、《望庐山瀑布》、《早发白帝城》、《静夜思》等尤为脍炙人口，光照千秋。

毛泽东无论在性格还是在审美趣味上都“偏于豪放”，所以他一生爱读李白的诗。1942年的一天，毛泽东在约见何其芳、严文井、周立波等人交换对文艺工作的意见时，有人问他，您是喜欢李白还是杜甫？毛泽东回答说：“我喜欢李白。但李白有道士气，杜甫是站在小地主的立场。”[1]所谓“道士气”，当指李白身上有一种不同凡庸和流俗的仙风道骨。后来他在向子女们推荐李白诗词时也说过：“李白的诗，文采奇异，气势磅礴，有脱俗之气。”[2]李白一生向往庙堂而不得，心中有勃然不可磨灭之气。怀揣超越世俗人生和珍惜本真心灵的梦想，他在江湖游历中吸取天地之灵气，在含英咀华中超迈前代之风流，成全了个性鲜明的人生和诗风。

《蜀道难》是李白在天宝元年（公元742年）送友人入蜀时而作。李白根据自己在蜀地的生活体验，驰骋丰富的想象，以生动夸张的语言、一唱三叹式的笔调，全方位地再现了蜀地在历史、民风特别是在地貌地形、动植物生态等方面的独特性。“猿猱欲度愁攀援”、“枯松倒挂倚绝壁”、“一夫当关，万夫莫开”，这些描写惟妙惟肖，又无不令人心惊胆战，望而生畏。相传当年著名诗人贺知章看到此诗后，惊呼李白为“天上谪仙人”，以致用金龟换酒，与之倾谈尽醉。清代诗人沈德潜在《唐诗别裁集》中称颂《蜀道难》“笔陈纵横，如虬飞蠖动，起雷霆于指顾之间”。

毛泽东曾多次诵读并评点过《蜀道难》一诗。在一本《注释唐诗三百首》中，毛泽东在该诗天头上画了一个大圈，批道：“此篇有些意思。”在历史上，曾有不少人挖空心思揣度《蜀道难》的创作寓意，有

1 何其芳：《毛泽东之歌》，见《时代的报告》，1978年第2期。

2 毛岸青、邵华：《回忆爸爸勤奋读书和练书法》，见《 望》，1983年第2期。

的认为它是“为房琯、杜甫处境担忧而讽严武”，有的认为它是“讽唐玄宗幸蜀”，等等。但毛泽东认为这些揣度都大可不必。1975年，他在与芦荻的谈话中称赞“《蜀道难》写得很好”，并说：“有人从思想性方面作各种猜测，以便提高评价，其实不必。不要管那些纷纭聚讼，这首诗主要是艺术性很高，谁能写得有他那样淋漓尽致呀，它把人带进祖国壮丽险峻的山川之中，把人们带进神奇优美的神话世界，使人仿佛到了‘难于上青天’的蜀道上面了。”[1]中国文学有“文以载道”的传统，很多人觉得诗文如果不包含劝诫讽喻的内蕴，即便文笔再好，也不能称为上乘之作。李白为盛唐诗的代表人物，论者见《蜀道难》主旨不彰，便刻意钩沉索隐，以便抬高其价值。毛泽东独出机杼，断定此诗主要是“艺术性很高”，不必人为地抬高其思想性。这种视角，廓清了文学批评中常有的一种迷障，确立了一个重要的论诗原则。

《梁甫吟》是李白初游长安不得志，被迫浪迹江湖时的抒怀言志之作。诗名“梁甫吟”本为古代乐府旧题，曲调悲切凄苦，用以抒发愤懑不平的情感。全诗以“长啸梁甫吟，何时见阳春”起首，布局奇特，又通体设喻，多次转韵，形成一种恣肆纵横、笔力雄深的风格。诗中大量引用历史上姜子牙、郦食其等人始而埋没草莱，终而大展宏图的故事，喻指自己虽然一时遇明主而不得，且饱受轻视和冷落，但终有一天会“风云感会起屠钓”，迎来自己的出头之日。清代曾国藩在《求阙斋读书录》中写道：“太白此诗则抱才而专俟际会之时。”

毛泽东非常欣赏《梁甫吟》这首诗。20世纪60年代，他曾凭记忆在五页红格信纸上手书过此诗。在中南海毛泽东故居藏书中有一份该诗的手抄本，这是他晚年因视力减退，特意请人用大字抄写的。右上角，有

1 杨建业：《在毛主席身边读书——访北京大学中文系讲师芦荻》，载《光明日报》，1978年12月29日。

毛泽东用铅笔画着读过两遍的印记。70年代，毛泽东的案头上又多了一个大字本的《唐诗别裁集》。他在“君不见高阳酒徒起草中”、“指挥楚汉如旋蓬”两句旁，用红铅笔画着直线，在函套上也画着读过两遍的大圈。

在公开和私下场合，毛泽东曾多次提到过《梁甫吟》这首诗，并与对秦始皇的评价结合在一起。众所周知，毛泽东晚年是很推崇秦始皇的，而李白又恰好写过一首评论秦始皇的“古风”。在李白看来，秦始皇有统一天下的雄才大略，但却因为好大喜功、求仙采药而损耗了国力、折损了生命，因此诗中的讽刺、惩戒之意颇为显豁。1973年7月4日，毛泽东在与王洪文、张春桥谈话时说了如下一段话：

> 早几十年中国的国文教科书就说秦始皇不错了，车同轨、书同文，统一度量衡。就是李白讲秦始皇，开头一大段也是讲他了不起。“秦王扫六合，虎视何雄哉！挥剑决浮云，诸侯尽西来。”一大篇，只是屁股后头搞了两句：“但见三泉下，金棺葬寒灰。”就是说他还是死了。你李白呢？尽想做官！结果充军贵州，走到白帝城，普赦令下来了。于是乎，“朝辞白帝彩云间”，其实，他尽想做官。《梁甫吟》说现在不行，将来有希望。“君不见高阳酒徒起草中”，“指挥楚汉如旋蓬”。那时神气十足。我加上几句，比较完全：“不料韩信不听话，十万大军下历城。齐王火冒三千丈，抓了酒徒付鼎烹”，把他下油锅了。[1]

仔细揣度毛泽东说这段话的意旨，我们当不难发现，在政治家秦始皇和诗人李白之间，毛泽东认为是不能等量齐观的。在他心目中，秦始

1 毛泽东1973年7月4日同王洪文、张春桥的谈话。

皇虽有缺点，但创造了大一统的宏伟历史。而李白作为一个诗人，才华固然超人，但对政治却生疏得无从下手。即便他像落魄狂客郦食其那样侥幸创造一番业绩，恐怕最终的命运也不乐观。西汉扬雄曾言：“军旅之际，戎马之间，飞书驰檄用枚皋；庙廊之下，朝廷之中，高文典册用相如。”这段话盛赞文人在战争和文治中的作用，但毛泽东在《明人百家小说》中读到这段话时却批道：“其实二者都无用。”[1]在评价和创造历史的过程中，毛泽东似乎更看重硬实力而不是软实力。

李白另一首为毛泽东激赏的作品为《将进酒》。这首诗是李白于天宝十一载（公元752年）在嵩山友人元丹丘处所作。此时的李白已年过五旬，但仍然在政治中一事无成。坎坷而丰富的经历促使李白重新思考人生的哲理。有感于霜惊白发、人生短促，而宇宙无限、岁月悠悠，李白将有如“黄河之水天上来”的淤积情感尽吐于笔端，发出了与友人狂饮，“同消万古愁”的千年一叹。该诗以明快而富于跳跃感的节奏反复咏唱，既彰显了及时行乐的情绪，又流露出对饮恨吞声的不甘。在一本《注释唐诗三百首》中，毛泽东在《将进酒》的标题前画了一个大圈，并在天头上批注了“好诗”二字。之所以好，是因为毛泽东认为《将进酒》写出了万方同慨但又无法破解的人生苦局。

四　贺知章的诗非官吏禁带家属之证明

毛泽东对唐代一些诗作的评点，近乎一个职业文学研究者的眼光和态度，如对贺知章的《回乡偶书》一诗的分析便是如此。

1《毛泽东读文史古籍批语集》，中央文献出版社1993年版，第48页。

贺知章（公元659—744年），字季真，会稽永兴（今浙江萧山县）人。武则天证圣元年（公元695年）中进士。唐玄宗开元十年（公元722年），经张说推荐入丽正殿书院修撰《六典》、《文纂》等。开元十三年（公元725年）迁礼部侍郎、太子宾客、银青光禄大夫兼正授秘书监。据《旧唐书·贺知章传》记载，贺知章“性放旷，善谈笑，当时贤达皆倾慕之”。工部尚书陆象先与其友善，常谓人说：“贺兄言论倜傥，真可谓风流之士。吾与子弟离阔，都不思之，一日不见贺兄，则鄙吝生矣。”晚年的贺知章愈发纵诞，无复规检，自号“四明狂客”，“遨游里巷，醉后属词，动成卷轴，文不加点，咸有可观”。天宝三载（公元744年）因病求还乡里，不久寿终，享年86岁。

目前留存的贺知章诗有20首左右，其中最著名的是其《回乡偶书》：“少小离家老大回，乡音无改鬓毛衰。儿童相见不相识，笑问客从何处来。”全诗平白如话，但谐趣横生，既表现了诗人的襟怀和雅、老而自乐，又洋溢着游子归乡时的人间温情。刘少奇很喜欢这首诗。1957年他在外地视察时，发现有许多职工夫妇分居两地，生活很不方便，但国家一时半会又不能妥善解决这些问题，于是他在一次会议上援引贺知章的这首诗作为证据，说明唐朝官员到长安履职是禁带家属的。其目的是让那些分居两地的夫妇以史为鉴，为国家分忧。

毛泽东听了刘少奇的讲话后有些自己的看法，于是在1958年2月10日给刘少奇写了一封信，内容如下：

少奇同志：

前读笔记小说或别的诗话，有说贺知章事者。今日偶翻《全唐诗话》，说贺事较详，可借一阅。他从长安辞归会稽（绍兴），年已八十六岁，可能妻已早死。其子被命为会稽司马，也六七十了。“儿童相见不相识”，此儿童我认为不是他自己的儿女，而是他的孙儿女或曾孙儿女，或第四代子女，也当有别户人家的小孩子。贺知章在长安做了数十年太子宾客等官，同明皇有君臣而兼友好之遇。他曾推荐李白于明皇，可见彼此惬洽。在长安几十年，不会没有眷属。这是我的看法。他的夫人中年逝世，他就变成独处，也未可知。他是信道教的，也有可能屏弃眷属。但一个九十多岁像齐白石这样高年的人，没有亲属共处，是不可想象的。他是诗人，又是书家（他的草书《孝经》，至今犹存）。他是一个胸襟洒脱的人，不是一个清教徒式的人物。唐朝未闻官吏禁带眷属事，整个历史也未闻此事。所以不可以“少小离家”一诗便作为断定古代官吏禁带眷属的充分证明。自从听了那次你谈到此事以后，总觉不甚妥当。请你再考一考，可能你是对的，我的想法不对。睡不着觉，偶触及此事，故写了这些，以供参考。

毛泽东

一九五八年二月十日上午十时

复寻《唐书·文苑·贺知章传》（《旧唐书·列传一百四十》，页二十四），亦无不带家属之记载。

近来文学选本注家，有说“儿童”是贺之儿女者，纯是臆测，毫无确据。[1]

从以上毛泽东写给刘少奇的长信可以看出，毛泽东对唐代乃至整个历史中官吏们的起居生活状况是颇为关注的。他从《全唐诗话》、《旧唐书》等史料中广泛查考，以说明唐朝官吏禁带眷属并无确切证据。虽是一件小事，但于此可见毛泽东治史讲求证据的严谨学风。

1《毛泽东书信选集》，人民出版社1983年版，第535—536页。

五 慧能使印度传入的佛教中国化

毛泽东的母亲文氏是一位虔诚的佛教徒，所以毛泽东从小便开始受到佛教的影响。他在韶山生活期间，韶峰周边便有仙女庵、慈悦庵等多个庙宇，母亲及乡民前往礼佛求福的情景深印在他的脑海。据毛泽东的弟媳王淑兰回忆，毛泽东在韶山求学时便与一个叫肖贵桶的下山和尚相处得很好，经常从这位和尚处借来经书阅读。[1]早年的经历使他后来对佛教经典及其代表人物保持着研究的兴趣。新中国成立后，他读得较多的是佛教的两部经典，即《金刚经》和《坛经》。

《金刚经》全称《金刚般若波罗蜜经》。“金刚”为最刚硬之物，能断万物。“般若”意指洞彻世间万相的无上智慧。“波罗蜜”为脱离苦海到达彼岸之意。故此，经名意指以金刚一般锋利的大彻大悟之智慧看透世相虚妄的本质，从而摆脱烦恼，到达彼岸。《金刚经》为鸠摩罗什所译，是佛教传入中国后译介最早、流传最广的经典之一。它所倡导的“心无所往”、“破相扫执”等理念深刻影响到后来的禅宗。对佛教传入中国的历史，毛泽东非常熟悉。他曾说过：“从前释迦牟尼是个王子，他王子不做，就去出家，和老百姓混在一起，作了群众领袖。东晋时西域龟兹国的鸠摩罗什，来到西安，住了十二年，死在西安。中国大乘佛教的传播，他有功劳。汉译本《金刚经》就是他译的。”[2]言下之意，《金刚经》乃是大乘佛教般若学说的经典表述。《金刚经》认为，一切形相皆虚妄不实，只是因缘和合而生，并无恒住不变的自性，因此主张众生无取无舍，无我无他，在抛弃对世事的执著中寻求解脱。

《坛经》，又称《六祖坛经》，全称为《六祖大师法宝坛经》，

1 1964年韶山老人座谈会记录稿，存韶山毛泽东同志纪念馆。

2 甄不贯：《毛泽东谈佛论禅》，见《希望》，1992年第2期。

乃是中国化的佛教禅宗之经典。六祖即佛教禅宗六祖慧能大师（公元638—713年）。本姓卢，祖籍河北范阳，生于广东南海新州。慧能与神秀均师从禅宗五祖弘忍大师，相传弘忍让二人作偈语，神秀曰："身是菩提树，心如明镜台。时时勤拂拭，勿使惹尘埃。"慧能不识字，但悟性过人，他请人代笔写出一偈："菩提本无树，明镜亦非台。本来无一物，何处惹尘埃。"弘忍见慧能根器非凡，便将衣钵传授给他。弘忍卒后，神秀传教于北方，主渐悟说；而慧能住韶州广果寺，传教于南方，主顿悟说，故有"北宗神秀，南宗慧能"之誉。《六祖坛经》便是慧能得法经历和教化内容的记载，为弟子法海辑录。后有所增益，并在流传中出现很多抄本。史载，神秀曾多次邀请慧能去长安为武则天和北方僧众讲经，但慧能辞曰："吾形貌矬陋，北土见之，恐不敬吾法。又先师以吾南中有缘，亦不可违也。"慧能恐因佛教门户之争而遭迫害，故婉言谢之，于此也可见他对世相的透彻认识。

《坛经》的最大特点是以中国式的思维和智慧对《金刚经》的般若性空学说加以发展，提倡"直指本心"、"见性即佛"的顿悟之道。这种不假外求、回归本心的教旨，以无念为宗、无相为体、无住为本的修行方法和不落文字、不拘坐禅的新的宗教理念和实践，为中国禅宗奠定了特有的宗风和禅法，因此它是完全中国式的佛教经典，而禅宗也成为本土化的宗教。毛泽东对慧能及《坛经》有过许多评论。1958年8月21日，他在北戴河会议上说："唐朝佛教《六祖坛经》记载，慧能和尚，河北人，不识字，很有学问。在广东传经，主张一切皆空。这是彻底的唯心论，但他突出了主观能动性，在中国哲学史上是一个大跃进。慧能敢于否定一切。有人问他：死后是否一定升天？他说不一定，都升西天，西方的人怎么办？他是唐太宗时的人，他的学说盛行于武则天时期。唐朝末年乱世，人民思想无所寄托，大为流行。”[1]毛泽东的这段评论，突出了慧能及《坛经》的大胆怀疑和创新精神。

随着以《坛经》为代表的禅宗的流行，佛教修行在中国变得日常化、个体化和心灵化。慧能在为弟子弘法时广开方便之门，认为“菩提只向心觅，何劳向外求玄”。所以，若欲修行，在家亦得，不由在寺。他在回答弟子们的疑问时，强调梁武帝萧衍虽然忙于造寺、度僧、布施、设斋，但仅为修福，与功德毫无关系，因为功德“须自性内见，不是布施、供养之所求也，是以福德与功德别”。在他看来，梁武帝是个“不识其理”之人。对于禅宗的宗教理念和修行方法，毛泽东非常熟悉。他说：“慧能主张佛性人人皆有，创顿悟成佛说，一方面使繁琐的佛教简易化；一方面使印度传入的佛教中国化。因此，他被视为禅宗的真正创始人，也是真正的中国佛教的始祖。在他的影响下，印度佛教在中国至高无上的地位动摇了，甚至可以‘喝祖骂佛’。”[2]毛泽东所说的慧能将佛教中国化，包括他把中国传统儒学的一些基本伦理要求也纳入到修行的范围，要求修行者孝养父母、上下相怜，以求尊卑和睦。由于笃信人人皆有佛性，慧能的学说发展到后来走向极端，所谓“喝祖骂佛”，已是跌入狂禅之门了。顿悟学说求速求快，因此它不一定获致心灵的无上清凉，有时反倒让人因焦躁不安而走火入魔，结果是欲速则不达。

慧能出身贫寒，三岁丧父，稍长靠卖柴奉养母亲。他不识字，初入佛门时干的也是碓米、烧饭等杂役。苦役般的生活经历和知识上的局限性，让他厌弃繁琐哲学。他创立的顿悟成佛说，恰恰适应了广大不通文墨而又盼望解脱的下层民众的心理需求。他们不需要像士大夫那样勤苦地钻研佛教经典，甚至也不需要摆脱世俗负担而出家修行，只要一念平

1 王兴国：《毛泽东与佛教》，中国书籍出版社1996年版，第112页。

2 林克：《毛泽东身边的岁月片断》，见《缅怀毛泽东》（下），中央文献出版社1993年版，第559—560页。

正、不行恶事便能见性成佛。鉴此，毛泽东深有感慨地说："我不大懂佛经，但觉佛经也是有区别的。有上层的佛经，也有劳动人民的佛经，如唐朝时六祖的佛经《法宝坛经》就是劳动人民的。"[1]当然，毛泽东的这种分类只是大体而言，因为中国上层的士大夫也有非常崇奉《坛经》的。

六　王昌龄的诗中有坚强的意志

王昌龄（公元698—757年），字少伯，太原人，开元十五年（公元727年）中进士，唐代最负盛名的边塞诗人，享有"七绝圣手"、"诗家天子"的美誉，与李白、高适、王之涣、王维、岑参等诗人交谊深厚。王昌龄由于为人正直，得罪权贵，曾被贬窜至岭南和湘西一带。他一生游历甚广，并到过西北边陲，因此对边塞风光和戍边将士的生活非常熟悉。这些经历是他成为一名出色的边塞诗人所不可缺少的条件。

在王昌龄的边塞诗中，最为后世所传诵的当属《出塞》。全诗为一首绝句："秦时明月汉时关，万里长征人未还。但使龙城飞将在，不教胡马度阴山。"毛泽东很喜欢这首诗，认为它意境开阔，气势雄浑，并表现了诗人期盼有像西汉名将李广那样的英雄保家卫国的赤子之心。在毛泽东多次手书的古典诗词中，便有这首著名的《出塞》。

除了《出塞》，王昌龄脍炙人口的诗作还有《从军行》七首。毛泽东不仅自己反复阅读，还将它们作为励志诗介绍给子女。1958年初，李讷得了急性盲肠炎，疼痛难忍，急需住院动手术，同时，因为小时候打

1 甄不贾：《毛泽东谈佛论禅》，见《希望》，1992年第2期。

针时针头不幸断在体内，一直没有取出，也需要动手术。割阑尾的手术颇顺利，但取针却费尽周折，术后伤口又感染，引起发烧。那里毛泽东正忙于工作，而对李讷又放心不下，便在2月3日给李讷写了一封亲笔信，信中说："害病严重时，心旌摇摇，悲观袭来，信心动荡。这是意志不坚决，我也尝尝如此……意志可以克服病情，一定要锻炼意志。"末尾写道："诗一首：青海长云暗雪山，孤城遥望玉门关。黄沙百战穿金甲，不斩楼兰誓不还。这里有意志。知道吗？"[1]毛泽东所引的诗一首，即王昌龄《从军行》之四。诗作描绘了边塞的荒蛮苦寒，特别是颂扬了戍边将士英勇杀敌、"不达目的不罢休"的坚韧意志。父亲的苦心唤起了李讷战胜病痛的勇气，而王昌龄这位杰出的诗人也从此深印在李讷的脑海，成为她克服人生道路上一切困难的重要精神源头。

七　刘知几强调"识"的极端重要性

刘知几（公元661—721年），彭城（今江苏徐州）人。因名字"知几"在声音上有类"隆基"，为避唐玄宗讳，后改名为刘子玄。他在唐高宗永隆元年（公元680年）中进士，武则天长安二年（公元702年）起担任史官，撰起居注，历任著作佐郎、左史、著作郎、秘书少监、太子左庶子、左散骑常侍等职，监修国史。在担任史官期间，与人合撰有《唐书》、《武后实录》、《睿宗实录》、《姓族系录》等书。因不满意朝廷史馆制度的混乱以及监修贵臣对修史工作的横加干涉，刘知几于唐中宗景龙二年（公元708年）辞去史职，"退而私撰《史通》，以见

1《老一代革命家家书选》，中央文献出版社1990年版，第55—56页。

其志”。

《史通》为刘知几一生的代表作，也是中国第一部着重阐述史书编纂体裁体例的专著。它包括内篇三十九篇，外篇十三篇，其中内篇中的《体统》、《纰缪》、《弛张》三篇在欧阳修等撰《新唐书》前已佚，故全书今存四十九篇。内篇为全书主体，主要论述史书的体裁、史料征集、表述要点和作史原则；外篇则论及史官制度、史籍源流以及史家得失。刘知几对纪传体和编年体这两种中国主要的史书体裁的优劣得失均有详尽而得当的评述，并认为断代史将是以后重要的史书编纂形式之一。

刘知几在史学上的重要贡献是提出了“史才须有三长”，即“才、学、识”的主张。据《旧唐书·刘子玄传》记载，开元年间，礼部尚书郑惟忠问刘知几说：“自古以来，文士多而史才少，何也？”刘知几回答：“史才须有三长，世无其人，故史才少也。三长：谓才也，学也，识也。夫有学而无才，亦犹有良田百顷，黄金满籝，而使愚者营生，终不能致于货殖者矣。如有才而无学，亦犹思兼匠石，巧若公输，而家无楩楠斧斤，终不果成其宫室者矣。犹须好是正直，善恶必书，使骄主贼臣，所以知惧，此则为虎傅翼，善无可加，所向无敌者矣。”在刘知几看来，所谓“史学”，是指历史知识；所谓“史才”，则指研究能力和表述技巧；而最重要的“史识”，意谓历史见解和史家勇气。

毛泽东对刘知几的史学贡献有过很高的评价，并将其观点从学术领域延伸至政治领域。1958年5月，在中共八大二次会议期间，毛泽东在准备讲话要点时便写道：“提高嗅觉，辨别风向。才、学、识，这里讲的是识，刘知几，识的极端重要性。”[1]在大会上他展开说道：“唐朝有个刘知几，是个历史学家。他主张写历史的人要有三个条件：才、学、识。他说的识，就是辨别风向的问题。我现在特别提醒同志们注意

1《建国以来毛泽东文稿》第七册，中央文献出版社1992年版，第200页。

的是，我们应该有识别风向的能力。这一点有极端的重要性。一个人尽管有才有学，如果不善于识别风向，那还是很迟钝的。”[1]刘知几所说的“识”，原意是指善恶必书，为后世存鉴诫，不为一时的风潮和得失所左右。毛泽东将其延伸至政治领域，并以此督促党内同志提高“识别风向的能力”。

刘知几的观点对后世影响很广。如清代大才子袁枚在《随园诗话》中便写道：“作史在不辞劳苦：才、学、识缺一不可。余谓诗亦如之，而识最为先。非识，则才与学俱误用矣。”[2]这是将刘知几的观点延伸至诗歌创作领域中了。袁枚作诗，推崇“死棋在肚中有仙着”，意谓在平淡无奇的材料中翻出新意。《红楼梦》里林黛玉教香菱学诗，亦以“立意”为先，认为若是意趣真了，连词句不用修饰，也是好的。林黛玉所说的“第一立意要紧”，便是说诗家首先要有“识”。识是灵魂，有了灵魂，才、学才能运用自如，如虎添翼。

八　杜甫的诗为政治诗

杜甫（公元712—770年），字子美，祖籍湖北襄阳，后迁至河南巩县，杜甫即生于此。他出生于一个仕宦之家，祖父杜审言在武则天时期充任膳部员外郎，父亲杜闲终奉天令。唐玄宗天宝初年，杜甫应进士不第。天宝末献《三大礼赋》给玄宗，玄宗奇其文才，授京兆府兵曹参军。天宝十五载（公元756年），安禄山攻破长安，杜甫追随在灵武即

1《建国以来毛泽东文稿》第七册，中央文献出版社1992年版，第209页。

2［清］袁枚：《随园诗话》第一册，燕山出版社2001年版，第177页。

位的唐肃宗李亨，拜右拾遗。同年，因为平叛兵败的宰相房琯辩护，杜甫被贬为华州司户参军。

肃宗上元二年（公元761年），杜甫离开乱离中“谷食踊贵”的关中，西行投奔镇守成都的郑国公严武。在严武的庇护下，杜甫在浣花里“种竹植树，结庐枕江，纵酒啸咏，与田畯野老相狎荡”，过了一段月白风轻、自由自在的生活。永泰元年（公元765年），严武病卒，而蜀中又大乱，杜甫被迫远游荆、楚，并于次年在贫病交加中卒于湖南耒阳，终年59岁。

杜甫亲历“小邑犹藏万家室”的开元盛世，又目睹“乾坤含疮痍”、“寒月照白骨”的安史之乱的全过程，判若天壤之别的时代巨变给他以强烈的刺激，并对他的创作倾向和风格以深刻影响。唐天宝末年，杜甫与李白并称，李白被称为“诗仙”，为杰出的浪漫主义诗人；而杜甫则被称为“诗圣”，是现实主义诗人中最杰出的代表。他的诗歌堪称“诗史”，具有鲜明的时代色彩，反映了丰富的社会生活的内容，同时又抒发了忧国忧民的真挚情怀。其有名的“三吏”、“三别”，标志着他的现实主义诗歌创作达到顶峰。

如何评价李白、杜甫诗歌创作的成就，从唐代开始就呈现聚讼纷纭的局面，而整体上又有“扬杜抑李”的倾向。其中最有代表性的是中唐诗人元稹的观点。元稹认为，若论用笔壮浪纵恣，摆去拘束，李白差与杜甫并肩，但若论铺陈始终，排比声韵，大或千言，次犹数百，诗气豪迈，而又风调清深，脱弃凡近，则李白不能窥杜甫之堂奥。不仅如此，元稹还上溯中华帝国诗歌创作史，在比较中将杜甫置于雄视千古的位置。他说：“至于子美，盖所谓上薄《风》、《骚》，下该沈（铨期）、宋（之问），言夺苏（味道）、李（峤），气吞曹（植）、刘（桢），掩颜（延之）、谢（灵运）之孤高，杂徐（陵）、庾（信）之流丽，尽得古今之体势，而兼人人之所独专矣。”[1]

但与元稹大异其趣的是，毛泽东在李白、杜甫的评价上明显偏向于李白一边。1942年4月，在约见何其芳、严文井等作家时，毛泽东明确地说过“我喜欢李白”。1957年1月在同臧克家、袁水拍的谈话中毛泽东又说：“杜甫的诗有好的，大多数并不怎么样。杜甫的诗是政治诗。”[2] 1958年1月的南宁会议上，毛泽东再次表示：“不愿看杜甫、白居易那种哭哭啼啼的作品，光是现实主义一面不好，李白、李贺、李商隐，要搞点幻想，太现实就不能写诗了。”[3]

毛泽东虽然表示不甚喜爱杜诗，但也承认其中确有佳作。在其心目中，杜甫的《登岳阳楼》、《咏怀古迹五首》、《前出塞》、《赠卫八处士》、《北征》等诗词不仅反映了丰富的社会生活的内容，而且表现出很高的艺术水准，所以对于这些佳作，他或手书，或改写，或引用，或给予高度的评价，从多侧面体现了他对杜甫诗词的重视。

据有的学者统计，毛泽东圈画过的杜诗有67首。1958年3月成都会议期间，毛泽东游览杜甫草堂，并在当地借阅过各种版本的杜甫诗集共12部108本。1964年，毛泽东从湖南返回北京经过岳阳时，手书了杜甫的《登岳阳楼》：“昔闻洞庭水，今上岳阳楼。吴楚东南坼，乾坤日夜浮。亲朋无一字，老病有孤舟。戎马关山北，凭轩涕泗流。”如今，在新修的岳阳楼三楼上，便装嵌着毛泽东手书的这一墨宝。

杜甫的《咏怀古迹五首》之三是为凭吊王昭君而作，前四句为“群山万壑赴荆门，生长明妃尚有村。一去紫台连朔漠，独留青冢向黄昏”。1971年林彪事件后，毛泽东将诗中“明妃”改为“林彪”，以示

1 张贻玖：《毛泽东批注历史人物》，鹭江出版社1993年版，第261页。

2 张贻玖：《毛泽东批注历史人物》，鹭江出版社1993年版，第261页。

3 陈晋：《毛泽东的文化性格》，中国青年出版社1991年版，第268页。

对林彪的嘲讽和不屑。杜甫的《前出塞》诗中有“射人先射马，擒贼先擒王”两句，毛泽东印象很深刻。20世纪60年代末，他预测美国总统大选中尼克松颇有胜算，便引用杜甫的这两句诗分析中美关系，强调要以争取尼克松访华为突破口，打开中美关系的僵局。

《赠卫八处士》是杜甫在乾元二年（公元759年）春天由洛阳赴华州途中所作。当时正值兵荒马乱，杜甫好不容易在好友卫八处士家中小憩一夜，受到友人热情的款待。有感于友情的温馨和世事的无常，杜甫写下了明白如话而又缠绵悱恻的旷世佳作：

人生不相见，动如参与商，
今夕复何夕，共此灯烛光。
少壮能几时，鬓发各已苍，
访旧半为鬼，惊呼热中肠。
焉知二十载，重上君子堂，
昔别君未婚，儿女忽成行。
怡然敬父执，问我来何方，
问答乃未已，驱儿罗酒浆。
夜雨剪春韭，新炊间黄粱，
主称会面难，一举累十觞。
十觞亦不醉，感子故意长，
明日隔山岳，世事两茫茫。

全诗虽然只有120个字，却将友情的真挚、人生的沉痛和世事的难料刻画得淋漓尽致，综合了江淹的《别赋》、《恨赋》中的诸多人生感慨，诚为不可多得的大手笔。毛泽东非常喜爱这首诗，特别是在病魔缠身的晚年，他多次要身边工作人员孟锦云吟诵这首诗，并评价说：“全诗以口语写心中之事，毫无雕琢之工。”

《北征》是杜甫创作的一首长达700余字的五言长诗，写于安史之乱中诗人由凤翔北上鄜州探亲之时。1965年7月21日，毛泽东在给陈毅的信中，专门以此诗为例，探讨诗词创作中的“赋、比、兴”等手法问题。他写道：“诗要用形象思维，不能如散文那样直说，所以比、兴两法是不能不用的。赋也可以用，如杜甫之《北征》，可谓‘敷陈其事而直言之也’，然其中亦有比、兴。”[1]诚如毛泽东所言，《北征》一诗主要采用“赋”的手法，如实记录他所见到的战争的创伤、家小的凄惨以及自己渴望重整河山的心情，如“鸱鸟鸣黄桑，野鼠拱乱穴。夜深经战场，寒月照白骨”、“经年至茅屋，妻子衣百结。恸哭松声回，悲泉共幽咽”，“胡命其能久，皇纲未宜绝”，等等，皆是直抒胸臆，不事雕琢。但《北征》中亦使用了“比”、“兴”的手法，如“山果多琐细，罗生杂橡栗。或红如丹砂，或墨如点漆”等便属于典型的比喻。而“阴风西北来，惨淡随回纥”等句，则又采用了“兴”的手法，即“先言他物以引起所咏之词也”。由此可见，毛泽东对杜甫《北征》一诗是反复吟诵、烂熟于心的。他认为，该诗虽是一首以赋为主的政治诗，但因为采用了“比、兴”，所以又不完全是散文般的直说，其艺术感染力毋庸置疑。

毛泽东在李白、杜甫两人中明显偏向李白，主要是性格气质使然。毛泽东的性格豪放不羁，头脑中充满各种不可思议的想象和幻想，因此很自然地欣赏李白潇洒奔放的诗风。除此之外，历代文人对杜甫诗歌的注解要远远多于李白，毛泽东认为这种“扬杜抑李”的倾向有失公平，所以要力矫流弊，为李白诗歌创作的成就争得一个合理的位置。

1 《毛泽东书信选集》，人民出版社1983年版，第608页。

九　大历十子中只钱起为进士

“大历”是唐代宗李豫使用过的最后一个年号，起止时间为公元766—780年。在此期间，出现了卢纶、吉中孚、韩翃、钱起、司空曙、苗发、崔峒、耿、夏侯审、李端等十位杰出的诗人。他们以能诗齐名，时称“大历十才子”。

欧阳修等撰《新唐书·卢纶传》分别介绍了上述十人的籍贯、官阶和大致经历，其中对卢纶和钱起的介绍相对较多。卢纶字允言，大历初“数举起士不第”。友人元载将其诗文进呈朝廷，卢纶才得以补授阌乡尉，后累迁监察御史。称疾辞职后，卢纶做过河中节度使浑瑊的元帅判官等职。因为他的舅父韦梁牟后来为唐德宗李适所宠幸，卢纶经舅父引荐曾被唐德宗召入禁中。德宗每有所作，便让卢纶唱和。正当德宗准备重用他时，他却不幸因病去世。

钱起字仲文，吴兴（今浙江湖州）人。唐天宝七载（公元748年）中进士。初为秘书省校书郎、蓝田县尉，后任司勋员外郎、考功郎中、翰林学士，故被人称为“钱考功”。天宝年间，钱起与郎士元齐名，时人有“前有沈、宋，后有钱、郎”之说。沈、宋分别指唐朝初期的沈佺期、宋之问两位大诗人。钱起作诗以五言为主，自称“五言长城”。

毛泽东对《新唐书·卢纶传》看得很仔细，在传记旁写有“大历十子”四字，以便查考。他在了解到十大才子的功名后，又在书中批了一句话：“十子中只钱起为进士。”[1]钱起诗风闲雅、流丽纤秀，尤长于写景，代表作有《省试湘灵鼓瑟》、《归雁》、《送僧归日本》等。“湘灵鼓瑟”为钱起中试的试题。所谓“湘灵”便是屈原在楚辞中描绘过的湘水女神。钱起在诗中写下了“流水传湘浦，悲风过洞庭。曲终人

1《毛泽东读文史古籍批语集》，中央文献出版社1993年版，第248页。

不见，江上数峰青”等名句。他写的《归雁》为一首七绝：“潇湘何事等闲回，水碧沙明两岸苔。二十五弦弹夜月，不胜清怨却飞来。”他把大雁春天北返的原因归结为湘水女神月夜弹弦所发出的清怨之声，这就将大雁拟人化了，并与人们的传统思维大相径庭，从而使诗的立意有独出心裁之妙。上述两首诗都关乎湖南的人文地理和神话传说，它们受到毛泽东的喜爱当在情理之中。

毛泽东之所以写下“十子中只钱起为进士”之语，从文化心理来分析，是因为毛泽东认为，历史上有作为、有创造力的人士，大多出身寒微且经历坎坷。不平则鸣，越是受压制、受委屈的人越有可能干出一番事业来。“大历十才子”中竟然有九人是非进士出身，这给毛泽东的人才观无疑又增添了有力的注脚。

十　写文学史不可轻视韩愈

韩愈（公元768—824年），字退之，唐代邓州南阳（今河南南阳县）人。幼年孤苦，但立志学儒，不俟奖励。唐德宗贞元八年（公元792年）中进士，后任监察御史，“发言真率，无所畏避”。因上书揭露宰相不专机务、朝廷立宫市之弊而触怒唐德宗李适，被贬为阳山令。唐宪宗李纯即位后召还京师，任国子监博士、中书舍人等官。宪宗元和十二年（公元817年），随宰相裴度平定吴元济等人的叛乱，因功升为刑部侍郎。元和十四年（公元819年），又因上表反对宪宗迎奉佛骨而被贬为潮州刺史。唐穆宗李恒即位后入朝为国子监祭酒、兵部侍郎、京兆尹，转吏部侍郎。死后谥号“文”，故世称“韩吏部”、“韩文公”。又其祖籍在河北昌黎，后人亦称其为“韩昌黎”。

在古代文人中，韩愈称得上是仕途坎坷的一个代表。他“操行坚正，拙于世务”，但对自己的才华和能力又相当自负。考中进士之后的三年，韩愈因无权贵引荐，在长安未得一官，悒怏不乐。迫于生计，也因为不甘埋没，他像李白一样到处求官，以致在贞元十一年（公元795年）接连给当时宰相赵憬、贾耽等写了三封信。他始而将自己比喻为溺水陷火而待救的绝望之人，继而又以周公吐哺的故事激励当朝宰相施以援手，其苦心求官之心、涕泣陈情之状，千载之下犹有生气，让人读之且叹且笑。韩愈虽然仕途坎坷，又在求官之路上留下诸多趣闻，但他作为唐代古文运动的先驱以及唐宋八大家之首，对中国文学史却产生了举足轻重的影响。

毛泽东在湖南第一师范读书期间，便精心研读过韩愈的诗文。据他自己回忆，在作文方面，他起初颇为崇拜梁启超那种“笔锋常带情感”的政论文体，但第一师范的国文教员袁仲谦先生却劝他改学“韩文”，以增加文章的厚重渊奥之气。遵从业师的规劝，毛泽东特意买来一本廉价且已破损的《韩昌黎全集》，并从学校图书馆借来一部精确的《韩集》进行校勘、修补。据周士钊回忆，毛泽东对韩愈诗文的词汇、句读、章节乃至全文之旨，皆细心揣摩研究以求完全领会。大部分诗文他都能够背诵如流。其听课笔记《讲堂录》中，也记载了大量韩愈的名言名句以及各种释读和评论。后来毛泽东在向斯诺回忆自己青少年时代的求学经历时，还深有感触地说：“学校里有一个国文教员，学生给他起了‘袁大胡子’的绰号。他嘲笑我的作文，说它是新闻记者的手笔。他看不起我视为楷模的梁启超，认为他半通不通。我只得改变文风。我钻研韩愈的文章，学会了古文文体。所以，多亏袁大胡子，今天我在必要时仍然能够写出一篇过得去的文言文。”[1]新中国成立后，《韩昌黎文

1（美）埃德加·斯诺：《西行漫记》，三联书店1979年版，第121页。

集》仍然是毛泽东经常研读的书稿，上世纪60年代中期，他在阅读《唐书·李汉列传》时批道："韩愈文集，为李汉编辑得全，欧阳修得之于随县，因以流传，厥功伟哉。"[1]李汉是韩愈的爱婿，又深受韩文风格的熏陶，所以韩愈死后，李汉自认身份与逝者最厚最亲，遂收拾遗文，无使失坠。这对翁婿之间的佳话，被毛泽东引为文坛的一段盛事。

韩愈发起古文运动，以接续秦汉之际的文学传统为职志，表面上是复古，实际上却是创新。正如毛泽东所说："韩愈是提倡古文的，其实他那个古文是新古文。道理是没有什么的，只要文章是新的。人家说好的，他说坏，人家说坏的，他说好。"其起因，按照《旧唐书·韩愈传》中的说法，是韩愈"常以为自魏、晋已还，为文者多拘偶对，而经诰之指归，迁、雄之气格，不复振起矣。故愈所为文，务反近体，抒意立言，自成一家新语。后学之士，取为师法。当时作者甚众，无以过之，故世称'韩文'焉。"[2]质言之，韩愈发起古文运动，是欲力矫六朝以来内容空洞、浮华绮靡的骈体文风，而提倡文以载道、陈言务去的散体文。韩愈创作的古文众体兼备，从政论、表奏、书启、赠序、杂说到人物传记、祭文、墓志乃至传奇无不擅长，但大体可分为论说与记叙两类。前者的代表作有《进学解》、《师说》、《送穷文》、《谏迎佛骨表》、《原道》、《原性》、《原人》、《原毁》、《争臣论》、《讳辩》等；后者的代表作则有《祭十二郎文》、《柳子厚墓志铭》、《送李愿归盘谷序》、《送董邵南序》、《张中丞传后叙》，等等。无论是论说或记叙，韩愈的创作均讲究言之有物和自铸新词。其中许多生动的语言和精炼的词汇，至今仍被人们在书面和口头表达中所引用。毛泽东的报告和讲话，如《新民主主义论》、《反对党八股》等，便引用

1《毛泽东读文史古籍批语集》，中央文献出版社1993年版，第233页。

2［后晋］刘煦等撰：《旧唐书》，岳麓书社1997年版，第2643页。

过韩愈“不塞不流、不止不行”、“语言无味，面目可憎”、“行成于思毁于随”、“足将进而趑趄，口将言而嗫嚅”等名言。

韩愈以孔孟之道正统儒学的继承人自居，固守文武周公以降的文化道统，力排唐朝兴盛的佛、道二教，因此其哲学观、政治观等均趋向于保守僵化，特别是涉及政治主张和伦理旨趣的论说有明显的方巾气和道学气。但是，由于韩愈人品方正，博古通今，又饱经世变，历练老成，他在题材广泛的散文创作中，又表达了反对封建割据、改革官场陋习、同情民生疾苦等进步思想，对社会黑暗和贪腐现象等时弊多所揭露和针砭。再者，他关于世态炎凉、人情冷暖以及学术传承、人物评价方面的论述也充满睿智，具有穿越时空、矜式后世的力量和意义。如他在《原毁》中提出的“事修而谤兴，德高而毁来”等观点，便归纳了千百年来的人性通病和社会积弊，诚为“一篇之警策”。

对于韩愈的散文创作成就及其缺失，毛泽东有过许多评论。他特别赞赏韩愈的《师说》一文。1940年秋，在延安的时候，有一次邓力群等人去接毛泽东到马列学院作报告。在路上，毛泽东说：“韩愈的《师说》是有真知灼见的，‘生乎吾前，其闻道也，固先乎吾，吾从而师之；生乎吾后，其闻道也，亦先乎吾，吾从而师之’，一路上，你们给我介绍了很好的情况，真是‘亦先乎吾，吾从而师之’，谢谢你们！”[1]从自身的经验中，毛泽东愈发体验到韩愈所说“弟子不必不如师，师不必贤于弟子。闻道有先后，术业有专攻”的深刻意义。

另一方面，毛泽东对韩愈散文创作中的缺失也多所指摘。如韩愈在《与崔群书》中提出一个观点，即“自古贤者少，不肖者多”。毛泽东不同意这个观点，认为“就劳动者而言，自古贤者多，不肖者少”[2]。

1 韩世福：《毛泽东到马列学院作报告》，见《难忘的回忆》，中国青年出版社1985年版，第149页。

2《毛泽东读文史古籍批语集》，中央文献出版社1993年版，第109页。

在毛泽东看来，韩愈品评人性的角度失之空泛，也是“上智下愚”等传统看法的复制。又如韩愈的《谏迎佛骨表》，在当时上至皇帝下至平民皆顶礼拜佛的社会氛围中，确有矫正时弊的作用。唐宪宗特别不满该文中“东汉奉佛之后，帝王咸致夭促”的结论，将韩愈贬为潮州刺史。对于这篇名作，毛泽东在1965年6月20日与周谷城的谈话中说：“唐朝韩愈文章还可以，但是缺乏思想性。那篇东西（指《谏迎佛骨表》）价值并不高，那些话大多是前人说过的，他只是从破除迷信来批评佛教，而没有从生产力方面来分析佛教的坏处。”[1]早在韩愈之前，开元时期的宰相姚崇等人就多角度分析过佛教的坏处。对于唐朝有关佛教的论说历史，毛泽东相当熟悉，所以他在读《新唐书·姚崇传》时批道：“韩愈佛骨表祖此。”[2]意思是说韩愈不过是拾人牙慧而已。但在与周谷城的谈话中，毛泽东也强调：“韩愈的文章有点奇。唐朝人也说‘学奇于韩愈，学涩于樊宗师’。韩愈的古文对后世很有影响，写文学史不可轻视他。”[3]韩愈创作的散文大多有一种雄辩的气势和逻辑的力量，此种奇特比之樊宗师的艰涩怪僻自然能够赢得更多人的追慕和喜爱。所谓“写文学史不可轻视他”，是就创作风格和影响力两者而言的。绕开韩愈，唐朝以后的中国文学史便无法做到正本清源。

在1973年开始的“评法批儒”运动中，有些文章站在法家的角度，对韩愈的散文大张挞伐。这引起了韩愈研究专家刘大杰先生的不满。他那时正有意修改自己的著作《中国文学发展史》，故在1975年8月2日致信毛泽东说：“韩以道统自居，鼓吹天命，固然要严加批判。但细读韩

1 刘大杰：《一次不平常的会见》，见《毛泽东在上海》，中共党史出版社1993年版，第143页。

2《毛泽东读文史古籍批语集》，中央文献出版社1993年版，第239页。

3 刘大杰：《一次不平常的会见》，见《毛泽东在上海》，中共党史出版社1993年版，第143页。

集，其思想中确存在着矛盾。”其诸多作品“都与儒家思想不合，而倾向于法家。再加以他的散文技巧……如果全部加以否定，似非所宜”。毛泽东回信写道：“我同意你对韩愈的意见，一分为二为宜。”[1]即便刘大杰与毛泽东的通信带有特定的时代色彩，但他们主张对韩愈应“一分为二”的观点仍是符合实际的。

在散文之外，韩愈还创作了大量的诗作。不过，后世对其诗歌作品的评价分歧很大，有些人如宋代的叶燮等对其推奖太过，称“韩愈为唐诗之一大变，其力大，其思雄，崛起为鼻祖。”但也有一些人如沈括、陈师道、王世贞等认为韩诗乃押韵之散文，背离了作诗的基本要求，对诗的精髓“本无所得”，“本无解处”，而且对后世产生了诸多不良影响。宋代人以文为诗，味同嚼蜡，便是韩诗谬种流传所致。鉴于历史上对韩诗的评价各走极端，毛泽东主张应采取“一分为二”的态度。他认为，韩愈作诗的表现方式是存在缺陷的。1959年4月15日，毛泽东在中共八届七中全会上讲到工作要留有余地时说：“统统讲完，像韩愈作诗，人们批评他的缺点，就是他的文章同诗都是讲究的，尽量讲，他不能割爱，特别是他的那首《南山》诗。”韩愈的《南山》诗描写南山的四时景况和山势变化，使尽了自己可能想到的一切比拟手法，以致连用二十来个“或”字，如“或连若相从，或蹙若相斗”，“或散若瓦解，或赴若辐凑”，“或背若相恶，或向若相佑”，“或错若绘画，或缭若篆籀”，等等。在毛泽东看来，韩愈这种把话统统讲完的表现手法，完全失去了诗歌含蓄、精练、蕴藉的特点，成了一篇烦琐的散文。

中国传统居主导地位的诗歌理论讲求“味外之旨”、“象外之象”。就在宋人以文为诗蔚为风气的时候，严羽的《沧浪诗话》便力矫

---

1 摘自毛泽东1976年2月12日致刘大杰信，见《毛泽东论文艺》（增订本），人民出版社1992年版，第172页。

时弊，提出“诗有别才，非关书也；诗有别趣，非关理也”的著名观点，力图将诗歌创作重新纳入含蓄隽永、意味深长的轨道。不过，毛泽东在指出韩诗的根本缺陷时，也不同意“韩愈不知诗”的观点。1965年7月21日，他在写给陈毅的信中便说：“韩愈以文为诗；有些人说他完全不知诗，则未免太过，如《山石》、《衡岳》、《八月十五酬张功曹》之类，还是可以的。据此可以知为诗之不易。”[1]诚如毛泽东所说，韩愈诗作亦不乏佳作，比如《山石》一诗写寺院的景观以及自己留宿的感受，便显得风格清奇，叙述绵畅，有很高的艺术表现力和感染力。有些诗句，如“升堂坐阶新雨足，芭蕉叶大栀子肥”，“夜深静卧百虫绝，清月出岭光入扉”，让人过目难忘，并为之神往。毛泽东一生追慕和关注韩愈，所以对其散文、诗歌创作的得失了然于胸，不少评论发前人之所未发，于此亦可知他对韩愈研究的深度。

十一　白诗高处在有平等心情

在中华诗歌史上，若论创作篇什流传之广，则当首推中唐诗人白居易。

白居易（公元772—847年），字乐天，晚年自号“香山居士”。祖籍太原，后迁居下邽（今陕西渭南）。他自幼聪慧绝人，襟怀宏放，十五六岁时，诗文便受到当时文坛重镇顾况的激赏。唐德宗贞元十四年（公元798年），二十七岁的白居易中进士，授秘书省校书郎。唐宪宗元和元年（公元806年），宪宗策试制举人，白居易应“才识兼茂、明于体用科”，其文辞大得宪宗喜爱。元和二年（公元807年）召入翰林

1《毛泽东书信选集》，人民出版社1983年版，第608页。

为学士。三年拜左拾遗后，为酬报明主顾遇之恩，白居易奋力效报，极尽谏官之责。终因得罪权贵，在元和十年（公元815年）被贬为江州司马。此后几十年间，白居易虽也在朝中任过中书舍人、太子少傅等职，但多数时间都在地方做官或在洛阳赋闲。穆宗时出任杭州刺史，敬宗时又出为苏州刺史。文宗时一度得到重用，担任刑部侍郎。但也好景不长，苦于“牛李党争”，白居易宦情衰落，只求“致身散地，翼于远害”。武宗会昌年间，年迈且多病的他以刑部尚书致仕。唐宣宗大中元年（公元847年），白居易病逝，享年76岁。

“安史之乱”后，唐朝由盛转衰，中间虽有短暂的所谓“元和中兴”，但总的趋势是江河日下。白居易身处衰世，历仕八帝，官场的权斗和腐败、民间的流徙和苦难、自身的遭贬和屈抑都深深刺激着诗人敏感而脆弱的心灵。在创作风格上，白居易类似于杜甫，以讽谏时政、感时忧世为主题，代表作有《秦中吟》、《贺雨诗》、《长恨歌》等。另有相当一部分为慨叹身世之作，如《琵琶行》、《病中诗》等。白居易有较系统的诗歌创作理论。在任江州司马期间，他在给好友元稹的长篇书信中畅论“作文之大旨”，提出“文章合为时而著，歌诗合为事而作”的著名观点，反映了诗人文以载道、诗以讽世的现实主义情怀。他还根据“感人心者，莫先乎情”的人性常识，认为“诗者：根情、苗言、华声、实义”，将情感、语言、声律、意义分别视为诗歌的根、苗、花、实，讲求以情动人，言之有物。白居易创作极为勤奋，而且语言力求通俗易懂、朗朗上口，故而使其大量诗歌在当世就产生了广泛而深刻的社会影响。唐穆宗长庆年间，元稹编定《白氏长庆集》，共收录白居易的诗歌达2251首之多。在序言中，元稹对白居易诗歌流传之广极为佩服，称其达到了“禁省观寺，邮候墙壁之上无不书，王公妾妇、牛童马走之口无不道”的程度，以至有人将自己的诗冒充白诗以求售。

毛泽东虽然曾经说过，他不大喜爱杜甫、白居易那些“哭哭啼啼”

的作品，但考其一生，他对白居易许多深富哲理和人情的诗歌仍是欣赏的。白居易《赋得古原草送别》，毛泽东从小就烂熟于心。晚年时还在四五本诗集中圈画过此诗。“离离原上草，一岁一枯荣。野火烧不尽，春风吹又生”，看似明白如话，实则得来不易。它借自然界的草木荣枯隐喻人世的生生不息。作为革命家，毛泽东当最能体会其中的深刻意义。

白居易《放言五首》之三是一首将咏史与抒怀冶于一炉的名诗，全诗如下：“赠君一法决狐疑，不用钻龟与祝蓍。试玉要烧三日满，辨材须待七年期。周公恐惧流言日，王莽谦恭未篡时。向使当初身便死，一生真伪复谁知？”毛泽东很欣赏这首诗所反映的哲理，认为它的高处在“盖棺论定”。1939年，他在延安模范青年大会上作“永久奋斗”的主旨演讲时，就特意引用了该诗的后四句，指出“它说明了人只有到死，才可以论定他的功罪是非”[1]。中国民间有句俗话，叫“路遥知马力，事久见人心”，白居易的诗用生动的事例，对民间智慧作了更富哲理的诠释。1971年“林彪事件”后，毛泽东两次引用这四句诗。

在白居易的作品中，《琵琶行》是与《长恨歌》齐名的一首长篇叙事诗，写于遭贬出任江州（今江西九江）司马期间。他借一位沦落江湖的琵琶女的不幸身世和悲情倾诉，来抒发和排遣自己怀才不遇、投闲置散的痛苦和寂寞之情，达到了很高的艺术境界。琵琶女演奏的节奏和情感转换，浓缩了他和琵琶女由风光无限转变为凄苦独守的曲折人生。白居易写《琵琶行》，既是同情又是自怜，故而有“同是天涯沦落人，相逢何必曾相识”的千古一叹。毛泽东曾在多个诗歌集中圈阅过这首诗，在一本《注释唐诗三百首》中，毛泽东批道：“江州司马，青衫泪湿，同在天涯。作者与琵琶演奏者有平等心情。白诗高处在此，不在他处。

1《毛泽东文集》第二卷，人民出版社1993年版，第191页。

其然岂其然乎？”[1]

毛泽东将白诗高处确定为“作者与琵琶演奏者有平等心情”，后世评论者都认为毛泽东的评点非常准确而到位。其实不然，因为这种平等心情并非为白居易所独有。在中国古代，文人失意与女人失宠在心理上具有同一性和同构性。在皇权专制下，文人的最高理想是“学成文武艺，货于帝王家”，一旦怀才不遇或无端遭贬，便自然会产生一种弃妇心态。屈原被放逐，自比为香草、美人，实质上是男女关系在君臣关系上的一种折射。司马相如是汉武帝的文学侍臣，他为陈阿娇撰《长门赋》，亦可说他与陈阿娇有平等心情。此种心理上的同构性作为一种文化基因代代相传，到白居易遭贬时写出《琵琶行》，并不具有特别的超越和突变的意义。琵琶女有无限风光的过去，那时的她“曲罢曾教善才服，妆成每被秋娘妒”，“今年欢笑复明年，秋月春风等闲度”。只是色衰则爱驰，爱驰则恩绝，以致“门前冷落车马稀，老大嫁作商人妇。商人重利轻别离，前月浮梁买茶去”。白居易的命运与其类似，当年高中进士，职掌清要，横议风生，倾动朝野，一心只想“以生平所贮，仰酬恩造”。而一旦无端遭贬，“江风苦寒，岁暮鲜欢”，与当年陪侍皇帝时“每宴饮无不先预，每庆赐无不先沾”的风光判若天壤。这就难怪白居易要以“他人之酒杯，浇心中之块垒”了。

正因为包括白居易在内的多数古代文人在心理上是女性化的，所以与失意的琵琶女相遇时产生“同是天涯沦落人”的感慨，便再自然不过。毛泽东对自己的观点其实也并不完全有把握，否则不会有“其然岂其然乎”之语。毛泽东知晓中国古代文人的追求和心态，对从屈原、司马相如、曹植，一直到白居易、柳永等人的诗歌创作历程也是清楚的，所以他对《琵琶行》之“高处”的评价，只是一时思考所得，未见得是

1《毛泽东读文史古籍批语集》，中央文献出版社1993年版，第21页。

定评和确评。如果他更深入地思考这个问题，就不一定让白居易独享与失宠女人“有平等心情”之评。唐代的罗隐、宋代的柳永与沦落风尘的女子之间，心情不也非常平等吗？

十二　柳宗元写《天对》，胆子很大

在“唐宋八大家”中，唐代有两位，除了韩愈，另一位便是柳宗元。

柳宗元（公元773—819年），字子厚，河东（今山西永济县）人，出身官宦世家，曾伯祖柳奭为唐高宗的宰相。少年时代的柳宗元“聪警绝众，尤精《西汉》、《诗》、《骚》。下笔构思，与古为侔。精裁密致，璨若珠贝。当时流辈咸推之”。唐德宗贞元九年（公元793年）中进士，任集贤殿正字，调蓝田尉，入朝为监察御史。805年唐顺宗李诵即位后，他与刘禹锡等人积极参与王叔文、王伾等人领导的“永贞革新”，抑制、打击藩镇和贵族宦官等势力，但改革仅进行146天便宣告失败。柳宗元被贬为永州司马，唐宪宗元和十年（公元815年）又改任柳州刺史。在刺史任上，他推行文教，废除奴婢制度，做了许多好事。四年后即819年，柳宗元病逝于柳州，享年仅47岁。

柳宗元的文学创作成就与韩愈不相上下，他不仅留下了《驳复仇议》、《桐叶封弟辩》等许多说理性的散文作品，而且创作了大量脍炙人口的“寓言”和“山水游记”。韩愈的哲学和政治思想相对柳宗元来说比较保守，因此毛泽东对柳宗元的整体评价要高出韩愈。1963年，毛泽东在杭州的一次会议上说：“我国历史上的哲学家如柳宗元，他是文学家，也是唯物论者。他的哲学观点是在现实生活中同不同观点进行辩论和斗争中形成的。他在任永州司马的十年间，接触贫苦人民并为他们办了许多好事。正是在此期间，他写了‘山水游记’等许多文学作品，同时又写了《天说》、《天对》等哲学著作，这是针对韩愈的唯心观点而写的。”[1]章士钊老先生竭平生之力撰成《柳文指要》一书，这是一部对柳宗元文集进行专门研究的著作。书稿写成后曾送呈毛泽东求教。尽管毛泽东认为该书有些缺点，主要是作者不懂唯物史观，但却肯定此书“颇有新义”，“大抵扬柳抑韩，翻二王、八司马之冤案，这是不错的”。[2]由此不难看出毛泽东在韩、柳二人评价上的倾向性。

柳宗元与韩愈同为唐代“古文运动”的先驱，两人私交很深。他们在哲学上和政治观上有分歧，但并不妨碍彼此之间以平等态度切磋学问。韩愈相信“天命”，认为上天是有意志的人格神，能够烛见人间是非并惩恶扬善。对此，柳宗元大不以为然。在他看来，上天管不了人间的是非曲直，国家兴亡、政权得失在人不在天。基于此，他将鼓吹“天人感应说”的西汉大儒董仲舒斥为“淫巫瞽史”。

最能体现柳宗元朴素唯物主义观点的著作当属《天对》。在这篇文章中，他几乎逐一对屈原《天问》所提出的170多个问题作出了回答。屈原开篇便发问：“曰：遂古之初，谁传道之？上下未形，何由考之？”柳宗元回答：“本始之茫，诞老者传焉。鸿灵幽纷，曷可言焉！黑晰眇，往来屯屯，庞昧革化，惟元气存，而何为焉。”柳宗元将“元气”视为世界万物的本原，所以当屈原诘问“阴阳三合，何本何化”时，他的回答是：“合焉者三，一以统同。吁炎吹冷，交错而功。”屈原与柳宗元相距一千多年，所以柳宗元在撰写《天对》时，充分吸收了当时人们对自然界认识的最新成果。如屈原认为太阳出自汤谷、次于蒙

1 陶鲁笳：《毛主席教我们当省委书记》，中央文献出版社2003年版，第124页。

2 《毛泽东书信选集》，人民出版社1983年版，第603页。

汜，所以有“自明及晦，所行几里”的疑问。而柳宗元指出太阳的升起和落下是因为地球自转而造成的，“当焉为明，不逮为晦。度引无穷，不可以里”。屈原对人世间的许多问题也大感不解，如提出“彼王纣之躬，孰使乱惑？”即商纣王的荒淫失道是谁造成的？柳宗元的回答是：“纣无谁使惑，惟志为首。”在柳宗元看来，商纣王的荒淫失道咎在个人，与上天毫无关系。这种“功者自功、祸者自祸”的观点，乃是柳宗元唯物主义的自然观在社会政治领域的延伸。

毛泽东对柳宗元的《天对》寄予了很高的评价。1964年8月，他在北戴河与哲学工作者谈话时说：“柳子厚出入佛老，唯物主义。他的《天对》，从屈原的《天问》以来，几千年只有这个人做了这么一篇。”[1]1965年6月20日，毛泽东在上海与著名学者刘大杰会面时又表示：“屈原写过《天问》，过了一千年才有柳宗元写《天对》，胆子很大。”[2]这就赋予了《天对》在中国哲学史上里程碑式的地位和意义。

有意思的是，这场中国历史上有名的哲学论辩不仅限于韩、柳之间。与柳宗元同时被贬的“八司马”之一的刘禹锡也参与其中，并作出了独特的贡献。刘禹锡撰写《天论》，就天人关系、天命论产生的根源等问题发表了极富创造力的言论。他认为，“天之道在生殖，其用在强弱；人之道在法制，其用在是非”，“天之所能，人固不能；而人之所能，天亦有所不能，所以天与人交相胜，还相用。”他强调，人们之所以相信天命，是因为人间治道失于乖逆，“福或可以诈取，而祸或可以苟免”。正是人道的失序才使人们不相信法制而信奉天命。假如人间治道清明，人们深切感受到“福兮可以善取，祸兮可以恶召”，那谁还会将德与怨归咎于天呢？毛泽东对刘禹锡提出的“天与人交相胜，还相

---

1 张贻玖：《毛泽东批注历史人物》，鹭江出版社1993年版，第268页。

2《毛泽东在上海》，中共党史出版社1993年版，第143页。

用”的观点非常赞赏，强调他发展了柳宗元的“唯物主义”[1]，不失为对《天对》的有力解释和补充。

刘禹锡亦是一位杰出的诗人，他的许多代表作如《西塞山怀古》、《蜀先主庙》、《玄都观桃花》等，毛泽东都有过圈画。毛泽东尤为喜爱刘禹锡的“沉舟侧畔千帆过，病树前头万木春”这两句诗。《唐诗别裁集》的编者注解说：“沉舟二语，见人事不齐，造化亦无如之何。悟得此旨，终身无不平之心矣。”毛泽东认为“此种解释是错误的”，因为诗人虽自比“沉舟”、“病树”，但对世界的发展并不消极，反倒是充满了后人胜过前人的乐观。1959年4月24日，毛泽东在一份报告上还写道：“唐人诗云：‘沉舟侧畔千帆过，病树前头万木春。’再接再厉，视死如归，在同地球开战中要有此种气概。”[2]

在毛泽东心目中，柳宗元、刘禹锡都是富于改革和创造精神的时代先驱，他们的文学观、政治观和哲学观内在统一，有机融合，属于向前看的法家式的代表人物。柳宗元写的《封建论》，竭力为秦朝的郡县制辩护，更是被晚年毛泽东视为继承法家思想精髓的代表作。

十三　李贺的诗很值得一读

中唐诗人李贺（公元790—816年），字长吉，福昌（今河南宜阳）人，为唐宗室郑王李亮之后。少有诗名，深得韩愈等当世名流的赏识。

1 吴冷西等：《缅怀毛泽东》（下），中央文献出版社1993年版，第566页。

2 陈晋主编：《毛泽东读书笔记解析》（下），广东人民出版社1996年版，第1288页。

因避父亲“晋肃”讳，终生不得参加进士科的考试。韩愈为之作《讳辩》，亦无济于事。怀才不遇的李贺屈沉下僚，郁郁而终，年仅27岁。

李贺虽然生命短促，但却才华横溢。在诗歌创作上，他远绍楚辞、汉魏乐府和齐梁宫体，近取韩愈等诸家之长，融会凝练成自己瑰丽奇俏、神幻迷离的个人风格，无论是神怪、讽喻抑或抒情诗，都达到了很高的艺术境界。尤其是他所写的神怪诗，思绪穿幽入仄，练句惨淡经营，其清妙脱俗处令人神思飞越，如“老兔寒蟾泣天色，云楼半开壁斜白。玉轮轧露湿团光，鸾佩相逢桂香陌”。而其幽愤凄绝处又令人毛骨悚然，如“秋坟鬼唱鲍家诗，恨血千年土中碧”、“百年老成木魅，笑声碧火巢中起”，等等。正因为如此，后世评论家称其为“鬼才”、“诗鬼”，并认为其所造仙语，“乃李白所不及”。李贺留下的240首诗作，皆是其呕心沥血所成就。激情的燃烧折损了诗人的生命，以致南宋学者周必大在《平园续稿》中论及李贺时，慨叹一代鬼才雕琢心肠，已乖卫生之术；而又嘲弄万象，故为造物所不乐。

诗如其人。李贺上天入地、吞吐日月的想象力很符合毛泽东的审美情趣。在他心目中，李白、李贺、李商隐这唐朝诗坛“三李”皆属于长于幻想的浪漫主义诗人。因为李贺英年早逝，毛泽东还将其与贾谊、夏完淳等并列，称他们为“英俊天才”，惜乎他们死得太早，未能尽展其才。1958年3月，毛泽东在成都会议上谈到要破除迷信、大胆创造时说：中国的儒学家对孔子就是迷信，不敢称孔丘。唐朝李贺就不是这样，他对汉武帝就直呼其名，称刘彻、刘郎，称魏夫人为魏娘。他以李贺为例，说明创造源于对前人的平视和质疑。

毛泽东对李贺生平事迹、诗歌创作的熟悉程度不亚于专业的古典文学家。他读过《新唐书·李贺传》，并在传中称赞李贺写诗“未始先立题，然后为诗，如他人牵合课程者”处画了圈。在北京中南海毛泽东故居，珍藏着多种版本的李贺诗集，如《李长吉集》、《李昌谷诗集》、

《李长吉歌诗集》等。现存的240首李贺诗歌，经毛泽东圈阅过的有83首，有的甚至达四五次之多，包括《金铜仙人辞汉歌》、《梦天》、《李凭箜篌引》、《湘妃》、《巫山高》、《老夫采玉歌》、《官街鼓》等李贺的代表作。反复的阅读和仔细的揣摩，使毛泽东对李贺诗歌对后世的影响，以及李贺的创作体裁等情况非常熟悉。鲁迅先生在1931年3月5日创作有一篇《湘灵歌》，是送给日本友人松元郎的，后四句为："高丘寂寞竦中夜，芳荃零落无余春。鼓完瑶琴人不闻，太平成象盈秋门。"毛泽东在末句旁边批道："从李长吉来。"[1]李贺《自昌谷到洛后门》一诗中有"九月大野白，苍岑竦秋门"一句，毛泽东发现了二者之间的联系，故敢断定鲁迅化用了李贺的诗句。1965年7月21日，毛泽东在写给陈毅的信中写道："李贺除有很少几首五言律外，七言律他一首也不写。李贺诗很值得一读。不知你有兴趣否？"[2]

李贺的许多诗作造句晦涩，意象亦迷离惝恍。因为索解为难，所以后世注家也特别多。即使如此，李贺还是给后人留下了不少朗朗上口的名言佳句，如倾吐其志向的"少年心事当拏云，谁念幽寒坐呜呃"，"男儿何不带吴钩，收取关山五十州"；抒发其孤愤遗恨的"天荒地老无人识"；等等。毛泽东在自己的诗词创作中，便直接化用过李贺的"雄鸡一唱天下白"、"天若有情天亦老"等名句，用以抒发在新的时空条件下对人间巨变和四海望治的感慨，收到了酣畅淋漓的艺术效果，似乎非如此不足以表达剧烈的情感诉求。毛泽东特别欣赏李贺的《梦天》一诗。诗中的"黄尘清水三山下，更变千年如走马。遥望齐州九点烟，一泓海水杯中泻"，堪称李贺游仙诗的代表。他梦游天宫，俯瞰寰球。博大的时空意识和奇妙瑰丽的想象力，让他心目中的人间世既渺小

1 范忠程主编：《博览群书的毛泽东》，湖南出版社1993年版，第79页。

2 《毛泽东书信选集》，人民出版社1983年版，第608页。

无比又变化倏忽。1960年5月初，毛泽东在山东与省委负责人谈话时，饶有兴致地提到李贺，说他“专门作鬼怪的诗”，写的是鬼诗，不是人诗。他还专门向陪同人员解析了《梦天》中的“三山”、“齐州”以及“九点烟”的意思。此外他还补充道，有人说李贺的诗不好懂，其实“有些还是容易懂的”。这些都证明了毛泽东对李贺之诗的熟悉和偏爱程度。

十四　对李商隐的无题诗难下断语

1958年1月16日，毛泽东在南宁会议上借古喻今，深有感触地说过这样一段话：“光搞现实主义一面也不好，杜甫、白居易哭哭啼啼，我不愿看，李白、李贺、李商隐，搞点幻想。”[1]作为唐代诗坛“三李”之一，李商隐是毛泽东偏爱有加、受益颇多的重要诗人。

李商隐（公元813—858年），字义山，号玉溪生、樊南生，怀州河内（今河南沁阳）人。在历史上与杜牧齐名，人称“小李杜”，又因与同时代的温庭筠、段成式诗风接近，且在家庭中都排行十六，故被合称为“三十六体”。据《旧唐书·李商隐传》记载，李商隐幼而能文，博闻强识，“下笔不能自休，尤善为诔奠之辞”。唐文宗开成二年（公元837年）中进士，但一生在政治上无大作为。他先后在令狐楚、王茂元、郑亚、卢弘正、柳仲郢等人门下做宾佐，屈沉下僚，坎坷终身。李商隐名宦不进，由是恃才诡激，不拘小节，郁而发之为文，或咏史，或言情，或咏物，或感时。体裁虽异，但深情缠绵、哀婉隐曲的风格则一以贯之。现存李义山诗600余首，其中尤以“无题诗”对后世影响最大。

1 陈晋：《毛泽东的文化性格》，中国青年出版社1991年版，第268页。

李商隐的作品，大多为毛泽东圈画过，特别是一些代表作，如《马嵬》、《贾生》、《筹笔驿》、《隋宫》、《韩碑》、《北齐二首》、《嫦娥》及一些“无题诗”，毛泽东更是反复欣赏过，张口即能背诵，有的还用来练习书法。据周谷城回忆，他1965年在上海与毛泽东晤谈时纵论古今中外，涉及文、史、哲等多方面的问题。当谈到李商隐时，他随兴所致地背诵起李商隐的《马嵬》一诗：“海外徒闻更九州，他生未卜此生休。空闻虎旅传宵柝，无复鸡人报晓筹。此日六军同驻马，当时七夕笑牵牛。如何四纪为天子，不及卢家有莫愁。”但背着背着，竟然忘了最后两句。毛泽东见他忘词了，不假思索且一字不差地念出了最后两句。《马嵬》一诗构思精巧，立意深刻，具有浓厚的反讽意味，特别是末两句“如何四纪为天子，不及卢家有莫愁”，更为一篇之警策。试想，唐明皇贵为天子四十余年，而一朝逢变，爱妃殒命，竟然无法享受洛阳女莫愁嫁入贫寒的卢家后的夫妇之福。这强烈的反差如何不让人大跌眼镜呢？毛泽东牢记这两句，自然是对这首诗理解非常深刻的结果。

《贾生》一诗亦是李商隐的杰作。全诗只有四句：“宣室求贤访逐君，贾生才调更无伦。可怜夜半虚前席，不问苍生问鬼神。”短短四句诗，将汉文帝的昏庸和贾谊的无奈表现得淋漓尽致。贾谊才高八斗，充满宏济苍生的情怀。当他从贬谪地长沙被召回到长安时，满以为汉文帝会委他以重任，却不料天子召见他时“不问苍生问鬼神”，这是一种怎样的君臣关系啊！毛泽东特别佩服李商隐的独特视角以及辛辣无比的讽刺艺术，故先后圈阅这首诗达五六次之多。1965年6月28日，毛泽东在上海与古典文学研究专家刘大杰见面时问道：“《贾生》一诗能背得出吗？”刘大杰背诵后，毛泽东连连称赞道：“写得好哇，写得好！”[1] 李商隐的其他咏史诗亦有可圈可点之处，如《隋宫》中的几句：“于今

1 孙琴安：《毛泽东与刘大杰谈古典文学》，载《文艺报》，1991年12月28日。

腐草无萤火，终古垂杨有暮鸦。地下若逢陈后主，岂宜重问后庭花。”诗中透露的兴亡荣枯之叹以及对隋炀帝的谴责和讽刺，自然也给毛泽东留下了极大的想象空间和回味余地。

咏史之外，李商隐的言情诗写得更为幽深动人，如“相见时难别亦难，东风无力百花残。春蚕到死丝方尽，蜡炬成灰泪始干……”便是一首脍炙人口的千古名篇。因为这些诗大多“无题”，无所确指，更给后世的考据家和批评家带来无穷麻烦。单是“锦瑟无端五十弦”中的“锦瑟”便聚讼纷纭，有的认为是一种古乐器，有的认为是令狐楚的婢女名。吴景旭的《历代诗话》记载了苏东坡等人的各种解释。毛泽东对这些争论很感兴趣，在读《历代诗话》时做了各种圈画，以作为自己思考的材料。李商隐的言情诗写得如此缠绵悱恻、深婉凄迷，这自然勾起毛泽东对诗人情感经历的好奇。为此，他曾专门写信给秘书田家英说：“苏雪林著《李义山恋爱事迹考》，请去坊间找一下，看是否可以买到，或者商务印书馆有些书？”[1]毛泽东是否读了《李义山恋爱事迹考》一书，不得而知。但他为研究李商隐“无题诗”所作的努力，却由此可见一斑。鉴于这些“无题诗”索解为难，而李商隐自己也有“为芳草以怨王孙，借美人以喻君子”的说法，毛泽东在如何评价这些“无题诗”的问题上持一种谨慎的态度。1965年6月20日他在上海接见刘大杰时便说：“无题诗要一分为二，不要一概而论。”[2]意思是说，“无题诗”不能单以言情诗笼统对待，其中可能包含更复杂、更广泛的内涵。1975年8月2日，刘大杰写信给毛泽东，谈及自己拟修改《中国文学发展史》，对李商隐、韩愈的诗有自己的一些看法。由于当时正处于“评法批儒”时期，谨慎的刘大杰惴惴不安地问道：“关于李义山的无题诗，

1 曲一日主编：《毛泽东评说中国文学》，吉林人民出版社1998年版，第227页。

2 孙琴安：《毛泽东与刘大杰谈古典文学》，载《文艺报》，1991年12月28日。

说有一部分是政治诗，也有少数是恋爱诗，这样妥当吗？”他还表示：“如果能得到主席的指教，解此疑难，那真是莫大的光荣和幸福。”毛泽东在次年2月12日回复道：“李义山无题诗现在难下断语，暂时存疑可也。奉复久羁，深以为歉。诗词与论，拜读欣然，不胜感谢。”[1]言下之意，一般地将李商隐的诗分为“政治诗”和“恋爱诗”未见得准确。熟读李商隐诗的毛泽东深知，诗人政治诗中不乏言情的内容，而恋爱诗中也未始没有社会政治方面的影射和喻旨。所以，“暂时存疑”反倒是从事文学批评时一种科学的态度。

十五　罗隐亦有军谋

罗隐（公元833—910年），字昭谏，号江东生，杭州新城（今浙江富阳）人，是晚唐最著名的诗人之一。他从唐宣宗大中十三年（公元859年）赴长安迎考起，先后十次参加科考，但均无功名而返。黄巢起义后一度隐居九华山。唐僖宗光启三年（公元887年），时年已55岁的罗隐返回故土，依附吴越王钱镠，历任钱塘令、司勋郎中、给事中等职。

毛泽东阅读过《罗昭谏集》、《甲乙集》等多种版本的罗隐诗集。他既同情这位仕途坎坷的书生的命运，也钦佩他在诗歌创作中所展示出来的绝代才华。相传罗隐初次赴试时，曾在钟陵酒宴上见过歌妓云英。十二年后两人重逢，罗隐感慨万端，写下名为《偶题》一诗：“钟陵醉别十余春，重见云英掌上身。我未成名君未嫁，可能俱是不如人。”才子的落魄与歌妓的孤寂互添感伤，同病相怜之情跃然纸上。千载之下，

1 《毛泽东论文艺》（增订本），人民出版社1992年版，第172页。

让人仿佛还能看见两人四目相对时凄楚的泪光。毛泽东在《甲乙集》第八卷上读到这首诗时，在旁边写了几个字："十上不中第。"[1]在毛泽东看来，一个十次科考均落第的杰出诗人，心中的酸楚和经受的磨难均非常人所能想象。

罗隐满腹经纶，又饱历时变，所写的诸多咏史诗视角独特，给人以别开生面之感。如《西施》一诗："家国兴亡自有时，吴人何苦怨西施。西施若解倾吴国，越国亡来又是谁？"罗隐对把亡国归咎于个人特别是女人的传统观点提出了大胆的质疑。在他看来，天下没有不散的筵席，那吴宫花草、晋代衣冠等都因岁月的流逝而烟消云散。所谓"千秋万岁"，不过是封建统治者的幻想罢了；又比如他的《筹笔驿》一诗："抛掷南阳为主忧，北征东讨尽良筹。时来天地皆同力，运去英雄不自由。千年山河轻孺子，两朝冠剑恨谯周。唯余岩下多情水，犹解年年傍驿流。"诗人对诸葛亮慨然出山辅佐刘备父子兴复汉室，终因壮志未酬而抱恨终天的个人命运作了极富穿透力的诗性诠释，意境沉郁而又苍凉。他向后人昭示，在不老的山河面前，一切的英雄壮举都是那么短暂而脆弱。对于这些出色的咏史诗，毛泽东均在阅读时有过圈画。他尤为欣赏"时来天地皆同力，运去英雄不自由"这两句诗，在读《南史·梁武帝传》时，便直接将这两句诗作为批注，以抒发他对梁武帝萧衍前振后衰的无尽感慨。

罗隐晚年成为吴越王钱镠的一名幕僚和军师。《通鉴纪事本末·钱氏据吴越》记录了罗隐的一段往事：黄巢旧部孙儒门下的将士被钱镠收留，但不久便反叛作乱，一路杀至杭州城下。起初，杭州罗城修建时，钱镠曾对僚佐说："十步一楼，可以为固矣。"而任掌书记的罗隐却似乎有先见之明地建言道："楼不若皆内向。"果然，杭州罗城在克服叛

1《毛泽东读文史古籍批语集》，中央文献出版社1993年版，第17页。

军的进攻时发挥了重要作用，那时的人们皆以罗隐的建言为神奇。毛泽东读至此，写了一句批语："昭谏亦有军谋。"[1]言下之意，罗隐不仅有文才，亦有武略，属于文武双全的难得之才。

1 《毛泽东读文史古籍批语集》，中央文献出版社1993年版，第306页。

第十二章

毛泽东评点五代十国

五代十国是唐、宋之间的一个封建分裂割据时代。其中中原有后梁、后唐、后晋、后汉、后周五个王朝的相继更替，中原以外的地区则分裂为吴、南唐、前蜀、后蜀、吴越、楚、闽、南汉、南平、北汉等十国。直到960年北宋建立，这种分裂割据的历史才基本宣告结束。

五代十国的分裂局面，肇始于唐代“安史之乱”之后的藩镇割据。各个藩镇表面上奉唐皇室为正统，但实质上自署僚属，自定法律，自征税赋，如同国中之国。这种内轻外重的政治局面破坏了中央集权制度。各地藩镇拥兵自重、独霸一方，催生了无数的野心家和阴谋家。黄巢起义虽然沉重地打击了封建割据势力，但在镇压起义过程中又诞生了以朱温、李克用等为代表的新的割据势力。唐朝灭亡之后，他们互相攻击，逐鹿中原，将中国推向一个战火纷飞、国无宁日的时代。大小军阀之间的钩心斗角和血腥征战，释放了所有的人性之恶和斗狠之智。其复杂性、戏剧性和残酷性，丝毫不亚于春秋战国时代。

作为一个短暂而特殊的乱世，五代十国历史的最大特点，用欧阳修的话来说，就是“于此之时，天下大乱，中国之祸，篡弑相寻”。五代（公元907—960年）历53年，易五姓十三君，其中君王被弑者便有上十人。在位长者不过十余年，短者甚至一两年。梁太祖朱温被其儿子朱友珪所杀，唐庄宗李存勗则死于伶人之手。两位乱世枭雄的横死，典型地反映了宫廷斗争中人命危浅、朝不保夕的血腥气氛。朝代和君王走马灯式的更替变换，诚可谓“置君犹易吏，变国若传舍”。曹雪芹在《红楼梦》中有句让人心惊胆战的话语：“昨日黄土陇头埋白骨，今宵红绡帐里卧鸳鸯。”以之比喻五代十国，最是合适不过。

与“篡弑相寻”相对应，五代十国的另一时代特点便是“礼乐崩坏”。既然杀君篡位都已司空见惯，文士武将乃至贩夫走卒的道德溃败和无所顾忌便成必然。这便是皇位争夺的无序所带来的社会示范效应。《新五代史》的主修者欧阳修曾说，五代完全是一个“君君臣臣父父子子之道乘，而宗庙朝廷人鬼皆失其序”的乱极之世。鉴于先王之礼乐文章、三纲五常之道在五代扫地而尽，欧阳修认为其间的典章制度根本不值一谈。作为北宋的文坛领袖，欧阳修对五代历史的鄙视，确乎是发自肺腑的。五代时有个官僚名冯道。他从担任晋王李克用的掌书记到辅佐后周世宗柴荣，一生“事四姓十君”，看尽了兴亡，也脱落了廉耻。他把丧君亡国视为稀松平常事，自命“长乐老”，和光同尘，愈老愈乐。契丹首领耶律德光曾经问他：“尔是何等老子？”冯道对曰：“无才无德痴顽老子。”然而，那时的士人，无论贤愚对之皆交口称赞，奉之为可资效法的“元老”。士林如此，武夫也不遑多让。军阀们视生存和发展为最大功利，大者招降纳叛以壮声色，小者改换门庭以图自保。葛从周原为黄巢部将，后来投奔了朱温；康延孝本是朱温的手下，情急之下向李存勖输诚，李存勖赐之以锦袍、玉带以固其志。欧阳修在《新五代史》辟有《死节传》，好不容易找到了王彦章、裴约和刘仁瞻等数人。这便是五代廉耻道丧的世相。

毛泽东酷爱读史，尤其重视那些波谲云诡、事态百变的争霸之世，而五代十国正是继春秋战国、三国鼎立、南北朝之后的又一个天下大乱、重新洗牌的纷争时期。为了解和熟悉这段历史，他阅读过薛居正的《旧五代史》、欧阳修的《新五代史》以及《资治通鉴》、《通鉴纪事本末》、《古文辞类纂》等史书中有关五代十国的内容。仅在读新、旧《五代史》时，他就在书中写下近四十条批语。在五代十国的众多历史人物中，他特别关注并仔细研究过的有朱温、李克用、李存勖、孟知祥、董璋、郭威、李煜、王彦章、郭崇韬、秦宗权、罗绍威、刘仁瞻等。朱温作为后梁开国君主，他是如何在强敌环伺中逐步壮大自己并登上帝位的，其中使用了何种高超的纵横之术和攻守策略，这些都引发了毛泽东的无穷兴味。在五代十国的历史事件中，他则把“后唐灭梁”作为重中之重，对李克用父子与朱温父子之间的较量过程，包括攻守转换、人才使用和外交技巧等都作了仔细的揣摩和分析。他对这一历史事件的评点深刻精警，融入了他对人情人性、战略谋划、事业起伏以及临机决断等问题的哲学思考。

一　朱温为人之狡猾过于曹操

朱温（公元852—912年），小名“阿三”，宋州砀山（今安徽砀山）人。父亲朱诚是个乡村教书先生。朱诚死后，朱温兄弟三人无以为生，遂随母亲前往萧县人刘崇家帮佣糊口。朱温壮勇有力，性格凶悍而泼赖。他不屑做工，又嗜酒好吃。有一次，他因无钱付酒钱，竟将主人刘崇家的饭锅偷去卖掉。事发后被刘崇捆绑杖责。正当朱温委身泥滓、灰头土脸之时，黄巢起义的爆发，给了这位乡间流氓咸鱼翻身的机会。

唐僖宗乾符四年（公元877年），黄巢于曹州起事，朱温与其二哥朱存不久参加起义军。朱存战死，而朱温却跟随黄巢一路攻陷京师长安，且因战功先后任东南面行营先锋使、同州防御史。是时天子幸蜀，各藩镇合兵镇压起义军。朱温数败于河中节度使王重荣。眼看情势不妙，朱温听从谋士谢瞳“黄巢起于草莽，不足以共成事”的劝告，仿效章邯背秦而归楚的故事，杀掉监军严宝而投降于王重荣。唐僖宗大喜，赐名“全忠”，并任命朱温为左金吾卫大将军、河中行营招讨副使。朱温由此掘得了其发迹路上的“第一桶金”。唐僖宗中和三年（公元883年），黄巢被迫退出关中，往东攻破蔡州，蔡州节度使秦宗权叛附于巢，遂围攻陈州。时任汴州刺史、宣武军节度使的朱温率兵解陈州之围，并会合河东节度使李克用大败黄巢军于王满渡等地。黄巢一路东窜，次年在山东狼虎谷为徐州节度使时溥的追兵所困而自杀。黄巢既灭，在镇压起义中诞生的各路军阀迅即开始混战。朱温以汴州（今河南开封）为战略根据地，全力施展其纵横捭阖的手腕，次第经略，绰有成算，逐渐殄灭或降服除李克用父子之外的各路劲敌。唐昭宗龙纪元年（公元889年），朱温擒获曾于秦州称帝的秦宗权，将其解往京师斩头并请赏，从而据有蔡州；次年，朱温与其大将丁会、葛从周、庞师古进攻河北的魏博节度使罗弘信，五战皆捷，斩杀万余人。罗弘信大惧，从此臣服于朱温而无异志；893年，他彻底打败盘踞徐州近十年的大军阀时溥。徐州城被攻破之日，时溥率其妻妾焚死；889—897年，他又逐步征服盘踞山东兖州、郓州的朱宣、朱瑾兄弟。到唐昭宗光化元年（公元898年），除河东节度使李克用之外，朱温已无其他可以与之抗衡的对手了。

唐昭宗天复元年（公元901年），宦官韩全诲与凤翔节度使李茂贞等人合谋，将昭宗李晔劫持到凤翔。朱温以勤王的名义打败李茂贞，逼使李茂贞在903年交出天子。昭宗到达兴平时，朱温亲自为之执辔，“且泣且行，行十余里，止之。人见者，咸以为忠”。昭宗感激涕零，赐朱温“回天再造竭忠守正功臣”。朱温东还时，昭宗饯别于延喜楼，并赐以杨柳枝五曲。实际上，这不过是朱温的表演和作秀而已。早已有称帝野心的他时刻都想着“挟天子以令诸侯”。当昭宗播迁之初，朱温便上表要求迁都洛阳，并嘱咐手下张全义修洛阳宫以待；朱温将昭宗解救出来后，又特意留其儿子朱友伦为护驾指挥使，昭宗完全落入朱温的掌控之中。天祐元年（公元904年），朱温将昭宗劫持到洛阳，并秘嘱朱友恭、氏叔琮等弑帝。事后又嫁祸于朱氏，杀人以灭口。

907年，朱温废掉唐哀宗李柷正式称帝，建立后梁政权，改元“开平”，改名为“朱晃”，以示其为太阳之光，将为万世开太平。称帝后的朱温与盘踞山西的李克用父子开展反复的拉锯战，但战事渐渐不利于己；朱温本是流氓出身，登基后诛戮大臣，又荒淫无度，竟与儿媳刘氏、张氏等私通取乐，以至在912年被儿子朱友珪杀害。杀父之前，朱友珪怒骂“老贼万段”，可见其怨毒之深。

毛泽东对朱温发迹特别是对他在强敌环伺中如何壮大自己、捷足先登的过程很感兴趣。他在读《旧五代史·梁书·太祖本纪》时批道："朱温处四战之地，与曹操略同，而狡猾过之。"[1]

为什么毛泽东认为朱温的狡猾超过了曹操呢？这是因为朱温在以汴州为战略基地时所面临的形势比当年的曹操更为复杂，而所采取的手段也更为多样化。曹操的老巢在许昌，周围有吕布、袁绍、袁术、刘表等对手，但当时真正与曹操有得一拼的是袁绍。官渡一战，曹操打败袁绍，基本上就统一了北方。而朱温的周围却是强敌环伺，西边有以残暴著称、据有蔡州的秦宗权，西北有沙陀部劲敌李克用，北边有魏博节度使罗弘信，东面有以徐州为基地的大军阀时溥，东北有盘踞山东兖州、郓州的朱宣、朱瑾兄弟，东南面还有以扬州为基地的杨行密等。朱温处四战之地，面对众多如狼似虎的对手，他必须采取比曹操更狡猾的手段、策略，才能脱颖而出。

朱温仔细分析了他面临的众多对手的不同特点和对自己的威胁程度。那时他刚坐镇汴州不久，兵力尚少，又多次被秦宗权所困，于是决定先联合朱宣、朱瑾兄弟干掉已经称帝的秦宗权。秦宗权为人极为残暴，其军队所至无不焚杀掳掠，"西直关内，东极青齐，南出江淮，北至卫滑，鱼烂鸟散，人烟断绝，荆榛蔽野"。情况最严重时，河南仅有汴州、陈州两地可勉强各守其城。唐僖宗光启三年（公元887年），朱温与朱宣、朱瑾三路大军大败秦宗权，秦所据州县守将皆弃城遁走。889年，秦宗权被解往京师斩头，朱温据有蔡州，打开了通往关中的通道。朱温本拜朱宣为兄，执礼甚敬，朱宣兄弟也因此才肯帮助朱温解除秦宗权之困。然而，秦宗权一死，朱温却翻脸不认人。当朱宣兄弟东归时，他却发出檄文，称朱宣兄弟多诱宣武军卒逃跑，与之东归。以此为

1《毛泽东读文史古籍批语集》，中央文献出版社1993年版，第254页。

由头，朱温发兵攻之，取其曹州、濮州，使朱宣兄弟的势力遭到重创。

最能体现朱温之狡猾的莫过于他降服以河北大名为中心的魏博节度使罗弘信、罗绍威父子。唐昭宗大顺元年（公元890年），朱温向罗弘信借道以攻击河东节度使李克用，并向罗弘信索要军需。罗弘信不得已，遣使厚币请和。朱温见好就收，“止其焚掠而归其俘，弘信由是感悦而听命焉”。正是在这段话旁边，毛泽东写下了上述“朱温狡猾过于曹操”的一段批语。那时，朱温正在东向攻打盘踞兖州、郓州的朱宣、朱瑾兄弟。远在西北的晋王李克用派遣大将李存信东援朱宣兄弟，并向罗弘信借道。朱温听说后，马上遣使对罗弘信说：“晋人志在河朔，兵还灭魏矣。”这实际上是以春秋时晋师“假道伐虢”的故事警告罗弘信。罗弘信当然不愿意做愚蠢的虞国君，对朱温的警告深以为然。罗弘信不仅不借道，反而主动在莘县攻打李存信，朱温也派大将葛从周从旁协助。梁兵擒获晋王之子落落，并将其送于魏。罗弘信将落落杀害，从此与李克用绝交。

但朱温仍恐怕罗弘信有二心，“乃以兄事弘信，常为卑辞厚币以聘魏”。每当罗弘信派使者前来，朱温必北面而拜，甚至对使者说：“六兄于我有倍年之长，吾何敢慢之。”罗弘信大喜，以为朱温对自己宽厚优待有加。朱温以后来往于燕赵之间，终拥有河北之地，全在于罗弘信不为之患。唐昭宗光化元年（公元898年），罗弘信死，其子罗绍威继位。为巩固与魏博的关系，朱温嫁女给罗绍威之子罗廷规，双方结为儿女亲家。这还不够。朱温还将罗绍威的另两个幼子廷望、廷矩“皆擢为郎”，以备非次之用。实际上也是想借此笼络罗绍威。毛泽东读到这则史实时，批了“以为任子”[1]四字。所谓“任子”，是指高官子弟借父兄而得官的制度。西汉颁有《任子令》，规定官秩在二千石以上，任职

1《毛泽东读文史古籍批语集》，中央文献出版社1993年版，第255页。

满三年，不问其子弟才德如何，都可任其子弟为官。

唐昭宗天佑二年（公元905年），朱温应罗绍威之请，答应派兵清除他手下桀骜不驯的牙兵。狡诈的朱温事先派遣李思安等攻打沧州，召兵于魏，罗绍威悉发魏兵以从，独留下牙兵在。之后，朱温派将马嗣勋入魏灭牙兵，自己则以兵继其后。不久朱温突然从内黄驰至魏都，那些跟随李思安攻打沧州的魏兵闻之皆反，魏境大乱。朱温平息事态后，欲尽夺罗绍威之地，罗绍威方才大悔不已。

当然，朱温的狡猾之处还远不止这些，以上不过是列举了两个有代表性的例子而已。曹操作为一代枭雄固然也很狡猾，也能在必要时向对手故布疑阵，妥协求和，但他作为一个有血性的真男儿，心中常有一股勃然不可磨灭之气，否则他不会向刘备说出当世英雄，"唯使君与操耳"这样露骨的话。比之曹操，朱温身上的流氓气和狡诈气更浓一些，他什么事都干得出，包括以卑词厚币笼络对手、为昭宗执辔且泣且行，等等。多样化的表演技巧充分表现了朱温不择手段追求功利的流氓本质。他能狂妄到极点，但也能低到尘埃里，唯有这样的变色龙才能在群雄纷争中胜出。所以毛泽东讲朱温的狡猾过于曹操，是完全合乎实际的。

朱温一生狡诈成性，恶贯满盈，最后死于非命，亦是应得的报应。但薛居正的《旧五代史》却未能道及朱友珪弑父的过程，而仅写下"友珪葬太祖于伊阙县，号宣陵"。毛泽东读至此，深有感触地写道："不书死而书葬，盖阙文也。"[1]毛泽东认为，表面看来，薛居正是出于史家的慎重而存疑，不书以待知音，实际上却是曲意回护之笔，以掩盖朱友珪弑父和朱温横死的事实。欧阳修所撰《新五代史》，毛泽东也是通读过的。《新五代史》不仅在体例、文笔上较《旧五代史》有突破，而且澄清和更正了薛居正的诸多回护之笔，如在涉及朱温之死时写道："六月，疾

1《毛泽东读文史古籍批语集》，中央文献出版社1993年版，第256页。

革，郢王友珪反。戊寅，皇帝崩。”虽然不是写得非常直接，但“反”、“崩”等字眼，彰显了朱友珪以下谋上、朱温不得善终的事实。

二 李克用立马起沙陀

1964年12月29日，毛泽东给秘书田家英写了如下一封信：

田家英同志：

近读五代史后唐庄宗传三垂冈战役，记起了年轻时曾读过一首咏史诗，忘记了是何代何人所作。请你查一查，告我为盼！

毛泽东

十二月二十九日

《三垂冈》诗一首

英雄立马起沙陀，奈此朱梁跋扈何。
只手难扶唐社稷，连城犹拥晋山河。
风云帐下奇儿在，鼓角灯前老泪多。
萧瑟三垂冈下路，至今人唱《百年歌》。

抄录了这首诗之后，毛泽东还加了一句：“诗歌颂李克用父子。”[1]田家英很快查明，《三垂冈》一诗，系清代诗人严遂成（字海

1 董边、镡德山、曾自：《毛泽东和他的秘书田家英》，中央文献出版社1989年版，第113页。

珊）所写。严遂成为江苏宜兴人，乾隆进士，在清代自称“咏史诗第一”。袁枚的《随园诗话》卷二便收录了《三垂冈》这首诗。该诗风格沉雄悲壮，刻画了李克用、李存勖父子前赴后继、转弱为强、气盖万夫的英雄风貌。这对父子崛起于唐末乱世，经过两代人的努力终于推翻朱温的后梁政权，建立后唐王朝，上演了一出荡气回肠的沙场争霸战。所以，毛泽东在年轻时便熟读《三垂冈》一诗，直到晚年还印象深刻。

李克用（公元856—908年），唐沙陀部将领，本姓“朱邪”，盖出于西突厥。因一目失明，俗称“独眼龙”。唐懿宗咸通年间，李克用之父朱邪赤心跟随唐神策大将军康承训讨伐庞勋起义，因功拜单于大都护、振武军节度使，赐姓名为“李国昌”。李克用从小善骑射，能仰中双凫，军中号曰“李鸦儿”。十多岁跟随父亲征战庞勋，拜云中守捉使。唐僖宗咸通四年（公元876年），李克用杀掉山西大同军防御使段文楚，占据云州。唐朝廷派兵征讨李克用，几经反复，李克用与父亲在兵溃之后于唐僖宗广明元年（公元880年）亡入达靼。

李克用在达靼寄人篱下，郁郁不得志，又常恐达靼图己，于是“时时从其群豪射猎，或挂针于木，或立马鞭，百步射之辄中，群豪皆服以为神”。日月迈矣，一身英雄气的李克用困居沙漠瀚海，功名无着，本领无从施展，只能苦苦等待命运的转机。也是英雄终有用武之地，黄巢攻破长安，中原鼎沸。唐僖宗中和二年（公元882年），李克用应召以步骑一万七千余人赴京师助剿。沙陀兵骁勇善战，先败黄巢将领黄邺于石隄谷，再败黄巢将领赵璋、尚让于良田坡，横尸三十里。其时，诸藩镇兵皆会于长安，大战渭桥，黄巢军收缩入城，“克用乘胜追之，自光泰门先入，战望春宫升阳殿，巢败，南走出蓝田关。京师平，克用功第一”。李克用在收复京师中立下头功，唐僖宗优诏褒奖，拜李克用检校司空、同中书门下平章事、河东节度使，后又被封为“晋王”。

李克用宏图初展，位列使相，从此据有了以山西太原为中心的战略要地。中和三年（公元883年）黄巢被迫退出长安后且走且战，李克用一路追击，大败黄巢军于太康、西华、中牟、封丘等地，甚至一日夜驰二百里，至山东的冤朐。次年，李克用还师过汴州，朱温设宴款待。宴饮中李克用出言不逊，激怒了朱温。朱温趁夜火烧上原驿馆，烂醉如泥的李克用被部下用冷水浇醒，趁雷雨电光侥幸逃脱归太原。但手下三百多名亲兵全被朱温杀害。“上原驿之变”让李克用与朱温结下深仇大恨。当时朱温正以秦宗权为主要对手，遂卑词厚币向李克用谢罪以免争端，而李克用应朝廷之请也决定先行讨伐朱玫、李昌符两位野心勃勃的节度使。双方的矛盾才暂时得以缓解。但从唐昭宗大顺元年（公元890年）朱温勾结当朝宰相张濬讨伐李克用开始，双方兵戎相见，针锋相对，在潞州、刑州、洺州、磁州等地展开反复的拉锯战，互有胜负，但总体上朱温占据上风。

朱温虽是市井之徒，但黠慧多智，长于军事谋划，且善于用人。与朱温相比，李克用在政治眼光上要高出一筹，他总是以唐室的忠臣自居，将勤王平叛的大旗紧紧抓在手里，但其缺点是心浮气躁，易于冲动，特别是识人用人乏术。他错杀英勇善战的义子李存孝，又重用反复无常的李罕之、刘仁恭等人。识人用人上的失误让李克用付出了惨重的代价。897年，据守幽州的刘仁恭叛晋，李克用出兵五万人平叛，大败于安塞；898年，原诸葛爽部下李罕之据潞州（今山西长治）叛附于朱温，太原门户洞开。防不胜防的叛变让李克用追悔莫及。唐昭宗天复元年（公元901年），刚被封为梁王的朱温又接连攻下绛州、河中等地，一向气壮山河的李克用竟然一反常态，“乃下意为书币聘梁以求和”。

但朱温不依不饶，他借口“晋虽请盟，而书辞慢”，发兵大举攻晋。901年4月，朱温派大将氏叔琮、张文恭、葛从周、张归厚、王处直、侯言等从太行路、新口、土门、马岭、飞狐等各个方向讨伐李克用。而李克用的手下偏将李审建等人见敌人来势汹汹，亦纷纷举城投降。但李克用多年征战沙场，意志顽强，即便在大军压顶之时也不甘心失败。而当时老天也帮了他，“时霖雨积旬，汴军屯聚既众，刍粮不给，复多痢疾，师人多死”。凭借顽强的斗志，李克用审时度势，指派大将李嗣昭、李嗣源每夜率骁骑突营掩杀，敌众恐惧。到5月，氏叔琮等为首的汴军皆退，周德威、李嗣昭“以精骑五千蹑之，杀戮万计”。

毛泽东在读新、旧《五代史》时，仔细了解和分析了李克用征战的过程，既对他用人方面的失误深表惋惜，也对他英勇善战特别是在陷入事业低谷时的顽强斗志表示由衷的钦佩。他在《旧五代史·唐书·武皇本纪》中批道：“沙陀最危急之秋，亦即转守为攻之会。世态每每如此，不可不察也。”[1]毛泽东深谙政治军事斗争和人生奋斗中的辩证法，认为其中潜藏着祸福相依、攻守易人的宇宙通则。人生事业跌到谷底，悲观者选择放弃，而乐观者则坚守最后五分钟，以期待反弹和转机。相反，人生事业即将达到顶峰，智慧者便持盈守泰，而愚蠢者则得意忘形。在毛泽东看来，李克用的可贵之处，便是以顽强的意志挨过黎明前的黑暗，置之死地而后生。正是他的坚守和乐观，才为他的爱子李存勗准备了一份复兴的基业。李存勗继承乃父之志，踵事增华，继长继高，从908年起与后梁征战15年，终于得以殄灭朱梁，成为后唐的开国之君。

三　生子当如李亚子

后唐庄宗李存勗（公元886—926年），小字“亚子”，李克用的长子。有一次，李克用被昭义节度使孟方立败于刑州，还军潞州（今山西

1《毛泽东读文史古籍批语集》，中央文献出版社1993年版，第257页。

长治）时，置酒三垂冈。伶人演唱西晋陆机的组诗（百年歌），至于衰老之际，声甚悲壮，满座皆凄怆。时李存勗方才五岁，李克用慨然捋须，指存勗而笑曰："吾行老矣，此奇儿也，后二十年，其能代我战于此乎！"李存勗十一岁时，随父破邠州节度使王行瑜，献捷于京师。唐昭宗李晔见其壮貌非常，赐之以翡翠盘等物，并抚其背说："此儿有奇表，后当富贵，无忘予家。"李存勗长大后善骑射，胆勇过人，并稍习《春秋》，通大义，尤喜音声歌舞俳优之戏。

李存勗不仅胆勇过人，而且胸富韬略，此点为乃父李克用所不及。906年，朱温攻打沧州，燕王刘仁恭乞师于李克用。李克用痛恨刘仁恭反复无常，拒绝施以援手。李存勗进谏曰："此吾复振之时也。今天下之势，归梁者十七八，强如赵、魏、中山，莫不听命。是自河以北，无为梁患者，其所惮者惟我与仁恭耳。若燕、晋合势，非梁之福也。夫为天下者不顾小怨，且彼常困我而我急其难，可因以德而怀之，是谓一举而两得，此不可失之机也。"李克用以为然，乃出兵助燕攻破潞州。梁困既解，李克用以李嗣昭为潞州留后，得到了一块战略要地。

908年，李克用生毒疮病死，李存勗即晋王位于太原，仍沿用唐天祐年号，不久便发起为毛泽东所激赏的三垂冈战役。事前，李存勗叔父李克宁谋反，得亲信史敬镕密报后，李存勗处死了李克宁，稳定了后方，并迅速将先王之丧、叔父之难告知在潞州前线解围的将领周德威，周德威从驻地乱柳还军太原。此时朱温围困潞州的军队在城外筑有碉堡、栅栏，内困守城晋兵，外防援军救援，谓之"夹寨"。周德威引兵去，朱温认为潞州可必得，于是回归汴京，而围困潞州的梁军也意志松懈。不料居丧的李存勗多谋善断，化悲痛为力量，他对诸将说："梁人幸我大丧，谓我少而新立，无能为也，宜乘其怠击之。"李存勗亲自带兵趋潞州，行至先王置酒处的三垂冈埋伏下来。第二天清晨，大雾昼暝，兵行雾中，突然攻击梁军夹寨，而城内守军李嗣昭部也冲杀出来。

此时梁兵尚在睡觉，突遇内外夹击，仓促应战而不知所措。众兵在惊慌中夺路逃命，后梁大将符道昭战死，将士损失以万计，丢弃的粮草、辎重不计其数。梁祖朱温闻三垂冈之败，惊叹道：“生子当如李亚子，克用为不亡矣。至于吾儿，豚犬耳！”

李存勗初战大胜，凯旋告庙，极大地提振了晋师殄灭朱温的信心。毛泽东对《旧五代史》有关三垂冈战役的诸多文字都做了圈画，并将李存勗的战术总结为“先退后进”[1]。先退是为了麻痹敌人，使之丧失警惕；后进是出其不意，使敌人在措手不及中遭到重创。这种“先退后进”的战术，毛泽东在军事斗争中也经常使用过，讲究的是乘敌不备，后发制人。有这样的沙场经验，再分析李存勗对三垂冈战役的布局，毛泽东当有一种异代相通、悠然心会的感慨。

挟三垂冈大胜之余威，李存勗开始了全面的战略大反攻。天祐六年（公元909年），周德威攻晋州，败梁军于蒙阬。天祐八年（公元911年），李存勗大败梁军于柏乡，斩首两万级，获其将校三百人，马三千匹。912年朱温死后，继位的末帝朱友贞昏庸无能，李存勗更是加快了战略反攻的步伐。913年，长期盘踞幽州的刘守光请降，旋又反复，次年李存勗攻破幽州，杀刘守光于太原。之后晋军深入后梁内地，先生攻取德州、澶州、卫州、磁州、洺州、邢州、相州、沧州等地。在强大的攻势面前，后梁的河中节度使朱友谦、魏博节度使贺德伦等纷纷叛梁来附。917年至920年，李存勗与后梁大将王彦章、贺瑰、王瓒等厮杀于杨刘、胡柳陂、德胜等地。特别是918年的胡柳陂（在今山东鄄城）之战，再次显示了李存勗杰出的军事才能。

918年12月，李存勗驻扎胡柳陂，随后梁军亦至，横亘数十里。当时李存勗与李存审总河东、魏博之众居其中，周德威以幽、蓟之师当其

1《毛泽东读文史古籍批语集》，中央文献出版社1993年版，第258页。

西，镇、定之师当其东。两军相接，晋师初不利，西边拥有大量辎重的幽、蓟之师望见梁军旗帜皆惊慌而走，且自相践踏，不能禁止。大将周德威战死。当时，陂中有土山，梁军数万人先据之。李存勗帅中军至山下，梁军严整不动，旗帜甚盛。李存勗向诸将说道："今日之战，得山者胜，贼已据山，吾与尔等各驰一骑以夺之！"存勗率军先登，银枪步兵继进，遂夺其山。梁军纷纭而下，复于土山西边结陈数里。李嗣源领骑兵从土山北迂回以逼梁军，银枪大将王建及呼士众道："今日所失辎重，并在山下。"于是大呼以奋击，诸军跟进，大败梁军。毛泽东在《旧五代史》中看了战役的全过程后写道："胡柳陂正面突破不成，乃从东向南打大迂回，乘虚而入，卒以成功。"[1]

对于胡柳陂之战，《通鉴纪事本末》一书记载得更为生动详细，毛泽东也读得更加津津有味。书中说李存勗占领陂中土山后，梁军将领贺瓌列陈于山之西，"晋兵望之有惧色。诸将以为诸军未尽集，不若敛兵还营，诘朝复战"。毛泽东很不满这种态度，在这段话旁边画了一串叉叉。在决策会上，天平节度使阎宝说："王彦章骑兵已入濮阳，山下惟步卒，向晚皆有归志。我乘高趋下击之，破之必矣。今王深入敌境，偏师不利；若复引退，必为所乘。诸军未集者，闻梁再克，必不战自溃。凡决胜料敌，惟观情势，情势已得，断在不疑。王之成败，在此一战。若不决力取胜，纵收余众北归，河朔非王有也。"银枪大将王建及深以为然，他擐甲横槊而说道："贼大将已遁，王之骑军一无所失。今击此疲乏之众，如拉朽耳。王但登山，观臣为王破贼。"李存勗愕然曰："非公等言，吾几误计。"毛泽东非常赞赏阎宝、王建及等人的分析以及李存勗择善而从的态度，对上述几段引文均字字作了旁圈，并写下

1《毛泽东读文史古籍批语集》，中央文献出版社1993年版，第259页。

“此战必不可少”[1]的批语。言下之意，李存勗偏师深入，如逆水行舟，不进则退，稍有迟缓就可能前功尽弃。此役，李存勗消灭梁军近三万人，在后梁腹地站稳了脚跟。

923年4月，李存勗在魏州（河北大名）正式称帝，国号后唐，改元“同光”。李存勗的称帝，标志着后唐与后梁战略决战的帷幕随之拉开。正当李存勗屯兵朝城之时，后梁右路军先锋指挥使康延孝带百余骑兵前来投降。李存勗以所御锦袍、玉带赐之，并授康延孝南面招讨都指挥使、博州刺史。他私下会晤康延孝，问后梁虚实，康延孝说：“梁朝地不为狭，兵不为少，然迹其行事，终必败亡。”其理由是，梁末帝朱友贞暗懦无能，当权的赵岩及张汉鼎、张汉杰兄弟唯知纳贿卖官。大将段凝“智能俱无”，而又位居王彦章、霍彦威之上，“专率行伍以奉权贵”。康延孝还透露后梁兵分数路、拟在十日内大举攻后唐的计划，其中董璋引兵自石会关趋太原，霍彦威引兵寇掠镇、定，王彦章、张汉杰以禁军攻郓州，段凝、杜晏球以大军挡李存勗。康延孝的结论是：“臣窃观梁兵聚则不少，分则不多，愿陛下养勇蓄力，以待其分兵。帅精骑五千自郓州直抵大梁，擒其伪主，旬月之间，天下定矣。”李存勗听后大悦。毛泽东在读《通鉴纪事本末》时，对康延孝的话逐字加了旁圈，以示重视和认同。

那时郓州刚被李嗣源拿下不久，是南下攻取大梁的前哨阵地。不过，揆诸当时的形势，后唐亦有某些后顾之忧，一是后梁意欲大举，数道入寇；二是传闻契丹“俟草枯冰合，深入为寇”；三是李继韬以潞州叛降后梁后，太原已失东南屏障；四是军需困难，“仓廪之积，不支半岁”。在此情况下，李存勗有些不放心，但又不愿意撤兵，于是召集会议以商讨对策。宣徽使李绍宏等皆认为：“郓州城门之外，皆为寇境，孤远难守，有之不如无之，请以易卫州及黎阳于梁，与之约和，以河为境，休

1《毛泽东读文史古籍批语集》，中央文献出版社1993年版，第307页。

兵息民，俟财力稍集，更图后举。”毛泽东很不满意李绍宏等人顾虑重重、临阵退缩的主张，在其言论旁边画了一串叉叉，并批道：“已成摧枯之势，犹献退兵之谋，世局往往有如此者。此时审机独断，往往成功。”[1]

李存勖见李绍宏等人献退兵议和之策，大为不悦地说：“如此，吾无葬地矣。”会后，他独召大将郭崇韬问计。郭崇韬激动地说：“陛下不栉沐，不解甲，十五余年，其志欲以雪家国之仇耻也。今日正尊号，河北士庶日望升平。始得郓州尺寸之地，不能守而弃之，安能尽有中原乎？臣恐将大解体，将来食尽众散，虽画河为境，谁为陛下守之？”郭崇韬强调，成败之机，决在今岁，况且后梁统帅段凝本非将才，不能临机决策，无足为畏。他建议：“陛下若留兵守魏，固保杨刘，自以精兵与郓州合势，长驱入汴，彼城中既空虚，必望风自溃，苟伪主授首，则诸将自降矣。”毛泽东读至此批道：“仍康延孝之意。”[2]意思是郭崇韬的意见与康延孝并无二致，只是说得更直接、更急迫而已。

李存勖听了郭崇韬的分析后，高兴之余慷慨陈词：“此正合朕志，丈夫得则为王，失则为虏，吾行决矣。”王彦章攻郓州，李嗣源大败之于递坊镇。捷报传至朝城，李存勖更为振奋，对郭崇韬说：“郓州告捷，足壮吾气。”为表示其破釜沉舟之心，他将夫人刘氏、皇长子李继岌遣归后方，与之诀曰：“事之成败，在此一决。若其不济，当聚吾家于魏宫而焚之。”看了李存勖的诀别辞，毛泽东动情地写道：“生子当如李亚子。”[3]923年10月，李存勖以李嗣源为先锋，从杨刘渡过黄河直取汴梁，他自己亲率大兵以继其后。李嗣源所向披靡，生擒王彦章等梁将多人，后梁末帝朱友贞走投无路之际，令侍卫杀死自己。段凝在前线闻京师失守，斗志全无，令全军解甲投降。经过与后梁十五年的反复较

1《毛泽东读文史古籍批语集》，中央文献出版社1993年版，第309页。

2《毛泽东读文史古籍批语集》，中央文献出版社1993年版，第309页。

3《毛泽东读文史古籍批语集》，中央文献出版社1993年版，第310页。

量和争夺，李存勗终于灭梁，报了父亲的一箭之仇。

李存勗不愧是五代时一位杰出的军事家，三垂冈战役、杨柳陂战役特别是最后的郓州决战，都可作为战争史的著名战例而启示后人。明末史学家张溥在《通鉴纪事本末·后唐灭梁》的篇末评点中，盛赞“晋王志气远大”，在登上帝位后立即挥师南下，殄灭后梁，诚可谓“兵败而复胜，师正而出奇，询谋良将，决断胸中，履险若夷，及锋既用”。毛泽东对张溥的上述评论都逐字加了旁圈。但毛泽东显然不满足于前人的评论，在了解“后唐灭梁”的决策过程之后，他总结道：“康延孝之谋，李存勗之断，郭崇韬之助，此三人者，可谓识时务之俊杰。”[1]在毛泽东心目中，李存勗是一位器识远大、有战略眼光的乱世英雄，善于在关键时刻询谋良将，审机独断。此种能力，是担负大任者所不可缺少的。从李存勗身上，毛泽东越发体会到决策和用人的极端重要性。

四　李从珂亡国是必然的

李从珂（公元885—936年），镇州平山人，本姓王，小名“阿三”，出身微贱，父死后与母亲魏氏相依为命。十余岁被过境的后唐明宗李嗣源收为养子。成年后“状貌雄伟，谨信寡言，而骁勇善战，明宗甚爱之”。他在后唐与后梁的战争中屡立战功，后唐庄宗李存勗曾呼其小名说：“阿三不徒与我同年，其敢战亦类我。”

926年，李嗣源即皇帝位，李从珂被任命为河中节度使，封潞王。那时李嗣源年事已高，诸子中以李从珂年龄最长。但他是养子，又不好

1《毛泽东读文史古籍批语集》，中央文献出版社1993年版，第308页。

驾驭，枢密使安重诲竟然矫诏派人除掉他，以免后患。幸赖明宗呵护，李从珂才逃过一劫。明宗不识字，一切政事委诸安重诲。而安重诲恃功矜宠，威福自出，以至于置君臣礼数于不顾。明宗一怒之下以谋反罪名将安重诲杀害。之后，明宗拜李从珂为左卫大将军、西京留守。长兴三年（公元932年）又被任命为凤翔节度使。934年明宗驾崩，宋王也就是明宗的第五子李从厚继位，是为闵帝。当时用事大臣朱弘昭、冯赟不降制书而宣授，将李从珂徙为北京留守。这引起了李从珂的极大不满，于是据凤翔城而造反。愍帝派大将王思同会同诸镇兵进讨，大败后诸镇兵皆溃。闵帝出居卫州，不久被害。

清泰元年（公元934年），李从珂在冯道、韩昭胤、刘延朗等人的劝进和拥戴下即皇帝位，成为后唐的最后一个皇帝。清泰三年，河东节度使石敬瑭在契丹王耶律德光的支持下起兵造反。李从珂派建雄军节度使张敬达等进讨，但战事不利，安审信、安重荣、张万迪等大将纷纷倒戈，张敬达被杀。石敬瑭在契丹兵的护送下前往京师，李从珂走投无路之际自焚而死，终年51岁。

李从珂非凡庸之辈，何以登上帝位仅三个年头便祸及败亡，成了后唐的亡国之君呢？对此，后世很多名人都有自己的看法。清代姚鼐的《古文辞类纂》论辩类收有欧阳修的《为君难论》。欧阳修认为，李从珂亡国，是因为他专听当时枢密直学士薛文遇的意见，以为石敬瑭镇守太原，地近契丹，恃兵跋扈，是国家的最大隐患，因此同意将石敬瑭徙于郓州，这才激发了石敬瑭的造反。从制书发出到石敬瑭反书至，前后仅六天。李从珂后悔不已，恨不得将薛文遇碎尸万段。但一切都晚了，谁让他举朝之士谏之而不听，而专信薛文遇一人呢？

毛泽东在《古文辞类纂》中读到欧阳修的上述观点时，大不以为然。他写道：“不徙石敬瑭，没有薛文遇，照样亡国，不过时间先后耳。”[1]在毛泽东看来，李从珂听从薛文遇的意见而引发石敬瑭的造反，只是一个加速其灭亡的导火索而已，即便没有将石敬瑭从太原徙居郓州之举，李从珂也不能避免覆灭的命运。

熟读新、旧《五代史》的毛泽东，对李从珂、石敬瑭的为人及其相互关系相当了解。李从珂是李嗣源的养子，血统不正成了他的一个软肋。他被安重诲、李从厚等猜疑后铤而走险，发动兵变登上帝位。侥幸成功后，李从珂更加疑心重重，他杀害康义诚、乐彦稠等将领，又罢免李愚、刘煦等文臣便是明证。对于资历深厚、手握重兵而又靠近契丹的石敬瑭，他更是视为心腹大患，相互之间的矛盾不可能化解。

石敬瑭是李嗣源的女婿，又长期跟随李存勗、李嗣源作战，在后唐灭梁中立下汗马功劳。他为人沉默寡言，但颇有心机。天成元年（公元926年），赵在礼叛于魏州，李嗣源奉庄宗之命募兵进剿，至魏而发生兵变。李嗣源初欲自归于天子，以表明自己并无反意。石敬瑭献计说：“岂有军变于外，上将独无事者乎？且犹豫者兵家大忌，不如速行。愿得骑兵三百先攻汴州。”庄宗李存勗此时众叛亲离，被伶人用乱箭射死。在石敬瑭的支持下，李嗣源得以登上帝位，感激之余，授石敬瑭“竭忠建策兴复功臣”，兼六军诸卫副使。从此事可以看出，石敬瑭是一个在关键时刻敢作敢为、胆气过人的人物。

李从珂在凤翔造反，闵帝李从厚出居卫州，石敬瑭将闵帝随从百余人杀害，并将闵帝幽闭于卫州，然后扬长而去。试想，石敬瑭连李嗣源的亲生儿子都不放在眼里，怎么会忠诚于靠兵变即位且又是养子的李从珂呢？石敬瑭起兵时，发表檄文论李从珂不当立，请立许王李从益为明宗嗣。其言外之意是，养子都可以做皇帝，我作为明宗的女婿不是更有资格做皇帝吗？身处“篡弑相寻”的时代，石敬瑭完全信奉“兵强马壮

1《毛泽东读文史古籍批语集》，中央文献出版社1993年版，第95页。

者称王”的原则，没有任何伦常观念可以约束他的野心。就是李从珂不徙他于郓州，他也可以找其他理由起兵造反。毛泽东相信，像石敬瑭这样拥兵自重、野心勃勃的人，即便没有契丹之助，亦必自立，因为其志向便是做皇帝。故此，李从珂的亡国是必然的，只是时间先后而已。

五 石重贵中计成俘虏

石重贵（公元914—974年），后晋的亡国之君。942年石敬瑭崩，其六子中五个早夭，而石重睿又年幼，侄儿石重贵被立为继嗣，是为后晋出帝。重贵“少而谨厚，善骑射”，石敬瑭派博士王震教以《礼记》，但很久不能通大义，石重贵对王震说：“此非我家事也。”初为太原尹、北京留守，后拜开封尹，封郑王。

石敬瑭是典型的“儿皇帝”。公元936年，他勾结契丹贵族灭后唐，并受契丹册封为帝，国号晋。他割燕云十六州予契丹，年献帛三十万匹，称契丹主为“父皇帝”。对这位傀儡皇帝，毛泽东很是鄙视。1919年7月4日，他在《湘江评论》上发表的《来因共和国是丑国》中写道：“金人立了刘豫，契丹立了石敬塘（瑭），我们中国也曾有几个这样的国呢。”[1]但与石敬瑭卑躬屈膝以事契丹不同，继位后的石重贵却试图摆脱契丹的控制，他与契丹兵戎相见，毫不示弱，以致契丹一度疲惫厌兵。开运初年，后晋与契丹绝盟，不再遣使奉表称臣，唯数以书招赵延寿南归。赵延寿是河北常山（今河北正定）人，本姓刘，系赵德钧的养子。后唐时娶明宗李嗣源的女儿兴天公主。长兴三年（公元

1《毛泽东早期文稿》，湖南出版社1990年版，第314页。

932年），以枢密使加同平章事，出为宣武、忠武两镇节度使。后晋天福元年（公元936年）石敬瑭起兵太原，赵延寿奉后唐废帝李从珂之命进军团柏谷，不久为契丹所俘。赵延寿姿貌妍柔，幼习武略，尤精通诗赋。耶律德光爱其文学，遂拜其为幽州节度使，寻为枢密使兼政事令。赵延寿尝在北庭赋《塞上诗》，所写大漠风光、思乡情愫，皆感人肺腑，“南人闻者，往往传之”。

945年，契丹再次伐后晋。石重贵遣赵延寿族人赵行实以书相招，殊不知赵延寿见晋衰而天下乱，早有入主中土之意。而耶律德光亦许诺灭晋后将赵延寿立为中原之主。赵延寿得到晋书，伪装以好辞答之，声言自己久困虏营，思乡心切，相约后晋发兵以为接应。而契丹将领高牟翰也诈以瀛州降晋。后晋君臣皆喜，失去了戒备之心。开运三年（公元946年），石重贵遣杜重威、李守贞、张彦泽等出兵，以接应赵延寿。耶律德光唯恐晋兵坚壁不出，闻杜重威等出兵，正中下怀，于是入寇镇州，与杜重威等夹水而军。耶律德光又分兵西出晋军之后，断绝其粮草归路。杜重威陷入重围，进退两难，于是举军降于契丹。之后，耶律德光派兵直取京师，石重贵与太后拟降表，自陈过咎。石重贵这才知道上了赵延寿的大当，但为时已晚。

惊恐中的石重贵冷汗涔涔，不知如何自处，耶律德光安慰他说：“孙儿但勿忧，管取一啖饭处。”在契丹兵的挟持下，降为“负义侯”的石重贵和妻女一路北上，饱尝播迁之苦，最后落脚于建州（今辽宁朝阳境内），得田五十余顷，耕作自奉。974年，石重贵在忧愤中死去。与其命运类似的，后来有北宋的徽、钦二帝。

毛泽东在读《新五代史·四夷附录》时，对石重贵上当受骗的过程颇为关注，圈画之余批了几个字：“注意此等事。”[1]在毛泽东看来，

1《毛泽东读文史古籍批语集》，中央文献出版社1993年版，第273页。

石重贵是被赵延寿的表面功夫所迷惑，以为他久困胡尘，天天以泪洗面，年年盼望王师，如将其招回正可从他口中探听契丹虚实，却不料赵延寿与契丹上演一出双簧戏，正要把自己推向国破家亡的深渊。毛泽东的批注，显然带有吸取这种惨痛教训的意味。

六　郭威嫁祸于郭允明

后周太祖郭威（公元904—954年），刑州尧山（今河北隆尧）人，为人负气好斗，嗜酒使气，好读《阃外春秋》，略知兵法。初为李继韬麾下勇将，后隶后汉高祖刘知远，任枢密副使。后汉乾祐元年（公元948年），刘知远病危，郭威与史弘肇作为顾命大臣，受托辅佐继位的隐帝刘承祐（公元930—950年）。

隐帝刘承祐即位后，郭威拜枢密使。当时河中节度使李守贞、永兴节度使赵思绾、凤翔节度使王景崇相继造反，隐帝派白文珂等将领分路讨之，久而无功，最后只好烦请郭威。郭威采取围而不打、拖延待时的战术，直到叛军粮草断绝，斗志殆尽，才四面进攻，毕其功于一役。战后隐帝赐之以玉带和官爵，郭威坚辞，请隐帝遍赏将领和宗室，借此收买人心。乾祐三年（公元950年），郭威征伐契丹还师，拜邺都留守、天雄军节度使，仍领枢密使衔。宰相苏逢吉以无有节度使兼枢密使的先例，与史弘肇争论不休。隐帝无奈，以史弘肇所持为是。

隐帝刘承祐见史弘肇、郭威等人权倾朝野，尾大不掉，内心惶恐不安。他与舅父李业密谋，先杀掉史弘肇，又诏侍卫马军指挥使郭崇杀郭威于魏。事泄，郭威与枢密使院吏魏仁浦策划于卧内，以留守印伪造诏书，称隐帝诏郭威诛灭诸将校。将校闻之皆愤然，纷纷劝说郭威起兵自卫。郭威一路南犯，隐帝派慕容彦超与之战于汴京城外刘子陂。彦超失败后奔于兖州，隐帝仓促之际带苏逢吉、聂文进和茶酒使郭允明向西北逃窜。

《新五代史》关于隐帝之死的说法是："郭允明反，弑隐帝于赵村。"毛泽东对此大不以为然，他批道："所谓允明反弑，明是诬词。"[1]他的理由是，郭允明自幼为刘知远厮养，后侍奉刘知远、刘承祐父子多年，甚得父子二人欢心。隐帝即位，两人尤见亲狎。隐帝杀史弘肇等，郭允明与李业协同构变，因此郭允明对隐帝是忠心耿耿的，绝无弑帝之可能。再者，毛泽东熟读《资治通鉴》，他马上想到了其中关于隐帝之死的《考异》："刘恕曰：'允明，帝所亲信，何由弑逆？盖郭威兵杀帝，事成之后讳之，因允明自杀，归罪耳。'"这就是说，郭威才是杀害隐帝刘承祐的真正元凶。所谓允明弑帝，明显是郭威嫁祸于人。

毛泽东对郭威造反的过程十分关注。《新五代史·郭威传》说隐帝下诏派人诛杀郭威，激起了郭威的反抗。毛泽东马上想到了《旧五代史》，提笔批了四个字："旧史无此。"[2]看来，毛泽东觉得《新五代史》的记载颇为突兀，因此心存疑惑。郭威这个人，做皇帝期间不乏作为，但夺权时确有诡作虚伪的诸多表现。他攻破汴京后，为稳住局面，假意迎立宗室刘赟为嗣，但却授意王峻在途中将刘赟杀害。他自己则北上伐契丹。驻军澶州时，忽然"诸军将士大噪趋驿，如墙而进，帝闭门拒之。军士登墙越屋而入，请帝为天子。乱军山积，登阶匝陛，扶抱拥迫，或有裂黄旗以被帝体，以代赭袍，山呼震地"。这场黄袍加身的闹剧，八九成是郭威自己导演的。随之他返回京师，做了一阵短暂的"监国"后才正式称帝。因此，北宋开国皇帝赵匡胤的黄袍加身并非首创，

1《毛泽东读文史古籍批语集》，中央文献出版社1993年版，第268页。

2《毛泽东读文史古籍批语集》，中央文献出版社1993年版，第268页。

正是从郭威那里学来的。毛泽东认为，郭威夺权，用了许多不光彩的手段，《新五代史》为之讳饰，足见“史官文化”的不可尽信。有感于此，毛泽东才会有“三皇五帝神圣事，骗了无涯过客”的史识。

七 孟知祥智胜董璋

毛泽东不仅关注五代帝王们的沉浮兴废，对十国中的后蜀、南唐等国一些帝王的事迹也颇为留意。他在读《新五代史》等史籍时，对孟知祥据有天府之国并成就其帝王梦的过程兴趣盎然，并就孟知祥与董璋二人在四川的斗法发表了自己的看法。

孟知祥（公元874—934年），字保胤，邢州龙冈（今河北邢台）人。其叔父孟迁在唐末动荡中据有邢、洺、磁三州。为晋所虏后，孟迁受李克用之命驻守泽州（今山西晋城）和潞州（今山西长治）。梁兵攻晋，孟迁以泽、潞出降。其父孟道终生事晋，名位不显。知祥少有勇力，晋王李克用爱之，并将弟弟李克让的女儿琼华公主嫁给他。923年庄宗李存勗称帝，拜孟知祥太原尹、北京留守。郭崇韬平定前蜀，孟知祥因是唐室“亲贤”，李存勗任命他为成都尹、剑南西川节度副大使，将西川这块膏腴之地相付相托。926年，李存勗死，明宗李嗣源继位，孟知祥在成都训练甲兵、阴有王蜀之志。

董璋（？—932年），家世不祥。初为朱温将领，后归附后唐，任邠州留后。同光三年（公元925年）跟随郭崇韬伐蜀，任行营右厢马步军都虞侯，军事大小，皆与参决。蜀平，任剑南东川节度使。和孟知祥一样，庄宗李存勗死后，董璋亦有割据称王的念头。

时宰相安重诲用事，初以为董璋忠义，而孟知祥阴险，故优宠董璋以牵制孟知祥，却不料此举助长了董璋的骄横。天成四年（公元929年），明宗李嗣源拟在南郊祀天，诏孟知祥和董璋各献贡助一百万缗和五十万缗，孟知祥答应出五十万缗，而董璋则以东川地狭民贫为由，只答应出十万缗。二人的讨价还价越发让安重诲觉得他们有异志，故接连派出节度使、刺史和监军以分割其权力。孟知祥与董璋本来素不来往，见朝廷对他们不放心，反意更加坚决，且相互联姻以共同抗衡外来势力的渗透和控制。长兴元年（公元930年），董璋攻破阆州，而孟知祥也攻占遂州。朝廷派石敬瑭等带兵进剿，因蜀地险峻，军需转输为难，结果无功而返。安重诲因处置失当，被明宗下令处死。

明宗与孟知祥为姻亲，所以对其行为能忍则忍。孟知祥造反后，其在京师的亲属未受到伤害，但董璋的儿子董光及其他亲属却被族灭。孟知祥见安重诲伏诛，而自己在京师的亲属又得以保全，反复权衡之下拟邀董璋共同向朝廷谢罪。董璋说："唐不杀孟公家族，于西川恩厚矣。我子孙何在？何谢之有！"他由此怀疑孟知祥出卖自己，双方嫌隙顿生。这对昔日的合纵盟友一旦翻脸，便走上内讧、火并之路，但结果是孟知祥占据上风，吞并东川而成为蜀王。

长兴三年（公元932年），性格粗暴、拙于心计的董璋率所部万余人长途奔波以攻击孟知祥。知祥初有忧色，谋士赵季良说："璋性狼戾，若坚守一城，攻之难克"，今日"璋不守巢穴，此天以授公也"。知祥以为然，与诸将率军拒之，战于汉州之弥牟镇。璋军大败，剩数十骑逃回东川。后董璋被门客王晖所杀，传首于知祥。毛泽东对比双方的战役决策后批道："攻者败，守者胜，攻者愚，守者智。"[1]言下之意，董璋是一个完全没有策略思维的愚蠢莽夫，其失败是必然的。《通

1《毛泽东读文史古籍批语集》，中央文献出版社1993年版，第261页。

鉴纪事本末》也有关于此次战争的记载，称董璋会诸将谋袭成都，声势甚壮，知祥忧之。赵季良说："璋为人勇而无恩，士卒不附，城守则难克，野战则成擒矣。"又建议道："公宜以羸兵诱之，以劲兵待之。始虽小衄，后必大捷。"毛泽东读到此处批了一句："有强大的战略预备队。"[1]毛泽东之所以两次评点这场战争，是因为孟知祥听从赵季良的建议，采用了诱敌深入，避其锐气击其惰归的聪明战法。此种战法，很符合毛泽东的军事思维。对比之下，董璋扬短避长，看似气势汹汹，实则弱点暴露无遗，以致一战尽溃，不再有卷土重来的机会。

八　李煜不抓政治，终于亡国

李煜（公元937—978年），字重光，初名从嘉，自号钟隐，南唐的最后一个皇帝，世称李后主。961年，其父中宗李璟因畏惧北宋威胁而迁都洪州（今江西南昌市），他被立为太子留在金陵监国。同年6月李璟病死，他即位金陵，开始了偏安江南十五年的帝王生活。北宋开宝八年（公元975年），宋军攻破金陵，李煜被押到开封，拜左千牛卫将军，辱封"违命侯"。完全失去人身自由的李煜终日以泪洗面，并赋诗填词抒发故国之思、亡国之痛。太平兴国三年（公元978年），宋太宗赵光义派人将他用毒酒赐死，年仅42岁。

1957年4月10日，毛泽东在与人民日报社负责人谈话时说："南唐李后主虽多才多艺，但不抓政治，终于亡国。"[2]他以李煜为反面教

1《毛泽东读文史古籍批语集》，中央文献出版社1993年版，第311页。

2 陈晋、邓振宇等编：《毛泽东评点二十四史·人物精选》，时事出版社1997年版，第1402页。

材，提醒吴冷西等报人明辨风向，提高政治敏锐性和洞察力。

李煜生于深宫之中，长于妇人之手，钟鸣鼎食、优游卒岁的享乐生活，养成了性喜豪奢的生活习惯。他虽然视野狭窄，但天赋灵慧，感情细腻，宫廷殆无虚日的文艺生活又激发了他的艺术才情。他解音律、工书画，诗词文赋无所不能，著有文集三十卷，杂说百篇，尤擅长作词，在词史上占有重要地位。早岁词作多勾画闺阁艳情，俨如“风流教主”。如《菩萨蛮》一首：“花明月暗笼轻雾，今宵好向郎边去。刬袜步香阶，手提金缕鞋。画堂南畔见，一向偎人颤。奴为出来难，教郎恣意怜。”传说此词系他与小周后偷情后所作，其中把热恋中的女人赴约会时的情态和放纵心理，表现得淋漓尽致，同时也反映了李煜依红偎翠、宫中生活毫无检束的一面。被北宋俘获后，李煜的词作多抒发亡国之沉痛，艺术水准臻于极致，如《浪淘沙》一首：“帘外雨潺潺，春意阑珊，罗衾不耐五更寒。梦里不知身是客，一晌贪欢。独自莫凭栏，无限江山。别时容易见时难。流水落花春去也，天上人间。”此词风调凄婉，悲怆至极，“天上人间”一语尤为痛彻肺腑。王国维在《人间词话》中，盛赞词至李后主“而眼界始大，感慨遂深”。

陈彭年《江南别录》记载：“后主幼而好古，为文有汉魏风。母兄冀为太子，性严忌。后主独以典籍自娱，未尝干预时政。”换句话说，李煜对做皇帝毫无兴趣和心理准备，他被推上帝王，纯系鬼使神差、阴差阳错所致。史载：“自太子冀以上，五子皆早亡。”作为李璟第六子的李煜别无选择地登上帝位。余怀《玉琴斋词序》说：“李重光风流才子，误作人主。”

李煜即位时，南唐国势已每况愈下。面对宋朝的威胁，李煜本应振军经武、励精图治，但生性柔弱、不识干戈的他却置迫在眉睫的危险于不顾，依然故我地纵情声色，以“一日快活敌千年”的态度苟且偷生。赵匡胤系职业军人出身，历来信奉兵强马壮者称王的政治逻辑，而李煜却误判形势，“不抓政治”，专以卑词厚币讨好宋室，以求对方发慈悲之心，成全自己偏安一隅的美梦。971年，他派遣弟弟李从善朝京师。从善被拘留，李煜手疏求还不得，怏怏“以国蹙为忧”。尽管如此，他所能做的也不过是“日与臣下酣宴，愁思悲歌不已”。972年，他改称“江南国主”，下诏贬损制度，以尊宋室，进一步以低姿态求苟安，任凭岁月流逝，机会迁延。李煜“好声色，又喜浮图，为高谈，不恤政事”。

在当时，南唐不乏一些骨鲠忠直之士上书切谏，督促李煜洗心革面，有所作为。李煜明知宋兵早晚要过江，但却不作任何军事准备，甚至自毁长城，杀掉了力主抵抗的大臣潘佑、李平等人，这就不仅是不抓政治，而且是不懂政治了。974年，宋兵南征，李煜命悬一线，他竟然天真地派遣徐铉、周惟简等辩士前往开封，企图他们逞口舌之能，“谈笑弭兵锋”。哪知赵匡胤以一句“卧榻之侧，岂容他人鼾睡”，便令徐铉等哑口无言，惶惧而退。所谓“弱国无外交”，在南唐与北宋的关系中表现无遗。

从李后主及与他相类似的陈后主、隋炀帝等帝王的经历中，毛泽东得到一个启示，即书读多了，就做不好皇帝，“历史上当皇帝，有许多是知识分子，是没有出息的”[1]。当然，毛泽东对李煜的评价，主要是囿于政治斗争这个范畴而展开的。如果我们跳出这个范畴，便会发现李后主在文学上作出了杰出的贡献。他经历世变，但性情率真，艺术天赋超越当时，所作诗词皆不失赤子之心，在很大程度上揭示了人生的无奈和愁恨，反映出人类悲悯的深刻普遍性，能引起当时和后世人们的强烈共鸣，堪称用血泪凝练而成的不朽之作。从这个意义上说，他的历史影响一点也不逊色于一介武夫赵匡胤。

---

1 陈晋：《毛泽东之魂》，吉林人民出版社1993年版，第321页。

九　冯道为纲维横决之代表

清代学问家王闿运说："世道愈乱，贤士愈积。"揆诸中国的大多数王朝，此话勉强可以适用，但于五代却大为乖谬。五代是一个伦理纲常、良风美序扫地殆尽的时代。毛泽东早在湖南一师上学时，便聆听业师杨昌济讲授中国伦理学史。关于五代，他在《讲堂录》中写道："五代纲维横决，风俗之坏极矣，冯道其代表也。宋兴稍一振，然犹未也。逮范文正出，砥砺廉节，民黎始守纲常而戒于不轨。其至也，朱程礼义之士兴，天下风俗，骎骎比隆东汉焉。"[1]这就是说，以冯道为代表的纲维横决遗祸深远，直到范仲淹出世，才变陷溺为振起，从歧路返正轨。

冯道（公元882—954年），字可道，瀛州景城（今河北沧州）人。初为燕王刘守光的参将，后任李克用节度使府掌书记，后唐庄宗李存勗即位后，拜户部侍郎，充翰林学士。从此直到后周世宗柴荣即位后任郭威山陵使，冯道身历五朝，侍奉十君，其中数次任宰相。身处乱世，他以"黄鹤楼上看翻船"的姿态应对皇权更替，谁有势力称帝就拥戴谁，而自身的地位却坚若磐石。明宗李嗣源取李存勗而代之，冯道进献《上唐明宗徽号册》，李嗣源投桃报李，任命冯道为宰相。后唐末帝李从珂推翻闵帝李从厚，冯道即刻起草《唐末帝即位册书》。当时有人建议应等太后之命，冯道说："事当务实。"石敬瑭灭后唐建立后晋，冯道献《请上尊号表》，尊石敬瑭为"圣明文武恭孝皇帝"。几年后，又献《请徽号内加广道法天四字表》。如此种种，不必详叙。除了晚年对后周世宗柴荣有所建言，"道前事九君，未尝谏诤"，完全是一个伴食画诺的圆滑官僚。

从私德方面看，冯道"为人能自刻苦为俭约"，不贪财货，不好声

1《毛泽东早期文稿》，湖南出版社1990年版，第592页。

色；但从公德方面来讲，冯道则是乏善可陈。丧君亡国这样惊心动魄之事，他坦然处之，未尝以措意。大凡忠诚、名节之类的观念，在他头脑中一钱不值。论及平生感慨，冯道赋诗一首以见本心：

莫为危时便怆神，前程往往有期因。
终闻海岳归明主，未省乾坤陷吉人。
道德几时曾去世，舟车何处不通津。
但教方寸无诸恶，狼虎丛中也立身。

所谓“虎狼丛中也立身”，活现出冯道见风使舵、和光同尘，只顾利害不计是非的手腕和嘴脸。难怪北宋司马光如此评价他：“道之为相，历五朝，八姓，若逆旅之视过客，朝为仇敌，暮为君臣，易面变辞，曾无愧怍。大节如此，虽有小善，庸是称乎？”在司马光眼中，冯道自奉俭约等小善，不过是矫情以镇物也。大节已亏，那些小善又何足挂齿。南宋文人刘因也写有一诗讽刺冯道：“亡国降臣固位难，痴顽老子几朝官？朝唐暮晋等闲事，更余残骸与契丹。”

众所周知，毛泽东十分讲求政治立场的坚定和革命气节的坚贞，对把个人得失放在首位的变节之徒十分鄙夷。在通读中国历史时，他极力表彰岳飞、文天祥等英雄人物，而对冯道这样的人物则严加谴责。五代虽然风俗颓败，但也有个别人物如后梁将领王彦章等忠贞不渝，宁死也不作投降之举。王彦章（公元863—923年）外号“王铁枪”，骁勇有力，持一铁枪奋疾如飞。作为朱温的爱将，他为后梁的建立立下汗马功劳。923年，他在山东郓州与后唐作战时马踣被擒。庄宗李存勖爱其骁勇，欲全其身。王彦章说：“臣与陛下血战十余年，今兵败力穷，不死何待？且臣受梁恩，非死不能报，岂有朝事梁而暮事晋，生何面目见天下之人乎！”李存勖又派李嗣源慰谕之，时王彦章病创不能起，乃仰视李嗣源，呼其小字道：“汝非邈佶烈乎？我岂苟活者？”李嗣源一怒之下杀害了王彦章。毛泽东在读《新五代史·王彦章传》时，对王彦章的命运深表同情，下笔批道："杀降不可，杀俘尤不可。"[1]王彦章的忠勇无畏与冯道的仰人鼻息，在毛泽东头脑中形成鲜明对照，认为前者青史生辉，后者遗臭万年。

十　刘鄩因多读兵书而坏事

"兵无常势，水无常形"，作为军事家的毛泽东深谙战争之道，最擅长根据不同时空下敌我双方的实际情况进行战略分析和战术部署。在1935年的遵义会议上，有人指责他将《孙子兵法》、《三国演义》等当做指导现代战争的战略战术。毛泽东认为这些指责为想当然之事，根本不符合实际。1965年12月21日，他在杭州的一次谈话中说："我本来也没有读过军事书。读过《左传》、《资治通鉴》，还有《三国演义》。这些书上都讲过打仗，可是打起仗来，一点印象也没有了。我们打仗，一本书也不带，只是分析敌我斗争形势，分析具体情况。"[2]

有了自身丰富的作战经验为基础，毛泽东在读五代史一些军事将领的传记时，对他们的成败及其原因便格外有内心的感触，所作出的评论也因此带有鲜明的个性色彩。他既欲为历史存照，更想为现实提供鉴戒。

《新五代史·刘鄩传》记载了916年，后梁将领刘鄩与晋王李存勗在河北魏州交战而失败的故事。刘鄩（公元861—923年），山东密州安

1《毛泽东读文史古籍批语集》，中央文献出版社1993年版，第270页。

2 陈晋主编：《毛泽东读书笔记解析》（上），广东人民出版社1996年版，第496—497页。

丘人，“素好兵书，有机略”，初为青州节度使王敬武、王师范父子的部将，后降朱温，任元从都押衙，累迁至镇南节度使、开封尹。916年，李存勗以重兵将刘鄩压制在莘县。刘鄩不敢出，而后梁末帝朱友贞数次敦促刘出战。李存勗与诸将谋曰：“刘鄩学《六韬》，喜以机变用兵，本欲示弱以袭我，今其见迫，必求速战。”于是假装要还师太原，命符存审坚守魏州，而自己则在贝州埋伏重兵，伺机反攻。刘鄩信以为真，果然以兵万人攻魏城东。李存勗从贝州返还发起攻击，刘鄩大惊道：“晋王在此耶！”兵稍退，晋军追至故元城，李存勗、符存审为两方阵夹击，刘鄩大败，一路南窜至滑州。

刘鄩虽然熟读兵书，但却没有想到李存勗虚晃一枪，阳为退兵，阴则伺机反扑，以致上了大当。毛泽东读到此批道：“兵书多坏事，少读为佳。”[1]与刘鄩不同的是，南唐将领刘仁赡“轻财重士，法令严肃，少略通兵书。事南唐，为左监门卫将军、黄袁二州刺史，所至称治”。读到刘仁赡的事迹，毛泽东提笔写道：“略通可以，多则无益有害。”[2]刘鄩与刘仁赡，一个“素好兵书”，结果打了大败仗；一个“略通兵书”，却“所至称治”。可见，是否熟读兵书，并非成为名将的决定性因素。从这种强烈的反差中，毛泽东得出一个结论，即兵书要读一点，但读多了反而因被教条、规则所缚而坏事。当然，发现兵书兵法坏事的，中国古代历史上也不乏其人。据袁枚《随园诗话》记载，北宋嘉祐年间，朝廷颁发阵图以赐边将，有个叫王德用的人便上书谏曰：“兵机无常，而阵图一定；若泥古法，以用今兵，虑有偾事者。”[3]此种观点，应该说是很高明的。

1《毛泽东读文史古籍批语集》，中央文献出版社1993年版，第269页。

2《毛泽东读文史古籍批语集》，中央文献出版社1993年版，第270页。

3［清］袁枚：《随园诗话》第一册，燕山出版社2001年版，第329页。

以《孙子兵法》为代表的兵书，是对战争规律的理性思考和总结，其价值毋庸置疑，但任何兵书，都无法涵盖各种复杂的战争形态和作战技巧。如果食古不化，不善于结合实际情况灵活用兵，则兵书所提供的原则、机巧，反而会成为遮蔽真相和妨碍思考的障碍。毛泽东指挥过无数的现代战争，对中国古代战史也有通盘的了解和考察，所以新中国成立后，他多次发表这样的感慨，国民党的军官，陆军大学毕业的，都不能打仗。黄埔军校只学几个月，出来的人就能打仗。我们的元帅、将军，没有几个大学毕业的，没有读过多少深奥的兵书，但仍然是经常打胜仗，最后打败了蒋介石的庞大军队。在他看来，像刘鄩这样的饱学之士，讲授军事课也许合格，但临阵带兵却非其所长。

十一　桑维翰受人力荐成进士

桑维翰（公元898—947年），后晋大臣，字国侨，洛阳人。后唐同光三年（公元925年）中进士。曾任石敬瑭河阳节度使府掌书记，追随左右，深得石敬瑭赏识。石敬瑭代后唐称帝，他与刘知远为主要拥戴者，因此官拜翰林学士、礼部侍郎等职。出帝石重贵942年继位后，桑维翰拜侍中、中书令，封魏国公，“事无巨细，一以委之”。石重贵意欲与契丹绝盟，桑维翰不以为然，君臣关系由此疏远。耶律德光犯京师，桑维翰为叛将张彦泽所害，终年50岁。

史载，桑维翰“性敏慧，善词赋”，但为人丑怪，身短而面长，常揽镜以自奇曰：“七尺之身，不如一尺一面。”他有志于公辅，以登进士第为最大满足。初举进士，主事者厌其姓“桑”与“丧”同音，无功而返。有人劝他不必如此看中进士，可以通过其他途径以求仕，桑维翰不悦亦不服，著《日出扶桑赋》以见志；又铸铁砚以示人说："砚弊则改而他仕。"其意志坚卓如此。

毛泽东在读《旧五代史·桑维翰传》时，看到一则桑维翰举进士的趣味。大意是说桑维翰再次应举时，其父桑珙请托于老上司、齐王张全义，说："某男粗有文性，今被同人相率欲取解，俟王旨。"时张全义任尚书令、太师，深得后唐庄宗李存勗倚重，刘皇后甚至拜其为父。他将桑珙请托之事视为举手之劳，马上高兴地表示："有男应举，好，可令秀才将卷轴来。"第二天清早，桑维翰往齐王府上投上名刺，献上文字数轴。张全义以客礼见，一读其文，叹赏不已，礼遇颇厚。是年，齐王张全义"力言于当时儒臣，由是擢上第"。由此可见，后唐的科举考试，尚沿袭了唐朝科举取士中考试加推荐的传统。当年王维考中进士，便是通过歧王李隆范将诗文进呈权倾一时的太平公主，再由太平公主力荐于考官而如愿以偿的。这种向达官贵人进呈诗文的做法，被科场中人称为"行卷"或"投卷"。桑维翰"行卷"于齐王张全义，无非是要借助于达官贵人的荐举而脱颖而出。毛泽东觉得这个故事很有趣，在旁边批了一句话："如不力言，则下第举子耳。"[1]

毛泽东之所以有此结论，是因为桑维翰"粗有文性"，与历史上那些才华横溢的进士无法相提并论。再者，桑维翰还有一个重要缺陷，那就是面貌丑怪，身短而面长。而科举考试讲求"身、言、书、判"，相貌、口才、书法、判词是挑选进士的几个重要标准。相貌美丑关乎朝廷威严，故列在考察之首位。如果不是张全义的力荐力言，为人丑怪的桑维翰毫无疑问会成为"下第举子"。当时礼部传胪时，朝廷文士就有"四个半进士"的说法。所谓半个进士，便指相貌不佳的桑维翰先生。

---

1 《毛泽东读文史古籍批语集》，中央文献出版社1993年版，第262页。

十二　李袭吉妙文折服朱温

李袭吉（？—906年），洛阳人，相传为唐朝李林甫之后。唐僖宗乾符年间举进士。唐末天下大乱，李袭吉归依晋王李克用，先后任掌书记、谏议大夫等职。

李克用连年与梁王朱温征战，数困于朱温，情急之下欲与朱温通好。李袭吉博学多才，尤熟知历史掌故，李克用便嘱其修书谕梁，以缓和双方的紧张关系。其书中有云："比者仆与公实联宗姓，原忝恩行，投分深情，将期栖托，论交马上，荐美朝瑞，倾向仁贤，未省疏阙。岂谓运由奇特，谤起奸邪。毒手尊拳，交相于暮夜；金戈铁马，蹂践于明时。狂药致其失欢，陈事止于堪笑。"朱温接书使人读之，至"毒手尊拳，交相于暮夜"之时，惊叹拊掌，推为妙文，他对身边人说："李克用僻处一隅，有士如此，使我得之，傅虎以翼也。"又叮嘱谋士敬翔道："善为我答之。"敬翔写成回书，言辞不工，水准远在李袭吉之下。这越发使朱温感到李克用手下有人，天不欲其亡，无之奈何。

毛泽东在读《旧五代史·李袭吉传》时，欣赏之余连写了"谓朱邪"、"用石勒事"、"狂药谓酒"[1]等三条批语，以示李袭吉长于用典和附会，诚为五代时文章之妙手。

先说"谓朱邪"。这是针对"仆与公实联宗姓"一语而来。李克用原姓"朱邪"，是西突厥的一个姓氏。李克用的父亲叫朱邪赤心，因助唐朝讨伐庞勋起义有功，被赐名"李国昌"。本来，李袭吉将"朱邪"与朱温的"朱"联系起来，是很有些勉强的，但确也用心良苦，起到了以情动人、拉近双方距离的作用。

再说"用石勒事"。这是针对"毒手尊拳，交相于暮夜"一语而

1《毛泽东读文史古籍批语集》，中央文献出版社1993年版，第260页。

写。石勒为东晋十六国时后赵的开国皇帝，山西武乡人，羯族。他发迹后，曾召武乡耆旧叙齿欢饮，其中有个叫李阳的人，过去与石勒在乡间因争夺麻池而多次打架。石勒为人豪放，不念旧恶，况已名动当时，根本不想挟权势报匹夫之仇，于是开玩笑式地对李阳说："孤往日厌卿老拳，卿亦饱孤毒手！"成语"毒手尊拳"便由此而来。李袭吉用此典故，是希望朱温效法石勒，不计前嫌，与李克用一笑泯恩仇。

后说"狂药谓酒"。这是针对"上原驿之变"而写。唐僖宗中和四年（公元884年），李克用追击黄巢余部至山东后折返，途经朱温驻守的汴州。朱温设宴款待，心高气傲的李克用借酒使气，出言不逊，令朱温大为不快。酒过人散，朱温派兵突袭李克用住宿的上原驿。大醉中的李克用被部下用冷水浇醒，趁大雨雷电缒墙而出，狼狈逃回太原。其手下三百余名亲兵、随从尽为朱温所害。从此双方结下深仇大恨。中国古代医家将酒称为"狂药"，意指饮酒过量大损真阴，且使人神志不清。李袭吉用"狂药致其失欢"一语，委婉地将上原驿之变归咎于酒精作怪，用于解开双方心头的怨结。

李袭吉代李克用所写的给朱温的书信，旁征博引，文采斐然，确为一篇打动人心的上佳妙文，所以能传诸后世，扬名百代。毛泽东随兴写下三条批语，说明其对历代掌故和晋梁之事亦了如指掌，这绝非一般人所能做到的。

十三　华温琪必略知水性

华温琪（？—936年），字德润，宋州下邑（今安徽砀山县）人。

本为黄巢旧将，长安沦陷后为供奉官都知。黄巢败，华温琪依附梁王朱温，累以战功任绛、棣二州刺史。李存勗灭梁，归后唐任耀州节度使、镇国军节度使，深得明宗李嗣源赏识。

黄巢从长安败退时，华温琪走滑州，经历一次生死大考验。因其体貌壮伟，惧当地人不容，于是“投白马河，流数十里，不死，河上人援而出之”。有好心人将其匿于家，几年后风声已过，才出外寻找出路。毛泽东读《新五代史·华温琪传》时，见其漂流十里而不死，断定“此人必略知水性”[1]。毛泽东从小习水性，终生爱好游泳，故在读五代史时，颇为留意传主与水有关的故事。新、旧《五代史》均记载，唐昭宗时的朗州节度使雷满出身洞蛮，“凶悍矫勇，文身断发”，尝凿深潭于府中，池上构建大亭。每有客使经过，雷满必在亭上设宴，并说：“此水府也，中有蛟龙，奇怪万态，惟余能游焉。”酒酣之际，他取筵中宝器抛掷于潭中，随后脱衣跃入水底，遍取所掷宝器，戏弄于水上，很久方尽兴上岸。其诡诞不可方物，见者叹之为神。毛泽东读到此，赞赏地写道：“此人能泳”、“此人习水是好事。”[2]

在自然界，水是最为变幻莫测的，它既可利用厚生，也能冲毁万物。习水之人，在遇到危机时便多了一种涉险求生的功夫。晋王李克用的高级幕僚、文章妙手李袭吉有次跟随主人出征，在夏阳渡“笮断航破，武皇仅免，袭吉坠河，得大冰承足，沿流十八里，还岸而止，救之获免”。毛泽东不禁感慨地批道：“不学游水，此人几死。”[3]意思是说，如果不是运气好，不习水性的李袭吉几乎性命不保。毛泽东的上述批语，与他性喜游水的兴趣大有关联，同时也反映出他对“人与水”之

1《毛泽东读文史古籍批语集》，中央文献出版社1993年版，第272页。

2《毛泽东读文史古籍批语集》，中央文献出版社1993年版，第257页。

3《毛泽东读文史古籍批语集》，中央文献出版社1993年版，第260页。

关系的重视。人之命运，既关乎社会环境，又受制于大自然的各种风险和不测。俗话说“水火无情”，正是提醒人们因利避害，防患于未然，脱险于已然。

十四　分裂则二事皆不能办

《新五代史·晋高祖纪》记载，天福六年（公元941年），“河决中都，入于沓河。冬十月，河决滑、濮、郓、澶州”。又据《朱子纲目》，其中书河决者十六次，而五代居其九，“皆朱梁决河为二，以疏河涨之罪也”。毛泽东对五代期间黄河如此频繁地决口颇为关注，他在书中以总结性的语气批道：“中国统一，为河与外族进攻二事。分裂则二事皆不能办。”[1]

在毛泽东看来，妨碍中国统一的，主要有河（广义上即是大江大河的阻隔和泛滥）以及外族的进攻。而如果不能由分裂走向统一，则治理大江大河与有效地抵御外族进攻皆不能如愿。

追溯中国的历史，我们不难发现，越是中原鼎沸的乱世，黄河便越是有被人为破坏的可能，而且很多情况下是出于军事的目的。后梁与后唐争霸时，黄河无疑是朱温父子阻止李克用父子南下的一道天然屏障。这也是为什么争霸初期，僻处山西一隅的李克用父子处于下风的一个客观原因。923年李存勗称帝后，率兵大举南下，后梁主帅段凝怯懦无谋，没有抵御唐军的良策。无奈之下，他竟然在滑州决开黄河，让河水东淹曹、濮、郓三州，以图阻止唐军的进攻。到现代，蒋介石为延缓

1《毛泽东读文史古籍批语集》，中央文献出版社1993年版，第274页。

日本侵略军进攻，下令在河南花园口溃决黄河大堤。抗战胜利后国共又即将发生内战，蒋介石出于加害中原解放区军民的目的，下令堵住花园口，让黄河回归故道。当时的黄河故道早已是沟壑纵横，堤坝残缺，如不修复下游堤坝、疏浚河道而悍然堵口，必然会形成一个新的黄泛区，直接危及六百万黄河故道人民。1946年7月，周恩来作为中共代表，曾亲自前往花园口视察并搜集证据，用以论证他“先复堤后堵口”的观点。历史上有关黄河阻隔和泛滥的情形，毛泽东自然有足够的了解，所以才将其上升到国家统一的高度来认识。

关于外族进攻破坏统一，历史上的事例同样不胜枚举。如北宋时，契丹和金人的相继入侵，导致国家长期处于分裂状态，直到元蒙灭南宋，国家才重归统一。鸦片战争起，随着列强的入侵，国家又陷入多次内战和分裂的局面。

作为革命家的毛泽东，坚信只有统一而强大的中国，才能有效治理大江大河和打败外族的进攻。从新中国成立以来的实践来看，无论是长江还是黄河都由天堑变为了通途，流域治理亦卓有成效，水利工程建设发挥出重要经济效益，虽然其间仍有水患，但造成的损失远小于战乱和分裂时期。再者，其间所发生的对外战争，无论是中美之战，还是中印之战，中国都粉碎了对手的图谋和进攻，有效地维护了国家的统一和主权完整。

第十三章

毛泽东评点宋、元王朝

由赵匡胤建立的北宋王朝（公元960—1127年），结束了五代十国长达半个多世纪的分裂割据状态。经过赵匡胤、赵光义两兄弟近四十年的开拓和经营，北宋王朝在11世纪进入全盛时期，经济和文化的繁荣足以傲视全世界，尤其在文化上，无论是精英文化还是平民文化都绽放出耀眼的光彩，使中国封建时代的文化发展臻于鼎盛。

赵匡胤是五代“篡弑相寻”的见证者和参与者。“兵将马壮者称王”的丛林法则既纵容他从后周孤儿寡母手中夺得政权，又使他对拥兵自重的方镇节度使深怀恐惧。为终结政变的高度传染性和复制性，他采取“杯酒释兵权”的策略解除了禁军和藩镇中资深将领的兵权，并将地方节度使在地方上的行政权、财政权和司法权收归朝廷，以达到“强干弱枝”的政治目的；同时在国家治理上全面推行偃武修文的政策，州郡以上官职由文官担任，武人在行政系统中的地位被边缘化。

赵匡胤、赵光义兄弟均酷爱读书。赵匡胤听说有人有奇书，不吝千金购之，赵光义更是留下了“开卷有益”的典故。在兄弟二人及其子孙的推动下，北宋发展了科举考试制度，其主要特点：一是废除唐朝盛行的推荐制，增加考试的公平性，极大拓展了孤寒子弟经文化检测跻身仕途的空间，吕蒙正、寇准、欧阳修、范仲淹等底层寒士成为典型的幸运儿；二是将“殿试”制度化，使所用中进士者均成为“天子门生”，对皇帝感恩戴德，乐于进用。相对公平规范的科举考试，集纳了社会各阶层特别是孤寒之士中的优异人才，并以此为基础催生了成熟而富于效率的文官制度。赵匡胤还立下不杀士大夫和上书言官的规训，官场的监督体系和公共舆论得以确立，促使各级官僚洁身自好，勤于政事。士子空前的尊严感和远大前程，又在整个社会营造出乐于读书、附庸风雅的氛围。赵匡胤兄弟优待和信任知识分子的政策，使宋朝成为后世文人最为羡慕的一个封建时代。

但是，重文轻武的传统也带来了消极的后果。明代方孝孺在《深虑论》中写道：“宋太祖见五代方镇之足以制其君，尽释其兵权，使力弱而易制；而不知子孙卒困于敌国。”武将的兵权被削弱，节度使成了有名无实的职务。赵匡胤以枢密院的文官分掌兵部的兵权，造成“将不专兵，兵不专将”的局面。对武将的过度提防，以及调兵和指挥系统上的低效率，使宋代的武功远不及文治。宋真宗时对辽国用兵，宋仁宗时对西夏用兵，在攻守策略上以防御为主，在外交战略上以议和为上，导致中原政权长期与辽国、西夏并存。1004年，宋真宗与契丹王在澶州签订城下之盟，向辽国岁贡白银和绢帛。此举虽换来了长时间的和平，但北方少数民族的威胁却一直像一把高悬在头顶上的利剑。1115年，女真族建立的金国在十余年间分别灭掉辽国和北宋。1127年，宋徽宗第九子赵构建立南宋，偏安江南，长期受到金兵的骚扰和进攻。其间虽有岳飞抗金的壮举，但宋高宗赵构出于私利，不愿收复失地，甚至以“莫须有”的罪名将岳飞杀害。苟且偷安的南宋朝廷终于在1279年亡于蒙元之手。

宋代武风不振，但文治却足以彪炳史册。尤其在文学艺术方面，宋代士人创造了数不清的精品力作。唐宋八大家，宋代居其六，苏轼、王安石、欧阳修等人不仅擅长于散文创作，而且在词的创作上别开生面，各自留下了光照千秋的代表作品，如苏轼的《水调歌头》、王安石的《桂枝香》、欧阳修的《踏莎行》等。宋词作者名家辈出，俊采星驰，除了苏轼、王安石、欧阳修，范仲淹、晏殊父子、秦观、周邦彦、张孝祥、陆游、陈亮、范成大、辛弃疾、蒋捷、李清照等皆写下大量抒情言志、叙事咏史的杰作。《全宋词》及《全宋词补辑》共收录1400余家、20800多首作品，与唐诗、元曲互相辉映，成为世界文化宝库中的瑰宝奇珍。宋词以外，杂剧、话本等民间艺术亦粲然可观，对元明时期戏曲、小说的创作产生了深远的影响。宋代的书画艺术同样可圈可点。苏轼、黄庭坚、米芾、蔡襄为宋代书坛四大家，黄庭坚所书《砥柱铭》价值连城，在2010年艺术品春拍会上拍出四亿多元人民币的惊人天价。范宽、李成、董源、巨然、郭熙、李唐、夏圭、马远等画家创作出许多堪称神品、妙品和绝品的画作，如范宽的《雪景寒林图》、郭熙的《早春图》、李唐的《万壑松风图》等，均被如今的艺术品收藏界视若拱璧。宋徽宗赵佶雅爱艺术，创立宣和画院，与丹青高手交流切磋。他在书法上自创“瘦金体”，铁画银钩，造诣非凡。

毛泽东对宋代历史的了解和研究不亚于专业学者。他除了阅读浩繁的《宋史》之外，还广泛涉猎《宋史纪事本末》、《全宋词》以及以《涑水纪闻》、《容斋随笔》等为代表的宋人笔记。南宋洪迈著《容斋随笔》，为毛泽东从延安时期直至晚年都格外看重的一部典籍。该书兼载经史典故、诸子百家之言，所考宋代朝章典制尤为渊博精详。在宋代历史的评点方面，毛泽东关注过的皇帝有宋太祖赵匡胤、宋太宗赵光义、宋徽宗赵佶以及宋高宗赵构；文臣武将则有范仲淹、王安石、苏轼、欧阳修、司马光、朱熹、陆游、杨业、岳飞、文天祥，等等。宋代的许多皇帝，史书多有溢美讳饰之词，毛泽东则直言不讳地道出他们的污行败德，揭开了笼罩在帝王身上的“神圣”面纱。宋代的文史之学珍宝极多，毛泽东对有突出贡献者皆深研细讨，出以公论，以表彰他们在中华文化上的创造之力。

元代是草原民族入主中原，对汉民族的统治非常野蛮。毛泽东虽然读过《元史》、《元史纪事本末》等书，但对其间的人物和事件评点不多。其中一个原因，恐怕是《元史》为二十四史中错讹最多、史料最荒芜之作，很难激起毛泽东强烈的阅读和研究兴趣。

一 赵匡胤说不杀士大夫，伪也

赵匡胤（公元927—976年），祖籍涿州（今河北涿县），生于洛阳，体态丰伟，器度豁如，后汉乾祐元年（公元948年）投奔后汉大将郭威。951年，郭威代后汉称帝，建立后周政权。后周显德三年（公元957年）起，赵匡胤历任殿前都指挥使、殿前都点检等职。显德六年（公元959年），周世宗柴荣病逝，年仅七岁的恭帝柴宗训继位。赵匡胤仿效郭威，在赵光义、赵普、石守信、王审琦等亲信将领的支持下发动“陈桥驿兵变”，黄袍加身，从孤儿寡母手中抢得权柄，成为北宋创业垂统的开国皇帝。

“惜秦皇汉武，略输文采；唐宗宋祖，稍逊风骚。”在毛泽东心目中，宋太祖赵匡胤算是一位有胆力、有作为的帝王，正是他结束了五代十国长达半个多世纪的分裂割据局面，奠定了北宋局部统一的基础，而且使久经战乱的民众获得了一个喘息的机会，能够在相对和平的环境中发展封建时代的经济与文化。北宋商业繁荣、经济活跃，文化更是达到如陈寅恪先生所说的封建社会的顶峰，这些都有赖于赵匡胤的前驱先路和励精图治。毛泽东对赵匡胤的生平事迹非常熟悉，有一年，他到河南视察时对陪同人员说：“这里叫柳园口，斜对岸是陈桥，就是赵匡胤陈桥兵变、黄袍加身的地方，现在这里是渡口。”[1]

1王化云：《深切的怀念——回忆毛泽东同志对治理黄河事业的关怀》，见《黄河史志资料》，1986年第4期。

毛泽东曾毫不隐讳地指出，赵匡胤夺得帝位，其方法是有失光彩的。他曾对身边工作人员芦荻说过：“每一部史书，都是由封建的新王朝臣子奉命修撰的。凡关系到本朝统治者不光彩的地方，自然不能写，也不敢写。如宋太祖赵匡胤本是后周的臣子，奉命北征，走到陈桥驿，竟发动兵变，篡夺了周的政权。《旧五代史》（宋臣薛居正等撰）却说他黄袍加身，是受将士们‘擐甲将刃’、‘拥迫南行’被迫的结果，并把这次政变解释成是‘知其数而顺乎人’的正义行为。”[1]这段话深刻揭示了历史的真相。所谓黄袍加身，完全是赵匡胤与亲信们合作完成的一出闹剧。兵变之前，赵匡胤便指使人散布“点检为天子”的谣言；兵变之际，赵匡胤佯装醉酒呼呼大睡，清晨被赵普等人扶出，假意推辞一番后宣布：若要我当皇帝，众卿必须“能从我命”，并不得“纵兵大掠”。这些所谓的前提条件，其部下无不乐从。《旧五代史》有关黄袍加身的记述，纯粹是将拥兵夺权粉饰为“不得已而为之”的造假行为。此种造假，在史书中屡见不鲜，连写《资治通鉴》的司马光也不能免俗。毛泽东曾在一次谈话中说：“你看《通鉴》最后一段写了赵匡胤，也只是说太祖皇帝如何勇敢，如何英明，如何了不得，简直白璧无瑕，十全十美，全信行吗？”[2]

不过，若从历史的大势来看，赵匡胤登帝位虽不光彩，但也可说是舍小仁而存大义之举。作为一个开国之君，赵匡胤和残忍嗜杀的秦始皇、汉高祖、唐太宗、明太祖相比，倒显得有几分慈眉善目。他曾长叹曰：“尧舜之世，四凶之罪，止于投窜，何近代法网之密耶？”于是立法：鞭扑不行于殿陛，骂辱不及于公卿。臣下除谋反外，不得诛戮。身为武人，他深知拥兵自重的危险性，所以对武将特别提防。然而，他

1 芦荻：《毛泽东谈二十四史》，载《光明日报》，1993年12月20日。

2 王子今：《毛泽东和中国文学》，中共中央党校出版社1993年版，第98页。

没有重复帝王登基便大杀功臣的故例，反而采用“杯酒释兵权”这种相对文明的方式，以解除君臣之间顽固不化的猜疑和暗算。赵匡胤把对武将的防备之心和盘托出，石守信、高怀德、赵产徽等人始而错愕惊悸，继而如释重负，本来有失尴尬的场面，换来的却是君臣的清夜安枕、长享富贵。这件事，反映了赵匡胤性格中直情径行的一面。他的行为，比之那些深心辣手的帝王，不仅有独具特色的创意，甚至还有几分可爱之处。与抑制武将相对应的，是对读书人的礼敬和重用。赵匡胤向子孙立下“不杀士大夫”、不杀言官的规训，并勒之石碑，新皇登基及春秋两祭时前往观看，以示郑重和严肃。他还发展科举考试制度，直接促成了北宋高素质的文官制度的确立，以及北宋文化的灿烂辉煌。

赵匡胤重用文官，礼敬读书人，那么是否也有某些例外呢？毛泽东在读《宋史·太祖本纪》时发现有如下一段记载：“（乾德四年）五月……甲戌，光禄少卿郭玘坐赃弃市……庚戌，枢密直学士冯瓒、绫锦副使李美、殿中侍御史李檝为宰相赵普陷，以赃论死。会赦，流沙门岛，逢恩不还。”这段记载明白无误地告诉后人，赵匡胤并没有完全遵守自己立下的“不杀士大夫”的誓约。郭玘为光禄少卿，职掌皇室的酒宴膳事，无疑属于文官，但却因贪污而被斩首示众。其他三人亦是担任文职，冯瓒更是被赵匡胤多次表彰赞赏。只因赵普嫉恨，这三人被流放于荒无人烟的沙门岛，碰到皇帝推恩时亦不能还，其实质与判处死刑无异。所以毛泽东读至此，不禁提笔批道：“说不杀士大夫，伪也。”[1]在封建时代，皇帝与士大夫，是利用与被利用的关系，前者以官爵相诱，后者以智力谋生，完全不是一种平等的关系。赵匡胤自然懂得帝王术，为了杀一儆百，为了笼络赵普这位勋臣，他在认为必要时就会以某些文人为牺牲。不过，赵匡胤在不杀士大夫方面虽有虚伪之处，他仍称

1《毛泽东读文史古籍批语集》，中央文献出版社1993年版，第277页。

得上是一个胸襟相对开阔、态度相对开明的皇帝，个别例外不足以损害其礼敬士大夫的盛德。

赵匡胤做了17年皇帝，在开宝九年（公元976年）“崩于万岁殿，年五十”。对于赵匡胤之死，毛泽东在读《宋史·太祖本纪》时批道：“不书病，年五十。”[1]言下之意，宋太祖在五十岁的盛年无病而死，显然是被人所谋害。而谋害他的人，正是他的同母弟、后来的宋太宗赵光义。

二　赵光义非契丹敌手

北宋的第二位皇帝赵光义（公元937—997年），又名赵炅，宋太祖赵匡胤的同母弟。建隆初年为殿前都虞侯，开宝年间封晋王。976年赵匡胤死后继位登基，是为宋太宗。他继承乃兄“先南后北”的统一方略，先后攻灭闽南、吴越和北汉等残存的割据政权，并从太平兴国四年（公元979年）起，数次率军讨伐契丹，但均先胜后败，无功而返。

赵光义为人好大喜功。979年，他挟攻灭北汉之余威，在军队未获充分休整的情况下仓促向契丹用兵，以图恢复自五代后晋起就丢失的“幽云十六州”。战事初期尚属顺利，东易州、涿州等地的刺史、判官纷纷以城降，但在随后攻打幽州时却久攻不克，并陷入敌人的几路夹击包围之中。宋军先是在高梁河败绩，接着又在莫州失利。毛泽东在读《宋史·太宗本纪》时，详细琢磨了赵光义幽州之败的整个过程，并提笔写道：“此人不知兵，非契丹敌手。”又补充道：“尔后屡败，契丹均以

1《毛泽东读文史古籍批语集》，中央文献出版社1993年版，第227页。

诱敌深入、聚而歼之的办法，宋人终不省。”[1]契丹擅长骑兵作战，分合倏忽自如，这使深入敌境的宋军时常陷入包围之中而遭到惨败。

雍熙三年（公元986年），赵光义兵分数路，再次大举向契丹用兵。太平军节度使曹彬在东线节节胜利，直克涿州；在西线，忠武军节度使潘美及其副将杨业出雁门关，一路攻占寰州。曹彬深入敌境，苦于断草不继，无法久战。契丹瞅准这一弱点，在幽州坚守不出以困敌手。曹彬无奈之下只得退却，不幸在岐沟关遭伏击而大败。曹彬趁夜收众渡过拒马河，退屯易州。东线失利，西线作战也陷入困境，契丹十万大军复陷寰州，杨业在护送迁民途中遇敌，苦战力尽，为敌所擒，守节而死。对于此次战争，毛泽东写下“雍熙三年败于契丹”以纪其事。他在惋惜杨业战死的同时，再次从战略高度总结道：“契丹善用诱敌深入战，让敌人多占地方，然后待机灭敌。”[2]赵光义不谙契丹战法，总是犯同样的错误，毛泽东说他“终不省”、“不知兵”，可谓击中要害，入木三分。

“诱敌深入，聚而歼之”，是毛泽东从井冈山时期起便惯用的一种战法，到解放战争时期，他又将其进一步完善，点明其实质是以消灭敌人有生力量为主，而不以保守地方和城池为主。1965年8月10日，罗瑞卿向毛泽东汇报国防备战方法时，毛泽东强调说：“就是要诱敌深入。我最近研究历史，古今中外，凡是诱敌深入的，就把敌人歼灭了；凡是开始打了胜仗，兴高采烈，深入敌境，就打败仗。宋朝第二个皇帝赵光义经过苦战灭亡了北汉、占领了太原之后，接着就同辽国打仗，深入到现在的北京附近，被敌人一个反击，打得大败，皇帝几个月不知下落。

1《毛泽东读文史古籍批语集》，中央文献出版社1993年版，第278页。

2《毛泽东读文史古籍批语集》，中央文献出版社1993年版，第279页。

以后宋朝同外国作战，就是把敌人挡住，不敢让敌人深入。”[1]

《宋史·太宗本纪》赞曰：“帝沉谋英断，慨然有削平天下之志。”毛泽东不以为然，在旁边批下“但无能”三字，以示赵光义乃志大才疏之辈。赞语又写道：“故帝之功德，炳焕史牒，号称贤君。若夫太祖之崩不逾年而改元，涪陵县公之贬死，武功王之自杀，宋后之不成丧，则后世不能无议焉。”毛泽东读至此，批下“不择手段，急于登台”[2]，点明赵光义的皇位是通过非常手段而抢来的。

北宋僧人文莹的笔记《湘山野录》中，有976年10月20日宋太祖暴崩之夕与弟弟赵光义相会的一段记载：“是夕果晴，星斗明灿，上心方喜。俄而阴霾四起，天气陡变，雪雹骤降，移杖下阁。急传宫钥开端门，召开封王（即赵光义）。延入大寝，酌酒对饮。宦官、宫妾悉屏之，但遥见烛影下，太宗时或避席，有不可胜之状。饮讫，禁漏三鼓，殿雪已数寸，帝引柱斧戳雪，顾太宗曰：‘好做，好做！’遂解带就寝，鼻息如雷霆。是夕，太宗留宿禁内，将五鼓，伺庐者寂无所闻，帝已崩矣。太宗受遗诏于柩前即位。”文莹本想渲染赵光义登基的神秘性，但却由此引起了后人对赵光义即位合法性的怀疑，正所谓“烛影斧声，千古之谜”。南宋人李焘的《续资治通鉴长编》、清代毕沅的《续资治通鉴》均引用了《湘山野录》的相关记载。毛泽东对这些史籍都很熟悉，他倾向于认为赵光义是急于做皇帝，而采取非常手段害死了乃兄。

北宋两大疑案，一为“烛影斧声”，一为“金匮之盟”。依据《续资治通鉴长编》等史书记载，建隆二年（公元961年）六月初二，杜太后临终前将赵匡胤、赵普等召到跟前。她问太祖：“汝知所以得天下乎？”赵匡胤答：“皆祖考及太后之积庆。”杜太后说：“不然，正由

1 唐汉、振肖主编：《毛泽东评点中国皇帝》（下），红旗出版社1998年版，第630页。

2 《毛泽东读文史古籍批语集》，中央文献出版社1993年版，第280页。

周世宗使幼儿主天下耳。”接着她以“国赖长君”为由，嘱咐赵匡胤死后传位于光义，光义再传弟弟廷美，廷美然后传位给赵匡胤的长子赵德昭。赵匡胤表示遵从母训，杜太后让赵普当场写下誓书，太祖装入金匮，令宫人妥善收藏。

可是，所谓“金匮之盟”留下的破绽实在太大。因为如果真有此事，那赵光义、赵普等一定会及时公之于众，以作为赵光义继位合法性的绝好证明。而事实是，直到二十年后的太平兴国六年（公元981年）九月，赵光义才从赵普的一封密奏中知晓此事。因此，最可能的情况是在政治上失势的赵普伪造了这件东西，一方面讨好赵光义，为其不正当行为进行讳饰和补救，一方面借此自炫自重，希求再次得到重用。赵光义打开“金匮之盟”如获至宝，并迅速任命赵普为司徒兼侍中，封梁国公。

赵光义在登基的当年（公元976年）便改元为“太平兴国”，这本身也是一件违背常理之事。一般来说，新君继位的第二年才改元，赵光义迫不及待地改元，反映了他急于做皇帝而且不甘于做守成皇帝的心愿。接下来，他将弟弟涪陵公赵廷美贬死。赵匡胤的两个儿子赵德昭、赵德芳也在其迫害下自杀和夭亡。赵光义由此扫除了他将来传位于子的一切障碍。这些事实，无疑是对所谓“金匮之盟”的践踏和讽刺。

毛泽东对赵光义的评价皆属负面，不仅认为他在军事、政治问题上平庸无能，而且认为他在个人品行上也乏善可陈。赵光义是个非常自私的人，他根本不想传位于廷美和侄儿，就连传位于亲生儿子也心有不甘。据《宋史纪事本末》记载，至道元年（公元995年），他诏立寿王元侃（即后来的真宗赵恒）为太子，朝野大悦，京师更呼赵恒为“少年天子”。赵光义闻之不欢，对宰相寇准说：“人心遽属太子，欲置我何地？”对此，毛泽东以鄙视的笔调写道：“赵光义小人之言。”[1]在毛

1《毛泽东读文史古籍批语集》，中央文献出版社1993年版，第321页。

泽东看来，赵光义对立太子这样一件可喜可贺的事都心存芥蒂，可见是个心胸狭隘的小人之辈。

三　宋徽宗误作人君

宋徽宗赵佶（公元1082—1135年），北宋第八代皇帝，宋神宗之子，宋哲宗之弟。1100年，他以端王身份入继大统，在位期间，他嬉游无度，经常微服迈出宫廷，流连勾栏瓦肆，宠幸李师师等名妓。除此之外，他又“疏斥正士，狎近奸谀”，重用蔡京、童贯、杨戬、高俅等奸邪小人把持朝政，卖官鬻爵，滥增捐税，大肆搜刮民脂民膏，特别是到江南等地征集奇花异石，运至京师以充造景玩好之用，名曰“花石纲”。宋徽宗及群臣的扰民、掠民之举，激发了宋江、方腊等人为首的农民起义。

宣和七年（公元1125年），金兵大举南下，醉心于道教、自称“教主道君皇帝”的宋徽宗传位于儿子赵桓而南逃镇江，不久返京。靖康二年（公元1127年），金兵攻破汴京，宋徽宗与钦宗赵桓及后妃、宗室、大臣、仆役等数千人被金兵所俘，押往北方囚禁。宋徽宗被封为“昏德侯”，备尝羞辱。1135年，宋徽宗在经历颠沛流离之苦、亡国破家之痛后，凄凉地死在黑龙江五国城（今依兰县境内），成为与后晋出帝石重贵同命运的人物。

在毛泽东心目中，宋徽宗与陈后主、李后主、隋炀帝等一样，属于风流才子误做人君的一类人。尽管宋徽宗“既能写诗，又能绘画”，但却昧于政治，唯凭借私智小慧任用宵小之徒，以致朝政日非，外敌强逼，最终沦为阶下囚，求为一布衣而不得。

在做皇帝之前，宋徽宗便雅爱绘画，与驸马都尉王诜、宗室赵令穰等画家相往还。登基不久便设立翰林书画院，以画学作为科举考试的一个门类，招揽天下画家切磋技艺。画院分佛道、人物、山水、鸟兽、花竹、屋木等六种，考生入选后分别授予画学正、艺学、待诏、祇侯、供奉、画学生等名目，培养出李唐、张择端等一批杰出画家。宋徽宗极为关心画院的创作，经常以诗句如“山中藏古寺”、“踏花归来马蹄香”等令画院学生比试技艺。一学生画数只蝴蝶环绕马蹄飞舞，以有形之蝶彰显无形之“香”，被徽宗惊为妙品。徽宗本人长于绘画，尤擅长花鸟画，精工逼真，代表作有《池塘晚秋图》、《柳鸭图》、《竹禽图》、《四禽图》等；在书法上他自创“瘦金体”，意体天成，后世无人能与争锋。他主持编纂的《宣和书谱》、《宣和画谱》、《宣和博古图》，皆为美术史上的珍贵资料。

宋徽宗还长于写诗，即便被囚禁在荒无人烟的北国边塞，仍创作吟咏不辍。面对故国，他涕泗横流，并将心中哀怨遣于笔端：“彻夜西风撼破扉，萧条孤馆一灯微。家山回首三千里，目断山南无雁飞。”辞情悲郁，艺术感染力不减李后主。元代人脱脱在《宋史·徽宗记》中沉痛地写道：“自古人君玩物而丧志，纵欲而败度，鲜不亡者，徽宗甚焉。”又叹曰：“宋徽宗诸事皆能，独不能为君耳。”

从宋徽宗、李后主等风流皇帝的下场，毛泽东得出一个结论：“历史上当皇帝，有许多是知识分子，是没有出息的。”反倒是刘邦、朱元璋等老粗“能办大事情”。[1]由此他提醒人们，千万不要小看老粗，与老粗相比，知识分子虽然长于文化创意，但在治国理政方面“是比较最没有知识的”。不过，毛泽东此论放之古史虽有部分真理，但置诸现代

1 陈晋：《毛泽东之魂》，吉林人民出版社1993年版，第321页。

社会则不能成立。

四　宋高宗负有议和的主要责任

“青山有幸埋忠骨，白铁无辜铸佞臣。”杭州栖霞岭东南麓埋葬着南宋民族英雄岳飞的忠骨。墓旁有四尊跪像，为首的便是一代奸相秦桧。忠奸真伪的鲜明对照，传达的是忠臣流芳百世、奸臣遗臭万年的历史理念。秦桧作为陷害忠良的元凶，被永远钉在历史的耻辱柱上。

但熟读《宋史》及其他相关史籍的毛泽东认为，力主与金国议和的秦桧在宋高宗时代立朝十九年，且位极人臣，权势熏天，没有宋高宗的幕后支持是不可想象的。由于中国的官修史书存在“为圣君讳”的通病，秦桧害死岳飞的真相便受到遮蔽，以致简化为忠奸之间的倾轧，而幕后的真正推手宋高宗便逍遥法外。对此，毛泽东曾向陪伴他读书的芦荻说过：“主和的责任不全在秦桧，起决定作用的是幕后的宋高宗赵构，这在《宋史・奸臣传》的《秦桧传》里，是多少有所反映的。”[1]

秦桧（公元1090—1155年），字会之，江宁（今江苏南京）人。宋徽宗政和年间中进士，曾任御史中丞，并主张与金国作战。靖康二年（公元1127年）随徽、钦二宗等被俘至北方，转而鼓吹和议，成为金太宗弟挞懒的亲信。建炎四年（公元1130年）被挞懒遣归以为内应。秦桧诈称杀死防守兵士，夺船逃回。朝廷多数大臣均疑其中有诈，但宋高宗赵构却高兴地说：“秦桧朴忠过人，朕得之喜而不寐。”三个月后，即将秦桧从礼部尚书提升为参知政事（副相），绍兴元年（公元1131年）

1 芦荻：《毛泽东谈二十四史》，载《人民日报》，1993年12月20日。

八月，又任用为右相兼知枢密院事。据《宋史·秦桧传》记载，秦桧为摸清宋高宗的真实意图，曾反复加以试探。他说："臣僚畏首尾，多持两端，此不足与断大事。若陛下决欲讲和，乞专与臣议，勿许群臣预。"帝曰："朕独委卿。"秦桧不放心，进而试探道："臣亦恐不便，望陛下再思三日，容臣别奏。"过了三日，秦桧再次留身奏事，宋高宗持和议甚坚。但秦桧仍不放心，再次试探道："臣恐别有未便，欲望陛下更思三日，容臣别奏。"这样又过了三日，秦桧始确信帝意坚定不移，才终于"出文字乞决和议，勿许群臣预"。此中消息，正多少透露了宋金议和的主要责任在皇帝而不在秦桧。

为什么宋高宗赵构一意孤行，非要同金国议和不可呢？这是因为赵构作为宋徽宗的第九子，即位于靖康之难的非常之秋。父兄二人虽然被掳到北方，但如果自己积极主战，他们仍存在播迁后回銮的可能性。一旦这种可能性成为现实，他这个在非常之秋即大位者便会陷入尴尬的境地，甚至变为一个过渡性的悲剧人物。为自利自保计，赵构选择了一条置父兄于不顾、偏安江南以图一世富贵的苟安路线。这块心病，岳飞、韩世忠等人未必看得透，但生性诡诈、老于权谋的秦桧却把握得很准确，于是"逢君之恶"，放心大胆地执行求和议和路线，并在绍兴十年（公元1140年），将力主抗金的岳飞父子以"莫须有"的罪名陷害致死。

明代诗人文徵明《满江红·拂拭残碑》一诗，揭破了上述历史真相，诗中写道："岂不念，中原蹙；岂不惜，徽钦辱。但徽钦既返，此身何属？千古休夸南渡错，当时只怕中原复。笑区区一桧亦何能？逢其欲。"毛泽东非常赞赏这首打破"为圣君讳"传统的好诗。1957年6月，毛泽东约见冒广生及其子舒湮。冒广生向毛泽东介绍说，舒湮抗战时生活在上海，写了个话剧《精忠报国》，用秦桧影射汪精卫。毛泽东兴从中来，旁征博引地说了如下一段话：

> 主和的责任不全在秦桧，幕后是宋高宗。秦桧不过是执行皇帝的旨意。高宗不想打，要先“安内”，不能不投降金人。文徵明有首词，可以一读。是赵构自己承认：“讲和之策，断自朕意，秦桧但能赞朕而已。”后来史家是“为圣君讳耳”，并非文徵明独排众议，他的《满江红》：“慨当初，倚飞何重，后来何酷！果是功成身合死，可怜事去言难赎”，一似丘浚的《沁园春》所说：“何须苦把长城自坏，柱石潜摧。”[1]

在宋金议和和岳飞一案上，毛泽东并非认为秦桧没有责任，而是主张在划分责任上要分清主次，明确胸无大志的宋高宗应负主要责任，而逢君之恶的秦桧则负有次要责任。在毛泽东看来，秦桧为人奸邪，残害忠良，固应当受到历史的谴责，但也不能因此代君受过，放纵背后的推手宋高宗。毛泽东对宋高宗和秦桧的评价，以充分的史料和严密的推理为依据，不仅是就事论事，而且提供了一种认识历史的方法论。

五　范仲淹的词既苍凉又优美

范仲淹（公元989—1052年），字希文，苏州吴县（今江苏吴县）人，北宋著名的政治家、军事家和文学家。他幼年丧父，随母下堂，改名“朱说”。但他发愤图强，刻苦攻读圣贤典籍，在得到姜遵等名士的赏识后文名日盛，终于在宋真宗大中祥符五年（公元1012年）进士及第，获得做官的资格，初任广德军司理参军，不久改任集庆军节度推

---

1 舒湮：《一九五七年夏季，我又见到了毛主席》，见《我眼中的毛泽东》，河北人民出版社1990年版，第106—108页。

官，并改姓归宗，取名“范仲淹”。

在北宋一代，范仲淹是最具君子风范和人格力量的儒臣。他起于寒门，艰辛备历，博得功名后不忘前尘旧事，用有限的薪俸周济穷困，养老孝亲，成为乐善好施、为人厚道的典范；他为官一任，造福一方，处肥缺而清廉自持，居僻壤而有所作为，俯顺民情，仰答天恩。江苏泰州有名的“范公堤”，是他众多治绩的一个缩影；他为人正直，敢于建言，举凡谏言刘太后归政仁宗、反对仁宗废郭皇后、弹劾宰相吕夷简任人唯亲等举动，皆出以公心，讲求是非，不以个人利害为转移。他为此招来了朋党之讥、贬谪之祸，精神痛苦不可名状。即便如此，他依然坚持正见，不为进退得失而放弃原则。范仲淹的最高官职为参政政事（副宰相），且时间很短，大多数时段则在陈州、睦州、饶州、邓州等地方做知州或在陕西延州等地任戍边将帅。

长期屈沉下僚的范仲淹，其地位虽不能与吕夷简、晏殊等位极人臣者相比，但其历史影响和人格力量都远在这些人之上。他用自己的行动，完美诠释了“先天下之忧而忧，后天下之乐而乐”的道德准则。北宋承五代纲维横决、廉耻道丧之后，其士风得以重新振拔和转移，范仲淹在其中起了风向标式的关键作用。青年毛泽东在湖南一师聆听业师杨昌济讲授伦理学时，便对范仲淹所表现出来的君子风范钦佩不已，将其与清末的曾国藩相提并论，认为两者皆为“传教兼办事”之人，也就是内圣外王兼备的人物。

范仲淹一生最杰出的功绩，是在宋仁宗宝元三年（公元1040年）出任陕西经略安抚招讨副使时取得的。那时西夏的李元昊对北宋大举进攻，今陕西的延安、富县等地屡遭侵扰，延州城更是几度告急。范仲淹临危受命，前往戍边，在极其艰苦的环境中整军经武，屯田抚民，稳定了边疆局势，也在很大程度上扭转了北宋武备废弛的局面。在前线，范仲淹采取积极的防御路线，修筑坚固的城砦据守要害，选拔优秀的兵勇刻苦训练，分由六将统领，视敌情单独或联合作战；同时使用屯田法招抚流民安居，增殖人口，积累财富，以保障军需。在军事手段之外，范仲淹还辅之以外交手段，以恩信安抚敌人，示以善意，不使矛盾升级，不让危机加剧。军事和外交手段的综合运用，挫败了李元昊大举内侵的图谋，也树立了北宋边兵不可欺侮的形象。西夏人相诫曰："无以延州为意，今小范老子（范仲淹）胸中自有数万甲兵，不比大范老子（范雍）可欺也！"[1]范仲淹开创的儒臣将兵的传统，还对后来的王阳明、曾国藩有过明显的示范效应。

当年的延州为边徼苦寒之地，人烟稀少，物产贫乏，又常年处在西夏的威胁之下，其生存条件之险恶、四遭风物之荒凉可想而知。作为戍边将帅的范仲淹，以真实的戍边生活和情感体验为依托，创作了以下两首流传千古的诗词：

渔家傲

塞下秋来风景异，衡阳雁去无留意。四面边声连角起。千嶂里，长烟落日孤城闭。浊酒一杯家万里，燕然未勒归无计。羌管悠悠霜满地。人不寐，将军白发征夫泪。

苏幕遮

碧云天，黄叶地，秋色连波，波上寒烟翠。山映斜阳天接水，芳草无情，更在斜阳外。黯乡魂，追旅意，夜夜除非，好梦留人睡。明月楼高休独倚。酒入愁肠，化作相思泪。

有人说，所谓边塞诗，已为唐人写尽，后人要超越难乎其难。但事实上，唐人的边塞诗大多托诸想象，高适、岑参等人虽有戍边经历，但身份

1［清］毕沅：《续资治通鉴》卷四十二。

不可能与作为戍边将帅的范仲淹相比。范仲淹词中所传达的意境，如“千嶂里，长烟落日孤城闭”、“人不寐，将军白发征夫泪”，诚可谓“苍凉悲壮，慷慨生哀”。它既关乎才华，更关乎体验和见识。正是刻骨铭心的沙场鏖兵和思乡苦情，被范仲淹郁而发之为文，才把大漠的风光、战争的残酷和人性的温热镕于一炉，达到炉火纯青、感人至深的艺术境界。

毛泽东对范仲淹的《渔家傲》等诗词给予过高度评价。1957年8月1日，他在一本诗集中写道：“词有婉约、豪放两派，各有兴会，应当兼读。读婉约派久了，厌倦了，要改读豪放派。豪放派读久了，又厌倦了，应当改读婉约派。我的兴趣偏于豪放，不废婉约。婉约派中有许多意境苍凉而又优美的词。范仲淹的上两首，介于婉约与豪放两派之间，可算中间派吧；但基本上仍属婉约，既苍凉又优美，使人不厌读。婉约派中的一味儿女情长，豪放派中的一味铜琶铁板，读久了，都令人厌倦的。人的心情是复杂的，有所偏袒仍是复杂的。所谓复杂，就是对立统一。人的心情，经常有对立的成分，不是单一的，是可以分析的。词的婉约、豪放两派，在一个人读起来，有时喜欢前者，有时喜欢后者，就是一例。睡不着，哼范词，写了这些。江青看后，给李讷看一看。”[1]

作为诗人的毛泽东坦承自己“偏于豪放，不废婉约”。他喜爱苏轼、辛弃疾、张元干、文天祥等人有如大江东去、气势磅礴的作品，也喜爱李清照、柳永等人倾诉儿女情长、男女之恋的深婉之作，只是不能久读，因为久读会生厌。范仲淹的上述两首作品，则兼具豪放与婉约二者之长，加之毛泽东又曾长期生活于延安，对于延安的风土人情十分熟悉，故能在其心中引起一种强烈而持久的情感共鸣和审美愉悦，认为它们“既苍凉又优美”。范仲淹作为文学家，并不以数量见长，但有了《岳阳楼记》，有了受到毛泽东激赏的《渔家傲》和《苏幕遮》这几样

1《毛泽东读文史古籍批语集》，中央文献出版社1993年版，第27—29页。

精品，便足以流芳后世，千载不朽。

六　苏洵《谏论》乃书生欺人之谈

苏洵（公元1009—1066年），字明允，眉州眉山（今四川眉山）人。庆历七年（公元1047年）中进士不第，返乡闭户苦读，揣摩文字。后以所作文章呈当世名人，为欧阳修所赏识。曾任秘书省校书郎、霸州文安县主簿等低级职务。在宋代，他与二子苏轼、苏辙并称“三苏”。

《谏论》（上、下）是苏洵的代表作之一。上篇主要论述臣子如何让皇帝纳谏，主张分别情况使用“理谕”、“势禁”、“利诱”、“激怒”、“隐讽”等五种办法，让君主虚心纳谏。下篇倒过来，主旨在论述皇帝怎样让臣子踊跃进谏，无所保留。在下篇的开头，苏洵写道：“夫臣能谏，不能使君必纳谏，非真能谏之臣。君能纳谏，不能使臣必谏，非真能纳谏之君。欲君必纳乎，向之论备矣；欲臣必谏乎，吾其言之。”毛泽东很不喜欢苏洵这种拗口令式的开篇方式，认为是“空话连篇”[1]。

究竟如何让臣子冒死进谏而不顾？苏洵的基本观点是赏罚并用。他认为刑赏不设，就一般的人情而论，臣子是不会冒着“抗天、触神、忤雷霆”的风险而进谏的，除非臣子是那种“性忠义，不悦赏，不畏罪”的人，但这种人无疑是极少的。

为加强自己观点的说服力，苏洵举例说，今有三人，一人勇，一人怯，一人勇怯各半，同时让他们面临渊谷，并告诉他们说：能跳过去谓之勇，不然为怯。那位勇敢的会毫不犹豫地跳过去，但其余两人则不

1《毛泽东读文史古籍批语集》，中央文献出版社1993年版，第101页。

能；这时又发话说：跳过去者赏千金。那位勇怯各半者受到利益驱使，必冒险跳过去。剩下的一位便是怯者了。这时如果有猛虎在后催逼，则怯者不待告而跳，视渊谷为康庄大道。苏洵以此说明，君主欲使臣子进谏，关键在“以势驱之”，只要刑赏得当，则无人不愿进谏。

毛泽东认为苏洵的比喻大为不当，他在《古文辞类纂》中读到《谏论》（下）时批道：“看何等渊谷。若大河深溪，虽有勇者，如不善水，无由跳越。此等皆书生欺人之谈。”[1]言下之意，苏洵譬喻不当，因为如果是大河深溪，跳过去不能光凭勇气，还要看跳者水性如何，否则只能是自取灭亡，即使赏刑并用也无济于事。进一步说，办事要以时间、地点、条件为转移，要具备各种主客观条件。赏、刑历来被视为君主“二柄”，但二柄也并非万能。臣子进谏，除受赏、刑的利诱和威逼外，还会考虑君主的品德和自身的处境，综合权衡利害得失。苏洵将“激之使勇”视为催促臣子进谏的灵丹妙药，毛泽东不以为然，斥之为“书生欺人之谈”。

七 王安石改革失败源于无通识

王安石（公元1021—1086年），字介甫，号半山，抚州临川（今江西抚州）人。北宋著名的文学家、思想家和改革家。他文才超群，二十岁出头便中进士，初授签书淮南判官、鄞县知县、常州知府，嘉祐三年（公元1058年）赴京出任度支判官（相当于财政部部长助理），年仅三十七岁。是年，他向宋仁宗上书主张变法，提出治国以理财为先，要

1《毛泽东读文史古籍批语集》，中央文献出版社1993年版，第102页。

“因天下之力以生天下之财，收天下之财以供天下之费，自古治世，未尝以财不足为公患也，患在治财无其道尔”。1068年神宗即位，王安石以翰林学士、侍从之臣的身份与神宗讨论富国强兵之道，深得神宗赵顼之赏识。

王安石的改革思路为“托古改制”，即从儒家典籍《周礼》（又名《周官》）、《诗经》、《书经》中吸取智慧，“法先王之政”，而其要旨又在“法其意”。为此，他撰写《三经新义》，按照自己的理解对上述三经作了一番新的解释，企图以此减少改革的阻力，但也由此显露了他思想中泥古好古的一面。熙宁二年（公元1069年），王安石出任参知政事（副宰相），次年又升任宰相，开始大力推行其改革计划。

在皇帝的支持下，王安石选拔了吕惠卿等一批他心目中的能臣，组建三司条例司这一改革机构，相继推出“青苗法”、“助役法”、“市易法”、“保马法”、“保甲法”等一大批改革法令，内容涉及经济、行政、文化教育等各个方面，从乡村到城邑各阶层的人们都被卷入到改革的浪潮之中。由于求治太急，官吏又在其中上下其手，改革效果与王安石和皇帝的初衷相去甚远。如“市易法”的本意是国家对贸易实行统一管制，调剂地区间商品的有无盈缺，以便平抑物价。但由于官吏直接插手经济活动，倒卖猖獗，致使物价踊贵，腐败横行。“青苗法”更是怨声载道，与初时抑兼并、济穷困之意相距甚远。苏辙、韩琦等朝野官员接连上书，动摇了宋神宗改革的决心，王安石在熙宁七年被罢相。其后虽复职，但为时甚短，熙宁八年（公元1075年）又再度罢相，王安石从此隐居南京钟山半山堂，抑郁而终。

中国历史上不乏励精图治的改革家，其中成功者如战国时秦国的商鞅那样的人很少，大多数都以失败而告终，而王安石正是其中有代表性的人物。毛泽东早年便很关注历史上改革家的作为和命运。他赞赏商鞅为中国首屈一指的伟大政治家，认为他“务耕织以增进国民之富力，尚军功以树国威，孥贫怠以绝消耗”，正适应了那时群雄争霸的迫切需要；至于王安石，青年毛泽东在写给友人的一封信中评论道："王安石，欲行其意而托于古，注《周礼》，作《字说》，其文章亦傲睨汉唐，如此可谓有专门之学者矣，而卒以败者，无通识，并不周知社会之故，而行不适之策也。"[1]

毛泽东将王安石变法失败的原因归咎于"无通识"、"不周知社会"，诚为一种深刻的见解。早在变法初期，许多大臣如韩琦、曾巩、唐介、孙固等人便向神宗建言，力陈王安石虽博学多才，但议论迂阔，懂经术而不通政务。像他这样的人，担任侍从、献纳之职尚可，若使为政，必与世情人心相违戾，推恩不成，反收积怨。以"青苗法"为例，此法是在青黄不接之时官府贷款给农户，待秋收时农户还本付息。其本意是防止民间高利贷对贫民的盘剥，王安石也认为官府收息符合"周公遗法"。然而，王安石没想到的是，"钱入民手，虽良民不免妄用，及其纳钱，虽富民不免逾限，恐鞭箠必用，州县之事不胜烦矣"。[2]唐代宗时的名相刘晏也说过："使民侥幸得钱，非国之福；使吏依法督责，非民之便。"但王安石对这些一无所知，强行推行"青苗法"，结果非但没有便民利民，反倒成为一项扰民乱政之举。

再者，改革涉及不同人群的利益调整，因此有必要照顾到各方的利益，必要时还要实行妥协和让步。但王安石为人心胸褊狭，狷介少容。凡对改革稍存疑问和非议的人，王安石必欲去之而后快，不稍宽贷。这样，他把自己的老上司韩琦、富弼，举荐者欧阳修、文彦博，朋友司马光、吕公著、韩维、苏轼兄弟等，全都推向了对立面，同时也把支持自己的皇帝置于尴尬的境地。树敌太多、怨谤盈朝的结果便是王安石最终众叛亲离，在南京钟山的半山堂饮恨而逝。这位著名的"拗相公"完

1《毛泽东早期文稿》，湖南出版社1990年版，第22页。

2［清］毕沅：《续资治通鉴》卷六十七。

全不晓妥协、让步等政治艺术，一意孤行地走到黑。毛泽东说他“无通识”、“不周知社会”，是恰如其分的评价。

在北宋一代，王安石享有崇高的文望，其文章、诗词足为士林宗师。“登临送目，正故国晚秋，天气初肃。千里澄江如练，翠峰如簇。归帆去棹残照里，背西风，酒旗斜矗。彩舟云淡，星河鹭起，画图难足……”一首《桂枝香》，引来奖誉无数，连苏轼看后亦惊叹说：“此老真野狐精也！”此外，王安石不好声色，不殖货财，在人格修养上亦堪称楷模。但道德文章上的完美并不足以掩盖他作为改革家的缺失。王安石在政治上富于理想和激情，投身改革也非个人私利驱使，然而其改革举措和推行办法往往脱离社会实际，实施过程中又不肯改过纠错，这就注定了其悲剧的命运。毛泽东对王安石的评价，无异在说王安石长于文学而短于政治。以他的才华，簪笔风议、研求学术为正途，让其承担澄清天下之责则托非其人。

八　司马光的《资治通鉴》写得好

人们说起王安石，但会很自然地联想到他在政治上的对手司马光。但司马光扬名青史，却并非是在政治上的作为，而是他渊博的学识和卓越的史学贡献。

司马光（公元1019—1086年），字君实，陕西夏县（今山西夏县）人，20岁中进士，在仁宗朝由奉礼郎累迁为天章阁待制兼侍讲，英宗时任龙图阁直学士。1068年神宗即位，身为翰林学士的他反对变法，于熙宁三年（公元1070年）出知永兴军。次年王安石拜相，司马光改任西京御史台，职闲事简，于是在洛阳以主要精力主持编纂大型编年体史学巨制《资治通鉴》，历时14年，终于在神宗元丰七年（公元1084年）大功告成。1086年哲宗继位，司马光在高太后的支持下任尚书左仆射兼门下侍郎（宰相），尽罢新法。但他在宰相任上仅八个月便病死。哲宗亲政后，大规模起用新党，继续推行变法，司马光作为保守派领袖被列为“元祐党人”榜首，遭到清算，直到南宋初年才恢复名誉。

司马光在治国理念上与王安石有根本的分歧。他最为推崇西汉初年“萧规曹随”式的保守政治，主张对祖宗之法只可微调，不能大变。作为儒臣，他认同儒家的义利观和政治理想，但在治国方式上却推崇道家清静无为、唯施是畏的思想路径。这种以道家的理念推行儒家政术的保守作风，与王安石那种务激昂、喜更张的激进作风形成鲜明对照，两者之间的冲突和尖锐对立便不可避免。司马光在政治上长期不得志，反而成全他充分发挥其学术专长，编成了堪与《史记》媲美的辉煌巨著《资治通鉴》。

《资治通鉴》原名《通志》，神宗感于此书“鉴于往事，有资于治道”，便给了《通志》一个新的书名。司马光“博学无所不通，音乐、律历、天文、书数皆极妙”，英宗时便受命编写《历代君臣事迹》。大约从此开始，司马光便广泛地搜集包括正史、宫廷档案、民间小说笔记等在内的各种史料，穷竭所有，以至“简牍盈积，浩如烟海”。他将史料分类分时归类，先作“丛目”，次作“资料长编”，最终由其一人修改、润色和定稿。英宗治平三年（公元1066年），《资治通鉴》首8卷（自战国至秦代）编成，取得阶段性成果。在洛阳的14年间，司马光更是殚精竭虑，夜以继日地投入编撰，付出了常人难以想象的艰辛。全书共294卷，涵盖了从周威烈王二十三年（公元前403年）到后周显德六年（公元959年）共1362年的历史。如果加上《目录》和《考异》各30卷，总字数达300多万字。

与纪传体《史记》不同的是，《资治通鉴》采取编年体的形式，以事系年，依次叙述，克服了纪传体史书一事前后屡出、断续相离的短处，更便于从宏观上把握历史脉络。在资料取舍上，司马光采取详今略古、以军事政治斗争为主兼及其他的方法，重点表现国家之盛衰、政策之得失、生民之休戚，“善可为法，恶可为戒”，文字精练且富于辞采，便于帝王“听览不劳而闻见甚博”。《资治通鉴》编成后，好评不断，宋神宗称赞它“贤于荀悦《汉纪》远矣”，因为《汉纪》的内容与班固的《汉书》基本相同，仅在体例中有差别而已。南宋学者王应麟说：“自有书契以来，未有如《通鉴》者。”清代史学家王鸣盛甚至指出：“此天地间必不可无之书，亦学者必不可不读之书也。”由此可见《资治通鉴》在中国史学上的特殊地位。

早在1912年于湖南省立高等中学读书时，毛泽东便从国文老师胡汝霖那里借阅过一部《御批历代通鉴辑览》，受益匪浅，并体悟到自学的好处。《资治通鉴》中关于历代治乱兴衰的故事，培养了他研究历史的兴趣。从此以后，这本书便常伴其左右，尤其是新中国成立后，更成为毛泽东的枕边之书，一有闲暇便拿出来翻阅。据他身边工作人员孟锦云回忆，毛泽东有一段时间读《通鉴》真是入了迷，一读就是半天，累了，翻个身，又读好几个小时，这样持续了很长时间。因为翻阅得太频繁，书中有些破损的页码只能用透明胶粘住。毛泽东曾说，《通鉴》是一部难得的好书，他前后读了十七遍之多，每读一遍都获益匪浅。

1954年冬，毛泽东在与著名历史学家吴晗谈话时说：“《资治通鉴》这部书写得好，尽管立场观点是封建统治阶级的，但叙事有法，历代兴衰治乱本末毕具，我们可以批判性地读这部书，借以熟悉历史事件，从中吸取经验教训。”[1]因为读得精细，思考亦深，毛泽东对这部

1 龚育之等：《毛泽东的读书生活》，三联书店1986年版，第34页。

书有许多自己独到的看法。譬如，该书为什么要从周威烈王二十三年（公元前403年）写起？过去史学家认为是司马光尊崇《左传》，“春秋之文不可删改”，所以《通鉴》只能从战国初年写起，以示上承《左传》之意。但毛泽东不这么认为。在他看来，司马光选择这一年开篇大有讲究，因为这一年发生了一件重大的历史事件，即周天子承认赵、魏、韩“三家分晋”合法。“三家分晋”本来是不合法的，但周天子竟然加以承认，封三家为诸侯。毛泽东对孟锦云说，这位周天子很糊涂，下面乱来，上面还承认，国家焉有不衰败之理？他由此得到启示：“你上面敢胡来，下面凭什么老老实实，这叫事有必至，理有固然。”[1]司马光选择这件事开篇，正是有感于它巨大的鉴戒作用。

再如，《资治通鉴》为什么写军事斗争不惜笔墨，而写经济文化却篇幅很少呢？毛泽东的看法是：“中国的军事家不一定是政治家，但杰出的政治家大多数是军事家。在中国，尤其是改朝换代的时候，不懂得军事，你那个政治怎么个搞法？政治，特别是关键时刻的政治，往往靠军事实力来说话。没有天下打天下，有了天下守天下。有人给《左传》起了个名字，叫做‘相砍书’，可它比《通鉴》里写战争少多了，没有《通鉴》砍得有意思，《通鉴》是一部大的‘相砍书’。”[2]《左传》里写了齐鲁长勺之战、宋楚泓水之战等战事，虽也有趣，但失之简略，而《资治通鉴》所写战争场面更宏大，斗争更复杂，文字更生动。其中对208年赤壁之战的描写，单是开战之前刘备与孙权之间的外交以及东吴内部主和派与主战派之间的矛盾，便写得生动传神，诸葛亮、周瑜、鲁肃、张昭等人的形象呼之欲出。毛泽东因此感叹：“《通鉴》里写战争，真是写得神采飞扬，传神得很，充满了辩证法。它要帮助统治阶级

---

1 薛泽石主编：《跟毛泽东学史》（下），红旗出版社2007年版，第485—486页。

2 范忠程主编：《博览群书的毛泽东》，湖南出版社1993年版，第190页。

统治，靠什么？能靠文化？靠作诗写文章吗？古人说，秀才造反，三年不成。我看古人是说少了，光靠秀才，三十年、三百年也不行噢。”[1] 司马光是文人，是秀才，但他提供给统治者的却主要是从事军事斗争的权谋和方法。司马光不迂腐，洞悉政治斗争的精髓，所以毛泽东认为他不同于一般的文人墨客，《资治通鉴》也是一部了不起的大书。

毛泽东擅长辩证地看待人的升降祸福。在谈到司马光著《通鉴》的原因和过程时他说，司马光可说是有毅力、有决心。他在48岁到60多岁的黄金时代，完成了这项大工程。当然，这段时间，他政治上不得志，被贬斥，这也是他能完成这部书编写的原因。由《通鉴》想到《史记》，毛泽东的感慨更为丰富：“中国有两部大书，一曰《史记》，一曰《资治通鉴》，都是有才气的人在政治上不得志的境遇中编写的。看来，人受点打击，遇点困难，未尝不是好事。当然，这是指那些有才气又有志向的人说的，没有这两条，打击一来，不是消沉，便是胡来，甚至去自杀，那便是另当别论了。司马光晚年还做了三个月的宰相，在这之后，过了一年左右的时间，便死了。死之后，他还接着倒霉，真是人事无常啊。”[2]

司马光比王安石年长两岁，但两人在1086年同一年去世。两位政治上的冤家同时撒手人间，亦可谓命中有缘。毛泽东惋惜王安石改革“不周知社会”，政治家的名声由此大打折扣。与王安石相比，毛泽东更庆幸司马光的才华用对了地方，给后人留下了一部常读常新的史学巨著。这正是成败得失不在一时，时间是最公正的裁判。

1 薛泽石主编：《跟毛泽东学史》（下），红旗出版社2007年版，第485-486页。

2 陈晋主编：《毛泽东读书笔记解析》（下），广东人民出版社1996年版，第977页。

九　苏轼万言书纸上空谈耳

在“唐宋八大家”中，若论人格最完整、才情最丰富、成就最卓越，则非苏轼莫属。即便是放眼整个中华文化史，苏轼仍是光华最为璀璨的几颗巨星之一。他以惊人的文化创造力，为当时以及后世的人们带来了持久的精神愉悦和审美启迪。

生于1037年的苏轼是四川眉山人，天资聪颖，十多岁便博通经史、下笔生辉。宋仁宗嘉祐二年（公元1057年）中进士，初授大理评事，签署凤翔府判官。神宗登基后任开封府推官，因上书反对王安石变法而外放杭州做通判，此后十多年间辗转于密州、徐州、湖州等地任职。1079年因“乌台诗案”而下狱，险些性命不保。出狱后发往黄州任团练副使（相当于如今的武装部副部长），实际上没有任何权力。投闲置散的苏轼在一个名叫“东坡”的小山上盖屋居住，自号“东坡居士”，日日纵情山水，放浪自适，迎来了他文学创作的高峰期。1086年哲宗赵煦即位，时在常州暂居的苏轼终于回到朝廷，任中书舍人、翰林学士等职。哲宗亲政后，苏轼名列“元祐奸党”，被贬往蛮荒的惠州安置，三年后再贬到海南儋州。1101年，宋徽宗即位，苏轼遇赦北上，次年便在常州病故，终年66岁。

“问汝平生功业，黄州、惠州、儋州”，这是苏轼对一生宦迹的总结，自嘲中带有无穷的悲凉。他是个将是非置于利害之上的人，所以无论是改革派还是保守派均不将他列为志同道合的同党，相反都把他视为参劾和排挤的对象。虽然仕途的凶险和长期的流放，但他在文学艺术方面却取得了突出的成就。他兼擅诗词、书画和散文创作，是北宋一代傲视群雄的文化巨匠。

对苏东坡这位绝代才子，毛泽东的评价正反皆有。一方面，他广读乃至精读苏轼的诗词和其他文学作品，许多内容能够背诵如流，并明显流露出钦佩之情。如1959年7月，他在庐山会议期间与贺子珍会面时便说：“东坡居士说得好：‘人有悲欢离合，月有阴晴圆缺，此事古难全。但愿人长久，千里共婵娟。’”[1]贺子珍听后深有同感，两人之间的情感纠结也由此得到释放和舒解。苏东坡的名言对古今相续的人性人情、自然天理概括得如此透彻精当，作为诗人的毛泽东对其文采和哲理的领悟，自然更在一般人之上。

毛泽东还尤为赞赏苏东坡读书的“八面受敌法”。史载：有人问苏文忠公曰：“公之博洽可学乎？”曰：“可。吾读《汉书》，盖数过而始尽之。如治道、人物、地理、官制、兵法、货财之类，每一过博求一事，不待数过而事事精核矣。参伍错综，八面受敌，沛然应之而莫御焉。”毛泽东曾在《关于农村调查》一文中写道：“古人说：文章之道，有开有合。这个说法是对的。苏东坡用‘八面受敌’法研究历史，用“八面受敌”法研究宋朝，也是对的。今天我们研究中国社会，也要用个‘四面受敌’法，把它分成政治的、经济的、文化的、军事的四个部分来研究，得出中国革命的结论。”[2]这就将苏东坡的读书法上升到认识论、方法论的高度了。新中国成立后，毛泽东在《明人百家小说》上再次看到苏轼的上述读书方法时，还批下了“此法好”等评语。

苏东坡在文学史上的成就卓著，所以有关他的传说和逸事也特别丰富。对此，毛泽东与文人雅士会面时经常提及，以助谈兴。1957年6月的一天，毛泽东与文史专家冒广生先生在中南海纵论古今。冒广生说：“诗变为词，小令衍为长调，不外增、减、摊、破四法。蜀后主孟昶的《玉楼春》是两首七绝，经苏轼的增字、增韵而成八十三字的《洞仙

1 刘汉民编著：《毛泽东谈文说艺实录》，长江文艺出版社1992年版，第93页。

2《毛泽东农村调查文集》，人民出版社1982年版，第24页。

歌》。诗词贵简练含蓄。孟昶原作本意已足，东坡好事，未免文字游戏。”毛泽东听后风趣地说：“东坡是大家，所以论者不以蹈袭前人为非。如果是别人，后人早指出他是文抄公了。”[1]

孟昶《玉楼春》两首七绝的内容是：“冰肌玉骨清无汗，水殿风来暗香满。绣帘一点月窥人，欹枕钗横云鬓乱”；“夜深琼户静无声，时见疏星渡河汉。屈指西风几时来，只恐流年暗中换”。苏东坡通过增字增韵，写成83字的《洞仙歌》：“冰肌玉骨，自清凉无汗。水殿风来暗香满。绣帘开，一点明月窥人；人未寝，欹枕钗横鬓乱。起来携素手，庭户无声，时见疏星渡河汉。试问夜如何？夜已三更，金波淡，玉绳低转。但屈指西风几时来？又不道流年暗中偷换。”关于苏东坡《洞仙歌》与《玉楼春》的关系，以及《洞仙歌》本身的艺术魅力，文学史上的评价大有分歧，冒广生与毛泽东的对话属于一家之言，难以说其是定论。苏轼《洞仙歌》虽有蹈袭前人之嫌，但其浅斟低唱之妙、回风雪舞之姿，又非原作所具足。

除了诗词，苏轼的散文创作也别开生面、独步千古。毛泽东读过前后《赤壁赋》等大量苏轼的文章，认为堪称千古名篇，但唯独对苏轼上皇帝的万言书不以为然。在读《新唐书·马周传》时，毛泽东仔细揣摩了马周的一封上唐太宗书，并评论道：“贾生《治安生》以后第一奇文。宋人万言书，如苏轼之流所为者，纸上空谈耳。”[2]苏轼的确写过不少万言书，如熙宁四年（公元1071年）《上神宗皇帝书》便长达一万六千余字。上书建议皇帝“结人心、厚风俗、存纪纲”，不要急躁地全面推行新法，并尖锐地指出神宗皇帝的缺点是“求治太速，进人太锐，听言太广”。平心而论，这篇万言书直抒胸臆，言之有物，并非完

1 刘汉民编著：《毛泽东谈文说艺实录》，长江文艺出版社1992年版，第113页。

2《毛泽东读文史古籍批语集》，中央文献出版社1993年版，第235页。

全意义上的纸上空谈。清代曾国藩家书有云："余平日好读东坡《上神宗皇帝书》，亦取其轩爽也。"

苏轼万言书之所以引起毛泽东的反感，最大的可能是苏轼在政治观点上倾向于保守，主张政策要贵清静、崇简易，追求"事已立而迹不见，功已成而人不知"的境界，反对率尔更张，大动干戈。上书还对商鞅、贾谊等人物颇有微词，指出商鞅变法"虽能骤致富强，亦以召怨天下"，结果使得秦国虽得天下，但旋踵而失；而贾谊建议汉文帝以单于为属国，"则是处士之大言，少年之锐气"，文帝幸好未听从其说，否则将大启兵端。这些观点与毛泽东推崇法家、勇于图新的政治思维与政治风格大异其趣，因而对之作出负面评价，亦在情理之中。

十　朱熹是学问渊博的大学者

以孔孟为代表的儒学，历一千多年的发展，到宋朝演变为严密精巧的理学，而集大成者便是学识渊博的南宋学者朱熹。

朱熹（公元1130—1200年），字元晦，号晦庵，别称紫阳先生，徽州婺源（今属江西）人，侨居建阳（今属福建），19岁中进士，历仕南宋高宗、孝宗、光宗、宁宗四帝，担任过秘阁修撰、浙东常平使等职。作为南宋著名的哲学家、思想家和教育家，朱熹穷览典籍，在经学、史学、文学、乐律乃至自然科学方面都有独创性的贡献。他在哲学上继承和发展北宋程颢、程颐关于理气关系的学说，认为理在气先，气依理存，本源性的理与质料性的气化合为万事万物，即所谓"理一分殊"，如同大自然的"月印万川"。他集理学之大成，构建了一个完整的客观唯心主义体系，与陆九渊为代表的“心学”形成对峙。朱熹的理学在元、明、清三代被奉为官方哲学、儒学正宗，在思想文化领域占据统治地位。他著述甚丰，代表作有《四书章句集注》、《四书或问》、《太极图说解》、《周易本义》、《西铭解》、《紫阳纲目》、《朱子语类》等。

对于朱熹，毛泽东有多角度的认知和评价。据陪伴晚年毛泽东读书的北京大学讲师芦荻回忆，“他对朱熹，一方面指出他的虚伪，说他责打被压迫的妓女，给妓女加上伤风败俗的罪名，而自己却又纳妾；另一方面又指出朱的学问渊博，是个大学者，而且还颇有开通的地方。一方面指出骂曹操为‘汉贼’的正统观念始自朱熹的论著，另一方面又说朱熹的《紫阳纲目》是应该一读的著作”[1]。

理学确有刻板、矫情的一面。尽管朱熹不否认人的基本需求和欲望，但“存天理、灭人欲”的主张却将天理置于和人欲相对立的位置，这不可避免地导致以理制欲乃至以理灭欲，其末流便成为“阳为道学，阴为富贵”。作为理学的开创者，朱熹在实际生活中不乏虚伪的一面，但究竟虚伪到何种程度，当世和后世的人们也见仁见智。

史载，南宋淳熙九年（公元1182年），台州知府唐仲友将台州营妓严蕊、王惠等人落籍，放她们回黄岩与母居住。同年，浙东常平使朱熹巡行台州，因唐仲友在哲学观点上与之有分歧，他出于私愤，于是弹劾唐仲友与严蕊有染，下令黄岩通判抓捕严蕊，并施以鞭笞，逼其招供。严蕊临危不惧，从容辩解说：“身为贱妓，纵合与太守有滥，科亦不至死；然是非真伪，岂可妄言以污士大夫，虽死不可诬也。”此事闹得很大，皇帝派钦差大臣重审此案，释放了严蕊。严蕊为此作《卜算子》一首：“不是爱风尘，似被前缘误。花落花开自有时，总赖东君主。去也终归去，住也如何住？若得山花插满头，莫为奴归处。”朱熹私仇公

1 芦荻：《毛泽东谈二十四史》，载《光明日报》，1993年12月20日。

报，如此对待一位被迫沦落风尘的营妓，大为不当，但他是否真的纳过妾，却难以定论，因为所谓“诱引尼姑二人以为宠妾，每之官则与之偕行”，乃出自“庆元党案”中朱熹的政敌、监察御史沈继祖的一封上书。始作俑者为政敌，其真实性便可怀疑。毛泽东以沈继祖的上书和朱熹的认罪书为凭以说明朱熹的虚伪，虽有根据，但其他旁证则阙如，宋人所写的笔记、野史中均无此事的记载。

朱熹在史学上的贡献主要体现在《紫阳纲目》一书中。该书是他和门人根据司马光的《资治通鉴》、胡安国《资治通鉴举要补遗》等书提供的史料删繁就简、补其未备而编成，完稿于南宋孝宗乾道八年（公元1172年）。其目的是宣扬封建正统论，使“古今难制之变、难断之疑，皆得参验稽决，以合于天理之正，人心之安”。所以有人称它为“《春秋》后第一书”。正是在《紫阳纲目》中，朱熹巩固和发展了东晋史学家习凿齿在《汉晋春秋》中以蜀汉为正统的思想，将曹操置于“汉贼”的地位，这对后来《三国演义》“贬曹扬刘”产生了根本性的影响。南宋偏安江左，与三国时蜀汉的命运颇为相似，朱熹以蜀汉为正统，带有为南宋统治正名的意味。“千秋正统，当有紫阳纲目；托孤数语，常留白帝城头。”这副名联所传达的，正是朱熹论著的观点和影响力。虽然毛泽东不赞同朱熹这种以汉族为中心的封建正统观，更不同意他对曹操的评价，但仍然认为《紫阳纲目》是一部值得一读的书。这或许是因为该书“辞核旨深”，要言不烦，对古今史实多有考证和补遗。早在韶山求学期间，毛泽东便读过明人王世贞依据《紫阳纲目》而改写的《纲鉴》一书，对中国历朝历代的史实有了一个轮廓式的了解。儿时的读书经历，无疑让毛泽东对《紫阳纲目》产生了深刻的印象。

朱熹博览群书，又长于思考，他在讲学、著述和艺文创作中提出了不少名言，如“读书有三到，即心到、眼到、口到”，“日省乎身，有则改之，无则加勉”，“问渠哪得清如许，为有源头活水来”，等等。

对于朱熹的名言，毛泽东记诵得很多，并经常在文章中加以引用，如1949年6月，他在《论人民民主专政》一文中写道："宋朝的哲学家朱熹，写了许多书，说了许多话，大家都忘记了，但有一句还没有忘记：'即以其人之道，还治其人之身。'我们就是这样做的，即以帝国主义及其走狗蒋介石反动派之道，还治帝国主义及其走狗蒋介石反动派之身。如此而已，岂有他哉！"[1]

明、清两代，科举考试以朱熹的《四书章句集注》为范本，考生不得越雷池一步。毛泽东早年在私塾读书时便攻读过"四书"以及朱熹的注解。但后来特别是从延安时期开始，毛泽东对朱熹的注解也有一些不同的看法。如朱熹将《中庸》中的"执其两端用其中"之"两端"释为"众论不同之极致"。毛泽东认为"这个注解大体是对的"，但更准确的解释当为"过"与"不及"[2]。平心而论，"过"与"不及"比"众论不同之极致"在哲学史上更具抽象性和包容性，不失为毛泽东在哲学史上的一个理论贡献。鉴于《四书集注》在中国文化史上的巨大影响力，1972年日本首相田中角荣访华时，毛泽东便以此书作为礼物相赠。

十一　陆游是南宋一位了不起的大诗人

中国是诗的国度，数千年文明史中涌现了大量杰出的诗人。但就个人创作数量而论，陆游现存诗9300余首，恐怕是历朝历代著名诗人中存诗最多的一位。

1《毛泽东选集》第四卷，人民出版社1991年版，第1478页。

2《毛泽东书信选集》，人民出版社1983年版，第146页。

陆游（公元1125—1210年），字务观，号放翁，越州山阴（今浙江绍兴）人。南宋高宗绍兴年间应礼部试第一，但为秦桧所黜。孝宗隆兴初年赐进士出身，先后任县主簿、知州、礼部郎中、枢密院编修等职。壮岁入川，和大将张浚商讨整顿武备，进取中原。乾道九年（公元1173年）入四川宣抚使王炎幕府，提出抗金大计。因坚决主张抗金，陆游屡受当权派的排挤打击，是南宋著名的爱国主义诗人。晚年蛰居家乡，饮恨而终。

在诗词创作方面，陆游“偏于豪放，不废婉约”，多数诗词充满收复中原、重整河山的爱国主义激情，以及理想受挫后暮年英雄心境的苍凉，其雄浑豪放堪比苏轼；但陆游的爱情诗和田园诗又极尽婉约之能事，爱情诗的缠绵悱恻、田园诗的清旷淡远，展示了陆游丰富深邃的内心世界。清代赵翼评价陆游的作品“名章俊句，层见叠出”，最为精当。陆游的许多名句，如“山重水复疑无路，柳暗花明又一村”、“小楼一夜听春雨，明朝深巷卖杏花”等，至今仍被人们时常引用。南宋一代，陆游与辛弃疾、刘克庄在词坛鼎足而立，又与尤袤、范成大、杨万里合称为南宋四大诗人。

陆游的作品特别是其中的名作，毛泽东大多熟记于心。有一次，他问在北京大学中文系读书的邵华最喜爱谁的作品。邵华说是陆游。毛泽东顿时来了兴致，问她为什么喜爱陆游。邵华说：陆游的作品充满了热血沸腾的爱国主义激情，具有雄浑豪放的战斗风格，常常表现出“一自报国有万死”的牺牲精神。毛泽东听了很满意，并乘兴手书了陆游的《夜游宫·记梦寄师伯浑》：“雪晓清笳乱起，梦游处，不知何地。铁骑无声望似水，想关河，雁门西，青海际；睡觉寒灯里，漏声断，月斜窗纸。自许封侯在万里，有谁知？鬓虽残，心未死。”壮志未酬的陆游梦绕山河，仍然怀郁如焚，这在毛泽东看来是最为感人肺腑的忧患和悲愤。

诗人的不幸非仅表现在国事不可为，而且体现在家事的不如意。

陆游与表妹唐婉伉俪情深，只因唐婉不能生育，陆母便强行将他们拆散。离散多年，陆游在沈园重逢唐婉，百感交集，情不自禁地写下《钗头凤》以遣怀：“红酥手，黄藤酒，满城春色宫墙柳。东风恶，欢情薄。一杯愁绪，几年离索，错，错，错；春如旧，人空瘦，泪痕红浥鲛绡透。桃花落，闲池阁。山盟虽在，锦书难托，莫，莫，莫。”这首爱情绝唱曾被改编为戏剧广为流传。一次，毛泽东专列上的服务员姚淑贤与爱人在天津相聚时，特意去欣赏了这出爱情悲剧。回到专列上，姚淑贤把看的戏讲给毛泽东听。毛泽东问戏的名字叫什么，姚淑贤回答是“《凤头钗》”。毛泽东笑着说：“是《钗头凤》。这是陆游写的一首词：《钗头凤·红酥手》。他是南宋一位了不起的大诗人。年轻时就立志‘上马击狂胡，下马草军书’。他的表妹叫唐婉，也是一位有才华重感情的妇女。他们的爱情悲剧在《齐东野语》里有记载。”[1]毛泽东所说的《齐东野语》，是南宋诗人周密所写的一本笔记，主要记载宋、元之际的朝廷大事和文人轶闻，很多史料补正史之不足，是一部很有价值的宋人笔记。

毛泽东对陆游作品的喜爱，还在许多事情上有反映。陆游有首名作叫《示儿》：“死去元知万事空，但悲不见九州同。王师北定中原日，家祭无忘告乃翁。”1958年，文物出版社出版大字本《毛泽东诗词十九首》，在书眉上，毛泽东改写陆游作品《示儿》，作了如下说明：“革命尚未全成，同志仍须努力。港台一带，餮蚊尚多，西方世界，餮蚊成阵。安得起世界各民族千百万愚公，用他们自己的移山办法，把蚊阵一扫而空，岂不伟哉！试仿陆放翁曰：‘人类今闻上太空，但悲不见五洲同。愚公尽扫餮蚊日，公祭无忘告马翁。’”[2]将陆游统一神州的壮怀

1 陈晋、邓振宇等编：《毛泽东评点二十四史·人物精选》，时事出版社1997年版，第1577页。

2 毛泽东就诗词出版所写的说明，见《毛泽东诗词十九首》，文物出版社1958年版。

扩而广之，期盼五洲大同，实现马克思完成世界革命的梦想。其襟怀之壮阔、理想之远大确乎是无与伦比了。

在陆游的作品中，有一首风格凄婉沉郁的《卜算子·咏梅》：“驿外断桥边，寂寞开无主。已是黄昏独自愁，更著风和雨。无意苦争春，一任群芳妒。零落成泥碾作尘，只有香如故。”词的上片写梅的凄凉处境，下片赞美它高雅而倔强的品格。作者托物言志，人、梅合二为一，寄寓着深沉的身世之感。1961年12月，毛泽东步陆游词的原调原韵，创作了一首风格昂扬向上的《卜算子·咏梅》：“风雨送春归，飞雪迎春到。已是悬崖百丈冰，犹有花枝俏。俏也不争春，只把春来报。待到山花烂漫时，她在丛中笑。”毛泽东在创作时的短序中写道：“读陆游咏梅词，反其意而用之。”时年68岁的毛泽东正值国民经济迎来调整时期，为鼓舞战胜困难的斗志，他想到了陆游和他的以梅自喻，并从中得到启示，着意展示冬梅乐观、前驱的品格，将陆游词的风格一变而为积极昂扬。这可视为毛泽东在诗词创作中推陈出新的一个范例。

十二　伟哉虞公，千古一人

虞允文（公元1110—1174年），南宋隆州仁寿（今属四川）人，字彬父，一作彬甫，高宗绍兴二十三年（公元1153年）中进士。绍兴三十年（公元1160年）出使金国，见其大举运粮造船，归请加强防御。在南宋一代，虞允文是坚定的抗金派，并因为率军在1161年取得“采石大捷”而闻名朝野。

绍兴三十一年（公元1161年），身为中书舍人的虞允文临时出任督视江淮军马府参谋军事，前往采石（今安徽当涂境内）犒师。时主将王权罢职，新的将领李显忠尚未到任，三军无主，而金主海陵王完颜亮正拟渡江，形势对南宋极为不利。更糟糕的是，南宋官军三五成群枯坐路旁，军心涣散，皆欲弃马渡江，放弃阵地。虞允文的随从见此情况，赶快奉劝他返回江南，并说："事势至此，皆为他人坏之。且督府直委公犒师耳，非委督战也，奈何代人任责。"意思是说，你的职责是看望慰劳军队，不是前去督战的，没有必要代负责任。

虞允文不听，策马赶往采石。时江北敌营旌旗招展，人数达数十万，而王权手下的余兵不过一万八千人，马数百匹而已。虞允文毫不退缩，他召集统制张振、王琪、时俊、戴臯、盛新等人集会，对他们说："敌万一得济，汝辈走亦何之？今前控大江，地利在我，孰若死中求生？且朝廷养汝辈三十年，顾不能一战报国？"虞允文的慷慨陈词和义不容辞的责任感，唤回了官军的斗志，于是他与时俊等人谋划，"整步骑于江岸，而以海鳅及战船载兵驻中流击之"。是役大败金兵，完颜亮仓皇北去，南宋转危为安。毛泽东在读《续通鉴纪事本末》有关"采石之役"的记载时，被虞允文知大体、循大义的行为深深打动，提笔在书上批了八个字："伟哉虞公，千古一人。"[1]在毛泽东看来，虞允文身为文人，又无督战之职，但却在紧要关头挺身而出，为国立功，其人格的伟大于此彰显无遗。

"采石之役"是南宋唯一击败金兵渡江的战役，在宋金战争史上具有重要意义。虞允文因此在朝野上获得很高声誉。1162年，他出任川陕宣谕使，与大将吴璘共谋进取，收复陕西数郡。宋孝宗乾道五年（公元1169年），虞允文出任宰相，任用胡铨、王十朋等人刷新政治、颇著清望。乾道八年（公元1172年）再次出任四川宣谕使，在任年余病故。

1《毛泽东读文史古籍批语集》，中央文献出版社1993年版，第315页。

《宋史·虞允文传》记载：虞允文“文姿雄伟，长六尺四寸，慷慨磊落有大志，而言动则有度，人望而知为任重之器。早以文学致身台阁，晚际时艰，出入将相垂二十年，孜孜忠勤无二焉”。自古将帅，有重任在身而逃避责任者，有临阵畏怯而败逃者，虞允文却在危难之际揽责自效，并以劣势兵力战胜虎视眈眈的敌人，的确担得起“千古一人”的美誉。

十三　成吉思汗只识弯弓射大雕

在人类历史上，蒙古族曾建立起一个横跨亚、欧两大洲的庞大帝国，到极盛时，除元朝所统治的地域之外，还包括钦察汗国、察合台汗国、窝阔台汗国和伊利汗国。其版图东到大海，西至多瑙河畔，北至西伯利亚，南至印度河流域，诚可谓天下之大，奄有其半。而奠定这一庞大帝国基础的，便是横空出世的天才军事家、政治家成吉思汗。

成吉思汗（公元1162—1227年），名铁木真，孛儿只斤氏，乞颜部人。元朝建立后追封其为太祖。“成吉思”为大海之意，喻其胸怀和事业像大海一样广大。出身贵族的成吉思汗体貌雄伟、韬略过人，他从12世纪80年代称汗起，历二十来年征战，逐步打败札木合、泰赤乌、乃蛮等部落，成为蒙古高原最大统治者。1206年，成吉思汗在斡难河（今蒙古鄂嫩河）源召开忽里台大会，即蒙古国大汗位。

蒙古汗国成立前后，成吉思汗制定了新的军事、政治、法律等制度，他以“千户制”取代了旧有的氏族部落体制，既巩固了统治，又为征战确立了高效的军事单位。登汗位后，成吉思汗率其子孙开始了大规模的军事征服。公元1211年和1215年，他两次率军大举进攻金国，占领中都（今北京）。公元1219年，他发动蒙古军的第一次西征，消灭了花剌子模，在喀勒河打败斡罗思和钦察联军，版图扩充至中亚地区和南俄，并把新占领地分封给长子术赤、次子察合台和三子窝阔台。1226年，他进攻西夏，次年病逝于六盘山。在长期的征伐活动中，成吉思汗展现了杰出的军事才能。他采取联远攻近的战略，力避树敌太多，用兵注重详探敌情、分割包围、远程奇袭、佯攻诱敌，在运动战中消灭敌人。《元史》评价他“深沉有大略，用兵如神”。成吉思汗的军事行动，克服了古代陆路交通的障碍，促进了亚、欧各民族的融合和经济文化交流，但也表现出游牧民族征战时特殊的野蛮和残酷性，行军所到之处常常屠灭居民，焚毁城池，造成深重的人道灾难。

“一代天骄，成吉思汗，只识弯弓射大雕。”这是毛泽东在《沁园春·雪》中对成吉思汗的评价。一方面，成吉思汗诚为“一代天骄”，就征战的地域来说，秦皇汉武的穷兵黩武，比之成吉思汗如同儿戏；另一方面，成吉思汗又“只识弯弓射大雕”，属于和刘邦、朱元璋同类的“大老粗”式的人物。不过毛泽东历来强调，不要小看“大老粗”式的人物，有些老粗能办大事。据美国学者特里尔《毛泽东传》一书记载，1935年至1936年间，毛泽东十分注重对少数民族的统战工作，他号召蒙古人与中国共产党携手合作，“保存成吉思汗时代的荣耀”[1]。成吉思汗式的风流虽成往事，但其精神感召力却亘古长存。他惊天地、泣鬼神的征战活动和“横扫千军如卷席”的英雄壮举，都时不时在毛泽东心中引起强烈的共鸣。

1（美）R·特里尔：《毛泽东传》，河北人民出版社1989年版，第176页。

十四　安南王对元军避其锐气

占城、安南是中南半岛上的两个小国。元朝统一中国后，占城王曾经遣使称臣。但元世祖忽必烈并不满足于此，而是想把占城变成元朝直接管辖下的一个行省。占城王补的不从，忽必烈于是在至元二十年（公元1283年）春派大将唆都攻入占城国。占城国王补的率众“遁入山谷”，后伺机反攻，并断绝元军归路。唆都经历殊死一战才勉强生还。

忽必烈不甘心失败，至元二十一年（公元1284年）又以安南与占城通谋为由，提出借道安南以进攻占城，并在安南征集粮饷以助军用。安南王陈日烜先是“遣兵分道拒守境上”，失败后率主力遁走，后来趁元军发生疾疫之际实施反攻。元军大败，唆都等人战死沙场。至元二十四年（公元1287年）春，忽必烈复诏大将脱欢督率右丞程鹏飞、参知政事樊楫等再次进击安南。

《元史纪事本末》一书记载：“鹏飞与楫等分兵三道，水陆并进，凡十七战皆捷，遂深入其境。安南王日烜，弃城走于海。”毛泽东对元朝征伐安南的史事很有兴趣，他在读到上述记载时批道：“所谓十七战皆捷，只是避其锐气耳。”[1]正如毛泽东所评点的那样，安南王陈日烜是一位卓越的军事战略家，他“弃城走于海”的举动，完全是《孙子兵法》所说的“避其锐气，击其惰归”。待到元军军心动摇、再染疫病时，陈日烜马上聚集三十万大军进行反攻。元军死伤惨重，樊楫等人战死，脱欢拼死力杀出重围，无功而返。

忽必烈在位35年，对安南用兵屡战屡败，毫无建树。1295年，忽必烈去世，皇孙铁穆耳继位，是为元成宗。元成宗吸取乃祖征伐安南的教训，“罢安南兵，释其使归国”，恢复与安南讲和修好的路线。

1《毛泽东读文史古籍批语集》，中央文献出版社1993年版，第325页。

占城、安南抵抗元朝大军，创造了以弱胜强、后发制人的经典战例，这与毛泽东的军事生涯有很强的相似性和类比性。他关注这些战例，反映了他广泛研究古代战史，并从中总结一般规律的浓厚兴趣。

十五 《董西厢》读两遍不算多

金、元之际董解元的《西厢记诸宫调》（简称《董西厢》）是在唐代传奇小说《莺莺传》的基础上创作而成。董解元为人狂放不羁，蔑视礼教，具备深厚的文化修养，尤其对民间文艺形式如变文、鼓子词、转踏、唱赚等颇有兴趣和心得。他对仅有三千字的《莺莺传》的故事情节和人物形象加以改造，将作品主题上升为争取恋爱婚姻自由的青年男女与封建家长之间的斗争，并以雅俗平行的文字刻画人物形象，张生、崔莺莺、红娘、法聪等人物声口毕现，惟妙惟肖，特别富有生活气息和复杂情致，总字数达五万多字。《董西厢》对后来王实甫的杂剧《西厢记》有重要影响，但各有千秋，是表现同一主题的两个杰出作品。

毛泽东在很多场合盛赞过董解元写的《西厢记诸宫调》。1962年12月，在一个周末舞会上，毛泽东与时在中央办公厅秘书室工作的崔英再次见面，感到非常高兴，关切地询问她是哪里人，并开玩笑地说："你叫崔英，你的爱人可能是姓张了？"崔英一下子没有反应过来，不知道怎么回话。毛泽东点拨道："你读过《西厢记》吗？"崔英恍然大悟，明白了毛泽东问话的用意，便情不自禁地笑了起来，接着告诉毛泽东，她读过王实甫的《西厢记》。毛泽东说："你应该再读读董解元写的《西厢记诸宫调》，那本写得好，文词写得美，文字精炼细腻，读两遍不嫌多。”[1]崔英表示一定会遵嘱认真读一读这本书。

诚如毛泽东所言，《董西厢》的语言艺术堪称一流，文词精工巧丽，备极才情，如描写莺莺出场一节：

> 整整齐齐忒稔色，姿姿媚媚红白。小颗颗的朱唇，翠弯弯的眉黛。滴滴春娇可人意，慢腾腾地行出门来。舒玉纤纤的春笋，把颤巍巍的花摘。低矮矮的冠儿偏宜戴，笑吟吟地喜满香腮。解舞的腰肢，瘦岩岩的一搦。簌簌的裙儿前刀儿短。被你风韵韵煞人也猜！穿对儿曲弯弯的半折来大弓鞋。

董解元使用大量生动的“叠词”，极尽婉转地描写崔莺莺的体态和神态，一个娇花临水、风姿绰约的主人翁形象便淋漓尽致地呈现出来，让人心驰神往。

《董西厢》中的妙言佳句可谓层出不穷，雅致清新的如“澄澄水印千江月，淅淅风筛一岸蒲”、“行色一鞭催瘦马，羁愁万斛引新诗”、“悲欢离合一杯酒，南北东西万里程”；俚语传神的则有“住了念经，罢了随喜，忘了上香”、“月儿明，夫人劣，狗儿恶”、“莲步小，脚儿忙；柳腰细，裙儿荡”，等等。此种雅致而不致艰涩、俚俗又不落粗鄙的语言艺术，是毛泽东最为欣赏和推崇的。毛泽东熟读过王实甫的《西厢记》，对其中优美的文词如《长亭送别》也大加赞叹。有次，他给芦荻解释江淹《恨赋》中“雄图既溢”的“溢”字，还大段地背诵了其中的一段：“泪添九曲黄河溢，恨压三峰华岳低……”但两相比较，毛泽东认为杂剧《西厢记》的文词清丽雅驯，文人气息太浓，反倒是《董西厢》雅俗并行，写景摹人更加生动传神。

---

1 刘汉民编著：《毛泽东谈文说艺实录》，长江文艺出版社1992年版，第119页。

第十四章

毛泽东评点明王朝

明朝有将近300年的历史，兴衰治乱的轨迹在《明史》中历历可见。在前期，朱元璋、朱棣父子横空出世，蹈厉奋发，奠定了大明王朝数百年的基业。之后有所谓“仁宣之治”，实则在守成中渐渐消磨了进取的斗志。到嘉靖当政，初期尚有振作之象，不久便朝政紊乱，乱象环生。万历初期张居正改革犹如回光返照，过后就江河日下，病入膏肓。明朝有许多昏庸的皇帝，如醉心修道的明世宗朱厚熜、几十年不见朝臣的明神宗朱翊钧、热衷于水戏和木匠活的明熹宗朱由校就是其中最突出的代表。明朝末代皇帝朱由检在内忧外患中走投无路，最后竟然吊死在煤山。他死前以发覆面，以示“无面目见祖宗”。一代王朝就此凄然谢幕。

在“二十四史”当中，《明史》是毛泽东圈点最多、体悟最深的史书之一。除了《明史》，毛泽东还广泛涉猎过与明朝有关的大量史料，如《明史纪事本末》、《明实录》、《明诗综》、《明诗别裁集》、《明人百家小说》以及各种有趣的野史稗乘、笔记小说，丰富的知识储备，使得他对明史可以做到信手拈来，涉笔成趣。

在对明史的研读过程中，毛泽东从资政育人、传承文化的角度发表过许多评论。这些评论带有相当突出的个人风格，不少是发前人之所未发，补前人之所未逮，展示了一代政治家和文学家不同寻常的历史洞察力和艺术鉴赏水平。

一 对朱元璋不要写得那么坏

1964年5月，毛泽东在一次谈话中说：“《明史》我看了最生气。明朝除了明太祖（朱元璋）、明成祖（朱棣）不识字的两个皇帝搞得比较好，明武宗、明英宗还稍好些以外，其余的都不好，尽做坏事。”[1]这段话可视为毛泽东对明史的整体印象和基本评价。

一生壮怀激烈的毛泽东研究各朝历史，喜欢兴旺发达的上升时段，而厌恶曲倦灯残的没落岁月，尤其是铿锵激越的开场锣鼓，更是令他“神旺”。至于历史的转折点，他也颇为留意。研究明史也是这样。他特别推崇朱元璋、朱棣父子纵横四海、开疆拓土的峥嵘气象，琢磨起来兴味无穷。

明朝开国皇帝朱元璋（公元1328—1398年），幼名“重八”，濠州钟离（今安徽凤阳）人，在历史上是一个具有传奇色彩的人物。他出身贫贱，当过地主的牧童，后在皇觉寺出家，成为一个落魄的和尚，处在社会的最底层。在元末农民大起义中，他乘时而起，参加郭子兴的红巾军，并后来居上，逐步剪灭群雄，底定海内，十五载而成帝业，是继刘邦之后又一个出身微细、起自草莽的平民皇帝。朱元璋和刘邦、成吉思汗一样，都属于不识字或识字不多的“大老粗”，却能创造许多知识

1 陈晋主编：《毛泽东读书笔记解析》（下），广东人民出版社1996年版，第990页。

分子望尘莫及的巨大功业，而历史上许多饱读诗书、才情婉转的人物如陈后主、隋炀帝、李后主、宋徽宗等或父死子继，或兄终弟及而登上皇位，但都在身名俱辱中凄凉收场，显得极不称职。毛泽东对这种现象深有感触，他通过对比，得出了不要小看“大老粗”，“老粗出人物”的历史论断。

朱元璋大字不识几个，却善于从战争中学习战争，见事快，得计早，多谋而又善断，比起汉末袁绍等多端寡要的人物不知要高出多少倍。《明史》赞誉朱元璋“肇造之初，能沉几观变，次第经略，绰有成算”，实非虚词。毛泽东对朱元璋卓越的军事才能寄予过很高的评价，曾说“自古能军无出李世民之右者，其次则朱元璋耳”[1]。李世民创造了许多以弱胜强的经典战例，最符合毛泽东的军事思维，而朱元璋之所以紧随李世民之后排名第二，是因为他宏观的军事分析和运筹能力深得毛泽东的赞许。要明白这一点，只要看看朱元璋与陈友谅的战事便可豁然开朗。朱元璋在北定中原之前，在江南主要面对两股势力，一是陈友谅，一是张士诚。本来张士诚尤为逼近朱元璋的地盘，所以有人建议他先打张士诚。但朱元璋经过分析对比，却先置张士诚于不顾，而首先解决陈友谅。其理由是陈友谅素性骄傲，而张士诚器量狭小，两相比较，“志骄则好生事，器小则无远图，故先攻友谅”。果然，朱元璋与陈友谅在鄱阳湖决战时，张士诚徘徊观望，“卒不能出姑苏一步以为之援”。陈友谅既灭，张士诚顿成累卵，不久便为朱元璋所败。朱元璋后来回忆说，如果先打张士诚，“浙西负固坚守，友谅必空国而来，吾腹背受敌矣”。这就是两种不同的战略安排所带来的截然不同的效果。在北定中原的过程中，朱元璋又采取先山东、次河洛、后秦陇的作战方针，如愿以偿地达到了他的战略目的。

1《毛泽东读文史古籍批语集》，中央文献出版社1993年版，第66页。

在中国现代战争史上，毛泽东指挥的诸多战事，在新的思维制高点上吸纳并综合了李世民“以弱胜强”、朱元璋“次第经略”的思想，形成“集中优势兵力，各个歼灭敌人”的战略原则。人类的智慧和想象力是在继承中逐步提升的。朱元璋的成功经验，让毛泽东领略到在不同战略阶段分清主次、逐步拓展的极端重要性，其“不要四面出击”、“不打无把握之仗”等思想均有深厚的民族历史渊源。

朱元璋与刘邦、成吉思汗等“大老粗”胆气超群，在乱世中敢于出头，勇于任事，不像知识分子那样做事瞻前顾后，放不开手脚。但是单凭这一点也并不足以成大事。朱元璋得刘邦之心法，善于将知识分子的谋略、智慧为其所用。刘伯温、宋濂、朱升、章溢、叶琛等一批饱学之士聚集在他的周围以备顾问，使之左右逢源，如虎添翼。文武雄才极一时之盛，共襄盛举，方才成就了朱元璋奄奠宇内的梦想。

1953年2月，毛泽东与儒将陈毅同游南京紫金山，共发思古之幽情。明孝陵的墓堂北墙上画有朱元璋的全身像，一张瘦脸，嘴唇肥厚，鼻孔向上翻着，活像一张猪脸。陈毅看了大笑，并兴致勃勃地讲起关于朱元璋的一些传说故事：“这个朱洪武啊，怕有人刺杀他，所以故意要画家画成这个样子，其实他长得并不这样难看。朱洪武死后，据说南京的四个城门同时出殡，迷惑人们，不知道哪个棺木里装的是真朱洪武。他怕后人盗墓，可谓用心良苦也！”毛泽东接着说：“朱洪武是个放牛娃出身，人倒也不蠢。他有个谋士叫朱升，很有见识，朱洪武听了朱升的话‘广积粮、高筑墙，缓称王’，最后取得了民心，得了天下。”[1] 这里所谓的“高筑墙”，大概是指加固加高城墙，以增强防卫能力的措施。朱棣等承其遗志，更将长城的土墙加固成砖墙，并增设了许多烽火

1 1953年2月23日毛泽东同陈毅等人的谈话，见王鹤滨：《紫云轩主人——我们接触的毛泽东》，中共中央党校出版社1991年版，第88页。

台。众所周知，在20世纪70年代，毛泽东提出过“深挖洞、广积粮、不称霸”以及“备战、备荒、为人民”的两个基本口号。这显然是从朱元璋的策略中发展而来的。朱元璋打天下时十分注重知识分子的作用，毛泽东更是这样。他在延安时期撰写的《大量吸收知识分子》等重要文章，其着眼点也是文武两手并用。

毛泽东对朱元璋怀有一种特别的感情，对如何评价这位历史人物也有自己的定见。1948年11月，明史专家吴晗辗转来到河北平山县的西柏坡，将他在同年8月份写完准备再版的《朱元璋传》的修改稿送请毛泽东阅正。正在指挥解放战争的毛泽东挤出时间仔细阅读了书稿，还特地约请吴晗深谈了两次。隔了几天，毛泽东在退还《朱元璋传》原稿时，还特地给吴晗写了信。信中说：“两次晤谈，甚快。大著阅毕，兹奉还。此书用力甚勤，掘发甚广，给我启发不少，深为感谢。有些不成熟的意见，仅供参考，业已面告。此外尚有一点，即在方法问题上，先生似尚未完全接受历史唯物主义作为观察历史的方法论。倘若先生于这方面加力用一番功夫，将来成就不可限量。”[1]

此信对吴晗苦心为朱元璋立传称道有加，但又指出吴晗“似尚未完全接受历史唯物主义的方法论”。从中不难看出，毛泽东和吴晗在对朱元璋的评价上存在一定差异。在毛泽东眼中，是底层人民在创造历史，历史上的农民起义都程度不同地推动了历史的进步。朱元璋作为农民起义的首领，亦当作如是观。而吴晗的《朱元璋传》却以朱元璋影射蒋介石，显然没有贯彻唯物史观的阶级观点。新中国成立后，吴晗根据毛泽东的意见，从1954年开始用了整整一年的时间重新写了《朱元璋传》。1955年春油印出100多份，再次呈送毛泽东以博指教。毛泽东又认真通读了一遍，在书中多处用铅笔画了直线、曲线等符号和着重号。如今在

1 《毛泽东书信选集》，人民出版社1983年版，第310页。

中南海毛泽东故居书房里，还保存着这本吴晗写着“送毛主席，请予指正”的上、下两册十六开油印书稿。毛泽东对吴晗的修改表示满意，同时指出：“朱元璋是农民起义领袖，是应该肯定的，应该写得好点，不要写得那么坏（指朱元璋的晚年）。”[1]1964年，吴晗根据征集来的各方意见，利用病休时间再一次对书稿作了修改。1965年正式出版。在该版序言中，吴晗对自己写这本书历时二十载、四易其稿过程中的思想变化作了交代，其中坦承原稿“给历史上较为突出的封建帝王朱元璋以过分的斥责”。

朱元璋是一个复杂的历史人物。其晚年以猛治国，用严刑峻法惩治贪污，澄清吏治，虽然使人人自危，但也反映出他虽身居九五之尊，原来身处草根阶层的无奈和怨苦仍在他心中刻下了磨灭不去的烙印。比起那些穷奢极欲、风流成性的皇帝来，朱元璋还算俭约自持。朱元璋晚年猜忌日甚，错杀了许多人，这一点特别为后来人所诟病。毛泽东并不是认为朱元璋没有过错，只是认为对他应采取基本肯定的态度，“应该写得好点，不要写得那么坏”。

毛泽东对朱元璋的经历研究得相当仔细，甚至一些具体的历史环节也不放过。比如，元至正二十四年（公元1364年）春，朱元璋在即“吴王”位后亲自率兵征伐武昌，一举荡平“汉、沔、荆、岳”等地区。毛泽东读到《明史》涉及此事的时候批道：“不令诸子孙统兵作战，失策。”[2]在他看来，朱元璋应该让诸子孙在枪林弹雨中经受锻炼，不能让他们坐享其成。

1 陈晋主编：《毛泽东读书笔记解析》（下），广东人民出版社1996年版，第1165页。

2《毛泽东读文史古籍批语集》，中央文献出版社1993年版，第284页。

二　朱棣始终以索战犯为词

明成祖朱棣（公元1360—1424年），是朱元璋的四子，母亲为孝慈高皇后。洪武三年（公元1370年）封燕王，十三年（公元1380年）入藩北平。《明史·成祖本纪》载："王貌奇伟，美髭髯。智勇有大略，能推诚任人。二十三年，同晋王讨乃儿而不花，晋王怯不敢进，王倍道趋迤都山，获其全部而还。太祖大喜，是后屡帅诸将出征，并令王节制沿边士马，王威名大振。"作为驻守北疆的藩王，朱棣的胆气、韬略远在其兄弟之上，并深得父亲的赏识。

因太子朱标早逝，1398年朱元璋死后即由长孙朱允炆继位，是为建文帝。朱允炆见诸叔拥兵自重，多为不法，内心惶恐不安，于是采纳大臣齐泰、黄子澄等人的建议而削藩，以免重蹈西汉"七国之乱"、西晋"八王之乱"的覆辙。在此背景下，燕王先是佯狂称疾，韬晦避祸，后则与谋士姚广孝等密谋起兵。他援引"朝无正臣，内有奸恶，则亲王训兵待命，天子密诏诸王统领镇兵讨平之"的祖训，举起"靖难"、"清君侧"的旗帜以号令天下。建文四年（公元1402年），朱棣率军攻破南京，随后即皇帝位，杀齐泰、黄子澄、方孝孺等所谓奸臣，并灭其族。

毛泽东在读清人谷应泰所撰《明史纪事本末》时仔细揣摩了朱棣造反夺取皇位的过程，并多有评论。朱棣在与南京对峙的过程中出生入死，打过许多漂亮的胜仗，特别是建文二年（公元1400年）的白沟河战役（战场在今河北雄县），朱棣将李景隆等率领的勤王之师打得大败，使其"委弃器械辎重山积，斩首及溺死者十余万"。但在随后的东昌战役中，朱棣骄傲轻敌，结果被盛庸等击败，被擒斩万余人，"燕兵大败，遂北奔"。当时朱棣身处重围，左冲右突，奋力死战才得以逃脱。毛泽东在对比了两次战役之后评论："白沟河大胜之后，宜有此败。”[1]这就是说，朱棣被胜利冲昏了头脑，注定会有闪失。我们知道，毛泽东曾多次告诫军事将领不要“犯大胜之后骄傲的错误”，想必是从中得到过启发。

朱棣后来重整旗鼓，千里奔袭，竟然兵临南京城下。建文帝多次派人前往朱棣大营，许以割地求和。但朱棣不为所动，口口声声要捉拿“奸臣”，显出咄咄逼人的架势。毛泽东读至此写道：“始终以索战犯为词，使南京无法答允。”[2]言下之意，朱棣是有意将矛盾尖锐化，以遂其夺取天下之志。朱棣兵临南京城下，实际上是孤军深入，带有相当的冒险性。这时如果朱允炆弃城而走，作战略转移，未见得没有东山再起的机会。可是方孝孺等人竟无半策匡时艰，“唯剩一死报君王”。方孝孺以名节自励，一心想以死留名千载，实际上形同愚人。朱棣令其草即位诏不果，威胁道：“你不怕灭了你的九族吗？”哪知方孝孺说：“灭十族又何妨！”结果陪方孝孺去死的亲戚、学生竟达八百余人。毛泽东对这位智谋不足、呆滞有余的书生没有什么好印象。据陈伯达回忆，他有一次向毛泽东推荐方孝孺写的《深虑论》，毛泽东说：“他自己的命运怎么样？他自己的命运都虑不到，还谈什么深虑？”[3]

朱棣登上皇位后不久迁都北京，并屡次北征。在其治下，幅员之广超迈汉唐，受朝命而入贡者几达三十国，可谓武功赫赫，威震殊俗。特别是他迁都北京更是明智之举，南京这座城市，曾有东吴、东晋、宋、齐、梁、陈、南唐等王朝在此建都，最长的东晋也不过103年，其他都属短命王朝。朱棣迁都北京奠定了明朝近300年的基业，其雄武之略不减乃父，所以毛泽东称赞朱元璋、朱棣父子在位“搞得比较好”，同属

1《毛泽东读文史古籍批语集》，中央文献出版社1993年版，第331页。

2《毛泽东读文史古籍批语集》，中央文献出版社1993年版，第332页。

3 陈晓农编撰：《陈伯达最后口述回忆》，阳光环球出版香港有限公司2005年版，第255-256页。

于有作为的皇帝。

三 嘉靖皇帝"昏庸老朽"

明朝由盛到衰，嘉靖当政是重大的转折点。但人们谈到明朝的历史，大都以为万历皇帝对明朝走向灭亡负有重大责任，认为明朝"实亡于万历"。特别是美籍华人学者黄仁宇的《万历十五年》一书出版后，更加深了这种印象。其实不然。《明史》在评价嘉靖皇帝时写道："若其时纷纭多故，将疲于边，贼讧于内，而崇尚道教，享祀弗经，营建繁兴，府藏告匮，百余年富庶治平之业，因以渐替。"所以明朝真正走下坡路，是从嘉靖开始的。

毛泽东对嘉靖皇帝很不以为然，说他"炼丹修道，昏庸老朽，坐了四十几年天下，就是不办事"[1]。这个评价恰如其分。在明朝皇帝中，嘉靖的身份比较特殊。他本是明武宗的堂弟，封地在湖北安陆（今钟祥市）。武宗死后没有子嗣继位，在此情况下，慈寿皇太后与重臣杨廷和等定策，决定由朱厚熜以藩王身份入继大统。于是朱厚熜在太监谷大用等人的护送下日夜兼程赶往京师，深恐这天降之喜中生变故。嘉靖初登大位，感觉不错。他大刀阔斧地革弊图新，裁汰特务机关，广行宽恤之政，颇有明君气象。但不久便玩弄权术，耽于享乐。他倚重严嵩等奸臣残害忠良，经常廷杖大臣，又特别崇信道教，醉心于斋醮、方术、祥瑞等无聊之事。鉴此，秦金、杨爵、海瑞等大臣前赴后继，轮番进谏，希望嘉靖振作如初。

1 胡长明：《毛泽东评点大明王朝》，见《党史博览》，2007年第5期。

御史杨爵沉痛极谏道："陛下即位之初，励精图治，尝以《敬一箴》颁示天下矣。乃数年以来，朝御希简，经筵旷废。大小臣庶，朝参辞谢，未得一睹圣容。"他期望嘉靖"念祖宗创业之艰难，思今日守成之不易，览臣所奏，赐之施行"。可是嘉靖览书大怒，将杨爵下诏狱论罪。毛泽东在读《明史・杨爵传》时旁批了四个字："靡不有初。"[1]下笔似有无限感慨。"靡不有初，鲜克有终"这句话见诸《诗经》，意思是说人们做事大多有一个良好的开端，但很少有人能够善始善终。

杨爵得罪后，朝臣无敢言时政者，唯独海瑞冒死进谏。他上书痛批嘉靖"竭民脂膏，滥兴土木"，其所作所为"不及汉文帝远甚"。毛泽东熟读《明史・海瑞传》，被海瑞等忠直之士在国难当头时表现出来的气概所打动。1959年4月上海会议期间，他大倡"海瑞精神"，号召大家就"大跃进"、人民公社化以来的种种失误大胆陈言，将"五不怕"精神与海瑞的直言进谏结合起来。他说：明朝皇帝对臣下严酷，廷杖至死，还是堵塞不了言路。无非是五不怕：不怕撤职，不怕开除党籍，不怕离婚，不怕坐牢，不怕杀头。因此，要学习海瑞精神，敢于批评嘉靖。还说："海瑞这个人对皇帝骂得很厉害，骂嘉靖是'家家皆净'，还把这话写在给皇帝的上疏里，很不客气。皇帝看了，几次丢在地上，又几次拾起来看一看，想一想，觉得海瑞这个人还是好人。但终究把他关起来，准备杀掉。有一天，看监人忽然拿酒菜给海瑞吃，他很奇怪，便问看监的老头，才知道嘉靖皇帝死了。他大哭，把吃的东西都吐了出来。尽管海瑞攻击皇帝很厉害，对皇帝还是忠心耿耿的。"[2]

在这次会议上，毛泽东提到他曾建议彭德怀读《明史・海瑞传》，又问周恩来看过没有，周恩来说看过了。上海会议后，彭德怀到东欧访

1《毛泽东读文史古籍批语集》，中央文献出版社1993年版，第285页。

2 陈晋主编：《毛泽东读书笔记解析》（下），广东人民出版社1996年版，第1118页。

问前，专门读了海瑞的事迹，有半月时间，那本载有《海瑞传》的《明史》常置案头。毛泽东这样不厌其烦地向大家推荐海瑞，从一个侧面反映了他期望党内讲真话，以便及时纠正政策失误的急迫心情。

但在另一方面，毛泽东对党内出"海瑞"尚缺乏足够的心理准备。早在1958年3月的成都会议上，毛泽东在提倡讲真话的同时，就提醒大家讲话要善于选择说话的时机，不讲策略也不行。他举例说："明朝反魏忠贤的那些人，不讲策略，自己被消灭，当时落得皇帝不喜欢。"就是在上海会议大倡"海瑞精神"期间，毛泽东还私下对人说："讲海瑞，我很后悔。可能真正出了海瑞，我又受不了。少奇等是在我身边多年的战友，在我面前都不敢讲真话。我把问题交给少奇、恩来他们办，自己退到二线。但过一段后又'不安分'，实际上还是一线。我想把整个中国要紧的事情办定。建设社会主义从欧洲到中国还不是很清楚的，我们不能吃人家吃过的馍馍，活着，多搞一点，比少搞一点好。我有信心，但是，大家想的是否一致，我有顾虑。"[1]在毛泽东眼中，"三面红旗"在大方向上是没有错的，错则错在具体政策上，所以在原则问题上没有讨论的余地。正因为如此，当时胡乔木分析说，毛泽东号召大家学海瑞，实际上还是要求不要出"海瑞"式尖锐的人物。

毛泽东在对"海瑞精神"上的矛盾心理，说明从历史中吸取教益也并非一件易事，它受到当政者主客观各种条件的制约。1959年庐山会议上，彭德怀元帅披肝沥胆上陈"万言书"，指出"大跃进"的错误源于"小资产阶级的狂热性"，结果被冠以"右倾机会主义"的帽子。1960年，明史专家吴晗先生应京剧表演艺术家马连良之约，创作了以"左派海瑞"与"右派官僚集团"斗争为主线的新编历史剧《海瑞罢官》。然

1 陈晋主编：《毛泽东读书笔记解析》（下），广东人民出版社1996年版，第1118—1119页。

而这出戏在“文革”前夕被视作为彭德怀翻案的“大毒草”，这就不能不让人感叹历史的扑朔迷离了。

四　今犹存此弊

在研究明史的过程中，毛泽东不仅关注重要的时段、人物和事件，而且还对明朝在推行政策过程中出现的一些问题悉心研讨，以达到以古鉴今和以古证今的目的。

明宣德七年（公元1432年）三月，明宣宗朱瞻基下诏行宽恤之政，言辞颇为激切：“朕以官田赋重，十减其三。乃闻异时蠲租诏下，户部皆不行，甚者戒约有司，不得以诏书为辞。是废格诏令，便泽不下究也。自今令在必行，毋有所遏。”对这种朝命不出京师的现象，明宣宗极为愤恨，他要求户部以后对诏令必须不折不扣地执行，杜绝“泽不下究”的现象再度发生。毛泽东读到这段史事时特意批注：“今犹存此弊。”[1]这个批语当是在上世纪50年代以后作的，因为从纠正“大跃进”中出现的浮夸风、共产风开始，毛泽东多次讲过这个问题。例如1959年3月29日，他在一封党内通讯中批评中层干部说：“上面的指示不合他们口胃的，他们即阳奉阴违，或者简直置之不理。”又说：“下情不能上达，上情不能下达，危险之至。”[2]以史为鉴，毛泽东要求各级干部做到令行禁止，保证上下信息畅通。

1《毛泽东读文史古籍批语集》，中央文献出版社1993年版，第284页。

2 陈晋主编：《毛泽东读书笔记解析》（下），广东人民出版社1996年版，第1114页。

明代嘉靖中期，倭寇蹂躏东南，地方抚按屡屡告急请兵。继严嵩任宰相的徐阶不满兵部的敷衍从事，力主发精兵进剿。按当时惯例，一遇战事失败，责任全推给将校，而地方守令则安之若素。徐阶对此大不以为然，他上疏说：“今将校一不利，辄坐死，而守令偃然自如；及城溃矣，将校复坐死，而守令仅左降，此何以劝惩也？夫能使民者，守令也。今为兵者一，而为民者百，奈何以战守并责将校也？夫守令勤，则粮饷必不乏；守令果，则探哨必不误；守令警，则奸细必不容；守令仁，则乡兵必为用。臣以为重责守令可也。”徐阶的这番陈词有一定的道理，毛泽东追昔抚今，下笔殊堪玩味：“莫如今之军区党委制。党政军民统一于党委。”[1]毛泽东历来不把用兵当成单纯的军事行动，而主张党领导下的“一元化”，各方既协同行动而又各负其责。

五　明朝有李攀龙、高启等人的好诗

毛泽东既是政治家，又是文学家，因此他在研究明史的过程中还特别关注明朝的文学源流及其成就。他阅读过朱彝尊汇集的《明诗综》、沈德潜编选的《明诗别裁集》、沈廷松刊行的《明人百家小说》、冯梦龙的《智囊》等许多明代文学史料，从中含英咀华，发抒己见，其独特见解对端正人们对明代文学史的认识极富启发和帮助。

明朝的诗词创作随历史的发展多有流变，但内在脉路清晰可见。它开始有高启、杨基、张羽、徐贲等“初明四杰”。永乐至成化年间，由于文网渐密，流行所谓“台阁体”，其代表人物杨士奇、杨荣、杨溥皆

1《毛泽东读文史古籍批语集》，中央文献出版社1993年版，第57页。

为台阁重臣，诗词多为应制、酬答之作，“词气安闲，首尾停稳”，一派太平宰相风度。弘治和嘉靖年间，则相继出现以李梦阳、何景明为代表的“前七子”和以李攀龙、王世贞为首的“后七子”。他们追慕盛唐气象，力主复古返古，推崇格律和声韵，有的甚至字模句拟，食古不化。到万历年间，以袁中郎为代表的“公安派”、以谭元春为首的“竟陵派”异军突起。他们力反前、后七子的复古倾向，主张诗风因时而变，“独抒性灵，不拘格套”，但因为脱离社会生活，又分别流于“俳谑”和“孤峭”。至此，有明一代的诗词创作在逼仄中接近尾声。

在一般文人乃至文学大家心目中，明朝的诗词创作乏善可陈。毛泽东开始也是这么认识的，但通过阅读《明诗综》等史料，他改变了看法。1957年1月他同诗人袁水拍、臧克家等人谈话时曾说：“我过去以为明朝的诗没有好的，《明诗综》没有看头，但其中有李攀龙、高启等人的好诗。”[1]

高启（公元1336—1374年）是江苏苏州人，号“青丘子”，博学工诗，元末隐居吴淞青丘，曾入张士诚幕。洪武初年曾被推荐参与修撰《元史》，朝廷授他翰林院国史馆编修，复命他教授诸王。在一次召对中，高启表现出色，朱元璋有意让他任户部右侍郎，但高启自陈年少不敢当此重任，朱元璋乃赐白金放还。在居吴淞江之青丘期间，高启因为给知府魏观擅修府治作上梁文而得罪，被腰斩于市，时年39岁。

毛泽东对作为“初明四杰”之一的高启推崇有加，尤其喜爱他创作的一首咏梅诗。1961年11月6日，为查找这首诗的全文，毛泽东一天内给秘书田家英连写了三封信。早晨六点，毛泽东请田家英替他找宋人林逋的诗文集。八点半，又写道：“有一首七言律诗，其中两句是‘雪满山中高士卧，月明林下美人来’，是咏梅的，请找出全诗八句给我，

1 陈晋主编：《毛泽东读书笔记解析》（下），广东人民出版社1996年版，第1398页。

能于今日下午交来则最好。何时何人写的，记不起来，似是林逋的，但查林集没有，请你再查一下。”不久，再写信说：“又记起来，是否清人高士奇的。前四句是‘琼枝只合在瑶台，谁向江南处处栽。雪满山中高士卧，月明林下美人来’。下四句忘了，请问一下文史馆老先生便知。”田家英很快查明该诗为明朝高启写的《梅花》九首之一。后四句是：“寒依疏影萧萧竹，春掩残香漠漠苔。自去何郎无好咏，东风愁寂几回开。”随后，毛泽东用草体书写了全诗，并在右起处大大地写上“高启”二字，还注明：“字季迪，明朝最伟大的诗人。”[1]

高启的同乡、清代乾隆进士沈德潜编定《明诗别裁集》，其中共收录高启诗21首，并声称“集中所存皆最上者”。但反复查找，其中没有收入上述这首咏梅诗。可见毛泽东、沈德潜虽都是诗人，但审美眼光、选诗标准却有差别。沈德潜强调所谓“温柔敦厚”的诗教，眼界拘于“宗旨”和“规格”，而毛泽东则推崇胸襟和神韵，故能驾沈德潜而上之。

李攀龙是山东济南人，明代嘉靖年间被举为诗坛领袖，官至河南按察史。李攀龙胸罗万卷，才思劲骛，且为人十分简傲，居乡期间构白雪楼，“宾客造门，率谢不见，大吏至亦然”。其论诗力挺盛唐，认为“诗自天宝而下，俱无足观”，创作则“务以声调胜”。李攀龙的诗学成就，在当时及以后均有争议，褒之者如王世贞等推奖过盛，而贬之者则务求使之体无完肤。沈德潜的《明诗别裁集》收录李攀龙诗词共35首，认为其古乐府及五言古体临摹太过，而七言律诗及七言绝句则“高华矜贵，脱弃凡庸”。

毛泽东多次提到过李攀龙。据臧克家回忆，“文革”前夕，毛泽东曾在约他谈论诗词时说过：“他们给我弄了部《明诗综》来，我觉得李

1 陈晋主编：《毛泽东读书笔记解析》（下），广东人民出版社1996年版，第1398页。

攀龙有些诗写得不错。”[1]诚如毛泽东所言，李攀龙的一些诗作独出机杼，耐人寻味。如他写的《平凉》一首：“春色萧条白日斜，平凉西北见天涯。惟余青草王孙路，不属朱门帝子家。宛马如云开汉苑，秦兵二月走胡沙。欲投万里封侯笔，愧我谈经鬓有华。”诗中将塞外风光与人生感喟融为一体，殊为难得。还有一些诗句，如“吴下诗名诸弟少，天涯宦迹左迁多”、“城头一片西山月，多少征人马上看”，也皆意境悠长，启人遐思。据周士钊回忆，1971年“九一三”事件后，毛泽东曾戏改杜甫、李攀龙的诗作讥嘲林彪。李攀龙的《怀明卿》一诗写道：“豫章西望彩云间，九派长江九叠山。高卧不须窥石镜，秋风憔悴侍臣颜。”毛泽东将最后一句改为“秋风怒在叛徒颜”，以示他对林彪的唾弃。

除高启、李攀龙之外，毛泽东评点过的另一位明代诗人是杨继盛。杨继盛（字椒山）为河北保定人，嘉靖二十六年（公元1547年）登进士，曾任兵部武造司等职。杨继盛为人刚直，尤憎恶严嵩，曾上疏劾嵩十大罪，因此被祸。其绝命诗曰：“浩气还太虚，丹心照千古。生平未报恩，留作忠魂补。”杨继盛的诗学成就虽不能与高启、李攀龙相比，但其诗作少而精。众所周知，李大钊烈士曾说过“铁肩担道义，妙手著文章”，殊不知这句话的原创者就是杨继盛，李大钊不过是将“辣”字改成了“妙”字而已。清末民初时学者陈田撰《明诗纪事》，收录了杨继盛的一首送别诗：“一上离亭几度愁，十年尘梦叹沉浮。悠悠月笛山城夕，漠漠寒云江树秋。作客南来俱万里，送君北去自孤舟。他乡正有思归兴，况复征旌出石头。”

1959年仲夏，毛泽东曾与梅白在庐山谈诗，他念道：“遇事虚怀观一是，与人和气察群言。”接着便问梅白：“你晓得这是哪个的作品？”梅白说：“是不是明代杨继盛的诗？”毛泽东高兴地笑了：“是

---

1 刘汉民编著：《毛泽东谈文说艺实录》，长江文艺出版社1992年版，第115页。

的，这是椒山先生的名句。我从年轻的时候，就喜欢这两句，并照此去做。这几十年的体会是，头一句‘遇事虚怀观一是’，难就难在‘遇事’这两个字上，即有时虚怀，有时并不怎么虚怀。第二句‘与人和气察群言’难在‘察’字上面。‘察’不是一般的察言观色，而是要虚心体察，这样才能从群众中吸取智慧和力量。诗言志，椒山先生有此志，乃有此诗。这一点并无惊天动地之处，但从平易处见精深，这样的诗才是中国格律诗的精品。”[1]

六 《金瓶梅》写了明朝的真正历史

毛泽东很重视《金瓶梅》这部小说。他通过与其他中国的著名古典小说相比较，对《金瓶梅》作了比较中肯的评价。1956年2月20日，毛泽东在听取工作汇报的谈话中说：“《水浒传》是反映当时政治情况的，《金瓶梅》是反映当时经济情况的。这两本书不可不看。”[2]

《金瓶梅》是我国第一部以家庭日常生活为题材的长篇写实小说。小说借用的表面事实是宋徽宗朝的腐败，而内里却是明代社会的现实。作者以淋漓放纵的笔触，大胆赤裸地表现了封建王朝末期的病态世相，为我们展开了一副上自朝廷权贵，中有官僚劣绅，下有市井无赖、奴仆走卒的广阔的社会生活画卷，从政治到经济，从道德风尚到伦理关系，从宗教信仰到人的一般价值观念，乃至人的私生活，无所不包。书中的人物大都是多面的立体人物，西门庆、潘金莲、李瓶儿、宋蕙莲、陈敬

1 刘汉民编著：《毛泽东谈文说艺实录》，长江文艺出版社1992年版，第103—104页。

2 陈晋主编：《毛泽东读书笔记解析》（下），广东人民出版社1996年版，第1419页。

济等，各有其性情，各有其声口，使人玩味无穷。

小说主人公之一的西门庆虽胸无点墨，但善于随机应变。他交结权贵，贿赂官吏，勾连豪族，对女性有着病态的坑害欲望。西门庆信奉金钱第一，用各种方法聚敛财物，他在经营店铺的同时，走标船，贩盐引，放高利贷，直到用官位直接敲诈勒索。这为后人了解和研究明代的经济生活和社会风尚提供了活生生的材料。所以，毛泽东讲《金瓶梅》是反映当时经济情况的，是很有见地的。

《金瓶梅》描写世情与注重生活细节之刻画，开后代言情小说之先河。它从题材、思想内容、情节构思、艺术手法等方面对《红楼梦》产生了重大的影响。脂砚斋在《红楼梦》第十三回批道："写个个皆到，全无安逸之笔，深得《金瓶》奥。"但是，《金瓶梅》也有缺陷，它全篇充斥着对两性关系露骨的描写和渲染，因为这一点，它在历史上屡遭查禁，社会上一般人也视它为一部淫秽小说，这就无形中贬损和湮没了它的历史和思想价值。鲁迅对《金瓶梅》的评价比较客观，他说："然《金瓶梅》作者能文，故虽间杂猥词，而其他佳处自在。至于末流，则著意所写，专在性交，又越常情，如有狂疾。"但鲁迅未指出"其他佳处"具体是什么。

1961年12月20日，在中共中央政治局常委和各大区第一书记会议上，毛泽东比较集中地阐述了他对《金瓶梅》的看法，他说："你们看过《金瓶梅》没有？我推荐你们都看一看，这本书写了明朝的真正历史，暴露了封建统治，暴露了统治和被压迫的矛盾，也有一部分写得很仔细。《金瓶梅》是《红楼梦》的老祖宗，没有《金瓶梅》就写不出《红楼梦》。《红楼梦》写的是很仔细很精细的历史。但是，《金瓶梅》的作者不尊重女性。"[1]

---

1 陈晋主编：《毛泽东读书笔记解析》（下），广东人民出版社1996年版，第1417页。

毛泽东认为《金瓶梅》暴露了“统治和被压迫的矛盾”，这是有许多人物情节可以佐证的。小说中的官吏，从太师到县令，从都察到提刑，无不贪赃枉法，欺侮弱小。西门庆为霸占家仆来旺儿的媳妇宋蕙莲，竟设局诬陷来旺儿“欺心背主”，将其押往提刑院受审。来旺儿被得了西门庆贿赂的夏提刑、贺千户整得死去活来，最后被递解回原籍徐州。宋蕙莲知道内情后大骂西门庆：“你原来就是个弄人的刽子手！把人活埋惯了；害死人，还看出殡的！”宋蕙莲上吊自杀后，西门庆又买通县令，将其草草掩埋。像这等伤天害理之事，充分暴露了明代晚期社会的黑暗和人性的堕落。《金瓶梅》为刻画西门庆贪财好色的本性，使用了大量露骨的性描写，将西门庆美丑不辨、唯多是求、变态求乐、作践妇女的禽兽嘴脸暴露无遗，细腻地反映了他由人变为物的过程。但正如胡适先生所评论的，此书“写淫太过，本旨转晦”，其批判、讽刺和寓言的本旨反而因“写淫太过”又变得模糊，倒给人留下不尊重女性的印象。

《金瓶梅》可能是中国古典小说中最具神秘色彩的一部小说，其流传远不如其他古典小说那么广泛。《金瓶梅》为什么没有传开？毛泽东有他独到的见解。他在1962年8月中央工作会议核心小组会上的谈话中说：“有些小说如《官场现形记》，光写黑暗，鲁迅称之为谴责小说。只揭露黑暗，人们不喜欢看。《金瓶梅》没有传开，不只是因为它淫秽，主要是它只暴露黑暗，虽然写得不错，但人们不爱看。《红楼梦》就不同，写得有点希望嘛。”[1]

关于《金瓶梅》没有传开的原因，毛泽东认为主要是它“只暴露黑暗”，人们不爱看。这种观点恐怕只能视为一家之言。究其根本，《金瓶梅》没有传开，主要原因恰恰是官府乃至民间都将其视为“诲淫”之书，认为它大不利于世道人心。至于《红楼梦》得以传开，也并非它

---

1 龚育之等：《毛泽东的读书生活》，三联书店1986年版，第224页。

“写得有点希望”，而是其卓越的构思和文学表现力。再者，相对于《金瓶梅》的俚言俗语，《红楼梦》的文字要雅驯、优美得多。

曹雪芹写《红楼梦》，依据的是佛家的“色空”观念，其中的《好了歌》及其解注，充满扑面而来的幻灭感，人们从中不仅看不到希望，而且领略到繁华落尽后的无穷悲伤。既然如花的美眷、青葱的年华、诗酒的雅集都不过是过眼云烟，这人间还有什么了不得的功名和利益值得苦苦追寻！然而，“都云作者痴，谁解其中味”，曹雪芹虽然把一个家族的兴衰荣枯和一个情圣的喜怒哀乐写到了极致，但他也洞悉人性的不可救药。所以，他并不指望人们就此解脱，相反，未来仍是“乱哄哄你方唱罢我登场”，苦海轮回，劫火猛烈。

七 《三国演义》继承了朱熹的传统

成书于明代的《三国演义》是毛泽东从小就很喜爱的古典小说之一。读私塾时，他便因为看《三国演义》等“杂书”受到过老师的指责和惩罚。辍学在家期间，他劳动一天下来，晚上还常常借助床头的那盏煤油灯，任思绪在三国故事中尽情地漫游。考入长沙湖南省立第一师范学校后，他在《伦理学原理》的批语中写道：“吾人揽史时，恒赞叹战国之时，刘项相争之时，汉武与匈奴竞争之时，三国竞争之时，事态百变，人才辈出，令人喜读。至若承平之代，则殊厌弃之。非好乱也，安逸宁静之境，不能长处，非人生之所堪，而变化倏忽，乃人性之所喜也。”[1]正因为《三国演义》所创设的波谲云诡的生活氛围与毛泽东

1 《毛泽东早期文稿》，湖南出版社1990年版，第186页。

"性不好束缚"的个性有着深深的契合，所以《三国演义》能引起他强烈的共鸣和持久的兴趣。

在井冈山艰苦的战争岁月里，毛泽东几次特意到土豪、财主家里寻找《三国演义》，都未能如愿。有意思的是，土地革命时期，一些教条主义者还称毛泽东的军事路线是"把古代的《三国演义》无条件地当作现代战术"，这从一个反面说明了毛泽东对该书的珍爱。

新中国建立后，毛泽东阅读《三国演义》的兴趣有增无减。三年困难时期，他案头上有一套《三国演义》的连环画册。一天，卫士尹荆山请毛泽东吃饭，毛泽东正靠在床上看小人书。尹荆山说："主席，您还迷小人书啊！"毛泽东翻着书说："小人书不简单哪！言简意赅。就那么几句话，多少大事多少人物就交代出来了，道理一目了然。"[1]他给尹荆山讲赤壁大战，讲夷陵之战，说孙刘联合一把火烧了曹营，烧出了一个三国鼎立。刘备犯了错误，被火烧连营死在白帝城。诸葛亮临危不乱，安居平五路，稳定了蜀国形势。毛泽东很欣赏"话说天下大势，分久必合，合久必分"，认为它符合辩证法。他还说"运筹帷幄，决胜千里"，汉朝的张良和三国的诸葛亮都比较出色。

毛泽东曾对薄一波说过："看这本书，不但要看战争，看外交，而且还要看组织。你们北方人——刘备、关羽、张飞、赵云、诸葛亮，组织了一个南下班子，到了四川，同'地方干部'一起建立了一个很好的根据地。"[2]他以此说明外来干部要和当地干部加强团结，才能干出一番事业来。

《三国演义》有明显的"抑曹尊刘"的倾向。随着《三国演义》的流传，人们越来越相信曹操是"奸雄"，是"汉贼"，毛泽东对此

1 范忠程主编：《博览群书的毛泽东》，湖南出版社1993年版，第10页。

2 薄一波：《回忆片断——记毛泽东同志二三事》，载《人民日报》，1981年12月26日。

是不满的。1957年11月上旬，毛泽东正在苏联莫斯科。一天晚上，他将胡乔木、郭沫若及十来名工作人员请来一道吃饭。“我们谈《三国》，掉眼泪，替古人担忧吧。”毛泽东这样提起话头，先与郭沫若纵谈三国历史，官渡之战，赤壁之战，猇亭之战，讲了诸多战例。你一段，我一段，夹叙夹议，谈到热烈处，毛泽东忽然转向翻译李越然问道：“你说，曹操和诸葛亮这两个人谁更厉害？”李越然张口结舌，回答不出。毛泽东拿起一支烟，镇定地说：“诸葛亮用兵固然足智多谋，可曹操这个人也不简单。唱戏总是把他扮成个大白脸，其实冤枉，这个人很了不起。”[1]

重血统、明法统，这是中国世世代代的封建文人恪守的法统观。罗贯中写《三国演义》，不可避免地受到这种观念的影响。那么，这是不是罗贯中“抑曹尊刘”的唯一原因呢？毛泽东不这样看。他认为罗贯中的这一思想倾向的产生既有文化传统的影响，也有着现实社会方面的根源，“《三国演义》的作者罗贯中不是继承司马迁的传统，而是继承朱熹的传统。南宋时，异族为患，所以朱熹以蜀为正统。明朝时，北方民族经常为患，所以罗贯中也以蜀为正统”[2]。这种从历史和现实两方面去理解作者的构思和创作动机的思维方法，从一个方面反映了毛泽东是擅长辩证思维的大师。

八　《水浒传》只反贪官，不反皇帝

《水浒传》为元末明初施耐庵著。最早出现的版本是明朝嘉靖年间

1 范忠程主编：《博览群书的毛泽东》，湖南出版社1993年版，第13页。

2 龚育之等：《毛泽东的读书生活》，三联书店1986年版，第258页。

武定侯郭勋的100回刻本，内容在宋江等受招安后插入征辽故事。明末出现郁郁堂刻的120回本，增加了平田虎、王庆等故事。清初金圣叹扬言得到“古本”《水浒传》，认为只有70回，以后回数都系后人无端添加。于是，他删去70回以后的内容，又对第70回后半部作了添写，伪造了一个“惊噩梦”的结局，即卢俊义梦见知州“嵇叔夜”击溃梁山队伍，把108位头领斩尽杀绝。他还把第一回改为“楔子”，伪造了一个施耐庵的序。这就是流传甚广的70回本。1954年，人民文学出版社出版的《水浒》，把金本“楔子”略加剪裁，改为第一回，并把金本第70回“惊噩梦”恢复为“排座次”，这样就成了71回本。

《水浒传》这部小说，揭露了封建社会的黑暗和腐朽，说明梁山英雄聚义造反的根本原因是“官逼民反”。起义军提出的“八方一域，异姓一家”、“杀富济贫”等口号反映了广大农民追求平等和天下大同的愿望。但书中宣扬的忠义思想，“替天行道”的精神，则表现了农民起义的局限性和封建正统观念。在艺术上，施耐庵以超凡的艺术表现力、丰富生动的语言，叙述了许多引人入胜的故事，塑造了一个个血肉丰满的人物形象。其情节波澜起伏，悬念丛生，扣人心弦，极富传奇性。《水浒传》中的许多故事，如“拳打镇关西”、“智取生辰纲”、“血溅鸳鸯楼”、“江州劫法场”、“三打祝家庄”、“武松打虎”等，数百年来一直为人们所津津乐道。

梁山英雄平等相待，不分贵贱，肝胆相照，无问亲疏，“论秤分金银，换套穿衣服”。他们以信义为先，不计较个人名利得失，是梁山事业得以发展壮大的一个重要条件。这种公平、自律的作风给毛泽东留下了深刻的印象。1945年4月他在“七大”的口头政治报告中说：“我们有饭大家吃，有敌人大家打，发饷是没有的，自己动手，丰衣足食，还实行三大纪律、八项注意，七搞八搞便成了正果。像梁山泊，就实行了这个政策。他们内部政治工作相当好，当然也有毛病就是了，他们里面有大地主、大土豪，没有进行整风。那个卢俊义是被逼上梁山的，是用命令主义强迫人家上去的。他不是自愿的。”[1]

毛泽东还认为：“《水浒》要当作一部政治书看。它描写的是北宋末年的社会情况。中央政府腐败，群众就一定会起来革命。当时农民聚义，群雄割据，占据了好多山头，如清风山，桃花山，二龙山等，最后汇集到梁山泊，建立一支武装，抵抗官兵。这支队伍，来自各个山头，但是统帅得好。”[2]他以此说明我们领导革命也要认识山头，承认山头，照顾山头，一直到消灭山头，克服山头主义。

《水浒传》的作者施耐庵描写战事，铺陈斗争场面，常常不自觉地运用了唯物辩证法，因而符合事物发展的规律，给人以真切、实在的感受。特别是“三打祝家庄”的故事，堪称运用唯物辩证法的典型事例。毛泽东很欣赏作者对这一故事的描写，从中受到了很大的启发。

1937年，毛泽东在《矛盾论》中写道：“《水浒传》上宋江的三打祝家庄，两次都因情况不明，方法不对，打了败仗。后来改变方法，从调查情形入手，于是熟悉了盘陀路，拆散了李家庄、扈家庄和祝家庄的联盟，并且布置了藏在敌人营盘里的伏兵，用了和外国故事中所说的木马计相像的方法，第三次就打了胜仗。《水浒传》上有许多唯物辩证法的事例，这个三打祝家庄，算是最好的一个。”[3]

1942年10月，延安平剧院成立不久，毛泽东曾提议该院根据他在《矛盾论》中对三打祝家庄故事的论述为主题创作一个剧本。1944年7月初，延安平剧院正式成立了《三打祝家庄》创作小组，并从毛泽东那里借来120回本的《水浒》，构思中又得到齐燕铭的帮助。毛泽东在听

1 《毛泽东在七大的报告和讲话集》，中央文献出版社1995年版，第133页。

2 薄一波：《回忆片断——记毛泽东同志二三事》，载《人民日报》，1981年12月26日。

3 《毛泽东选集》第一卷，人民出版社1991年版，第313页。

取创作汇报时，再次指示说：这剧要写好三条：第一，要写好梁山主力军；第二，要写好梁山地下军；第三，要写好祝家庄的群众力量。后来该剧公演，毛泽东在贺信中称赞它“很有教育意义”。

《水浒传》前面写梁山英雄聚义造反，后20回则写宋江等接受招安而投降，巨大的反差，给毛泽东以完全不同的情感体验。造反使他激动和兴奋，投降则令他神伤和沉思。就他一生而言，少年、青年乃至中年时代，他关注的中心是梁山英雄的造反义举。特别是当革命遭受挫折时，梁山英雄揭竿而起、啸聚山林的气概，极大地鼓舞着他的斗志。在党的“八七”会议上，他明确表示其志向是“上山结交绿林朋友”。秋收起义后，他带队伍上井冈山，在分析向山区发展的可能性时，他充满激情地说：大家知道，历史上每一个朝代里都有山大王，可从来没有听说有谁把山大王彻底剿灭过。山大王没有什么主义，可我们是共产党，既有主义又有政策，山大王和我们比不上，那么，敌人怎么能消灭我们呢？[1]

在晚年，毛泽东从反修防修的政治需要出发，越来越关注《水浒传》的后20回，对这部小说的历史价值作了新的探讨和总结。1975年8月13日，毛泽东向北京大学中文系讲师芦荻谈了对《水浒》的看法，芦荻把毛泽东的谈话作了记录并整理出来：

> 《水浒》这部书，好就好在投降。做反面教材，使人民都知道投降派。
>
> 《水浒》只反贪官，不反皇帝。摒晁盖于一百零八人之外。宋江投降，搞修正主义，把晁的聚义厅改为忠义堂，让人招安了。宋江同高俅的斗争，是地主阶级内部这一派反对那一派的斗争。宋江投降了，就去打方腊。

1 范忠程主编：《博览群书的毛泽东》，湖南出版社1993年版，第20页。

这支农民起义队伍的领袖不好，投降。李逵、吴用、阮小二、阮小五、阮小七是好的。不愿意投降。

鲁迅评《水浒》评得好，他说："一部《水浒》，说得很分明，因为不反对天子，所以大军一到，便受招安，替国家打别的强盗——不'替天行道'的强盗去了，终于是奴才。"（《三闲集·流氓的变迁》）

金圣叹把《水浒》砍掉了二十多回。砍掉了，不真实。鲁迅非常不满意金圣叹，专写了一篇评论金圣叹的文章《谈金圣叹》。（见《南腔北调集》）

《水浒》百回本、百二十回本和七十一回本，三种都要出。把鲁迅的那段评语印在前面。

毛泽东

一九七五年八月十四日

芦荻说："毛主席评《水浒》，完全是针对《水浒》这部小说讲的，并没有别的意思。"可是，毛泽东这段即兴式的评《水浒》的谈话，到了江青、姚文元等人的手里，却变成了另一种形式的谈话，成了他们向周恩来、邓小平等人发动新的进攻的武器。

1975年9月15日，中共中央、国务院在山西大寨召开农业学大寨的会议，到会的有邓小平、华国锋等，江青也来到大寨。

邓小平强调整顿。江青则大讲评《水浒》，影射攻击周恩来、邓小平。她说："评《水浒》要联系实际，评《水浒》是有所指的，宋江架空晁盖，现在有没有人架空毛主席呀？我看是有的！""有人弄了一些土豪劣绅进了政府！"江青要求在会上放她的讲话录音，印发她的讲话稿。华国锋请示毛泽东。毛泽东答复："放屁，文不对题"，"稿子不要发，录音不要放，讲话不要印。”[1]

九 《西游记》作为神话有永久的魅力

明代吴承恩创作的《西游记》，是中国家喻户晓的一部神魔小说。它以唐僧玄奘法师不畏艰险，去印度取经的史事为依据，广搜民间传说，加以神化而成。吴承恩以高超的艺术想象力，成功地塑造了孙悟空、猪八戒等人物形象，为人们构筑了一个人神相杂、妖魔纷现、诡异离奇的艺术天地。全书文笔朴素自然，诙谐幽默，富于浓烈的浪漫主义气息。

任何神话都是用想象和借助想象以征服自然力，支配自然力，把自然力加以形象化的。毛泽东在《矛盾论》中指出：“这种神话中的（还有童话中的）千变万化的故事”，“能够吸引人们的喜欢，并且最好的神话具有‘永久的魅力’”。长篇小说《西游记》对于毛泽东正是有一种永久的魅力。在延安与美国记者斯诺的谈话中，毛泽东便把《西游记》说成是他从小喜爱的一部小说之一。《西游记》中那些动人的故事、个性鲜明的人物形象，给予他终生的艺术享受，即使在晚年，他还将各种版本的《西游记》找到一起，对照着读。

《西游记》第28回写孙悟空回花果山，用法力把千余来犯人马制伏，不禁鼓掌大笑：“快活！快活！自从归顺唐僧，他每每劝我道：‘千日行善，善犹不足，一日行恶，恶常有余。’此言果然不差。我跟着他打杀几个妖精，他就怪我行凶，今日来家，却结果了这许多性

1 范忠程主编：《博览群书的毛泽东》，湖南出版社1993年版，第21页。

命。”毛泽东读后在这段话旁边批道：唐僧的说教乃“乡愿思想也。孙悟空的思想与此相反，他是不信这些的，即是说作者吴承恩不信这些。他的行善即是除恶，他的除恶即是行善。所谓‘此言果然不差’，便是这样认识的”[1]。

唐僧师徒不畏艰险，去西天取经，一路上同心协力，横扫群魔而最终得偿夙愿。1938年4月，毛泽东给即将毕业的第3期“抗大”学员讲话，他要求学员应具有“坚定正确的政治方向，艰苦朴素的工作作风，灵活机动的战略战术”。接着，他从分析《西游记》人物的性格特点入手，来说明这三句话的重要性。他说：唐僧这个人，一心一意去西天取经，遭受九九八十一难，百折不回，他的方向是坚定不移的。但他也有缺点，麻痹，警惕性不高，敌人换个花样就不认识了。猪八戒有许多缺点，但有一个优点，就是艰苦。臭柿胡同就是他拱开的。孙猴子很灵活，有机动，但他最大的缺点是方向不坚定，三心二意。毛泽东还特地提到了那匹白马，他说：别小看了那匹小白龙马，它不图名，不为利，埋头苦干，把唐僧一直驮到西天，把经取了回来，这是一种朴素踏实的作风，是值得我们取法的。[2]

人们一提到《西游记》，首先便会想起孙悟空。数百年来，孙悟空这一机智勇敢、神通广大的人物形象一直活跃在中国老百姓的心里。毛泽东在他的一生中，不知道多少次提到过孙悟空。毛泽东长于想象，而孙悟空机巧善变的本领为他提供了广阔的想象天地。他时而把孙悟空当做正面人物，时而把孙悟空当做反面人物，两方面都显得得心应手。这个法力无边的齐天大圣就这样被毛泽东自由玩弄于手掌间。

1938年，毛泽东在谈到同日本帝国主义的包围与反包围的斗争时

1《毛泽东读文史古籍批语集》，中央文献出版社1993年版，第74—75页。

2 范忠程主编：《博览群书的毛泽东》，湖南出版社1993年版，第23页。

说：我之包围好似如来佛的手掌，它将化为一座横亘宇宙的五行山，把新式孙悟空——法西斯侵略者压倒在底下，形成无处逃跑的天罗地网。这丝毫不是笑话，而是战争的必然。事隔几年，重庆谈判时在与国民党要人陈立夫的谈话中，毛泽东则以孙悟空自许，批评国民党十年内战的反共政策："我们上山打游击，是国民党剿共逼出来的，是逼上梁山。就像孙悟空大闹天宫。玉皇大帝封他为弼马温，孙悟空不服气，自己鉴定是齐天大圣。可是你们连弼马温也不让我们做，我们只好扛枪上山了。"[1]

上世纪60年代，随着国内外形势的变化和毛泽东政治思想的发展，毛泽东越来越重视孙悟空这一艺术形象。孙悟空藐视一切、我行我素的性格特征受到毛泽东前所未有的推崇。他对孙悟空的赞美成为他表达政治理想和进行自我评价的一种方式。

1961年11月，毛泽东直接以孙行者的形象入诗，心情激越地写道："金猴奋起千钧棒，玉宇澄清万里埃。今日欢呼孙大圣，只缘妖雾又重来。"毛泽东从不害怕逆境，相反，逆境中他才强烈感受到生命的力度。所以，随着中苏关系的日趋紧张，毛泽东那种挑战的品格再次展露无遗。1964年，他在与安娜·路易斯·斯特朗的谈话中说，同修正主义斗争的转折点是1963年7月12日苏共公开信对中国的攻击："从那时起，我们就像孙悟空大闹天宫一样，我们丢掉了天条！记住，永远不要把天条看得太重了，我们必须走自己的革命道路。"

毛泽东错误地发动了一场"文化大革命"。为此，他多次用孙悟空的故事鼓动群众起来造反，打破现成的秩序。1966年，他在一次谈话中提出："要把十八层地狱统统打破。孙悟空闹天宫，你是站在孙悟空一边，还是站在天兵天将、玉皇大帝一边？""如果中央出修正主义，地

1 范忠程主编：《博览群书的毛泽东》，湖南出版社1993年版，第23页。

方要造反”，“要支持小将，保护孙悟空”。[1]1966年7月，“文革”已经开始，他在韶山滴水洞写给江青的一封信中，称自己是“山中无老虎，猴子称大王”，说自己身上有些猴气。所谓“猴气”，无疑就是以孙悟空自况了。

十　你要看明清两代人写的笔记小说

在中国文学史上，明朝是一个以小说见长的王朝。近300年间，小说的题材之广、种类之多、成就之高均令人叹为观止。由于宋元平话的影响和明人对小说的重视，明代小说创作得到空前的发展。鸿篇巨制便有《三国演义》、《水浒传》、《西游记》、《金瓶梅》等。至于由文人所写的笔记小说，也极富有时代特色和知识含量。

所谓“笔记小说”，是指“残丛小语”式的故事集，一般内容比较驳杂，兼采灵怪、传奇、琐闻、逸事等，结构松散，信息量大，作者随兴记录所见所闻和心中感受，文笔清新自然，娓娓道来，让人读来倍有兴味。笔记小说自魏晋南北朝以来一直绵延不绝，到明代可谓达到了高峰。明代笔记小说数量不可胜计，特别是明朝中叶即成化、弘治年间以来，作者日众，佳作迭出，而晚明小品文的兴盛又进一步提升了笔记小说的文学成分。这些笔记小说的内容涉及朝政兴废、典制变迁、文坛面貌、士人言行以及里巷传说、民情风习，是研究明代及明代以前中国社会政治、经济、文化的重要资料，许多能补正史之不足。

在中南海毛泽东的书房中，保存了大量的明代笔记小说，如瞿佑的

1 范忠程主编：《博览群书的毛泽东》，湖南出版社1993年版，第26页。

《剪灯新话》、何良俊的《何氏语林》、沈德符的《万历野获编》、刘若愚的《酌中志》、田艺蘅的《留青日札》、张岱的《陶庵梦忆》、冯梦龙的《智囊》以及沈廷松汇编的《明人百家小说》，等等。其中《万历野获编》详细记载了嘉靖二十一年部分宫女拟缢死嘉靖、事败被杀的全过程，而《明史·世宗纪》只有“冬十月丁酉，宫人谋逆伏诛，磔瑞妃曹氏、宁嫔王氏于市”寥寥几句记载；《酌中志》叙及魏忠贤与明熹宗乳母客氏狼狈为奸、作威作福的种种劣迹，以及明熹宗热衷于水戏和木匠活的情况；《陶庵梦忆》中则有“柳敬亭说书”、“扬州清明”的精彩描写，由此可见这些笔记小说的价值之高。

毛泽东喜爱看笔记小说的习惯，起码可以追溯到延安时期，如1944年7月28日，他在给谢觉哉的信中说：“《容斋随笔》换一函送上，其他笔记小说我处还有。”历史学家范文澜40年代送给他一部《笔记小说大观》，他一直保存着。在中国历代笔记小说中，毛泽东最为推崇的是明清两朝的作品。1947年9月12日，他在给儿子毛岸英的信中叮咛道：“你要看历史小说，明清两朝人写的笔记小说（明以前笔记不必多看），可托周扬同志设法，或能找到一些。”[1]

在阅读明代笔记小说的过程中，毛泽东留下不少即兴评点式的文字，很可以帮助我们体察他的内心世界。沈廷松的《明人百家小说》收录了方大镇的《田居乙记》，其中记录了战国时魏公子牟东行时送穰侯的一段话：你知道“官不与势期而势自至乎？势不与富期而富自至乎？富不与贵期而贵自至乎？贵不与骄期而骄自至乎？骄不与罪期而罪自至乎？罪不与亡期而亡自至乎？”穰侯说：“善，敬受明教。”这段话揭示了为官者如不谨慎所带来的极大危险，毛泽东颇为赞赏，旁批了“有理”二字；在另一处，则记录了春秋时楚国大臣孙叔敖与狐丘丈人的一

1 《毛泽东书信选集》，人民出版社1983年版，第285页。

段对话。狐丘丈人认为，爵高者人妒之，官大者主恶之，禄厚者怨归之。而孙叔敖却说："不然，吾爵愈高，吾志愈下；吾官愈大，吾心愈小；吾禄益厚，吾施益薄，可以免于患乎？"狐丘丈人说："免矣。"毛泽东对孙叔敖的回答表示疑问，认为"很难作到"[1]。

明末大才子冯梦龙所编的《智囊》一书，是毛泽东评点最多的一部笔记小说。该书收录有关智慧的故事近两千则。上至经国大略，下至市井小智，傍及妇女儿童的高见卓识，无不在其收罗之列。

《智囊》中《上智部·通简》记叙：西汉成帝时冀州刺史朱博出巡，一从事煽动数百官吏和老百姓拦路告状，借以考考朱博的应变能力。朱博让从事明文告知：想告县丞、县尉的请到郡衙去告，本刺史不受理控告这些佩黄绶的官员；想告那些二千石俸禄并佩戴黑绶的官员如郡守之类，等本刺史巡视到治所再来告发；其他小官司请到各被告管辖部门去解决。众人于是散去。朱博查此事为从事所煽动，怒而杀之。毛泽东读至此批道："此吏亦可不杀，教以改过，调改他职可也。"[2]

《兵智部·制胜》讲了孙膑赛马的故事。冯梦龙接着又引唐太宗说自己"自少经略四方，颇知用兵之要，每观敌战，则知其强弱"的话，说这是用孙子之法也。毛泽东发挥道："所谓以弱当强，就是以少数兵力佯攻敌诸路大军。所谓以强当弱，就是集中绝对优势兵力，以五六倍于敌人一路之兵力，四面包围，聚而歼之。"接下来在谈孙膑围魏救赵的故事后又感叹："攻魏救赵，因败魏军，千古高手。"[3]

《捷智部·应卒》叙述明代张恺以监生身份任江陵县令时，急中生智，改方桌为炉架，缝棉布成马槽，以应大军之需，毛泽东批注说：

1《毛泽东读文史古籍批语集》，中央文献出版社1993年版，第49—50页。

2《毛泽东读文史古籍批语集》，中央文献出版社1993年版，第53页。

3《毛泽东读文史古籍批语集》，中央文献出版社1993年版，第66页。

“小知识分子有用。”[1]

毛泽东对《智囊》中涉及的一些科学知识也很留意。《捷智部·敏悟》记叙尹见心任知县时，有一条河中长一大树，屡次毁坏人舟，尹见心命令：去掉这棵树。但有人不解地说，树根在水中甚固，怎么能去掉呢？尹见心于是派会水者测量树的长短，然后据此制作了一个较树稍长、空其两头的大木桶，再将大木桶从树梢穿下打入水中。之后用巨瓢把水浇出，使人进入而锯断树根。毛泽东对这位知县的智慧很是佩服，认为“此即是造桥柱新法”，而中国古人早已悟解。

毛泽东读明代笔记小说善于独立思考，在读《智囊》时常批有“可疑”、“未必”、“此事似误，待查”等字样，甚至还超越人们习以为常的思维习惯，另发新论。比如《智囊》说古代名将论及攻守之策时非常注重以食为本，不得不撤退时，务必将粮草搬走，若搬运不及，则焚弃亦不失一策，总之“决不赍盗粮”，即坚决不把粮草白白送给敌人。但毛泽东并不以为然，称“赍盗粮亦何所不可，地不能毁，民不能迁，皆赍盗粮也”[2]。言下之意，土地和人民，难道不比粮草更有用吗？又如该书称孔子的弟子子贡一出，“存鲁、乱齐、破吴、强晋而霸越”，在十年之中使五国皆为变，然后评论道：“直是纵横之祖，全不似圣贤门风。”毛泽东读此激愤地说：“什么圣贤门风，儒术伪耳。孟轲、韩非、叔孙通辈，都是纵横家。”毛泽东对儒术有清醒的认识，在他看来，“儒俗者万千，而贤者不一，不如过去法家之犹讲一些真话”。儒者非徒柔，还作伪骗人。那些教孔孟之学者，“其法亦必申韩”。[3]这就点破了中国古代政治外儒内法的本质。

1 《毛泽东读文史古籍批语集》，中央文献出版社1993年版，第62页。

2 《毛泽东读文史古籍批语集》，中央文献出版社1993年版，第62页。

3 《毛泽东读文史古籍批语集》，中央文献出版社1993年版，第343—344页。

十一 民歌《锁南枝》当中有辩证法

民歌是底层老百姓抒发情感、传递知识的一种重要方式。它不仅富含丰富深刻的生活经验，而且感情真挚，朗朗上口，特别是其中好的作品可传承数千年而不衰。《诗经》中的“十五国风”便属于此类。毛泽东从小生长在民间，韶山当地的民歌民谣滋养过他的心灵。走出韶山后，他也一直保持着调查收集和研究各地民歌的兴趣，以至到晚年还主张诗人应当从民歌中吸取养料，以创造出一种有别于传统审美趣味的新诗来。

1938年4月28日，毛泽东在鲁迅艺术学院发表讲话时说：“这些农民不但是好的散文家，而且常是诗人，民歌中便有许多好诗。我们过去在学校工作的时候，曾让同学趁假期搜集各地的歌谣，其中有许多很好的东西。”[1]讲话中所说的“过去在学校工作的时候”，乃指他1926年在广州主办农民运动讲习所时的经历。毛泽东对民歌作出这样高的评价，缘于之前他阅读和研究过大量民歌，其中便包括明代的《汴省时曲·锁南枝》：

傻俊角，我的哥！
和块黄泥捏咱两个。
捏一个你，捏一个我，
捏得来一似活托；
捏得来同床歇卧。
将泥人儿摔破，
着水儿重和过。
再捏一个你，再捏一个我；

1 《毛泽东文集》第二卷，人民出版社1993年版，第125页。

哥哥身上有妹妹，
妹妹身上有哥哥。

这首作品收录在明代学者陈所闻所编写的《南宫词记》中。陈所闻，名荩卿，江苏南京人，是一位眼光独到的学者。他在书中不仅收集明代文人创作的散曲，同时也将一些语言生动质朴的民歌纳入其中。“锁南枝”为曲牌名，是专门表现爱情生活的。这首民歌其来有自，早在元代就有了内容大体相同的作品。相传元代大书法家赵孟頫想纳妾，但又不好向妻子管道升明讲，于是填了一首曲子向夫人示意，其中有云：“岂不闻王学士有桃叶、桃根，苏学士有朝云、暮云？我便多娶几个吴姬、越女无过分。”还劝慰夫人道：“你年纪已过四旬，只管占住玉堂春。”管道升是元代有名的才女，善画梅、竹、兰，亦工山水、佛像。她为了劝阻丈夫，回敬了一首《我侬词》：

你侬我侬，忒煞情多！情多处，热似火。把一块泥，捻一个你，塑一个我。将咱两个，一齐打破，用水调和，再捻一个你，再捏一个我。我泥中有你，你泥中有我。与你生同一个衾，死同一个椁。

虽然两者意思相近，但民歌《锁南枝》的语言更为泼辣鲜活，特别是“哥哥身上有妹妹，妹妹身上有哥哥”，将爱情的执著、纠结表现得淋漓尽致。毛泽东特别看重这首民歌，被其中生动的辩证法所深深打动。1936年11月至次年4月，他在阅读李达等译、西洛可夫等著的《辩证唯物论教程》时，便在“否定同时是肯定，‘死灭’同时是保存”这段话旁，写上了“哥哥身上有妹妹，妹妹身上有哥哥”。他试图以此证明“一刀两断，斩尽杀绝，不是辩证法的否定”[1]。进一步说，辩证法

1《毛泽东哲学批注集》，中央文献出版社1988年版，第124页。

的否定，是过程更向上的发展，为扬弃与肯定的融合。1957年11月，毛泽东在莫斯科出席世界共产党、工人党会议，为说明团结的重要性，他特意引用了《锁南枝》这首曲子。他说：“我们开了两个很好的会，大家要团结起来，这是历史的需要。中国有几句古话，‘两个泥菩萨，一起打碎，用水调和，再做两个。我身上有你，你身上有我’。意即应该从团结的愿望出发，求大同，存小异，互相支援，结为整体，共同对付帝国主义的挑战。”[1]稍早前，毛泽东会见印度副总统拉达克里希南时，也引用这首曲子来表达希望中、印两国和平友好的愿望。

在文艺创作上，毛泽东认为一直存在一个悖论，即有丰富生活经验与美丽言辞的人不能执笔写作，而许多能写作的人又长居都市亭子间，缺乏丰富的生活经验，不熟悉群众生动的语言。为解决这个悖论，毛泽东主张一方面要开展扫盲运动，另一更重要的方面是能写作的人要深入和熟悉群众的生活。他曾以北朝民歌《敕勒川》为例，说不认字的人也能吟诵出“天苍苍，野茫茫，风吹草低见牛羊”这样生动的句子，所以不要小看历史上那些不识字的人。南北朝时期的武将沈庆之、曹景宗都有好诗存世。但他也承认“不识字”对才华的发挥毕竟是一种限制。说到文人熟悉群众的生动语言，他特别推崇清末写《何典》的作者张南庄，指出这部小说写得非常好，有大量表现力丰富的民间语言。

1 陈晋主编：《毛泽东读书笔记解析》（下），广东人民出版社1996年版，第1423页。

十二　身教亦未必皆相与遵守

明朝末年产生了不少有“异端”思想的人物，而李贽便是其中有代表性的一位。

李贽（公元1527—1602年），字宏甫，号卓吾，别号温陵居士，泉州晋江（今福建晋江）人。曾做过南京刑部员外郎、云南姚安知府一类下僚，但一生主要以著述讲学为主。他不满正统的道学观，对孔孟、程朱以来的道统持大胆的质疑和批评精神，被当时主流社会斥为离经叛道之徒。在哲学伦理学上，他提出“穿衣吃饭即是人伦物理”，反对离人欲而谈天理；在文学上，他提出“童心说”，直接影响到公安、竟陵派文学。

公安派文学的开创者袁中郎与李贽为好友。据袁回忆，李卓吾曾对他说过：“卓老子一生都肯让人，惟著书则吾实实地有二十分胆量，二十分见识，二十分才力”，并称《藏书》为“一生精神所寄”，《焚书》为“一生事业所寄”，《说书》为“一生学问所寄”。思想上的惊世骇俗、行为上的我行我素注定了他悲剧的命运，以致最终惨死狱中。

毛泽东很佩服李卓吾的反叛精神和学术创见，曾认真阅读过《李氏文集》。不过，对李卓吾的见解，毛泽东也并非全部认同，而是该存疑者存疑，该辩驳者辩驳，表现出与李卓吾同样的追求真理的精神。

比如，李卓吾在谈到道家“无为”哲学时说：“以善下不争为百谷之王，以好战为乐杀人，以用兵为不得已，以胜为不美，以退为进，以败为功，以福为祸，以得为失，以无知为知，以无欲为欲，以无名为名。孰谓无为不足以治天下乎？世固未知无为之有益也。”在此，李卓吾将道家“无为哲学”的用处推向了极端，给人以“无为而无不为”的印象。毛泽东读后，批下了“在一定条件下”[1]几个字，即认为“无

1《毛泽东读文史古籍批语集》，中央文献出版社1993年版，第89页。

为”的益处不是绝对的。在中国传统哲学中，道家与法家相对立。相对而言，毛泽东更倾向于法家积极施为的政治风格。他推崇秦始皇、商鞅而批评奉行“无为而治”的汉文帝、汉景帝，便是明证。

李卓吾又在《焚书·答耿司寇》一文中写道：“自公倡道以来，谁是接公道柄者乎？他处我不知，新邑是谁继公之真脉者乎？面从而背违，身教自相与遵守，言教则半句不曾奉行之矣。”毛泽东对此批道：“身教亦未必皆相与遵守，言教只要是真理，亦未必没有人奉行。”[1]在毛泽东看来，一个人的身教与言教既可能是统一的，也可能是分裂的。有些人身教虽然一无是处，但言教却属于真理，值得他人奉行，因此不能因人废言。

十三　我们决不当李自成

李自成（公元1606—1645年），陕北米脂人。因家境贫寒，早年做过牧童、驿卒，后逃入甘肃当兵。明天启八年（公元1628年），率部分士兵加入高迎祥领导的农民起义军。因英勇善战，很快成为起义军的首领之一。1636年高迎祥死，李自成被推为“闯王”。他以“均田免粮”、“平买平卖”等口号吸引民众，招兵买马，自进入腹地河南之后势如破竹，百姓望风归附。“杀牛羊，备酒浆，开了城门迎闯王，闯王来时不纳粮。”这首当时流传的歌谣，反映了李自成号令天下的崇高威望。

崇祯十七年（公元1644年）正月初一，李自成在西安称王，国号

1《毛泽东读文史古籍批语集》，中央文献出版社1993年版，第89页。

“大顺”，年号“永昌”。随后麾师北上直捣龙廷。崇祯皇帝朱由检吊死煤山，明朝统治结束。入主北京的李自成为站稳脚跟，忙于惩办前朝的不法皇族和官吏，将追赃所得充公济民。但他未能及时在起义军内部整顿作风，严明纪律，以致部分将领如刘宗敏等人骄傲自满，一味贪图享受而不知进取。更严重的是，他对关外兴起的清军之势力缺乏足够的估计和警觉，单纯采取防御路线，以致吴三桂引清兵入关时仓促迎战，并被迫退出北京。出京后的李自成转战山西、陕西、湖北等地，最终在湖北九宫山被地主武装所剿灭。

经历十八年苦战，李自成好不容易完成了由田舍郎到天子的身份跨越。这份宏大的基业如果经营得好，或许也能“治隆唐宋”。但可惜的是，奇迹陡然间演变成了悲剧。他在北京旋进旋出，龙椅还未坐稳，便已踏上不归之路。他的奋斗精神特别是他失败的教训，足以让人反复玩味。作为中国现代农民战争的领导者，毛泽东从上井冈山直到进京赶考，都将李自成视为鉴戒，一方面热情赞扬其反抗压迫的精神，另一方面又极力避免重蹈其覆辙。说他的脑海中有一个很深的“李自成情结”，恐怕是毫不过分的。

早在1926年主办广州农民运动讲习所时，毛泽东便开始总结李自成失败的教训。他对学员们说：“当时陕北大饥，自成乘机而起，至山西、张家口、南口、土木堡等处，后至北京，卒为清兵所败……后被三桂引清兵入关，追至无路可走。这可见李自成是代表农民利益的。不过他们的举动，多为暴动，以其失败之主要原因也。”[1]毛泽东认为，李自成作为代表农民利益的起义领袖，他本身并未腐化，这点相当不容易，至少要比洪秀全高出一筹。其所以失败，在于热衷于暴动，没有巩

1《广州农民运动讲习所文献资料》，广州农讲所旧址纪念馆1983年编写，第103—104页。

固的根据地。1929年，他在《关于纠正党内的错误思想》一文中特别强调："应当认识，历史上黄巢、李闯式的流寇主义，已为今日的环境所不许了。"[1]所谓"流寇主义"，是指在军事上忽东忽西，流动作战，壮大队伍走"招兵买马"、"招降纳叛"的路线，以及不耐烦待在艰苦的农村环境，一有机会便向往去城市大吃大喝。李自成被推为闯王后，率部入川，折回陕南，经湖北又入川。旋占湖北襄阳、安陆等地，再经河南攻占西安，最后经山西攻入北京。缺乏稳固的战略根据地，导致李自成一旦出京便四路彷徨，且败且走，失去了任何东山再起的机会。

历史有许多奇妙之处。过去李自成的发祥地，事隔三百年后则成了毛泽东夺取全国政权的根据地。1935年10月，毛泽东对刘志丹说："陕北这个地方，在历史上是有革命传统的。李自成、张献忠就是从这里闹起革命来的。这个地方虽穷，但穷则思变，穷就要闹革命。"[2]到抗战胜利前夕的1944年，中共领导的人民武装力量达到上百万人，为夺取抗战胜利和推进人民解放事业奠定了坚实基础。这年3月，史学家郭沫若在重庆《新华日报》发表《甲申三百年祭》，文中叙述了明末李自成农民起义军攻入北京推翻明朝后，若干首领腐化并发生宗派斗争，以致陷入失败的过程。毛泽东非常重视这篇史论，他在延安高级干部会议上说："近日我们印了郭沫若论李自成的文章，也是叫同志们引为鉴戒，不要重犯胜利时骄傲的错误。"11月21日，毛泽东又致信郭沫若说："你的《甲申三百年祭》，我们把它当作整风文件看待。小胜即骄傲，大胜更骄傲，一次又一次吃亏，如何避免此种毛病，实在值得注意。"[3]

在充分吸取李自成失败教训的同时，毛泽东也极力表彰李自成农民

---

1 《毛泽东选集》第一卷，人民出版社1991年版，第94页。

2 薛泽石主编：《跟毛泽东学史》（下），红旗出版社2007年版，第531—532页。

3 《毛泽东书信选集》，人民出版社1983年版，第241页。

起义的历史意义。陕西米脂人李健侯先生在1926年写出反映李自成其人其事的《永昌演义》初稿，其后又经多次修改。全书共40回，30多万字。1944年，陕甘宁边区政府副主席李鼎铭将此书原稿推荐给毛泽东一阅。毛泽东饶有兴致地读了这本书，并于同年4月29日致信李鼎铭表示感谢。信中一方面肯定“作者李健侯先生经营此书，费了大力”，另一方面也指出：“此书赞美李自成个人品德，但贬抑其整个运动。实则吾国自秦以来二千余年推动社会向前进步者主要的是农民战争，大顺帝李自成将军所领导的伟大的农民战争，就是二千年来几十次这类战争中的极著名的一次。这个运动起自陕北，实为陕人的光荣，尤为先生及作者健侯先生们的光荣。此书如按上述新历史观点加以改造，极有教育人民的作用，未知能获作者同意否？”[1]毛泽东将李自成起义视为“陕人的光荣”，赞扬它是中国历代农民战争中“极著名的一次”，明显带有将其精神发扬光大的意味。

1949年3月，人民解放战争胜利在即。在此时召开的中共七届二中全会上，毛泽东谆谆告诫全党破除骄傲自满的情绪，千万不要在资产阶级的糖衣炮弹面前打败仗。会后，毛泽东率中央机关由西柏坡前往北平，并风趣地将此行比喻为“进京赶考”。周恩来说：“我们应当都能考试及格，不要退回来。”毛泽东正色道：“退回来就失败了。我们决不当李自成。我们都希望考个好成绩。”[2]带着既乐观自信又戒慎恐惧的精神，以毛泽东为首的共产党人果然考出了好成绩，避免了李自成的悲剧再次上演。这正应了一句古话：“以人为鉴，可以明得失。”

1《毛泽东书信选集》，人民出版社1983年版，第230页。

2 李银桥：《在毛泽东身边十五年》，河北人民出版社2006年版，第124页。

十四　我很想学徐霞客

《徐霞客游记》是明代诞生的一部卓越的地理学著作，被后世誉为世间的“真文字、大文字、奇文字”。其作者徐霞客（公元1587—1641年），名弘祖，字振之，号霞客，南直隶（今江苏江阴）人。他自幼博览群书，尤爱记述各地风物形胜的图经地志和文学作品。在科举时代，他愤世嫉俗，绝意功名，将毕生精力和兴趣用于“仰观宇宙之大，俯察品类之盛”，其胸次之浩大，迥异于流俗。可以说，他是盛开在晚明腐烂社会中的一朵奇葩。

从明万历三十五年（公元1607年）起，时年22岁的徐霞客背起行囊，开始了艰苦卓绝的步行游历之旅。34年间，其足迹踏遍16个省份，神州大地的名山大川、奇风异俗无不勾起他的强烈兴趣，诚可谓“闻奇必探，见险必截”。大自然的无穷奥秘培养了他对天地的敬畏和刻骨铭心的山水情怀，而长期风餐露宿、披星戴月式的野外生活经历，则铸就了他坚忍的意志和令人神往的人格魅力。

徐霞客一生有多方面的独特贡献。他实地考察了分布于贵州、云南、广西等地的喀斯特地貌，探洞270余个，认为钟乳石系含钙之水蒸发凝结而成。由此，他成为世界上研究喀斯特地貌的先驱；他溯长江而上，行程数千里，以“金沙江导江”否定了“岷山导江”的传统看法，他广泛收集各地生态品种，如武当山的榔梅等，对其生长的气候、环境等作了详细分析和记述；他甚至还对云南滕冲打鹰山等地的火山遗址进行过考察。不仅如此，游历途中，徐霞客还记录了各地的风土人情特别是少数民族的聚落分布和土司战争，具有重要的历史学、民族学的价值。他每天以日记录其所见所闻，写景状物敏于创制，尤擅长动态描写和拟人手法。在其笔下，雁荡山、天台山、匡庐等皆雄奇毕现，宛在眼前。

对于一生也喜爱游历的毛泽东来说，徐霞客始终是一个精神上的偶像。1958年1月28日，他在最高国务会议上的讲话中说："明朝那个江苏人，写《徐霞客游记》的，那个人没有官气，他跑了那么多路，找出了金沙江是长江的发源地。'岷山导江'，这是经书上讲的，他说这是错误的，他说是'金沙江导江'。同时，我看《水经注》作者也是一位了不起的人。他不到处跑怎么能写得那么好？这不仅是科学作品，也是文学作品。"[1]郦道元、徐霞客都是以探寻自然奥秘为志向，以亲近山河天地为精神归宿的人。他们的成就，更能超越人世的纷争而不朽。而且，他们终生只做一件大事，兴趣集中而执著，就像毛泽东经常引用的一句话，"不唱天来不唱地，只唱一出《香山记》"。毛泽东对徐霞客的佩服，既关乎成就更关乎精神。因为其作品的科学和文学价值，最有力地印证了毛泽东的一个哲学观点，即实践出真知。

晚年的毛泽东有着仿效徐霞客的强烈冲动。1959年4月5日，他在中共八届七中全会上说："如有可能，我就游历黄河、长江，从黄河口子沿河而上。搞一班人，地质学家、生物学家、文学家，只准骑马，不准坐车，骑马对身体实在好，一直往昆仑山，然后到猪八戒的那个通天河，翻过长江上游，然后沿江而下，从金沙江到崇明岛。我有这个志向……我很想学徐霞客。徐霞客是明末崇祯时江苏江阴人。他就是走路，一辈子就是这么走遍了，主要力量用在长江。《徐霞客游记》可以看。"[2]为实现这个愿望，毛泽东指示中央警卫局在北京西山组建一支秘密骑兵大队，以作为将来考察之用。只可惜以后形势有变，毛泽东的这一宏伟志向未能实现。尽管如此，这一非凡之想，即便是千年之后犹能找到知音。

---

1 龚育之等：《毛泽东的读书生活》，三联书店1986年版，第270页。

2 陈晋主编：《毛泽东读书笔记解析》（下），广东人民出版社1996年版，第1124—1125页。

第十五章

毛泽东评点清王朝

由少数民族满族入主中原而建立的清王朝，延续268年（公元1644—1911年）。前期有“康乾盛世”，乾隆时全国人口达三亿人，但人物赋税不足半两白银，约合三十公斤大米。若从纵向比较的角度来看，“康乾盛世”不失为中国漫长皇权专制主义社会的最后一个黄金时期。

然而，如果从共时态来看世界，则所谓“康乾盛世”便无足称道。因为正是在这一时期，西方社会突飞猛进，经历了一切从政治、经济到文化方面的全方位变革。在政治上，英、法资产阶级革命相继爆发，从原则到实践确立了新的制度模式；在经济上，18世纪的工业革命导致社会财富的喷涌，大机器所生产的价廉物美的商品倾销各地，并成为摧毁“野蛮人”最顽固的仇外心理的重炮；在文化上，启蒙运动、宗教改革等激发了人类的理性自觉和创造潜能，思想文化领域走向全面繁荣。

当西方资产阶级正试图以自己的价值观重塑一个世界时，“康乾盛世”时的中国仍陶醉于天朝上国的美梦之中，对西方发生的变革或一无所知，或无动于衷。盛世的表象下，累积了太多的社会矛盾和人间罪恶。残酷的专制使“文字狱”大行其道，到乾隆时达到顶峰。知识分子“避席畏闻文字狱，读书只为稻粱谋”。以考据为特征的乾嘉朴学正是在这样的背景下产生的。朴学一方面收窄了读书人的视野，造成思想文化领域的暮气沉沉，一方面也暴露出清朝统治的野蛮性和落后性。“世界潮流浩浩荡荡，顺之者昌，逆之者亡”，当西方列强在1840年用坚船利炮轰开老迈帝国的大门时，清朝统治者终于迎来了千古未有之变局。在丧权辱国的刺激下，虽然有洋务运动、戊戌变法和清末新政相继上演，但因为顽固保守势力的阻碍，均先后归于失败或成效不彰。中国一步步陷入半殖民地半封建社会的深渊。随着改良主义的破产，以孙中山为首的革命派终于在1911年武力推翻了清王朝，终结了在中国延续两千多年的封建帝制。

诞生于1893年的毛泽东，早年是大清的“子民”。在韶山生活期间，他通过阅读《盛世危言》等著作，第一次比较全面地了解到国家遭受的危机，并激起他恢复学业的愿望。1911年辛亥革命爆发后，时在湘乡驻省中学读书的毛泽东毅然投笔从戎，在湖南新军中当了半年兵。1912年春，南北议和，袁世凯做了民国大总统，毛泽东以为革命已经结束，便继续在长沙求学，其间经历袁世凯复辟、军阀混战等一系列事件。他感于国是人非，在学业之余积极投身社会改造运动，并在1920年后走上革命道路。历近三十年之奋斗，以他为首的中国共产党人终于打败内外强敌，建立起中华人民共和国。

对于清朝末期的统治状况，毛泽东不乏直观的感性认识。民国时期，他在求学和从事革命期间，对清朝的历史有过全方位的认知和分析，特别是新中国成立后，他又阅读了《清史稿》、《清实录》、《东华录》等反映清朝治乱兴衰的史料。所以，从早年到晚年，毛泽东的文章、讲话、书信等都有关于清王朝的评点，内容涉及帝王将相、朝政得失、文学艺术以及改良与革命运动中的众多代表性人物。梳理和分析毛泽东对大清王朝的评点，无论是对于清史的研究，还是对于了解毛泽东的治史风格，都有重要的意义和价值。

一　康熙皇帝有三个伟大贡献

康熙帝玄烨（公元1654—1722年），顺治帝第三子，清入关后第二代皇帝。他8岁登基，14岁亲政，在位60年，是有清一代最有作为的君主。亲政后不久便诛鳌拜，平“三藩”，表现出大刀阔斧、励精图治的创业气象。之后又统一台湾，巩固西北和西南边陲，打败俄国侵略者，建立赫赫武功。在国家治理方面，他停止清初圈地政策，奖励农桑；任用得力能臣和专家治河，并先后六次南巡视察河工，有效地减少了黄河水患；他尊崇程朱理学，笼络和团结汉族知识分子，扩大了满汉地主阶级的统治基础；他本人好学不倦，学贯中西，而且一生勤于政务，“未明求衣，辨色视朝”，遇事反复思维，务求考虑周详。在其治下，封建经济文化得到发展，开创了封建社会新的相对稳定时期，他平生的志愿也大半告成。康熙帝雄大之气宇、秀拔之智能，即便比之唐太宗也不遑多让。

毛泽东对康熙帝有过很高的评价。1960年4月，全国人大二届二次会议期间，他与作家老舍等人谈话时说：“满族是个了不起的民族，对中华民族大家庭做出过伟大贡献。清朝开始的几位皇帝都很有本事的，尤其是康熙皇帝。”接着他详细列举了康熙皇帝的三大贡献：“康熙皇帝的头一个伟大贡献是打下了今天我们国家所拥有的这块领土。我们今天继承的这大块版图基本上是康熙皇帝时牢固地确定了的。他三征噶尔丹，团结众蒙古部，把新疆牢牢地守住。他进兵西藏，振兴黄教，尊崇达赖喇嘛，护送六世达赖进藏，打败准噶尔人，为维护西南边疆的统一，迈出了关键性的一步。他进剿台湾，在澎湖激战，完成统一台湾的大业。他在东北收复雅克萨，组织东北各族人民进行抗俄斗争，和沙俄签订《尼布楚条约》，保证我永戍黑龙江，取得了独立自主外交的胜利，为巩固东北边疆做出了重大贡献。

"康熙皇帝的第二个伟大贡献是他的统一战线政策。满族进关时兵力只有5万多，加上家属也不过20万，以这样少的人口去统治那么一个大国，占领那么大领土，管理那么多人口，矛盾非常突出，康熙皇帝便发明了一个统一战线，先团结蒙古族和其他少数民族，后来又团结了汉族的上层人士，他还全面学习和继承了当时比满文化要先进得多的汉文化，他尊孔崇儒。在官吏的设置上，凡高级官吏都是一满一汉，大学士、尚书、侍郎、军机大臣都是如此。这样，康熙便非常成功地克服了满族官员少的困难，真正达到了以一顶百的神奇效果。

"康熙皇帝的第三个了不起的地方是他有奖罚分明的用人制度。皇子打了败仗，回来不敢进德胜门，照样要蹲在城外，听候处罚。他的这套办法既能调动部下的积极性，奋勇向前，义无反顾，又能组织起一支有严明纪律的队伍，所向披靡。

"他不光有雄才大略，而且勤奋好学。他除了会几种民族语言之外，还会好几种外语，包括希腊文。他既是军事家、政治家，又是大文人，精通诗词歌赋，会琴棋书画。

"康熙皇帝是最早懂得向西方资本主义先进知识学习的开明君主。康熙喜欢研究自然科学。对数学、天文、地理、医学、生物学、解剖学、农艺学和工程技术有浓厚兴趣，还亲自主持编科技书籍。"[1]

---

1 武在平：《巨人的情怀——毛泽东与中国作家》，中共中央党校出版社1995年版，第38页。

作为满族人的老舍先生，聆听了毛泽东对康熙皇帝的评价后十分振奋。他以前虽然也知道一些康熙皇帝的功绩，但既不系统也不全面，这是他首次听人如此盛赞满族先祖的功德，而且又是出自毛泽东之口。回到家中，老舍先生详细向家人传达了毛泽东的见解，并说自己从此“完全换了脑子，换了眼睛”。之后，老舍先生写出了历史剧《神拳》、长篇小说《正红旗下》等表现满族人民历史的作品，还准备撰写《康熙大帝》，并为此收集了大量资料。

毛泽东对康熙帝三大功绩的总结，是基本符合历史实际的。拿“统一战线政策”来说，康熙帝力矫清初以来对汉族官员的歧视政策，一再声称“满汉一体”，谕令“满汉官员职掌相同，品级有异，应行画一”。同工同酬调动了汉族官员的积极性。一批精通程朱理学的汉臣如李光地、魏裔介、汤斌、熊赐履等受到重用。在康熙帝的精神感召下，汉族知识分子的“遗民情结”渐次瓦解，纷纷出仕或参与各类典籍的编纂。满汉等民族之间的壁垒由森严走向松弛，民族融合的步伐大大加快。

但不可否认，毛泽东对康熙帝的评价缺乏一种横向的比较和正反兼备的视野。

其一，康熙帝虽然一生好学不倦，学识渊博，特别是他在外国传教士徐日升、张诚、白进、安多的引导下广泛涉猎了西方的测量法、算学、天文学、人体解剖、物理学等知识，但若与同时代的俄国彼得大帝相比较，他醉心西学尚停留在满足个人兴趣的层次上，而彼得大帝却亲自到荷兰、德国等地考察，并在回国后大批引进外国技术人才，奖励资本主义工商业的发展，同时还提倡穿西服、喝咖啡等西方风尚。彼得大帝有一种强烈的忧患意识和赶超精神，他极力将考察和思考所得应用于经济、文化和社会生活等领域，对俄国的西方化、近代化产生了深远的影响。在这点上，康熙帝其实远不及彼得大帝。

其二，康熙并非是一个没有重大缺陷的君主。清代严酷的文字狱便肇始于康熙年间，其中有名的大案有庄廷的《明史》案、戴名世的《南山集》案等。很多知识分子因言获罪甚或满门抄斩。康熙的这一做法又被儿孙所效法，到乾隆时发展到登峰造极的程度。文字狱作为一种黑暗的统治术，严重扼杀了民族的文化创造力。康熙自称“平生未妄杀一人”，显然有违历史真相。

再者，康熙组织知识分子编撰了《古今图书集成》、《全唐诗》、《佩文韵府》、《康熙字典》等大型图书，虽不乏弘扬文化之意，但同时也是为了转移知识分子的视线，使其困于事务，老死于字里行间。对于康熙皇帝，我们只有全面地剖析他的功绩和过失，才能对清史的演变和民族危机的呈现有一个清醒的认识。

二　乾隆这个人到处乱写

清乾隆帝弘历（公元1711—1799年），雍正第四子，自幼聪明，六岁时能诵宋儒周敦颐之《爱莲说》，深为乃祖康熙所喜爱。相传康熙本无立雍正为帝之意，只因爱弘历而降心立之为储。乾隆1736年登基，在位60年，享年89岁，是中国历史上少有的长寿皇帝之一。

乾隆登基时，清朝凡百制度皆已大备。他在安享太平之时，在促进农业发展特别是安定边疆方面有所开拓，故晚年自称有“十全武功”，得意之情溢于言表。1962年，毛泽东在接见清朝末代皇帝溥仪时说：“清朝的这些皇帝中，有作为的是前几位，尤以康熙和乾隆为最。一个执政61年，一个执政60年，是做了不少事的。”[1]

---

1 张宝昌等：《毛泽东接见溥仪》，见《半月选读》，2009年第23期。

毛泽东虽然认为乾隆皇帝颇有作为，但对他自炫博雅、到处题诗题词的做法则相当反感。1952年10月28—29日，毛泽东在许世友等人陪同下第二次视察徐州。云龙山饮鹤泉西南有一块石碑，上有乾隆手迹。毛泽东看了之后笑着说："乾隆这个人到处乱写，虽无佳句，也称是古迹了。"这时，陪同的徐州当地官员说，乾隆很看不起徐州这块兵家必争之地，曾说徐州是"穷山恶水，泼妇刁民"。毛泽东听了很是生气，称乾隆的话"是对劳动人民的侮辱。群众是真正的英雄。发动群众，依靠群众，穷山可以变富山，恶水可以变成好水"[1]。他叮嘱徐州地方政府要组织群众上山植树，一定要改变徐州童山濯濯的面貌。

乾隆当政期间很忌讳满人感染汉族风气，但其本人却沉溺于研习汉族之文化，所写御制诗至十余万首，数量连陆游也望尘莫及。他又喜欢自炫学问，每作一诗，便令儒臣解释。如不能答，即令其归家涉猎，往往有翻阅万卷而得其解者。赵翼、纪昀等诸大臣常为此苦恼不堪。待儒臣实在无以作答，乾隆才举其出处，以为笑乐。然而，虽贵为帝王，乾隆所写十万余首诗竟没有一首流传后世，这也算是历史的讽刺。毛泽东说他"到处乱写"，完全符合事实。他不仅在各地景点题诗，而且在众多瓷器、书画作品上也留下了手迹。现台北故宫博物院所藏21件汝窑瓷器，经乾隆题诗刻字的就达13件之多。有些瓷器还被他定错了名，如"水仙盆"就被他误作为"猫食盆"。北京故宫所藏众多精品书画，很多也被乾隆狂题一通。如他在王羲之《快雪时晴帖》上写下"神"、"妙"、"神乎其技"等字样；在黄公望《富春山居图》（子明卷）上题诗几十首，又在真迹"无用师卷"上盖上御识；赵孟頫的名作《鹊华秋色》上也有乾隆的题词和印钤。此种行径，不胜枚举。乾隆这个到处乱写的坏习惯不仅破坏了珍贵文物的原貌，而且也显示了他作为帝王强

1 丁爱华：《毛泽东七次到徐州》，见《毛泽东思想研究》，1984年第4期。

烈的占有欲和表现欲。他想让后人知道，乾隆爷的法眼阅尽天下宝物，其鉴赏水准亦超越古今。

人们说到清朝的历史，常将乾隆与康熙相提并论，毛泽东也有这种倾向。但仔细想来，乾隆比康熙相差甚多。康熙是创业之君，一生开拓国运，备尝艰辛。而乾隆则为守成之君，生为贵公子，长为富家翁。虽在位期间维持了大局，但其为政为人缺点甚多，除了“到处乱写”一项之外，他昧于西学，对西方科学知识了解甚少，在这点上他远不及乃祖康熙皇帝。他制造了140多起文字狱，占所谓“康乾盛世”文字狱总数的80%以上。所谓“乾嘉朴学”，实际上就是在乾隆文化高压政策下的产物。他晚年重用和珅等贪墨之徒，吏治腐败，人心暌离，恐怖之民乱四起，在内政方面预示了清朝的没落命运。乾隆统治中国的60年，正是西方在科技、工业和文化思想方面狂飙突进的60年。正是乾隆的因循守旧和妄自尊大，拉开了中西方的差距，直接引发了后来鱼烂河决、丧权辱国的千古大变局。从这个意义上说，乾隆又是一位很不称职的皇帝。

三　溥仪曾是我们的顶头上司

溥仪（公元1906—1967年），清朝末代皇帝，父亲为醇亲王载沣，母亲为荣禄之女。1908年光绪帝死后继位，由父亲载沣摄政。1912年退位后仍居住在故宫，张勋复辟时又短暂称帝。1934年出任伪满洲国皇帝，成为日本军国主义的傀儡。1945年8月被苏联红军俘获并关押，同年12月写信给斯大林，申请成为苏联公民，未获批准。毛泽东在第一次出访苏联期间，要求将包括溥仪在内的100多名日本战犯和日伪战犯引渡回中国，得到斯大林的同意。1950年8月，溥仪回到东北，在抚顺战犯管理所服刑改造。

对于末代皇帝溥仪，毛泽东认为，他作为成年人走上背叛民族和国家的道路，是有严重罪行并要自我负责的。但在此之前的历史则要具体分析，有些事是别人做的，或者是许多人共同做的，不必全由溥仪负责。与苏联革命时将皇室成员几乎全部处死不同，新中国成立后，毛泽东主张对清朝皇室采取宽大为怀、改造利用的方针。在其直接过问和关怀下，溥仪的七叔载涛在1950年出任中国人民解放军炮兵司令部马政局顾问，享受十三级国家高级干部待遇，几年后又被选为全国人大代表和政协委员；溥仪的三妹韫颖也从1954年起担任北京东四区政协委员。

1956年2月，第一届全国人大第二次会议在北京召开。在一次宴会上，周恩来把载涛介绍给毛泽东。毛泽东关切地问道："现在你与溥仪还有来往吗？"载涛说："他是战犯，我怎能与他来往呢？"毛泽东见载涛顾虑很深，便语重心长地表示："我们消灭的是整个剥削阶级，而不是哪个人。你们家族要关心他、帮助他，共同使他改造成新人。听说溥仪学习得不错，你可以去看看他。"在周恩来、彭真等人的安排下，同年3月，载涛偕溥仪的三妹韫颖、五妹韫馨前往抚顺看望溥仪等人，让溥仪感动得当场落泪，并看到了在新时代重新做人的希望。

1959年是新中国成立十周年，中央人民政府颁布"特赦令"，溥仪作为被特赦的战犯之一重获自由，成为那时国内外舆论瞩目的焦点。

1961年底，也就是溥仪获释两周年之际，毛泽东专门设家宴款待中国的末代皇帝溥仪，陪同的有程潜、仇鳌、章士钊、王季范等民主人士。溥仪开始很局促，特别是不肯坐上席，毛泽东笑着说："当年我们都是你的老百姓嘛，你当然要坐上席喽！"一席话顿时让场面轻松活跃起来。毛泽东又风趣地问道："你当皇帝的时候，怎样对待下面的大臣呢？"溥仪说："清朝时我还太小，由父亲载沣摄政。张勋复辟那阵也还不懂事。往后到了伪满，实际是个傀儡。”毛泽东想到了溥仪在抚顺写《我的前半生》一事，便坦率地对此书发表看法：“我已看到你那部‘未定稿’了，我认为写得不怎么好。里面‘检讨’太多了，看了一半就不想看了。”又说：“你过去是帝王，是压迫人民的，而今天不同了，是公民，是人民的一分子了，写前半生要客观真实地反映历史，不能写成检讨书，回忆录要写得细致一些。”[1]溥仪连连点头，表示会认真修订这部“未定稿”，努力使它成为一部有史料价值的末世实录。

此次家宴并非什么昂贵的“燕窝席”、“鱼翅席”，更非溥仪熟悉的那种“满汉全席”，而是以湖南风味为特色。毛泽东特意夹了一筷子青辣椒，置于溥仪前的小碟中。溥仪尝了尝，毛泽东问他好不好吃。溥仪一边说好吃，一边又夹起辣椒往嘴里送，不久鼻子上便沁出了汗珠。毛泽东一看笑了：“现在你这个北方人身上也有辣味了。”又指了指仇鳌和程潜说：“他们的辣味可大了，不安分当你的良民，起来造你的反。辛亥革命一闹，就把你这个皇帝撵下来了。”[2]话音刚落，举座为之一欢，溥仪除了隔世之叹，心中有一种饱经世变后终归平安的慰藉。毛泽东还非常关心溥仪的感情生活，建议他再找一个合适的对象成个家。这让离婚多年的溥仪格外感动。

往后，毛泽东又在多种场合提到溥仪。1964年2月，在中共中央召开的春节座谈会上，他说：“对宣统要好好地团结。他和光绪皇帝都是我们的顶头上司。我做过他们下面的老百姓。听说溥仪生活不太好，每月只有180多元薪水，怕是太少了吧。”说到这儿，毛泽东转向章士钊先生说：“我想拿点稿费，通过你送给他改善生活，不要使他‘长铗归

1 王庆祥：《毛泽东这样对待溥仪》，见《党史文汇》，2003年第5期。

2 谭玉琛主编：《毛泽东与党外人士》，河北人民出版社1993年版，第203页。

来兮食无鱼'，人家是皇帝嘛。"[1]不久，章士钊便亲自登门，将毛泽东的一笔稿费送到了溥仪手中。而溥仪的月工资也从180元涨至200元。

溥仪饱经世变，诡谲多变的人生之路，既有身不由己之苦，亦有误入歧途之悲。皇帝与平民、囚徒与公民、繁华与冷眼、播迁与安居，种种不同的身份、际遇和感受集于一身，铸就了他极富戏剧性的人生。毛泽东与他的交往，堪称中国现代史上的一段传奇。

四　"愚于近人，独服曾文正"

有清一代，世事纷纭多故，朝野上下皆产生了许多慨然而起、奋发有为的人物。其中最受毛泽东关注并深受其影响的，莫过于晚清理学家、军事家曾国藩。

曾国藩（公元1811—1872年），字伯涵，号涤生，湖南湘乡（今属湖南双峰）人。幼年在其祖父曾玉屏、父亲曾麟书督导下刻苦向学，敏悟多慧。道光十八年（公元1838年）中进士，入翰林院，累迁内阁学士、礼部侍郎等职。太平天国兴起后，他奉命在家乡筹办团练，组建起一支不同于八旗、绿营的新式地主武装，即在历史上赫赫有名的"湘军"，历十多年之苦战，终于在1864年扑灭太平天国农民起义军。他由此成为"同治中兴"第一名臣，封一等毅勇侯，加太子太傅，赏双眼花翎。

曾国藩以书生领大兵，文人有武相，被朝廷倚为干城，官至两江总督、直隶总督，武英殿大学士。在镇压太平天国过程中，他还发起洋务运动，兴办了一系列军事和民用工业，成为中国近代化的先驱。1870

1 谭玉琛主编：《毛泽东与党外人士》，河北人民出版社1993年版，第204页。

年，他奉命查办“天津教案”，处置失当，引发社会舆论谴责。1872年病逝于南京，享年62岁。清朝廷有感于他的功业，谥曰“文正”，并赞扬他“学有本源，器成远大。忠诚体国，节劲凌霜”。

韶山毗邻曾国藩的家乡，当年湘军兴起的时候，不少毛氏子弟也跟随从军，获得不同等级的军衔。因此，毛泽东从小便从父辈那里听到过有关曾国藩及其湘军的故事。到长沙求学后，他认真阅读了光绪年间己卯传忠书局刊印的《曾文正公家书》，至今仍有部分原件，即该书的第四、第六、第七、第九卷为韶山毛泽东纪念馆所收藏。在第四卷的扉页上，还有毛泽东手书的“咏芝珍藏”的正楷字样（“咏芝”为毛泽东早年使用过的名字之一）。《曾文正公家书》为曾国藩从道光二十年（公元1840年）至同治十年（公元1871年）所写，前后历时三十年。在一千多封家信中，曾国藩广泛涉及伦理、治学、治家、修身、养生、朝政、宦务、军事、人事等多方面的内容，事无巨细，有感必发，既是当时世情的实录，又是其思想及个性的见证。毛泽东非常喜爱这本书，揣摩之余多有收获，如他在1915年6月致湘生的一封信中有云：“尝见曾文正家书有云：吾阅性理书时，又好作文章；作文章时，又参以他务，以致百不一成。此言岂非金玉！”[1]这明显是借曾氏之语来表达自己今后治学当专心致志，而不再兼营旁骛的愿望。

毛泽东在湖南一师的伦理学老师杨昌济特别推崇曾国藩的治学和修身之术。他见毛泽东资质俊秀，又和曾国藩一样出身农家，便引曾国藩之例以勉之。毛泽东早年的读书笔记《讲堂录》，记有杨昌济先生介绍的曾氏修身“八本”，即“读古书以训诂为本，作诗文以声调为本，养生以少恼怒为本，事亲以得欢心为本，居家以不晏起为本，立身以不妄

1《毛泽东早期文稿》，湖南出版社1990年版，第7页。

语为本，做官以不要钱为本，行军以不扰民为本”[1]。在杨昌济看来，曾国藩是集立功、立言与立德于一身的“三不朽”式的人物。此种论人标准和价值取向对毛泽东一生的行事都有重大影响。

在历史上，人们将宋代的范仲淹与韩琦并称，将清代的曾国藩与左宗棠并称，但青年毛泽东认为“韩左办事之人也，范曾办事而兼传教之人也”[2]。所谓“办事而兼传教”，意指曾国藩、范仲淹属于“内圣外王”式的人格典范，他们不仅建立了具体的事功，而且还能以思想、人格转移世风，陶铸一世之人。1917年8月23日，毛泽东在写给黎锦熙的信中写道：“惟学如基础，今人无学，故基础不厚，时惧倾圮。愚于近人，独服曾文正，观其收拾洪杨一役，完满无缺。使以今人易其位，其能如彼之完满乎？”[3]这就是说，学有本源是曾国藩建立巨大功业的基础。曾国藩将学问分为义理、考据、辞章、经济等门类，但首重义理，确信“义理明则躬行有要而经济有本”。太平天国的领袖人物洪秀全本为一落第秀才，后来他从西方基督教中断章取义，摭拾一些片言碎语，结合他自己的一知半解，创设“拜上帝会”以吸引门徒。但信仰体系的不伦不类与中国传统思想大相径庭，这成为他走向失败的一个重要原因。而曾国藩在京师时却跟随唐鉴、倭仁等人穷研理学，对封建伦理本体有一套完整的论证和说辞。他在镇压太平天国的过程中，在义理上始终占据着明显的优势。

湘军出师伊始，曾国藩便在《讨粤匪檄》中极尽倡学攻心之能事，他说：“自唐虞三代以来，历世圣人，扶持名教，敦叙人伦，君臣父子，上下尊卑，秩然如冠履之不可倒置。粤匪窃外夷之绪，崇天主之

---

1 《毛泽东早期文稿》，湖南出版社1990年版，第593页。

2 《毛泽东早期文稿》，湖南出版社1990年版，第591页。

3 《毛泽东早期文稿》，湖南出版社1990年版，第85页。

教，自其伪君伪相，下逮兵卒贱役，皆以兄弟称之……举中国数千年礼义人伦、诗书典则，一旦扫地荡尽。此岂独我大清之变，乃开辟以来名教之奇变，我孔子、孟子之所痛哭于九原！凡读书识字者，又乌可袖手安坐，不思一为之所也！”[1]在从军生涯中，曾国藩始终把向军队灌输封建伦理观念、掌握舆论主导权当成维系军心、提高军队战斗力的重要手段。他主张通过精神的训导使官兵知廉耻，急王事，理学正是湘军的精神支柱。曾国藩鼓吹“训”重于“练”，认为“练者其名，训者其实”。每逢军队操练，曾国藩必反复开说至千百语，“虽不敢云说法与顽石点头，亦诚欲以苦口滴杜鹃之血”。如果说曾国藩是近代在军队中首倡“政治工作”的人，恐怕是可以成立的。当然，曾国藩也并非信奉精神万能的人，在镇压太平天国的过程中，他还非常重视经世之学，通过开办工厂、训练西学人才、引进西方的科技和器物文化，用洋枪洋炮装备湘军，力求在武器装备上胜过敌人。正是采取“攻心隆礼”和洋枪洋炮双管齐下、文武并用的攻战策略，曾国藩才得以完满地“收拾洪杨一役”。毛泽东之所以“独服曾文正”，正因为曾氏深谙“内圣外王”之道，善于将学问有效地引向事业之途。

在成为革命家之后，毛泽东仍多次在讲演中提到曾国藩。1926年3月，他在《纪念巴黎公社的重要意义》一文中说：“打倒太平天国出力最多的是曾国藩，他当时是地主阶级的领袖。曾国藩是练团练出身，团练即是地主阶级压迫农民的武力。他们见洪秀全领导一班农民革命，于他们不利，遂出死力来打倒他。”[2]

毛泽东将曾国藩、洪秀全之间的战争归结为地主阶级与农民的战争，这比孙中山的见解要高出一筹。孙中山非常崇拜洪秀全，认为洪秀

1《曾国藩全集·诗文》，岳麓书社1986年版，第232页。

2《毛泽东文集》第一卷，人民出版社1993年版，第35页。

全是反清第一英雄，声言自己要做“洪秀全第二”。他囿于传统的夷夏之辨，将太平天国运动视为汉族反抗满族的战争。所以他在鼓励同乡和小说家黄世仲写《洪秀全演义》时，便嘱咐他将洪秀全描绘为种族斗争的英雄，而将曾国藩写成为异族卖命的汉奸。这在毛泽东看来是一种过时的、肤浅的见解。以后终其一生，毛泽东都把曾国藩视为地主阶级的代表，并强调“曾国藩是地主阶级最厉害的人物”[1]。

五　石达开毕竟是个英雄

太平天国诸将领中，战功最卓著、命运最悲壮者当数石达开。

石达开（公元1831—1863年），小字亚达，绰号“石敢当”，广西贵县人，客家地主出身。虽生于“富厚之家”，但少年时便父母双亡，家道中落，不得不辍学在家，靠贩卖耕牛、私盐等维持生计。其为人豁达，状貌雄伟，喜读《孙子兵法》，又长年习武，在江湖上赢得轻财尚义、敢作敢为的名声。16岁时被洪秀全、冯云山寻访出山，参入“拜上帝会”。1850年率数千民众前往金田团营，起义时任“左军主将”。永安建制时封翼王、五千岁。此后他一直充任太平军的前锋主将，占岳阳、克武昌、下九江、陷南京，兵锋所指，无往不胜。

太平天国定都天京（南京）后，石达开曾三次督师西征，特别是在1855年初于湖口、九江大破湘军水师，迫使曾国藩退守南昌，令敌人闻风丧胆。同年秋天挥师江西，数月间连下七府四十九县。1856年3月大败曾国藩于樟树，湘军困守南昌，岌岌可危。适于此时，石达开被调回

1 陈晋：《毛泽东的文化性格》，中国青年出版社1991年版，第37页。

天京参加解围战，虽然大破江南大营，解除了清军对天京三年之包围，但江西战场形势突变，曾国藩得以免除灭顶之灾。1856年9月“天京事变”爆发后，石达开提理政务，迅速扭转了内讧之后的被动局面，但其人望、威信不为洪秀全所容，遂于1857年5月率数万人马脱离太平天国。之后转战浙江、福建、广东、湖南、广西、湖北、贵州、云南、四川等数十省，最后在1863年5月被清军围困于大渡河。石达开幻想“舍命以安三军”，于是向四川总督骆秉章表示自愿受死，以保全其残存部众的生命。6月，石达开在成都就义，其部下也遭清军屠灭。

作为太平天国果敢多智的年轻将领，石达开纵横沙场十余年，立下赫赫战功，曾国藩说：“查贼渠以石为最悍，其诳煽莠民，张大声势，亦以石为最谲。”1857年他不满洪秀全的猜忌，负气出走，以致兵败大渡河，丧师身亡，走完了他始而英武、终而悲壮的一生。

事隔七十余年，大渡河惊险的一幕又险些重演！1935年5月，毛泽东率中央主力红军再次来到这里，蒋介石扬言要让毛泽东、朱德成为“石达开第二”。面对敌人的围追堵截，毛泽东临危不惧，他在一块纪念翼王石达开全军覆灭的石碑前，从吸取前人失败教训的角度向红军将士们说：“太平天国因为内部分裂，石达开带领四五万人马离开南京，在同治二年（公元1863）四月间来到这里，打算在安顺场渡河。正遇上山洪暴发，渡河不成，四面受困：前有大渡河，后有彝民，左有山峰绝崖，右有清兵。本来，彝民和石达开的关系，开始是友好的，但因为石达开疑心太重，把关系搞糟了。后来，清兵又占领了对岸。因此，石达开的人马，在安顺场一直被围困了四十多天，也没有渡过河去。石达开本人动摇，军心不固，以致全军覆灭。”[1]显然，毛泽东并不认为石达开的失败是必然的，相反，他将石达开的失败归结为临机处置失当。而

---

1 吴吉清：《在毛主席身边的日子里》，江西人民出版社1977年版，第236—237页。

且在他看来，即便渡不了大渡河，石达开也有回旋的余地，因为“石达开如果是一个很有才干的战略家的话，既然渡不过大渡河，为什么不沿着左岸直上，进入西康？为什么不向下走，到大树堡拐回西昌坝子？或者再往下走，到大凉山以东的岷江沿岸去呢？那里的机动地区不是很大吗？”[1]

鉴于蒋介石和四川军阀对消灭红军于大渡河抱有很大的幻想，毛泽东的话掷地有声：“敌人的好梦是做不成的。石达开没有走通的路，我们一定能走通。我们共产党人是顶天立地的英雄，大渡河算不得什么困难！”[2]历史证明，决定军队命运的并非客观环境，而在于战争指挥者主观指导的正确与否。毛泽东及其红军成功地克服了大渡河这道天险，没有让历史的悲剧再次重演。

据历史记载，石达开被押往成都后，四川总督骆秉章对他说：“尔欲降乎？”石达开回答：“吾来乞死，兼为士卒请命。”骆秉章笑道：“今日就戮，为汝想，亦殊值得。计起事以来，蹂躏数省，我方封疆大吏死于汝手者三人。今以一死完结，抑何所恨。”石达开仰天长叹，从容作答：“是俗所谓成则为王，败则为寇，今生汝杀我，委知来生吾不杀汝耶？”石达开本想以一死以全士卒，眼看希望落空，阴自悔恨，但临死仍表现大无畏的气概。他被凌迟处死，万分痛苦中却默不作声，真正是铁骨铮铮的奇男子。对于石达开之死，毛泽东评论道：“石达开毕竟是个英雄。但是，他对敌人的话太轻信了，这使他吃了大亏。……一切善良的人总是容易对敌人抱有幻想，这是可悲的事。”[3]在毛泽东眼中，石达开为他的年轻、轻信付出了惨重的代价，然而，他舍身以全士卒的义胆、慷慨就义而无异志的人格，却无疑表现出了英雄的壮举。这

1 吴吉清：《在毛主席身边的日子里》，江西人民出版社1977年版，第237页。

2 吴吉清：《在毛主席身边的日子里》，江西人民出版社1977年版，第238页。

3 魏巍：《地球的红飘带》，人民出版社1988年版，第428页。

股英雄之气横亘于天地之间，历千百年而不磨灭。

六 严复是向西方寻找真理的代表人物

严复（公元1854—1921年）是戊戌维新时期杰出的启蒙思想家。他一生最大的功绩是向国内系统地介绍了西方近代的政治、经济和学术思想，为启蒙运动的深入提供了较完备的理论形态和思想资料。除此之外，严复还是最早的教育救国论的倡导者和分析对比中西文化特质的先驱。尽管在维新变法运动失败后，严复的思想日趋保守和陈旧，未能与时俱进，但他在中国启蒙运动史上的地位是无可动摇的。惟其如此，毛泽东才将其与洪秀全、康有为、孙中山并列，称他们“代表了在中国共产党出世以前向西方寻找真理的一派人物”[1]。

严复在青年毛泽东接触并学习西学的过程中起过重要的中介和桥梁作用，在这点上他超过任何一个近代人物对毛泽东的影响。严复很早便到英国留学，且遍游西欧各地，对西方的政情风习和学术流变有真切实在的了解和体察，不像康有为、梁启超等人汲取和介绍西学大都从日本转运而来，而且将其和孔孟佛老等思想相比附，形成一种混杂不清、中西莫辨的特色。严复自1895年起开始著译西方近代哲学、社会科学著作，十余寒暑，成果极为丰富。它们在中国的流布，使思想界空气为之巨变。尤其是他翻译的《天演论》，震古烁今，启迪了无数以救国为己任的仁人志士。

1912年下半年，毛泽东在厌弃了刻板的学校生活之后，寄居长沙新

1《毛泽东选集》第四卷，人民出版社1991年版，第1469页。

安巷的湘乡会馆，开始了他在湖南图书馆历时半年的自学生活。他在这里第一次看到了世界大地图，大大拓宽了眼界，还阅读了不少中国古典小说和古希腊、罗马文论。然而他最重大的收获则在于遍观了严复翻译的西方18、19世纪著名启蒙思想家的著作，如赫胥黎的《天演论》、卢梭的《民约论》、亚当·斯密的《原富》、孟德斯鸠的《法意》、穆勒的《群己权界论》、斯宾塞的《群学肆言》、耶芳斯的《名学浅说》等。严复译介这些著作时，采取意译的方式，不拘泥于原著的体例和文风，力图使其适应国人的接受心理，另外他在翻译时还不时加以按语，发挥自己的见解和主张，这些都大大有助于青年毛泽东领会其旨趣。

读严复译著，使毛泽东受到一次较系统、扎实的西学教育和熏陶，奠定了其初步的西学基础。这为他后来研究康德、黑格尔、泡尔生等思想巨匠的哲学和伦理学起了重要的铺垫作用。因为它们同属西方文化系统，前后有着明显的继承和借鉴关系。德国古典哲学在西欧处于百川归海的要枢地位，它一方面吸收了英国经验论和功利派学者的理论思维成果，另一方面也从法国启蒙家和百科全书派反对宗教神学和经院哲学的斗争中吸取了经验教训，获得了丰富的营养。在阅读严复译著之前，毛泽东虽然也从康、梁著作尤其是梁启超的《新民说》中接触过资产阶级启蒙思想，但这种接触的广度和深度是很有限的。惟其如此，他在读严复译著时，才仿佛进入了一个全新的世界，那些新学知识与旧学内容是如此悬隔，以致对毛泽东产生了前所未有的诱惑力。拿他自己的话来说，便“正象牛闯进了人家的菜园，尝到了菜的味道，就拼命地吃一样”[1]。他在后来对周世钊回忆这段自学经历时将之称为“最有价值的半年”，通过它们“增长了见识，提高了觉悟”。

《伦理学原理》是新康德派哲学家泡尔生的代表作，毛泽东在读此

1 高菊村等：《青年毛泽东》，中共党史资料出版社1990年版，第24页。

书过程中曾写下一万多字的批语。在这些批语中，许多内容都可以从严复译著中找到根据。如毛泽东在评述泡尔生“国民者，实际连合而生存。其与各人之关系，犹躯干之于四肢，四肢由躯干发生，其有生命也，由于躯干之有生命也。各人由国民而发生，其有生命，有动作也，亦由于国民之有生命也”这种倒因为果，以国家有机体说来贬损个体生命之价值和作用的观点时，便利用严译《民约论》中的“通功易事”的观点予以反驳，认为国民之生活，如政治、组织、言语等“皆各人互相联合所作，以便利各人。先有各人而后有国民，非各人由国民而发生也……泡尔生住于国家主义弥固之德国，故有此论也”[1]。其他如在道德的起源和本质、利己与利他等问题上，毛泽东的批语也与严复译著的观点有一定的内在联系。故由此可以推断，青年毛泽东如果未受严复译著的影响，他在《伦理学原理》上的批语将较现存的单薄和逊色。

严复在哲学上以进化论为基石，自称“天演哲学家”。他在翻译赫胥黎的《天演论》时，有意糅合进斯宾塞的社会达尔文主义思想，将“物竞天择，适者生存”这一自然界的生存法则机械搬用到社会历史领域。严复的观点在实践上顺应了中国民众自强保种、御侮图存的需要，说明中国欲图自强和超越列国，只能以自强不息的精神进行奋斗，因而它在当时的历史条件下受到知识界和爱国人士的普遍推崇和信仰。

严复宣扬进化论的功绩还在于：他将进化论上升到世界观的高度，使国人获得了一种观察世界和把握自身命运的崭新思想武器。他说：“吾党生于今日，所可知者，世道必进，后胜于今而已。”[2]这显然是与封建顽固派所宣扬的“天不变道亦不变”的陈腐观念格格不入的，同时对于传统的变易史观来说也是一大进步，因为后者未能挣脱循环论的

1《毛泽东早期文稿》，湖南出版社1990年版，第241—242页。

2 王栻主编：《严复集》（五），中华书局1986年版，第1360页。

羁绊。除此之外，它与康、梁的历史进化观也有本质的区别，因为康、梁的历史进化观由传统的经学形式推导而出，借遥远的“张三世”、“通三统”之说为进化思想作论证，而严复的历史进化论则建筑在自然科学知识的基础之上，其生命力远甚于前者。

严复进化论哲学使毛泽东看到了民族起死回生的希望。毛泽东坚信只要中国民众懂得时时涤旧、变化日新之理，就一定能摆脱亡国灭种之命运，翻转而为文明昌盛之国度，他说过：“吾尝虑吾中国之将亡，今乃知不然。改建政体，变化民质，改良社会，是亦日耳曼而变为德意志也，无忧也。”[1]这是毛泽东以进化论思想为指导所得出的必然结论。

严复介绍的西方逻辑思想使毛泽东在研究国学和历史中受惠不少。首先在研究国学中，毛泽东发现中国轻分析的素朴整体观念和直觉体悟的思维方式造成了学科分类的长期模糊和粗疏，所谓“文史不分家”，分类则以经、史、子、集为标尺，结果弄得学科之间界限不明，混乱无章，使后学者无所适从。他说过：“吾国古学之弊，在于混杂而无章。分类则以经、史、子、集，政教合一，玄著不分，此所以累数千年而无进也。若夫西洋则不然，其于一学，有所谓纯正者焉，有所谓应用者焉……秩乎若瀑布之悬岩而振也。”[2]

严复介绍的西方逻辑学不仅仅是一个方法论的问题，而且也是一个触及治学态度的问题。毛泽东认为“吾国两千年来之学者，皆可谓学而不思”，可谓切中传统治学方法的弊端。因而，严复介绍的西方逻辑学对毛泽东的影响，还增强了他在治学过程中勤勉踏实、潜在进取、不慕虚荣的可贵品质。

1《毛泽东早期文稿》，湖南出版社1990年版，第200—201页。

2《毛泽东早期文稿》，湖南出版社1990年版，第83页。

七　康有为没有找到通往大同的道路

康有为（公元1858—1927年），字广厦，号长素，广东南海人。早年深研中国传统经史之学，1879年开始接触西学。1895年在京师发动“公车上书”，后来成为戊戌维新运动的主要思想家和代表人物。运动失败后一度亡命海外，思想亦趋向保守。晚年除讲学外，纵情声色和山水。一生多才多艺，犹精于金石、书法。主要著作有《新学伪经考》、《孔子改制考》、《大同书》等。

在中国近代思想史上，康有为的特点是以今文经学和陆王心学为基础，糅合进西方资产阶级和政治社会观点，对照发挥出一套托古改制、变法维新、人类大同的理论。撇开其思想上的经学色彩和学术上的门户之见，康有为的突出贡献是铺陈了改制维新的历史进化论以及关于人类大同的构想。

从1888年开始，康有为以布衣身份多次上书光绪皇帝，提出育人才、兴民权、设议院等一系列变法主张，表现出惊人的勇气和识见。光绪皇帝感动之余，决心不惜“坏祖宗之法”，自上而下掀起一场轰轰烈烈的变法运动，并表示“若能救国，则朕虽无权何碍”？康有为被安排在总理衙里任章京行走，职位虽不高，但思想主张随时上达天听，并获得了执舆论之牛耳的声誉。若非慈禧太后强力干预和作梗，这对君臣很可能成就中国历史上亘古未有之伟业。

毛泽东1910年在湖南湘乡东山高等小学堂读书时，戊戌变法已过去十多年。但对于刚刚走出大山的毛泽东来说，皇帝和康有为的事迹却非常新鲜。他后来回忆说：“那时我还不是一个反对帝制派；说实在的，我认为皇帝像大多数官吏一样都是诚实、善良和聪明的人。他们不过需要康有为帮助他们变法罢了。”表兄文运昌送给他两本书，一本是讲康有为的变法运动，一本是《新民丛报》。他对这两本书“读了又读，直到可以背出来”，并因此“崇拜康有为和梁启超”。[1]最初的思想习染是如此之浓，以至在辛亥革命前夜，时在长沙求学的毛泽东第一次发表政见，便建议把孙中山从日本请回来当新政府的总统，国务总理和外交部长则分别由康有为、梁启超来担任。这种将革命派与维新派代表人物“熔于一炉”的主张虽显幼稚，但却直觉地发现了两大运动的内在联系。

康有为的思想十分驳杂，若论对毛泽东的影响，则其中最大者当属其关于大同世界的构想。从1885年开始，康有为开始写作《大同书》（初名《人类公理》），历十余年寒暑，1902年在印度最初定稿，共10章，20余万字。生于乱世、目睹苦道的康有为将儒家的大同理想与佛教的慈悲平等、基督教的救世观念相结合，并发挥其天才的想象力，构想出一套完整的去苦就乐、人人平等幸福的大同理论，其中对人生苦乐之根源、善恶之标准言之甚详，主张通过毁家灭族，去国界、种界、形界、类界等九界而实现人类大同。1913年，康有为将书稿的甲、乙两部在《不忍》杂志发表，迅速在社会上引起巨大反响。

青年毛泽东在阅读《大同书》之后，在思想感情上引起很大波动。1917年8月23日，他在写给黎锦熙的信中说：“大同者，吾人之鹄也”，“彼时天下皆为圣贤，而无凡愚，可尽毁一切世法，呼太和之气而吸清海之波”。[2]不过，在向往大同境界的同时，毛泽东对此种理想也存有怀疑，认为“人现处于大不同时代，而想望大同，亦犹人处于困难之时，而想望平安。然长久之平安，毫无抵抗纯粹之平安，非人生之所堪，而不得不于平安之境又生出波澜来”，“即此又可证明人类理想

1（美）埃德加·斯诺：《西行漫记》，三联书店1979年版，第113—114页。

2《毛泽东早期文稿》，湖南出版社1990年版，第89页。

之实在性少，而谬误性多也”。[1]即便如此，对大同的向往毕竟仍益过对它的质疑，所以1918年到1919年，青年毛泽东便有在长沙岳麓山创办新村的计划，其中关于半工半读、改革婚姻制度、经济制度等设想，便直接来源于《大同书》的启示。

新中国成立前夕，毛泽东在《论人民民主专政》一文中指出：“康有为写了《大同书》，他没有也不可能找到一条到达大同的路。”[2]毛泽东自信通过长期的摸索和奋斗，已经找到一条超越康有为的通往大同的道路，即经过人民共和国到达社会主义和共产主义，到达阶级的消灭和世界的大同。然而在实践中，毛泽东在通往大同之路上却未能避免急于求成。1958年他发动人民公社化运动，可视为他将大同理想变为现实的一次尝试。在该年召开的北戴河会议上他公开表示：“空想社会主义的一些理想，我们要实行。”正因为如此，河北徐水等地的干部将《大同书》与马克思的《共产党宣言》同时作为学习的参考读物。人民公社运动中所出现的公共食堂等新生事物，与康有为在《大同书》中的设想基本一致。大同理想就这样一直存留在毛泽东的脑海之中，从早年到晚年，时不时便会顽强地表现出来。

八 梁启超一生有点像虎头蛇尾

清末“康梁”并称，但就对毛泽东的影响而言，梁启超大大超过康有为。毛泽东早年曾取名“子任”（梁号“任公”），直到20世纪30年

1《毛泽东早期文稿》，湖南出版社1990年版，第184—114页。

2《毛泽东选集》第四卷，人民出版社1991年版，第1471页。

代仍称“康梁”为“梁康”，这种特殊的称谓明显流露出他的心理和情感趋向。

梁启超（公元1873—1929年），字卓如，广东新会人，中国近代著名思想家，戊戌变法运动的代表性人物之一。1889年中举人，1890年师从康有为，1895年协助康有为发动公车上书，接着在上海主编《时务派》，发表《变法通义》等重要文章，成为康有为的得力助手。变法失败后流亡日本，武昌起义后归国，组织进步党，推进政党政治和组阁活动，反对袁世凯称帝。从1919年赴欧洲游历起脱离政界，专注于讲学和著述。其一生著述甚丰，最著名者有《新民说》、《清代学术概论》等。1936年中华书局出版其文集《饮冰室合集》。

20世纪初年，梁启超在日本主办《清议报》和《新民丛报》，一时执舆论之牛耳，骄誉天下，特别是他在前期的《新民丛报》所发表的政论文章如同“雷鸣怒吼，恣睢淋漓，叱咤风云，震骇心魄……以饱带情感之笔，写流利畅达之文，洋洋万言，雅俗共赏”。1910年，毛泽东在湘乡东山高等小学堂读了《新民丛报》后，对梁启超极为钦佩，有些文章如《新民说》更是读了又读，直到可以背出来。梁启超在办报过程中极力鼓吹资本主义的精神文化，特别是厘清了“国家”和“朝廷”的关系，此点对毛泽东启示很大。他在梁启超的相关文字旁批道：“正式而成立者，立宪之国家也，宪法为人民所制定，君主为人民所拥戴；不以正式而成立者，专制之国家也，法令由君主所制定，君主非人民所心悦诚服者。前者，如现今之英、日诸国；后者，如中国数千年来盗窃得国之列朝也。”[1]不仅如此，梁启超极富感染力的“报笔体”也直接影响到毛泽东。毛泽东在东山所写的《宋襄公论》、《救亡图存论》以及初到长沙求学时所写的《商鞅徙木立信论》等，都在文风上追慕梁启超，

1 韶山毛泽东纪念馆藏《新民丛报》第4号，影印件。

直到入湖南一师后跟随袁仲谦先生研习韩愈古文文体后才得以改观。

毛泽东对梁启超的生平、著作和思想发展演变等情况十分熟悉。1958年4月11日，他在同吴冷西等人谈话时说道："梁启超一生有点像虎头蛇尾。他最辉煌的时期是办《时务报》和《清议报》的几年。那时他同康有为力主维新变法。他写的《变法通议》在《时务报》上连载，立论锋利，条理分明，感情奔放，痛快淋漓，加上他的文章一反骈体、桐城、八股之弊，清新平易，传诵一时。他是当时最有号召力的政论家。"

毛泽东还讲道："梁启超是在两次赴京会试落第之后，才同康有为、谭嗣同等一起搞'公车上书'的。'戊戌变法'后，流亡日本办《清议报》，其后即逐渐失去革新锋芒，成为顽固的保皇派，拥护君主立宪，反对民主共和。后来，他拥护袁世凯当总统和段祺瑞执政，但也反对袁世凯称帝和张勋复辟。欧战结束后出国游欧，回国后即退出政坛，专心著作和讲学。"[1]

恰如毛泽东所说的，梁启超是一生"流质易变"，思想前后波动极大。但其变化都有脉络可寻、动因可追。早期他主张君主立宪，流亡日本后思想转向激进，鼓吹破坏主义和革命排满，俨然一个革命派的宣传家。其间他对封建专制的批判和对资本主义精神文化的传播达到相当深刻的程度。但从1903年考察北美后，梁启超放弃破坏主义和革命排满立场，转而坚守自己君主立宪的初衷。辛亥革命推翻了君主专制政体，此后梁启超又拥护民主共和，力反袁世凯称帝。在他看来，君主和皇室的神圣光环一旦被损坏便不可修复，此时与其再梦想君宪救国，还不如承认现实，在共和的国体下追求宪政。这便是他在1915年8月写作《异哉所谓国体问题者》一文的主旨。梁启超对袁世凯曾寄予很大期望，其底

1 吴冷西：《忆毛主席——我亲自经历的若干重大历史事件片断》，新华出版社1995年版，第163页。

线是只要袁世凯不称帝，他在共和的名义下实行开明专制也未尝不可。结果袁世凯突破了底线，梁启超便与蔡锷一道发起护国战争。“一战”结束后，梁启超考察西欧时目睹一片残破的景象，思想为之震颤，惊呼资本主义科学万能的迷梦已经破灭，资本主义的精神文化已无法驾驭科学这个魔鬼。“一战”的惨剧激发了他强烈的民族文化自信，提出要将西方的科技文化与东方的精神文化相合，再造一种新文明。这便是梁启超一生的心路历程。他由20世纪初叶破坏主义的激进立场逐步后退，直到晚年怀疑资本主义文明并脱离政界，这便是毛泽东称其一生“有点像虎头蛇尾”的原因所在。

九　谭浏阳英灵充塞于宇宙之间

戊戌维新运动中，最有影响的湘籍人物是运动失败后壮烈牺牲的谭嗣同。

谭嗣同（公元1865—1898年），字复生，号壮飞，湖南浏阳人，生于官宦世家，父亲谭继洵曾任湖北巡抚等职。早年即爱好今文经学，并游历十数省。甲午战争后受割地赔款之刺激，奋起参加维新运动，自称康有为的“私淑弟子”。1898年应诏入京参与新政，任四品卿衔军机章京，多次面见光绪帝，献可替否，英姿勃发，成为当时维新运动的重要思想家和得力干将。戊戌政变发生时，他本有机会避难，但决意以死警醒国人，他说：“各国变法无不从流血而成，今日中国未闻有因变法而流血者，此国之所以不昌也。有之，请自嗣同始。”行刑那天，万人争睹。谭嗣同神色从容，视死如归，高呼：“有心杀贼，无力回天；死得其所，快哉快哉！”其遗骸归葬家乡浏阳，墓前华表上写有一联：“亘古不磨，片石苍茫立天地；一峦挺秀，群山奔赴若波涛。”

《仁学》是谭嗣同的代表作，写于1897年夏、秋之间，共两卷，五万余字。谭嗣同将他所学到的科学、哲学和宗教知识熔于一炉，凝练成一套中西杂糅的哲学体系。他认为，物质性的“以太”为万物存在的基础，它不生不灭，但不断变易聚散，形成万物的永恒运动。“以太”的精神表现为“仁”，而“仁——通——平等”则为万物发展的法则，从而在哲学上为变法运动提供了理论依据。他认为，近代中国的劫运是由人心造成的，也唯有“心力”才能冲破网罗，力挽劫运。谭嗣同是近代中国“应用佛学”的倡导者，他在《仁学》中弘扬大乘佛教普度众生的理念，表现出在人间造法界的勇气。自《仁学》在1899年于《清议报》上连载后，其影响日益扩大，成为世纪之交中国思想界人士的必读之书。

毛泽东在湖南一师的伦理学老师杨昌济非常推崇谭嗣同的人格和思想，尤为赞赏其以心力挽劫运的宏誓大愿，尝曰：“余研究学理十有余年，殊难极其广大；及读谭浏阳《仁学》，乃有豁然贯通之象……心力迈进，一向无前，我心随之，猝增力千万倍。”他时常给学生讲授《仁学》，表彰乡贤的前驱之功，以此激励学生奋发有为。毛泽东的日记和笔记中，便记有“谭浏阳英灵充塞于宇宙之间，不复可以死灭”[1]一类的议论。在谭嗣同影响下，毛泽东经常与同学们讨论心力的作用，认为“人之心力与体力合行一事，事未有难成者”。他甚至还写了一篇《心之力》的作文，被杨昌济给了一百分。此种推崇心力、重视发挥人的主观能动性的思想，后来贯穿着毛泽东的一生。

谭嗣同治学重视本源，曾明确表示：“非精探性天之大原，不能

---

1 陈晋主编：《毛泽东读书笔记解析》（上），广东人民出版社1998年版，第130页。

写出此数千年之祸象，与今日宜扫荡桎梏，冲决网罗之故。”其以“仁——通——平等”为中心的学说，便是其深研本源、洞悉幽微的结晶。青年毛泽东也把掌握宇宙的大本大源视为“内圣外王”的根本。1917年9月，他对同学张昆弟等人说：“现在国民性惰，虚伪相崇，奴隶性成，思想狭隘，安得国人有大哲学革命家、大伦理革命家，如俄之托尔斯泰其人，以洗涤国民之旧思想，开发其新思想。”张昆弟“甚然其言”，认为：“安得有俄之托尔斯泰其人者，冲决一切现象之罗网，发展其理想之世界，行之以身，著之以书，以真理为归，真理所在，毫不旁顾。前之谭嗣同，今之陈独秀，其人者魄力雄大，诚非今日俗学所可比拟。”[1]1919年6月，湖南思想界受五四运动之影响，在长沙成立健学会，以寻求“正确健全”的学说为鹄的。毛泽东为此写成《健学会之成立及进行》一文，在《湘江评论》上发表。在文章的开头，他由健学会联想到南学会，对谭嗣同在湖南掀起的思想启蒙运动给予了如下评价：

> 二十年前，谭嗣同等在湖南倡南学会，招集梁启超麦孟华诸名流，在长沙设时务学堂，发刊《湘报》，《时务报》，一时风起云涌，颇有登高一呼之概。原其所以，则彼时因几千年的大帝国，屡受打击于列强，怨痛愧悔，激而奋发。知道徒然长城渤海，挡不住敌人的铁骑和无畏兵船。中国的老法，实在有些不够用。“变法自强”的呼声，一时透衡云澈云梦的大倡。中国时机的转变，在那时候为一个大枢纽。湖南也跟着转变，在那时候为一个大枢纽。[2]

尽管毛泽东指出那时的思想启蒙运动不乏缺点，但字里行间明显流

1《毛泽东早期文稿》，湖南出版社1990年版，第639页。

2《毛泽东早期文稿》，湖南出版社1990年版，第362页。

露出他对谭嗣同登高一呼、扭转时局的钦佩之情。谭嗣同生于国家存亡绝续之秋，他慨然奋起，壮怀激烈，处处表现出舍我其谁，“虽千万人吾往矣”的气概，最为集中地体现了湖湘子弟的侠肝义胆。此种临危不惧，至绝境时不惜裁肠决战的胆量，无疑也是激励毛泽东勉力前行的动力。

十　邹容提出了民主革命的简单纲领

邹容（公元1885—1905年），原名绍陶，字蔚丹，四川巴县人。20世纪初中国著名的资产阶级民主革命的宣传家。他自幼聪颖好学，1902年自费赴日本同文书院留学，其间阅读了卢梭的《民约论》，孟德斯鸠的《法意》等西方启蒙运动时期的代表作，眼界为之大开，并着手创作《革命军》这一后来享誉全中国的宣传读物。1903年被迫回到上海，加入蔡元培、章太炎等主持的爱国学社，并投身拒俄运动。1903年5月，他历时近一年创作的《革命军》正式出版，章太炎为之作序。全书共两万余字，分“革命之原因”、“革命之教育”、“革命必先去奴隶根性”、“革命独立之大义”等七章，被誉为中国近代的“人权宣言”、“国民教育第一教科本”。

因上海《苏报》刊发章太炎为《革命军》所写序言以及章士钊等人介绍该书的文章，清政府极为恐慌，遂下令逮捕章太炎和邹容，酿成20世纪初有名的“苏报案”。邹容在狱中备受摧残，以致在1905年病死，一个20多岁的有为青年如流星般地陨落，令一切爱国之士为之悲悼。

1958年3月成都会议期间，毛泽东特意将邹容的《革命军》一文印发给与会代表阅读。说起这位从巴山蜀水中走出来的时代骄子，毛泽东滔滔不绝："四川有个邹容，他写了一本书，叫《革命军》，我临从北京来，还找这本书望了一下。他算是提出了一个民主革命的简单纲领。他只有十七岁到日本，写书的时候大概十八九岁。二十岁时跟章太炎在上海一起坐班房，因病而死。"[1]中南海毛泽东的藏书中，有一本他多次读过的《革命军》。在扉页邹容的肖像旁边，毛泽东还挥笔抄录下章太炎赠邹容的那首诗："邹容吾小弟，被发下瀛洲。快剪刀除辫，干牛肉作糇。英雄一入狱，天地亦悲愁。临命须掺手，乾坤只两头。"

邹容自称"革命军前马前卒"。他在书中力倡革命，认为革命乃天演之公例，世界之公理，是顺乎天而应乎人者的伟大行动。虽然《革命军》有浓厚的排满的民族主义色彩，但其超越时贤的地方在于，他认为革命的目的不仅是排满，更重要的是要从原则到实践创设一种新的政治模式，即以人民主权、民主选举的方式终结一家一姓的封建君主专制体制，建立"中华共和国"，即"扫除数千年种种之专制政体，脱去数千年种种之奴隶性质"。所以，毛泽东评价邹容"提出了一个民主革命的简单纲领"，是恰如其分的。《革命军》一书出版后，得到过鲁迅、孙中山等一大批先进中国人的高度评价，原因也正在于它的战斗性和前瞻性。

成都会议结束后，毛泽东乘船从重庆赴武汉途中，同《人民日报》社总编辑吴冷西等人再次谈起邹容，他说："邹容是青年革命家，他的文章秉笔直书，热情洋溢，而且用的是浅近通俗的文言文。《革命军》就很好读，可惜英年早逝。"[2]邹容与比自己大16岁的章太炎为忘年交。章太炎旧学精粹，他为《革命军》所作之序行文渊雅高古，在上层知识分子中很有影响。而邹容所写《革命军》则更适合中下层民众的阅读兴趣和接受水准。因此，回顾那时宣传品的作用，鲁迅认为那些悲

1 龚育之等：《毛泽东的读书生活》，三联书店1986年版，第206页。

2 吴冷西：《忆毛主席——我亲自经历的若干重大历史事件片断》，新华出版社1995年版，第160页。

壮淋漓的诗文，都不及邹容那种浅近直截的表达。从比较的角度来看，《革命军》在中国的影响，有些类似于托马斯·潘恩《常识》一书在美国独立战争中的作用。

毛泽东之所以在1958年多次提到和表彰邹容，是因为在他看来，邹容那种不畏艰险的革命精神在和平年代仍有现实意义，他希望广大干部和群众学习邹容的事迹，保持和发扬革命战争年代那种拼命精神。再者，他历来相信青年人超过老年人，许多大事都是年纪不大的年轻人干出来的，这也是他念念不忘邹容的一个原因。

十一　孙中山是伟大的革命先行者

孙中山（公元1866—1925年），字德明，号逸仙，广东香山（今中山市）人，中国近代伟大的政治家和思想家。从1894年组织兴中会开始，长期从事反对清王朝的武装斗争，并以“民族、民权、民生”之三民主义作为奋斗的政治纲领。他一生最伟大的功绩在于终结了延续两千多年的封建帝制，建立了中华民国，使民主共和的思想深入人心。1912年他将总统职位让给袁世凯之后，本欲集中精力从事实业建设，但政局的演变远远出乎他的意料。袁世凯在议会中极力排斥国民党，并刺杀其代理理事长宋教仁。1913年，孙中山发动“二次革命”失败，再度被迫流亡海外。

俄国十月革命发生后，孙中山在苦闷彷徨中燃起了新的希望。之后他将中华革命党改组为中国国民党，并接受共产国际和中国共产党的帮助，实现第一次国共合作，并将旧三民主义发展为以联俄、联共、扶助农工为特点的新三民主义。正当其国民革命的理想行将实现之际，严重的疾病却严重折磨着他的身心。1925年3月病逝于北京，享年59岁。

据毛泽东1945年4月的一次讲话，他在1924年国民党第一次全国代表大会期间及其他场合见过孙中山先生。1923年，毛泽东作为中共党员以个人身份加入国民党，随后出席了国民党第一次全国代表大会，被选为国民党中央候补执行委员。1925年还一度出任国民党中央代理宣传部长。孙中山先生的传奇经历、宏伟气魄以及联合工农阶级共同奋斗的崇高理想赢得了毛泽东终生的尊敬和钦佩。1953年3月，他在南京凭吊孙中山先生的陵墓，并仔细观看了孙先生所写的《建国大纲》。1956年11月12日，为纪念孙中山先生诞辰九十周年，毛泽东发表专文，高度评价了孙中山的革命精神和伟大功绩。他指出，在中国民主革命的准备时期，孙中山以鲜明的中国革命民主派立场，同改良派作了尖锐的斗争，“他在这一场斗争中是中国革命民主派的旗帜”。他认为孙中山先生有两大功绩：一是“领导人民推翻帝制，建立共和国”；二是“把旧三民主义发展为新三民主义”。也正因为如此，孙中山“在政治思想方面留给我们许多有益的东西”。毛泽东强调：“现代中国人，除了一小撮反动分子以外，都是孙先生革命事业的继承者。”[1]

孙中山先生留下的精神遗产是多方面的，其中便包括他伟大的人格。毛泽东说：“孙先生是一个谦虚的人。我听过他多次讲演，感到他有一种宏伟的气魄。从他注意研究中国历史情况和当前社会情况方面，又从他注重研究包括苏联在内的外国情况方面，知道他是很虚心的。”“他全心全意地为了改造中国而耗费了毕生的精力，真是鞠躬尽瘁，死而后已。”[2]作为孙中山事业的继承者，毛泽东告诫全党学习孙

1《毛泽东文集》第七卷，人民出版社1999年版，第156页。

2《毛泽东文集》第七卷，人民出版社1999年版，第157页。

中山先生海纳百川的胸怀，推进人类进步事业，以把中国建设成为一个强大的工业化国家告慰革命先行者的在天之灵。

在长期致力于革命的过程中，孙中山先生也曾有过一些失误，如为了加速中国革命，不适当地寻求日本等外国势力的支持和介入；在革命陷入低潮之时，又强求中华革命党人对其个人宣誓效忠等等。对此，毛泽东的看法是："像很多站在正面指导时代潮流的伟大历史人物大都有他们的缺点一样，孙先生也有他的缺点方面。这是要从历史条件加以说明，使人理解，不可以苛求于前人的。"[1]在毛泽东眼中，孙中山先生虽有缺点，但瑕不掩瑜。后人在受惠于他巨大功绩的情况下，应对其缺失寄予同情之了解，不可以求全责备，更不能夸大其缺失之影响。

十二　郑板桥的每一个字都有分量

作为书法家的毛泽东，一生读帖临帖无数，从早年模仿钱南园、欧阳询，到晚年研习怀素草书，他博采众家之长，终于成就了富有个性的书法艺术。清代"扬州八怪"之一的郑板桥，也曾是毛泽东推崇并效法的书画家。

郑板桥（公元1693—1765年），字克柔，江苏兴化人。乾隆初年中进士，曾任山东潍县县令。为官清正，因拯救灾民得罪权贵而罢官。之后长居扬州以卖画为生，日事诗酒，与骚人、野衲作醉乡游。他品评万物，确认"四时不谢之兰，百节长青之竹，万古不败之石，千秋不变之人"为人间"四美"，故画作多以兰、竹、石为题材，兰花的贞静、

1《毛泽东文集》第七卷，人民出版社1999年版，第157页。

竹子的高洁以及石头的坚韧，寄予了他的人格追求和审美理想。绘画之外，郑板桥擅诗能文，其题画诗更是脱尽前人窠臼，给人以别开生面之感。在内容上，他力避熟语，自铸新辞，如人们所熟知的“衙斋卧听萧萧竹，疑是民间疾苦声。些小吾曹州县吏，一枝一叶总关情”，便有民胞物与之量、周济天下之心。在形式上，他兼采隶篆行楷，又让字体穿行于竹石、藤叶之间，大大小小，歪歪斜斜，被誉为“乱石铺街”体。此种书法布局，充分体现了“书画同源”之论和相得益彰之妙。其匠心独运、推倒一世之创新，让人叹为观止。

据毛泽东的保健医生徐涛回忆，毛泽东经常向他介绍历代名帖的特色。说到郑板桥，毛泽东说：“你再看郑板桥的帖，就又感到苍劲有力。这种美不仅是秀丽，把一串字联起来看有震地之威，就像要奔赴沙场的一名勇猛武将，好一派威武之姿啊！郑板桥的每一个字，都有分量，掉在地上能砸出铿锵的声音。这就叫掷地有声啊！”[1]毛泽东从郑板桥书法的怪伟惊世，联想到奔赴沙场的勇猛将士，可谓对郑板桥艺术匠心的一种深层解读。古人云：“文人不迂腐，便是文人中的武人。”郑板桥在艺术上求新求变，迥然不同于蹈袭前人的迂曲之士。他诗酒风流、书画惊艳的背后，确有一股掀天揭地、呵神骂鬼的猛士情怀。

十三　孙髯大观楼一联别创一格

凡到过云南昆明大观楼的人，或许都会对清朝康熙年间孙髯所作的

1 徐涛：《毛泽东的保健养身之道》，见《缅怀毛泽东》（下），中央文献出版社1993年版，第620—621页。

一副长联留有深刻印象。联云：

> 五百里滇池，奔来眼底。披襟岸帻，喜茫茫空阔无边。看东骧神骏，西翥灵仪，北走蜿蜒，南翔缟素。高人韵士，何妨选胜登临。趁蟹屿螺州，梳裹就风鬟雾鬓；更苹天苇地，点缀些翠羽丹霞。莫辜负四围香稻，万顷晴沙，九夏芙蓉，三春杨柳。
>
> 数千年往事，注到心头。把酒凌虚，叹滚滚英雄谁在。想汉习楼船，唐标铁柱，宋挥玉斧，元跨革囊。伟烈丰功，费尽移山心力。尽珠帘画栋，卷不及暮雨朝云；便断碣残碑，都付与苍烟落照。只赢得几杵疏钟，半江渔火，两行秋雁，一枕清霜。

此联被收入清代著名学者梁章钜（公元1775—1849年）所著《楹联丛话》一书中。梁为福建长乐人，嘉庆年间进士，曾任广西巡抚、两江总督等职，与林则徐为同乡好友。他一生著述甚丰，《楹联丛话》则为其代表作。在书中，梁章钜对孙髯一联评价道："胜地壮观，必有长联始称，然不过二三十余字乃止。惟云南省城附郭大观楼，一楹帖多至一百七十余言，传诵海内。虽一纵一横，其气足以举之，究未免冗长之讥也。"毛泽东读至此，首先指出长联共"一百八十字"，而非"一百七十余言"，接着针对梁章钜"究未免冗长之讥也"而批道："从古未有，别创一格，此评不确。近人康有为于西湖作一联，仿此联而较短，颇可喜。记其下联云：'霸业烟销，雄心止水，饮山水绿，坐忘人世，万方同慨顾何之。'康有为别墅在西湖山上，联悬于湖中某亭。"[1]

毛泽东一生对楹联之学颇有研究，自己也是制作楹联的高手。对于孙髯一联，他认为是一气呵成、文采斐然而又意境深远的上乘之作，如以字数多而论其短长，则为目光褊狭之举。"从古未有，别创一格"一

1《毛泽东读文史古籍批语集》，中央文献出版社1993年版，第117页。

语，道出了他对此联的激赏之情。康有为是晚清楹联学大师。他仿效孙髯长联的气韵和笔势，在杭州西湖小瀛洲御碑亭上题写一联："岛中有岛，湖外有湖，通以九折画桥，览沿堤老柳，十顷荷花，食莼菜香，如此园林，四洲游遍未尝见；霸业销烟，禅心止水，阅尽千年陈迹，当朝晖暮霭，春煦秋阴，山青水绿，坐忘人世，万方同慨更何之。"1954年，毛泽东在杭州读到此联，不禁脱口而出："景情交融，佳作，佳作！可惜心情灰暗。"并对秘书林克说："劳驾你把它抄下来，回去研究。"上文所引毛泽东记康有为下联，省去了"阅尽千年陈迹，当朝晖暮霭，春煦秋荫"数语，并有个别文字改动。

孙髯长联问世后，引发了许多有趣的故事，如清代嘉庆、道光年间名臣，被称为"一代文宗"的阮元（公元1764—1849年）自视甚高，竟然在督滇时将孙髯一联随意篡改，另制作成联板悬挂于大观楼，改联云：

五百里滇池，奔来眼底。凭栏向远，喜茫茫波浪无边。看东骧金马，西翥碧鸡，北倚盘龙，南驯宝象。高人韵士，惜抛流水光阴。趁蟹屿螺洲，衬将起苍崖翠壁。更苹天苇地，早收回薄雾残霞。莫辜负四围香稻，万顷鸥沙，九夏芙蓉，三春杨柳。

数千年往事，注到心头。把酒凌虚，叹滚滚英雄谁在。想汉习楼船，唐标铁柱，宋挥玉斧，元跨革囊。爨长蒙酋，费尽移山气力。尽珠帘画栋，卷不及暮雨朝云。便藓碣苔碑，都付与荒烟落照。只赢得几杵疏钟，半江渔火，两行鸿雁，一片沧桑。

毛泽东不看此改联则已，一看便大倒胃口，他在《楹联丛话》是提笔批道："死对，点金成铁。"[1]平心而论，阮元篡改之处几乎皆为败

1《毛泽东读文史古籍批语集》，中央文献出版社1993年版，第118页。

笔，如同覆泥沙于金玉，涂污渍于华服。如孙髯联中“神骏”、“灵仪”、“蜿蜒”、“缟素”分别代指滇中实境金马山、碧鸡山、蛇山和鹤山，属灵动妙喻之笔。阮元觉得实境皆是替字，反嫌妆点，乃自以为是地变虚为实。结果大伤原作意境，使生花妙笔沦为板滞败笔，这难道不是“点金成铁”吗？难怪当年阮元改作一现，“彼都人士啧有烦言，旋复撤云”。孙髯（公元1711—1773年）祖籍福建，生于昆明，终身不应科举，甘为平民，自称“万树梅花一布衣”，但博学多识，著有《永言堂诗文集》等书。大观楼一联横空出世，足令他名垂千古。阮元自以为文坛宗师、封疆大吏，鄙视平民之作而擅改之，求荣取辱，剜肉生疮，徒留笑柄。昔崔颢题诗黄鹤楼，谪仙李白见之而束手，足显其大家风范；阮元不知藏拙，推出“死对”，于孙髯毫发未损，反衬其无限光辉。

毛泽东对孙髯一联背诵如流，故他在清人梁晋竹《两般秋雨庵随笔》中再次读到此联，并发现与原作有出入时，便在旁边注明：“此阮元改笔，非尽原文。”[1]在毛泽东看来，孙髯原作属于推倒一世之智勇、开拓万古之心胸的杰笔，任何篡改都是对“完璧”的破坏和亵渎。

十四　纳兰性德看出兴亡

纳兰性德（公元1655—1685年），字容若，号楞伽山人，满洲黄旗人，其父明珠为清初重臣。纳兰性德自幼聪慧，习文之外又善骑射。康熙十二年（公元1673年）中进士，后长期在康熙皇帝身边充任侍卫，期间曾奉命出塞考察黑龙江呼伦等地的边防事宜。他虽身居官场，但本性

1《毛泽东读文史古籍批语集》，中央文献出版社1993年版，第113页。

淡泊，无意仕进，特别爱好读书、填词。从1679年起，他在京师与朱彝尊、陈维崧、严绳孙、梁佩兰、秦松龄等相识并相互唱和，著有《饮水词》等诗稿。

作为清代著名的满族词家，纳兰性德留下了大量脍炙人口的作品。特别是其悼亡诗《金缕曲》、《沁园春》等，将对不幸早逝的妻子卢氏的思念及自己的悲寂遣于笔端，凄婉缠绵，撼人心魄。“便人间天上，尘缘未断；春花秋叶，触绪还伤”，其上穷碧落下黄泉的苦恋悲情，令人联想到苏轼的《江城子》。

纳兰性德一生多愁善感，比之南唐后主李煜也不遑多让。除了悼亡诗，他还写了不少咏史诗，在更宽泛的视野中抒发他的身世之叹。毛泽东很关注这位清代的词学家，他在读龙榆生编选的《近三百年名家词选》时，批注过纳兰性德的《江城子》、《蝶恋花》等多首词作。其中《蝶恋花·出塞》为其扈驾出巡时所作：“今古河山无定据，画角声中，牧马频来去。满目荒凉谁可语？西风吹老丹枫树。从前幽怨应无数，铁马金戈，青冢黄昏路。一往情深深几许？深山夕照深秋雨。”毛泽东认为这是一首咏史的杰作，其功力在于“看出兴亡”[1]。年轻的纳兰性德面对荒凉的塞外风光，不禁想起在这片土地上发生的无数战争，有人输，有人赢，但却没有人能永远地独霸天下，可是无数人却为这样的龙争虎斗付出了沉重的代价。

“战场田地好宽平。前人将不去，留与后人耕。”深悉江山不改、人间流转的毛泽东，从纳兰性德的词作中获得的是一种心灵的共鸣和历史的通感。

1《毛泽东读文史古籍批语集》，中央文献出版社1993年版，第33页。

十五 《聊斋》是一部社会小说

《聊斋志异》是我国古代文言小说发展史上的一座高峰，与小说史上另一座高峰《唐人传奇》并峙而立。它以搜集到的民间传闻和故事为主要素材，借花妖狐鬼来揭露封建社会的黑暗腐败，抨击科举制度，反映青年男女对婚姻自由的追求，描写详细而委曲，用笔变幻而熟达。作者继承六朝志怪和唐宋传奇的以稽神语怪来反映现实、人生的传统，运用浪漫主义和现实主义相结合的创作方法，给我们提供了一个花妖狐魅的幽冥世界，同时又把花妖狐魅人格化，把幽冥世界社会化。全书选材宏富，结构严谨，加之富于个性特色的细节描写，使故事呈现出一种炫目迷人的色彩。

延安时期，毛泽东经常与文艺界人士畅谈《聊斋》。1939年5月5日，他到"鲁艺"看望老同学萧三，一见面就笑着说："特来拜谒。"萧三忙说："真不敢当。"萧三的窑洞里没有多余的凳子，毛泽东便坐在木床上，背靠着墙与萧三海阔天空地聊起来。当谈到《聊斋志异》时，毛泽东说："《聊斋》是封建主义的一种温情主义。作者蒲松龄反对强迫婚姻，反对贪官污吏，但是不反对一夫数妻（妾），赞美女人的小脚。主张自由恋爱，在封建社会不能明讲，即借鬼狐说教。作者写恋爱又都是很艺术的，鬼狐都会作诗。"从文艺的反映论出发，他还指出："《聊斋》其实是一部社会小说。鲁迅把它归入'怪异小说'，是他在没有接受马克思主义以前的说法，是搞错了。"[1]

《聊斋》中的《小谢》篇，写一个倜傥正直的书生陶某，不受女鬼小谢、秋容的诱惑，并教她们读书写字，知书明理，从而使小谢、秋容

1 毛泽东1939年5月5日在延安与萧三的谈话，可参考萧三《窑洞城》，见《时代的报告》，1981年第3期。

由敬慕而爱恋陶生。当陶生受冤入狱时，她们拼死相救。某道士称赞“此鬼太好，不宜欺负他”，施展法术帮助小谢、秋容还阳复生，促成了陶生与小谢、秋容的结合。作者笔下的小谢和秋容美丽、聪明而多情，对封建礼教抱蔑视态度，积极主动地去争取美满的爱情。毛泽东读后批注道：“一篇好文章，反映了个性解放的强烈要求，人与人的关系应是民主的和平等的。”[1]像《小谢》这样动人的爱情故事还有很多，它们给毛泽东留下了深刻的印象和愉悦的感受。1942年4月下旬的一天，毛泽东在和鲁艺文学系、戏剧系的几位教师的谈话中说：“《聊斋志异》是反对八股文的，它描写女子找男人是大胆的。”书中写了许多善良多情的女子，但也有对泼妇悍女的生动描绘。《马介甫》一文，写大名诸生杨万石被悍妻尹氏折磨得死去活来，毛泽东读时批道：“个性斗争，此妇虽坏，然是突出典型。”[2]

《聊斋》内容驳杂，多侧面地反映了那时的社会生活和人情百态。如《白莲教》一篇，写教主徐鸿儒以旁门左道惑众起事，后又被镇压的故事。毛泽东认为此文“表现作者的封建主义，然亦对农民有些同情”[3]。《细侯》一篇涉及那时的经济生活，中有“四十亩聊足自给，十亩可以种黍，织五匹绢，纳太平之税有余矣”。毛泽东又从此文看出“资本主义萌芽”。《聊斋》中有一篇名《席方平》，写东安人席方平为屈死的老父席廉赴冥府申冤，他先是寄希望于当权派城隍、郡司和冥王，“抽笔为词”，喊冤以报，但后来事与愿违，虽几经冒死相争却均告失败。在严酷的事实面前，只落得个“阴曹暗昧尤甚于阳间”的无限感慨。这篇不足两千字的短文鞭笞了封建朝政的腐败与官场的黑暗。毛

1《毛泽东读文史古籍批语集》，中央文献出版社1993年版，第82—83页。

2《毛泽东读文史古籍批语集》，中央文献出版社1993年版，第80页。

3《毛泽东读文史古籍批语集》，中央文献出版社1993年版，第81页。

泽东认为《席方平》是一篇很好的史料，并一步指出："《聊斋志异》可以当作清朝的史料看。"[1]

《聊斋志异》中的某些篇幅，虽没有多少思想性，但故事生动有趣，想象奇特，出人意料，令人忍俊不禁。

1942年4月下旬的一天，毛泽东与"鲁艺"文学系、戏剧系的严文井、何其芳等人谈《聊斋志异》。兴奋之余，毛泽东绘声绘色地讲了其中一则《狼》的故事：一屠夫在黄昏中被狼追赶，便匆忙间躲进路边农民搭的窝棚。狼把前爪伸进窝棚，屠夫捉住不让它逃走，但又没有办法杀死狼。屠夫只有一把不到一寸长的刀子，后来他就用小刀割开狼的前爪皮，用吹猪的办法使劲吹。一会儿狼不大动了，然后用带子绑住。他出窝棚一看，狼已胀得像小牛一样，脚直伸不能弯，口张开不能合。讲完这个故事，毛泽东笑着说："蒲松龄有生产斗争知识。"[2]

蒲松龄的生活经历较为简单，除一度游憩苏北外，大部分时间生活在淄川，但他接触人物广泛，上至官僚缙绅，下至农夫村妇，三教九流，无不具有细致的观察和深刻的了解。《聊斋志异》之所以有如此生动的内容，丰富的素材，与作者深入生活，不耻下问是分不开的。毛泽东深有感触地说过："蒲松龄很注意调查研究。他泡一大壶茶，坐在集市上人群中间，请人们给他讲自己知道的流行的鬼狐故事，然后去加工。不然，他哪能写出四百几十个鬼和狐狸精来呢？"[3]

毛泽东说蒲松龄注重调查研究有着充分的历史依据。蒲松龄在《聊斋志异》中说过："才非干宝，雅爱搜神；情类黄州，喜人谈鬼，闻则

---

1 陈晋主编：《毛泽东读书笔记解析》（下），广东人民出版社1996年版，第1447页。

2 范忠程主编：《博览群书的毛泽东》，湖南出版社1993年版，第32页。

3 毛泽东1939年5月5日在延安与萧三的谈话，可参考萧三《窑洞城》，见《时代的报告》，1981年第3期。

命笔，遂以成编。久之，四方同人，又以邮筒相寄，因而物以好聚，所积益伙。”又据邹弢《三借庐笔谈》载：蒲松龄常设茶烟于道旁，“见行者过，必强与语，搜奇说异，随人所知”。蒲松龄的好友王渔洋为《聊斋志异》提过一首诗：“姑妄言之姑听之，豆棚瓜架雨如丝；料应厌作人间语，爱听秋坟鬼唱诗。”精炼地概括了蒲松龄的创作方法和特色。

十六 《红楼梦》要看五遍才有发言权

《红楼梦》是毛泽东最喜爱的一部小说，新中国成立以前他便多次阅读过。建国以后，《红楼梦》更成为他案头的必备之书。根据目前掌握的材料，他读过的版本有《全图足本红楼梦》、《脂砚斋重评石头记》、《增评加注全图红楼梦》等10多种。此外，他还翻阅过《红楼梦补》、《红楼幻梦》、《红楼真梦》、《红楼圆梦》等沿袭《红楼梦》的人物和故事而加工或改写的作品。毛泽东十分关注“红学”发展史和各种研究《红楼梦》的论著，对在历史上有影响的学术观点以及“红学”研究的进展状况了如指掌，可说是名实相符的“红学通”。

在著名的《论十大关系》中，毛泽东说：“我国过去是殖民地、半殖民地，不是帝国主义，历来受人欺负。工农业不发达，科学技术水平低，除了地大物博，人口众多，历史悠久，以及在文学上有部《红楼梦》等等以外，很多地方不如人家，骄傲不起来。”[1]把《红楼梦》提升到这样的高度来评论，可以想见它在毛泽东心目中的崇高地位。

1954年，毛泽东在杭州休养。一天早晨，他和卫士张仙朋等相约去

1《毛泽东文集》第七卷，人民出版社1999年版，第43页。

登北高峰。出发后，天下着小雨，山高路滑，很不好走，但毛泽东爬山很有经验，脚步稳健，节节向高峰攀登。他一面登山，一面和张仙朋等谈古论今。他问张仙朋等看过《红楼梦》没有，回答是都看过。他又问看了几遍，有的回答看了一遍，有的说看了两遍。毛泽东于是问在他身边的一位老大夫看了几遍，有何感想，老大夫说看了两遍，并说："我发现贾府里那些人都挺讲卫生的，他们每次饭前都要洗手。"老大夫话音刚落，毛泽东大笑起来，其他人也都笑了。有的开玩笑说："老大夫真是三句话不离本行，到处宣传讲卫生。"停了一会儿，毛泽东对大家说："《红楼梦》这部书写得很好，它是讲阶级斗争的，要看五遍才能有发言权哩！"接着又说，"多少年来，很多人研究它，并没有真懂。"[1]

《红楼梦》问世以来，读者可谓仁者见仁，智者见智，正如鲁迅所言："单是命意，就因读者的眼光而有种种，经学家看见《易》，道学家看见淫，才子看见缠绵，革命家看见排满，流言家看见宫闱秘事。"（《中国小说史略》）随着《红楼梦》的问世和广泛流传，一门专门研究它的学问——红学也应运而生。继最初的评点派之后，出现了影响深远的两大流派，即索隐派和考据派。前者以蔡元培的《石头记索隐》为代表，将红楼梦的内容附会历史上的真人真事，有所谓纳兰成德家事说、清世祖的董鄂妃故事说、康熙朝政治状态说等揣测。后者以胡适的《红楼梦考证》、俞平伯的《红楼梦研究》为代表，其主要观点有三：一是把《红楼梦》当成曹雪芹的自叙传；二是认为作品的主旨是宣扬"色"、"空"观念；三是将作品的艺术风格归结为"怨而不怒"。

在红学领域，吴世昌、何其芳、王昆仑等也是颇有影响的人物，毛泽东很重视他们的学术观点。例如，在英国牛津大学执教的吴世昌曾写了一篇《我是怎样写〈红楼梦探原〉的？》的文章，投寄《光明日

1 张仙朋：《为了人民……》，见《当代》，1979年第2期。

报》，1962年4月14日和4月21日，《光明日报》“东风”副刊选用了其中的二节，题为《脂砚斋是谁？》和《曹雪芹生卒年》，并在文后加以说明。毛泽东阅读了这二节文章及编者的说明后，随即要求给他找来吴世昌的全文以供阅读。吴的这一全文后来刊登在《光明日报》社编印的内部材料上，有关人员给毛泽东补送了一份。

1964年8月18日，毛泽东在北戴河与几位哲学工作者的谈话中，简要地回顾了红学史：“《红楼梦》写出二百多年了，研究红学的到现在还没有搞清楚，可见问题之难。有俞平伯、王昆仑，都是专家。何其芳也写了个序，又出了个吴世昌。这是新红学，老的不算。蔡元培对《红楼梦》的观点是不对的，胡适的看法比较对一点。”[1]所谓比较对一点，是指胡适突破了蔡元培“猜谜”式的研究方法，以考评作者的家世、作品的版本和研究作家与作品的关系为务，这在思想方向上是一个进步。

毛泽东一贯主张用阶级斗争和历史唯物主义的眼光研究《红楼梦》。1954年，俞平伯先生把多年的研究心得以《红楼梦简论》为题发表在《新建设》1954年3月号上。同年9月、10月，李希凡、蓝翎两位青年分别在《文史哲》、《光明日报》上发表《关于〈红楼梦简论〉及其它》和《评〈红楼梦研究〉》两篇文章，认为俞平伯从家庭悲剧和个人悲剧的角度去理解《红楼梦》，是把这本书歪曲成了自然主义的写生之作，从而否认了《红楼梦》的社会意义及其现实主义风格。毛泽东在看了李、蓝的文章后，于10月16日致信中共中央政治局的同志，指出：“这是三十多年以来向所谓红楼梦研究权威作家的错误观点的第一次认真的开火。”接着发动了一场批判资产阶级唯心论的斗争。

1964年8月，毛泽东在北戴河和哲学工作者的谈话中，较全面和

1 龚育之等：《毛泽东的读书生活》，三联书店1986年版，第220页。

集中地阐发了他关于《红楼梦》的主题及其研究方法的见解，他说：“《红楼梦》我至少读了五遍。我是把它当历史读的，开始当故事读，后来当历史读。什么人都不注意《红楼梦》的第四回，那是个总纲，还有《冷子兴演说荣国府》、《好了歌》和注。第四回《葫芦僧乱判葫芦案》，讲护官符，提到四大家族：‘贾不假，白玉为堂金作马；阿房宫，三百里，住不下金陵一个史；东海缺少白玉床，龙王来请金陵王；丰年好大雪（薛），珍珠如土金如铁。’《红楼梦》写四大家族，阶级斗争激烈，几十条人命。统治者二十几人（有人算了说是三十三人），其他都是奴隶，三百多个，鸳鸯、司棋、尤二姐、尤三姐等等。讲历史不拿阶级斗争观点讲，就讲不通。”[1]

《红楼梦》第四回写薛家的呆霸王薛蟠打死冯渊，尽管冯的家人踏破衙门，乞哀告怜，但身为应天知府的贾雨村因薛家为应天豪门，列在“护官符”之上，所以为保住乌纱帽，不惜徇情枉法，使薛蟠逍遥法外。这在毛泽东看来，是深刻暴露了官场的黑暗和阶级压迫的深重。所谓“总纲”，就是最能反映全篇主题思想的筋节。在红学史上，对红楼梦总纲的认识多有歧见，脂砚斋把“乐极生悲，人非物换，到头一梦，万境归空”四句看作全书总纲。王希廉则认为该书的纲领在第五回。还有人在“秦可卿”三字上做文章，说：“秦，情也。情或轻，不可倾，此书全书纲领。”《红楼梦》的脂戚本第四回总批有一首七绝，头二句是“请君着眼护官符，把笔悲伤说世途”。这是最早认识到护官符的重要性的，但还没有用它来概括全书。毛泽东明确断定第四回是全书的总纲，发前人之所未发，确有其独到之处。在一部《脂砚斋重评石头记》八十四回影印本上，毛泽东在描绘四大家族奢华面貌的几句话旁边，用铅笔画了三个圈圈，并在“这四家皆连络有亲，一损俱损，一荣俱荣，

1 龚育之等：《毛泽东的读书生活》，三联书店1986年版，第221页。

扶持遮饰，俱有照应的”一段旁密加圈画，这也从一个侧面反映了他对第四回的重视。

毛泽东把《红楼梦》当成一面镜子，全面地透视封建末世的人情世态。关于贾府衰败的原因，毛泽东说：《红楼梦》第二回上，冷子兴讲贾府“安富尊荣者尽多，运筹谋划者无一”，讲得太过。探春也当过家，不过她是代理。但是，贾家也就是那么垮下来的。毛泽东读《红楼梦》读得十分精细，常能从其中挖掘出一些有价值的内涵。1959年底到1960年初，他在读苏联《政治经济学（教科书）》的谈话中说：“我国很早以前就有土地买卖。《红楼梦》里有这样的话：‘陋室空堂，当年笏满床。衰草枯杨，曾为歌舞场。蛛丝儿结满雕梁，绿纱今又在篷窗上。’这段话说明了在封建社会里，社会关系的兴衰变化，家族的瓦解和崩溃。这种变化造成了土地所有权的不断转移，也助长了农民留恋土地的心理。”不仅如此，他还从《红楼梦》的故事情节中看出了家长制度的命运，认为“我国家长制度的不能巩固是早已开始了。《红楼梦》中就可看出家长制度是在不断分裂中。贾琏是贾赦的儿子，不听贾赦的话。王夫人把凤姐笼络过去，可是凤姐想各种办法来积攒自己的私房。荣国府的最高家长是贾母，可是贾赦、贾政各人又有各人的打算”[1]。

毛泽东很欣赏《红楼梦》的语言艺术，认为“作者的语言是古典小说中最好的，人物也写活了”，“凤姐就写得很好”。1937年4月28日，毛泽东在“鲁艺”作题为《怎样做艺术家》的演讲时，谈到《红楼梦》的细节描写，说：书上描写贾琏从尤二姐那里回去的时候，“跨马认蹬而去”，非有经验写不出“认蹬”二字。他以此说明文艺创作者要写出耐人寻味的艺术品，就必须深入生活。《红楼梦》对贾宝玉、林黛

1 摘自毛泽东1959年12月至1960年2月读苏联《政治经济学（教科书）》的谈话，见《党的文献》，1994年第5期。

玉的性格特征，衣食起居描写甚详，毛泽东对此深有感触，评论说：“贾宝玉吃饭穿衣都要丫头服侍，不能料理自己。林黛玉多愁善感，哭哭啼啼，住在潇湘馆，吐血、闹肺病。对现代青年来说，不足为训。”

1973年7月4日，毛泽东在一次谈话时，饶有风趣地提起《红楼梦》中的一个细节描写：贾母一死，大家都哭，其实各有各的心事，各有各的目的。如果一样，就没有个性了。哭是共性，但伤心之处不同。我劝人们去看看柳嫂子同秦显家的争夺厨房那几段描写。

毛泽东在文章和讲话中，时常引用《红楼梦》的故事和语言帮助说理，强化语言表达的效果。在“三反”运动中，用“贾政做官”的故事，教育党员干部警惕受人包围；在1957年3月1日最高国务会议的结束语中，用王熙凤对刘姥姥说的“大有大的难处”，说明大国的事情并不那么好办；在同年的宣传工作会议上，用王熙凤所说的“舍得一身剐，敢把皇帝拉下马”来鼓励立志改革的志士仁人；访苏联间，用林黛玉说的“不是东风压倒西风，就是西风压倒东风”来比喻国际形势；在1958年的成都会议上，用小红说的“千里搭长棚，没有不散的筵席”来说明聚散的辩证法和事物的转化。

任何文艺作品都来源于生活。毛泽东善于从反映论出发，来理解作家与作品的关系。他在1962年1月中共扩大的中央工作会议上谈到《红楼梦》的写作背景，说：“十七世纪是什么时代呢？那是中国的明朝末年和清朝初年。再过一个世纪，到十八世纪的上半期，就是清乾隆时代，《红楼梦》的作者曹雪芹就生活在那个时代，就是产生贾宝玉这种不满意封建制度的小说人物的时代。乾隆时代，中国已经有了一些资本主义生产关系的萌芽，但是还是封建社会。这就是出现大观园里那一群小说人物的社会背景。”[1]紧扣这一新旧杂陈的时代背景，毛泽东指

1《毛泽东著作选读》（下），人民出版社1986年版，第828页。

出：曹雪芹写《红楼梦》还是想“补天”，想补封建制度的“天”。但是《红楼梦》里写的都是封建家族的衰落，可以说是曹雪芹的世界观和他的创作发生矛盾。[1]乾隆时代是文化专制主义时代，毛泽东认为这对曹雪芹的创作构思产生了很大影响。他说：曹雪芹把真事隐去，用贾雨（假语）村言写出来。真事就是政治斗争，不能讲，于是用吊膀子（爱情）来掩盖它。从学术上看，这也不失为一家之言。

1 刘汉民编著：《毛泽东谈文说艺实录》，长江文艺出版社1992年版，第149页。

后 记

1949年5月7日，周恩来在中华全国青年第一次代表大会上作报告时说："读古书看你会读不会读。毛主席开始很喜欢读古书，现在做文章、讲话常常运用历史经验教训，运用得最熟练。读古书使他的知识更广更博，更增加了他的伟大。"

诚如周恩来所言，毛泽东从早年便开始研读中国的古史，他在读私塾期间便接触过《左传》、《纲鉴易知录》等断代或通史著作，在长沙求学时，又在杨昌济先生等人的指导下研读《御批通鉴辑览》等史籍。后来无论是在战火纷飞的年代还是在和平建设时期，他都保持着读史的强烈兴趣，晚年更是发誓将"二十四史"读完。终其一生，毛泽东过眼的史籍不计其数。读史既丰富了他的知识和人生，也极大地增添了他的个人魅力。他在各种讲话中旁征博引，议论风生，其挥洒自如之风采，炉火纯青之境界，往往倾倒全座，让人仰视之余自叹弗如。

我有幸于上世纪八九十年代在韶山毛泽东纪念馆工作了十多年，其间研读过《毛泽东文集》、《建国以来毛泽东文稿》以及各种专题文集，如《毛泽东在七大的报告和讲话集》、《毛泽东文艺论集》、《毛泽东读文史古籍批语集》等，同时循着他的读史评语找来各种中国史籍对照阅读，并写下大量读书心得。长年累月的资料积累，加之人生的历练，让我下决心写一部《毛泽东评点历代王朝》的书稿，以呈现毛泽东读史评史的全貌。我在写作时，一方面注重"展拓开张"，即以大视野搜罗各种文献资料，最大限度地追求书稿的包容性，另一方面又力求"揉磨入细”，即对他的读史评语作详尽的分析和解读，以增加书稿的趣味性和可读性。数经寒暑，笔耕不辍，我终于在2010年底实现了这一宿愿，并为此感到欣慰和满足。

本书的出版得到许多单位和人士的帮助。我首先得感谢北京汉唐阳光文化发展有限公司的尚红科先生，他长期从事出版发行工作，积累了丰富的鉴稿经验。本书能入其“法眼”，并被他纳入出版计划，实为我的荣幸。本书的编辑们精心编辑书稿，并就书稿中的许多问题与我反复讨论和磋商，他们的职业水准和敬业精神令我钦佩。我还要特别感谢中央文献研究室的刘金田、李红喜、张曙以及我的同事曹有鹏等诸位先生，是他们的鼎力相助，才得以使这部书稿及早面世。

我人生中最难得的，是有一批“温不增华、寒不改叶”的好友，这些朋友长期鼓励我从事学术研究，他们给我精神乃至物质上的支持让我终生难忘。在本书即将出版之际，我向钟声、吴炜、段卫国、颜翔林、陈金龙、洪铁民、刘绪义等诸位贤兄和益友表示最诚挚的谢意！

本书涉及许多复杂的历史事件和历史人物的评价问题，因此不可避免地存在这样那样的缺点和不足，我衷心地欢迎读者们赐教。

胡长明

2011年5月于长沙

图书在版编目（CIP）数据

毛泽东评点历代王朝 / 胡长明著. — 太原：山西人民出版社，2016.4
ISBN 978-7-203-09529-3

Ⅰ. ①毛… Ⅱ. ①胡… Ⅲ. ①毛泽东著作研究－史评②中国历史－古代史－研究 Ⅳ. ①A841.692②K220.7

中国版本图书馆CIP数据核字（2016）第049398号

毛泽东评点历代王朝

著　　者：胡长明
责任编辑：贾　娟
选题策划：北京汉唐阳光

出 版 者：山西出版传媒集团·山西人民出版社
地　　址：太原市建设南路21号
邮　　编：030012
发行营销：0351－4922220　4955996　4956039
　　　　　0351－4922127　4956038（邮购）
E—mail：sxskcb@163.com　发行部
　　　　　sxskcb@126.com　总编室
网　　址：www.sxskcb.com

经 销 者：山西出版传媒集团·山西人民出版社
承 印 者：鸿博昊天科技有限公司

开　　本：655mm×965mm　1/16
印　　张：38.75
字　　数：500千字
版　　次：2016年4月第1版
印　　次：2025年1月第14次印刷
书　　号：ISBN 978-7-203-09529-3
定　　价：98.00元